U0940734

陕西统计年鉴 2013

SHAANXI
STATISTICAL YEARBOOK

陕西省统计局
国家统计局陕西调查总队　编

中国统计出版社
China Statistics Press

图书在版编目（CIP）数据

陕西统计年鉴. 2013 : 汉英对照 / 陕西省统计局，国家统计局陕西调查总队编. -- 北京 : 中国统计出版社，2013.7
ISBN 978-7-5037-6891-0

Ⅰ. ①陕… Ⅱ. ①陕… ②国… Ⅲ. ①统计资料—陕西省—2013—年鉴—汉、英 Ⅳ. ①C832.41-54

中国版本图书馆CIP数据核字（2013）第177490号

陕西统计年鉴—2013

作　　者 / 陕西省统计局　国家统计局陕西调查总队
责任编辑 / 郭　栋
封面设计 / 翟　竞
出版发行 / 中国统计出版社
通信地址 / 北京市丰台区西三环南路甲6号　邮政编码 / 100073
电　　话 / 邮购（010）63376909　书店（010）68783171
网　　址 / http://csp.stats.gov.cn
印　　刷 / 河北天普润印刷厂
经　　销 / 新华书店
开　　本 / 880mm×1230mm　1/16
字　　数 / 1190千字
印　　张 / 39.5　彩页1.25印张
版　　别 / 2013年7月第1版
版　　次 / 2013年7月第1次印刷
定　　价 / 398.00元

本书附同版本CD-ROM一张，光盘内容以书面文字为准。
如有印装差错，由本社发行部调换。

陕西一日

76715
财政收入
(万元)

151
离 婚
(对)

1025
结 婚
(对)

642
死 亡
(人)

1041
出 生
(人)

3.41
粮 食
(万吨)

295070
个人储蓄额
(万元)

184
棉 花
(吨)

9185
入境旅游人数
(人)

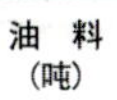
1653
油 料
(吨)

1684.05
进口总额
(万美元)

2934
肉 类
(吨)

2370.35
出口总额
(万美元)

178.10
布
(万米)

308.41
客运量
(万人次)

131.24
原 煤
(万吨)

374.61
货运量
(万吨)

生产总值（万元）	第一产业	第二产业	第三产业
395991	37539	221202	137251

36452
发电量
(万千瓦小时)

96645
原 油
(吨)

22704
粗 钢
(吨)

29.11
能源消费量
(万吨标煤)

120103
社会消费品零售额
(万元)

生产总值（亿元）

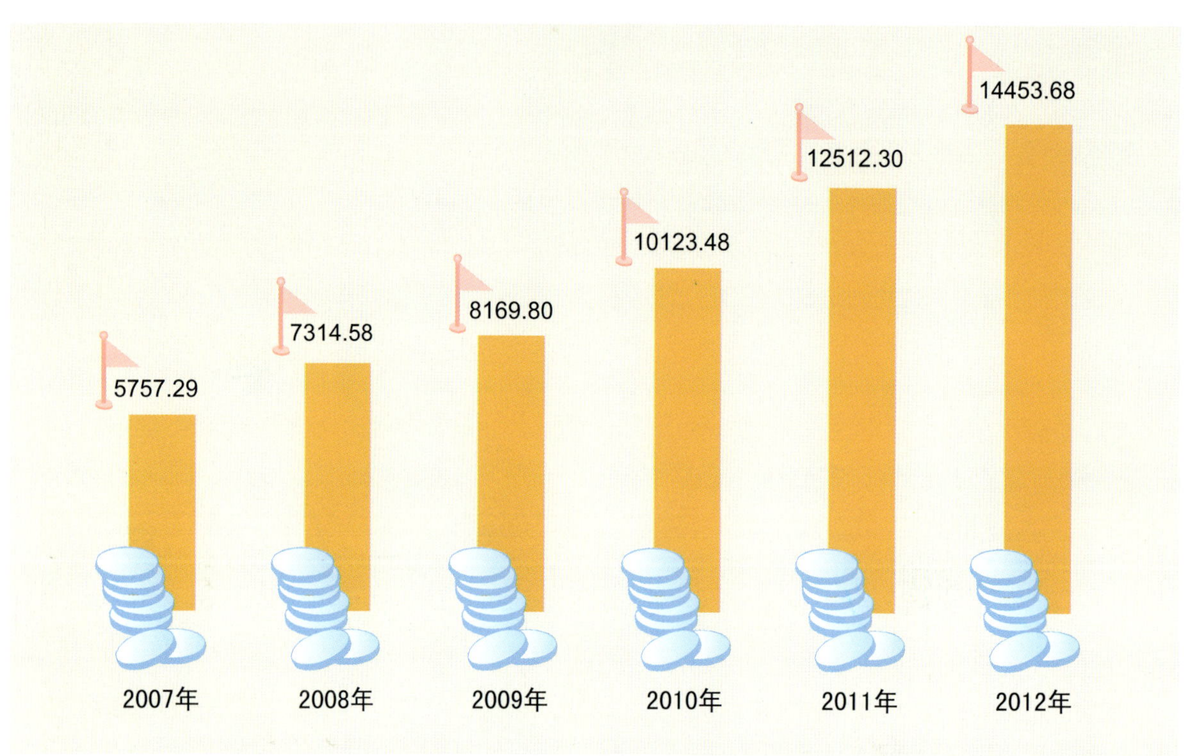

人均生产总值（元）

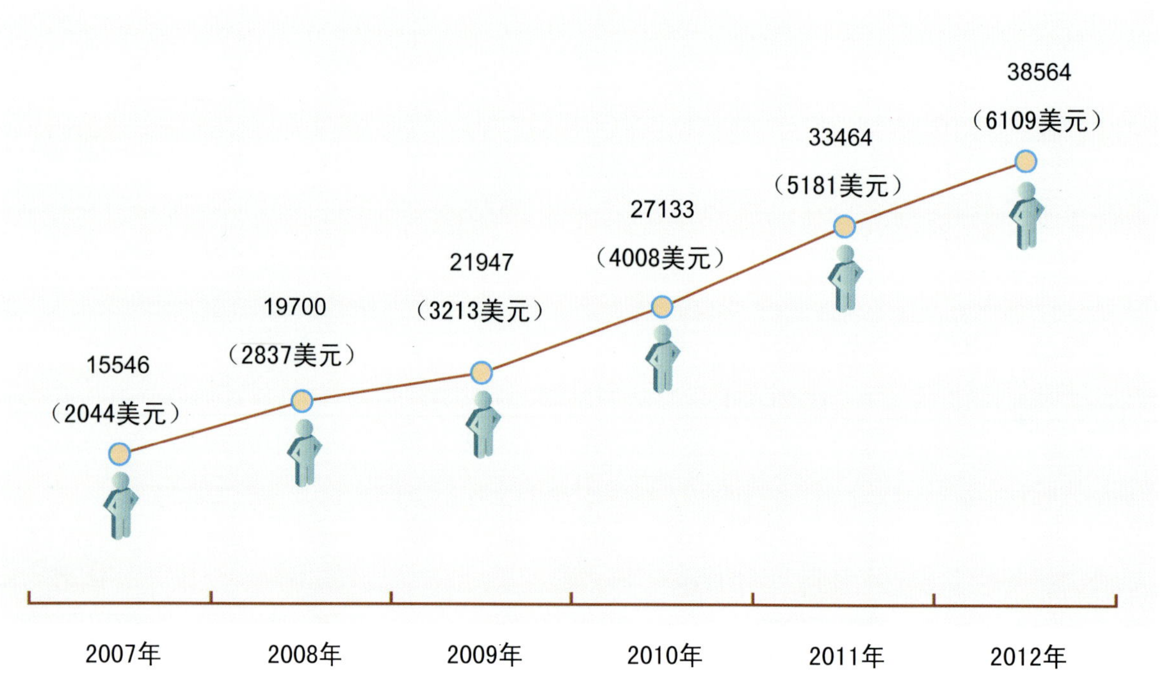

年底常住人口（万人）

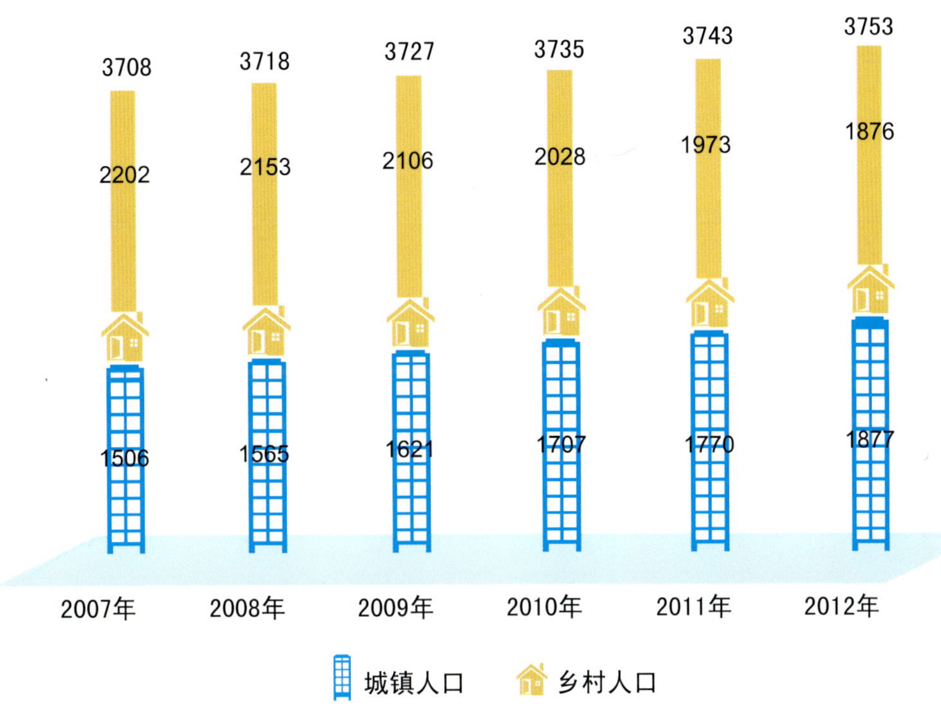

城镇人口比重（%）

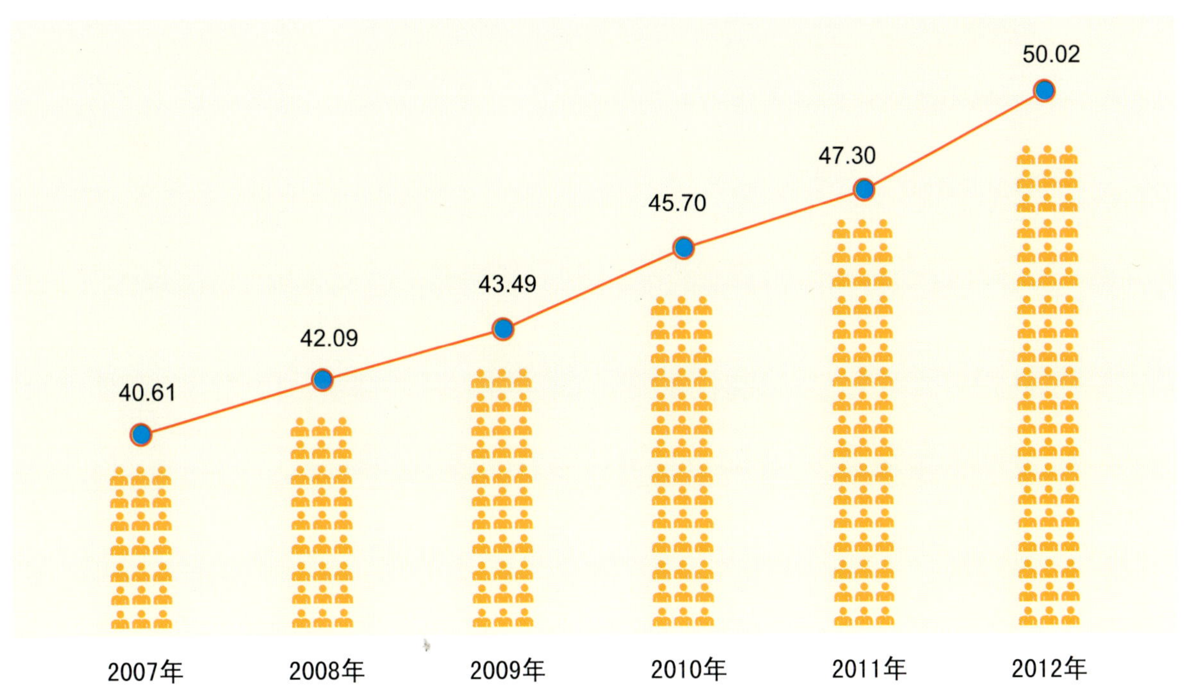

全社会固定资产投资

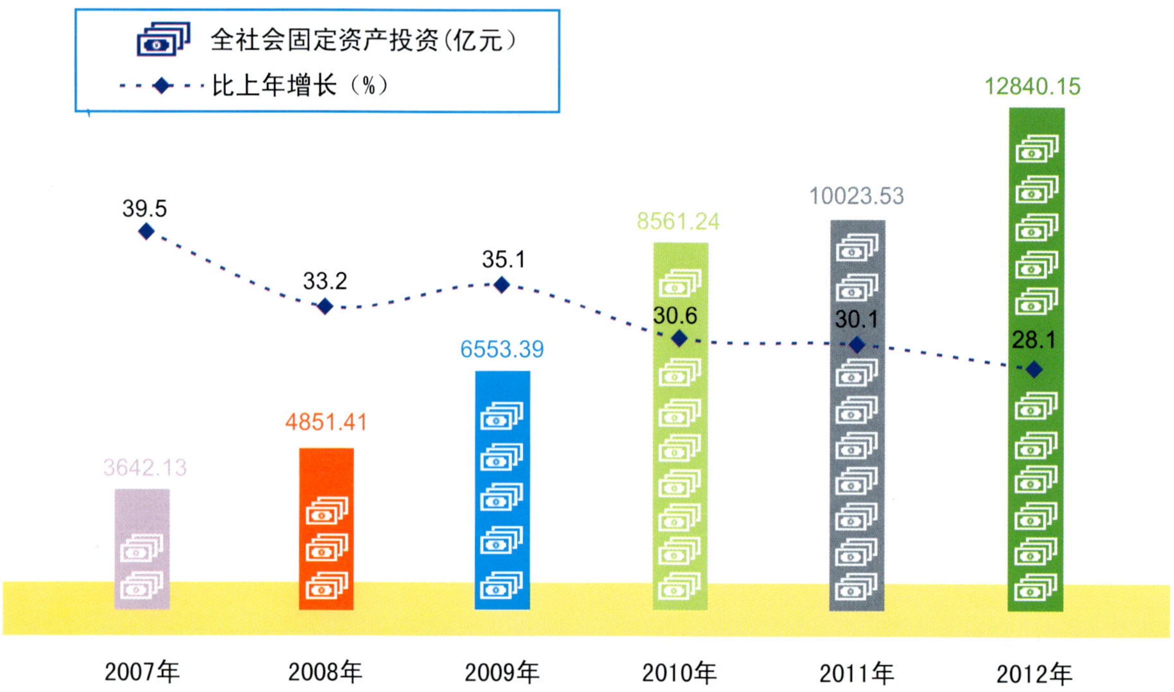

财政收支（亿元）

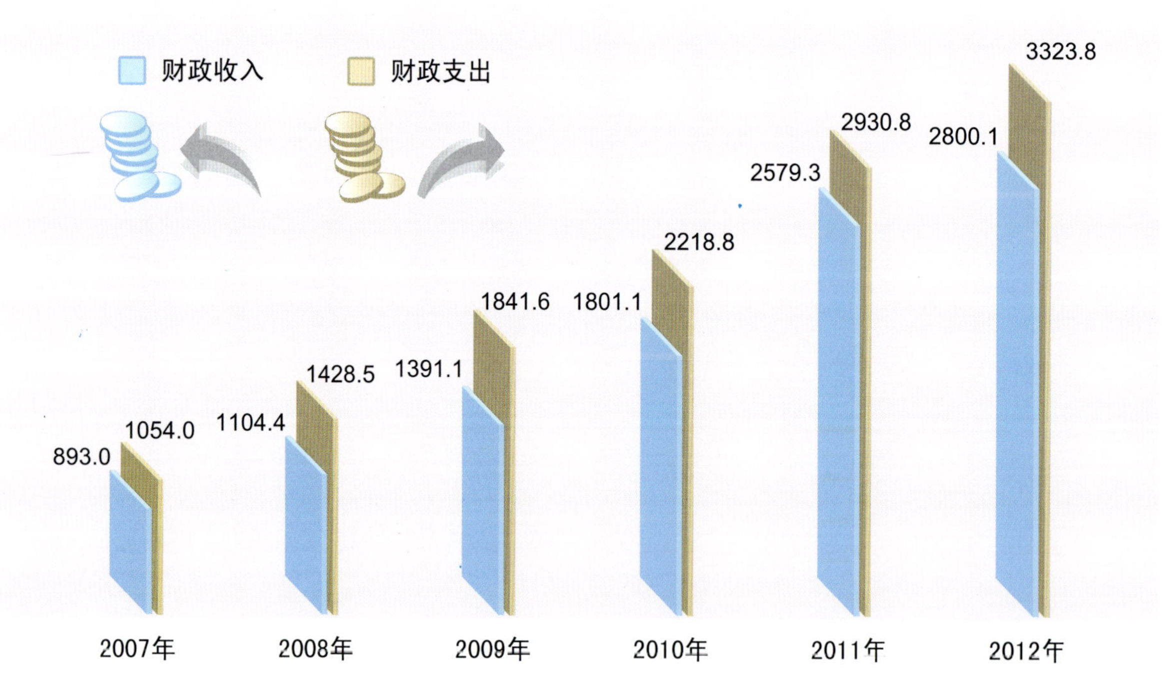

能源生产总量（万吨标准煤）

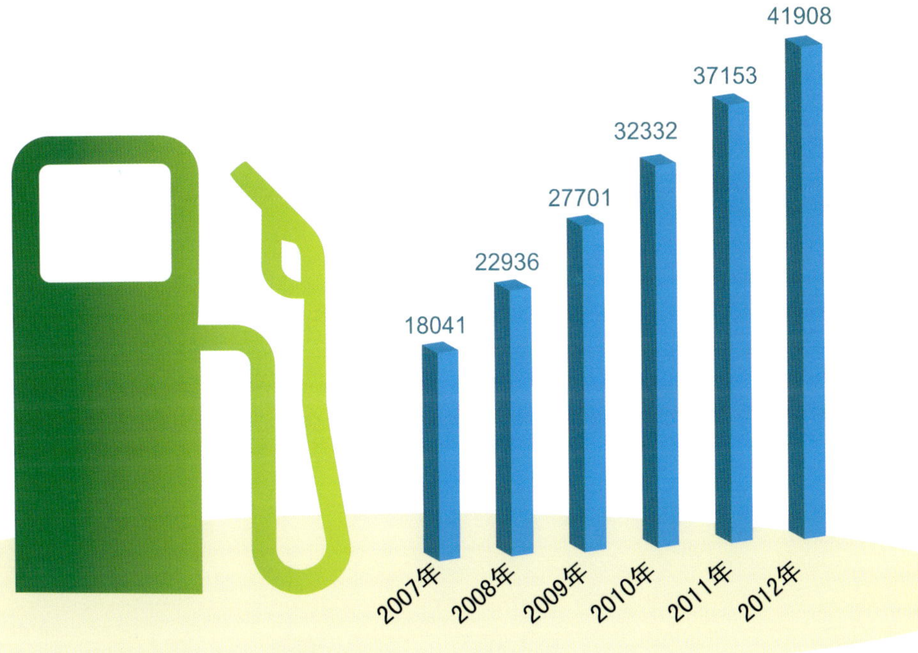

能源消费总量（万吨标准煤）

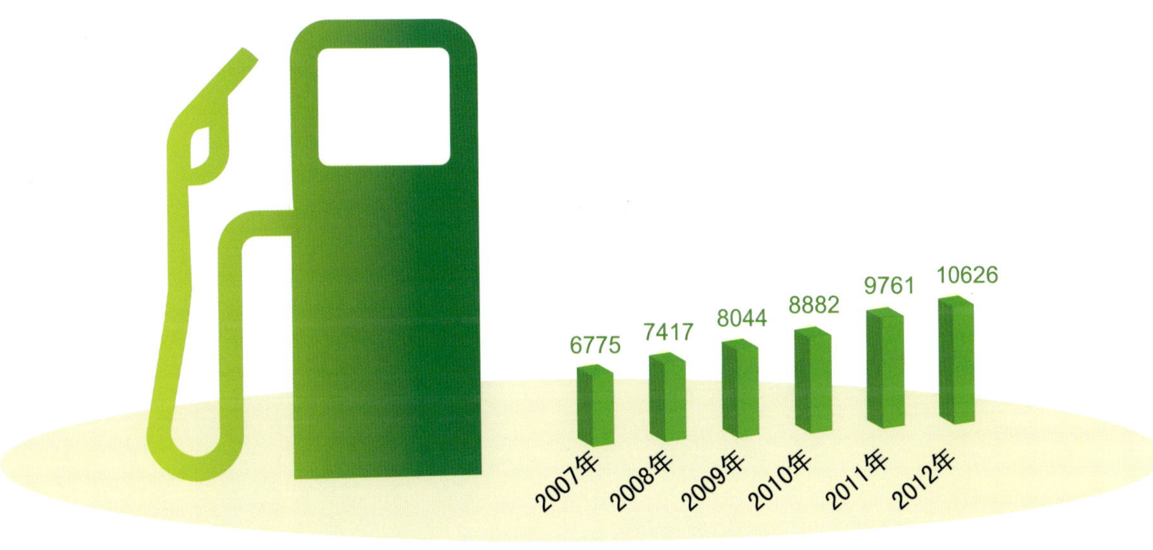

农村居民人均纯收入（元）

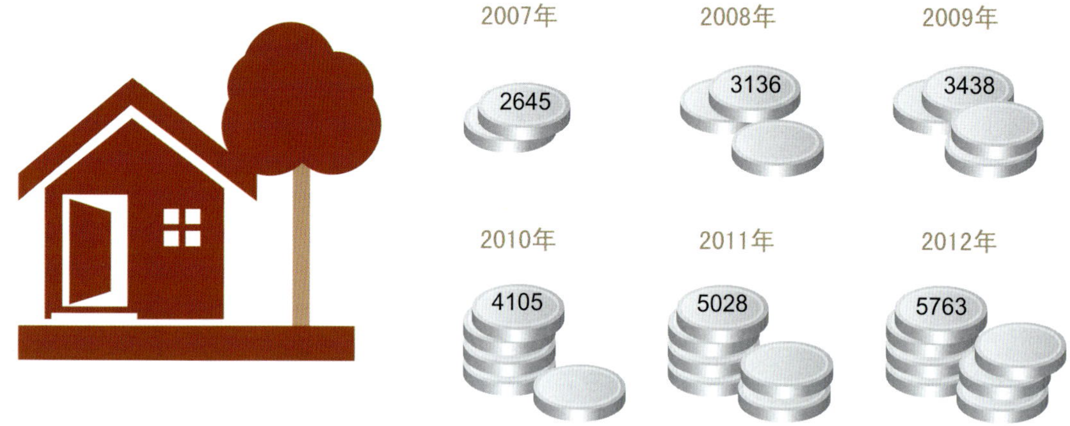

城镇居民人均可支配收入（元）

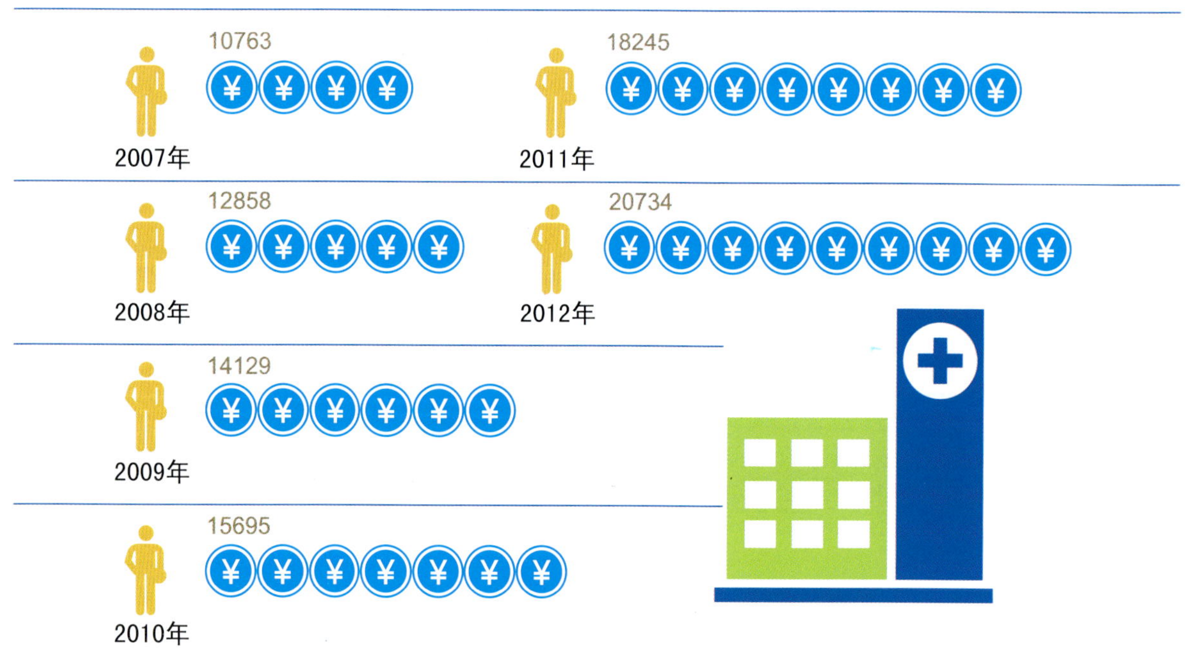

城乡居民收入增长速度（%）

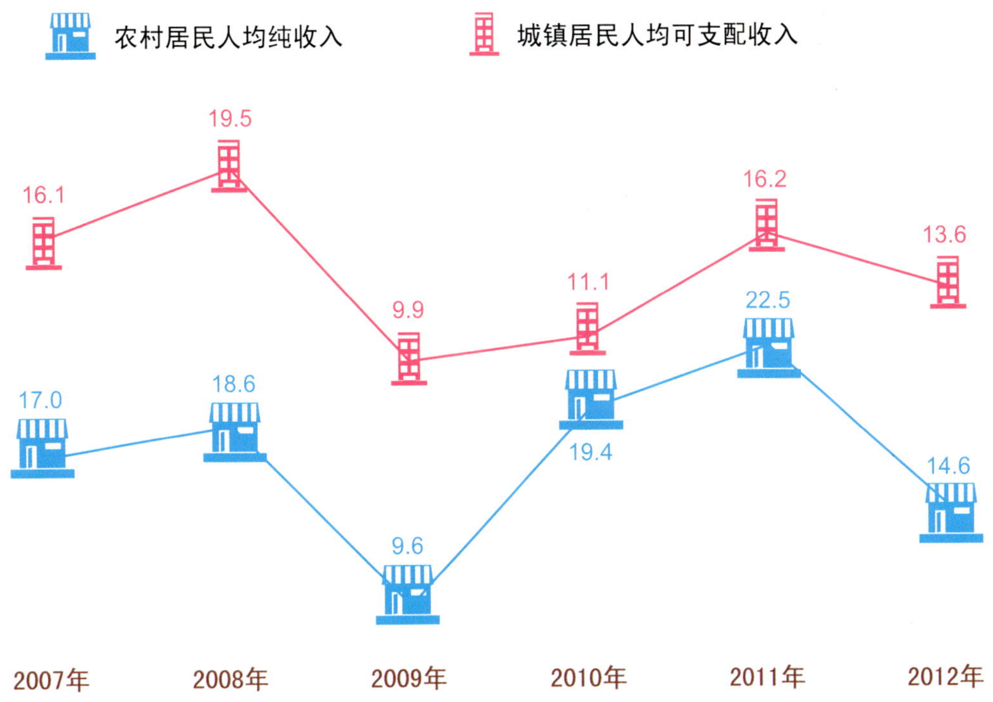

年末个人人民币储蓄存款余额

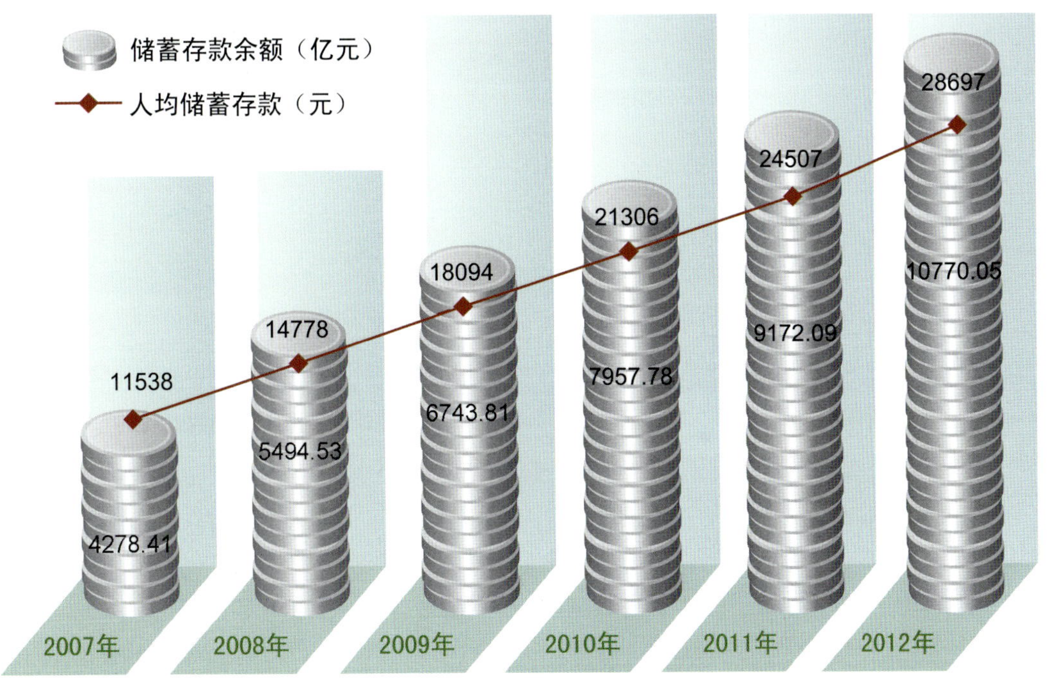

高速公路里程（公里）

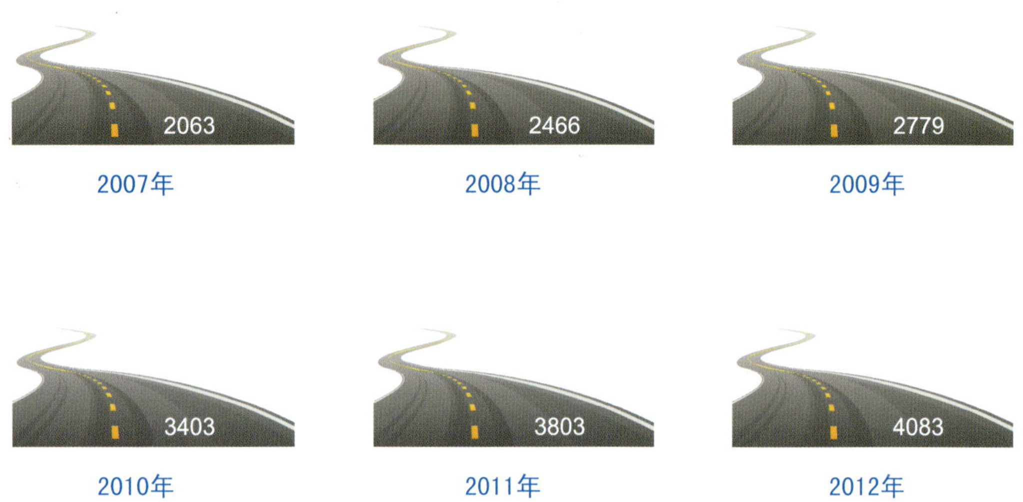

私人汽车拥有量（万辆）

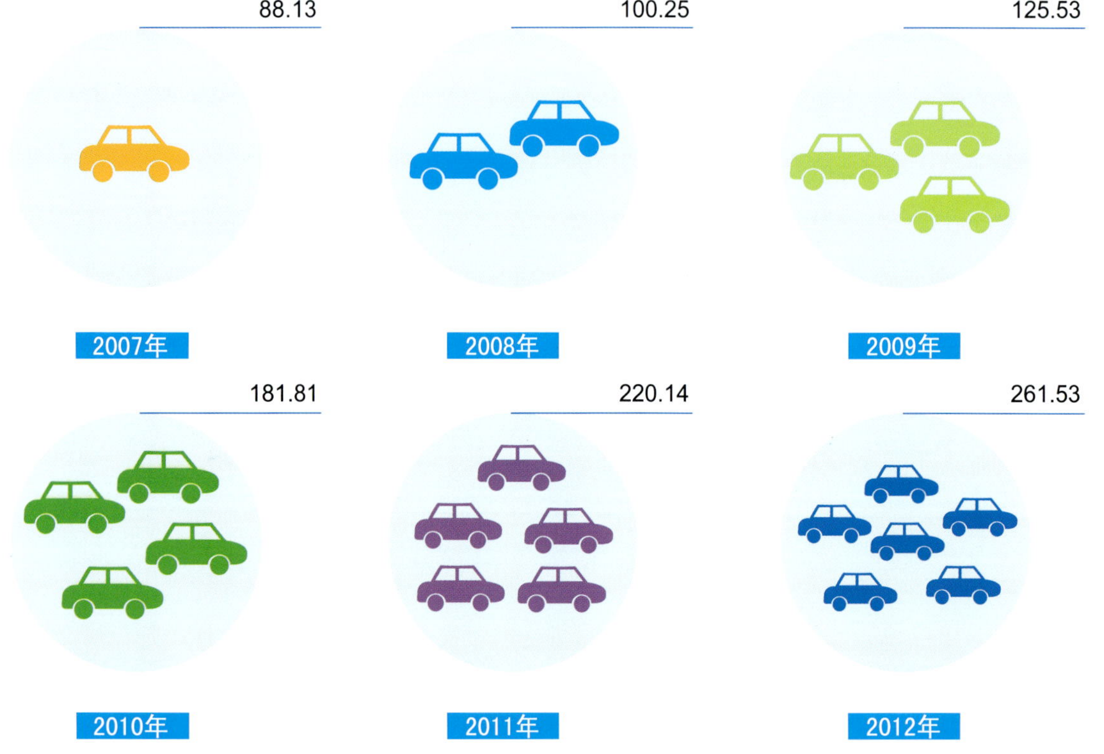

粮食产量（万吨）

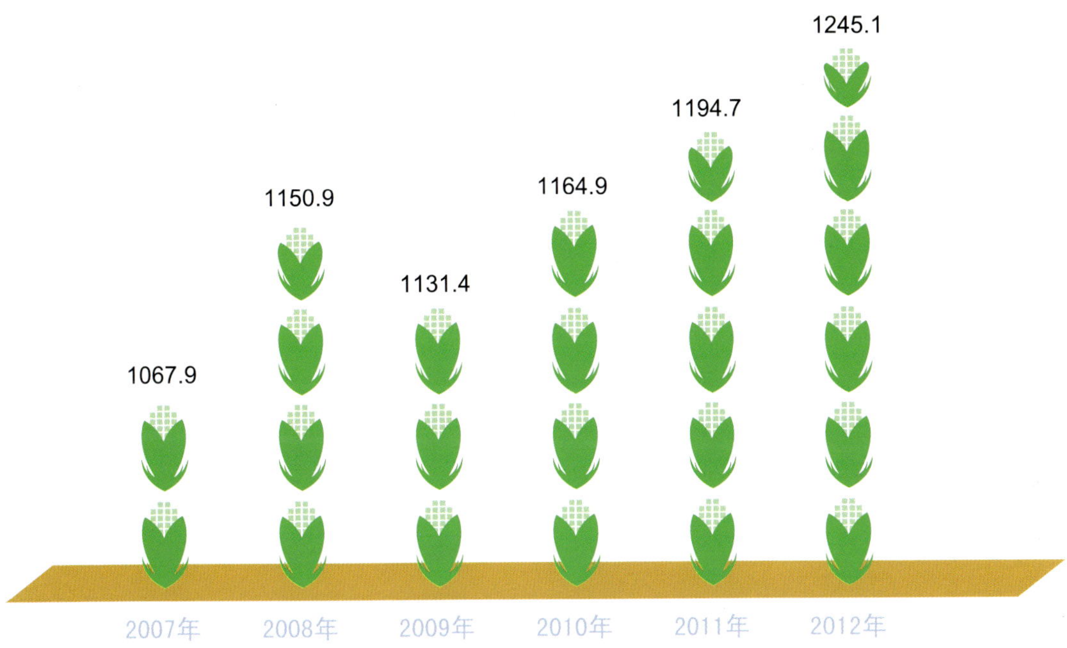

苹果产量（万吨）

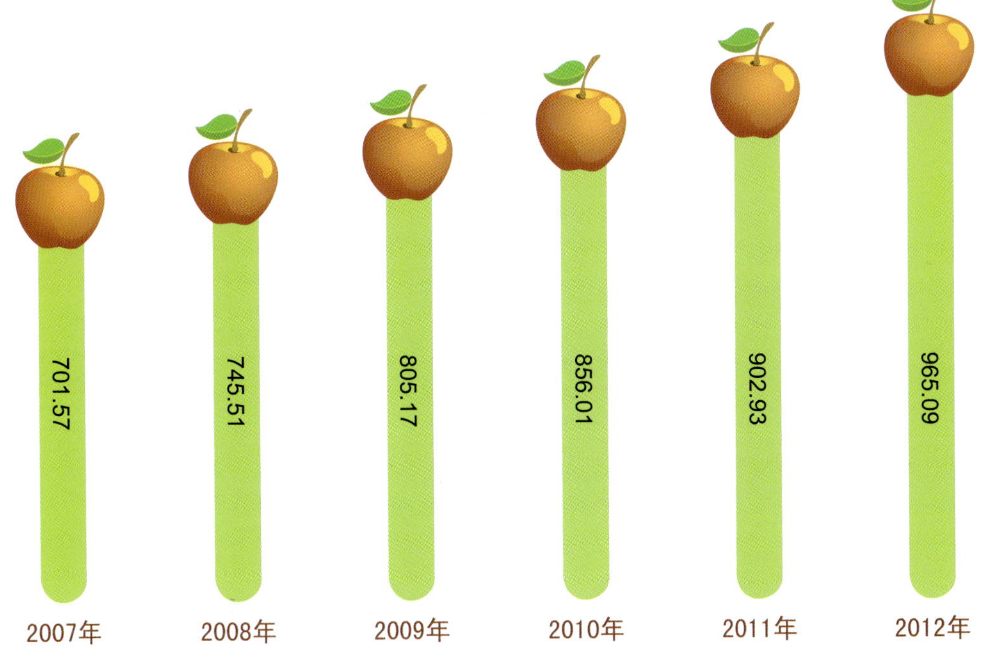

原煤产量（万吨）

原油产量（万吨）

天然气产量（亿立方米）

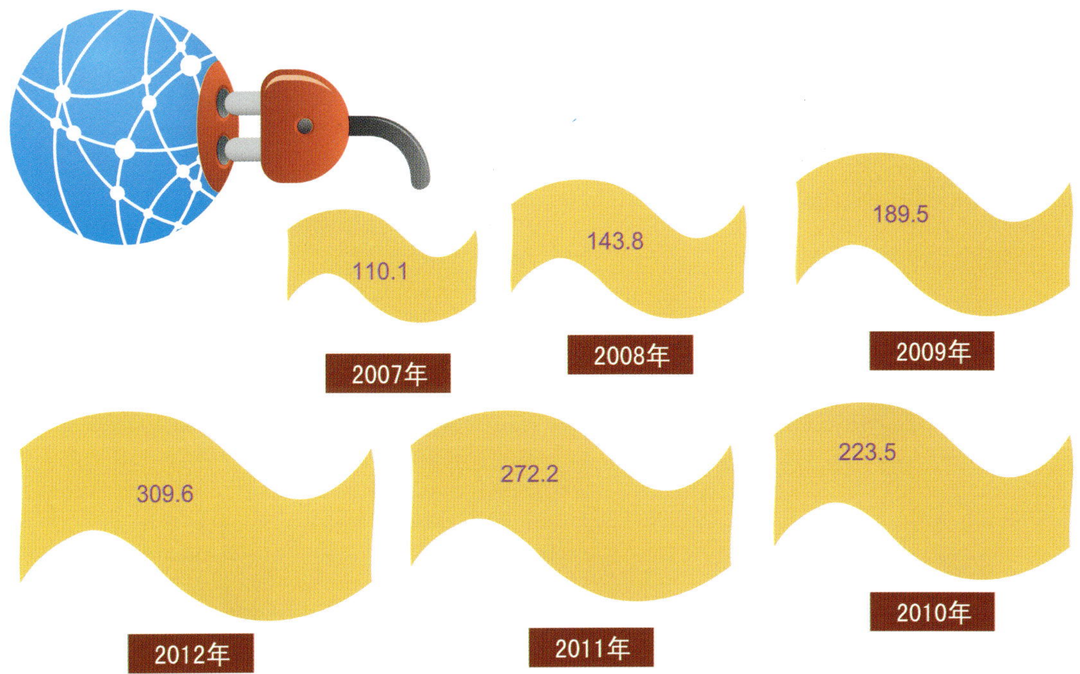

汽车产量（万辆）

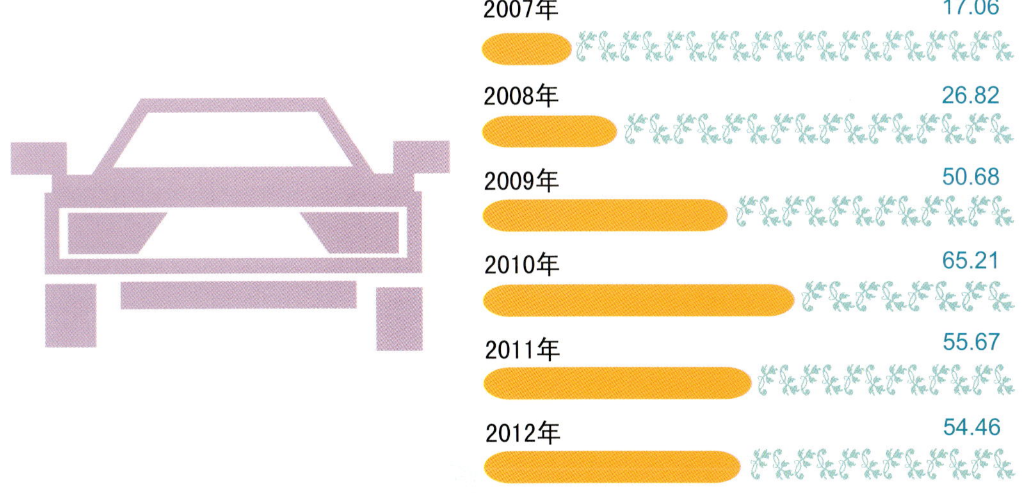

移动电话年末用户（万户）

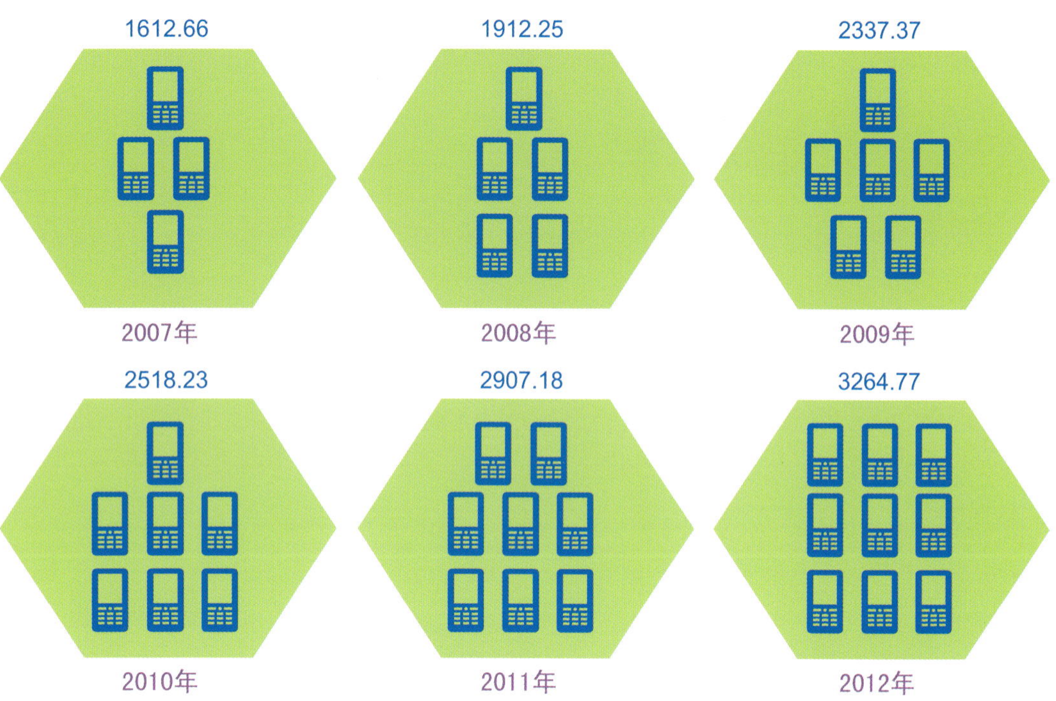

社会消费品零售总额

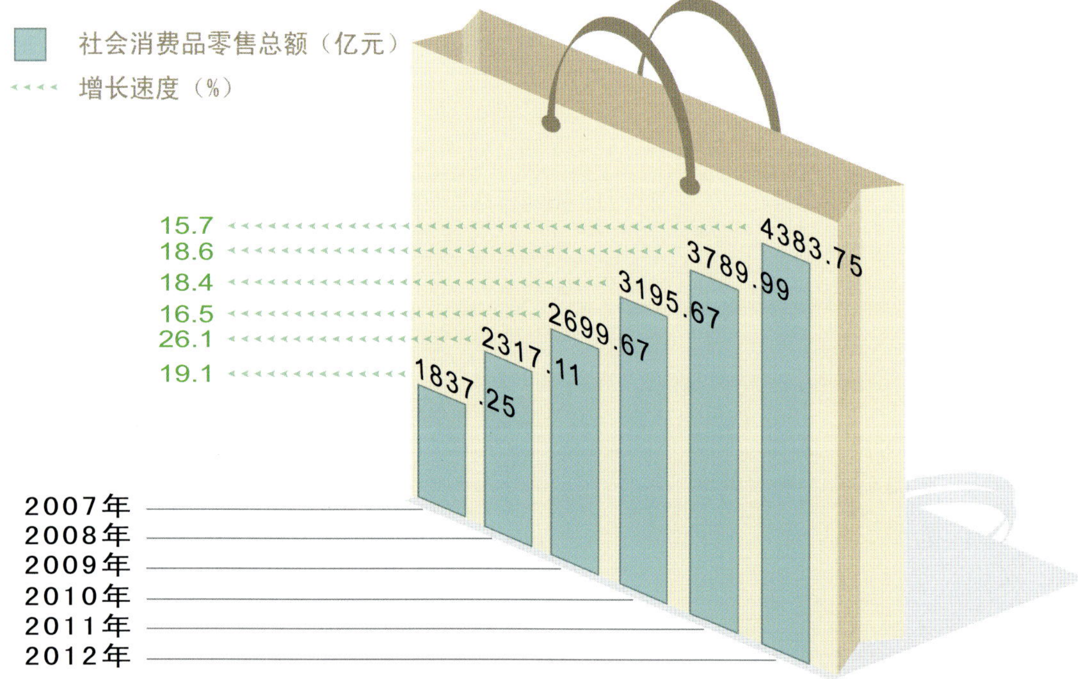

进出口总额（亿美元）

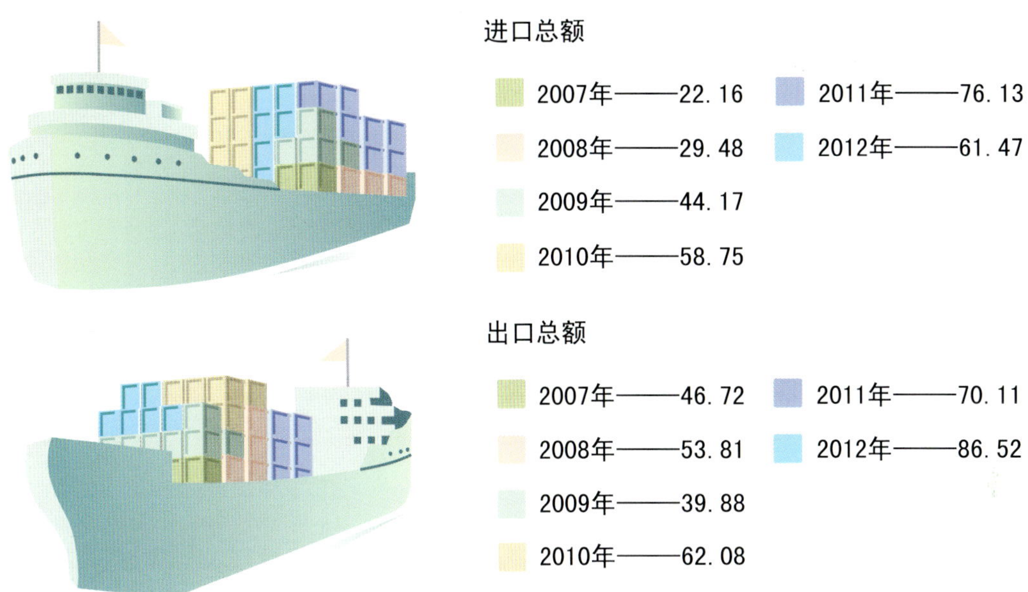

实际利用外资额

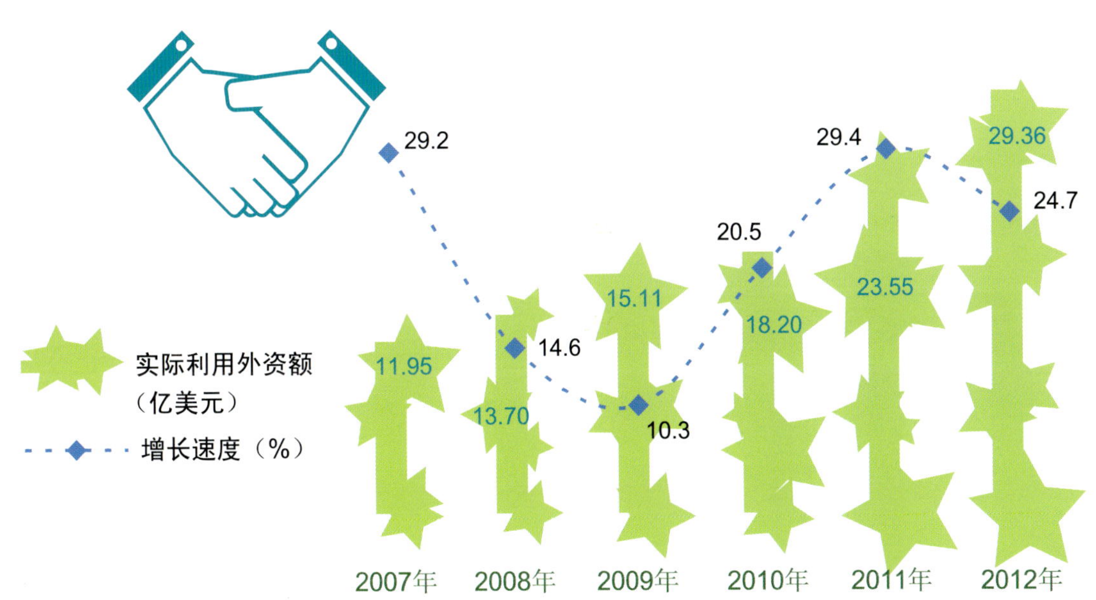

国际旅游

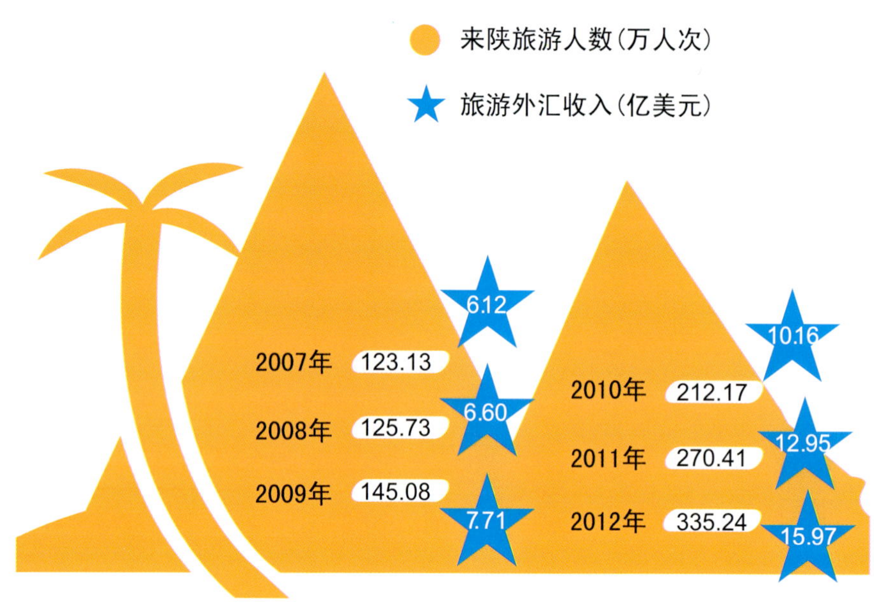

普通高等学校在校学生数（万人）

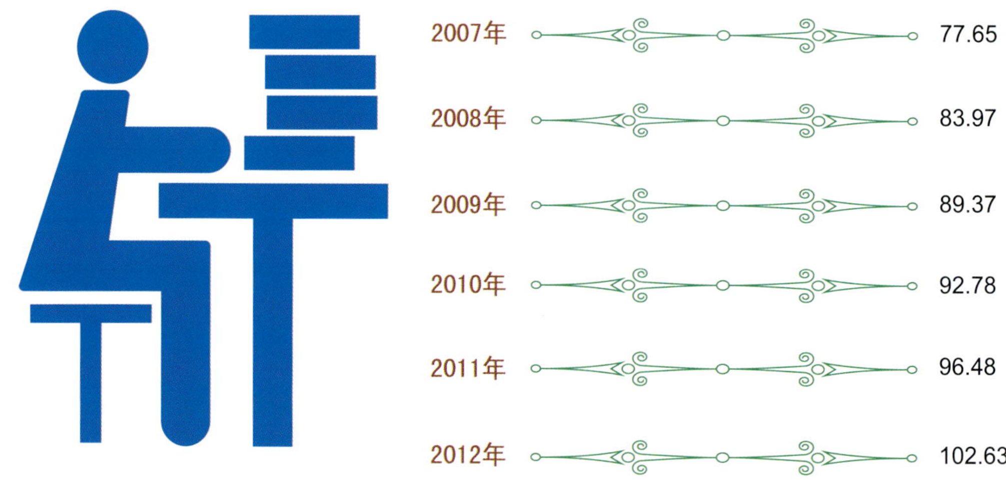

《陕西统计年鉴－2013》

编委会和编辑工作人员名单

Shaanxi Statistical Yearbook - 2013

EDITORIAL BOARD AND EDITORIAL STAFF

编 者 说 明

一、《陕西统计年鉴－2013》是一部全面系统反映陕西省经济、社会、科技发展状况的资料性年刊。书中资料根据全省各专业统计年报加工而成，并收录了各市、县及省级有关部门的统计数据。

二、全书内容分为22部分：1. 行政区划和自然资源；2. 综合；3. 国民经济核算；4. 人口；5. 就业人员和职工工资；6. 固定资产投资；7. 能源：8. 财政；9. 价格指数；10. 人民生活；11. 环境和城市；12. 农业；13. 工业；14. 建筑业；15. 运输和邮电；16. 国内贸易；17. 对外经济贸易和旅游；18. 金融和保险；19. 教育、科技和文化；20. 体育、卫生和其他；21. 水利；22. 全国各省、市、自治区主要指标。附录为2012年陕西统计大事记、陕西省统计局机构一览表。为方便读者使用，各篇章前设有简要说明，列示主要统计指标提要和统计图，后面附主要统计指标解释。

三、本年鉴数据以2012年为主，主要指标列示改革开放以来重点年份的资料。

四、本年鉴执行新的行业划分标准（GB/T 4754—2011）和新的企业规模划分标准（《统计上大中小微型企业划分办法》）。

五、2012年韩城市试点设立省内计划单列市，本年鉴在各市（区）主要指标中增加了韩城市的数据。

六、本年鉴全国及各省、市、自治区主要指标资料来源于《中国统计摘要－2013》，部分数据为初步统计数，正式数据以《中国统计年鉴－2013》为准。

七、本年鉴表中的符号使用说明："..."表示数据不足本表最小单位；"空格"表示该项统计指标数据不详或无该项数据；"#"表示其中项。

EDITOR'S NOTES

Ⅰ. *Shaanxi Statistical Yearbook-2013* is an annual statistical publication, which reflects various aspects of province's economic, social science and technology development.

The major data sources of the publication are statistical annual report of different sectors. Also some other statistical data of city, county, and relevant departments are filled.

Ⅱ. The yearbook contains the following twenty-two chapters:

1. Divisions of Administrative Areas and Natural Resources;

2. General Survey;

3. National Accounts;

4. Population;

5. Employment and Wages;

6. Investment in Fixed Assets;

7. Energy;

8. Government Finance;

9. Price Indices;

10. People's Livelihood;

11. Environment and Cities;

12. Agriculture;

13. Industry;

14. Construction;

15. Transport, Post and Telecommunication Services;

16. Domestic Trade;

17. Foreign Trade and Tourism;

18. Banking and Insurance;

19. Education, Science, Technology and Culture;

20. Sports, Public Health and Others;

21. Irrigation;

22. Main Indicators of National Economy by Countrywide, Province, Municipality and Autonomous Region.

An appendix is about Statistical Events of Shaanxi Province in 2012.

As a matter of convenience for readers, We make Brief Introduction, abstract of major indicators and statistical charts at the beginning of each chapter and explanatory notes on main statistical indicators at the end of each chapter.

Ⅲ. The yearbook is based on data of 2012. Each part includes statistical materials for historically important years, especially from 1978.Since then we have been implementing the reform and opening policy.

Ⅳ. The yearbook has used the new standard classification for national economic activities(GB/T 4754—2011) and the new scale of the enterprise standard(the Division Standard of Large/Medium/Small/Mini Sized Enterprises).

Ⅴ. The Hancheng city has established the city specifically designated in the province plan in 2012. So, the main index by city(district) has added the data of Hancheng city in the yearbook-2013.

Ⅵ. The rough data of the nation and other provinces are taken from *China Statistical Digest-2013*. The official data should refer to *China Statistical Yearbook-2013* later.

Ⅶ.Explanatory symbol for notations used in this yearbook:

"..." indicates that the figure is not large enough to be measured with the smallest unit in the table;

" " (blank) indicates that the data not available;

"#" indicates that the major items of the total.

目 录

CONTENTS

一、行政区划和自然资源
Divisions of Administrative Areas and Natural Resources

二、综合
General Survey

三、国民经济核算
National Accounts

四、人口
Population

五、从业人员和职工工资
Employment and Wages

六、固定资产投资

Investment in Fixed Assets

七、能源
Energy

八、财政
Government Finance

九、价格指数
Price Indices

十、人民生活

People's Livelihood

十一、环境和城市
Environment and Cities

十二、农业
Agriculture

十三、工业
Industry

十四、建筑业
Construction

十五、运输和邮电
Transport, Post and Telecommunication Services

十六、国内贸易
Domestic Trade

十七、对外经济贸易和旅游
Foreign Trade and Tourism

十八、金融和保险
Banking and Insurance

十九、教育、科技和文化
Education, Science, Technology and Culture

二十、体育、卫生和其他
Sports, Public Health and Others

二十一、水利
Irrigation

二十二、全国各省、市、自治区主要指标
Main Indicators of National Economy by Countrywide, Province, Municipality and Autonomous Region

一、行政区划和自然资源

Divisions of Administrative Areas and Natural Resources

资料整理：李 斌　潘英杰

简 要 说 明

一、本篇资料反映陕西行政区划、自然资源的开发和利用等情况。自然资源包括土地、气候、森林、水利、矿产资源情况。

二、本篇资料来源：行政区划、矿产资源、森林资源、水利、气象资料分别由省民政厅、省国土资源厅、省林业厅、省水利厅、省气象局提供，土地资源资料取自省国土资源厅《陕西省国土资源公报（2011年度）》。

Brief Introduction

Ⅰ.This chapter reflects the data on administrative divisions areas and the exploitation and utilization of the natural resources of Shaanxi Province. Natural resources cover land, climate, forest, water conservancy and mineral resources.

Ⅱ.Data resources: the data on administrative divisions, mineral resources, forest resources, water conservancy and meteorology are provided by Shaanxi Province Department of Civil Affairs, Shaanxi Province Department of Land and Resources, Shaanxi Province Forestry Department, Shaanxi Province Water Department of Resources and Shaanxi Province Meteorological Bureau. The data on land resources are obtained from "Shaanxi Territorial Resources communique(2011)".

1.行政区划和自然资源

陕西位于东经105° 29′ –111° 15′ 和北纬３１° ４２′ –３９° ３５′ 之间，东隔黄河与山西相望，西连甘肃、宁夏，北临内蒙古，南连四川、重庆，东南与河南、湖北接壤。2012年全省设西安、铜川、宝鸡、咸阳、渭南、延安、汉中、榆林、安康、商洛10个省辖市和杨凌农业高新技术产业示范区，有３个县级市，80个县和24个市辖区，1136个镇，80个乡，202个街道办事处。

全省面积为20.56万平方公里。地势南北高、中间低，西部高、东部低，地形复杂多样，北部为陕北黄土高原，中部为号称“八百里秦川”的关中平原，南部为陕南秦巴山地。

全省以秦岭为界南北河流分属长江水系和黄河水系。主要有渭河、泾河、洛河、无定河和汉江、丹江、嘉陵江等。陕西属大陆性季风气候，年平均气温12.9摄氏度，年降水量572.7毫米，南北差异明显。

全省自然资源丰富，矿产多，储量大，探明矿产保有储量居全国前十位的矿种60多种。

主要城市降水量（毫米）

（2012年）

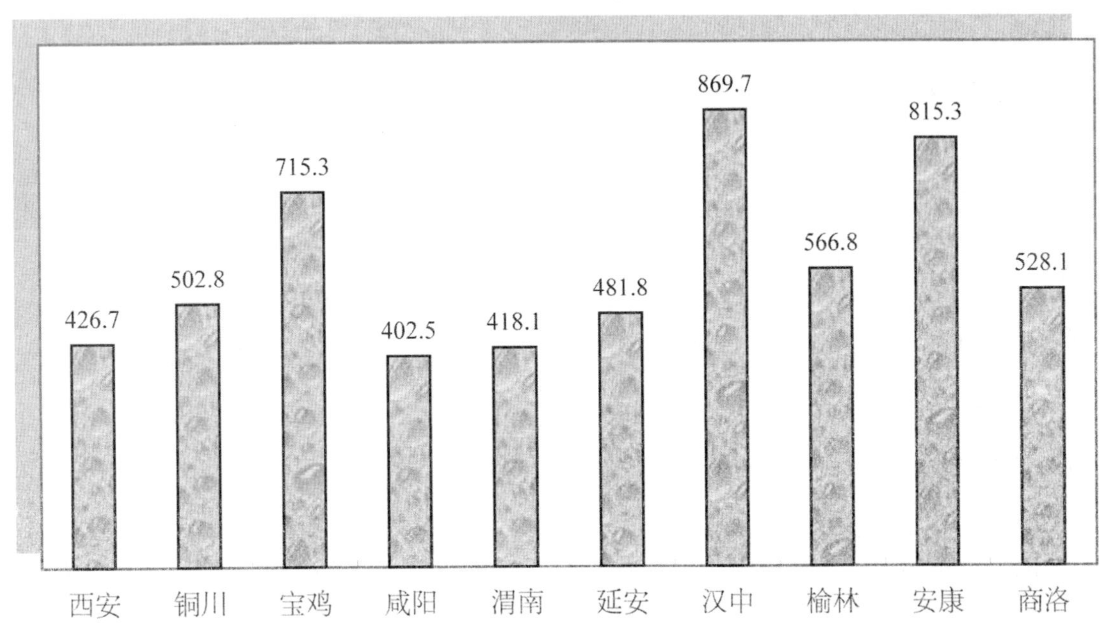

1-1 陕西省行政区划(2012年)
Divisions of Administrative Areas in Shaanxi (2012)

单位：个 (unit)

地 区	Region	地级市 Cities at Prefecture Level	县级市 Cities at County Level	县 Counties	市辖区 Districts under the Jurisdiction of Cities	镇 Towns	乡 Townships	街道办事处 Street Communities
全 省	**Shaanxi**	**11**	**3**	**80**	**24**	**1136**	**80**	**202**
西 安 市	Xi'an	1		4	9	67		109
铜 川 市	Tongchuan	1		1	3	23	5	13
宝 鸡 市	Baoji	1		9	3	105		15
咸 阳 市	Xianyang	1	1	10	2	126		25
渭 南 市	Weinan	1	2	8	1	124	6	12
延 安 市	Yan'an	1		12	1	91	31	3
汉 中 市	Hanzhong	1		10	1	180		8
榆 林 市	Yulin	1		11	1	138	38	7
安 康 市	Ankang	1		9	1	157		4
商 洛 市	Shangluo	1		6	1	122		4
杨凌示范区	Yangling	1			1	3		2

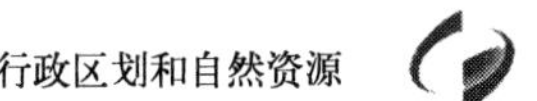

1-2 陕西省行政区划一览(2012年)
Divisions List of Administrative Areas in Shaanxi (2012)

单位：个 (unit)

地　区	Region	镇 Towns	乡 Townships	街道办事处 Street Communities	村民委员会 Village Committees	居民委员会 Neighbourhood Committees
全　省	**Shaanxi**	**1136**	**80**	**202**	**26791**	**1952**
西安市	**Xi'an**	**67**		**109**	**3006**	**758**
新城区	Xincheng			9		101
碑林区	Beilin			8		103
莲湖区	Lianhu			9	5	129
灞桥区	Baqiao			9	221	39
未央区	Weiyang			10	161	109
雁塔区	Yanta			8	88	123
阎良区	Yanliang	2		5	80	23
临潼区	Lintong			23	284	38
长安区	Chang'an			25	666	41
蓝田县	Lantian	22			519	9
周至县	Zhouzhi	22			376	14
户　县	Huxian	16			518	20
高陵县	Gaoling	5		3	88	9
铜川市	**Tongchuan**	**23**	**5**	**13**	**543**	**64**
王益区	Wangyi	1	1	5	39	20
印台区	Yintai	7		3	107	24
耀州区	Yaozhou	9	1	5	219	18
宜君县	Yijun	6	3		178	2
宝鸡市	**Baoji**	**105**		**15**	**1729**	**162**
渭滨区	Weibin	5		5	104	55
金台区	Jintai	4		7	102	51
陈仓区	Chencang	15		3	332	13
凤翔县	Fengxiang	12			233	4
岐山县	Qishan	10			144	14
扶风县	Fufeng	8			169	5
眉　县	Meixian	8			123	7
陇　县	Longxian	12			158	3
千阳县	Qianyang	8			98	2
麟游县	Linyou	7			100	2
凤　县	Fengxian	9			100	4
太白县	Taibai	7			66	2
咸阳市	**Xianyang**	**126**		**25**	**2766**	**162**
秦都区	Qindu	1		11	146	56
渭城区	Weicheng	1		9	130	41
三原县	Sanyuan	11			208	9
泾阳县	Jingyang	13			231	8
乾　县	Qianxian	16			256	8

1-2 续表 1 continued

单位：个 (unit)

地 区	Region	镇 Towns	乡 Townships	街道办事处 Street Communities	村民委员会 Village Committees	居民委员会 Neighbourhood Committees
礼泉县	Liquan	12			317	5
永寿县	Yongshou	11			249	5
彬县	Binxian	13			247	4
长武县	Changwu	9			160	1
旬邑县	Xunyi	11			187	2
淳化县	Chunhua	12			204	2
武功县	Wugong	8			212	6
兴平市	Xingping	8		5	219	15
渭南市	**Weinan**	**124**	**6**	**12**	**3219**	**175**
临渭区	Linwei	16		8	508	54
华县	Huaxian	10			242	15
潼关县	Tongguan	5	1		83	10
大荔县	Dali	18			415	11
合阳县	Heyang	12			353	5
澄城县	Chengcheng	8	2		266	14
蒲城县	Pucheng	17			360	7
白水县	Baishui	7	3		194	11
富平县	Fuping	17			337	9
韩城市	Hancheng	10		2	275	23
华阴市	Huayin	4		2	186	16
延安市	**Yan'an**	**91**	**31**	**3**	**3386**	**92**
宝塔区	Baota	11	5	3	611	31
延长县	Yanchang	7	2		288	6
延川县	Yanchuan	8	2		346	7
子长县	Zichang	9	1		358	8
安塞县	Ansai	8	1		211	6
志丹县	Zhidan	7	1		200	5
吴起县	Wuqi	6	3		164	3
甘泉县	Ganquan	3	3		117	4
富县	Fuxian	9	1		240	5
洛川县	Luochuan	7	5		371	2
宜川县	Yichuan	6	3		202	4
黄龙县	Huanglong	4	3		87	3
黄陵县	Huangling	6	1		191	8
汉中市	**Hanzhong**	**180**		**8**	**2663**	**158**
汉台区	Hantai	7		8	201	53
南郑县	Nanzheng	22			397	17
城固县	Chenggu	18			392	9
洋县	Yangxian	20			362	6
西乡县	Xixiang	18			267	10
勉县	Mianxian	19			233	10
宁强县	Ningqiang	21			269	8
略阳县	Lueyang	18			183	20
镇巴县	Zhenba	21			202	23
留坝县	Liuba	8			98	1
佛坪县	Foping	8			59	1

1-2 续表 2 continued

单位：个 (unit)

地 区	Region	镇 Towns	乡 Townships	街道办事处 Street Communities	村民委员会 Village Committees	居民委员会 Neighbourhood Committees
榆 林 市	**Yulin**	**138**	**38**	**7**	**5379**	**120**
榆 阳 区	Yuyang	14	7	7	487	45
神 木 县	Shenmu	15			631	8
府 谷 县	Fugu	15			232	10
横 山 县	Hengshan	12	2		361	6
靖 边 县	Jingbian	11	6		213	6
定 边 县	Dingbian	15	5		335	6
绥 德 县	Suide	12	4		661	8
米 脂 县	Mizhi	8	2		396	4
佳 县	Jiaxian	11	5		653	7
吴 堡 县	Wubu	6			221	5
清 涧 县	Qingjian	8	4		639	4
子 洲 县	Zizhou	11	3		550	11
安 康 市	**Ankang**	**157**		**4**	**2285**	**163**
汉 滨 区	Hanbin	30		4	749	52
汉 阴 县	Hanyin	14			179	8
石 泉 县	Shiquan	11			193	18
宁 陕 县	Ningshan	12			98	9
紫 阳 县	Ziyang	21			210	20
岚 皋 县	Langao	15			188	6
平 利 县	Pingli	11			190	4
镇 坪 县	Zhenping	9			78	1
旬 阳 县	Xunyang	22			276	42
白 河 县	Baihe	12			124	3
商 洛 市	**Shangluo**	**122**		**4**	**1747**	**80**
商 州 区	Shangzhou	19		4	396	22
洛 南 县	Luonan	19			351	30
丹 凤 县	Danfeng	16			196	12
商 南 县	Shangnan	13			164	3
山 阳 县	Shanyang	23			318	6
镇 安 县	Zhen'an	19			202	6
柞 水 县	Zhashui	13			120	1
杨凌示范区	**Yangling**	**3**		**2**	**68**	**18**
杨 陵 区	Yangling	3		2	68	18

1-3 自然状况及资源
Natural Conditions and Resources

指　　标		Item		2012
一、自然状况		**Natural Conditions**		
1.土　地		Land		
土地总面积	(万平方公里)	Land Area	(10 000 sq.km)	20.56
2.气　候		Climate		
全省年平均降水量	(毫米)	Annual Average Precipitation in the Whole Province	(mm)	572.7
全省年平均气温	(摄氏度)	Annual Average Temperature in the Whole Province	(℃)	12.9
全省年平均日照时数	(小时)	Annual Average Sunshine Hours in the Whole Province	(hour)	1902.2
全省年平均风速	(米/秒)	Annual Average Wind Speed in the Whole Province	(m/s)	1.6
全省年平均无霜期	(天)	Annual Average Frost-free Period in the Whole Province	(day)	217.1
二、自然资源		**Natural Resources**		
1.土地资源		Land Resources		
耕地面积	(万公顷)	Area of Cultivated Land	(10 000 hectares)	398.8
园地面积	(万公顷)	Area of Plantation Land	(10 000 hectares)	84.3
林地面积	(万公顷)	Area of Forestland	(10 000 hectares)	1121.9
草地面积	(万公顷)	Area of Grassland	(10 000 hectares)	288.1
居民点及工矿用地	(万公顷)	Residential Purpose, Manufacturing and Mining Land	(10 000 hectares)	74.5
交通用地	(万公顷)	Transportation Land	(10 000 hectares)	24.0
水利设施用地	(万公顷)	Water-conservancy Projects Land	(10 000 hectares)	31.0
其他土地面积	(万公顷)	Area of Unused Land	(10 000 hectares)	33.5
2.林木资源		Forest Resources		
森林面积	(万公顷)	Forest Area	(10 000 hectares)	853.24
森林覆盖率	(%)	Forest-coverage Rate	(%)	41.42
林木蓄积量	(亿立方米)	Stock Volume of the Forest	(100 million cu.m)	4.24
3.水利资源		Water Resources		
全年自产河川年径流总量	(亿立方米)	Natural Annual Flow	(100 million cu.m)	575.51
黄河流域		Yellow River (Huanghe River) Drainage Area		114.42
长江流域		Yangtze River (Changjiang River)Drainage Area		461.09
平原区浅层地下水资源总量	(亿立方米)	Total Ground Water Volume of Plain	(100 million cu.m)	63.65
水力资源理论蕴藏量	(万千瓦)	Theoretical Hydropower Resources	(10 000 kw)	1438.46
黄河流域		Yellow River (Huanghe River)Drainage Area		580.37
长江流域		Yangtze River(Changjiang River)Drainage Area		858.09
水力资源的可开发量	(万千瓦)	Developable Hydropower Resources	(10 000 kw)	666.66
黄河流域		Yellow River (Huanghe River) Drainage Area		234.06
长江流域		Yangtze River (Changjiang River)Drainage Area		432.60

注：本表土地资源和水利资源数据为2011年数。

a) The data of water resources and land resources in this table are 2011.

1-4 主要山脉
Main Mountain Ranges

名　称	Mountain Range	海拔高度(米) Altitude above Sea Level (m)
太白山	Taibai Mountains	3767
化龙山	Hualong Mountains	2917
首阳山	Shouyang Mountains	2719
终南山	Zhongnan Mountains	2604
华　山	Huashan Mountains	2160
白于山	Baiyu Mountains	1823
巴　山	Bashan Mountains	1500～2000
子午岭	Ziwuling Mountains	1400～1600

1-5 主要河流
Major Rivers

名　称	River	流域面积(平方公里) Drainage Area (sq.km)	河　长(公里) Length (km)
无定河	Wudinghe River	30261	491.2
延　河	Yanhe River	7687	284.3
泾　河	Jinghe River	45421	455.1
渭　河	Weihe River	62440	818.0
北洛河	Beiluohe River	26905	680.3
嘉陵江	Jialingjiang River	9930	244.0
汉　江	Hanjiang River	61959	652.0
丹　江	Danjiang River	7551	244.0

1-6 主要矿产保有储量(2012年)
Ensured Reserves of Major Mineral (2012)

矿　种	Item		保有储量 Ensured Reserves
钠　盐	(亿吨) Sodium Salt NaCl	(100 million tons)	8828.70
煤	(亿吨) Coal	(100 million tons)	1641.60
石油(剩余可采储量)	(万吨) Petroleum(Surplus Developable Resources)	(10 000 tons)	31397.94
天然气(剩余可采储量)	(亿立方米) Natural Gas(Surplus Developable Resources)	(100 million cu.m)	6376.26
岩　金	(金属吨) Rock Gold	(Metal,ton)	292.73
砂　金	(金属吨) Placer Gold	(Metal,ton)	14.82
伴生金	(金属吨) Associated Gold	(Metal,ton)	4.67
钼	(金属万吨) Molybdenum	(Metal, 10 000 tons)	98.46
铅	(金属万吨) Lead	(Metal, 10 000 tons)	153.13
锌	(金属万吨) Zinc	(Metal, 10 000 tons)	335.41
汞	(金属吨) Mercury	(Metal, 10 000 tons)	1952.00
锑	(金属吨) Antimony	(Metal, 10 000 tons)	27547.48
水泥用石灰岩	(矿石亿吨) Cement Limestone	(Ore, 100 million tons)	74.74
玻璃用石英岩	(矿石亿吨) Glass Quartzite	(Ore, 100 million tons)	1.87
铁	(矿石亿吨) Iron	(Ore, 100 million tons)	7.68

1-7 陕西重要矿产保有储量在全国和西部的位次(2012年)

Precedence of Shaanxi Major Mineral Ensured Reserves in China and Western China(2012)

矿种	Item	位次 Precedence 全国 National Total	西部 West	矿种	Item	位次 Precedence 全国 National Total	西部 West
煤	Coal	4	3	钼矿	Molybdenum	7	3
石油	Petroleum	4	2	金矿	Gold	10	5
天然气	Natural Gas	4	4	银矿	Silver	23	9
铁矿	Iron	19	7	硫铁矿	Pyrite Ore	18	8
铜矿	Copper	18	8	磷矿	Phosphorus Ore	7	4
铅矿	Lead	14	8	盐矿	Sodium Salt NaCl	1	1
锌矿	Zinc	14	9	水泥用灰岩	Cement Limestone	4	1
铝土矿	Bauxite	12	6				

1-8 陕西矿产保有储量居全国前十位的矿种(2012年)

Mineral Kinds of Shaanxi Mineral Ensured Reserves Within the Top Ten Places in China (2012)

位次 Precedence	矿种 Item	矿种数 Types
1	盐矿(NaCl亿吨)、水泥配料用黄土、片麻岩、透辉石 Salt (NaCl million tons), Cement batching with loess, Gneiss, Diopside	4
2	煤层气、铼矿、毒重石、石榴子石(矿物)、海泡石粘土、陶粒用粘土、透闪石、制碱用灰岩、饰面用板岩 CBM, Rhenium ore, Witherite, Garnet(mineral), Limestone, Sepiolite clay, Tremolite, Soda limestone, Finishes with slate	9
3	钛矿(金红石TiO_2)、锶矿、镁盐($MgCl_2$)、镁盐($MgSO_4$)、碲矿、高岭土、蓝石棉、蛭石 Titanium ores(rutile TiO_2), Strontium, Magnesium($MgCl_2$), Magnesium($MgSO_4$), Tellurium ore, Kaolin Ore, Blue asbestos, Vermiculite,	8
4	煤炭、石油、天然气、钒矿、矽线石、重晶石、长石、水泥用灰岩、玻璃用石英岩、电石用灰岩 Coal, Petroleum, Natural Gas, Vanadium, Sillmanite, Barite, Feldspar, Cement with limestone, Glass with quartz, Calcium carbide with limestone	10
5	油页岩、岩金、化肥用蛇纹岩、石墨(隐晶质)、陶粒页岩 Oil shale, Rock gold, Fertilizer with serpentinite, Graphite(aphanitic), Haydite shale	5
6	汞矿、铌矿、锗矿、伴生硫、石榴子石(矿石)、石棉、饰面用大理岩 Mercury, Niobium, Germanium, Associated with sulfur, Garnet (mineral), Asbestin, Marble	7
7	钼矿、磷矿、镍矿、冶金用石英岩、钛矿(原生钛[磁]铁矿)、石煤、富铬矿（Cr_2O_3>32%）、石墨(晶质) Molybdenum ore, Phosphate, Nickel, Metallurgical quartzite, Titanium (Ti-native [magnetic] iron ore), Stone coal, Chromium ore (Cr_2O_3> 32%), Graphite (crystalline)	8
8	砂金、钛矿(钛铁砂矿矿物)、铍矿（绿柱石矿物）、云母(片云母) Gold dust, Titanium (ilmenite placer minerals), Berylliume(Beryl mineral), Mica (mica)	4
9	冶金用白云岩、冶金用脉石英、自然硫 Metallurgical dolomite, Metallurgical vein quartz, Natural sulfur	3
10	锑矿、红柱石、玻璃用白云岩、滑石 Antimony ore, Andalusite, Glass with dolomite,Talc	4

1-9 主要城市气候基本情况(2012年)
Basic Statistics on Climate of Major Cities (2012)

城 市 City	平均气温(摄氏度) Average Temperature (℃)	日照时数(小时) Sunshine Hours (hour)	平均风速(米/秒) Average Wind Speed (m/s)	相对湿度(%) Relative Humidity (%)	无霜期(天) Frost-free Period (day)	气 压(百帕) Pressure (hPa)	降水量(毫米) Precipitation (mm)
西安市 Xi'an	14.6	1544.8	1.2	62	223	969.4	426.7
铜川市 Tongchuan	10.3	2007.1	2.2	67	217	904.7	502.8
宝鸡市 Baoji	13.4	1642.1	1.2	67	224	945.3	715.3
咸阳市 Xianyang	13.0	2051.6	1.9	66	199	960.7	402.5
渭南市 Weinan	14.5	1638.7	1.2	65	225	974.4	418.1
延安市 Yan'an	10.3	2463.0	1.4	58	206	907.0	481.8
汉中市 Hanzhong	15.5	1278.7	1.2	74	238	955.8	869.7
榆林市 Yulin	8.4	2992.2	2.6	54	210	884.7	566.8
安康市 Ankang	15.8	1523.5	1.4	73	225	981.3	815.3
商洛市 Shangluo	12.8	1879.9	2.1	67	204	930.6	528.1

1-10 主要城市平均气温(2012年)
Monthly Average Temperature of Major Cities(2012)

单位：摄氏度 (℃)

月 份 Month	西安市 Xi'an	铜川市 Tongchuan	宝鸡市 Baoji	咸阳市 Xianyang	渭南市 Weinan	延安市 Yan'an	汉中市 Hanzhong	榆林市 Yulin	安康市 Ankang	商洛市 Shangluo
一 月 Jan.	-0.4	-4.0	-0.4	-2.3	-1.1	-4.9	3.9	-8.9	3.7	-0.1
二 月 Feb.	2.5	-1.7	1.9	0.9	2.1	-2.4	4.8	-5.6	5.7	1.8
三 月 Mar.	8.6	4.9	7.9	7.1	8.5	5.2	10.8	2.8	10.4	7.4
四 月 Apr.	18.1	13.4	17.1	16.1	17.7	13.9	18.7	12.7	17.8	15.6
五 月 May	22.2	17.3	20.1	20.3	22.1	18.3	20.8	18.1	21.1	19.1
六 月 June	27.3	21.6	25.2	25.9	27.1	21.5	24.9	21.1	25.9	23.3
七 月 July	27.9	23.3	25.8	26.7	27.7	24.0	26.0	23.0	27.4	24.9
八 月 Aug.	26.0	21.6	24.0	24.9	25.8	22.5	26.5	21.5	26.6	23.2
九 月 Sept.	20.2	16.1	18.5	19.0	20.3	15.6	20.8	14.5	21.3	17.9
十 月 Oct.	15.3	11.3	13.9	13.4	15.4	10.6	16.0	9.7	16.4	13.3
十一月 Nov.	6.8	2.9	5.9	4.9	7.0	2.2	8.6	-0.6	8.9	6.0
十二月 Dec.	1.2	-3.2	0.4	-0.6	1.1	-3.4	4.1	-7.0	4.7	0.9
极端最高 Highest	39.9	34.4	37.2	38.6	39.7	35.7	35.3	32.7	38.2	37.5
极端最低 Lowest	-9.3	-16.3	-10.6	-16.2	-9.4	-18.4	-5.6	-23.6	-6.7	-11.7
年平均 Annual Average	14.6	10.3	13.4	13.0	14.5	10.3	15.5	8.4	15.8	12.8

1-11 主要城市降水量(2012年)
Monthly Precipitation of Major Cities(2012)

单位：毫米 (millimeters)

月 份 Month	西安市 Xi'an	铜川市 Tongchuan	宝鸡市 Baoji	咸阳市 Xianyang	渭南市 Weinan	延安市 Yan'an	汉中市 Hanzhong	榆林市 Yulin	安康市 Ankang	商洛市 Shangluo
一 月 Jan.	5	5.4	19.9	9	6.1	0.9	3.9	0.5	1.90	6.4
二 月 Feb.	0.3	1.4	0.5	0.4	0.5	1.1	1.0		0.2	1.0
三 月 Mar.	14.5	21.5	14.7	14.6	18.0	5.4	9.0	11.7	14.0	20.6
四 月 Apr.	21.0	35.6	30.3	12.0	20.9	16.0	5.6	18.4	59.1	8.7
五 月 May	55.8	40.6	74.3	52.2	45.2	53.8	156.6	39.7	131.3	52.6
六 月 June	22.6	92.3	50.8	20.1	40.3	65.1	40.5	82.5	67.1	32.6
七 月 July	84.4	69.7	141.9	93.6	76.1	122.6	287.3	238.9	145.0	125.0
八 月 Aug.	102.9	85.2	199.4	79.2	87.1	58.5	154.7	53.5	175.7	150.5
九 月 Sept.	83.8	132.7	136.1	97.7	75.7	129.5	150.5	86.6	148.4	92.2
十 月 Oct.	17.1	6.9	35.5	12.7	24.6	13.0	35.9	18.6	48.7	24.7
十一月 Nov.	18.0	6.7	10.8	9.5	21.2	12.7	20.8	13.3	22.9	5.1
十二月 Dec.	1.3	4.8	1.1	1.5	2.4	3.2	3.9	3.1	1.0	8.7
全 年 Annual Total	426.7	502.8	715.3	402.5	418.1	481.8	869.7	566.8	815.3	528.1

1-12 主要城市日照时数(2012年)
Monthly Sunshine Hours of Major Cities(2012)

单位：小时 (hours)

月 份 Month	西安市 Xi'an	铜川市 Tongchuan	宝鸡市 Baoji	咸阳市 Xianyang	渭南市 Weinan	延安市 Yan'an	汉中市 Hanzhong	榆林市 Yulin	安康市 Ankang	商洛市 Shangluo
一 月 Jan.	81.0	166.2	83.8	85.3	81.2	183.3	31.8	231.0	80.1	130.2
二 月 Feb.	75.1	138.0	72.7	115.7	124.5	183.1	24.4	233.2	76.7	99.6
三 月 Mar.	121.8	131.3	112.9	162.3	133.2	203.3	112.8	220.5	120.0	148.0
四 月 Apr.	187.3	234.7	216.2	247.1	182.0	290.4	181.9	283.4	179.9	209.8
五 月 May	132.5	198.3	148.8	187.9	139.3	257.7	130.4	312.0	153.9	176.5
六 月 June	171.1	216.6	220.6	243.5	185.2	263.9	153.4	303.3	183.2	212.7
七 月 July	128.3	115.0	136.1	209.4	129.0	162.3	128.9	262.7	142.5	131.5
八 月 Aug.	127.4	109.7	112.9	182.5	133.6	211.4	186.2	293.1	194.6	160.5
九 月 Sept.	135.7	163.0	150.8	174.1	150.9	164.3	132.4	219.7	145.0	168.9
十 月 Oct.	117.2	181.6	140.6	146.9	118.3	189.1	66.5	241.0	75.7	143.9
十一月 Nov.	148.4	184.2	140.4	156.1	140.9	184.9	67.3	218.2	88.7	157.4
十二月 Dec.	119.0	168.5	106.3	140.8	120.6	169.3	62.7	174.1	83.2	140.9
全 年 Annual Total	1544.8	2007.1	1642.1	2051.6	1638.7	2463.0	1278.7	2992.2	1523.5	1879.9

1-13　历届陕西省人民代表大会代表人数
Number of Deputies to All the Previous Shaanxi Province People's Congresses

单位：人　(person)

届 次	Congress	年 份 Year	代表人数 Number of Deputies	#女代表 Female Deputies 人 数 Number	#女代表 Female Deputies 占代表总数% As Percentage to Total Deputies (%)	#少数民族代表 Ethnic Minority Deputies 人 数 Number	#少数民族代表 Ethnic Minority Deputies 占代表总数% As Percentage to Total Deputies (%)
第一届	First Congress	1954	386	51	13.2	9	2.3
第二届	Second Congress	1959	400	67	16.8	12	3.0
第三届	Third Congress	1964	520	84	16.0	15	2.9
第四届	Fourth Congress	1975					
第五届	Fifth Congress	1978	1186	234	19.7	26	2.2
第六届	Sixth Congress	1983	727	168	23.1	29	4.0
第七届	Seventh Congress	1988	600	117	19.3	19	3.2
第八届	Eighth Congress	1993	602	118	19.6	22	3.7
第九届	Ninth Congress	1998	566	129	22.8	19	3.4
第十届	Tenth Congress	2003	565	117	20.7	18	3.2
第十一届	Eleventh Congress	2008	574	142	24.9	19	3.3

1-14　历届陕西省政治协商会议委员人数
Number of Deputies to All the Previous Shaanxi Province People's Political Consultative Conferences

单位：人　(person)

届 次	Congress	年 份 Year	委员人数 Number of Deputies	中国共产党党员代表 Deputies from the Communist Party of China 人 数 Number	中国共产党党员代表 Deputies from the Communist Party of China 占代表总数% As Percentage to Total Deputies (%)	民主党派和无党派爱国人士代表 Deputies from Democratic Parties and Non-partisan Patriot 人 数 Number	民主党派和无党派爱国人士代表 Deputies from Democratic Parties and Non-partisan Patriot 占代表总数% As Percentage to Total Deputies (%)
第一届	First Congress	1955	165	42	25.5	123	74.5
第二届	Second Congress	1958	262	85	32.4	177	67.6
第三届	Third Congress	1963	275	91	33.1	184	66.9
第四届	Fourth Congress	1977	420	205	48.8	215	51.2
第五届	Fifth Congress	1983	428	162	37.9	266	62.1
第六届	Sixth Congress	1988	502	191	38.0	311	62.0
第七届	Seventh Congress	1993	506	244	48.2	262	51.8
第八届	Eighth Congress	1998	539	216	40.1	323	59.9
第九届	Ninth Congress	2003	590	235	39.8	355	60.2
第十届	Tenth Congress	2008	624	248	39.6	379	60.4

主要统计指标解释

行政区划 指国家对行政区域的划分。根据有关法规规定，我国的行政区域划分如下：(1)全国分为省、自治区、直辖市；(2)省、自治区分为自治州、县、自治县、市；(3)自治州分为县、自治县、市；(4)县、自治县分为乡、民族乡、镇；(5)直辖市和较大的市分为区、县；(6)国家在必要时设立的特别行政区。

气候 指地球与大气之间长期能量交换与质量交换所形成的一种自然环境状态，它是多种因素综合作用的结果。气候既是人类生活和生产的环境要素之一，又是供给人类生活和生产的重要资源。气温、降水、湿度等气象要素的多年平均值是用来描述一个地区气候状况的主要参数，而各种气象要素某年、某月的平均值(或总量)则可以反映出该时期天气气候状况的重要特征。

自然资源 指人类可以直接从自然界获得，并用于生产和生活的物质资源。自然资源一般可以分成可再生资源和非再生资源两大类。可再生资源指在较短时间内可以再生、可以循环利用的资源，包括土地资源、水资源、气候资源、生物资源和海洋资源等。非再生资源指在使用后不能再生的资源，包括矿产资源和地热能源。

土地资源 土地指陆地的表层部分，它主要由岩石、岩石的风化物和土壤构成。土地资源按利用类型可以分为农用地、建筑用地和未利用地。农用地包括耕地、园地、林地、牧草地和水面。建筑用地包括居民点及工矿用地、交通用地和水利设施用地。未利用地指农用地和建筑用地以外的土地，包括滩涂、荒漠、戈壁、冰川和石山等。

森林面积 指由乔木树种构成，郁闭度0.2以上(含0.2)的林地或冠幅宽度10米以上的林带的面积，即有林地面积。森林面积包括天然起源和人工起源的针叶林面积、阔叶林面积、针阔混交林面积和竹林面积，不包括灌木林地面积和疏林地面积。

森林蓄积量 指一定森林面积上存在着的林木树干部分的总材积。它是反映一个国家或地区森林资源总规模和水平的基本指标之一，也是反映森林资源的丰富程度、衡量森林生态环境优劣的重要依据。

森林覆盖率 指一个国家或地区森林面积占土地总面积的百分比。森林覆盖率是反映森林资源的丰富程度和生态平衡状况的重要指标。在计算森林覆盖率时，森林面积包括郁闭度0.2以上的乔木林地面积和竹林地面积，国家特别规定的灌木林地面积、农田林网以及四旁(村旁、路旁、水旁、宅旁)林木的覆盖面积。计算公式为：

$$\text{森林覆盖率}(\%)=\frac{\text{森林面积}}{\text{土地总面积}}\times 100\%$$

径流 指陆地上接受降水后扣除损耗外，从地表和地下向流域出口断面汇集的水流。径流可分为地表径流、地下径流和壤中流。地表径流指沿地表向河流、湖泊、沼泽、海洋等汇集的水流；地下径流指沿潜水层或隔水层间的含水层，向河流、湖泊、沼泽、海洋等汇集的地下水水流。

径流量 指在一定时段内通过河流某一过水断面的水量，用以反映一个国家或地区水资源的丰歉程度。计算公式为：

径流量=降水量-蒸发量

矿产资源 矿产资源指由地质作用形成的，具有利用价值的，呈固态、液态、气态的自然资源，是社会生产发展的重要物质基础。目前我国已发现矿种有170多种，按其特点和用途，可分为能源矿产(如煤炭、石油、天然气、地热)、金属矿产(如铁矿、锰矿、铜矿、铅矿、铝土矿)、非金属矿产(如金刚石、石灰岩、粘土)和水气矿产(如地下水、矿泉水、二氧化碳气)四大类。其中：金属矿产按其物质成份和性质又可分为：黑色金属矿产、有色金属矿产、贵金属矿产、稀有金属矿产、稀土金属矿产、分散元素金属矿产六类。

气温 指空气的温度，我国一般以摄氏度(℃)为单位表示。气象观测的温度表是放在离地面约1.5米处通风良好的百叶箱里测量的，因此，通常说的气温指的是离地面1.5米处百叶箱中的温度。其统计计算方法为：

月平均气温是将全月各日的平均气温相加，除以该月的天数而得。

年平均气温是将12个月的月平均气温累加后除以12而得。

降水量 指从天空降落到地面的液态或固态(经融化后)水，未经蒸发、渗透、流失而在地面上积聚的深度。其统计计算方法为：

月降水量是将全月各日的降水量累加而得。

年降水量是将12个月的月降水量累加而得。

日照时数 指太阳实际照射地面的时间。其统计方法与降水量相同。

Explanatory Notes on Main Statistical Indicators

Divisions of Administrative Areas refers to the division of administrative areas by the State. The relative laws stipulate that 1) the whole country is divided into provinces, autonomous regions and municipalities directly under the Central Government; 2) provinces and autonomous regions are further divided into autonomous prefectures, counties, autonomous counties and cities; 3) autonomous prefectures are further divided into counties, autonomous counties and cities; 4) counties and autonomous counties are further divided into townships, ethnic townships and towns; 5) municipalities directly under the Central Government and large cities are divided into districts and counties, 6) the State shall, when necessary, establish special administrative regions.

Climate refers to the natural environmental status formed by the long-term exchange of energy and mass between the earth and the atmosphere, and is the result of interaction of many factors. Climate is both one of the environment factors and also the important resources for living and production activities of the human being. The average values across several years of meteorological factors such as temperature, rainfall and humidity are used as important parameters to describe the climate of a region, while the average values (or total values) of a given year or month of meteorological factors reflect the key characteristics of climate for that period of time.

Natural Resources refer to material resources that could be obtained from the nature by human being and used for production and living. Natural resources in general can be classified as renewable resources and non-renewable resources. Renewable resources refer to resources that could be renewed and recycled during a relatively short period of time, including land resource, water resource, climate resource, biology resource and marine resource. Non-renewable resources include resources that could not be renewed, such as minerals and geothermal resource.

Land Resource Land refers to the surface of the earth, consisting of mainly rocks and its weathering and earth. Land resource can be classified, by its utilization, as land for agriculture, land for construction and unused land. Land for agriculture includes cultivated land, plantation land, forestland, grassland and waters. Land for construction includes land for residential purpose, for manufacturing and mining, for transportation and for water-conservancy projects. Unused land refers to land other than land for agriculture and construction, including beaches, deserts, Gobi, glaciers and rock mountains

Forest Area refers to the area of forest where trees and bamboo grow with canopy density above 0.2, including land of natural woods and planted woods, but excluding bush land and thin forest land. It reflects the total areas of afforestation.

Stock Volume of Forest refers to total stock volume of wood growing in forest area, which shows the total size and level of forest resources of a country or a region. It is also an important indicator illustrating the richness of forest resource and the status of forest ecological environment.

Forest Coverage Rate refers to the ratio of area of afforested land to total land area. It is a very important indicator that reflects the status of abundance of forest resource and balance of the ecosystem. Forest area includes the area of trees and bamboo grow with canopy density above 0.2, the area of shrubby tree according to regulations of the government, the area of forest land inside farm land and the area of trees planted by the side of villages, farm houses and along roads and rivers. The formula for calculating forest coverage rate is as follows:

$$\text{Forestry coverage rate (\%)} = \frac{\text{Area of Afforested Land}}{\text{Area of Total Land}} \times 100\%$$

Runoff refers to the water gathered at the way out of the cross section of drainage area either from the surface or underground after deducting the wastage of the precipitation on the land. Runoff can be divided into surface runoff, underground runoff and within soil runoff. Surface runoff refers to water flowing to the rivers, lakes, swamps, and seas on the surface of the earth. Underground runoff refers to water flow to rivers, lakes, swamps, and seas through the water-bearing stratum of confined layer or unconfined layer.

Volume of Runoff refers to the total volume of water running through a certain cross section of a river during a certain period of time, reflecting the water resource condition in a country or a region. The formula for calculating volume of runoff is as follows:

Runoff =Precipitation-Evaporation

Mineral Resources refer to useful minerals, with solid state, liquid state, gaseity, due to the geological process. Minerals are important natural resources, and important material base for social development. At present, there are more than 170 types of minerals discovered in China. They can be categorized into four groups: energy producing minerals (including coal, petroleum, natural gas and terrestrial heat), metallic minerals (including iron, manganese, copper, lead and bauxite), non metallic minerals (including diamond, limestone and clay), and water/gas related minerals (including ground water, mineral water and carbon dioxide). Metallic minerals can be further classified as ferrous, non-ferrous, noble metal, rare metal, rare earth metal and dispersed metals.

Temperature refers to the air temperature. China uses centigrade as the unit. The thermometry used for weather observation is put in a breezy shutter, which is 1.5 meters high from the ground. Therefore, the commonly used temperature refers to the temperature in the breezy shutter 1.5 meters away from the ground. The calculation method is as follows:

Monthly average temperature is the summation of average daily temperature of one month divided by the actual days of that particular month.

Annual average temperature is the summation of monthly average of a year divided by 12 months.

Volume of Precipitation refers to the deepness of liquid state or solid state (thawed) water falling from the sky to the ground that has not been evaporated, infiltrated or run off. The calculation method is as follows:

Monthly precipitation is the summation of daily precipitation of a month.

Annual precipitation is the summation of 12 months precipitation of a year.

Sunshine Hours refer to the actual hours of sun irradiating the earth. The calculation method is the same as that of the precipitation.

二、综　合

General Survey

资料整理：马　靖　吴小龙　李　洋

简 要 说 明

一、本篇资料反映陕西经济、科技、社会等方面的规模、水平、速度、结构、比例、效益情况，并收录了基本单位统计情况。

二、本篇资料根据各专业统计年报资料以及国家统计局、省级有关部门提供的统计资料加工整理而成。

三、基本单位统计范围为所有法人单位和产业活动单位。

Brief Introduction

Ⅰ. This chapter reflects the scale, level, speed, structure, proportion and efficiency of the national economy, science and technology and the social development of Shaanxi Province, also covering statistics of basic units.

Ⅱ. The summary data are processed and prepared on the basis of the annual reports of various specialized fields provided by Statistics Bureau of Shaanxi Province and the statistics provided by the National Bureau of Statistics and some related departments of Shaanxi Province.

Ⅲ. Statistical range of the basic units covers all corporation units and industry activity units.

2. 综 合

2012年全省				
生产总值	14453.68	亿元	比1978年增长	34.0倍
全社会固定资产投资	12840.15	亿元	比1978年增长	629.8倍
财政收入	2800.09	亿元	比1978年增长	140.7倍
社会消费品零售总额	4383.75	亿元	比1978年增长	130.4倍
出口总额	86.52	亿美元	比1978年增长	726.0倍
城镇居民人均可支配收入	20734	元	比1978年增长	9.5倍
农村居民人均纯收入	5763	元	比1978年增长	5.6倍

生产总值增长速度

（比上年增长%）

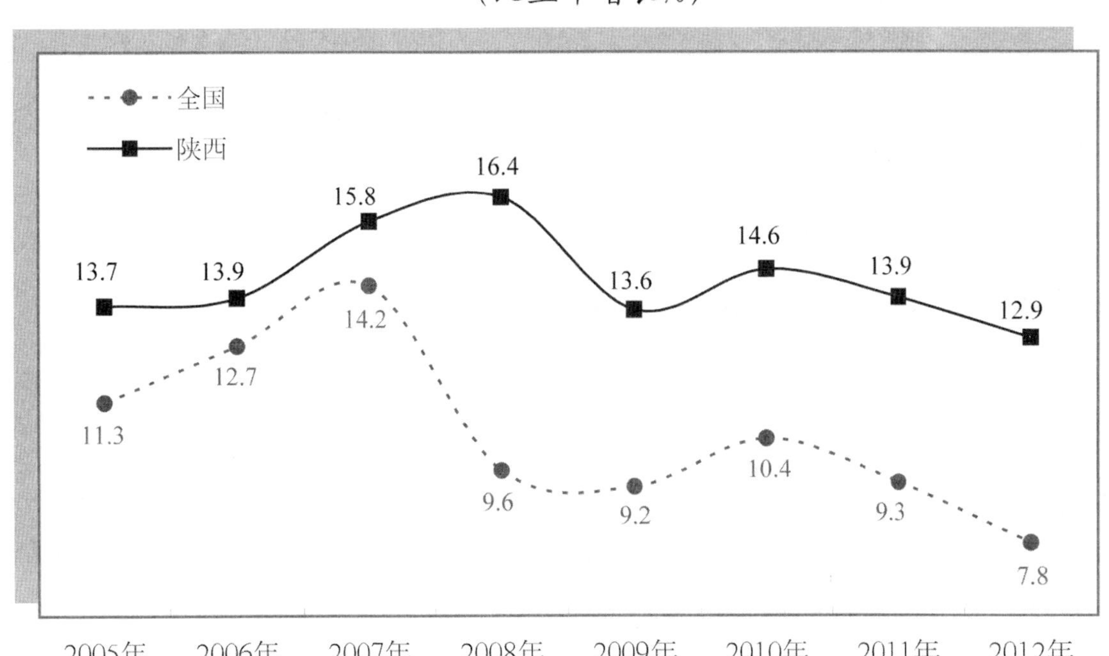

2-1 陕 西 一 日
Selected Indicators on Average Daily Social and Economic Activities

指 标	Item	2000	2005	2010	2011	2012
每天创造的财富	**Daily Production**					
生产总值 (万元)	Gross Domestic Product (10 000 yuan)	49425	107773	277356	342803	395991
第一产业	Primary Industry	7075	11939	27081	33449	37539
第二产业	Secondary Industry	21441	53462	149208	190016	221202
第三产业	Tertiary Industry	20910	42372	101067	119337	137251
财政收入 (万元)	Government Revenue (10 000 yuan)	5123	14494	49345	70666	76715
粮 食 (万吨)	Grain (10 000 tons)	2.98	3.12	3.19	3.27	3.41
棉 花 (吨)	Cotton (ton)	75	213	190	185	184
油 料 (吨)	Oil-bearing Crops (ton)	1062	1242	1536	1616	1653
肉 类 (吨)	Meat (ton)	2524	3674	2812	2729	2934
布 (万米)	Cloth (10 000 m)	196.71	217.26	206.16	168.28	178.10
原 煤 (万吨)	Coal (10 000 tons)	9.57	29.62	98.95	112.70	131.24
发 电 量 (万千瓦小时)	Electricity (10 000 kwh)	7460	13834	30189	33118	36452
原 油 (吨)	Crude Oil (ton)	20450	48717	82665	88368	96645
粗 钢 (吨)	Crude Steel (ton)	1470	8419	16570	20589	22704
每天消费量	**Daily National Consumption**					
居民总消费 (万元)	Household Consumption (10 000 yuan)	21987	42543	86616	102986	121704
能源消费量 (万吨标煤)	Energy Consumption (10 000 tons of SCE)		15.26	24.33	26.74	29.11
社会消费品零售额(万元)	Total Retail Sales of Consumer Goods (10 000 yuan)	19880	36475	87553	103835	120103
每天其他经济活动	**Other Daily Economic Activities**					
货 运 量 (万吨)	Freight Traffic (10 000 tons)	82.12	125.27	286.09	331.28	374.61
客 运 量 (万人次)	Passenger Traffic (10 000 persons)	78.61	107.16	257.41	295.37	308.41
邮电业务总量 (万元)	Business Volume of Postal and Telecommunication Services(10 000 yuan)	2329.84	9072.12	24735.62	9541.22	10562.65
进出口总额 (万美元)	Total Value of Imports and Exports (USD 10 000)	586.33	1253.93	3310.36	4006.42	4054.39
# 出口总额	Total Exports	358.91	842.69	1700.75	1920.78	2370.35
入境旅游人数 (万人)	Number of Overseas Visitor Arrivals (10 000 person-times)	0.20	0.25	0.58	0.74	0.92
个人储蓄额 (万元)	Outstanding Amount of Savings Deposit (10 000 yuan)	41713	96821	218021	251290	295070
每天人口变动和婚姻	**Daily Population Changes and Marriages**					
出 生 (人)	Births (person)	1244	1013	994	1000	1041
死 亡 (人)	Deaths (person)		608	613	622	642
结 婚 (对)	Marriages (couples)	557	571	950	1012	1025
离 婚 (对)	Divorces (couples)	71	64	122	139	151

注：1.本表价值量指标中，除邮电业务总量按不变价格计算，其余均按当年价格计算。
2.工业产品产量2000年及以后为规模以上企业数。
3.能源消费量按等价值计算。

a) Figures in value terms in this table are at current prices, except that on the business volume of postal and telecommunication services which is at constant prices.
b) Since 2000, Output of industrial products are obtained from above designated size enterprises.
c) Energy consumption are calculated at equivalent value.

2-2　陕西省主要国民经济指标占全国比重（2012年）
Percentage of Shaanxi Main Indicators on National Economic to National Total (2012)

指　标		Item		陕　西 Shaanxi	全　国 National Total	陕西占全国% Shaanxi as Percentage of National Total (%)
年底总人口	(万人)	Population at Year-end	(10 000 persons)	3753	135404	2.8
就业人员	(万人)	Number of Employed Persons	(10 000 persons)	2061	76704	2.7
生产总值	(亿元)	Gross Domestic Product	(100 million yuan)	14453.68	519322	2.8
第一产业		Primary Industry		1370.16	52377	2.6
第二产业		Secondary Industry		8073.87	235319	3.4
# 工　业		Industry		6847.41	199860	3.4
第三产业		Tertiary Industry		5009.65	231626	2.2
全社会固定资产投资总额	(亿元)	Total Investment in Fixed Assets	(100 million yuan)	12840.15	374676	3.4
地方一般预算收入	(亿元)	Local General Bugetary Revenue	(100 million yuan)	1600.69	61077	2.6
主要产品产量		Output of Major Products				
粮　食	(万吨)	Grain	(10 000 tons)	1245	58958	2.1
棉　花	(万吨)	Cotton	(10 000 tons)	6.72	683.6	1.0
油　料	(万吨)	Oil-bearing Crops	(10 000 tons)	60.33	3436.8	1.8
水　果	(万吨)	Fruits	(10 000 tons)	1437.74	24056.8	6.0
原　煤	(万吨)	Coal	(10 000 tons)	47904	365000	13.1
原　油	(万吨)	Crude Oil	(10 000 tons)	3527.56	20748	17.0
天 然 气	(亿立方米)	Natural Gas	(100 million cu.m)	309.62	1072.2	28.9
发 电 量	(亿千瓦小时)	Electricity	(100 million kwh)	1330.50	49378	2.7
粗　钢	(万吨)	Crude Steel	(10 000 tons)	828.69	71716	1.2
水　泥	(万吨)	Cement	(10 000 tons)	7552.71	221000	3.4
化　肥	(万吨)	Fertilizers	(10 000 tons)	97.89	7296.0	1.3
纱	(万吨)	Yarn	(10 000 tons)	28.86	2984	1.0
布	(亿米)	Cloth	(100 million m)	6.50	841	0.8
家用电冰箱	(万台)	Household Refrigerators	(10 000 units)	31.06	8427.0	0.4
汽　车	(万辆)	Motor Vehicles	(10 000 units)	54.46	1927.7	2.8
货物周转量	(亿吨公里)	Total Freight Ton-kilometers	(100 million ton-km)	3193.12	173771	1.8
邮电业务总量	(亿元)	Business Volume of Postal and Telecommunication Services	(100 million yuan)	385.54	15021.5	2.6
社会消费品零售总额	(亿元)	Total Retail Sales of Consumer Goods	(100 million yuan)	4383.75	210307	2.1
进出口总额	(亿美元)	Total Value of Imports and Exports	(USD 100 million)	147.99	38667.6	0.4
# 出口额		Exports		86.52	20489.3	0.4
入境旅游人数	(万人次)	Number of Overseas Visitor Arrivals	(10 000 person-times)	335.24	13240.5	2.5
大学生在校学生数	(万人)	Students Enrollment of College and University	(10 000 persons)	102.63	2391.3	4.3
图书出版量	(亿册)	Number of Books Published	(100 million copies)	1.96	81.0	2.4
杂志出版量	(亿册)	Number of Magazines Published	(100 million copies)	0.67	34.0	2.0
报纸出版量	(亿份)	Number of Newspapers Published	(100 million copies)	7.09	476.0	1.5

2-3 国民经济和社会发展总量与速度指标

指　　标	Item	1978	2000
人口与就业	**Population and Employment**		
人　口	Population		
年底总人口 (万人)	Population at Year-end (10 000 persons)	2779	3644
城镇人口	Urban	454	1176
乡村人口	Rural	2325	2468
男性人口	Male	1444	1896
女性人口	Female	1335	1748
就　业	Employment		
就业人员 (万人)	Number of Employed Persons (10 000 persons)	1078	1813
# 职工人数	Number of Staff and Workers	257	328
城镇登记失业人数 (万人)	Registered Unemployment in Urban Areas (10 000 persons)		11.39
宏观经济	**Macro Economy**		
国民经济核算	National Accounting		
生产总值 (亿元)	Gross Domestic Product (100 million yuan)	81.07	1804.00
第一产业	Primary Industry	24.70	258.22
第二产业	Secondary Industry	42.13	782.58
第三产业	Tertiary Industry	14.24	763.20
收入法生产总值 (亿元)	Gross Domestic Product (100 million yuan)		
劳动者报酬	Compensation of Employees		
生产税净额	Net Taxes on Production		
固定资产折旧	Depreciation of Fixed Assets		
营业盈余	Operating Surplus		
支出法生产总值 (亿元)	GDP by Expenditure Approach (100 million yuan)	81.07	1804.00
# 最终消费	Final Consumption Expenditures	52.74	1042.94
居民消费	Household Consumption	48.24	802.54
政府消费	Government Consumption	4.50	240.40
资本形成总额	Gross Capital Formation	30.45	856.60
固定资本形成总额	Gross Fixed Capital Formation	23.18	796.20
存货增加	Change in Inventories	7.27	60.40
固定资产投资	Investment in Fixed Assets		
全社会固定资产投资总额 (亿元)	Total Investment in Fixed Assets (100 million yuan)	20.35	745.85
# 固定资产投资	Investment in Fixed Assets		
# 房地产开发投资	Investment in Real Estate Development		78.89
财　政	Government Finance		
财政收入 (亿元)	Government Revenue (100 million yuan)	19.76	187.00
# 地方一般预算收入	Local General Bugetary Revenue		114.97
财政支出 (亿元)	Government Expenditures (100 million yuan)	18.30	271.76
物价指数 (上年=100)	Price Indices (preceding year=100)		
商品零售价格指数	Retail Price Index	100.5	98.3
居民消费价格指数	Consumer Price Index	100.6	99.5
利用外资	Utilization of Foreign Capital		
签订利用客商直接投资协议额 (万美元)	Contracted Value of Direct Investments (USD 10 000)		49931
实际利用客商直接投资额 (万美元)	Actually Utilized Value of Direct Investments (USD 10 000)		28842
能源生产与消费(等价值)	Production and Consumption of Energy (Equivalent Value)		
能源生产总量 (万吨标准煤)	Total Energy Production (10 000 tons of SCE)		
能源消费总量 (万吨标准煤)	Total Energy Consumption (10 000 tons of SCE)		

注：1.本表价值量指标中，除邮电业务总量按不变价格计算，其余指标均按当年价格计算。

2.2000年及以后工业产品产量、财务指标为规模以上企业数据。

3.1998年及以后职工人数、职工工资总额、职工平均工资为在岗职工数据。

4.本表速度指标中，生产总值及三次产业增加值、物价指数、农林牧渔业增加值、工业增加值、城乡居民收入和职工平均工资指标均按不变价格计算。固定资产投资平均增长速度按累计法计算。

5.2012年财政收入增长速度为同口径增长速度。

Principal Aggregate Indicators on National Economic and Social Development and Growth Rates

2005	2010	2011	2012	2012年为下列年份% 2012 as Percentage of the Following Years(%)					1979-2012 平均增长% Average Annual Growth Rate(%)
				1978	2000	2005	2010	2011	
3690	3735	3743	3753	135.1	103.0	101.7	100.5	100.3	0.9
1374	1707	1770	1877	413.4	159.6	136.6	110.0	106.0	4.3
2316	2028	1973	1876	80.7	76.0	81.0	92.5	95.1	-0.6
1899	1930	1931	1938	134.2	102.2	102.1	100.4	100.4	0.9
1791	1805	1812	1815	135.9	103.8	101.3	100.5	100.1	0.9
1976	2074	2059	2061	191.2	113.7	104.3	99.4	100.1	1.9
323	343	371	386	150.4	117.8	119.6	112.7	104.1	1.2
21.54	21.42	20.91	19.48		171.1	90.4	90.9	93.2	
3933.72	10123.48	12512.30	14453.68	3503.7	449.9	257.0	128.6	112.9	11.0
435.77	988.45	1220.90	1370.16	570.2	194.1	151.2	112.3	106.0	5.3
1951.36	5446.10	6935.59	8073.87	5143.8	566.4	286.3	133.6	114.8	12.3
1546.59	3688.93	4355.81	5009.65	6486.4	420.8	251.5	125.6	111.6	13.1
	10123.48	12512.30	14453.68						
	4028.24	4911.66	5566.50						
	1695.80	2272.65	2585.50						
	1125.97	1464.67	1747.26						
	3273.47	3863.32	4554.42						
3933.72	10123.48	12512.30	14453.68						
2112.91	4640.10	5573.25	6387.07						
1552.81	3161.47	3758.99	4442.20						
560.10	1478.63	1814.26	1944.87						
2026.38	6834.25	8487.32	9915.23						
1936.45	6851.53	8190.19	9700.12						
89.93	-17.28	297.13	215.11						
1982.04	8561.24	10023.53	12840.15	63081.7	1721.5	647.8	150.0	128.1	20.8
		9701.43	12501.43					128.9	
298.95	1159.47	1410.90	1835.93		2327.2	614.1	158.3	130.1	
529.02	1801.11	2579.30	2800.09	14171.4	1497.4	529.3	155.5	118.6	15.7
275.32	958.21	1500.18	1600.69		1392.3	581.4	167.1	124.9	
638.96	2218.83	2930.81	3323.80	18160.3	1223.1	520.2	149.8	113.4	16.5
100.1	103.6	104.8	102.3	503.7	127.8	126.8	107.2	102.3	4.9
101.2	104.0	105.7	102.8	610.3	136.6	128.9	108.7	102.8	5.5
158237	221030	254910	515036		1031.5	325.5	233.0	202.0	
62839	182006	235483	293609		1018.0	467.2	161.3	124.7	
14576	32332	37153	41908			287.5	129.6	112.8	
5571	8882	9761	10626			190.7	119.6	108.9	

a) Figures in value terms in this table are at current prices, except that on the business volume of postal and telecommunication services which is at constant prices.

b) Since 2000, Output of industrial products and financial indicators are obtained from above designated size enterprises.

c) Figures on number of staff and workers ,total wage bill and average wage refer to fully employed staff and workers since 1998 .

d) The indices and growth rates of the follow indicators are calculated at constant prices: gross domestic product, value-added of the three strata of industry,price indices,value-added of agriculture, forestry, animal husbandry and fishery ,value-added of industry, per capita income of urban and rural residents, average wage of staff and workers. The average annual growth rate of total investment in fixed assets is calculated at the accumulate method.

e) The increase rates of government revenue is the same requirements data in 2012.

2-3 续表 1

指　　标		Item		1978	2000
产　业		**Industry**			
农　业		Agriculture			
常用耕地面积	(千公顷)	Cultivated Land	(1 000 hectares)	3854	3114
农林牧渔业增加值	(亿元)	Value-added of Agriculture, Forestry, Animal Husbandry and Fishery	(100 million yuan)	24.70	258.22
主要农产品产量		Output of Major Farm Products			
粮　食	(万吨)	Grain	(10 000 tons)	800	1089
棉　花	(万吨)	Cotton	(10 000 tons)	10.54	2.74
油　料	(万吨)	Oil-bearing Crops	(10 000 tons)	5.65	38.76
烤　烟	(万吨)	Flue-Cured Tobacco	(10 000 tons)	1.38	7.36
茶　叶	(吨)	Tea	(ton)	1408	6126
水　果	(万吨)	Fruits	(10 000 tons)	33.41	493.79
蔬　菜	(万吨)	Vegetables	(10 000 tons)		556.53
肉　类	(万吨)	Meat	(10 000 tons)	14.20	92.12
工　业		Industry			
工业增加值	(亿元)	Value-added of Industry	(100 million yuan)	36.52	629.88
主要工业产品产量		Output of Major Industrial Products			
纱	(万吨)	Yarn	(10 000 tons)	13.85	15.68
布	(亿米)	Cloth	(100 million m)	5.81	7.18
家用电冰箱	(万台)	Household Refrigerators	(10 000 units)		37.56
彩色显象管	(万只)	Color CRT	(10 000 units)		846.98
原　煤	(万吨)	Coal	(10 000 tons)	1666	3493
原　油	(万吨)	Crude Oil	(10 000 tons)	6.03	746.44
天然气	(亿立方米)	Natural Gas	(100 million cu.m)		21.10
发电量	(亿千瓦小时)	Electricity	(100 million kwh)	66.10	272.28
粗　钢	(万吨)	Crude Steel	(10 000 tons)	24.29	53.65
钢　材	(万吨)	Rolled Steel	(10 000 tons)	17.38	57.70
水　泥	(万吨)	Cement	(10 000 tons)	210.66	989.44
化　肥	(万吨)	Fertilizers	(10 000 tons)	13.69	93.90
汽　车	(万辆)	Motor Vehicles	(10 000 units)		1.93
规模以上工业企业		Industrial Enterprises above Designated Size			
资产总计	(亿元)	Original Value of Fixed Assets	(100 million yuan)		2683.07
主营业务收入	(亿元)	Revenue from Principal Business	(100 million yuan)		1133.82
利润和税金总额	(亿元)	Total Profits and Tax	(100 million yuan)		155.51
交通运输		Transportation			
货物运输量	(万吨)	Freight Traffic	(10 000 tons)	7160	29973
# 铁　路		Railways		2400	4697
公　路		Highways		4733	25200
货物周转量	(亿吨公里)	Freight Ton-kilometers	(100 million ton-km)	176.11	593.24
# 铁　路		Railways		165.58	448.15
公　路		Highways		10.39	143.64
旅客运输量	(万人)	Passenger Traffic	(10 000 persons)	5628	28693
# 铁　路		Railways		2009	2661
公　路		Highways		3605	25600
旅客周转量	(亿人公里)	Passenger-Kilometers	(100 million passenger-km)	60.73	376.99
# 铁　路		Railways		47.56	178.89
公　路		Highways		12.95	151.04

continued

2005	2010	2011	2012	2012年为下列年份% 2012 as Percentage of the Following Years(%)					1979-2012 平均增长% Average Annual Growth Rate(%)
				1978	2000	2005	2010	2011	
2788	2861	2861	2864	74.3	92.0	102.7	100.1	100.1	-0.9
435.77	988.45	1220.90	1370.16	570.2	194.1	151.2	112.3	106.0	5.3
1140	1165	1195	1245	155.6	114.3	109.3	106.9	104.2	1.3
7.78	6.92	6.74	6.72	63.8	245.3	86.4	97.1	99.7	-1.3
45.35	56.08	58.97	60.33	1067.8	155.7	133.0	107.6	102.3	7.2
5.88	6.73	7.67	9.15	663.0	124.3	155.6	136.0	119.3	5.7
11382	25052	28430	35195	2499.6	574.5	309.2	140.5	123.8	9.9
765.74	1238.50	1332.68	1437.74	4303.3	291.2	187.8	116.1	107.9	11.7
869.93	1384.02	1432.50	1525.62		274.1	175.4	110.2	106.5	
134.11	102.64	99.60	107.09	754.2	116.3	79.9	104.3	107.5	6.1
1650.63	4558.97	5857.92	6847.41	5736.2	595.7	288.1	135.5	115.7	12.6
19.43	27.12	27.44	28.86	208.4	184.1	148.5	106.4	105.2	2.2
7.93	7.52	6.14	6.50	111.9	90.5	82.0	86.4	105.8	0.3
8.08	35.68	32.33	31.06		82.7	384.4	87.1	96.1	
1678.96	704.08	190.72	108.86			6.5	15.5	57.1	
10811	36116	41135	47904	2875.4	1371.4	443.1	132.6	116.5	10.4
1778.16	3017.28	3225.42	3527.56	58500.2	472.6	198.4	116.9	109.4	20.6
80.59	223.47	272.21	309.62		1467.4	384.2	138.6	113.7	
504.94	1101.91	1208.82	1330.50	2012.9	488.7	263.5	120.7	110.1	9.2
307.28	604.82	751.49	828.69	3411.7	1544.6	269.7	137.0	110.3	10.9
337.10	994.89	1025.29	1283.55	7385.2	2224.5	380.8	129.0	125.2	13.5
1972.13	5463.79	6430.63	7552.71	3585.3	763.3	383.0	138.2	117.4	11.1
122.86	82.74	92.01	97.89	715.0	104.2	79.7	118.3	106.4	6.0
4.26	65.21	55.67	54.46			1277.9	83.5	97.8	
5085.90	14688.70	17234.61	20591.16			404.9	140.2	119.5	
3302.50	10888.80	13790.12	16328.25			494.4	150.0	118.4	
676.50	2401.96	3074.69	3457.30			511.1	143.9	112.4	
45724	104423	120916	136734	1909.7	456.2	299.0	130.9	113.1	9.1
12123	27121	30299	31942	1330.9	680.1	263.5	117.8	105.4	7.9
33483	77123	90419	104593	2209.9	415.1	312.4	135.6	115.7	9.5
1115.31	2465.99	2825.83	3193.12	1813.1	538.3	286.3	129.5	113.0	8.9
905.76	1267.90	1354.25	1446.75	873.7	322.8	159.7	114.1	106.8	6.6
207.85	1195.91	1469.68	1744.65	16791.6	1214.6	839.4	145.9	118.7	16.3
39137	93954	107809	112570	2000.2	392.3	287.6	119.8	104.4	9.2
3600	5411	5614	5757	286.6	216.3	159.9	106.4	102.5	3.1
34780	87457	101062	105647	2930.6	412.7	303.8	120.8	104.5	10.4
571.60	851.45	989.41	1004.53	1654.1	266.5	175.7	118.0	101.5	8.6
279.08	362.60	405.37	408.84	859.6	228.5	146.5	112.8	100.9	6.5
206.54	383.99	462.89	488.55	3772.6	323.5	236.5	127.2	105.5	11.3

2-3 续表 2

指 标	Item	1978	2000
邮电通信业	Postal and Telecommunication Services		
邮电业务总量 (亿元)	Business Volume of Postal and Telecommunication Services (100 million yuan)	0.50	85.04
函 件 (万件)	Number of Letters Delivered (10 000 pieces)	9188	17444
报刊期发数 (万份)	Number of Newspapers and Magazines Distributed (10 000 copies)	319	454
固定电话 (万户)	Number of Fixed Telephone Subscribers (10 000 subscribers)	4.65	345.24
城 市	Urban Telephone Subscribers	3.24	252.86
农 村	Rural Telephone Subscribers	1.41	92.39
移动电话 (万户)	Number of Mobile Telephone Subscribers (10 000 subscribers)		151.67
互联网宽带用户 (万户)	Number of Internet Subscribers (10 000 subscribers)		19.87
国内商业	Domestic Trade		
社会消费品零售总额 (亿元)	Total Retail Sales of Consumer Goods (100 million yuan)	33.37	725.64
对外贸易和旅游	Foreign Trade and Tourism		
进出口总额 (万美元)	Total Value of Imports and Exports (USD 10 000)		214009
进口额	Imports		83006
出口额	Exports	1190	131003
国际旅游	International Tourism		
入境旅游人数 (万人次)	Number of Overseas Visitor Arrivals (10 000 persons)	1.37	71.28
旅游外汇收入 (万美元)	Foreign Exchange Earnings from Tourism (USD 10 000)	177	28025
金 融	Financial Intermediation		
金融机构(含外资)人民币存款 (亿元)	Deposits of National Banking System in RMB (Uncluding Foreign Currency) (100 million yuan)		
金融机构(含外资)人民币贷款 (亿元)	Loans of National Banking System in RMB (Uncluding Foreign Currency) (100 million yuan)		
教育 · 科技 · 文化	**Education, Science and Technology and Culture**		
教 育	Education		
专任教师数 (万人)	Full-time Teachers (10 000 persons)		
普通高等学校	Regular Institutions of Higher Education	1.07	2.07
中等职业学校	Vocational Secondary Schools	0.33	2.17
普通中学	Secondary Schools	9.17	12.23
小 学	Primary Schools	17.30	18.23
在校学生数 (万人)	Students Enrollment (10 000 persons)		
普通高等学校	Regular Institutions of Higher Education	3.44	24.17
中等职业学校	Vocational Secondary Schools	2.93	36.37
普通中学	Secondary Schools	193.47	230.52
小 学	Primary Schools	450.51	480.93
科 技	Science and Technology		
全省从事科技活动人员数 (万人)	Personnel Engaged in S&T Activities in the Whole Province (10 000 persons)		15.51
R&D经费内部支出 (亿元)	Internal Expenditure on Research and Development (100 million yuan)		
文 化	Culture		
出版数量	Number of Publication		
图 书 (万册)	Books (10 000 copies)	7661	15958
杂 志 (万册)	Magazines (10 000 copies)	1423	4944
报 纸 (万份)	Newspapers (10 000 copies)		70389
制作电视节目 (小时)	Time for TV Programs Production (hour)		16174

continued

2005	2010	2011	2012	2012年为下列年份% 2012 as Percentage of the Following Years(%)					1979-2012 平均增长% Average Annual Growth Rate(%)
				1978	2000	2005	2010	2011	
331.13	902.85	348.25	385.54	76723.8	453.4	116.4	42.7	110.7	21.6
15119	9734	5877	6061	66.0	34.7	40.1	62.3	103.1	-1.2
286	517	335	337	105.6	74.2	117.8	65.2	100.6	0.2
859.32	781.89	775.48	772.07	16619.4	223.6	89.8	98.7	99.6	16.2
561.84	519.55	519.05	541.30	16729.6	214.1	96.3	104.2	104.3	16.3
297.47	262.34	256.44	230.76	16366.3	249.8	77.6	88.0	90.0	16.2
938.10	2518.23	2907.18	3264.77			348.0	129.6	112.3	
236.90	368.83	389.08	439.59			185.6	119.2	113.0	
1331.35	3195.67	3789.99	4383.75	13136.8	604.1	329.3	137.2	115.7	15.4
457684	1208283	1462344	1479854		691.5	323.3	122.5	101.2	
150103	587510	761258	614677		740.5	409.5	104.6	80.7	
307580.8	620773	701085	865178	72704.0	660.4	281.3	139.4	123.0	21.4
92.84	212.17	270.41	335.24	24470.1	470.3	361.1	158.0	124.0	17.6
44625	101596	129505	159747	90252.5	570.0	358.0	157.2	123.4	22.2
	16456.05	19227.09	22657.74				137.7	117.8	
	10033.12	11865.26	13865.61				138.2	116.9	
4.29	5.83	5.92	6.15	574.8	296.8	143.5	105.5	103.9	5.3
2.85	3.46	3.33	3.01	911.8	138.6	105.4	86.8	90.3	6.7
15.91	17.05	17.09	16.88	184.1	138.1	106.1	99.0	98.8	1.8
18.66	17.52	17.10	16.68	96.4	91.5	89.4	95.2	97.6	-0.1
66.69	92.78	96.48	102.63	2983.4	424.6	153.9	110.6	106.4	10.5
55.84	89.93	84.67	73.31	2502.0	201.6	131.3	81.5	86.6	9.9
304.56	259.91	246.80	225.70	116.7	97.9	74.1	86.8	91.5	0.5
340.09	261.04	253.60	234.62	52.1	48.8	69.0	89.9	92.5	-1.9
13.49	20.69	20.54	22.03		142.0	163.3	106.5	107.2	
92.15	217.50	250.58	287.20				132.0	114.6	
17628	19830	16502	19640	256.4	123.1	111.4	99.0	119.0	2.8
6450	7522	7622	6708	471.4	135.7	104.0	89.2	88.0	4.7
68219	62239	66883	70922		100.8	104.0	114.0	106.0	
71983	83275	107375	102136		631.5	141.9	122.6	95.1	

2-3 续表 3

指 标	Item	1978	2000
家庭·生活·环境	**Family, People's Living Conditions and Environment**		
家 庭	Family		
家庭总户数 (万户)	Total Number of Households (10 000 households)	560.82	948.06
城镇居民平均每户家庭人口 (人)	Average Household Size in Urban Areas (person)		3.08
农村居民平均每户家庭人口 (人)	Average Household Size in Rural Areas (person)		4.43
婚 姻	Marriages and Divorces		
结婚数 (对)	Number of Marriages (couples)	136230	203598
离婚数 (对)	Number of Divorces (couples)		26031
居 住	Housing		
城镇居民人均住房使用面积(平方米)	Per Capita Gross Living Space in Cities (sq.m)		16.08
农村居民人均住房面积 (平方米)	Per Capita Net Floor Space of Rural Residents (sq.m)		22.87
生 活	People's Living Conditions		
城镇居民人均可支配收入 (元)	Per Capita Annual Disposable Income of Urban Households (yuan)	310	5124
农村居民人均纯收入 (元)	Per Capita Net Income of Rural Residents (yuan)	134	1470
个人储蓄存款余额 (亿元)	Personal Saving Deposits (100 million yuan)	7.79	1522.53
工 资	Wages		
职工工资总额 (亿元)	Total Wages of Staff and Workers (100 million yuan)	16.44	257.28
职工平均工资 (元)	Average Wage of Staff and Workers (yuan)	654	7804
卫 生	Health Care		
医院数 (个)	Number of Hospitals (unit)	3064	2779
医生数 (万人)	Number of Doctors (10 000 persons)	3.43	6.43
医院床位数 (万张)	Number of Hospital Beds (10 000 units)	4.99	9.26
市政建设	Municipal Works		
自来水供应量 (万立方米)	Volume of Tap Water Supply (10 000 cu.m)	21119	67062
排水管道长度 (公里)	Length of Sewer Pipelines (km)	431	1856
城市天然气供应量 (万立方米)	Volume of Natural Gas Supply in Urban Areas (10 000 cu.m)		17770
道路长度 (公里)	Length of Paved Roads (km)	639	2537
园林绿地面积 (公顷)	Area of Green Land (hectare)	488	9079
环境、灾害	Environment and Disaster		
环境污染治理投资总额 (万元)	Total Investment in the Treatment of Environmental Pollution (10 000 yuan)		
火灾发生数 (起)	Number of Fire Disasters (unit)		3818
火灾损失 (万元)	Loss of Fire Disasters (10 000 yuan)		2613
交通事故发生数 (件)	Number of Traffic Accidents (unit)	3979	11846
交通事故损失 (万元)	Loss of Traffic Accidents (10 000 yuan)	165	3978

continued

2005	2010	2011	2012	2012年为下列年份% 2012 as Percentage of the Following Years(%)					1979-2012 平均增长% Average Annual Growth Rate(%)
				1978	2000	2005	2010	2011	
1055.74	1198.37	1224.90	1244.46	221.9	131.3	117.9	103.8	101.6	2.4
2.96	2.84	2.88	2.86		92.9	96.6	100.7	99.3	
4.36	4.10	3.98	3.96		89.4	90.8	96.5	99.4	
208421	346645	369318	374046	274.6	183.7	179.5	107.9	101.3	3.0
23447	44402	50780	55006		211.3	234.6	123.9	108.3	
18.54	21.04	22.00	22.06		137.2	119.0	104.9	100.2	
26.01	31.70	37.16	38.34		167.6	147.4	120.9	103.2	
8272	15695	18245	20734	1046.6	306.7	195.7	121.9	110.8	7.2
2052	4105	5028	5763	655.3	251.1	204.1	127.1	111.2	5.7
3533.97	7957.78	9172.09	10770.05	138175.0	707.4	304.8	135.3	117.4	23.7
477.97	1176.33	1484.27	1743.47	10605.0	677.7	364.8	148.2	117.5	14.7
14796	34299	39043	44330	1057.2	429.2	233.1	118.9	110.4	7.2
2674	2639	2611	2603	85.0	93.7	97.3	98.6	99.7	-0.5
6.03	6.28	6.57	6.95	202.6	108.1	115.3	110.7	105.8	2.1
10.34	13.72	14.69	16.31	326.9	176.1	157.7	118.9	111.0	3.5
71170	81335	76780	84703	401.1	126.3	119.0	104.1	110.3	4.2
3250	5666	5809	6383	1480.9	343.9	196.4	112.7	109.9	8.2
76285	164654	182495	221162			289.9	134.3	121.2	
3191	4810	4964	5422	848.5	213.7	169.9	112.7	109.2	6.5
15003	26063	28164	30990	6350.4	341.3	206.6	118.9	110.0	13.0
		982635	1153831					117.4	
7490	4620	5006	7857		205.8	104.9	170.1	157.0	
4683	8354	9418	16172		618.9	345.3	193.6	171.7	
12011	6004	6362	5989	150.5	50.6	49.9	99.8	94.1	1.2
6242	3311	3332	4004	2426.7	100.7	64.1	120.9	120.2	9.8

2-4 国民经济主要结构指标
Main Composition Indicators on National Economy

单位：% (%)

指 标	Item	2000	2005	2010	2011	2012
人口与就业	**Population and Employment**					
人 口	Population					
城乡结构	Urban and Rural Composition					
城 镇	Urban	32.3	37.2	45.7	47.3	50.0
乡 村	Rural	67.7	62.8	54.3	52.7	50.0
性别结构	Sexual Composition					
男	Male	52.0	51.5	51.7	51.6	51.6
女	Female	48.0	48.5	48.3	48.4	48.4
宏观经济	**Macro Economy**					
国民经济核算	National Accounting					
生产总值产业结构	Industrial Composition					
第一产业	Primary Industry	14.3	11.1	9.8	9.8	9.5
第二产业	Secondary Industry	43.4	49.6	53.8	55.4	55.8
第三产业	Tertiary Industry	42.3	39.3	36.4	34.8	34.7
生产总值地区结构	by Region					
关 中	Guanzhong	72.5	66.2	62.8	61.6	61.1
陕 南	Southern Shaanxi	14.2	12.2	11.1	11.3	11.6
陕 北	Northern Shaanxi	13.3	21.6	26.1	27.1	27.3
投 资	Investment					
固定资产投资结构	Composition of Investment in Fixed Assets					
第一产业	Primary Industry	2.7	2.7	5.7	3.4	6.1
第二产业	Secondary Industry	36.2	34.1	35.1	37.1	37.6
第三产业	Tertiary Industry	61.1	63.2	59.2	59.4	56.2
固定资产投资经济类型结构	Compositione of Investment in Fixed Assets by Registration Status					
国有经济	State-Owned Units	63.5	51.3	49.3	44.5	43.2
集体经济	Collective-Owned Units	5.6	3.9	4.8	4.1	3.4
其他经济	Others	18.4	38.1	42.8	47.5	50.0
个 体	Individuals	12.5	6.7	3.0	3.9	3.4

2-4　续表 1　continued

单位：%　　(%)

指　标	Item	2000	2005	2010	2011	2012
能　源	Energy					
能源生产总量结构	Composition of Total Energy Production					
原　煤	Coal		74.7	76.9	77.1	77.8
原　油	Crude Oil		17.4	13.3	12.4	12.0
天然气	Natural Gas		6.7	8.9	9.7	9.5
水　电	Hydro-power		1.1	0.9	0.8	0.6
能源消费总量结构	Composition of Total Energy Consumption					
煤　品	Coal		75.6	70.6	72.0	73.7
油　品	Petroleum		17.4	17.6	16.7	15.9
天然气	Natural Gas		4.1	8.6	8.5	8.0
水　电	Hydro-power		3.0	3.1	2.9	2.4
产　业	**Industry**					
农　业	Agriculture					
农林牧渔业产值结构	Composition of Gross Output Value of Agriculture, Forestry,Animal Husbandry and Fishery					
农　业	Farming	70.5	64.7	66.5	66.1	66.3
林　业	Forestry	5.9	3.4	2.1	2.1	2.5
牧　业	Animal Husbandry	22.9	27.2	26.1	26.9	26.0
渔　业	Fishery	0.8	0.8	0.5	0.5	0.6
农林牧渔服务业	Services in Support of Agriculture,Forestry,Animal Husbandry and Fishery		3.9	4.8	4.4	4.6
工　业	Industry					
轻重工业产值结构	Composition of Gross Output Value of Light and Heavy Industry					
轻工业	Light Industry	35.1	24.0	18.9	18.7	18.9
重工业	Heavy Industry	64.9	76.0	81.1	81.3	81.1
交通运输业	Transportation					
客运量结构	Composition of Passenger Traffic					
铁　路	Railways	9.3	9.2	5.8	5.2	5.1
公　路	Highways	89.2	88.9	93.1	93.7	93.9
水　运	Waterways	0.8	0.9	0.3	0.3	0.3
民用航空	Civil Aviation	0.8	1.1	0.8	0.7	0.7
货运量结构	Composition of Freight Traffic					
铁　路	Railways	15.7	26.5	26.0	25.1	23.4
公　路	Highways	84.1	73.2	73.9	74.8	76.5
水　运	Waterways	0.2	0.3	0.2	0.2	0.1
民用航空	Civil Aviation	…	…	…	…	…

2-4 续表 2 continued

单位：% (%)

指 标	Item	2000	2005	2010	2011	2012
国内商业	Domestic Trade					
社会消费品零售总额构成	Composition of Total Retail Sales of Consumer Goods					
城 镇	Urban			86.9	88.3	88.1
乡 村	Rural			13.1	11.7	11.9
国际旅游	International Tourism					
入境旅游人数结构	Composition of Overseas Visitor Arrivals					
外国人	Foreigners	82.0	80.3	73.2	70.2	69.7
港澳台同胞	Hong Kong, Macao and Taiwan Compatriots	18.0	19.7	26.8	29.8	30.3
生活 · 环境	**People's Living Conditions and Environment**					
生 活	People's Living Conditions					
城镇居民消费结构	Composition of Urban Residents Consumption					
食 品	Food	35.8	36.1	37.1	36.6	36.2
衣 着	Clothing	9.4	10.1	12.1	12.1	11.7
居 住	Residence	11.0	9.8	9.5	8.7	8.6
家庭设备用品及服务	Household Facilities,Articles and Services	11.1	5.6	6.1	6.6	6.4
医疗保健	Medicine and Medical Services	7.9	9.1	7.9	8.0	7.9
交通和通信	Transportation and Communications	7.0	9.5	10.1	10.9	11.7
教育文化娱乐服务	Recreation, Education and Culture Services	12.8	16.3	13.5	13.5	13.6
其他商品和服务	Miscellaneous Commodities and Services	5.1	3.6	3.7	3.6	3.9
农村居民消费结构	Composition of Rural Residents Consumption					
食 品	Food	43.5	42.9	34.2	30.0	29.7
衣 着	Clothing	6.6	6.6	6.3	6.3	6.5
居 住	Residence	16.0	11.2	22.1	24.7	24.6
家庭设备用品及服务	Household Facilities, Articles and Services	4.6	4.4	6.2	6.2	5.8
交通和通讯	Transport and Communications	4.7	8.6	8.9	9.0	9.8
文化教育娱乐用品及服务	Cultural, Educational and Recreational Articles and Services	14.5	15.7	10.5	9.0	8.7
医疗保健	Health Care and Medical Services	7.3	8.7	9.9	11.9	12.1
其他商品及服务	Miscellaneous Goods and Services	2.8	2.0	2.0	2.8	2.7
环 境	Environment					
工业污染源治理投资使用结构	Consumption of Investment in the Treatment of Industrial Pollution					
治理废水	Waste Water Treatment		75.9	21.2	67.2	65.3
治理废气	Waste Gas Treatment		12.6	53.1	26.0	29.4
治理固体废物	Solid Wastes Treatment		5.8	0.6	2.5	2.3
治理噪音	Noise Abatement		0.2	0.4	0.6	0.6
其 他	Others		5.5	24.7	3.8	2.4

2-5 国民经济和社会发展比例与效益指标

Indicators on Proportions and Efficiency in National Economic and Social Development

指 标	Item	2000	2005	2010	2011	2012
人 口	Population					
出生率 (‰)	Birth Rate (‰)		10.02	9.73	9.75	10.12
死亡率 (‰)	Death Rate (‰)		6.01	6.01	6.06	6.24
自然增长率 (‰)	Natural Growth Rate (‰)		4.01	3.72	3.69	3.88
就 业	Employment					
就业者负担人口 (人)	Dependency Ratio (person)	1.01	0.87	0.80	0.82	0.82
城镇登记失业率 (%)	Registered Unemployment Rate in Urban Areas(%)	2.7	4.2	3.9	3.6	3.2
国民经济核算	National Accounting					
一、二、三产业增加值比例 (%)	Ratio of Value-added by Type of Industry(%)					
(第一产业＝100)	(Value added in Primary Industry=100)					
第一产业	Primary Industry	100.0	100.0	100.0	100.0	100.0
第二产业	Secondary Industry	303.1	447.8	551.0	568.1	589.3
第三产业	Tertiary Industry	295.6	354.9	373.2	356.8	365.6
人均生产总值 (元)	Per Capita GDP (yuan)	4968	10674	27133	33464	38564
固定资产投资	Investment in Fixed Assets					
全社会固定资产投资相当于生产总值比例 (%)	Proportion of Investment in Fixed Assets to GDP (%)	41.3	50.4	84.6	80.1	88.8
全社会房屋建筑面积竣工率 (%)	Rate of Total Floor Space of Buildings Completed (%)	75.5	49.2	22.9	23.1	22.2
财 政	Government Finance					
财政收入相当于生产总值比例 (%)	Proportion of Government Revenue to GDP (%)	10.4	13.4	17.8	20.6	19.4
财政支出相当于生产总值比例 (%)	Proportion of Government Expenditures to GDP (%)	15.1	16.2	21.9	23.4	23.0
利用外资	Utilization of Foreign Capital					
实际利用外资额相当于签订利用外资额比例 (%)	Proportion of Actually Utilization of Foreign Capital to Signed Utilization of Foreign Capital (%)	57.8	39.7	82.3	92.4	57.0
能 源	Energy					
能源生产弹性系数	Elasticity Ratio of Energy Production (%)		1.14	1.15	1.07	0.99
能源消费弹性系数	Elasticity Ratio of Energy Consumption(%)		0.99	0.72	0.71	0.69
每万元生产总值消耗的能源(吨标煤)	Energy Consumption Per 10 000 yuan of GDP (ton of SCE)		1.416	0.877	0.846	0.816

注：本表能源生产用等价值折算,2005年每万元生产总值消耗的能源GDP按2005年价格计算，2010年及以后GDP按2010年价格计算。

a) Energy production in this table are converted on the basis of equal value.Energy Consumption Per 10 000 yuan of GDP in 2005 is calculated at 2005 constant prices. The Figure are calculated at 2010 constant prices since 2010.

2-5 续表 1 continued

指 标	Item	2000	2005	2010	2011	2012
农 业	Agriculture					
人均耕地面积 (公顷)	Per Capita Cultivated Land (hectare)	0.09	0.08	0.08	0.08	0.08
农业从业者人均耕地面积 (公顷)	Cultivated Land per Agricultural Laborer (hectare)	0.31	0.29	0.33	0.35	0.36
每公顷耕地农业机械总动力 (千瓦)	Total Power of Agricultural Machinery per Hectare of Cultivated Land (kw)	3.36	5.04	6.60	7.12	7.49
每公顷耕地化肥施用量 (公斤)	Chemical Fertilizer Consumption per Hectare of Cultivated Land (kg)	421	527	688	724	837
每公顷耕地生产的农业产值 (元)	Agricultural Output Value per Hectare of Cultivated Land (yuan)	14929	26205	58243	71954	80411
农业从业者人均农产品产量(公斤)	Output of Farm products per Agricultural Laborer (kg)					
粮 食	Grain	1056	1186	1345	1423	1536
棉 花	Cotton	3	8	8	8	8
油 料	Oil-bearing Crops	38	47	65	70	74
水 果	Fruits	479	797	1430	1587	1774
肉 类	Meat	89	140	119	119	132
水产品	Aquatic Products	5.9	7.7	7.0	9.7	13.0
每公顷播种面积农产品产量(公斤)	Output of Farm Crops per Hectare of Sown Area (kg)					
粮 食	Grain	2850	3300	3687	3811	3981
棉 花	Cotton	911	1107	1361	1341	1391
油 料	Oil-bearing Crops	1277	1638	1861	1960	1996
工 业	Industry					
总资产贡献率 (%)	Ratio of Total Assets to Industrial Output Value (%)	7.8	15.4	17.1	18.8	18.0
资产负债率 (%)	Assets-Liability Ratio (%)	68.2	62.2	56.8	56.6	56.9
流动资产周转次数 (次/年)	Number of Times of Annual of Turnover Circulating Funds (times/year)	1.1	1.7	1.7	1.8	1.9
成本费用利润率 (%)	Ratio of Profits to Industrial Cost (%)	6.1	14.5	16.1	17.0	15.0
产品销售率 (%)	Proportion of Products Sold (%)	96.7	97.7	96.9	96.5	96.3
建筑业	Construction					
技术装备率 (元/人)	Value of Machinery per Laborer (yuan/person)	6108	9505	9227	17760	14484
产值利润率 (%)	Ratio of Per-tax Profits to Gross Output Value (%)	0.6	1.5	1.9	3.7	2.9
全员劳动生产率 (元/人)	Overall Labor Productivity (yuan/person)	59672	135356	269553	384953	466045
运输邮电通信业	Transportation, Postal and Telecommunication Services					
铁路网密度 (公里/平方公里)	Railway Density (km/sq.km)	0.011	0.016	0.019	0.019	0.020
公路网密度 (公里/平方公里)	Highway Density (km/sq.km)	0.214	0.265	0.717	0.739	0.785
铁路客运密度 (万人公里/公里)	Density of Passenger Traffic (10 000 person-	658.0	850.8	1004.4	1112.1	1118.5
铁路货运密度 (万吨公里/公里)	Railway Freight Traffic Density (10 000 ton/km)	1634.6	2686.1	2863.5	3334.9	3533.6
固定电话普及率 (部/百人)	Access to Fixed Telephones (set/100 persons)	9.47	23.28	20.93	20.72	20.57
城市电话普及率 (部/百人)	Access to Urban Telephones(set/100 persons)	21.50	40.89	30.44	29.32	28.84
移动电话普及率 (部/百人)	Access to Mobile Telephones (set/100 persons)	4.16	25.42	67.42	77.67	86.99

2-5 续表 2 continued

指 标	Item	2000	2005	2010	2011	2012
国内商业	Domestic Trade					
人均消费品零售额 (元)	Per Capita Retail Sales of Consumer Goods (yuan)	1998	3612	8565	10137	11697
对外贸易	Foreign Trade					
进出口额相当于生产总值比例(%)	Proportion of Total Value of Imports and Exports to GDP (%)	9.8	9.5	8.1	7.5	6.5
金 融	Financial Intermediation					
金融机构存款相当于生产总值比例 (%)	Deposits of Financial Institutions as Percentage of GDP (%)				153.7	156.8
金融机构贷款相当于生产总值比例 (%)	Loans of Financial Institutions as Percentage of GDP (%)				94.8	95.9
科 技	Science and Technology					
R&D经费内部支出相当于生产总值比例 (%)	Internal Expenditure on Research and Development as Percentage of GDP (%)		2.3	2.1	2.0	2.0
文 化	Culture					
每万人有艺术表演团体 (个)	Number of Troupesper 10 000 Population (unit)	0.03	0.03	0.03	0.02	0.02
每万人有公共图书馆 (个)	Number of Public Libraries per 10 000 Population (unit)	0.03	0.03	0.03	0.03	0.03
每万人有博物馆 (个)	Number of Museums per 10 000 Population (unit)	0.02	0.02	0.03	0.03	0.06
生 活	People's Living Conditions					
城镇与农村居民收入增长率比例 (%)	Proportion of Growth Rate of Annual Income of Urban Residents to the Growth Rate of Annual Net Income of Rural Residents (%)	1.50	1.97	1.83	1.73	1.70
(以农村居民收入指数为1, 1978年=100)	(Index of Annual Net Income of Rural Residents is 1,1978=100)					
卫 生	Health Care					
每万人医院数 (个)	Number of Hospitals per 10 000 Population (unit)	0.8	0.7	0.7	0.7	0.7
每万人医生数 (人)	Number of Doctors per 10 000 Population (unit)	18	16	17	18	19
每万人医院病床数 (张)	Number of Hospital Beds per 10 000 Population (unit)	25	28	37	39	43
市政建设	Municipal Works					
城市用水普及率 (%)	Coverage Rate of Urban Population with Access to Tap Water (%)	96.50	93.20	99.39	95.72	96.15
城市燃气普及率 (%)	Coverage Rate of Urban Population with Access to Gas (%)	74.53	79.80	90.39	92.09	94.11
人均公园绿地面积 (平方米)	Per Capita Public Green Area(hectare)			10.67	11.41	11.58
环境、灾害	Environment and Disasters					
平均每起火灾损失 (元)	Average Loss of per Fire Disaster (yuan)	7028	6253	18082	18813	20583
平均每起交通事故损失 (元)	Average Loss of per Traffic Accident (yuan)	3358	5197	5515	5237	6686

2-6 社会经济主要指标平均每人水平
Per Capita Main Indicators on Society and Economy

单位：元 (yuan)

年 份 Year	生 产 总 值 Gross Domestic Product	工农业总产值 Gross Industrial and Agricultural Output Value	工 业 总产值 Gross Industrial Output Value	农林牧渔业总产值 Gross Output Value of Agriculture, Forestry, Animal Husbandry and Fishery	社会消费品零售总额 Total Retail Sales of Consumer Goods	职 工 平均工资 Average Wage of Staff and Workers	城镇居民人均可支配收入 Per Capita Annual Disposable Income of Urban Households
1978	291	480	349	131	121	654	310
1980	334	539	390	149	154	785	407
1985	604	910	644	267	268	1122	650
1990	1241	1881	1359	522	490	2042	1369
1995	2965	4147	3056	1091	1141	4396	3310
1996	3446	4583	3312	1271	1346	4882	3810
1997	3834	4892	3611	1281	1553	5184	4001
1998	4070	5019	3681	1338	1680	6029	4220
1999	4415	5416	4162	1254	1824	6931	4654
2000	4968	6001	4721	1280	1998	7804	5124
2001	5511	6649	5336	1312	2218	9120	5484
2002	6161	7423	6031	1392	2482	10351	6331
2003	7057	8781	7387	1394	2757	11461	6806
2004	8638	10992	9220	1771	3163	13024	7492
2005	10674	13133	11150	1983	3612	14796	8272
2006	12840	16430	14206	2224	4175	16918	9268
2007	15546	20495	17787	2708	4961	21296	10763
2008	19700	25954	22512	3442	6241	25942	12858
2009	21947	29257	25665	3592	7252	30185	14129
2010	27133	37759	33293	4465	8565	34299	15695
2011	33464	47796	42290	5506	10137	39043	18245
2012	38564	55752	49607	6145	11697	44330	20734

2-6 续表 continued

单位：元 (yuan)

年 份 Year	城镇居民人均生活消费支出 Annual Per Capita Consumption Expenditure of Urban Households	农村居民人均纯收入 Per Capita Net Income of Rural Residents	农民人均生活消费支出 Annual Per Capita Living Expenditure of Rural Households	人均储蓄存款余额 Per Capita Balance of Saving Deposits	每万人有 Per 10 000 Population		
					大学生(人) College and University Students (person)	医院床位(张) Hospital Beds (unit)	医生数(人) Doctors (unit)
1978	268	134	134	28	12	18	12
1980	371	142	139	48	19	19	13
1985	585	295	233	149	27	22	17
1990	1117	530	477	617	29	24	18
1995	2838	963	914	2089	37	26	18
1996	3211	1165	1097	2659	38	26	18
1997	3462	1285	1215	3054	39	25	17
1998	3539	1406	1181	3453	42	25	17
1999	3953	1456	1162	3792	50	25	18
2000	4277	1470	1251	4178	66	25	18
2001	4638	1520	1331	4841	87	26	18
2002	5378	1596	1491	5756	112	26	16
2003	5667	1676	1455	6863	136	27	16
2004	6233	1867	1618	8010	159	27	16
2005	6656	2052	1896	9577	181	28	16
2006	7553	2260	2181	10997	196	29	16
2007	8427	2645	2560	11538	209	31	16
2008	9772	3136	2979	14778	226	33	16
2009	10706	3438	3349	18094	240	35	16
2010	11822	4105	3794	21306	248	37	17
2011	13783	5028	4496	24507	258	39	18
2012	15333	5763	5115	28697	273	43	19

2-7 人均工农业主要产品产量

Per Capita Output of Major Industrial and Agricultural Products

年 份 Year	粮 食 (公斤) Grain (kg)	棉 花 (公斤) Cotton (kg)	油 料 (公斤) Oil-bearing Crops (kg)	蔬 菜 (公斤) Vegetables (kg)	水 果 (公斤) Fruits (kg)	肉 类 (公斤) Meat (kg)	禽 蛋 (公斤) Poultry Eggs (kg)	水产品 (公斤) Aquatic Products (kg)
1978	289.3	3.8	2.0		12.1	5.1	0.9	0.1
1980	268.5	2.9	3.9		9.9	8.2	1.1	0.1
1985	319.0	1.4	10.0	99.6	11.2	10.1	3.8	0.2
1990	328.7	2.4	10.3	112.8	19.0	14.4	5.7	0.6
1995	261.2	1.1	10.9	103.8	81.2	22.7	11.5	1.1
1996	345.0	0.9	10.6	122.1	102.7	19.3	10.2	1.2
1997	293.7	0.6	10.3	110.0	91.8	20.8	11.2	1.3
1998	363.7	0.6	9.9	128.3	120.2	23.8	11.1	1.4
1999	299.9	0.5	8.8	138.6	136.8	23.8	11.1	1.6
2000	299.9	0.8	10.7	153.3	136.0	25.4	11.7	1.7
2001	267.7	1.4	10.3	144.0	146.4	26.4	11.6	1.7
2002	274.9	1.2	11.2	180.6	157.9	28.9	12.7	1.8
2003	264.1	1.4	11.3	193.3	169.4	31.1	13.4	1.8
2004	315.6	2.2	12.5	213.6	200.1	33.3	13.2	1.9
2005	309.2	2.1	12.3	236.0	207.8	36.4	13.2	2.0
2006	282.0	2.4	11.2	229.7	238.7	27.5	11.1	1.3
2007	288.4	2.4	10.6	250.6	253.9	25.9	11.7	1.4
2008	310.0	2.7	13.3	287.4	287.5	30.0	12.9	1.4
2009	303.9	2.3	14.6	337.8	309.1	26.5	12.9	1.5
2010	312.2	1.9	15.0	371.0	331.9	27.5	12.6	1.6
2011	319.5	1.8	15.8	383.1	356.4	26.6	13.5	2.2
2012	332.2	1.8	16.1	407.1	383.6	28.6	13.8	2.8

2-7 续表 continued

年 份 Year	纱 (公斤) Yarn (kg)	布 (米) Cloth (m)	机制纸及纸板 (公斤) Machine-made Paper and Paperboard (kg)	原 煤 (公斤) Coal (kg)	原 油 (公斤) Crude Oil (kg)	发电量 (千瓦小时) Electricity (kwh)	粗 钢 (公斤) Crude Steel (kg)	水 泥 (公斤) Cement (kg)
1978	5.0	21.0	2.4	602.4	2.2	239.1	8.8	76.2
1980	5.3	23.4	3.2	635.7	3.0	280.7	8.7	81.4
1985	5.3	21.5	6.3	902.5	7.4	364.5	11.6	128.6
1990	4.6	22.4	12.9	1021.5	21.5	459.7	15.0	162.7
1995	4.0	22.6	24.6	1214.8	47.8	677.1	15.4	243.6
1996	3.6	20.8	24.2	1307.8	62.6	761.6	15.3	259.6
1997	3.9	22.2	25.5	1391.5	80.4	758.6	13.5	327.8
1998	3.9	17.9	6.3	635.8	89.6	686.5	14.7	239.7
1999	4.0	19.1	6.5	674.1	178.3	707.1	14.0	274.4
2000	4.3	19.8	6.6	962.0	205.6	749.9	14.8	272.5
2001	4.3	18.9	7.8	1242.1	251.0	831.8	19.0	304.3
2002	4.8	19.9	6.6	1602.0	290.8	939.2	24.0	363.2
2003	4.9	20.2	8.7	2016.0	345.6	1121.4	47.4	418.4
2004	5.1	20.3	14.2	2291.9	415.6	1308.2	60.0	489.7
2005	5.3	21.5	10.9	2933.3	482.5	1370.1	83.4	535.1
2006	5.1	21.1	13.8	4184.0	538.3	1562.6	105.2	643.0
2007	5.8	22.2	19.2	4944.9	611.8	1886.8	107.0	817.1
2008	5.9	19.9	19.8	6458.8	663.5	2264.3	82.1	965.0
2009	6.6	20.0	20.0	7954.6	724.2	2415.6	140.4	1199.4
2010	7.3	20.2	23.2	9679.8	808.7	2953.4	162.1	1464.4
2011	7.3	16.4	24.8	11002.2	862.7	3233.2	201.0	1720.0
2012	7.7	17.3	21.4	12781.8	941.2	3550.0	221.1	2015.2

2-8 各市(区)国民经济主要指标(2012年)

指标		Item		关中 Guanzhong	西安市 Xi'an
年底常住人口	(万人)	Number of Usual Residents in the Households Surveyed at Year-end	(10 000 persons)	2358.20	855.29
城镇非私营单位在岗职工人数	(万人)	Number of Employed Staff and Workers in Urban Non-private Units	(10 000 persons)	286.71	169.45
生产总值	(亿元)	Gross Domestic Product	(100 million yuan)	8808.62	4366.10
全社会固定资产投资总额	(亿元)	Total Investment in Fixed Assets	(100 million yuan)	8621.69	4243.43
# 固定资产投资		Investment in Fixed Assets		8049.98	4038.76
# 房地产开发投资		Investment in Real Estate Development		1639.12	1281.90
地方一般预算收入	(亿元)	Local General Bugetary Revenue	(100 million yuan)	611.94	396.96
财政支出	(亿元)	Government Expenditures	(100 million yuan)	1367.98	597.49
城镇单位在岗职工工资总额	(亿元)	Total Wages of Employed Staff and Workers in Urban Non-private Units	(100 million yuan)	1293.90	836.71
城镇单位在岗职工平均工资	(元)	Average Wage of Employed Staff and Workers in Urban Non-private Units	(100 million yuan)		47566
城镇居民人均可支配收入	(元)	Per Capita Annual Disposable Income of Urban Households	(yuan)		29982
农村居民人均纯收入	(元)	Per Capita Net Income of Rural Residents	(yuan)		11442
农林牧渔业总产值	(亿元)	Gross Output Value of Agriculture, Forestry, Animal Husbandry and Fishery	(100 million yuan)	1376.26	308.36
粮食产量	(万吨)	Grain	(10 000 tons)	798.06	192.54
棉花产量	(吨)	Cotton	(ton)	64381	4721
油料产量	(吨)	Oil-bearing Crops	(ton)	158725	10176
规模以上工业总产值	(亿元)	Gross Industrial Output Value above Designated Size	(100 million yuan)	10522.55	4066.31
邮电业务总量	(亿元)	Business Volume of Postal and Telecommunication Services	(100 million yuan)	269.95	167.35
固定电话	(万户)	Number of Fixed Telephone Subscribers	(10 000 subscribers)	547.96	313.82
移动电话	(万户)	Number of Mobile Telephone Subscribers	(10 000 subscribers)	2270.28	1322.50
社会消费品零售总额	(亿元)	Total Retail Sales of Consumer Goods	(100 million yuan)	3477.98	2263.86
进出口总额	(万美元)	Total Value of Imports and Exports	(USD 10 000)	1453095	1301433
# 出　口		Exports		846159	729865
实际利用外商直接投资额	(万美元)	Actually Utilized Value of Direct Investments	(USD 10 000)	274134	247856
卫生机构数	(个)	Health Care Institutions	(unit)	18098	5576
卫生机构床位数	(张)	Number of Beds	(unit)	107989	44239
卫生技术人员	(人)	Medical Technical Personnel	(person)	147090	66899

注：本表价值量指标中，除邮电业务总量按不变价格计算，其余均按当年价格计算。

Main Indicators on National Economic by City(District)(2012)

						陕 南				陕 北		
铜川市	宝鸡市	咸阳市	渭南市	# 韩城市	杨 凌 示范区	Southern	汉中市	安康市	商洛市	Northern	延安市	榆林市
Tongchuan	Baoji	Xianyang	Weinan	Hancheng	Yangling	Shaanxi	Hanzhong	Ankang	Shangluo	Shaanxi	Yan'an	Yulin
84.08	373.67	492.86	532.10	39.53	20.20	839.39	341.84	263.36	234.19	555.50	219.81	335.69
9.31	29.45	38.03	36.83	4.67	3.65	50.56	23.35	13.84	13.37	49.18	23.17	26.01
273.31	1374.33	1573.68	1153.80	23.22	67.40	1674.79	754.57	496.91	423.31	3940.90	1271.02	2669.88
201.81	1311.69	1616.47	1172.21	156.56	76.08	1306.73	534.86	380.27	391.60	2803.29	1032.06	1771.23
182.94	1212.04	1486.34	1065.02	153.21	64.88	1148.17	460.65	324.41	363.11	2366.89	872.92	1493.97
22.52	75.88	151.76	85.11	9.57	21.95	124.02	73.41	36.40	14.20	72.80	20.31	52.49
21.00	64.85	69.17	55.06	15.32	4.91	73.24	30.09	21.66	21.50	388.32	139.26	249.06
71.94	203.53	234.94	242.41	21.15	17.67	492.15	195.84	162.28	134.03	663.12	264.24	398.88
35.73	114.91	145.22	146.12	21.24	15.21	197.76	94.87	56.16	46.73	251.81	112.75	139.07
38722	39025	38202	39510	45303	42332		40739	40951	34769		47867	53216
21929	25777	25758	21808	24717	29925		19827	20300	19998		24748	24140
7134	7373	7464	6602	8852	10841		6181	5815	5425		7655	7681
34.59	239.97	465.37	318.00	23.18	9.97	554.60	274.66	140.39	139.55	379.41	169.69	209.72
24.41	153.59	200.23	224.34	8.33	2.95	250.84	101.36	85.18	64.30	230.61	76.58	154.03
	103	192	59365	275		41	3	36	2	1040	919	121
10046	22002	46722	69754	1141	25	336977	178941	134609	23427	106728	21844	84884
461.80	1986.69	2293.52	1634.36	558.09	79.87	1565.33	718.09	482.20	365.04	4777.74	1646.76	3130.98
7.23	27.26	33.07	35.05			50.65	23.05	16.65	10.94	64.94	23.12	41.82
13.62	70.96	63.73	85.83			127.25	57.08	39.09	31.08	96.86	38.59	58.27
56.01	242.34	334.48	314.95			458.52	199.94	152.17	106.41	535.97	216.46	319.51
63.86	412.83	401.08	326.32	28.92	10.03	474.82	216.05	151.49	107.28	430.95	151.74	279.22
1242	74527	43299	23329		9265	15539	5426	2384	7728	11242	6623	4619
985	55235	37359	14434		8281	8286	5256	2384	646	10763	6623	4141
3000	6015	7080	6183		4000	14475	3014	3000	8461	5000	2000	3000
1001	2816	4657	3882		166	9732	3897	3173	2662	8440	3447	4993
4621	18498	21517	18147		967	35360	16332	9968	9060	25881	10119	15762
6401	19583	31914	21270		1023	39252	17619	11754	9879	29962	12171	17791

a) Figures in value terms in this table are at current prices, except that on the business volume of postal and telecommunication services which is at constant prices.

2-9 按国民经济行业分的法人单位数(2012年)
Number of Corporation Units by Sector(2012)

单位：个 (unit)

行业	Sector	法人单位数 Corporation Units	单产业法人单位 Single Industry	多产业法人单位 Multi-industry
全省总计	**Total**	**255332**	**242587**	**12745**
农、林、牧、渔业	Agriculture, Forestry, Animal Husbandry and Fishery	9929	9908	21
农业	Farming	3461	3457	4
林业	Forestry	1056	1049	7
畜牧业	Animal Husbandry	3662	3658	4
渔业	Fishery	242	241	1
农、林、牧、渔服务业	Services in Support of Agriculture	1508	1503	5
采矿业	Mining	4197	4156	41
煤炭开采和洗选业	Mining and Washing of Coal	1047	1033	14
石油和天然气开采业	Extraction of Petroleum and Natural Gas	59	57	2
黑色金属矿采选业	Mining and Processing of Ferrous Metal Ores	348	345	3
有色金属矿采选业	Mining and Processing of Non-Ferrous Metal Ores	562	553	9
非金属矿采选业	Mining and Processing of Nonmetal Ores	1170	1162	8
开采辅助活动	Mining Supporting Activities	901	897	4
其他采矿业	Mining of Other Ores	110	109	1
制造业	Manufacturing	32471	32110	361
农副食品加工业	Processing of Food from Agricultural Products	2017	1994	23
食品制造业	Manufacture of Foods	1332	1313	19
酒、饮料和精制茶制造业	Manufacture of Wine,Beverages and Refined Tea	774	755	19
烟草制品业	Manufacture of Tobacco	13	13	
纺织业	Manufacture of Textile	637	626	11
纺织服装、服饰业	Manufacture of Textile and Clothing	425	419	6
皮革、毛皮、羽毛及其制品和制鞋业	Manufacture of Leather, Fur, Feather and Related Products, and Shoes	136	135	1
木材加工及木、竹、藤、棕、草制品业	Processing of Timbers, Manufacture of Wood, Bamboo, Rattan, Palm, and Straw Products	490	488	2
家具制造业	Manufacture of Furniture	628	624	4
造纸和纸制品业	Manufacture of Paper and Paper Products	739	731	8
印刷业和记录媒介的复制	Printing, Reproduction of Recording Media	1191	1178	13
文教、工美、体育和娱乐用品制造业	Manufacture of Culture, Education,Articles,Sports and Entertainment Supplies	421	418	3
石油加工、炼焦及核燃料加工业	Processing of Petroleum, Coking, Processing Nuclear Fuel	396	391	5
化学原料及化学制品制造业	Manufacture of Chemical Raw Material and Chemical Products	1847	1827	20
医药制造业	Manufacture of Medicines	752	741	11
化学纤维制造业	Manufacture of Chemical Fibers	41	41	
橡胶和塑料制品业	Manufacture of Rubber and Plastics	1161	1157	4
非金属矿物制品业	Manufacture of Non-metallic Mineral Products	5069	5027	42
黑色金属冶炼及压延加工业	Smelting and Pressing of Ferrous Metals	716	710	6
有色金属冶炼及压延加工业	Smelting and Pressing of Non-ferrous Metals	1048	1044	4
金属制品业	Manufacture of Metal Products	1927	1908	19
通用设备制造业	Manufacture of General Purpose Machinery	3135	3110	25

2-9 续表 1 continued

单位：个 (unit)

行业	Sector	法人单位数 Corporation Units	单产业法人单位 Single Industry	多产业法人单位 Multi-industry
专用设备制造业	Manufacture of Special Purpose Machinery	2398	2370	28
汽车制造业	Automotive Industry	355	347	8
铁路、船舶、航空航天和其他运输设备制造业	Manufacture of Railway,Shipping,Aerospace and Other Transport Equipments	384	366	18
电气机械和器材制造业	Manufacture of Electrical Machinery and Equipment	1974	1955	19
计算机、通信和其他电子设备制造业	Manufacture of Computers,Communication and Other Electronic Equipment	1249	1223	26
仪器仪表制造业	Manufacture of Instrument and Apparatus	599	586	13
其他制造业	Other Manufacturing	293	292	1
废弃资源综合利用业	Comprehensive Utilization Industry of Waste Resources	169	169	
金属制品、机械和设备修理业	Industry of Metalwork,Machinery, and Equipment Repair	155	152	3
电力、热力、燃气及水生产和供应业	Production and Distribution of Electricity, Gas and Water	1497	1439	58
电力、热力生产和供应业	Production and Supply of Electric Power and Heat Power	827	792	35
燃气生产和供应业	Production and Supply of Gas	202	196	6
水的生产和供应业	Production and Supply of Water	468	451	17
建筑业	Construction	12818	12621	197
房屋建筑业	Construction of Buildings	3057	2954	103
土木工程建筑业	Civil Engineering Construction	1826	1780	46
建筑安装业	Construction and Installation	1849	1836	13
建筑装饰和其他建筑业	Architectural Decoration and Other Construction	6086	6051	35
批发和零售业	Wholesale and Retail Trades	61041	59968	1073
批发业	Wholesale Trade	28998	28582	416
零售业	Retail Trade	32043	31386	657
交通运输、仓储和邮政业	Transport, Storage and Post	4803	4618	185
铁路运输业	Railway Transport	100	97	3
道路运输业	Road Transport	3131	2992	139
水上运输业	Water Transport	22	22	
航空运输业	Air Transport	75	73	2
管道运输业	Transport Via Pipelines	15	14	1
装卸搬运和运输代理业	Loading, Unloading and Other Transport Services	591	579	12
仓储业	Storage	682	676	6
邮政业	Post	187	165	22
住宿和餐饮业	Hotels and Catering Services	6064	5930	134
住宿业	Hotels	2352	2310	42
餐饮业	Catering Services	3712	3620	92
信息传输、软件和信息技术服务业	Information Transmission, Software and Information Services	3899	3826	73
电信、广播电视和卫星传输服务	Telecommunications, Broadcasting Television and Satellite Transmission Services	436	383	53
互联网和相关服务	Internet and Related Services	794	791	3
软件和信息技术服务业	Software and Information Technology Services	2669	2652	17

2-9 续表 2 continued

单位：个 (unit)

行　　业	Sector	法人单位数 Corporation Units	单产业法人单位 Single Industry	多产业法人单位 Multi-industry
金融业	Financial Intermediation	2028	1679	349
货币金融服务	Monetary and Financial Services	752	553	199
资本市场服务	Capital Market Services	421	417	4
保险业	Insurance	430	288	142
其他金融业	Others	425	421	4
房地产业	Real Estate	10340	10188	152
房地产业	Real Estate	10340	10188	152
租赁和商务服务业	Leasing and Business Services	15175	15029	146
租赁业	Leasing	1420	1410	10
商务服务业	Business Services	13755	13619	136
科学研究和技术服务业	Scientific Research, Technology Services	8109	7959	150
研究和试验发展	Research and Experimental Development	735	721	14
专业技术服务业	Professional Technical Services	4250	4161	89
科技推广和应用服务业	Services of Science and Technology Exchangesand Promotion and Application	3124	3077	47
水利、环境和公共设施管理业	Management of Water Conservancy, Environment and Public Facilities	2474	2429	45
水利管理业	Management of Water Conservancy	864	843	21
生态保护和环境治理业	Ecological Protection and Environmental Management	273	268	5
公共设施管理业	Management of Public Facilities	1337	1318	19
居民服务、修理和其他服务业	Residents Service, Repair and other Services	5555	5501	54
居民服务业	Services to Households	1512	1483	29
机动车、电子产品和日用产品修理业	Motor Vehicle, Electronic Products and Daily Product Repair	2094	2079	15
其他服务业	Other Services	1949	1939	10
教　育	Education	12285	11470	815
教　育	Education	12285	11470	815
卫生和社会工作	Health, Social Work	10082	9817	265
卫　生	Health	9611	9352	259
社会工作	Social Work	471	465	6
文化、体育和娱乐业	Culture, Sports and Entertainment	4466	4401	65
新闻和出版业	Journalism and Publishing Activities	217	207	10
广播、电视、电影和影视录音制作业	Broadcasting, Television, Movies and Video Recording	552	535	17
文化艺术业	Cultural and Art Activities	1580	1561	19
体　育	Sports Activities	280	272	8
娱乐业	Entertainment	1837	1826	11
公共管理、社会保障和社会组织	Public Management, Social Security and Social Organization	48099	39538	8561
中国共产党机关	Organs of Communist Party of China	1797	1529	268
国家机构	Government Agencies	13539	10539	3000
人民政协、民主党派	CPPCC and Democratic Parties	190	173	17
社会保障	Social Security	416	416	
群众团体、社会团体和其他成员组织	Mass Organizations, Social Organizations and Religion Organizations	3997	3877	120
基层群众自治组织	Grass Roots Self-governing Organizations	28160	23004	5156

2-10　按国民经济行业分的产业活动单位数(2012年)
Number of Active Units by Sector(2012)

单位：个　　(unit)

行　业	Sector	产业活动单位数 Active Units	# 多产业法人所属单位 Units Belong to Multi-industry Corporation
全省总计	**Total**	**306063**	**63476**
农、林、牧、渔业	Agriculture, Forestry, Animal Husbandry and Fishery	10224	316
农　业	Farming	3469	12
林　业	Forestry	1130	81
畜牧业	Animal Husbandry	3684	26
渔　业	Fishery	243	2
农、林、牧、渔服务业	Services in Support of Agriculture	1698	195
采矿业	Mining	4313	157
煤炭开采和洗选业	Mining and Washing of Coal	1090	57
石油和天然气开采业	Extraction of Petroleum and Natural Gas	83	26
黑色金属矿采选业	Mining and Processing of Ferrous Metal Ores	355	10
有色金属矿采选业	Mining and Processing of Non-Ferrous Metal Ores	567	14
非金属矿采选业	Mining and Processing of Nonmetal Ores	1189	27
开采辅助活动	Mining Supporting Activities	919	22
其他采矿业	Mining of Other Ores	110	1
制造业	Manufacturing	33257	1147
农副食品加工业	Processing of Food from Agricultural Products	2062	68
食品制造业	Manufacture of Foods	1350	37
酒、饮料和精制茶制造业	Manufacture of Wine,Beverages and Refined Tea	798	43
烟草制品业	Manufacture of Tobacco	13	
纺织业	Manufacture of Textile	753	127
纺织服装、服饰业	Manufacture of Textile and Clothing	433	14
皮革、毛皮、羽毛及其制品和制鞋业	Manufacture of Leather, Fur, Feather and Related Products, and Shoes	138	3
木材加工及木、竹、藤、棕、草制品业	Processing of Timbers, Manufacture of Wood, Bamboo, Rattan, Palm, and Straw Products	499	11
家具制造业	Manufacture of Furniture	640	16
造纸和纸制品业	Manufacture of Paper and Paper Products	748	17
印刷业和记录媒介的复制	Printing, Reproduction of Recording Media	1220	42
文教、工美、体育和娱乐用品制造业	Manufacture of Culture, Education,Articles,Sports and Entertainment Supplies	426	8
石油加工、炼焦及核燃料加工业	Processing of Petroleum, Coking, Processing Nuclear Fuel	401	10
化学原料及化学制品制造业	Manufacture of Chemical Raw Material and Chemical Products	1877	50
医药制造业	Manufacture of Medicines	763	22
化学纤维制造业	Manufacture of Chemical Fibers	43	2
橡胶和塑料制品业	Manufacture of Rubber and Plastics	1183	26
非金属矿物制品业	Manufacture of Non-metallic Mineral Products	5190	163
黑色金属冶炼及压延加工业	Smelting and Pressing of Ferrous Metals	722	12
有色金属冶炼及压延加工业	Smelting and Pressing of Non-ferrous Metals	1058	14
金属制品业	Manufacture of Metal Products	1954	46
通用设备制造业	Manufacture of General Purpose Machinery	3190	80

2-10 续表 1 continued

单位：个 (unit)

行　　业	Sector	产业活动单位数 Active Units	# 多产业法人所属单位 Units Belong to Multi-industry Corporation
专用设备制造业	Manufacture of Special Purpose Machinery	2460	90
汽车制造业	Automotive Industry	375	28
铁路、船舶、航空航天和其他运输设备制造业	Manufacture of Railway,Shipping,Aerospace and Other Transport Equipments	404	38
电气机械和器材制造业	Manufacture of Electrical Machinery and Equipment	2003	48
计算机、通信和其他电子设备制造业	Manufacture of Computers,Communication and Other Electronic Equipment	1294	71
仪器仪表制造业	Manufacture of Instrument and Apparatus	619	33
其他制造业	Other Manufacturing	299	7
废弃资源综合利用业	Comprehensive Utilization Industry of Waste Resources	174	5
金属制品、机械和设备修理业	Industry of Metalwork,Machinery, and Equipment Repair	168	16
电力、热力、燃气及水生产和供应业	Production and Distribution of Electricity, Gas and Water	1853	414
电力、热力生产和供应业	Production and Supply of Electric Power and Heat Power	928	136
燃气生产和供应业	Production and Supply of Gas	208	12
水的生产和供应业	Production and Supply of Water	717	266
建筑业	Construction	13591	970
房屋建筑业	Construction of Buildings	3538	584
土木工程建筑业	Civil Engineering Construction	1930	150
建筑安装业	Construction and Installation	1914	78
建筑装饰和其他建筑业	Architectural Decoration and Other Construction	6209	158
批发和零售业	Wholesale and Retail Trades	66436	6468
批发业	Wholesale Trade	30176	1594
零售业	Retail Trade	36260	4874
交通运输、仓储和邮政业	Transport, Storage and Post	6665	2047
铁路运输业	Railway Transport	107	10
道路运输业	Road Transport	3850	858
水上运输业	Water Transport	29	7
航空运输业	Air Transport	78	5
管道运输业	Transport Via Pipelines	19	5
装卸搬运和运输代理业	Loading, Unloading and Other Transport Services	651	72
仓储业	Storage	715	39
邮政业	Post	1216	1051
住宿和餐饮业	Hotels and Catering Services	6791	861
住宿业	Hotels	2585	275
餐饮业	Catering Services	4206	586
信息传输、软件和信息技术服务业	Information Transmission, Software and Information Services	5436	1610
电信、广播电视和卫星传输服务	Telecommunications, Broadcasting Television and Satellite Transmission Services	1802	1419
互联网和相关服务	Internet and Related Services	825	34
软件和信息技术服务业	Software and Information Technology Services	2809	157

2-10 续表 2 continued

单位：个 (unit)

行业	Sector	产业活动单位数 Active Units	# 多产业法人所属单位 Units Belong to Multi-industry Corporation
金融业	Financial Intermediation	8915	7236
货币金融服务	Monetary and Financial Services	5950	5397
资本市场服务	Capital Market Services	481	64
保险业	Insurance	2036	1748
其他金融业	Others	448	27
房地产业	Real Estate	10609	421
房地产业	Real Estate	10609	421
租赁和商务服务业	Leasing and Business Services	16319	1290
租赁业	Leasing	1451	41
商务服务业	Business Services	14868	1249
科学研究和技术服务业	Scientific Research, Technology Services	9736	1777
研究和试验发展	Research and Experimental Development	758	37
专业技术服务业	Professional Technical Services	4858	697
科技推广和应用服务业	Services of Science and Technology Exchangesand Promotion and Application	4120	1043
水利、环境和公共设施管理业	Management of Water Conservancy, Environment and Public Facilities	3050	621
水利管理业	Management of Water Conservancy	1197	354
生态保护和环境治理业	Ecological Protection and Environmental Management	350	82
公共设施管理业	Management of Public Facilities	1503	185
居民服务、修理和其他服务业	Residents Service, Repair and other Services	6068	567
居民服务业	Services to Households	1865	382
机动车、电子产品和日用产品修理业	Motor Vehicle, Electronic Products and Daily Product Repair	2177	98
其他服务业	Other Services	2026	87
教 育	Education	17660	6190
教 育	Education	17660	6190
卫生和社会工作	Health, Social Work	18489	8672
卫 生	Health	17843	8491
社会工作	Social Work	646	181
文化、体育和娱乐业	Culture, Sports and Entertainment	5238	837
新闻和出版业	Journalism and Publishing Activities	238	31
广播、电视、电影和影视录音制作业	Broadcasting, Television, Movies and Video Recording	712	177
文化艺术业	Cultural and Art Activities	2113	552
体 育	Sports Activities	319	47
娱乐业	Entertainment	1856	30
公共管理、社会保障和社会组织	Public Management, Social Security and Social Organization	61413	21875
中国共产党机关	Organs of Communist Party of China	2253	724
国家机构	Government Agencies	25340	14801
人民政协、民主党派	CPPCC and Democratic Parties	252	79
社会保障	Social Security	753	337
群众团体、社会团体和其他成员组织	Mass Organizations, Social Organizations and Religion Organizations	4586	709
基层群众自治组织	Grass Roots Self-governing Organizations	28229	5225

2-11 按国民经济行业分的法人单位数及从业人数(2012年)

行业	Sector	全部法人 Total	
		单位数(个) Number of Units (unit)	从业人员(人) Employed Persons (person)
全省总计	**Total**	**255332**	**7650998**
农、林、牧、渔业	Agriculture, Forestry, Animal Husbandry and Fishery	9929	128646
农业	Farming	3461	50167
林业	Forestry	1056	16850
畜牧业	Animal Husbandry	3662	38936
渔业	Fishery	242	1946
农、林、牧、渔服务业	Services in Support of Agriculture	1508	20747
采矿业	Mining	4197	480671
煤炭开采和洗选业	Mining and Washing of Coal	1047	239542
石油和天然气开采业	Extraction of Petroleum and Natural Gas	59	115675
黑色金属矿采选业	Mining and Processing of Ferrous Metal Ores	348	19687
有色金属矿采选业	Mining and Processing of Non-Ferrous Metal Ores	562	34654
非金属矿采选业	Mining and Processing of Nonmetal Ores	1170	27430
开采辅助活动	Mining Supporting Activities	901	42158
其他采矿业	Mining of Other Ores	110	1525
制造业	Manufacturing	32471	1827419
农副食品加工业	Processing of Food from Agricultural Products	2017	90618
食品制造业	Manufacture of Foods	1332	67961
酒、饮料和精制茶制造业	Manufacture of Wine,Beverages and Refined Tea	774	52504
烟草制品业	Manufacture of Tobacco	13	14615
纺织业	Manufacture of Textile	637	95278
纺织服装、服饰业	Manufacture of Textile and Clothing	425	19928
皮革、毛皮、羽毛及其制品和制鞋业	Manufacture of Leather, Fur, Feather and Related Products, and Shoes	136	4705
木材加工及木、竹、藤、棕、草制品业	Processing of Timbers, Manufacture of Wood, Bamboo, Rattan, Palm, and Straw Products	490	12363
家具制造业	Manufacture of Furniture	628	14603
造纸和纸制品业	Manufacture of Paper and Paper Products	739	47902
印刷业和记录媒介的复制	Printing, Reproduction of Recording Media	1191	34273
文教、工美、体育和娱乐用品制造业	Manufacture of Culture, Education,Articles,Sports and Entertainment Supplies	421	9409
石油加工、炼焦及核燃料加工业	Processing of Petroleum, Coking, Processing Nuclear Fuel	396	55235
化学原料及化学制品制造业	Manufacture of Chemical Raw Material and Chemical Products	1847	112947
医药制造业	Manufacture of Medicines	752	66556
化学纤维制造业	Manufacture of Chemical Fibers	41	1719
橡胶和塑料制品业	Manufacture of Rubber and Plastics	1161	57048
非金属矿物制品业	Manufacture of Non-metallic Mineral Products	5069	236616
黑色金属冶炼及压延加工业	Smelting and Pressing of Ferrous Metals	716	66749
有色金属冶炼及压延加工业	Smelting and Pressing of Non-ferrous Metals	1048	87269
金属制品业	Manufacture of Metal Products	1927	60944
通用设备制造业	Manufacture of General Purpose Machinery	3135	137797

Number of Corporation Units and Employed Persons by Sector (2012)

企业法人 Enterprises		事业单位法人 Institutions		机关法人 Agencies		社会团体法人 Social Organizations		其他法人 Others	
单位数(个) Number of Units (unit)	从业人员(人) Employed Persons (person)	单位数(个) Number of Units (unit)	从业人员(人) Employed Persons (person)	单位数(个) Number of Units (unit)	从业人员(人) Employed Persons (person)	单位数(个) Number of Units (unit)	从业人员(人) Employed Persons (person)	单位数(个) Number of Units (unit)	从业人员(人) Employed Persons (person)
176977	**5997038**	**26461**	**989242**	**8947**	**359718**	**3710**	**47375**	**39237**	**257625**
7974	98685	677	13795					1278	16166
2859	40832	36	706					566	8629
778	9609	222	6589					56	652
3173	33432	33	454					456	5050
219	1665	3	49					20	232
945	13147	383	5997					180	1603
4197	480671								
1047	239542								
59	115675								
348	19687								
562	34654								
1170	27430								
901	42158								
110	1525								
32471	1827419								
2017	90618								
1332	67961								
774	52504								
13	14615								
637	95278								
425	19928								
136	4705								
490	12363								
628	14603								
739	47902								
1191	34273								
421	9409								
396	55235								
1847	112947								
752	66556								
41	1719								
1161	57048								
5069	236616								
716	66749								
1048	87269								
1927	60944								
3135	137797								

2-11 续表 1

行 业	Sector	全部法人 Total 单位数(个) Number of Units (unit)	从业人员(人) Employed Persons (person)
专用设备制造业	Manufacture of Special Purpose Machinery	2398	120555
汽车制造业	Automotive Industry	355	102769
铁路、船舶、航空航天和其他运输设备制造业	Manufacture of Railway,Shipping,Aerospace and Other Transport Equipments	384	41478
电气机械和器材制造业	Manufacture of Electrical Machinery and Equipment	1974	115405
计算机、通信和其他电子设备制造业	Manufacture of Computers,Communication and Other Electronic Equipment	1249	58850
仪器仪表制造业	Manufacture of Instrument and Apparatus	599	27820
其他制造业	Other Manufacturing	293	6740
废弃资源综合利用业	Comprehensive Utilization Industry of Waste Resources	169	2547
金属制品、机械和设备修理业	Industry of Metalwork,Machinery, and Equipment Repair	155	4216
电力、热力、燃气及水生产和供应业	Production and Distribution of Electricity, Gas and Water	1497	161088
电力、热力生产和供应业	Production and Supply of Electric Power and Heat Power	827	127840
燃气生产和供应业	Production and Supply of Gas	202	13650
水的生产和供应业	Production and Supply of Water	468	19598
建筑业	Construction	12818	1065812
房屋建筑业	Construction of Buildings	3057	630458
土木工程建筑业	Civil Engineering Construction	1826	274345
建筑安装业	Construction and Installation	1849	61943
建筑装饰和其他建筑业	Architectural Decoration and Other Construction	6086	99066
批发和零售业	Wholesale and Retail Trades	61041	794821
批发业	Wholesale Trade	28998	346166
零售业	Retail Trade	32043	448655
交通运输、仓储和邮政业	Transport, Storage and Post	4803	338633
铁路运输业	Railway Transport	100	97858
道路运输业	Road Transport	3131	162813
水上运输业	Water Transport	22	463
航空运输业	Air Transport	75	12318
管道运输业	Transport Via Pipelines	15	2251
装卸搬运和运输代理业	Loading, Unloading and Other Transport Services	591	11372
仓储业	Storage	682	14340
邮政业	Post	187	37218
住宿和餐饮业	Hotels and Catering Services	6064	287124
住宿业	Hotels	2352	122505
餐饮业	Catering Services	3712	164619
信息传输、软件和信息技术服务业	Information Transmission, Software and Information Services	3899	130703
电信、广播电视和卫星传输服务	Telecommunications, Broadcasting Television and Satellite Transmission Services	436	77389
互联网和相关服务	Internet and Related Services	794	10941
软件和信息技术服务业	Software and Information Technology Services	2669	42373

continued

企业法人 Enterprises		事业单位法人 Institutions		机关法人 Agencies		社会团体法人 Social Organizations		其他法人 Others	
单位数(个) Number of Units (unit)	从业人员(人) Employed Persons (person)	单位数(个) Number of Units (unit)	从业人员(人) Employed Persons (person)	单位数(个) Number of Units (unit)	从业人员(人) Employed Persons (person)	单位数(个) Number of Units (unit)	从业人员(人) Employed Persons (person)	单位数(个) Number of Units (unit)	从业人员(人) Employed Persons (person)
2398	120555								
355	102769								
384	41478								
1974	115405								
1249	58850								
599	27820								
293	6740								
169	2547								
155	4216								
1462	159471	27	1506					8	111
819	127678	3	68					5	94
201	13646	1	4						
442	18147	23	1434					3	17
12818	1065812								
3057	630458								
1826	274345								
1849	61943								
6086	99066								
61041	794821								
28998	346166								
32043	448655								
4488	321361	252	15435					63	1837
98	97793	2	65						
2870	147579	226	13882					35	1352
17	412	5	51						
71	11348	2	945					2	25
15	2251								
587	11220							4	152
661	13804	14	447					7	89
169	36954	3	45					15	219
5976	285174	15	625					73	1325
2318	121634	11	491					23	380
3658	163540	4	134					50	945
3776	128707	95	1665					28	331
351	75808	79	1550					6	31
778	10814	11	97					5	30
2647	42085	5	18					17	270

2-11 续表 2

行　　业	Sector	全部法人 Total	
		单位数(个) Number of Units (unit)	从业人员(人) Employed Persons (person)
金融业	Financial Intermediation	2028	149913
货币金融服务	Monetary and Financial Services	752	93932
资本市场服务	Capital Market Services	421	4862
保险业	Insurance	430	46616
其他金融业	Others	425	4503
房地产业	Real Estate	10340	232141
房地产业	Real Estate	10340	232141
租赁和商务服务业	Leasing and Business Services	15175	184082
租赁业	Leasing	1420	11876
商务服务业	Business Services	13755	172206
科学研究和技术服务业	Scientific Research, Technology Services	8109	205897
研究和试验发展	Research and Experimental Development	735	47926
专业技术服务业	Professional Technical Services	4250	112209
科技推广和应用服务业	Services of Science and Technology Exchangesand Promotion and Application	3124	45762
水利、环境和公共设施管理业	Management of Water Conservancy, Environment and Public Facilities	2474	71748
水利管理业	Management of Water Conservancy	864	23633
生态保护和环境治理业	Ecological Protection and Environmental Management	273	4465
公共设施管理业	Management of Public Facilities	1337	43650
居民服务、修理和其他服务业	Residents Service, Repair and other Services	5555	73847
居民服务业	Services to Households	1512	27626
机动车、电子产品和日用产品修理业	Motor Vehicle, Electronic Products and Daily Product Repair	2094	23862
其他服务业	Other Services	1949	22359
教　育	Education	12285	553202
教　育	Education	12285	553202
卫生和社会工作	Health, Social Work	10082	191551
卫　生	Health	9611	185456
社会工作	Social Work	471	6095
文化、体育和娱乐业	Culture, Sports and Entertainment	4466	91683
新闻和出版业	Journalism and Publishing Activities	217	9796
广播、电视、电影和影视录音制作业	Broadcasting, Television, Movies and Video Recording	552	15889
文化艺术业	Cultural and Art Activities	1580	38747
体　育	Sports Activities	280	5453
娱乐业	Entertainment	1837	21798
公共管理、社会保障和社会组织	Public Management, Social Security and Social Organization	48099	682017
中国共产党机关	Organs of Communist Party of China	1797	25879
国家机构	Government Agencies	13539	466488
人民政协、民主党派	CPPCC and Democratic Parties	190	3665
社会保障	Social Security	416	4494
群众团体、社会团体和其他成员组织	Mass Organizations, Social Organizations and Religion Organizations	3997	51256
基层群众自治组织	Grass Roots Self-governing Organizations	28160	130235

continued

企业法人 Enterprises		事业单位法人 Institutions		机关法人 Agencies		社会团体法人 Social Organizations		其他法人 Others	
单位数(个) Number of Units (unit)	从业人员(人) Employed Persons (person)	单位数(个) Number of Units (unit)	从业人员(人) Employed Persons (person)	单位数(个) Number of Units (unit)	从业人员(人) Employed Persons (person)	单位数(个) Number of Units (unit)	从业人员(人) Employed Persons (person)	单位数(个) Number of Units (unit)	从业人员(人) Employed Persons (person)
1884	144469	28	721	11	3235			105	1488
648	89248	16	560	11	3235			77	889
415	4816	1	1					5	45
425	46568	1	15					4	33
396	3837	10	145					19	521
10213	229826	79	1850					48	465
10213	229826	79	1850					48	465
14199	171562	692	9945	1	1			283	2574
1404	11767	1	11					15	98
12795	159795	691	9934	1	1			268	2476
5685	112595	2160	89996					264	3306
515	9873	164	37261					56	792
3069	74951	1121	36486					60	772
2101	27771	875	16249					148	1742
1203	22968	1219	48182			1	3	51	595
113	1830	728	21577					23	226
161	2661	106	1767			1	3	5	34
929	18477	385	24838					23	335
5348	69622	81	1558					126	2667
1364	24082	65	1415					83	2129
2078	23744	3	26					13	92
1906	21796	13	117					30	446
768	12890	8974	473192					2543	67120
768	12890	8974	473192					2543	67120
538	16750	3825	153401			33	152	5686	21248
511	16199	3527	149343					5573	19914
27	551	298	4058			33	152	113	1334
2919	54041	1304	32383	11	312	30	850	202	4097
137	5851	67	3548					13	397
334	6535	214	9203	2	119			2	32
519	17708	941	18086	9	193			111	2760
152	2833	68	1326			30	850	30	444
1777	21114	14	220					46	464
17	194	7033	144988	8924	356170	3646	46370	28479	134295
		121	983	1676	24896				
		6480	139222	7059	327266				
		9	99	181	3566				
9	110	401	4323					6	61
8	84	22	361	8	442	3646	46370	313	3999
								28160	130235

2-12 各市、县(市、区)法人单位数及从业人员
Number of Corporation Units and Employed Persons by City and County (City and District)

地 区	Region	法人单位数(个) Corporation Units (unit)		单产业法人 Single Industry		多产业法人 Multi-industry		年末从业人员(人) Employed Persons at Year-end (person)	
		2011	2012	2011	2012	2011	2012	2011	2012
全 省	**Shaanxi**	**233534**	**255332**	**221191**	**242587**	**12343**	**12745**	**6728382**	**7650998**
西安市	**Xi'an**	**87495**	**102875**	**85753**	**100932**	**1742**	**1943**	**2598611**	**3213088**
新城区	Xincheng	6005	6732	5798	6512	207	220	232358	193407
碑林区	Beilin	10530	11050	10224	10716	306	334	354249	520551
莲湖区	Lianhu	10136	11079	9946	10904	190	175	304126	349557
灞桥区	Baqiao	3957	4441	3905	4380	52	61	128534	122593
未央区	Weiyang	14474	16731	14251	16498	223	233	376106	540710
雁塔区	Yanta	23818	32895	23443	32388	375	507	640182	834940
阎良区	Yanliang	1437	1677	1402	1641	35	36	50546	49697
临潼区	Lintong	2114	2331	2033	2236	81	95	76174	81511
长安区	Chang'an	4692	5400	4667	5367	25	33	161003	219490
蓝田县	Lantian	2538	2268	2494	2202	44	66	47467	42143
周至县	Zhouzhi	2700	2783	2630	2733	70	50	56842	45561
户 县	Huxian	3315	3345	3242	3276	73	69	94016	89528
高陵县	Gaoling	1779	2143	1718	2079	61	64	77008	123400
铜川市	**Tongchuan**	**5493**	**5657**	**5167**	**5307**	**326**	**350**	**145502**	**169616**
王益区	Wangyi	1372	1313	1278	1201	94	112	43960	62628
印台区	Yintai	1088	1111	1042	1061	46	50	22128	24609
耀州区	Yaozhou	2443	2604	2332	2491	111	113	69513	71451
宜君县	Yijun	590	629	515	554	75	75	9901	10928
宝鸡市	**Baoji**	**20906**	**21866**	**20162**	**21186**	**744**	**680**	**689876**	**620515**
渭滨区	Weibin	5717	6298	5653	6233	64	65	220427	163091
金台区	Jintai	3199	4030	3176	4005	23	25	118672	113146
陈仓区	Chencang	2937	2752	2841	2657	96	95	82007	83653
凤翔县	Fengxiang	1835	1555	1754	1483	81	72	49828	49467
岐山县	Qishan	1591	1583	1536	1529	55	54	78231	66750
扶风县	Fufeng	1148	1022	1020	948	128	74	33983	32948
眉 县	Meixian	1250	1427	1220	1399	30	28	35138	41772
陇 县	Longxian	785	734	680	630	105	104	16767	16549
千阳县	Qianyang	598	573	542	518	56	55	14382	14859
麟游县	Linyou	608	545	558	489	50	56	8120	7728
凤 县	Fengxian	751	785	724	758	27	27	21797	20307
太白县	Taibai	487	562	458	537	29	25	10524	10245
咸阳市	**Xianyang**	**23012**	**24566**	**22254**	**23780**	**758**	**786**	**768750**	**853883**
秦都区	Qindu	3457	3533	3390	3443	67	90	215970	220831
渭城区	Weicheng	2864	3351	2823	3310	41	41	91813	107571
三原县	Sanyuan	2147	2267	2122	2242	25	25	61085	66928
泾阳县	Jingyang	2201	2320	2170	2288	31	32	50641	57879
乾 县	Qianxian	2264	2295	2234	2265	30	30	59241	66509

2-12 续表 1 continued

地 区	Region	法人单位数 (个) Corporation Units (unit)		单产业法人 Single Industry		多产业法人 Multi-industry		年末从业人员 (人) Employed Persons at Year-end (person)	
		2011	2012	2011	2012	2011	2012	2011	2012
礼泉县	Liquan	1748	1892	1722	1866	26	26	42243	48325
永寿县	Yongshou	902	998	795	891	107	107	20088	23055
彬 县	Binxian	973	1065	662	752	311	313	31077	38324
长武县	Changwu	1138	1193	1135	1190	3	3	23822	29413
旬邑县	Xunyi	871	902	847	879	24	23	19843	22717
淳化县	Chunhua	942	1000	900	955	42	45	15811	20292
武功县	Wugong	1520	1610	1501	1591	19	19	45647	62409
兴平市	Xingping	1985	2140	1953	2108	32	32	91469	89630
渭南市	**Weinan**	**21574**	**20810**	**20378**	**19574**	**1196**	**1236**	**675212**	**700904**
临渭区	Linwei	4732	4288	4656	4195	76	93	188226	176665
华 县	Huaxian	1465	1398	1203	1110	262	288	41542	43409
潼关县	Tongguan	718	703	640	621	78	82	17367	20124
大荔县	Dali	2351	2407	2277	2333	74	74	52368	53709
合阳县	Heyang	1629	1584	1583	1538	46	46	35368	36013
澄城县	Chengcheng	1810	1906	1740	1836	70	70	62712	65076
蒲城县	Pucheng	2905	2785	2829	2710	76	75	80778	91434
白水县	Baishui	1082	1046	1011	975	71	71	26506	28172
富平县	Fuping	1961	1855	1901	1795	60	60	50391	51174
韩城市	Hancheng	1744	1747	1404	1413	340	334	80550	96390
华阴市	Huayin	1177	1091	1134	1048	43	43	39404	38738
延安市	**Yan'an**	**13275**	**14349**	**11770**	**12777**	**1505**	**1572**	**309445**	**412384**
宝塔区	Baota	3764	4604	3569	4412	195	192	131936	220119
延长县	Yanchang	647	644	616	606	31	38	8145	8844
延川县	Yanchuan	869	960	704	800	165	160	15289	15077
子长县	Zichang	1134	1140	1089	1087	45	53	20005	22998
安塞县	Ansai	862	965	779	880	83	85	15307	17939
志丹县	Zhidan	815	837	700	702	115	135	15901	16749
吴起县	Wuqi	748	835	539	623	209	212	14696	15724
甘泉县	Ganquan	584	614	471	500	113	114	10638	12872
富 县	Fuxian	717	675	484	445	233	230	11935	11739
洛川县	Luochuan	1139	1114	1103	1058	36	56	16615	17479
宜川县	Yichuan	683	699	629	646	54	53	8539	9174
黄龙县	Huanglong	478	453	409	368	69	85	6279	6297
黄陵县	Huangling	835	809	678	650	157	159	34160	37373
汉中市	**Hanzhong**	**15523**	**16436**	**12734**	**13661**	**2789**	**2775**	**462635**	**465814**
汉台区	Hantai	4269	4535	4123	4374	146	161	160438	153801
南郑县	Nanzheng	1616	1746	1225	1350	391	396	40699	39220
城固县	Chenggu	1507	1660	1100	1250	407	410	40611	44015
洋 县	Yangxian	1179	1214	783	820	396	394	49891	48520
西乡县	Xixiang	1256	1331	1160	1243	96	88	28444	30370

2-12 续表 2 continued

地区	Region	法人单位数（个） Corporation Units (unit)		单产业法人 Single Industry		多产业法人 Multi-industry		年末从业人员（人） Employed Persons at Year-end (person)	
		2011	2012	2011	2012	2011	2012	2011	2012
勉县	Mianxian	1551	1602	1266	1317	285	285	49807	51393
宁强县	Ningqiang	1110	1139	745	769	365	370	22815	23949
略阳县	Lueyang	1592	1727	1326	1488	266	239	34403	36353
镇巴县	Zhenba	788	822	503	537	285	285	26120	28851
留坝县	Liuba	379	364	310	296	69	68	5574	5335
佛坪县	Foping	276	296	193	217	83	79	3833	4007
榆林市	**Yulin**	**23184**	**25477**	**22157**	**24341**	**1027**	**1136**	**560720**	**637115**
榆阳区	Yuyang	6699	8187	6606	8080	93	107	148198	176709
神木县	Shenmu	3532	3619	3475	3559	57	60	101574	142116
府谷县	Fugu	1855	2446	1773	2361	82	85	77340	94586
横山县	Hengshan	967	1081	903	1017	64	64	28008	30492
靖边县	Jingbian	1560	1585	1333	1334	227	251	43565	43373
定边县	Dingbian	1478	1488	1279	1288	199	200	32517	33392
绥德县	Suide	1443	1464	1394	1384	49	80	36689	27500
米脂县	Mizhi	1083	1087	1046	1029	37	58	22022	22072
佳县	Jiaxian	1488	1394	1459	1374	29	20	19590	19560
吴堡县	Wubu	776	766	726	705	50	61	10337	10348
清涧县	Qingjian	1260	1268	1233	1205	27	63	17542	20305
子洲县	Zizhou	1043	1092	930	1005	113	87	23338	16662
安康市	**Ankang**	**11514**	**12091**	**10931**	**11509**	**583**	**582**	**255790**	**279744**
汉滨区	Hanbin	5003	5183	4852	5031	151	152	112909	118327
汉阴县	Hanyin	944	986	884	928	60	58	18461	21628
石泉县	Shiquan	802	848	772	819	30	29	19978	22174
宁陕县	Ningshan	403	430	364	391	39	39	7409	8314
紫阳县	Ziyang	820	856	761	796	59	60	17797	19620
岚皋县	Langao	603	619	564	580	39	39	10906	11582
平利县	Pingli	723	812	657	747	66	65	18256	21976
镇坪县	Zhenping	374	396	353	375	21	21	5211	5584
旬阳县	Xunyang	1262	1352	1189	1277	73	75	31960	36121
白河县	Baihe	580	609	535	565	45	44	12903	14418
商洛市	**Shangluo**	**10136**	**9788**	**8506**	**8143**	**1630**	**1645**	**218725**	**245660**
商州区	Shangzhou	1956	1933	1447	1425	509	508	66996	71794
洛南县	Luonan	2281	2115	2251	2070	30	45	31728	32398
丹凤县	Danfeng	1157	1208	1069	1120	88	88	17187	18346
商南县	Shangnan	1168	1190	955	977	213	213	27068	29032
山阳县	Shanyang	1486	1346	1091	925	395	421	32845	37867
镇安县	Zhen'an	1306	1221	978	929	328	292	22012	35428
柞水县	Zhashui	782	775	715	697	67	78	20889	20795
杨凌示范区	**Yangling**	**1422**	**1417**	**1379**	**1377**	**43**	**40**	**43116**	**52275**

2-13 各市、县(市、区)产业活动单位数及从业人员

Number of Active Units and Employed Persons by City and County (City and District)

地 区	Region	产业活动单位数(个) Active Units (unit)		# 多产业法人所属单位 Units Belong to Multi-industry Corporation		年末从业人员(人) Employed Persons at Year-end (person)		# 多产业法人所属单位 Units Belong to Multi-industry Corporation	
		2011	2012	2011	2012	2011	2012	2011	2012
全 省	**Shaanxi**	**282225**	**306063**	**61034**	**63476**	**6728382**	**7703145**	**1579032**	**1716875**
西安市	**Xi'an**	**95465**	**112298**	**9712**	**11366**	**2598611**	**3157373**	**626058**	**754088**
新城区	Xincheng	6789	7729	991	1217	232358	239130	94628	99769
碑林区	Beilin	11655	12416	1431	1700	354249	454921	97090	195393
莲湖区	Lianhu	11040	12104	1094	1200	304126	340192	71949	77599
灞桥区	Baqiao	4314	4844	409	464	128534	137473	19852	19180
未央区	Weiyang	14967	17390	716	892	376106	441640	95763	94495
雁塔区	Yanta	25073	34681	1630	2293	640182	876901	141816	155105
阎良区	Yanliang	1636	1893	234	252	50546	62205	19155	19994
临潼区	Lintong	2687	3006	654	770	76174	88300	17916	19915
长安区	Chang'an	4999	5766	332	399	161003	231362	13395	14900
蓝田县	Lantian	2925	2965	431	763	47467	46976	6953	9897
周至县	Zhouzhi	3451	3185	821	452	56842	47705	8070	6674
户 县	Huxian	3836	3865	594	589	94016	96951	21808	21601
高陵县	Gaoling	2093	2454	375	375	77008	93617	17663	19566
铜川市	**Tongchuan**	**7122**	**7383**	**1955**	**2076**	**145502**	**178143**	**52160**	**53187**
王益区	Wangyi	1785	1800	507	599	43960	48068	14827	15530
印台区	Yintai	1405	1444	363	383	22128	39304	17651	17856
耀州区	Yaozhou	2907	3074	575	583	69513	79094	16478	16614
宜君县	Yijun	1025	1065	510	511	9901	11677	3204	3187
宝鸡市	**Baoji**	**25004**	**25729**	**4842**	**4543**	**689876**	**676573**	**142943**	**140996**
渭滨区	Weibin	6272	6863	619	630	220427	188618	50686	50855
金台区	Jintai	3367	4196	191	191	118672	113416	8876	8889
陈仓区	Chencang	3324	3120	483	463	82007	87559	15795	15615
凤翔县	Fengxiang	2223	1926	469	443	49828	52147	13229	13118
岐山县	Qishan	2045	2036	509	507	78231	79289	22373	22319
扶风县	Fufeng	1552	1328	532	380	33983	35484	6217	5314
眉 县	Meixian	1526	1684	306	285	35138	43768	3659	3628
陇 县	Longxian	1491	1437	811	807	16767	19782	10010	9999
千阳县	Qianyang	884	856	342	338	14382	15658	3046	3023
麟游县	Linyou	779	713	221	224	8120	8355	2282	2523
凤 县	Fengxian	870	904	146	146	21797	21319	2127	2127
太白县	Taibai	671	666	213	129	10524	11178	4643	3586
咸阳市	**Xianyang**	**27010**	**28639**	**4756**	**4859**	**768750**	**902178**	**159108**	**157486**
秦都区	Qindu	4338	4482	948	1039	215970	237882	54946	55886
渭城区	Weicheng	3096	3586	273	276	91813	106927	18731	18738
三原县	Sanyuan	2292	2414	170	172	61085	69428	7530	7562
泾阳县	Jingyang	2445	2565	275	277	50641	58655	3425	3480
乾 县	Qianxian	2476	2508	242	243	59241	67194	3780	3783

2-13 续表 1 continued

地 区	Region	产业活动单位数（个）Active Units (unit) 2011	2012	#多产业法人所属单位 Units Belong to Multi-industry Corporation 2011	2012	年末从业人员（人）Employed Persons at Year-end (person) 2011	2012	#多产业法人所属单位 Units Belong to Multi-industry Corporation 2011	2012
礼泉县	Liquan	1945	2087	223	221	42243	49606	5848	5610
永寿县	Yongshou	1260	1354	465	463	20088	24183	3649	3664
彬 县	Binxian	1606	1706	944	954	31077	38213	11035	8811
长武县	Changwu	1176	1231	41	41	23822	29646	384	384
旬邑县	Xunyi	1129	1152	282	273	19843	23600	3127	3055
淳化县	Chunhua	1161	1224	261	269	15811	20819	2570	2638
武功县	Wugong	1671	1760	170	169	45647	65706	12507	12299
兴平市	Xingping	2415	2570	462	462	91469	110319	31576	31576
渭南市	**Weinan**	**27005**	**26727**	**6627**	**7153**	**675212**	**701450**	**136483**	**140893**
临渭区	Linwei	5269	5191	613	996	188226	161719	19992	22425
华 县	Huaxian	1960	1982	757	872	41542	42828	12267	13733
潼关县	Tongguan	991	1011	351	390	17367	19740	4805	5188
大荔县	Dali	2945	3000	668	667	52368	56566	10421	10371
合阳县	Heyang	1964	1920	381	382	35368	38271	5891	5891
澄城县	Chengcheng	2234	2330	494	494	62712	65092	16557	16557
蒲城县	Pucheng	3687	3563	858	853	80778	92701	11499	11484
白水县	Baishui	1504	1468	493	493	26506	31058	7859	7859
富平县	Fuping	2488	2383	587	588	50391	55510	9928	10280
韩城市	Hancheng	2492	2493	1088	1080	80550	97706	30323	30164
华阴市	Huayin	1471	1386	337	338	39404	40259	6941	6941
延安市	**Yan'an**	**17464**	**18649**	**5694**	**5872**	**309445**	**379634**	**131762**	**133637**
宝塔区	Baota	4758	5598	1189	1186	131936	162977	57661	57959
延长县	Yanchang	806	823	190	217	8145	8599	1687	1904
延川县	Yanchuan	1142	1209	438	409	15289	17217	6039	6091
子长县	Zichang	1312	1336	223	249	20005	28196	8322	8469
安塞县	Ansai	1142	1240	363	360	15307	20036	6499	6520
志丹县	Zhidan	1138	1195	438	493	15901	23252	10311	10540
吴起县	Wuqi	1111	1210	572	587	14696	21192	8032	8215
甘泉县	Ganquan	834	865	363	365	10638	12691	3650	3656
富 县	Fuxian	1213	1160	729	715	11935	12470	4660	4562
洛川县	Luochuan	1349	1355	246	297	16615	17686	3379	3882
宜川县	Yichuan	883	899	254	253	8539	10052	2690	2681
黄龙县	Huanglong	640	645	231	277	6279	6889	2742	3063
黄陵县	Huangling	1136	1114	458	464	34160	38377	16090	16095
汉中市	**Hanzhong**	**22898**	**23736**	**10164**	**10075**	**462635**	**482797**	**111124**	**109277**
汉台区	Hantai	4876	5163	753	789	160438	143382	28169	28651
南郑县	Nanzheng	2381	2517	1156	1167	40699	40595	7914	7951
城固县	Chenggu	2369	2522	1269	1272	40611	49292	12421	12494
洋 县	Yangxian	2133	2164	1350	1344	49891	50837	10058	7702
西乡县	Xixiang	1777	1840	617	597	28444	33233	8445	8614

2-13　续表 2　continued

地　区	Region	产业活动单位数（个）Active Units (unit) 2011	2012	# 多产业法人所属单位 Units Belong to Multi-industry Corporation 2011	2012	年末从业人员（人）Employed Persons at Year-end (person) 2011	2012	# 多产业法人所属单位 Units Belong to Multi-industry Corporation 2011	2012
勉　县	Mianxian	2399	2449	1133	1132	49807	57617	14046	14793
宁强县	Ningqiang	1917	1968	1172	1199	22815	26072	8410	8450
略阳县	Lueyang	2293	2356	967	868	34403	38781	8823	7931
镇巴县	Zhenba	1511	1547	1008	1010	26120	32784	8258	8275
留坝县	Liuba	645	624	335	328	5574	5904	2455	2393
佛坪县	Foping	597	586	404	369	3833	4300	2125	2023
榆林市	**Yulin**	**28106**	**30833**	**5949**	**6492**	**560720**	**640700**	**87700**	**94696**
榆阳区	Yuyang	7134	8667	528	587	148198	170710	14820	15714
神木县	Shenmu	3848	3956	373	397	101574	133989	19268	19790
府谷县	Fugu	2572	3170	799	809	77340	96822	8234	7688
横山县	Hengshan	1385	1499	482	482	28008	32053	5750	5750
靖边县	Jingbian	2350	2544	1017	1210	43565	45173	9049	11269
定边县	Dingbian	1967	1998	688	710	32517	36143	6326	7301
绥德县	Suide	1813	1876	419	492	36689	29983	5294	5890
米脂县	Mizhi	1372	1431	326	402	22022	24062	4196	4943
佳　县	Jiaxian	1740	1594	281	220	19590	20806	3246	2701
吴堡县	Wubu	1023	1086	297	381	10337	12372	3569	4153
清涧县	Qingjian	1474	1563	241	358	17542	21385	2747	4434
子洲县	Zizhou	1428	1449	498	444	23338	17202	5201	5063
安康市	**Ankang**	**14953**	**15512**	**4022**	**4003**	**255790**	**285874**	**56200**	**56650**
汉滨区	Hanbin	5856	6039	1004	1008	112909	115010	20541	20502
汉阴县	Hanyin	1264	1297	380	369	18461	22564	3496	3430
石泉县	Shiquan	1047	1089	275	270	19978	23926	3696	3594
宁陕县	Ningshan	627	654	263	263	7409	8771	1731	1731
紫阳县	Ziyang	1259	1296	498	500	17797	20376	5527	5666
岚皋县	Langao	845	858	281	278	10906	12485	2719	2727
平利县	Pingli	1078	1167	421	420	18256	22349	5281	5434
镇坪县	Zhenping	467	489	114	114	5211	6083	1094	1094
旬阳县	Xunyang	1684	1769	495	492	31960	38354	7800	8183
白河县	Baihe	826	854	291	289	12903	15956	4315	4289
商洛市	**Shangluo**	**15282**	**15006**	**6776**	**6863**	**218725**	**250628**	**66655**	**67574**
商州区	Shangzhou	3289	3265	1842	1840	66996	70316	18236	18254
洛南县	Luonan	2491	2365	240	295	31728	33610	3832	4235
丹凤县	Danfeng	1790	1842	721	722	17187	18968	6436	6413
商南县	Shangnan	1769	1795	814	818	27068	31100	6541	6522
山阳县	Shanyang	2590	2559	1499	1634	32845	39728	19918	20622
镇安县	Zhen'an	2071	1896	1093	967	22012	34851	7917	7668
柞水县	Zhashui	1282	1284	567	587	20889	22055	3775	3860
杨凌示范区	**Yangling**	**1916**	**1551**	**537**	**174**	**43116**	**47795**	**8839**	**8391**

2-14 县域经济社会发展主要指标
Main Indicators on County Economic and Social Development

分 组 年 份 Item Year	总人口 (万人) Population (10 000 persons)	生产总值 (亿元) Gross Domestic Product (100 million yuan)	地方财政收入 (亿元) Local General Bugetary Revenue (100 million yuan)	人均生产总值 (元) Per Capita GDP (yuan)	城镇居民人均可支配收入 (元) Per Capita Annual Disposable Income of Urban Households (yuan)	农村居民人均纯收入 (元) Per Capita Net Income of Rural Residents (yuan)
陕西十强县县均						
Shaanxi Top 10 Counties Average						
2009	23.26	142.75	9.51	61731	16446	5250
2010	24.23	180.98	11.67	80155	19520	6434
2011	26.90	248.84	15.42	92600	23098	8179
2012	27.01	296.26	19.06	109912	26809	9608
陕西83县县均						
Shaanxi 83 Counties Average						
2009	29.10	49.99	2.14	17205	13913	3935
2010	28.24	63.19	2.72	21712	16323	4827
2011	28.46	80.38	3.52	28265	19249	6108
2012	28.52	96.18	4.31	33760	22415	7168
全国百强县县均						
Top 100 Cuntries Average in China						
2009	83.49	407.10	22.93	54350	19750	9240
2010	83.12	475.64	29.04	64070	22170	10560
2011	87.93	578.34	39.36	69390	25110	12320
全国县均						
Per County Average in China						
2009	46.89	73.00	3.87	15571		
2010	43.17	100.78	5.09	22580		
2011	44.63	120.99	6.60			

主要统计指标解释

平均增长速度　平均增长速度表明社会经济现象在一个较长的时期内逐期平均增长变化的程度，它不能根据各个环比增长速度直接求得，但与平均发展速度之间存在着一定的数量关系：平均增长速度＝平均发展速度－1。

平均发展速度是一种根据环比发展速度计算的序时平均数，由于各时期对比的基础不同，所以计算平均发展速度不能采用一般的序时平均数的计算方法，计算方法分为水平法和累计法。水平法，又称几何平均法，即将环比发展速度按连乘法用几何平均数公式计算。累计法，也称方程法，根据一段时期内各年发展水平总和与基期水平的关系，列出方程式计算平均发展速度。水平法着重考虑最后一年所达到的发展水平；累计法着重考虑整个时期累计发展水平的总量。

本《年鉴》内所列的平均增长速度，除固定资产投资用“累计法”计算外，其余均用“水平法”计算。从某年到某年平均增长速度的年份，均不包括基期年在内。如建国六十年以来的平均增长速度是以 1949 年为基期计算的，则写为 1950-2009 年平均增长速度，其余类推。

企业(单位)登记注册类型　是以在工商行政管理机关登记注册的各类企业为划分对象，以工商行政管理部门对企业登记注册的类型为依据，将企业登记注册类型分为内资企业、港澳台商投资企业和外商投资企业三大类。内资企业包括国有企业、集体企业、股份合作企业、联营企业、有限责任公司、股份有限公司、私营公司和其他企业；港澳台商投资企业和外商投资企业分别包括合资经营企业、合作经营企业、独资经营企业和股份有限公司。对不在工商行政管理部门进行登记注册的行政机关、事业单位和社会团体，主要按其经费来源和管理方式进行划分。

国有企业　指企业全部资产归国家所有，并按《中华人民共和国企业法人登记管理条例》规定登记注册的非公司制的经济组织。不包括有限责任公司中的国有独资公司。

集体企业　指企业资产归集体所有，并按《中华人民共和国企业法人登记管理条例》规定登记注册的经济组织。

股份合作企业　指以合作制为基础，由企业职工共同出资入股，吸收一定比例的社会资产投资组建，实行自主经营，自负盈亏，共同劳动，民主管理，按劳分配与按股分红相结合的一种集体经济组织。

联营企业　指两个及两个以上相同或不同所有制性质的企业法人或事业单位法人，按自愿、平等、互利的原则，共同投资组成的经济组织。联营企业包括国有联营企业、集体联营企业、国有与集体联营企业和其他联营企业。

有限责任公司　指根据《中华人民共和国公司登记管理条例》规定登记注册，由两个以上、五十个以下的股东共同出资，每个股东以其所认缴的出资额对公司承担有限责任，公司以其全部资产对其债务承担责任的经济组织。有限责任公司包括国有独资公司以及其他有限责任公司。

股份有限公司　指根据《中华人民共和国公司登记管理条例》规定登记注册，其全部注册资本由等额股份构成并通过发行股票筹集资本，股东以其认购的股份对公司承担有限责任，公司以其全部资产对其债务承担责任的经济组织。

私营企业　指由自然人投资设立或由自然人控股，以雇佣劳动为基础的营利性经济组织。包括按照《公司法》、《合伙企业法》、《私营企业暂行条例》规定登记注册的私营有限责任公司、私营股份有限公司、私营合伙企业和私营独资企业。

其他企业　指上述企业之外的其他内资经济组织。

与港澳台商合资经营企业　指港澳台地区投资者与内地企业依照《中华人民共和国中外合资经营企业法》及有关法律的规定，按合同规定的比例投资设立、分享利润和分担风险的企业。

与港澳台商合作经营企业　指港澳台地区投资者与内地企业依照《中华人民共和国中外合作经营企业法》及有关法律的规定，依照合作合同的约定进行投资或提供条件设立、分配利润和分担风险的企业。

港澳台商独资经营企业　指依照《中华人民共和国外资企业法》及有关法律的规定，在内地由港澳台地区投资者全额投资设立的企业。

港澳台商投资股份有限公司　指根据国家有关规定，经原外经贸部依法批准设立，其中港、澳、台商的股本占公司注册资本的比例达 25% 以上的股份有限公司。凡其中港、澳、台商的股本占公司注册资本的比例小于 25%的，属于内资企业中的股份有限公司。

中外合资经营企业　指外国企业或外国人与中国内地企业依照《中华人民共和国中外合资经营企业法》及有关法律的规定，按合同规定的比例投资设立、分享利润和分担风险的企业。

中外合作经营企业　指外国企业或外国人与中国内地企业依照《中华人民共和国中外合作经营企业法》及有关法律的规定，依照合作合同的约定进行投资或提供条件设立、分配利润和分担风险的企业。

外资企业　指依照《中华人民共和国外资企业法》及有关法律的规定，在中国内地由外国投资者全额投资设立的企业。

外商投资股份有限公司　指根据国家有关规定，经原外经贸部依法批准设立，其中外资的股本占公司注册资本的比例达 25% 以上的股份有限公司。凡其中外资股本占公司注册资本的比例小于 25%的，属于内资企业中的股份有限公司。

行政机关、事业单位和社会团体　参照企业登记注册类型，主要按其经费来源和管理方式划分。具体规定如下：

⑴行政机关：包括国家机关和政党机关，原则上均列为

“国有”。但有特殊规定的，如供销社等，则列为“集体”。

⑵事业单位：包括经国家机构编制部门和有关业务主管部门批准成立的各类事业单位，不包括实行企业化管理的事业单位。事业单位的划分办法如下：

①由国家财政预算拨款或列入财政预算外资金管理以及经费主要来源于国有主管部门或国有上级单位的事业单位，列为“国有”。

②经费主要来源于集体单位的事业单位，列为“集体”。

③公民个人(或个人合伙)开办的事业单位，列为“私营”。

④上述以外的其他事业单位，如果其经费来源不明确，按管理方式进行归类。

⑶社会团体：包括经民政部门批准成立以及未纳入社会团体管理条例范围的工会、妇联等各类社会团体。社会团体的划分办法如下：

①未纳入民政部社会团体管理条例范围的工会、妇联、共青团、青联、工商联、科协、侨联等社会团体，国家拨款设立的基金会或基金管理组织以及经费主要来源于国有业务主管部门或国有上级单位的社会团体，列为“国有”。

②经费主要来源于集体单位的社会团体，列为“集体”。

③公民个人(或个人合伙)开办的社会团体，划为“私营”。

④上述以外的其他社会团体，如果其经费来源不明确，改按管理方式进行归类。

法人单位　指有权拥有资产、承担负债，并独立从事社会经济活动（或与其他单位进行交易）的组织。法人单位应同时具备以下条件：（1）依法成立，有自己的名称、组织机构和场所，能够独立承担民事责任；（2）独立拥有（或授权使用）资产或者经费，承担负债，有权与其他单位签订合同；（3）具有包括资产负债表在内的账户，或者能够根据需要编制账户。

产业活动单位　指位于一个地点，从事一种或主要从事一种社会经济活动的组织或组织的一部分。产业活动单位应同时具备以下条件：（1）在一个场所从事一种或主要从事一种社会经济活动；（2）相对独立地组织生产活动或经营活动；（3）能提供收入、支出等相关资料。

单产业法人　指仅包含一个产业活动单位的法人单位，该法人单位同时也是一个产业活动单位。

多产业法人　指由两个及以上产业活动单位组成的法人单位，这些产业活动单位接受法人单位的管理和控制。

Explanatory Notes on Main Statistical Indicators

Average Annual Growth Rate shows the average growth rate of social and economic development during a longer period. It can not be directly calculated by chain based growth rate. The relation is:

Average Annual Growth Rate = Average Speed of Development – 1

Average speed of development is the time series average of speed which calculated by chain based. Because the reference bases during the different periods are not same, average speed of development can not be calculated by the general method. Level approach and accumulative approach for calculating average speed of development rate are applied. The "level approach", or the method of calculating the geometric average, is derived by the formula of geometric average of the chain-based speeds of development, or comparing the level of the last year of the interval with that of the beginning year; the other is called the "accumulative approach" or the "algebraic average", "equation" method, which is derived by the summation of the actual figure of each year in the interval divided by the figure in the base year. The level approach focuses on the level of the last year, while the accumulative approach emphasizes the aggregate development in the duration.

The average annual growth rates listed in the Yearbook are calculated by the level approach except for the growth rate of investment in fixed assets. The base year is not listed in the duration for which average annual growth rates are computed. For instance, the average annual growth rate of the 60 years since 1949 is shown as the average annual growth rate of 1950-2009 without showing the base year 1949.

Registration Status of Enterprises Enterprises are classified into 3 categories, namely domestic-funded enterprises, enterprises with investment from Hong Kong, Macau and Taiwan, and enterprises with foreign investment, according to the registration status of an enterprise in industrial and commercial administration agencies. Domestic-funded enterprises include State-owned enterprises, collective-owned enterprises, cooperative enterprises, joint ownership enterprises, limited liability corporations, share-holding corporations Ltd., private enterprises and other enterprises. Included in the enterprises with investment from Hong Kong, Macau and Taiwan and enterprises with foreign investment are joint-venture enterprises, cooperative enterprises, sole investment enterprises and share-holding corporations Ltd. For government agencies, institutions and social organizations which are not registered in industrial and commercial administration agencies, they are classified mainly by their sources of funding and manner of management.

State-owned Enterprises refer to non-corporation economic units where the entire assets are owned by the State and which have been registered in accordance with the *Regulation of the People's Republic of China on the Management of Registration of Corporate Enterprises.* Not included from this category are solely State-funded corporations in the limited liability corporations.

Collective-owned Enterprises refer to economic units where the assets are owned collectively and which have been registered in accordance with the *Regulation of the People's Republic of China on the Management of Registration of Corporate Enterprises.*

Cooperative Enterprises refer to a form of collective economic units (enterprises) where capitals come mainly from employees as their shares, with certain proportion of capital from the outside, where production is organized on the basis of independent operation, independent accounting for profits and losses, joint work, democratic management, and a distribution system that integrates remuneration according to work with dividend according to capital share.

Joint Ownership Enterprises refer to economic units established by two or more corporate enterprises or corporate institutions of the same or different ownership, through joint investment on the basis of voluntary participation, equality, and mutual benefits. They include State joint ownership enterprises; collective joint ownership enterprises; joint State-collective enterprises; and other joint ownership enterprises.

Limited Liability Corporations refer to economic units established with investment from 2-50 investors and registered in accordance with the *Regulation of the People's Republic of China on the Management of Registration of Corporations*, each investor bearing limited liability to the corporation depending on its share of investment, and the corporation bearing liability to its debt to the maximum of its total assets. Limited liability corporations include solely State-funded limited liability corporations and other limited liability corporations.

Share-holding Corporations Ltd. refer to economic units registered in accordance with the *Regulation of the People's Republic of China on the Management of Registration of Corporations*, with total registered capital divided into equal shares and raised through issuing stocks. Each investor bears limited liability to the corporation depending on the holding of shares, and the corporation bears liability to its debt to the maximum of its total assets.

Private Enterprises refer to profit-making economic units invested and established by natural persons, or controlled by natural persons using employed labour. Included in this category are private limited liability corporations, private share-holding corporations Ltd., private partnership enterprises and private-funded enterprises registered in accordance with the *Company Law*, *the Law on Partnership Business* and *Interim Regulations on Private Enterprises* .

Other Domestic-funded Enterprises refer to

domestic-funded economic units other than those mentioned above.

Joint Venture Enterprises with Funds from Hong Kong, Macau and Taiwan are enterprises established by investors from Hong Kong, Macau and Taiwan with enterprises in the mainland of China in accordance with the *Law of the People's Republic of China on Sino-foreign Equity Joint Ventures* and other relevant laws, where the establishment of the investment and the sharing of profits and risks are stipulated under joint venture contracts.

Cooperative Enterprises with Funds from Hong Kong, Macau and Taiwan established by investors from Hong Kong, Macau and Taiwan with enterprises in the mainland of China in accordance with the *Law of the People's Republic of China on Sino-foreign Contractual Joint Venture* and other relevant laws, where the investment or provision of facilities and the sharing of profits and risks are stipulated under cooperative contracts.

Enterprises with Sole (exclusive) Investment from Hong Kong, Macau and Taiwan refer to enterprises established in the mainland of China with exclusive investment from investors from Hong Kong, Macau and Taiwan in accordance with the *Law of the People's Republic of China on Wholly Foreign-owned Enterprises* and other relevant laws.

Share-holding Corporations Ltd. with Investment from Hong Kong, Macau and Taiwan refer to share-holding corporations Ltd. established with the approval from the former Ministry of Foreign Trade and Economic Relations in line with relevant State regulations, where the share of investment from Hong Kong, Macau or Taiwan businessmen exceeds 25% of the total registered capital of the corporation. In case the share of investment from Hong Kong, Macau or Taiwan is less than 25% of the total registered capital, the enterprise is to be classified as domestic-funded share-holding corporation Ltd.

Joint Venture Enterprises with Foreign Investment refer to enterprises jointly established by foreign enterprises or foreigners with enterprises in the mainland of China in accordance with the *Law of the People's Republic of China on Sino-foreign Equity Joint Ventures* and other relevant laws, where the sharing of investment, profits and risks is stipulated under contract.

Cooperative Enterprises with Foreign Investment refer to enterprises jointly established by foreign enterprises or foreigners with enterprises in the mainland of China in accordance with the *Law of the People's Republic of China on Sino-foreign Contractual Joint Venture* and other relevant laws, where the investment or provision of facilities and the sharing of profits and risks are stipulated under cooperative contracts.

Enterprises with Sole (exclusive) Foreign Investment refer to enterprises established in the mainland of China with exclusive investment from foreign investors in accordance with the *Law of the People's Republic of China on Wholly Foreign-owned Enterprises* and other relevant laws.

Share-holding Corporations Ltd. with Foreign Investment refer to share-holding corporations Ltd. established with the approval from the former Ministry of Foreign Trade and Economic Relations in line with relevant State regulations, where the share of investment from foreign investors exceeds 25% of the total registered capital of the corporation. In case the share of foreign investment is less than 25% of the total registered capital, the enterprise is to be classified as domestic-funded share-holding corporation Ltd.

Government Agencies, Institutions and Social Organizations are classified into the following categories by source of funds and manner of management taking reference of the registration status of enterprises:

(1) Government agencies: include State and party agencies, classified in principle as State-owned. There are exceptions, such as supply and marketing cooperatives which are classified as collective-owned.

(2) Institutions: include institutions of various types established with the approval by organization and staffing departments of the government, but exclude institutions where enterprise management system is introduced. Institutions are further classified as follows:

(a) Institutions for which their main budgets are from government budget appropriations or extra-budget funds, or allocated from the budget of their competent government agencies. Such institutions are classified as state-owned.

(b) Institutions for which their budget mainly come from collective units. Such institutions are classified as collective-owned.

(c) Social institutions established by individual or a group of citizens, which are classified as private.

(d) Institutions other than those mentioned above for which their sources of budget are not clear. Such institutions are classified by the manner of management.

(3) Social organizations: include social organizations established with the approval from the Ministry of Civil Affairs, and organizations that are not covered by social organization management regulations such as trade unions, women's federations etc.. Social organizations are further classified as follows:

(a) Social organizations that are not covered by social organization management regulations of the Ministry of Civil Affairs such as trade unions, women federations, communist youth leagues, youth associations, industrial and commerce associations, scientist associations, overseas Chinese associations, etc., foundations and fund management organizations established with funds from the state, and social organizations whose funds mainly come from the budget of their competent government agencies. Such institutions are classified as State-owned.

(b) Social organizations for which their budget mainly come from collective units. Such institutions are classified as collective-owned.

(c) Social organizations established by individual or a group of citizens, which are classified as private.

(d) Social organizations other than those mentioned above for which their sources of budget are not clear. Such organizations are classified by the manner of management.

Corporate Unit refers to any organization having the right to own assets and bear liabilities, and conduct social and economic activities independently (or conduct transactions with other units). A corporate unit shall meet all of such conditions as: (1) established according to law, having its own name, organization and site, capable of assuming civil responsibilities independently; (2) independently owning and using (or using under authority) assets or outlays, assuming liabilities, having the right to signing contracts with other units; (3) maintaining accounts including balance sheet, or capable of preparing accounts as needed.

Industrial Activity Unit refer to any organization of part of an organization located at one site and conducting one or mainly conducting one social and economic activity. An industrial activity unit shall meet all of such conditions as: (1) conducting one or mainly conducting one economic activity at one site; (2) organizing production, operation or business activities in a relatively independent manner; (3) capable of providing relevant data such as income and payment.

Single-industry Corporate Unit refers any corporate unit including only one industrial activity. Such corporate unit is also an industrial activity unit.

Multi-industry Corporate Unit refers to any corporate unit composed of two or more industrial activity units which are managed and controlled by the corporate unit.

三、国民经济核算

National Accounts

资料整理：萨　慧　何晓红　孙小芳　王阿耕
李　阳　杨　磊　张　巧

简 要 说 明

一、本篇资料反映陕西国民经济核算情况。

二、国民经济核算资料主要包括生产总值及其有关资料。生产总值是根据不同产业部门、不同支出构成的特点和资料来源情况而采用不同方法计算的。

三、本年鉴公布的国民经济核算资料，如果遇到普查，在能够获得更详细的基础资料情况下，历史数据也会调整。2008年，根据全国第二次经济普查结果，对2005-2008年生产总值进行了调整。本年鉴数据是调整后的数据。

四、国民经济核算数据绝对数按当年价格计算，速度按可比价格计算。

Brief Introduction

Ⅰ.This chapter reflects the national accounts of Shaanxi Province.

Ⅱ. The data on national accounts mainly include gross domestic product (GDP) and related data. Data on GDP are calculated with various approaches in accordance with the features of various industrial sectors, various expenditure structures and the data resources.

III. The data of past years may also be revised on the basis of more detailed basic data obtained during a census year. GDP data from 2005 to 2008 were adjusted in accordance with the result of the second national economic census in 2008. Data published in this yearbook are adjusted data.

IV. The data on national accounts are calculated at current prices, and the growth rates are calculated at constant prices.

3.国民经济核算

2012年全省				
生产总值	14453.68	亿元	比上年增长	12.9%
第一产业	1370.16	亿元	比上年增长	6.0%
第二产业	8073.87	亿元	比上年增长	14.8%
第三产业	5009.65	亿元	比上年增长	11.6%
人均生产总值	38564	元	比上年增长	12.6%

生产总值构成

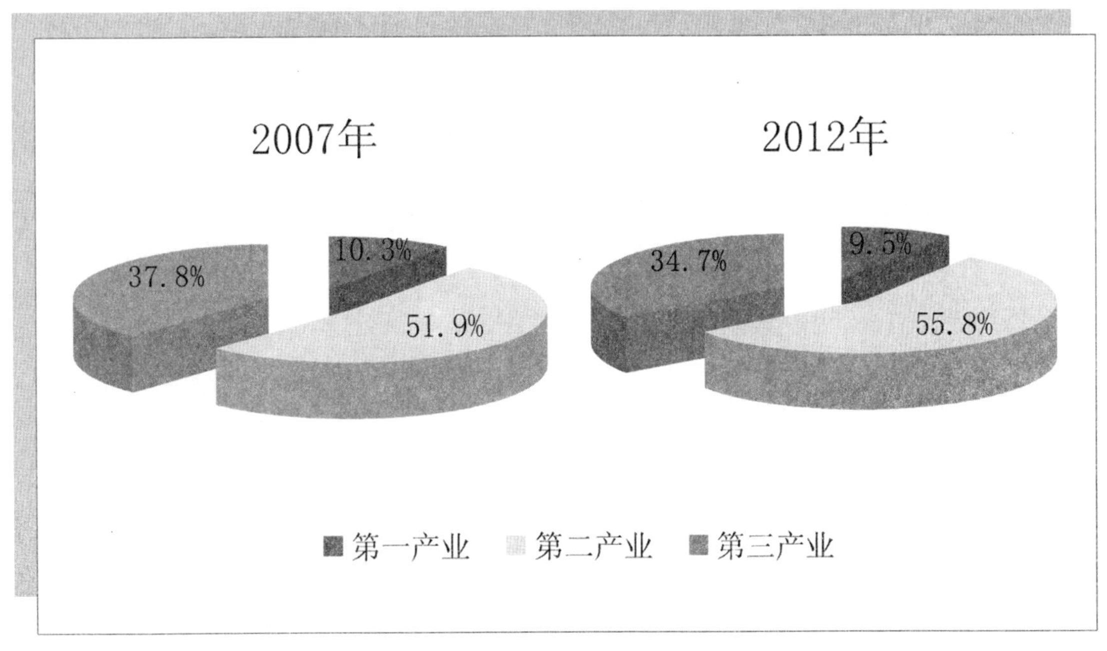

3-1 生 产 总 值
Gross Domestic Product

年 份 Year	生产总值 (亿元) Gross Domestic Product (100 million yuan)	第一产业 Primary Industry	第二产业 Secondary Industry			第三产业 Tertiary Industry	人均生产总值 (元) Per Capita GDP (yuan)
				工 业 Industry	建筑业 Construction		
1978	81.07	24.70	42.13	36.52	5.61	14.24	291
1979	94.52	32.52	44.67	39.38	5.29	17.33	336
1980	94.91	28.47	47.74	42.22	5.52	18.70	334
1981	102.09	35.40	46.25	40.08	6.17	20.44	356
1982	111.95	37.02	50.36	43.31	7.05	24.57	385
1983	123.39	40.00	55.15	47.48	7.67	28.24	420
1984	149.35	51.05	63.12	53.82	9.30	35.18	504
1985	180.87	53.39	81.96	68.81	13.15	45.52	604
1986	208.31	58.00	93.48	78.81	14.67	56.83	688
1987	244.96	67.84	108.20	90.47	17.73	68.92	794
1988	314.48	82.69	138.58	117.77	20.81	93.21	1004
1989	358.37	91.28	158.50	136.40	22.10	108.59	1124
1990	404.30	105.56	166.95	143.28	23.67	131.79	1241
1991	468.37	116.88	197.54	168.28	29.26	153.95	1402
1992	531.63	116.71	232.07	198.93	33.14	182.85	1571
1993	678.20	148.24	297.49	250.07	47.42	232.47	1981
1994	839.03	171.81	364.40	307.46	56.94	302.82	2424
1995	1036.85	217.27	441.67	377.91	63.76	377.91	2965
1996	1215.84	250.58	514.27	439.66	74.61	450.99	3446
1997	1363.60	255.42	567.25	477.35	89.90	540.93	3834
1998	1458.40	266.92	607.82	500.26	107.56	583.66	4070
1999	1592.64	254.57	681.43	549.01	132.42	656.64	4415
2000	1804.00	258.22	782.58	629.88	152.70	763.20	4968
2001	2010.62	263.63	878.82	706.62	172.20	868.17	5511
2002	2253.39	282.21	1007.56	819.51	188.05	963.62	6161
2003	2587.72	302.66	1221.17	1006.92	214.25	1063.89	7057
2004	3175.58	372.28	1553.10	1306.50	246.60	1250.20	8638
2005	3933.72	435.77	1951.36	1650.63	300.73	1546.59	10674
2006	4743.61	484.81	2452.44	2094.02	358.42	1806.36	12840
2007	5757.29	592.63	2986.46	2544.42	442.04	2178.20	15546
2008	7314.58	753.72	3861.12	3274.57	586.55	2699.74	19700
2009	8169.80	789.64	4236.42	3501.25	735.17	3143.74	21947
2010	10123.48	988.45	5446.10	4558.97	887.13	3688.93	27133
2011	12512.30	1220.90	6935.59	5857.92	1077.67	4355.81	33464
2012	14453.68	1370.16	8073.87	6847.41	1226.46	5009.65	38564

注：1.本表按当年价格计算。

2.人均生产总值1991年及以后按常住人口计算，2001-2009年按2010年人口普查修正的常住人口计算。

a) Data in this table are calculated at current prices.

b) Per Capita GDP are calculated at usual residents since 1991.Per Capita GDP were calculated at usual residents which adjusted according to the national population census in 2010 from 2001-2009.

3-2 生产总值指数
Indices of Gross Domestic Product

(上年=100) (preceding year=100)

年份 Year	生产总值 Gross Domestic Product	第一产业 Primary Industry	第二产业 Secondary Industry	工业 Industry	建筑业 Construction	第三产业 Tertiary Industry	人均生产总值 Per Capita GDP
1978	111.0	98.4	114.7	114.7	114.7	122.2	115.5
1979	107.5	109.1	102.7	102.7	102.7	123.7	110.0
1980	107.3	109.0	106.4	106.4	106.4	107.9	98.0
1981	104.5	113.7	96.3	96.2	96.3	108.1	103.5
1982	109.1	106.5	108.5	108.5	108.4	115.3	107.6
1983	107.3	101.5	109.5	109.5	109.6	112.7	106.3
1984	117.8	112.5	120.0	120.0	119.9	121.9	116.9
1985	116.5	99.3	121.9	121.9	122.0	131.0	115.1
1986	108.7	104.6	105.9	105.9	105.0	118.2	107.7
1987	110.0	101.8	110.8	110.8	110.2	116.6	107.8
1988	121.0	105.3	125.0	125.0	121.0	127.9	119.2
1989	103.3	106.5	102.8	104.0	95.4	101.6	101.4
1990	103.4	105.3	101.8	102.2	96.1	104.5	101.3
1991	107.2	106.8	105.2	105.3	104.6	110.2	105.7
1992	108.3	103.0	110.4	111.2	105.7	109.9	106.9
1993	112.1	108.1	115.0	116.1	107.8	111.5	110.8
1994	108.6	97.0	116.4	118.1	104.9	106.9	107.4
1995	110.4	104.0	115.2	116.4	106.2	108.0	109.3
1996	110.9	109.6	112.8	113.8	104.5	108.9	109.9
1997	110.7	99.7	112.6	112.7	111.5	114.8	109.8
1998	111.6	107.3	113.8	113.6	115.4	110.7	110.8
1999	110.3	97.7	112.4	111.6	119.7	113.7	109.6
2000	110.4	104.0	111.1	111.3	109.3	112.1	109.6
2001	109.8	101.9	111.2	111.8	108.6	111.2	109.3
2002	111.1	103.5	113.4	115.2	106.0	111.0	110.9
2003	111.8	104.1	115.8	116.8	111.2	109.8	111.5
2004	112.9	108.6	116.7	118.6	107.7	109.7	112.6
2005	113.7	107.7	116.1	115.9	117.6	112.5	113.5
2006	113.9	107.4	114.6	114.5	115.2	114.9	113.7
2007	115.8	105.0	117.5	118.1	114.0	116.5	115.6
2008	116.4	107.6	118.5	118.7	117.1	115.8	116.1
2009	113.6	104.9	113.8	111.6	126.5	115.3	113.3
2010	114.6	105.8	118.0	118.7	114.6	112.1	114.4
2011	113.9	105.9	116.4	117.1	112.6	112.5	113.7
2012	112.9	106.0	114.8	115.7	110.1	111.6	112.6

注：本表按不变价格计算。
a) Data in this table are calculated at constant prices.

3-3 生产总值指数
Indices of Gross Domestic Product

(1978年=100) (year of 1978=100)

年 份 Year	生产总值 Gross Domestic Product	第一产业 Primary Industry	第二产业 Secondary Industry	工 业 Industry	建筑业 Construction	第三产业 Tertiary Industry	人 均 生产总值 Per Capita GDP
1979	107.5	109.1	102.7	102.7	102.7	123.7	110.0
1980	115.3	118.9	109.3	109.3	109.3	133.5	107.8
1981	120.5	135.2	105.3	105.1	105.3	144.3	111.6
1982	131.5	144.0	114.3	114.0	114.1	166.4	120.1
1983	141.1	146.2	125.2	124.8	125.1	187.5	127.7
1984	166.2	164.5	150.2	149.8	150.0	228.6	149.3
1985	193.6	163.3	183.1	182.6	183.0	299.5	171.8
1986	210.4	170.8	193.9	193.4	192.2	354.0	185.0
1987	231.4	173.9	214.8	214.3	211.8	412.8	199.4
1988	280.0	183.1	268.5	267.9	256.3	528.0	237.7
1989	289.2	195.0	276.0	278.6	244.5	536.4	241.0
1990	299.0	205.3	281.0	284.7	235.0	560.5	244.1
1991	320.5	219.3	295.6	299.8	245.8	617.7	258.0
1992	347.1	225.9	326.3	333.4	259.8	678.9	275.8
1993	389.1	244.2	375.2	387.1	280.1	757.0	305.6
1994	422.6	236.9	436.7	457.2	293.8	809.2	328.2
1995	466.6	246.4	503.1	532.2	312.0	873.9	358.7
1996	517.5	270.1	567.5	605.6	326.0	951.7	394.2
1997	572.9	269.3	639.0	682.5	363.5	1092.6	432.8
1998	639.4	289.0	727.2	775.3	419.5	1209.5	479.5
1999	705.3	282.4	817.4	865.2	502.1	1375.2	525.5
2000	778.7	293.7	908.1	963.0	548.8	1541.6	575.9
2001	855.0	299.3	1009.8	1076.6	596.0	1714.3	629.5
2002	949.9	309.8	1145.1	1240.2	631.8	1902.9	698.1
2003	1062.0	322.5	1326.0	1448.6	702.6	2089.4	778.4
2004	1199.0	350.2	1547.4	1718.0	756.7	2292.1	876.5
2005	1363.3	377.2	1796.5	1991.2	889.9	2578.6	994.8
2006	1552.8	405.1	2058.8	2279.9	1025.2	2962.8	1131.1
2007	1798.1	425.4	2419.1	2692.6	1168.7	3451.7	1307.6
2008	2093.0	457.7	2866.6	3196.1	1368.5	3997.1	1518.1
2009	2377.6	480.1	3262.2	3566.8	1731.2	4608.7	1720.0
2010	2724.7	507.9	3849.4	4233.8	1984.0	5166.4	1967.7
2011	3103.4	537.9	4480.7	4957.8	2234.0	5812.2	2237.3
2012	3503.7	570.2	5143.8	5736.2	2459.6	6486.4	2519.2

注：本表按不变价格计算。
a) Data in this table are calculated at constant prices.

3-4 第三产业增加值
Value-added of the Tertiary Industry

单位：亿元 (100 million yuan)

年 份 Year	第三产业 Tertiary Industry	交通运输、仓储和邮政业 Transport, Storage and Post	批发和零售业 Wholesale and Retail Trades	住宿和餐饮业 Hotels and Catering Services	金融业 Financial Intermediation	房地产业 Real Estate	其 他 Others
1978	14.24	3.15	5.46		1.72	0.99	2.92
1979	17.33	3.83	6.00		2.01	1.21	4.28
1980	18.70	3.91	6.52		2.31	1.22	4.74
1981	20.44	3.65	7.02		2.67	1.37	5.73
1982	24.57	4.69	7.91		4.13	1.47	6.37
1983	28.24	5.48	8.53		4.45	1.62	8.16
1984	35.18	7.79	9.33		4.87	1.72	11.47
1985	45.52	9.95	10.58		5.63	2.28	17.08
1986	56.83	11.57	13.26		6.52	3.15	22.33
1987	68.92	15.60	15.03		7.54	4.11	26.64
1988	93.21	21.17	17.46		8.73	5.99	39.86
1989	108.59	25.45	21.83		10.10	5.86	45.35
1990	131.79	33.79	25.50		11.69	6.78	54.03
1991	153.95	35.36	35.70		13.52	6.81	62.56
1992	182.85	42.32	41.79		15.65	8.22	74.87
1993	232.47	59.59	48.30		18.10	11.30	95.18
1994	302.82	77.31	59.90		20.95	16.87	127.79
1995	377.91	90.60	86.71		24.24	19.06	157.30
1996	450.99	99.56	111.91		28.04	22.56	188.92
1997	540.93	111.71	130.64		32.45	33.62	232.51
1998	583.66	115.32	138.05		37.55	41.36	251.38
1999	656.64	127.03	152.28		43.44	47.18	286.71
2000	763.20	151.75	175.62		50.27	59.42	326.14
2001	868.17	182.96	202.17		58.16	68.11	356.77
2002	963.62	203.15	228.35		67.30	77.68	387.14
2003	1063.89	217.50	256.16		77.87	83.90	428.46
2004	1250.20	267.10	311.00		90.10	95.90	486.10
2005	1546.59	246.48	322.13	88.23	127.58	108.62	653.55
2006	1806.36	291.76	391.68	107.03	152.25	125.20	738.44
2007	2178.20	326.99	449.39	132.66	231.03	153.98	884.15
2008	2699.74	378.63	568.68	165.35	287.16	193.27	1106.65
2009	3143.74	423.24	707.39	175.01	336.21	239.92	1261.97
2010	3688.93	474.60	856.65	218.16	384.75	315.95	1438.82
2011	4355.81	552.54	1036.35	266.92	432.11	398.03	1669.86
2012	5009.65	617.39	1166.90	312.27	551.20	450.12	1911.77

注：本表按当年价格计算。
a) Data in this table are calculated at current prices.

3-5 第三产业增加值指数
Indices of Value-added of the Tertiary Industry

(上年＝100) (preceding year=100)

年 份 Year	第三产业 Tertiary Industry	交通运输、仓储和邮政业 Transport, Storage and Post	批发和零售业 Wholesale and Retail Trades	住宿和餐饮业 Hotels and Catering Services	金融业 Financial Intermediation	房地产业 Real Estate	其 他 Others
1978	122.2	122.2	122.2				
1979	123.7	121.6	121.7		121.3	122.2	119.7
1980	107.9	102.1	77.9		156.1	100.8	122.9
1981	108.1	92.3	113.0		114.3	111.5	107.2
1982	115.3	123.3	92.9		152.3	102.2	109.6
1983	112.7	114.6	100.2		106.4	108.6	110.5
1984	121.9	139.0	125.1		106.2	104.0	106.8
1985	131.0	101.0	140.1		108.1	122.3	111.6
1986	118.2	138.1	119.3		109.2	131.3	108.9
1987	116.6	128.8	103.6		106.5	118.3	112.1
1988	127.9	132.3	138.1		97.1	132.6	114.1
1989	101.6	102.9	68.2		97.8	93.2	109.3
1990	104.5	112.2	116.9		114.3	105.2	101.8
1991	110.2	102.5	119.8		109.1	112.4	110.4
1992	109.9	105.9	116.1		105.6	116.3	109.1
1993	111.5	117.2	115.9		103.4	115.6	107.1
1994	106.9	115.2	99.5		97.1	113.4	107.1
1995	108.0	110.4	107.0		105.2	110.3	107.1
1996	108.9	109.5	107.6		106.3	111.2	109.2
1997	114.8	112.5	117.1		110.2	112.6	116.3
1998	110.7	111.2	110.1		115.8	118.1	108.7
1999	113.7	111.6	110.8		116.4	113.9	116.1
2000	112.1	112.5	113.4		114.1	116.6	110.2
2001	111.2	114.9	113.6		113.8	114.2	107.2
2002	111.0	113.9	111.4		115.6	114.0	107.9
2003	109.8	110.6	112.0		113.8	107.1	108.0
2004	109.7	110.4	112.1		110.2	102.0	109.4
2005	112.5	110.5	111.4	116.8	109.9	108.1	114.5
2006	114.9	110.7	116.7	119.7	117.6	112.5	139.9
2007	116.5	111.2	114.4	117.3	119.6	116.9	118.8
2008	115.8	109.3	115.8	111.7	112.5	110.4	120.2
2009	115.3	109.3	122.0	109.0	117.3	120.3	113.8
2010	112.1	108.5	113.5	115.8	110.3	121.3	111.0
2011	112.5	110.2	115.4	113.9	106.1	118.9	111.6
2012	111.6	107.8	109.9	111.2	122.9	109.9	111.3

注：本表按不变价计算。
a) Data in this table are calculated at constant prices.

3-6 第三产业增加值指数
Indices of Value-added of the Tertiary Industry

(1978年＝100) (year of 1978=100)

年 份 Year	第三产业 Tertiary Industry	交通运输、仓储和邮政业 Transport, Storage and Post	批发和零售业 Wholesale and Retail Trades	住宿和餐饮业 Hotels and Catering Services	金融业 Financial Intermediation	房地产业 Real Estate	其 他 Others
1978	100.0	100.0	100.0		100.0	100.0	100.0
1979	123.7	121.6	121.7		121.3	122.2	119.7
1980	133.5	124.2	94.8		189.3	123.2	147.1
1981	144.3	114.6	107.1		216.4	137.3	157.7
1982	166.4	141.3	99.5		329.6	140.4	172.8
1983	187.5	161.9	99.7		350.7	152.4	191.0
1984	228.6	225.1	124.8		372.5	158.5	204.0
1985	299.5	227.3	174.8		402.6	193.9	227.6
1986	354.0	313.9	208.5		439.7	254.6	247.9
1987	412.8	404.3	216.0		468.2	301.2	277.9
1988	528.0	535.0	298.3		454.7	399.3	317.1
1989	536.4	550.5	203.5		444.7	372.2	346.6
1990	560.5	617.6	237.8		508.3	391.5	352.8
1991	617.7	633.1	284.9		554.5	440.1	389.5
1992	678.9	670.4	330.8		585.6	511.8	424.9
1993	757.0	785.7	383.4		605.5	591.7	455.1
1994	809.2	905.2	381.5		587.9	670.9	487.4
1995	873.9	999.3	408.2		618.5	740.1	522.0
1996	951.7	1094.2	439.2		657.4	822.9	570.1
1997	1092.6	1231.0	514.3		724.5	926.6	663.0
1998	1209.5	1368.9	566.3		839.0	1094.4	720.7
1999	1375.2	1527.7	627.4		976.6	1246.5	836.7
2000	1541.6	1718.6	711.5		1114.3	1453.4	922.0
2001	1714.3	1974.7	808.2		1268.0	1659.8	988.4
2002	1902.9	2249.2	900.4		1465.8	1892.1	1066.5
2003	2089.4	2487.6	1008.4		1668.1	2026.5	1151.8
2004	2292.1	2746.3	1130.5		1838.3	2067.0	1260.1
2005	2578.6	3034.7	1259.3		2020.3	2234.4	1442.8
2006	2962.8	3359.4	1469.6		2375.8	2513.7	2018.5
2007	3451.7	3735.6	1681.3		2841.5	2938.5	2398.0
2008	3997.1	4083.0	1946.9		3196.7	3244.2	2882.3
2009	4608.7	4462.8	2375.2		3749.7	3902.7	3280.1
2010	5166.4	4842.1	2695.9		4135.9	4734.0	3640.9
2011	5812.2	5336.0	3111.1		4388.2	5628.7	4063.2
2012	6486.4	5752.2	3419.1		5393.1	6185.9	4522.3

注：本表按不变价计算。
a) Data in this table are calculated at constant prices.

3-7 分行业增加值
Value-added by Sector

行业	Sector	增加值(亿元) Value Added (100 million yuan) 2011	2012	构成(%) Composition (%) 2011	2012	2012年比2011年增长% Growth Rate in 2012 over 2011(%)
总计	**Total**	**12512.30**	**14453.68**	**100.0**	**100.0**	**12.9**
第一产业(农业)	**Primary Industry(Farming)**	**1220.90**	**1370.16**	**9.8**	**9.5**	**6.0**
第二产业	**Secondary Industry**	**6935.59**	**8073.87**	**55.4**	**55.8**	**14.8**
工业	Industry	5857.92	6847.41	46.8	47.3	15.7
建筑业	Construction	1077.67	1226.46	8.6	8.5	10.1
第三产业	**Tertiary Industry**	**4355.81**	**5009.65**	**34.8**	**34.7**	**11.6**
交通运输、仓储和邮政业	Traffic, Transport, Storage and Post	552.54	617.39	4.4	4.3	7.8
批发和零售业	Wholesale and Retail Trades	1036.35	1166.90	8.3	8.1	9.9
住宿和餐饮业	Hotels and Catering Services	266.92	312.27	2.1	2.2	11.2
金融业	Financial Intermediation	432.11	551.20	3.5	3.8	22.9
房地产业	Real Estate	398.03	450.12	3.2	3.1	9.9
营利性服务业	Profit Services	458.54	526.82	3.7	3.6	12.6
非营利性服务业	Non-profit Services	1211.32	1384.95	9.6	9.6	10.8

注：本表增加值及构成按当年价格计算,增长速度按不变价格计算。

a) Value added and Compositionin in this table are calculated at current prices.The growth rates are calculated at constant prices.

3-8 三次产业贡献率

Share of the Contributions of the Three Strata of Industry to the Increase of the GDP

单位：% (%)

年 份 Year	生产总值 Gross Domestic Product	第一产业 Primary Industry	第二产业 Secondary Industry	#工 业 Industry	第三产业 Tertiary Industry
2000	100.0	5.9	54.5	49.7	39.6
2001	100.0	2.8	49.1	41.7	48.1
2002	100.0	4.2	53.4	48.8	42.4
2003	100.0	4.3	60.1	52.5	35.6
2004	100.0	7.7	60.4	55.7	31.9
2005	100.0	6.5	56.7	46.9	36.8
2006	100.0	9.1	51.8	44.4	39.1
2007	100.0	3.3	55.2	48.4	41.5
2008	100.0	4.4	57.0	49.1	38.6
2009	100.0	3.1	52.1	37.2	44.8
2010	100.0	3.2	63.4	54.9	33.4
2011	100.0	4.1	63.2	55.2	32.7
2012	100.0	4.2	63.4	56.6	32.4

注：三次产业贡献率指各产业增加值增量与GDP增量之比。

a) Share of the contributions of the three strata of industry to the increase of the GDP refers to the proportion of the increment of the value-added of each industry to the increment of GDP.

3-9 三次产业拉动率

Contribution of the Three Strata of Industry to GDP Growth

单位：% (%)

年 份 Year	生产总值 Gross Domestic Product	第一产业 Primary Industry	第二产业 Secondary Industry	#工 业 Industry	第三产业 Tertiary Industry
2000	10.4	0.6	5.7	5.2	4.1
2001	9.8	0.3	4.8	4.1	4.7
2002	11.1	0.5	5.9	5.4	4.7
2003	11.8	0.5	7.1	6.2	4.2
2004	12.9	1.0	7.8	7.2	4.1
2005	13.7	0.9	7.8	6.4	5.0
2006	13.9	1.3	7.2	6.2	5.4
2007	15.8	0.5	8.7	7.6	6.6
2008	16.4	0.7	9.4	8.1	6.3
2009	13.6	0.4	7.1	5.1	6.1
2010	14.6	0.5	9.2	8.0	4.9
2011	13.9	0.6	8.8	7.7	4.5
2012	12.9	0.5	8.2	7.3	4.2

注：三次产业拉动率指GDP增长速度与各产业贡献率之乘积。

a) Contribution of the three strata of industry to GDP growth refers to the growth rate of GDP multiplied by the contribution share of every industry.

3-10 支出法生产总值
Gross Domestic Product by Expenditure Approach

单位：亿元 (100 million yuan)

年 份 Year	生产总值 Gross Domestic Product	最终消费支出 Final Consumption Expenditures	居民消费支出 Household Consumption Expenditures	政府消费支出 Government Consumption Expenditures	资本形成总额 Gross Capital Formation	固定资本形成 Gross Fixed Capital Formation	存货增加 Change in Inventories	货物和服务净流出 Net Outflow of Goods and Services
1978	81.07	52.74	48.24	4.50	30.45	23.18	7.27	-2.12
1979	94.52	64.78	58.98	5.80	35.78	26.00	9.78	-6.04
1980	94.91	72.32	65.21	7.11	27.68	26.35	1.33	-5.09
1981	102.09	80.87	72.23	8.64	32.12	27.38	4.74	-10.90
1982	111.95	88.71	78.45	10.26	40.65	33.49	7.16	-17.41
1983	123.39	95.71	84.11	11.60	40.95	39.90	1.05	-13.27
1984	149.35	112.81	98.57	14.24	54.45	46.17	8.28	-17.91
1985	180.87	134.05	115.82	18.23	88.88	63.86	25.02	-42.06
1986	208.31	151.34	127.72	23.62	98.42	72.01	26.41	-41.45
1987	244.96	176.90	145.09	31.81	116.44	89.63	26.81	-48.38
1988	314.48	233.37	192.97	40.40	142.59	102.74	39.85	-61.48
1989	358.37	269.26	202.54	66.72	182.48	106.64	75.84	-93.37
1990	404.30	300.64	220.39	80.25	169.37	120.84	48.53	-65.71
1991	468.37	330.08	238.04	92.04	193.45	140.56	52.89	-55.16
1992	531.63	372.42	270.51	101.91	196.80	165.22	31.58	-37.59
1993	678.20	444.50	324.71	119.79	327.81	247.41	80.40	-94.11
1994	839.03	543.86	389.88	153.98	401.67	300.27	101.40	-106.50
1995	1036.85	627.02	449.07	177.95	483.75	358.75	125.00	-73.92
1996	1215.84	741.73	528.24	213.49	544.64	406.94	137.70	-70.53
1997	1363.60	844.62	598.73	245.89	548.30	464.80	83.50	-29.32
1998	1458.40	920.67	666.39	254.28	645.60	573.50	72.10	-107.87
1999	1592.64	983.93	739.37	244.56	680.80	646.30	34.50	-72.09
2000	1804.00	1042.94	802.54	240.40	856.60	796.20	60.40	-95.54
2001	2010.62	1337.30	1043.40	293.90	980.60	887.20	93.40	-307.28
2002	2253.39	1475.50	1134.30	341.20	1117.40	1016.90	100.50	-339.51
2003	2587.72	1619.30	1228.10	391.20	1317.20	1231.90	85.30	-348.78
2004	3175.58	1827.70	1380.50	447.20	1596.21	1471.31	124.90	-248.33
2005	3933.72	2112.91	1552.81	560.10	2026.38	1936.45	89.93	-205.57
2006	4743.61	2389.24	1752.01	637.23	2569.52	2430.22	139.30	-215.15
2007	5757.29	2842.40	2029.68	812.72	3466.61	3289.10	177.51	-551.72
2008	7314.58	3461.00	2407.29	1053.71	4598.06	4400.56	197.50	-744.48
2009	8169.80	3897.41	2663.20	1234.21	5447.19	5270.28	176.91	-1174.80
2010	10123.48	4640.10	3161.47	1478.63	6834.25	6851.53	-17.28	-1350.87
2011	12512.30	5573.25	3758.99	1814.26	8487.32	8190.19	297.13	-1548.27
2012	14453.68	6387.07	4442.20	1944.87	9915.23	9700.12	215.11	-1848.62

注：本表按当年价格计算。
a) Data in this table are calculated at current prices.

3-11 生产总值收入法构成项目
Income Approach Components of Gross Regional Product

单位：亿元 (100 million yuan)

年 份 Year	生产总值 Gross Domestic Product	劳动者报酬 Compensation of Employees	生产税净额 Net Taxes on Production	固定资产折旧 Depreciation of Fixed Assets	营业盈余 Operating Surplus
2008	7314.58	3313.83	1074.52	814.15	2112.08
2009	8169.80	3691.49	1377.59	912.20	2188.52
2010	10123.48	4028.24	1695.80	1125.97	3273.47
2011	12512.30	4911.66	2272.65	1464.67	3863.32
2012	14453.68	5566.50	2585.50	1747.26	4554.42

注：本表按当年价格计算。
a) Data in this table are calculated at current prices.

3-12 非公有制经济增加值
Value-added of Non-public Economy

年 份 Year	非公有制经济增加值(亿元) Value-added of Non-public Economy (100 million yuan)	第一产业 Primary Industry	第二产业 Secondary Industry	第三产业 Tertiary Industry	非公有制经济增加值占生产总值比重(%) Value-added of Non-public Economy as Percentage of GDP(%)	第一产业 Primary Industry	第二产业 Secondary Industry	第三产业 Tertiary Industry
2005	1651.14	129.53	728.34	793.27	43.3	29.7	37.6	54.4
2006	2059.16	144.64	991.70	922.82	44.4	29.8	40.9	53.1
2007	2599.06	177.49	1313.63	1107.94	45.6	30.0	44.3	51.6
2008	3462.21	245.79	1817.01	1399.41	47.3	32.6	47.1	51.8
2009	3971.78	248.74	1998.65	1724.39	48.6	31.5	47.2	54.9
2010	5011.39	294.56	2583.52	2133.31	49.5	29.8	47.4	57.8
2011	6318.20	359.80	3355.98	2602.43	50.5	29.5	48.4	59.8
2012	7398.04	488.74	3955.51	2953.79	51.2	35.7	49.0	59.0

注：本表按当年价格计算。
a) Data in this table are calculated at current prices.

3-13 居民消费水平
Household Consumption Expenditure

年份 Year	绝对数(元) Level (yuan)			城乡消费水平对比(农村居民=1) Urban/Rural Consumption Ratio (Rural Household=1)	指数（上年=100） Index (Preceding Year=100)			指数(1978=100) Index (1978=100)		
	全省居民 All Households	农村居民 Rural Household	城镇居民 Urban Household		全省居民 All Households	农村居民 Rural Household	城镇居民 Urban Household	全省居民 All Households	农村居民 Rural Household	城镇居民 Urban Household
1978	173	131	409	3.1	106.7	105.8	107.6	100.0	100.0	100.0
1980	230	178	498	2.8	106.5	102.9	110.6	106.5	102.9	110.6
1985	386	300	784	2.6	108.2	103.2	116.5	115.2	106.2	128.8
1990	677	476	1525	3.2	104.0	104.8	102.5	119.8	111.3	132.1
1995	1284	855	2941	3.4	101.7	100.5	101.0	150.4	132.8	167.6
2000	2210	1271	5390	4.2	106.6	106.6	104.8	222.2	196.8	229.5
2001	2857	1385	5854	4.2	107.3	106.0	106.6	238.5	208.6	244.6
2002	3093	1434	6297	4.4	106.9	102.4	106.1	254.9	213.6	259.5
2003	3335	1473	6781	4.6	107.6	102.4	107.5	274.3	218.8	279.0
2004	3733	1703	7352	4.3	108.1	111.7	104.8	296.5	244.4	292.4
2005	4182	1987	7954	4.0	106.8	111.3	103.2	316.7	272.0	301.8
2006	4742	2254	8771	3.9	110.9	111.1	107.7	351.2	302.2	325.0
2007	5480	2549	9901	3.9	110.6	108.3	108.1	388.4	327.3	351.3
2008	6483	3080	11310	3.7	109.9	110.8	106.6	426.9	362.6	374.5
2009	7154	3356	12232	3.6	109.7	109.0	107.2	468.3	395.2	401.5
2010	8474	3917	14134	3.6	111.7	110.0	108.9	523.1	434.7	437.2
2011	10053	4697	16213	3.5	112.3	113.7	108.5	587.4	494.3	474.4
2012	11852	5783	18254	3.2	114.1	117.9	109.4	670.2	582.8	519.0

注：1.本表绝对数按当年价格计算，指数按不变价格计算。
2.居民消费水平指按常住人口平均计算的居民消费支出。
a)Level in this table are calculated at current prices, while indices are calculated at constant prices.
b)Household consumption level refers to per capita household consumption on the basis of usual residents. The same applies to the table following.

3-14 各市(区)生产总值
Gross Domestic Product by City(District)

地 区 年 份 Region Year	生产总值 (亿元) Gross Domestic Product (100 million yuan)	第一产业 Primary Industry	第二产业 Secondary Industry	工 业 Industry	建筑业 Construction	第三产业 Tertiary Industry	人均生产总值 (元) Per Capita GDP (yuan)
西安市							
Xi'an							
2000	646.13	44.65	277.13	218.44	58.69	324.35	9484
2001	734.86	45.87	312.90	246.90	66.00	376.09	10628
2002	826.68	47.77	353.58	280.20	73.38	425.33	11831
2003	946.66	50.72	407.38	324.88	82.50	488.56	13341
2004	1102.39	60.21	476.92	383.46	93.46	565.26	15294
2005	1313.93	66.01	540.50	420.00	120.50	707.42	16406
2006	1538.94	70.44	645.65	494.22	151.43	822.85	18890
2007	1856.63	82.51	781.94	594.95	186.99	992.18	22463
2008	2318.14	103.45	981.58	721.40	260.18	1233.11	27794
2009	2724.08	110.38	1144.75	816.92	327.83	1468.95	32411
2010	3241.69	140.06	1406.72	1003.57	403.15	1694.91	38343
2011	3862.58	173.14	1674.31	1189.61	484.70	2015.13	45475
2012	4366.10	195.59	1881.75	1328.71	553.04	2288.76	51166
铜川市							
Tongchuan							
2000	34.55	4.02	15.53	12.96	2.57	15.00	4171
2001	37.08	3.85	16.42	13.86	2.56	16.81	4448
2002	40.90	4.12	18.50	15.58	2.92	18.28	4889
2003	48.69	4.10	23.26	19.89	3.37	21.33	5804
2004	59.49	5.02	30.56	26.54	4.02	23.91	7069
2005	71.84	5.87	38.67	33.66	5.01	27.30	8582
2006	86.41	6.33	49.08	43.29	5.79	31.00	10993
2007	102.81	7.84	58.81	51.99	6.82	36.16	12331
2008	129.87	9.68	77.94	68.91	9.03	42.25	15508
2009	154.40	10.81	93.73	82.94	10.79	49.86	18375
2010	187.73	14.18	116.50	103.99	12.51	57.05	22509
2011	232.63	17.41	147.41	131.91	15.50	67.81	27806
2012	273.31	19.47	176.82	159.29	17.53	77.02	32556

注：1.本表按当年价格计算。
2.人均生产总值2005年及以后按常住人口计算，2004年以前按户籍人口计算。
a) Data in this table are calculated at current prices.
b) Per Capita GDP are calculated at usual residents since 2005， while were were taken from the statistics of household registration before 2004.

3-14 续表 1 continued

地 区 年 份 Region Year	生产总值 (亿元) Gross Domestic Product (100 million yuan)	第一产业 Primary Industry	第二产业 Secondary Industry	工 业 Industry	建筑业 Construction	第三产业 Tertiary Industry	人 均 生产总值 (元) Per Capita GDP (yuan)
宝鸡市 Baoji							
2000	195.34	25.18	98.32	78.89	19.43	71.84	5425
2001	221.88	25.59	114.88	91.60	23.28	81.41	6097
2002	250.37	27.07	132.18	105.22	26.96	91.12	6863
2003	287.35	30.66	154.30	121.56	32.74	102.39	7847
2004	353.24	40.06	196.67	157.47	39.20	116.51	9594
2005	414.52	44.30	240.13	194.72	45.41	130.09	11103
2006	490.31	49.70	293.45	240.15	53.30	147.16	13082
2007	578.78	60.86	345.91	281.43	64.48	172.01	15402
2008	714.07	78.30	434.70	351.59	83.11	201.07	19071
2009	806.54	85.182	491.08	391.92	99.16	230.28	21525
2010	976.09	104.20	614.42	497.40	117.02	257.47	26274
2011	1175.75	128.56	749.25	610.32	138.93	297.94	31579
2012	1374.33	143.26	895.92	735.89	160.03	335.15	36826
咸阳市 Xianyang							
2000	234.46	52.45	102.33	86.10	16.23	79.68	4980
2001	257.08	53.62	109.26	90.61	18.65	94.20	5402
2002	281.89	55.36	122.17	100.93	21.24	104.36	5879
2003	316.77	60.43	140.82	116.39	24.44	115.52	6564
2004	374.77	74.82	169.77	140.15	29.62	130.18	7698
2005	432.49	89.10	191.99	157.31	34.68	151.40	8683
2006	483.87	98.34	220.41	179.68	40.73	165.12	9721
2007	588.48	120.39	271.39	223.25	48.14	196.70	11804
2008	764.55	148.97	382.65	321.50	61.15	232.93	15285
2009	873.20	157.41	434.02	356.42	77.60	281.77	17434
2010	1098.68	203.29	573.27	480.70	92.57	322.12	22469
2011	1361.32	252.46	740.40	624.28	116.12	368.46	27751
2012	1573.68	283.10	876.78	743.94	132.84	413.80	31982
渭南市 Weinan							
2000	165.47	37.43	60.42	51.82	8.60	67.62	3149
2001	181.44	39.45	64.56	55.80	8.76	77.43	3424
2002	201.53	41.55	73.93	62.61	11.32	86.05	3790
2003	230.39	44.34	91.08	77.45	13.63	94.97	4320
2004	280.71	52.96	119.81	104.40	15.41	107.94	5267
2005	330.17	58.66	148.71	131.28	17.43	122.80	6052
2006	377.40	63.13	171.83	151.31	20.52	142.44	6907
2007	456.95	80.19	206.06	181.10	24.96	170.70	8402
2008	563.09	96.26	256.22	222.49	33.73	210.61	10378
2009	636.96	100.55	294.44	248.78	45.66	241.97	11728
2010	801.42	128.94	394.55	339.71	54.84	277.93	15149
2011	1028.97	160.47	545.19	476.64	68.55	323.31	19424
2012	1153.80	180.00	610.67	533.55	77.12	363.13	21717

3-14 续表 2 continued

地 区 年 份 Region Year	生产总值 (亿元) Gross Domestic Product (100 million yuan)	第一产业 Primary Industry	第二产业 Secondary Industry	工 业 Industry	建筑业 Construction	第三产业 Tertiary Industry	人均生产总值 (元) Per Capita GDP (yuan)
延安市							
Yan'an							
2000	130.63	19.13	78.69	74.65	4.04	32.81	6690
2001	158.33	22.68	98.38	93.30	5.08	37.27	8021
2002	179.71	24.94	113.35	107.50	5.85	41.42	9010
2003	218.33	23.03	151.00	143.37	7.63	44.30	10746
2004	275.36	25.86	188.99	180.55	8.44	60.51	13289
2005	394.65	29.47	286.90	277.60	9.30	78.28	18815
2006	541.86	34.52	415.77	404.15	11.62	91.57	25567
2007	647.46	41.32	498.40	484.02	14.38	107.74	30432
2008	760.84	52.15	578.20	562.11	16.09	130.49	35555
2009	728.26	55.07	515.89	497.21	18.68	157.30	33898
2010	885.42	71.19	635.49	614.45	21.04	178.74	40621
2011	1113.35	86.69	815.45	789.45	26.00	211.21	50807
2012	1271.02	97.06	934.85	904.64	30.21	239.11	57876
汉中市							
Hanzhong							
2000	119.23	31.41	38.41	26.77	11.64	49.41	3250
2001	129.32	31.55	42.28	28.79	13.49	55.49	3503
2002	141.31	32.91	47.45	32.48	14.97	60.95	3819
2003	163.44	36.79	56.57	39.02	17.55	70.08	4402
2004	192.94	43.01	75.49	56.45	19.04	74.44	5172
2005	217.72	48.07	85.38	64.72	20.66	84.27	6255
2006	249.83	55.64	99.01	75.67	23.34	95.18	7158
2007	299.71	66.77	115.39	87.82	27.57	117.55	8562
2008	366.19	87.64	135.03	99.22	35.81	143.52	10435
2009	415.64	91.71	152.48	108.58	43.90	171.45	11819
2010	509.70	110.39	199.50	146.32	53.18	199.81	14907
2011	647.48	142.29	267.58	203.17	64.41	237.61	18952
2012	754.57	159.47	320.42	245.70	74.72	274.68	22084
榆林市							
Yulin							
2000	105.05	13.98	46.60	40.25	6.35	44.47	3264
2001	129.31	13.03	62.10	56.45	5.65	54.18	3942
2002	162.83	17.68	83.37	77.67	5.70	61.78	4953
2003	204.76	19.31	113.30	106.73	6.57	72.15	6176
2004	278.53	26.24	171.05	164.00	7.05	81.24	8310
2005	447.63	28.34	260.06	249.71	10.35	159.23	13602
2006	592.34	35.33	358.05	345.87	12.18	198.96	17943
2007	795.98	47.47	503.92	489.77	14.15	244.59	24007
2008	1172.76	66.11	796.10	777.58	18.52	310.55	35177
2009	1302.31	70.09	860.78	837.34	23.44	371.44	38950
2010	1756.67	92.16	1205.77	1178.34	27.43	458.74	52436
2011	2292.25	111.91	1629.66	1597.96	31.70	550.68	68358
2012	2669.88	125.88	1928.53	1892.07	36.46	615.47	79587

3-14 续表 3 continued

地 区 年 份 Region Year	生产总值 (亿元) Gross Domestic Product (100 million yuan)	第一产业 Primary Industry	第二产业 Secondary Industry	工 业 Industry	建筑业 Construction	第三产业 Tertiary Industry	人 均 生产总值 (元) Per Capita GDP (yuan)
安康市 Ankang							
2000	74.80	22.76	20.29	12.41	7.88	31.75	2561
2001	80.74	23.50	21.33	12.72	8.61	35.91	2758
2002	91.08	24.59	24.42	14.97	9.45	42.07	3107
2003	105.03	26.61	28.72	18.25	10.47	49.70	3577
2004	121.97	31.50	35.18	23.14	12.04	55.29	4141
2005	143.76	36.71	42.83	28.23	14.60	64.22	5413
2006	163.57	42.44	49.05	32.26	16.79	72.08	6175
2007	191.37	48.69	60.71	40.03	20.68	81.97	7218
2008	241.24	63.79	79.42	50.40	29.02	98.03	9087
2009	274.95	65.59	96.83	60.36	36.47	112.53	10341
2010	327.06	67.07	130.95	86.15	44.80	129.04	12428
2011	407.17	72.01	183.13	127.13	56.00	152.03	15477
2012	496.91	80.95	243.47	179.91	63.56	172.49	18878
商洛市 Shangluo							
2000	56.35	16.66	20.08	8.22	11.86	19.61	2382
2001	59.52	17.29	17.88	6.94	10.94	24.35	2529
2002	67.10	17.29	21.74	9.36	12.39	28.07	2842
2003	92.43	18.71	32.43	15.13	17.30	41.29	3902
2004	105.03	22.92	35.47	17.15	18.32	46.64	4393
2005	114.43	25.43	37.25	17.87	19.38	51.75	4800
2006	137.77	28.31	46.64	20.98	25.66	62.82	5787
2007	160.40	33.87	55.19	26.69	28.50	71.34	6737
2008	197.45	44.57	71.18	35.58	35.60	81.70	8272
2009	224.47	46.65	83.75	40.09	43.66	94.07	9383
2010	285.90	58.05	117.82	64.49	53.33	110.03	12194
2011	362.95	70.61	163.03	96.38	66.65	129.31	15513
2012	423.31	79.43	195.14	118.96	76.18	148.74	18097
杨凌示范区 Yangling							
2000	6.20	0.83	2.06	0.61	1.45	3.31	4941
2001	7.71	0.89	2.63	1.03	1.59	4.19	5887
2002	9.29	0.94	3.47	1.34	2.13	4.88	6796
2003	12.33	1.06	5.23	3.47	1.76	6.04	8805
2004	15.39	1.31	7.19	5.36	1.83	6.89	10125
2005	17.36	1.42	8.05	5.75	2.30	7.89	11193
2006	20.75	1.83	9.46	7.00	2.46	9.46	13233
2007	26.66	2.21	12.73	9.53	3.20	11.72	16642
2008	33.67	2.78	16.51	12.20	4.31	14.38	20952
2009	40.68	3.01	20.61	14.66	5.95	17.06	20392
2010	47.29	3.75	23.50	16.24	7.26	20.04	23524
2011	60.85	5.31	31.54	22.44	9.10	24.00	30199
2012	67.40	5.99	34.36	23.62	10.74	27.05	33391

3-15 各市(区)生产总值指数

Indices of Gross Domestic Product by City(District)

(上年=100) (preceding year=100)

地区 年份 Region Year	生产总值 Gross Domestic Product	第一产业 Primary Industry	第二产业 Secondary Industry	工业 Industry	建筑业 Construction	第三产业 Tertiary Industry	人均生产总值 Per Capita GDP
西安市							
Xi'an							
2000	113.0	103.5	115.1	113.8	120.1	111.5	111.4
2001	113.1	102.5	115.3	116.3	111.8	112.6	111.4
2002	113.3	103.1	115.0	116.4	109.3	113.0	112.1
2003	113.5	101.8	117.5	115.7	125.0	111.2	111.7
2004	113.5	106.7	115.9	115.5	117.3	112.0	111.7
2005	114.0	107.5	112.3	110.3	120.0	116.3	112.2
2006	114.0	107.1	113.7	112.3	118.7	114.9	112.9
2007	115.6	104.5	115.7	114.9	118.4	116.4	113.9
2008	116.3	107.6	116.4	115.7	118.9	116.9	115.3
2009	114.5	106.3	114.0	111.7	121.2	115.5	113.7
2010	114.5	106.9	118.0	118.1	117.6	112.5	113.8
2011	113.8	106.7	114.9	116.2	111.7	113.4	113.2
2012	111.8	106	111.8	112.4	110.3	112.2	111.3
铜川市							
Tongchuan							
2000	108.3	108.1	108.5	108.8	107.3	108.1	107.7
2001	107.2	98.5	105.8	107.8	99.2	110.9	106.5
2002	110.0	104.8	111.8	111.0	114.6	109.5	109.6
2003	111.5	105.8	113.2	113.5	112.3	111.3	111.2
2004	112.4	116.1	113.9	113.8	114.3	110.3	112.0
2005	112.7	106.9	113.2	112.5	117.5	113.2	113.3
2006	115.0	108.0	119.5	120.4	113.6	110.2	115.8
2007	115.3	104.9	118.5	119.9	108.6	112.7	115.0
2008	117.1	107.8	119.9	121.1	110.8	114.3	116.6
2009	115.2	106.3	114.0	113.1	122.6	118.9	114.9
2010	115.6	107.7	118.1	119.0	111.2	112.8	115.3
2011	116.0	107.3	118.0	118.2	115.7	114.2	115.7
2012	115.8	106.3	119.4	120.6	109.4	110.5	115.4

注：本表按不变价格计算。

a) Data in this table are calculated at constant prices.

3-15 续表 1 continued

(上年=100) (preceding year=100)

地区 年份 Region Year	生产总值 Gross Domestic Product	第一产业 Primary Industry	第二产业 Secondary Industry	工业 Industry	建筑业 Construction	第三产业 Tertiary Industry	人均生产总值 Per Capita GDP
宝鸡市 Baoji							
2000	110.5	100.6	112.4	112.2	114.1	111.1	109.1
2001	109.7	101.9	110.2	109.4	113.6	111.3	107.0
2002	110.5	103.8	113.0	112.9	113.5	109.0	110.2
2003	112.9	107.2	116.3	115.6	119.3	109.7	112.5
2004	115.1	112.0	119.2	120.6	113.8	109.7	114.4
2005	113.0	110.2	116.1	117.2	111.5	108.9	113.1
2006	113.1	108.0	116.4	117.2	113.0	108.8	112.7
2007	114.8	104.4	117.9	118.7	114.2	112.2	114.5
2008	115.5	107.4	118.3	119.2	114.1	112.3	115.9
2009	115.0	106.2	116.7	116.0	119.8	113.9	115.4
2010	114.4	106.9	117.5	118.6	112.7	109.4	114.0
2011	114.5	106.1	117.5	119.0	110.9	111.0	114.3
2012	115.1	105.7	118.5	120.0	111.9	109.9	114.8
咸阳市 Xianyang							
2000	111.7	106.5	111.3	110.6	117.6	115.4	107.8
2001	109.0	104.3	105.7	104.8	110.7	116.2	107.8
2002	112.0	102.5	117.9	119.2	111.7	110.6	111.3
2003	113.2	107.6	117.5	117.9	115.0	110.8	112.0
2004	114.9	110.6	119.3	119.5	118.1	111.2	113.5
2005	112.6	108.1	114.1	114.3	113.1	113.2	110.1
2006	111.5	107.1	114.7	114.6	115.1	110.1	111.6
2007	112.3	104.5	115.5	115.6	115.0	112.4	112.1
2008	116.0	107.5	119.3	121.3	110.2	116.1	115.6
2009	114.2	106.3	115.1	112.1	129.9	117.0	114.1
2010	114.5	107.8	118.7	119.9	113.7	111.7	114.3
2011	114.2	107.2	119.6	120.2	116.4	109.1	113.9
2012	114.5	106.1	119.8	121.5	110.7	109.3	114.1
渭南市 Weinan							
2000	108.2	104.3	107.5	107.6	105.9	112.0	107.2
2001	108.3	104.4	107.2	107.5	105.0	111.4	107.4
2002	110.4	104.1	113.9	113.1	118.6	110.7	110.0
2003	109.5	101.5	116.4	117.1	112.0	107.3	109.2
2004	112.6	106.3	119.1	121.4	105.2	109.2	112.2
2005	112.4	105.5	117.7	119.1	107.1	110.6	111.2
2006	112.9	107.3	114.8	115.0	113.2	113.3	112.7
2007	114.2	104.9	115.5	115.6	115.1	116.8	114.7
2008	116.3	107.6	117.3	117.1	119.3	118.7	116.6
2009	114.3	106.5	116.3	113.7	136.3	114.7	114.2
2010	115.0	107.3	120.7	121.8	114.2	110.6	115.1
2011	115.0	107.0	120.6	121.3	116.4	110.9	114.9
2012	114.5	106.0	119.6	121.2	109	110.4	114.1

3-15 续表 2 continued

(上年=100) (preceding year=100)

地区 年份 Region Year	生产总值 Gross Domestic Product	第一产业 Primary Industry	第二产业 Secondary Industry	工业 Industry	建筑业 Construction	第三产业 Tertiary Industry	人均生产总值 Per Capita GDP
延安市 Yan'an							
2000	109.8	103.1	114.9	115.4	109.0	109.5	108.7
2001	112.4	101.0	116.4	116.2	121.0	109.5	111.2
2002	112.3	104.0	114.9	115.1	111.2	109.9	111.2
2003	115.5	102.0	121.5	121.1	127.9	106.6	113.3
2004	119.8	105.7	126.0	127.4	101.9	107.7	117.5
2005	116.2	110.2	118.8	119.6	101.8	110.0	114.8
2006	116.5	110.6	118.3	118.4	113.2	112.2	115.3
2007	115.1	104.5	115.4	115.5	112.2	117.6	114.6
2008	116.3	107.1	117.0	117.2	108.8	116.6	115.6
2009	112.2	106.3	110.5	110.4	116.7	120.2	111.7
2010	113.6	107.0	114.8	115.0	107.2	111.0	112.7
2011	111.0	107.4	110.9	110.8	115.2	112.8	110.4
2012	110.5	106.1	110.3	110.3	112.6	112.7	110.3
汉中市 Hanzhong							
2000	108.2	103.8	109.3	106.0	113.8	110.2	107.5
2001	106.6	102.5	108.0	107.6	110.4	109.0	105.9
2002	107.2	101.7	108.7	109.5	107.0	109.2	107.0
2003	109.1	105.9	111.8	113.3	108.4	108.4	108.7
2004	110.9	109.1	115.9	123.0	99.8	107.8	110.4
2005	111.9	109.2	112.0	114.1	105.4	113.0	111.2
2006	112.1	108.1	115.6	118.1	108.0	110.8	111.8
2007	113.9	106.0	114.9	116.3	110.0	117.3	113.6
2008	113.8	107.9	113.8	113.8	113.7	116.8	113.5
2009	114.5	106.4	113.6	111.0	123.0	119.3	114.3
2010	115.1	106.6	119.6	120.6	116.0	114.3	115.2
2011	115.5	106.6	122.2	125.5	113.4	113.7	115.6
2012	115.2	105.8	121.8	124.7	112.7	112.9	115.1
榆林市 Yulin							
2000	114.3	128.0	113.3	113.8	108.1	109.1	112.5
2001	114.2	92.4	116.3	120.8	87.6	118.9	112.4
2002	112.7	115.9	116.2	117.9	101.1	108.3	112.1
2003	117.5	120.3	121.9	122.6	114.8	112.0	116.6
2004	117.9	104.2	125.3	126.8	107.9	112.9	116.6
2005	120.0	103.1	124.7	124.9	120.2	115.8	119.4
2006	119.3	108.7	122.6	123.1	110.0	115.9	119.0
2007	121.4	106.4	124.3	124.9	108.2	118.9	120.9
2008	125.3	108.3	125.7	125.9	119.4	127.1	124.6
2009	113.3	106.6	111.6	111.2	125.8	117.2	113.0
2010	118.3	107.8	119.1	119.4	109.7	118.2	118.3
2011	115.0	106.0	116.3	116.5	106.2	113.5	114.9
2012	112.0	105.9	113.6	113.6	111.1	108.8	111.9

3-15 续表 3 continued

(上年=100) (preceding year=100)

地 区 年 份 Region Year	生产总值 Gross Domestic Product	第一产业 Primary Industry	第二产业 Secondary Industry	工业 Industry	建筑业 Construction	第三产业 Tertiary Industry	人 均 生产总值 Per Capita GDP
安康市							
Ankang							
2000	105.8	106.0	102.8	101.4	110.0	108.9	105.6
2001	106.4	104.6	102.9	102.0	104.4	109.9	106.1
2002	108.6	101.3	110.9	114.9	104.9	112.1	108.5
2003	108.6	98.8	113.1	117.9	104.9	112.1	108.4
2004	109.2	109.2	113.2	116.8	106.4	106.7	108.9
2005	109.8	110.4	109.1	108.0	111.3	109.9	109.6
2006	110.4	108.0	112.5	111.1	115.1	110.4	110.7
2007	112.8	106.3	116.5	118.0	113.6	113.9	112.7
2008	115.4	107.7	121.6	119.4	125.8	115.2	115.3
2009	115.0	106.2	120.2	116.4	127.2	115.5	114.8
2010	115.0	106.4	121.5	123.3	118.6	113.9	115.0
2011	115.5	106.5	122.9	126.0	116.8	112.6	115.5
2012	115.2	105.7	123.6	130.2	110	110.5	115.1
商洛市							
Shangluo							
2000	111.2	104.5	118.5	115.0	121.0	110.8	110.9
2001	110.5	102.3	114.6	108.9	118.6	113.3	110.4
2002	111.0	104.0	113.6	126.1	105.7	113.6	110.6
2003	109.8	105.4	114.0	115.4	112.9	108.5	109.4
2004	109.4	107.7	108.0	110.2	106.2	111.4	109.2
2005	109.9	107.7	110.4	110.3	110.5	110.6	109.6
2006	110.8	106.5	111.2	112.7	109.8	112.6	110.5
2007	112.8	106.3	114.6	116.3	113.0	114.5	112.5
2008	115.8	107.2	119.9	118.7	121.0	116.6	115.5
2009	114.1	106.4	115.8	107.6	123.6	115.8	113.8
2010	114.9	106.5	119.5	122.6	116.9	114.7	115.3
2011	115.1	106.5	121.2	124.4	117.4	113.1	115.3
2012	114.8	105.9	120.7	128.2	111.1	112.5	114.9
杨凌示范区							
Yangling							
2000	117.7	105.3	110.9	135.8	99.9	125.0	113.4
2001	123.8	105.9	127.3	166.4	110.8	126.2	118.5
2002	117.5	104.2	127.8	128.9	127.0	113.8	112.6
2003	121.0	106.7	131.8	211.0	80.7	116.1	118.1
2004	116.7	115.5	127.0	143.9	98.6	108.6	115.9
2005	115.1	114.2	117.6	116.3	120.9	112.9	112.8
2006	113.4	114.8	108.2	110.3	103.0	118.4	112.1
2007	119.4	106.7	117.9	115.9	123.2	122.9	116.8
2008	117.2	106.9	115.4	114.0	118.8	120.3	116.5
2009	115.0	106.7	118.0	109.1	139.3	113.5	92.6
2010	115.5	108.0	119.1	121.6	115.9	114.0	114.6
2011	116.5	108.1	120.4	122.3	116.2	113.6	116.3
2012	114.7	106.9	119.9	122.3	114.1	109.7	114.5

3-16 各市(区)非公有制经济增加值

Value-added of Non-public Economy by City(District)

地 区	Region	非公有制经济增加值(亿元) Value-added of Non-public Economy (100 million yuan)							
		2005	2006	2007	2008	2009	2010	2011	2012
全 省	**Shaanxi**	**1651.14**	**2059.16**	**2599.06**	**3462.21**	**3971.78**	**5011.39**	**6318.20**	**7398.04**
西安市	Xi'an	568.45	684.66	854.26	1103.95	1327.49	1611.28	1952.78	2244.25
铜川市	Tongchuan	30.27	33.77	39.40	48.60	63.40	82.13	107.48	129.00
宝鸡市	Baoji	183.72	218.68	262.90	332.43	384.28	471.30	578.48	681.17
咸阳市	Xianyang	191.52	219.17	268.14	360.98	419.87	532.92	668.87	786.81
渭南市	Weinan	127.68	150.27	182.89	235.24	279.58	350.19	459.62	526.82
延安市	Yan'an	55.91	65.28	74.56	104.61	118.71	151.47	201.55	235.25
汉中市	Hanzhong	91.83	111.62	140.86	175.89	203.14	252.35	327.03	387.88
榆林市	Yulin	134.13	172.52	204.28	390.18	467.57	632.37	828.49	1004.65
安康市	Ankang	60.58	72.06	85.58	110.62	128.81	156.53	198.52	247.20
商洛市	Shangluo	44.28	62.00	75.15	93.05	107.56	138.93	180.09	211.78
杨凌示范区	Yangling	7.61	9.33	12.20	16.01	18.72	23.05	29.68	32.43

3-16 续表 continued

地 区	Region	非公有制经济增加值占生产总值比重(%) Value-added of Non-public Economy as Percentage of GDP(%)							
		2005	2006	2007	2008	2009	2010	2011	2012
全 省	**Shaanxi**	**43.3**	**44.4**	**45.6**	**47.3**	**48.6**	**49.5**	**50.5**	**51.2**
西安市	Xi'an	43.3	44.5	46.0	47.6	48.7	49.7	50.6	51.4
铜川市	Tongchuan	42.1	39.1	38.3	37.4	41.1	43.8	46.2	47.2
宝鸡市	Baoji	44.3	44.6	45.4	46.6	47.6	48.3	49.2	49.6
咸阳市	Xianyang	44.6	45.8	46.0	47.4	48.1	48.5	49.1	50.0
渭南市	Weinan	38.7	39.8	40.0	41.8	42.7	43.7	44.7	45.7
延安市	Yan'an	14.2	12.1	11.5	13.8	16.3	17.1	18.1	18.5
汉中市	Hanzhong	42.2	44.7	47.0	48.0	48.8	49.5	50.5	51.4
榆林市	Yulin	30.0	29.1	25.7	33.3	35.9	36.0	36.1	37.6
安康市	Ankang	42.1	44.1	44.7	45.9	46.9	47.9	48.8	49.8
商洛市	Shangluo	44.2	45.0	46.9	47.1	47.8	48.6	49.6	50.0
杨凌示范区	Yangling	43.6	45.0	46.4	47.6	48.3	48.7	48.8	48.1

3-17　各县(市、区)生产总值(2012年)
Gross Domestic Product by County (City and District)(2012)

地　区	Region	生产总值(亿元) Gross Domestic Product (100 million yuan)	生产总值比上年增长(%) Growth Rate of GDP over Preceding Year(%)	地　区	Region	生产总值(亿元) Gross Domestic Product (100 million yuan)	生产总值比上年增长(%) Growth Rate of GDP over Preceding Year(%)
西安市	**Xi'an**			麟游县	Linyou	41.15	22.0
新城区	Xincheng	430.22	11.5	凤　县	Fengxian	110.80	21.0
碑林区	Beilin	504.28	13.2	太白县	Taibai	13.79	13.5
莲湖区	Lianhu	479.40	11.5	**咸阳市**	**Xianyang**		
灞桥区	Baqiao	233.30	13.8	秦都区	Qindu	330.04	13.7
未央区	Weiyang	516.73	9.5	渭城区	Weicheng	266.44	14.7
雁塔区	Yanta	810.83	11.4	三原县	Sanyuan	120.48	13.6
阎良区	Yanliang	141.49	12.2	泾阳县	Jingyang	118.02	13.5
临潼区	Lintong	211.53	12.2	乾　县	Qianxian	108.09	13.5
长安区	Chang'an	362.64	13.2	礼泉县	Liquan	108.62	13.8
蓝田县	Lantian	95.73	11.0	永寿县	Yongshou	34.87	13.6
周至县	Zhouzhi	78.28	11.0	彬　县	Binxian	136.18	20.6
户　县	Huxian	142.13	9.5	长武县	Changwu	44.62	16.1
高陵县	Gaoling	228.16	18.0	旬邑县	Xunyi	86.84	17.9
铜川市	**Tongchuan**			淳化县	Chunhua	42.67	13.0
王益区	Wangyi	64.12	17.3	武功县	Wugong	74.14	13.5
印台区	Yintai	70.02	15.2	兴平市	Xingping	145.20	13.5
耀州区	Yaozhou	127.56	16.6	**渭南市**	**Weinan**		
宜君县	Yijun	21.21	16.5	临渭区	Linwei	262.52	17.4
宝鸡市	**Baoji**			华　县	Huaxian	110.69	25.8
渭滨区	Weibin	407.16	15.1	潼关县	Tongguan	32.80	15.5
金台区	Jintai	241.25	14.6	大荔县	Dali	100.58	13.8
陈仓区	Chencang	151.54	13.3	合阳县	Heyang	60.10	14.0
凤翔县	Fengxiang	143.01	14.1	澄城县	Chengcheng	77.07	14.6
岐山县	Qishan	134.01	13.7	蒲城县	Pucheng	130.01	14.4
扶风县	Fufeng	81.85	14.5	白水县	Baishui	55.50	14.2
眉　县	Meixian	77.19	20.0	富平县	Fuping	100.10	15.4
陇　县	Longxian	43.30	15.5	韩城市	Hancheng	233.22	13.6
千阳县	Qianyang	25.94	18.0	华阴市	Huayin	67.63	15.0

3-17 续表 continued

地 区	Region	生产总值(亿元) Gross Domestic Product (100 million yuan)	生产总值比上年增长(%) Growth Rate of GDP over Preceding Year(%)	地 区	Region	生产总值(亿元) Gross Domestic Product (100 million yuan)	生产总值比上年增长(%) Growth Rate of GDP over Preceding Year(%)
延安市	**Yan'an**			横山县	Hengshan	104.22	10.7
宝塔区	Baota	203.31	13.1	靖边县	Jingbian	317.05	8.8
延长县	Yanchang	34.09	13.0	定边县	Dingbian	291.01	8.1
延川县	Yanchuan	82.38	-3.7	绥德县	Suide	47.62	11.6
子长县	Zichang	74.56	12.7	米脂县	Mizhi	40.12	8.7
安塞县	Ansai	105.75	11.6	佳 县	Jiaxian	31.86	14.1
志丹县	Zhidan	175.98	10.1	吴堡县	Wubu	13.77	8.1
吴起县	Wuqi	201.07	10.2	清涧县	Qingjian	30.68	12.7
甘泉县	Ganquan	20.50	9.1	子洲县	Zizhou	40.16	9.4
富 县	Fuxian	30.12	12.3	**安康市**	**Ankang**		
洛川县	Luochuan	213.04	12.5	汉滨区	Hanbin	163.03	14.6
宜川县	Yichuan	18.58	9.9	汉阴县	Hanyin	47.42	15.2
黄龙县	Huanglong	8.86	11.1	石泉县	Shiquan	41.85	17.3
黄陵县	Huangling	103.40	11.6	宁陕县	Ningshan	18.93	16.6
汉中市	**Hanzhong**			紫阳县	Ziyang	46.70	15.3
汉台区	Hantai	156.29	14.5	岚皋县	Langao	25.56	15.1
南郑县	Nanzheng	114.90	15.9	平利县	Pingli	40.21	19.6
城固县	Chenggu	120.30	15.4	镇坪县	Zhenping	12.00	15.0
洋 县	Yangxian	73.75	15.1	旬阳县	Xunyang	84.31	14.6
西乡县	Xixiang	54.96	15.3	白河县	Baihe	33.91	16.6
勉 县	Mianxian	96.59	15.6	**商洛市**	**Shangluo**		
宁强县	Ningqiang	48.50	14.5	商州区	Shangzhou	98.61	14.3
略阳县	Lueyang	60.23	15.8	洛南县	Luonan	70.69	15.9
镇巴县	Zhenba	40.50	14.4	丹凤县	Danfeng	52.83	14.8
留坝县	Liuba	8.78	15.2	商南县	Shangnan	47.39	14.8
佛坪县	Foping	4.83	14.0	山阳县	Shanyang	66.07	16.8
榆林市	**Yulin**			镇安县	Zhen'an	57.37	14.5
榆阳区	Yuyang	401.09	12.3	柞水县	Zhashui	51.09	16.0
神木县	Shenmu	1003.89	15.0	**杨凌示范区**	**Yangling**		
府谷县	Fugu	450.52	10.8	杨陵区	Yangling	72.54	14.7

注：本表数据为快报数。
a) Data in this table are from annual statistical reporting forms.

主要统计指标解释

三次产业 三产业的划分是世界上较为常用的产业结构分类，但各国的划分不尽一致。我国的三次产业划分是：

第一产业是指农业、林业、畜牧业、渔业和农林牧渔服务业。

第二产业是指采矿业，制造业，电力、煤气及水的生产和供应业，建筑业。

第三产业是指除第一、二产业以外的其他行业。

国内生产总值(GDP) 指按市场价格计算的一个国家(或地区)所有常住单位在一定时期内生产活动的最终成果。国内生产总值有三种表现形态，即价值形态、收入形态和产品形态。从价值形态看，它是所有常住单位在一定时期内生产的全部货物和服务价值超过同期投入的全部非固定资产货物和服务价值的差额，即所有常住单位的增加值之和；从收入形态看，它是所有常住单位在一定时期内创造并分配给常住单位和非常住单位的初次收入之和；从产品形态看，它是所有常住单位在一定时期内最终使用的货物和服务价值与货物和服务净出口价值之和。在实际核算中，国内生产总值有三种计算方法，即生产法、收入法和支出法。三种方法分别从不同的方面反映国内生产总值及其构成。

对于一个地区来说，称为地区生产总值或地区 GDP。

劳动者报酬 指劳动者因从事生产活动所获得的全部报酬。包括劳动者获得的各种形式的工资、奖金和津贴，既包括货币形式的，也包括实物形式的，还包括劳动者所享受的公费医疗和医药卫生费、上下班交通补贴、单位支付的社会保险费、住房公积金等。

生产税净额 指生产税减生产补贴后的余额。生产税指政府对生产单位从事生产、销售和经营活动以及因从事生产活动使用某些生产要素(如固定资产、土地、劳动力)所征收的各种税、附加费和规费。生产补贴与生产税相反，指政府对生产单位的单方面转移支出，因此视为负生产税，包括政策亏损补贴、价格补贴等。

固定资产折旧 指一定时期内为弥补固定资产损耗按照规定的固定资产折旧率提取的固定资产折旧，或按国民经济核算统一规定的折旧率虚拟计算的固定资产折旧。它反映了固定资产在当期生产中的转移价值。各类企业和企业化管理的事业单位的固定资产折旧是指实际计提的折旧费；不计提折旧的政府机关、非企业化管理的事业单位和居民住房的固定资产折旧是按照统一规定的折旧率和固定资产原值计算的虚拟折旧。原则上，固定资产折旧应按固定资产当期的重置价值计算，但是目前我国尚不具备对全社会固定资产进行重估价的基础，所以暂时只能采用上述办法。

营业盈余 指常住单位创造的增加值扣除劳动者报酬、生产税净额和固定资产折旧后的余额。它相当于企业的营业利润加上生产补贴，但要扣除从利润中开支的工资和福利等。

支出法国内生产总值 是从最终使用的角度反映一个国家(或地区)一定时期内生产活动最终成果的一种方法，包括最终消费支出、资本形成总额及货物和服务净出口三部分。计算公式为：

支出法国内生产总值=最终消费支出+资本形成总额+货物和服务净出口

最终消费支出 指常住单位为满足物质、文化和精神生活的需要，从本国经济领土和国外购买的货物和服务的支出。它不包括非常住单位在本国经济领土内的消费支出。最终消费支出分为居民消费支出和政府消费支出。

居民消费支出 指常住住户在一定时期内对于货物和服务的全部最终消费支出。居民消费支出除了直接以货币形式购买的货物和服务的消费支出外，还包括以其他方式获得的货物和服务的消费支出，即所谓的虚拟消费支出。居民虚拟消费支出包括如下几种类型：单位以实物报酬及实物转移的形式提供给劳动者的货物和服务；住户生产并由本住户消费了的货物和服务，其中的服务仅指住户的自有住房服务和付酬的家庭雇员提供的家庭和个人服务；金融机构提供的金融媒介服务。

政府消费支出 指政府部门为全社会提供的公共服务的消费支出和免费或以较低的价格向居民住户提供的货物和服务的净支出，前者等于政府服务的产出价值减去政府单位所获得的经营收入的价值，后者等于政府部门免费或以较低价格向居民住户提供的货物和服务的市场价值减去向住户收取的价值。

资本形成总额 指常住单位在一定时期内获得减去处置的固定资产和存货的净额，包括固定资本形成总额和存货增加两部分。

固定资本形成总额 指常住单位在一定时期内获得的固定资产减处置的固定资产的价值总额。固定资产是通过生产活动生产出来的，且其使用年限在一年以上、单位价值在规定标准以上的资产，不包括自然资产。可分为有形固定资本形成总额和无形固定资本形成总额。有形固定资本形成总额包括一定时期内完成的建筑工程、安装工程和设备工器具购置(减处置)价值，以及土地改良、新增役、种、奶、毛、娱乐用牲畜和新增经济林木价值。无形固定资本形成总额包括矿藏的勘探、计算机软件等获得减处置。

存货增加 指常住单位在一定时期内存货实物量变动的市场价值，即期末价值减期初价值的差额，再扣除当期由于价格变动而产生的持有收益。存货增加可以是正值，也可以是负值，正值表示存货上升，负值表示存货下降。存货包括生产单位购进的原材料、燃料和储备物资等存货，以及生产单位生产的产成品、在制品和半成品等存货。

货物和服务净出口 指货物和服务出口减货物和服务进口的差额。出口包括常住单位向非常住单位出售或无偿转让的各种货物和服务的价值；进口包括常住单位从非常住单位购买或无偿得到的各种货物和服务的价值。由于服务活动的提供与使用同时发生，一般把常住单位从非常住单位得到的服务作为进口，非常住单位从常住单位得到的服务作为出口。货物的出口和进口都按离岸价格计算。

Explanatory Notes on Main Statistical Indicators

Three Strata of Industry Classification of economic activities into three strata of industry is a common practice in the world, although the grouping varies to some extent from country to country. In China economic activities are categorized into the following three strata of industry:

Primary industry refers to agriculture, forestry, animal husbandry and fishery and services in support of these industries.

Secondary industry refers to mining and quarrying, manufacturing, production and supply of electricity, water and gas, and construction.

Tertiary industry refers to all other economic activities not included in the primary or secondary industries.

Gross Domestic Product (GDP) refers to the final products at market prices produced by all resident units in a country (or a region) during a certain period of time. Gross domestic product is expressed in three different perspectives, namely value, income, and products respectively. GDP in its value perspective refers to the total value of all goods and services produced by all resident units during a certain period of time, minus the total value of input of goods and services of the nature of non-fixed assets; in other words, it is the sum of the value-added of all resident units. GDP from the perspective of income includes the primary income created by all resident units and distributed to resident and non-resident units. GDP from the perspective of products refers to the value of all goods and services for final demand by all resident units plus the net exports of goods and services during a given period of time. In the practice of national accounting, gross domestic product is calculated from three approaches, namely production approach, income approach and expenditure approach, which reflect gross domestic product and its composition from different angles.

For a region, it is called as Gross Regional Product(GRP) or regional GDP.

Compensation of Employees refers to the total payment of various forms to employees for the productive activities they are engaged in. It includes wages, bonuses and allowances, which the employees earn in cash or in kind. It also includes the free medical services provided to the employees and the medicine expenses, transport subsidies and social insurance, and housing fund paid by the employers.

Net Taxes on Production refers to taxes on production less subsidies on production. The taxes on production refers to the various taxes, extra charges and fees levied on the production units on their production, sale and business activities as well as on the use of some factors of production, such as fixed assets, land and labour in the production activities they are engaged in. In contrast to taxes on production, subsidies on production refer to the unilateral government transfer to the production units and are therefore regarded as negative taxes on production. They include subsidies on the loss due to implementation of government policies, price subsidies, etc.

Depreciation of Fixed Assets refers to the depreciation of fixed assets in a given period, drawn in accordance with the stipulated depreciation rate for the purpose of compensating the wear-and-tear loss of the fixed assets or the depreciation of fixed assets imputed in accordance with the stipulated unified depreciation rate in the national economic accounting system. It reflects the value of transfer of the fixed assets in the production of the current period. The depreciation of fixed assets in various enterprises and institutions managed as enterprises refers to the depreciation expenses actually drawn. In government agencies and institutions not managed as enterprises which do not draw the depreciation expenses, as well as for the houses of residents, the depreciation of fixed assets is the imputed depreciation, which is calculated in accordance with the stipulated unified depreciation rate. In principle, the depreciation of fixed assets should be calculated on the basis of the re-purchased value of the fixed assets. However, currently the conditions in China do not facilitate the revaluation of all the fixed assets. Therefore, only the above-mentioned methods can be adopted at present.

Operating Surplus refers to the balance of the value added created by the resident units after deducting the labourers remuneration, net taxes on production and the depreciation of fixed assets. It is equivalent to the business profit of the enterprises plus subsidies to production, but the wages and welfare expenses paid from the profits should be deducted.

GDP by Expenditure Approach refers to the method of measuring the final results of production activities of a country (region) during a given period from the perspective of final uses. It includes final consumption expenditure, gross capital formation and net export of goods and services. The formula for computation is.:

GDP by expenditure approach = final consumption expenditure + gross capital formation + net export of goods and services

Final Consumption Expenditure refers to the total expenditure of resident units for purchases of goods and services from both the domestic economic territory and abroad to meet the needs of material, cultural and spiritual life. It does not include the expenditure of non-resident units on consumption in the economic territory of the country. The final consumption expenditure is broken down into household consumption expenditure and government consumption expenditure.

Household Consumption Expenditure refers to the total expenditure of resident households on the final consumption of goods and services. In addition to the consumption of goods and services bought by the households directly with money, the household consumption expenditure also includes expenditure on goods and services obtained by the households in other ways, i.e. the so-called imputed consumption expenditure, which includes the following: (a) the goods and services provided to households by employers in the form of payment in kind and transfer in kind; (b) goods and services produced and consumed by the households themselves, in which the services refer to the owner-occupied housing and services offered by payed family employees; (c) financial intermediate services provided by financial institution.

Government Consumption Expenditure refers to the consumption expenditure spent for the provision of public services provided by the government to the whole country and the net expenditure on the goods and services provided by the government to households free of charge or at reduced prices. The former equals to the output value of the government services minus the value of operating income obtained by the government departments. The latter equals to the market value of the goods and services provided by the government free of charge or at reduced prices to the households minus the value received by the government from the households.

Gross Capital Formation refers to the fixed assets acquired less disposals and the net value of inventory, thus including gross fixed capital formation and changes in inventories.

Gross Fixed Capital Formation refers to the value of acquisitions less those disposals of fixed assets during a given period. Fixed assets are the assets produced through production activities with unit value above a specified amount and which could be used for over one year. Natural assets are not included. Gross fixed capital formation can be categorized into total tangible fixed capital formation and total intangible fixed capital formation. Total tangible fixed capital formation includes the value of the construction projects and installation projects completed and the equipment, apparatus and instruments purchased (less those disposed) as well as the value of land improved, the value of draught animals, breeding stock and animals for milk, for wool and for recreational purposes and the newly increased forest with economic value. Total intangible fixed capital formation includes the prospecting of minerals and the acquisition of computer software minus the disposal of them.

Changes in Inventories refers to the market value of the change in the physical volume of inventory of resident units during a given period, i.e. the difference between the values at the beginning and at the end of the period minus the gains due to the change in prices. The changes in inventories can have a positive or a negative value. A positive value indicates an increase in inventory while a negative value indicates a decrease in inventory. The inventory includes raw materials, fuels and reserve materials purchased by the production units as well as the inventory of finished products, semi-finished products and work-in-progress.

Net Export of Goods and Services refers to the exports of goods and services subtracting the imports of goods and services. Exports include the value of various goods and services sold or gratuitously transferred by resident units to non-resident units. Imports include the value of various goods and services purchased or gratuitously acquired resident units from non-resident units. Because the provision of services and the use of them happen simultaneously, the acquisition of services by resident units from abroad is usually treated as import while the acquisition of services by non-resident units in this country is usually treated as export. The exports and imports of goods are calculated at FOB.

四、人　口

Population

资料整理：马　瑜

简 要 说 明

一、本篇资料反映陕西人口发展变化基本情况，主要内容和数据来源:

1. 年末常住人口、性别比例、年龄比例、城镇人口比例以及人口出生率、人口死亡率和人口自然增长率等，数据根据人口普查、1%人口抽样调查或年度人口变动情况抽样调查推算所得，2001-2009年年末常住人口根据2010年第六次全国人口普查数据进行了调整。

2. 户籍人口资料数据来源于省公安厅人口统计年报。[illegible]

二、人口统计调查方法

目前人口统计调查有: 在逢“0”的年份进行全国人口普查; 在逢”5”的年份进行全国1%人口抽样调查; 其余年份进行人口变动情况抽样调查。

Brief Introduction

Ⅰ. This chapter reflects the basic conditions of development and changes of population in Shaanxi, including mainly:

1. Permanent population at the year-end, proportion of population by sex, proportion of population by age, proportion of urban population, birth rate, death rate and natural growth rate of population. The data are estimated by Shaanxi Provincial Bureau of Statistics on the basis of population censuses, the one percent sample survey on population, or annual sample surveys on population changes. Permanent Population at the Year-end from 2001 to 2009 have been adjusted in accordance with the flash sums of the 6th National Population Census in 2010.

2. The total population with residence registration are obtained from the annual reports of population of Shaanxi Provincial Department of Public Security.

Ⅱ. Sampling Methodology

The statistical surveys on population are as follows:

The national population census is conducted in the year ending with 0; the national 1 percent population sample survey is conducted in the year ending with 5; sample surveys on population changes are conducted in the rest of the years.

4.人 口

2012 年全省			
年底总人口	3753	万人	比上年增长 0.3%
# 城镇人口	1877	万人	占总人口比重为 50.02%
人口自然增长率	3.88	‰	比上年上升 0.19个千分点
男女性别比（以女性为100）	106.83		
人口密度	183	人/平方公里	

人口年龄构成

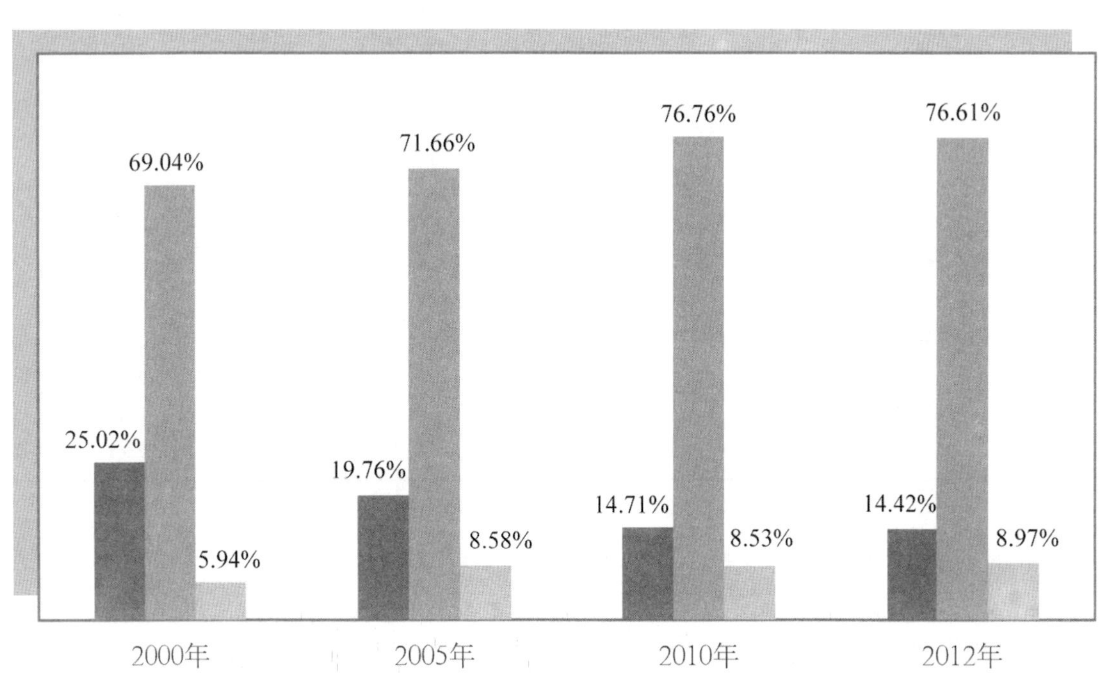

4-1 人口数和构成

Population and Its Composition

单位：万人 (10 000 persons)

年份 Year	年底总人口 Total Population at Year-end	按性别分 By Sex		按城乡分 By Residence		按农业、非农业分 By Agriculture and Non-agriculture	
		男 Male	女 Female	城镇 Urban	乡村 Rural	农业 Agriculture	非农业 Non-agriculture
1978	2779	1444	1335	454	2325	2371	408
1979	2807	1456	1351	469	2339	2381	426
1980	2831	1468	1363	522	2309	2390	441
1981	2865	1486	1379	535	2329	2405	459
1982	2904	1507	1397	548	2356	2433	471
1983	2931	1525	1406	577	2354	2446	484
1984	2966	1546	1420	1111	1865	2457	509
1985	3002	1566	1436	1167	1834	2462	540
1986	3042	1588	1454	1203	1839	2501	541
1987	3088	1613	1476	1244	1844	2530	558
1988	3140	1640	1500	1405	1735	2565	574
1989	3198	1671	1527	1438	1759	2604	594
1990	3316	1727	1589	1501	1815	2699	617
1991	3363	1754	1609	1539	1824	2730	633
1992	3405	1777	1628	1576	1829	2748	657
1993	3443	1799	1644	1654	1789	2769	674
1994	3481	1819	1662	1668	1813	2784	697
1995	3513	1836	1677	1738	1775	2791	722
1996	3543	1842	1701	1939	1604	2799	744
1997	3570	1866	1704	2279	1291	2803	767
1998	3596	1879	1717	2547	1049	2812	784
1999	3618	1892	1726	2593	1025	2816	802
2000	3644	1896	1748	1176	2468	2812	832
2001	3653	1879	1774	1228	2425	2802	851
2002	3662	1882	1780	1268	2394	2787	875
2003	3672	1883	1789	1305	2367	2772	900
2004	3681	1893	1788	1338	2343	2765	916
2005	3690	1899	1791	1374	2316	2755	935
2006	3699	1902	1797	1447	2252	2699	1000
2007	3708	1906	1802	1506	2202	2686	1022
2008	3718	1911	1807	1565	2153	2677	1041
2009	3727	1916	1811	1621	2106	2603	1124
2010	3735	1930	1805	1707	2028	2460	1275
2011	3743	1931	1812	1770	1973	2411	1332
2012	3753	1938	1815	1877	1876	2361	1392

注：1.1990年以前为公安年报数，1990年及以后为人口普查及人口变动情况抽样调查推算的常住人口数。
2.2001-2009年人口数根据2010年人口普查进行了修正。
3.城乡人口2000年以前按行政区划统计，2000年及以后为人口普查和人口变动抽样调查推算数。
4.农业、非农业人口1990年及以后为按照公安年报推算的常住人口。

a) Data before 1990 were taken from the statistics of household registration.Since 1990, data have been estimated on the basis of the national population census or usual residents of the annual national sample surveys on population changes.

b) Data of population from 2001 to 2009 were adjusted according to the national population census in 2010.

c) Data by residence before 2000 were from the divisions of administrative areas. Since 2000, data have been estimated on the national population census and the basis of the annual national sample surveys on population changes.

d) Since 1990，data by agriculture and non-agriculture have been estimated on the basis of the statistics of household registration.

4-2 人口自然变动情况

Population Natural Changes

年　份 Year	出生人口 (万人) Births (10 000 persons)	死亡人口 (万人) Deaths (10 000 persons)	出生率 (‰) Birth Rate (‰)	死亡率 (‰) Death Rate (‰)	自然增长率 (‰) Natural Growth Rate (‰)
1953	53.4	18.0	34.00		
1964	83.1	33.3	40.00	16.00	24.00
1982	54.9	19.3	19.02	6.70	12.30
1990	77.2	21.4	23.48	6.52	16.96
1991	66.2	21.7	19.82	6.51	13.31
1992	63.8	22.2	18.85	6.57	12.28
1993	60.4	22.4	17.63	6.55	11.08
1994	60.9	22.9	17.59	6.60	10.99
1995	55.7	23.0	15.93	6.57	9.36
1996	52.9	23.0	14.99	6.51	8.48
1997	49.5	22.4	13.91	6.29	7.62
1998	48.6	23.0	13.56	6.43	7.13
1999	45.1	23.0	12.51	6.38	6.13
2000	45.4				
2001	38.4	23.2	10.50	6.34	4.16
2002	38.4	23.3	10.48	6.36	4.12
2003	39.2	23.4	10.67	6.38	4.29
2004	39.0	23.3	10.59	6.33	4.26
2005	37.0	22.2	10.02	6.01	4.01
2006	37.7	22.8	10.19	6.15	4.04
2007	37.9	22.8	10.21	6.16	4.05
2008	38.3	23.1	10.29	6.21	4.08
2009	38.2	23.3	10.24	6.24	4.00
2010	36.3	22.4	9.73	6.01	3.72
2011	36.5	22.7	9.75	6.06	3.69
2012	38.0	23.4	10.12	6.24	3.88

注：1.本表为人口普查、人口变动情况抽样调查数。
2.2001-2009年数据根据2010年人口普查进行了修正。

a) Data in this table are obtained from the national population census and the annual national sample surveys on population changes.

b) Data of population from 2001 to 2009 were adjusted according to the national population census in 2010.

4-3 各市(区)常住人口和自然增长率

Usual Residents and Natural Growth Rate by City(District)

地　区	Region	2011				2012			
		常住人口 (万人) Usual Residents (10 000 persons)	出生率 (‰) Birth Rate (‰)	死亡率 (‰) Death Rate (‰)	自然增长率 (‰) Natural Growth (‰)	常住人口 (万人) Usual Residents (10 000 persons)	出生率 (‰) Birth Rate (‰)	死亡率 (‰) Death Rate (‰)	自然增长率 (‰) Natural Growth (‰)
全　省	**Shaanxi**	**3742.60**	**9.75**	**6.06**	**3.69**	**3753.09**	**10.12**	**6.24**	**3.88**
西安市	Xi'an	851.34	9.71	5.38	4.33	855.29	10.13	5.57	4.56
铜川市	Tongchuan	83.82	9.37	6.01	3.36	84.08	9.78	6.16	3.62
宝鸡市	Baoji	372.72	9.26	5.91	3.35	373.67	9.63	6.15	3.48
咸阳市	Xianyang	491.23	9.84	5.94	3.90	492.86	10.22	6.14	4.08
渭南市	Weinan	530.49	9.26	5.97	3.29	532.10	9.62	6.17	3.45
延安市	Yan'an	219.40	10.25	5.98	4.27	219.81	10.45	6.06	4.39
汉中市	Hanzhong	341.51	9.48	7.04	2.44	341.84	9.82	7.27	2.55
榆林市	Yulin	335.24	11.01	5.99	5.02	335.69	11.39	6.09	5.30
安康市	Ankang	263.07	9.60	7.03	2.57	263.36	9.98	7.23	2.75
商洛市	Shangluo	233.62	10.16	7.01	3.15	234.19	10.51	7.16	3.35
杨凌示范区	Yangling	20.17	8.25	4.09	4.16	20.20	8.57	4.23	4.34

注：本表根据第六次人口普查和2012年人口变动抽样调查数据评估结果推算。

a) Data in the table are estimated from the 6th national population census.

4-4 人口年龄构成和抚养比
Age Composition and Dependency Ration of Population

单位：% (%)

年 份 Year	各年龄段人口比重 Percentage to Tatal Population By Age			总抚养比 Gross Dependency Ratio	少年儿童 Children Dependency Ratio	老年人口 Old Dependency Ratio
	0-14岁 Aged 0-14	15-64岁 Aged 15-64	65岁及以上 Aged 65 and Over			
1953	36.71	59.25	4.04	68.78	61.96	6.82
1964	41.26	55.23	3.51	81.06	74.71	6.35
1982	33.06	62.40	4.57	60.30	52.98	7.32
1990	28.88	65.98	5.15	51.57	43.77	7.80
1991	30.21	64.07	5.72	56.08	47.15	8.93
1992	30.15	64.19	5.66	55.78	46.96	8.82
1993	29.30	65.09	5.61	53.64	45.02	8.62
1994	28.31	66.43	5.26	50.53	42.62	7.91
1995	28.88	65.40	5.72	52.90	44.16	8.74
1996	28.90	65.11	6.00	53.59	44.38	9.21
1997	27.63	66.52	5.85	50.33	41.54	8.79
1998	27.15	66.15	6.70	51.16	41.04	10.12
1999	26.28	66.58	7.14	50.21	39.48	10.73
2000	25.02	69.04	5.94	44.84	36.24	8.60
2001	24.49	68.78	6.73	45.39	35.61	9.78
2002	22.35	69.64	8.01	43.60	32.09	11.51
2003	20.90	71.35	7.75	40.15	29.29	10.86
2004	19.81	72.54	7.65	37.86	27.31	10.55
2005	19.76	71.66	8.58	39.55	27.57	11.97
2006	18.70	72.70	8.60	37.55	25.72	11.83
2007	18.13	72.91	8.96	37.16	24.87	12.29
2008	17.75	73.28	8.97	36.46	24.22	12.24
2009	17.05	73.84	9.11	35.43	23.09	12.34
2010	14.71	76.76	8.53	30.27	19.16	11.11
2011	14.55	76.74	8.71	30.31	18.96	11.35
2012	14.42	76.61	8.97	30.53	18.82	11.71

注：本表为人口普查、人口变动情况抽样调查数。抚养比指0-14岁、65岁及以上人口占15-64岁人口的比重。

a) Data in this table are obtained from the national population census and the annual national sample surveys on population changes.Dependency ratio refers to the population aged 0-14,65 and over as percentage of the population aged 15-64.

4-5 各市、县(市、区)常住人口

Usual Residents by City and County (City and District)

单位：万人 (10 000 persons)

地 区	Region	2011	2012
全 省	**Shaanxi**	**3742.60**	**3753.09**
西安市	**Xi'an**	**851.34**	**855.29**
新城区	Xincheng	59.23	59.44
碑林区	Beilin	61.87	62.08
莲湖区	Lianhu	70.13	70.25
灞桥区	Baqiao	59.87	60.16
未央区	Weiyang	81.14	81.46
雁塔区	Yanta	118.48	118.89
阎良区	Yanliang	28.01	28.23
临潼区	Lintong	65.98	66.45
长安区	Chang'an	109.01	109.54
蓝田县	Lantian	51.65	51.88
周至县	Zhouzhi	56.59	57.00
户 县	Huxian	55.85	56.10
高陵县	Gaoling	33.53	33.81
铜川市	**Tongchuan**	**83.82**	**84.08**
王益区	Wangyi	20.10	20.15
印台区	Yintai	21.84	21.85
耀州区	Yaozhou	25.32	23.91
新 区	Xinqu	7.41	8.95
宜君县	Yijun	9.16	9.22
宝鸡市	**Baoji**	**372.72**	**373.67**
渭滨区	Weibin	44.94	45.06
金台区	Jintai	39.56	39.66
陈仓区	Chencang	59.67	59.83
凤翔县	Fengxiang	48.48	48.61
岐山县	Qishan	46.04	46.15
扶风县	Fufeng	41.76	41.86
眉 县	Meixian	30.08	30.16
陇 县	Longxian	24.96	25.03
千阳县	Qianyang	12.43	12.46
麟游县	Linyou	9.10	9.12
凤 县	Fengxian	10.58	10.61
太白县	Taibai	5.11	5.12
咸阳市	**Xianyang**	**491.23**	**492.86**
秦都区	Qindu	50.85	51.03
渭城区	Weicheng	43.95	44.06
三原县	Sanyuan	40.51	40.66
泾阳县	Jingyang	49.00	49.16
乾 县	Qianxian	52.85	52.98
礼泉县	Liquan	44.92	45.07
永寿县	Yongshou	18.53	18.58
彬 县	Binxian	32.47	32.56
长武县	Changwu	16.83	16.90
旬邑县	Xunyi	26.28	26.38
淳化县	Chunhua	19.39	19.45
武功县	Wugong	41.30	41.47
兴平市	Xingping	54.35	54.56
渭南市	**Weinan**	**530.49**	**532.10**
临渭区	Linwei	88.19	88.78
华 县	Huaxian	32.31	32.43
潼关县	Tongguan	15.59	15.66
大荔县	Dali	69.56	69.65
合阳县	Heyang	43.77	43.83
澄城县	Chengcheng	38.73	38.85
蒲城县	Pucheng	74.54	74.49
白水县	Baishui	28.05	28.17
富平县	Fuping	74.61	74.68
韩城市	Hancheng	39.25	39.53
华阴市	Huayin	25.89	26.03

4-5 续表 continued

单位：万人 (10 000 persons)

地 区	Region	2011	2012
延安市	**Yan'an**	**219.40**	**219.81**
宝塔区	Baota	47.65	47.69
延长县	Yanchang	12.58	12.60
延川县	Yanchuan	16.89	16.93
子长县	Zichang	21.76	21.80
安塞县	Ansai	17.24	17.29
志丹县	Zhidan	14.11	14.16
吴起县	Wuqi	14.54	14.56
甘泉县	Ganquan	7.75	7.78
富 县	Fuxian	15.02	15.05
洛川县	Luochuan	22.14	22.19
宜川县	Yichuan	11.77	11.79
黄龙县	Huanglong	4.95	4.95
黄陵县	Huangling	13.00	13.01
汉中市	**Hanzhong**	**341.51**	**341.84**
汉台区	Hantai	53.55	53.62
南郑县	Nanzheng	47.12	47.18
城固县	Chenggu	46.45	46.51
洋 县	Yangxian	38.37	38.41
西乡县	Xixiang	34.15	34.20
勉 县	Mianxian	38.78	38.80
宁强县	Ningqiang	30.85	30.85
略阳县	Lueyang	20.19	20.19
镇巴县	Zhenba	24.71	24.73
留坝县	Liuba	4.34	4.34
佛坪县	Foping	3.00	3.01
榆林市	**Yulin**	**335.24**	**335.69**
榆阳区	Yuyang	63.83	64.07
神木县	Shenmu	45.58	45.65
府谷县	Fugu	26.09	26.18
横山县	Hengshan	28.83	28.95
靖边县	Jingbian	35.62	35.73
定边县	Dingbian	31.93	31.91
绥德县	Suide	29.65	29.66
米脂县	Mizhi	15.51	15.51
佳 县	Jiaxian	20.42	20.42
吴堡县	Wubu	7.58	7.56
清涧县	Qingjian	12.79	12.63
子洲县	Zizhou	17.41	17.42
安康市	**Ankang**	**263.07**	**263.36**
汉滨区	Hanbin	87.03	87.13
汉阴县	Hanyin	24.62	24.65
石泉县	Shiquan	17.13	17.14
宁陕县	Ningshan	7.05	7.05
紫阳县	Ziyang	28.39	28.42
岚皋县	Langao	15.42	15.44
平利县	Pingli	19.30	19.33
镇坪县	Zhenping	5.10	5.11
旬阳县	Xunyang	42.68	42.73
白河县	Baihe	16.35	16.36
商洛市	**Shangluo**	**233.62**	**234.19**
商州区	Shangzhou	53.04	53.17
洛南县	Luonan	44.06	44.16
丹凤县	Danfeng	29.47	29.53
商南县	Shangnan	22.10	22.18
山阳县	Shanyang	42.13	42.22
镇安县	Zhen'an	27.52	27.59
柞水县	Zhashui	15.30	15.34
杨凌示范区	**Yangling**	**20.17**	**20.20**

注：本表各市、县(市、区)数据根据人口变动抽样调查结果评估推算。

a) Data of City and County (City and District) in the table are estimated from the annual national sample surveys on population changes.

4-6 各市、县(市、区)总户数和户籍人口数(2012年)
Total Households and Population by City and County (City and District)(2012)

单位：人 (person)

地 区	Region	总户数(户) Total Households (household)	户籍总人口 Total Population 合计 Total	男 Male	女 Female	户籍总人口中 in Total Population # 非农业人口 Non-agriculture	# 城镇人口 Urban
全 省	**Shaanxi**	**12444602**	**39262183**	**20310078**	**18952105**	**14561746**	**34942746**
西安市	**Xi'an**	**2395352**	**7959769**	**4039367**	**3920402**	**3984020**	**7255532**
新城区	Xincheng	169985	504709	256009	248700	504709	504709
碑林区	Beilin	207937	711773	366408	345365	711773	711773
莲湖区	Lianhu	220055	644355	325201	319154	644355	644355
灞桥区	Baqiao	174013	523957	258566	265391	248113	523957
未央区	Weiyang	174760	555430	276584	278846	410700	555430
雁塔区	Yanta	242881	808184	404666	403518	703976	808184
阎良区	Yanliang	76070	256838	129389	127449	88338	256838
临潼区	Lintong	198778	705900	357155	348745	118175	705900
长安区	Chang'an	290231	1016422	508117	508305	170392	1016422
蓝田县	Lantian	185836	646658	335304	311354	57770	410614
周至县	Zhouzhi	175212	671280	354488	316792	63291	417287
户 县	Huxian	182921	599442	310259	289183	124118	480197
高陵县	Gaoling	96673	314821	157221	157600	138310	219866
铜川市	**Tongchuan**	**279297**	**853023**	**443393**	**409630**	**453309**	**818160**
王益区	Wangyi	72189	206302	105490	100812	170902	206302
印台区	Yintai	71692	226168	121088	105080	144304	226168
耀州区	Yaozhou	103773	326620	167405	159215	95382	326620
宜君县	Yijun	31643	93933	49410	44523	42721	59070
宝鸡市	**Baoji**	**1145711**	**3839028**	**1985263**	**1853765**	**2008648**	**3714685**
渭滨区	Weibin	146852	440170	222307	217863	372157	440170
金台区	Jintai	131774	387632	197590	190042	328051	387632
陈仓区	Chencang	163175	605809	313409	292400	174650	605809
凤翔县	Fengxiang	156343	523941	268253	255688	247300	424959
岐山县	Qishan	138863	474548	245226	229322	231678	474548
扶风县	Fufeng	119619	446179	233851	212328	205298	446179
眉 县	Meixian	92279	321439	165671	155768	210955	301656
陇 县	Longxian	77616	266840	140225	126615	115054	266840
千阳县	Qianyang	41891	133507	69907	63600	17272	133507
麟游县	Linyou	26371	88388	49845	38543	25063	88388
凤 县	Fengxian	33431	99920	51975	47945	70573	99920
太白县	Taibai	17497	50655	27004	23651	10597	45077
咸阳市	**Xianyang**	**1570344**	**5279186**	**2730612**	**2548574**	**1808664**	**4884834**
秦都区	Qindu	152682	497800	251368	246432	311105	497800
渭城区	Weicheng	124376	412207	210820	201387	246162	412207
三原县	Sanyuan	143136	423591	214144	209447	143771	387549
泾阳县	Jingyang	151414	529440	271450	257990	80291	529440
乾 县	Qianxian	175095	599528	313037	286491	59382	562829
礼泉县	Liquan	161622	498683	260065	238618	64941	415776

4-6 续表 1 continued

单位：人 (person)

地 区	Region	总户数(户) Total Households (household)	户籍总人口 Total Population 合计 Total	男 Male	女 Female	户籍总人口中 in Total Population # 非农业人口 Non-agriculture	# 城镇人口 Urban
永寿县	Yongshou	60895	208446	109419	99027	31719	156223
彬 县	Binxian	98029	359694	188996	170698	168071	359694
长武县	Changwu	51990	185535	97052	88483	19404	165145
旬邑县	Xunyi	86743	294421	156540	137881	118065	249576
淳化县	Chunhua	62617	200235	103117	97118	26167	200235
武功县	Wugong	138120	458340	236857	221483	181653	337094
兴平市	Xingping	163625	611266	317747	293519	357933	611266
渭南市	**Weinan**	**1783461**	**5650700**	**2873204**	**2777496**	**2226663**	**5071608**
临渭区	Linwei	321106	984520	496024	488496	416140	984520
华 县	Huaxian	110044	350751	179081	171670	116755	272314
潼关县	Tongguan	51457	165332	83846	81486	80553	108345
大荔县	Dali	208826	726413	370359	356054	181772	726413
合阳县	Heyang	143223	457339	231320	226019	185237	457339
澄城县	Chengcheng	145760	404458	205889	198569	108996	338473
蒲城县	Pucheng	226165	791474	400832	390642	345686	715532
白水县	Baishui	109107	298055	153558	144497	123420	199018
富平县	Fuping	256614	799364	406059	393305	276748	596660
韩城市	Hancheng	126160	404725	209728	194997	250233	404725
华阴市	Huayin	84999	268269	136508	131761	141123	268269
延安市	**Yan'an**	**835924**	**2354094**	**1224380**	**1129714**	**795125**	**1779765**
宝塔区	Baota	175411	464840	234422	230418	237189	464840
延长县	Yanchang	62501	158357	82722	75635	39811	120063
延川县	Yanchuan	71474	196709	101694	95015	41574	136486
子长县	Zichang	90189	275456	142418	133038	55879	213081
安塞县	Ansai	64120	191338	99433	91905	29546	142612
志丹县	Zhidan	61653	158457	83689	74768	77535	115151
吴起县	Wuqi	46849	138721	75572	63149	36611	71303
甘泉县	Ganquan	34193	89197	47165	42032	24630	55825
富 县	Fuxian	52031	155960	84901	71059	42775	119112
洛川县	Luochuan	77123	221616	115969	105647	78546	133297
宜川县	Yichuan	35957	122279	62560	59719	41568	78169
黄龙县	Huanglong	19437	51754	27205	24549	20873	27577
黄陵县	Huangling	44986	129410	66630	62780	68588	102249
汉中市	**Hanzhong**	**1287709**	**3842558**	**2008578**	**1833980**	**845527**	**3214355**
汉台区	Hantai	204183	562851	288598	274253	270278	562851
南郑县	Nanzheng	187068	558699	289454	269245	118329	452583
城固县	Chenggu	182710	536017	277568	258449	95487	455612
洋 县	Yangxian	137974	446420	235609	210811	75956	373591
西乡县	Xixiang	144848	416386	221465	194921	61865	369091
勉 县	Mianxian	142057	426292	219492	206800	73752	369379
宁强县	Ningqiang	110777	333037	175415	157622	33257	246682

4-6 续表 2 continued

单位：人 (person)

地 区	Region	总户数 (户) Total Households (household)	户籍总人口 Total Population 合 计 Total	男 Male	女 Female	户籍总人口中 in Total Population # 非农业人口 Non-agriculture	# 城镇人口 Urban
略阳县	Lueyang	66450	195078	104228	90850	54978	151216
镇巴县	Zhenba	85384	290847	155366	135481	47201	187804
留坝县	Liuba	14902	43571	23220	20351	7820	31187
佛坪县	Foping	11356	33360	18163	15197	6604	14359
榆林市	**Yulin**	**1309565**	**3745535**	**1954692**	**1790843**	**805627**	**2621062**
榆阳区	Yuyang	212910	545706	278923	266783	196961	545706
神木县	Shenmu	167314	422100	223027	199073	185582	348352
府谷县	Fugu	92595	243873	128260	115613	69216	130912
横山县	Hengshan	106387	370803	193836	176967	50374	254625
靖边县	Jingbian	103771	342036	176580	165456	49246	217413
定边县	Dingbian	97916	336744	174787	161957	50304	206482
绥德县	Suide	134535	365238	190001	175237	62128	220830
米脂县	Mizhi	80366	224330	116905	107425	38928	153693
佳 县	Jiaxian	98642	268833	142414	126419	33108	134106
吴堡县	Wubu	34760	86897	45120	41777	14270	57588
清涧县	Qingjian	64689	220298	117256	103042	29886	155158
子洲县	Zizhou	115680	318677	167583	151094	25624	196197
安康市	**Ankang**	**1026949**	**3060363**	**1641521**	**1418842**	**496081**	**2904818**
汉滨区	Hanbin	333043	1019335	541324	478011	225254	1019335
汉阴县	Hanyin	103780	308872	167630	141242	34588	265351
石泉县	Shiquan	66364	181417	97935	83482	29583	133091
宁陕县	Ningshan	25766	74575	40038	34537	14955	74575
紫阳县	Ziyang	108448	343543	185562	157981	41095	343543
岚皋县	Langao	65222	170518	92697	77821	24367	106820
平利县	Pingli	94045	236320	127697	108623	34672	236320
镇坪县	Zhenping	20603	59597	31774	27823	9103	59597
旬阳县	Xunyang	145836	456298	242952	213346	57995	456298
白河县	Baihe	63842	209888	113912	95976	24469	209888
商洛市	**Shangluo**	**760630**	**2487970**	**1311450**	**1176520**	**1022769**	**2487970**
商州区	Shangzhou	153240	554086	289262	264824	209827	554086
洛南县	Luonan	141637	457200	238586	218614	192898	457200
丹凤县	Danfeng	97739	309187	162694	146493	117663	309187
商南县	Shangnan	89652	243699	127923	115776	107428	243699
山阳县	Shanyang	140965	466346	248273	218073	200996	466346
镇安县	Zhen'an	85961	298897	160787	138110	124940	298897
柞水县	Zhashui	51436	158555	83925	74630	69017	158555
杨凌示范区	**Yangling**	**49660**	**189957**	**97618**	**92339**	**115313**	**189957**

注：本表为公安部门统计数，城镇人口为市辖区、县级市和镇所辖行政区域的所有户籍人口。

a) Data in this table are obtained from the annual reports of the bureau of public secruity.Urban population refer to all people of administrative areas in districts under the jurisdiction of cities,cities at county level and towns.

主要统计指标解释

人口数 指一定时点、一定地区范围内有生命的个人总和。

年度统计的年末人口数指每年 12 月 31 日 24 时的人口数。年度统计的全国人口总数内未包括香港、澳门特别行政区和台湾省以及海外华侨人数。

城镇人口和乡村人口 城镇人口是指居住在城镇范围内的全部常住人口；乡村人口是除上述人口以外的全部人口。

出生率(又称粗出生率) 指在一定时期内(通常为一年)一定地区的出生人数与同期内平均人数(或期中人数)之比，用千分率表示。本资料中的出生率指年出生率，其计算公式为:

$$出生率=\frac{年出生人数}{年平均人数}\times1000‰$$

式中：出生人数指活产婴儿，即胎儿脱离母体时(不管怀孕月数)，有过呼吸或其他生命现象。年平均人数指年初、年底人口数的平均数，也可用年中人口数代替。

死亡率(又称粗死亡率) 指在一定时期内(通常为一年)一定地区的死亡人数与同期内平均人数(或期中人数)之比，用千分率表示。本资料中的死亡率指年死亡率，其计算公式为:

$$死亡率=\frac{年死亡人数}{年平均人数}\times1000‰$$

人口自然增长率 指在一定时期内(通常为一年)人口自然增加数(出生人数减死亡人数)与该时期内平均人数(或期中人数)之比，用千分率表示。计算公式为:

$$人口自然增长率=\frac{本年出生人数-本年死亡人数}{年平均人数}\times1000‰$$

$$=人口出生率-人口死亡率$$

总抚养比 也称总负担系数。指人口总体中非劳动年龄人口数与劳动年龄人口数之比。通常用百分比表示。说明每 100 名劳动年龄人口大致要负担多少名非劳动年龄人口。用于从人口角度反映人口与经济发展的基本关系。计算公式为:

$$GDR=\frac{P_{0\sim14}+P_{65^+}}{P_{15\sim64}}\times100\%$$

其中：GDR 为总抚养比；

$P_{0\sim14}$ 为 0 ~ 14 岁少年儿童人口数；

P_{65}^{+} 为 65 岁及 65 岁以上的老年人口数；

$P_{15\sim64}$ 为 15 ~ 64 岁劳动年龄人口数。

老年人口抚养比 也称老年人口抚养系数。指某一人口中老年人口数与劳动年龄人口数之比。通常用百分比表示。用以表明每 100 名劳动年龄人口要负担多少名老年人。老年人口抚养比是从经济角度反映人口老化社会后果的指标之一。计算公式为:

$$ODR=\frac{P_{65^+}}{P_{15\sim64}}\times100\%$$

其中：ODR 为老年人口抚养比；

P_{65}^{+} 为 65 岁及 65 岁以上的老年人口数；

$P_{15\sim64}$ 为 15 ~ 64 岁的劳动年龄人口数。

少年儿童抚养比 也称少年儿童抚养系数。指某一人口中少年儿童人口数与劳动年龄人口数之比。通常用百分比表示。以反映每 100 名劳动年龄人口要负担多少名少年儿童。计算公式为:

$$CDR=\frac{P_{0\sim14}}{P_{15\sim64}}\times100\%$$

其中：CDR 为少年儿童抚养比；

$P_{0\sim14}$ 为 0 ~ 14 岁少年儿童人口数；

$P_{15\sim64}$ 为 15 ~ 64 岁劳动年龄人口数。

Explanatory Notes on Main Statistical Indicators

Total Population refers to the total number of people alive at a certain point of time within a given area.

The annual statistics on total population is taken at midnight, the 31st of December, not including residents in Taiwan province, Hong Kong SAR and Macao SAR and Chinese national residing abroad.

Urban Population and Rural Population Urban population refers to all people residing in cities and towns, while rural population refers to population other than urban population.

Birth Rate (or Crude Birth Rate) refers to the ratio of the number of births to the average population (or mid-period population) during a certain period of time (usually a year), expressed in ‰. Birth rate in the chapter refers to annual birth rate. The following formula is used:

$$\text{Birth Rate} = \frac{\text{Number of Births}}{\text{Annual Average Population}} \times 1000‰$$

Number of births in the formula refers to live births, i.e. when a baby has breathed or showed any vital phenomena regardless of the length of pregnancy.

Annual average population is the average of the number of population at the beginning of the year and that at the end of the year. Sometimes it is substituted by the mid-year population.

Death Rate (or Crude Death Rate) refers to the ratio of the number of deaths to the average population (or mid-period population) during a certain period of time (usually a year), expressed in ‰. Death rate in the chapter refers to annual death rate. The following formula is used:

$$\text{Death Rate} = \frac{\text{Number of Deaths}}{\text{Annual Average Population}} \times 1000‰$$

Natural Growth Rate of Population refers to the ratio of natural increase in population (number of births minus number of deaths) in a certain period of time (usually a year) to the average population (or mid-period population) of the same period, expressed in ‰. The following formula is applied:

$$\text{Natural Growth Rate of Population} = \frac{\text{Number of Births - Number of Deaths}}{\text{Annual Average Population}} \times 1000‰$$

Natural Growth Rate of Population = Birth Rate-Death Rate

Gross Dependency Ratio also called gross dependency coefficient, refers to the ratio of non-working-age population to the working-age population, express in %. Describing in general the number of non-working-age population that every 100 people at working ages will take care of, this indicator reflects the basic relation between population and economic development from the demographic perspective. The gross dependency ratio is calculated with the following formula:

$$GDR = \frac{P_{0\sim14} + P_{65^+}}{P_{15\sim64}} \times 100\%$$

Where: GDR is the gross dependency ratio,

$P_{0\text{-}14}$ is the population of children aged 0-14,

P_{65+} is the elderly population aged 65 and over, and

$P_{15\text{-}64}$ is the working-age population aged 15-64.

Old Dependency Ratio also called old dependency coefficient, refers to the ratio of the elderly population to the working-age population, express in %. It describes the number of the elderly population that every 100 people at working ages will take care of. Old dependency ratio is one of the indicators reflecting the social implication of population aging from the economic perspective. The old dependency ratio is calculated with the following formula:

$$ODR = \frac{P_{65^+}}{P_{15\sim64}} \times 100\%$$

Where: ODR is the old dependency ratio,

P_{65+} is the elderly population aged 65 and over, and

$P_{15\text{-}64}$ is the working-age population aged 15-64.

Children Dependency Ratio also called children dependency coefficient, refers to the ratio of the children population to the working-age population, express in %. It describes the number of children population that every 100 people at working ages will take care of. The children dependency ratio is calculated with the following formula:

$$CDR = \frac{P_{0\sim14}}{P_{15\sim64}} \times 100\%$$

Where: CDR is the children dependency ratio,

$P_{0\text{-}14}$ is the children population aged 0-14, and

$P_{15\text{-}64}$ is the working-age population aged 15-64.

五、就业人员和职工工资

Employment and Wages

资料整理：杨 辉

简 要 说 明

一、本篇资料反映陕西劳动就业与工资的基本情况。主要内容包括全社会就业人员数、城镇单位在岗职工人数、城镇私营企业和个体工商业就业人数、在岗职工工资总额、平均工资、城镇登记失业率、社会保障情况等。

二、本篇资料中，城镇登记失业人数及失业率、社会保障情况、城镇私营及个体就业人员资料由省人力资源和社会保障厅、省民政厅、省工商行政管理局等部门提供并加工整理。

三、统计范围和调查方法

1. 城镇非私营单位：指城镇地区全部非私营法人单位，具体包括国有单位、城镇集体单位、联营经济、股份制经济、外商投资经济、港澳台投资经济等单位。工资统计是统计单位的就业人员，个体就业人员、自由职业者等非单位就业人员不在工资统计范围内。对城镇非私营单位工资统计采用全面调查的方法。2012年城镇非私营单位全省共调查5.8万家，就业人员411万人。

2. 城镇私营单位：主要是指在内资法人单位中由自然人投资设立或由自然人控股，以雇佣劳动为基础的营利性经济组织，包括按照《公司法》、《合伙企业法》、《私营企业暂行条例》规定登记注册的私营有限责任公司、私营股份有限公司、私营合伙企业和私营独资企业。对城镇私营单位工资统计采用全面调查和抽样调查相结合的方法。2012年私营单位工资统计全省共调查7280家单位，约占全省9.48万家私营单位的7.7%。

Brief Introduction

Ⅰ. This chapter reflects the basic conditions of labor employment and wages of Shaanxi Province, mainly including the number of all employed persons, number of fully employed staff and workers in units in urban areas, number of the persons employed in urban private enterprises and self-employed persons in industry and commerce, total wages and average wage of fully employed staff and workers and registered urban unemployment rate, social security and etc.

Ⅱ. The data on registered urban unemployment and unemployment rate, social security, number of the persons employed in urban private enterprises and self-employed persons in industry and commerce are processed and prepared from figures provided by Shaanxi Provincial Department of Labor and Social Security, Shaanxi Provincial Department of Civil Affairs, Shaanxi Provincial Administration for Industry and Commerce and etc.

Ⅲ. The Statistical Coverage and Investigation Methods

a) The urban non-private units: are all non-private legal units in urban area, including state-owned units, urban collective-owned units, joint ownership units, cooperative units, foreign funded units and units with funds from Hong Kong, Macao & Taiwan etc. Wage of employed persons in urban non-private units are the persons employed in those units, except self-employed and freelancers. The investigation method of Wage of employed persons in urban non-private units is comprehensive survey. The number of urban non-private units is 58 thousend, and the number of employed persons is 4.11 million.

b) The Urban private units: are established by natural person or controled by natural person in legal units invested by domestic, are for-profit units based on wage-labour, including private limited liability corporations, private share holding corporations Ltd., partnership corporations and private sole proprietorship corporations registered in accordance with the "company law", "partnership enterprise law" and "Provisional Regulations". The investigation method of Wage of employed persons in urban private units is combined with comprehensive survey and sampling survey. The number of urban private units is 7.28 thousend in province, is percentage of all 94.8 thousend units 7.7%.

5.就业人员和职工工资

2012 年全省			
年底就业人员	2061	万人	比上年增长 0.1%
# 城镇非私营单位在岗职工	386	万人	比上年增长 4.1%
城镇非私营单位就业人员平均工资	43073	亿元	比上年增长 12.9%
城镇私营单位就业人员平均工资	22753	亿元	比上年增长 20.7%
城镇登记失业率	3.22	%	

在岗职工年末人数（万人）

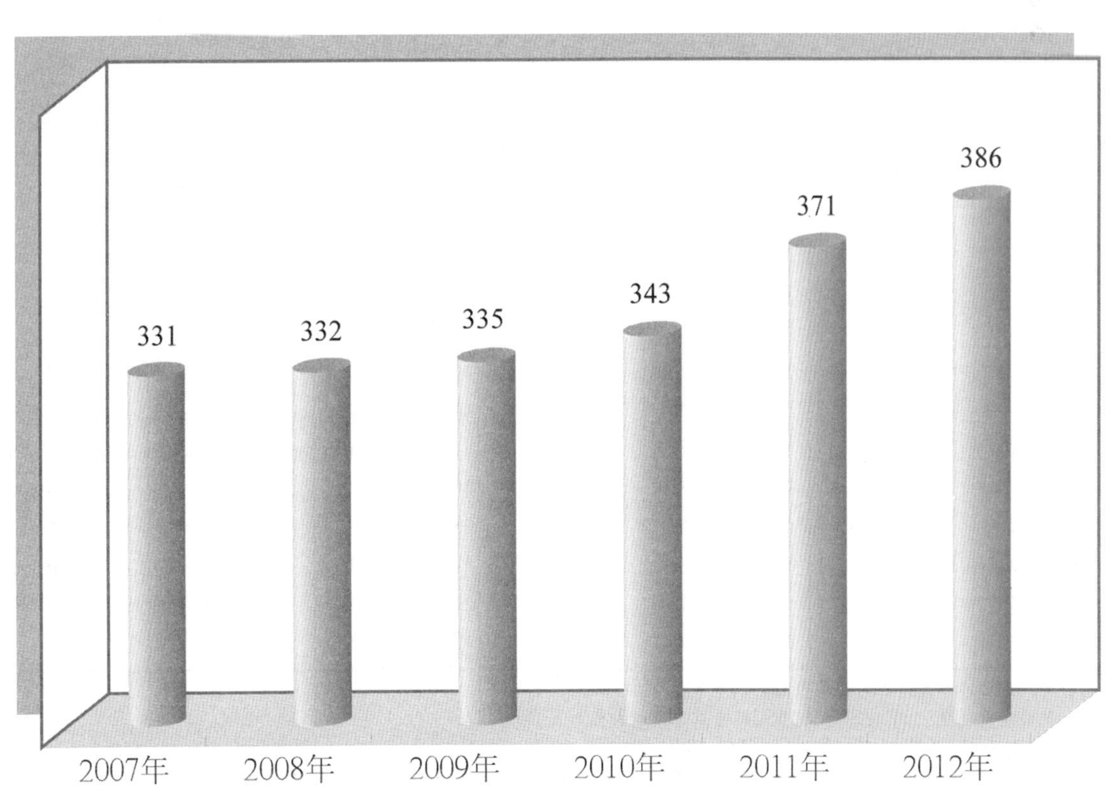

5-1 就业人员人数
Number of Employed Persons

单位：万人 (10 000 persons)

年份 Year	就业人员 人数 Number of Employed Persons	第一产业 Primary Industry	第二产业 Secondary Industry	第三产业 Tertiary Industry	年末职工 人数 Number of Staff & Workers at Year-end	#国有单位 State-owned Units	#城镇集体单位 Urban Collective-owned Units	城镇私营及个体就业人员 Employed Persons in Private Enterprises, Self-employed Individuals in Urban Areas	乡村就业人员 Rural Employed Persons	其他就业人员 Others
1978	1078	766	193	119	257	222	35	…	821	
1979	1105	794	191	120	264	225	40		840	
1980	1158	831	199	128	282	239	43	1	875	
1981	1202	874	188	140	297	250	47	2	903	
1982	1250	904	198	148	309	258	50	3	939	
1983	1285	925	199	161	312	261	51	4	969	
1984	1337	936	217	184	324	260	63	7	1007	
1985	1375	888	287	200	337	271	65	9	1029	
1986	1409	874	303	232	350	282	67	10	1049	
1987	1449	905	311	233	358	289	68	14	1077	
1988	1494	950	299	245	366	298	68	15	1112	
1989	1529	973	298	258	374	304	68	17	1138	
1990	1576	1010	302	264	379	311	67	17	1180	
1991	1640	1054	314	272	390	321	68	18	1232	
1992	1672	1069	321	283	395	326	67	19	1258	
1993	1708	1061	335	312	398	326	66	24	1272	14
1994	1720	1055	333	332	392	327	60	32	1283	13
1995	1748	1056	341	351	395	333	56	42	1298	13
1996	1776	1053	341	382	398	336	54	59	1308	11
1997	1792	1053	339	400	396	335	52	63	1322	11
1998	1788	1055	300	433	335	270	36	99	1342	12
1999	1808	1052	304	452	335	271	32	109	1353	11
2000	1813	1010	299	504	328	265	29	133	1343	9
2001	1785	994	297	494	324	258	27	118	1333	9
2002	1874	1003	308	563	322	253	25	179	1363	10
2003	1912	997	364	551	319	246	23	185	1397	11
2004	1941	965	361	615	319	243	22	184	1425	13
2005	1976	957	368	651	323	242	21	205	1437	11
2006	1986	956	375	655	324	247	21	227	1425	11
2007	2013	933	401	679	331	240	19	257	1414	11
2008	2039	909	420	710	332	240	19	275	1420	12
2009	2060	876	493	691	335	233	16	282	1425	17
2010	2074	856	561	657	343	239	14	333	1376	22
2011	2059	824	585	650	371	251	14	359	1307	22
2012	2061	797	298	458	386	272	15	351	1298	25

注：1.本表职工人数1998年及以后为在岗职工数。
2.2012年统计制度变化，二、三产业就业人员中未含乡村就业人员509万。

a) Data in this table refer to number of staff and workers since 1998.

b) Number of employed persons in secondary industry and tertiary Industry does not include rural employed persons(50.9 million) because of the statistical system in 2012.

5-2 分行业就业人员人数(2012年)
Number of Employed Persons by Sector (2012)

单位：万人 (10 000 persons)

行业	Sector	合计 Total	国有单位 State-owned Units	城镇集体单位 Urban Collective-owned Units	其他单位 Units of Other Types of Ownership	私营企业 Private Enterprises	城镇个体 Urban Self-employed Individuals	乡村就业人员 Rural Employed Persons
总计	**Total**	**2060.8**	**271.6**	**15.2**	**124.5**	**216.5**	**134.8**	**1298.2**
第一产业	Primary Industry	796.5	3.5	0.1	0.1	2.8	0.7	789.4
农、林、牧、渔业	Agriculture, Forestry, Animal Husbandry and Fishery	796.5	3.5	0.1	0.1	2.8	0.7	789.4
第二产业	Secondary Industry	297.8	78.7	8.0	81.9	120.9	8.3	
采矿业	Mining	40.2	23.3	0.6	6.1	10.1	0.1	
制造业	Manufacturing	166.0	31.7	1.7	52.8	72.0	7.8	
电力、燃气及水生产和供应业	Production and Distribution of Electricity,Gas and Water	10.5	5.6	0.1	3.9	0.9	0.0	
建筑业	Construction	81.1	18.2	5.6	19.1	37.9	0.4	
第三产业	Tertiary Industry	457.6	189.4	7.1	42.5	92.7	125.9	
批发和零售业	Wholesale and Retail Trades	122.9	5.2	1.4	11.2	26.8	78.3	
交通运输、仓储和邮政业	Traffic, Transport, Storage and Post	27.2	15.8	0.3	2.3	7.2	1.6	
住宿和餐饮业	Hotels and Catering Services	44.5	2.0	0.2	5.2	13.3	23.7	
信息传输、软件和信息技术服务业	Information Transmission, Software and Information Services	11.6	3.8	0.1	3.9	3.2	0.6	
金融业	Financial Intermediation	14.9	4.6	2.1	8.0	0.3	0.0	
房地产业	Real Estate	14.4	2.1	0.4	4.1	7.3	0.5	
租赁和商务服务业	Leasing and Business Services	14.0	1.7	0.9	1.8	6.8	2.8	
科学研究和技术服务业	Scientific Research, Technology Services	17.8	12.5	0.1	1.8	3.3	0.1	
水利、环境和公共设施管理业	Management of Water Conservancy, Environment and Public Facilities	9.6	8.6	0.0	0.3	0.6	0.1	
居民服务、修理和其他服务业	Residents Service, Repair and other Services	4.6	0.6	0.4	0.5	3.1	0.0	
教育	Education	81.3	55.5	0.1	1.3	7.3	17.1	
卫生和社会工作	Health, Social Work	24.7	20.5	0.9	0.6	2.8	0.0	
文化、体育和娱乐业	Culture, Sports and Entertainment	6.8	3.5	0.1	1.5	1.6	0.2	
公共管理、社会保障和社会组织	Public Management, Social Security and Social Organization	63.2	53.2	0.0	0.0	9.0	1.0	

注：本表第二、三产业就业人员中未含乡村就业人员509万。

a) Data in this table Number of employed persons in secondary industry and tertiary Industry does not include rural employed persons(50.9 million).

5-3 城镇非私营单位企业、事业、机关人数和工资(2012年)
Persons and Wages of Urban Non-private Enterprises, Institutions and State Organs (2012)

指标	Item	合计 Total	企业 Enterprises	事业 Institutions	机关 Agencies & Organizations	民间非盈利组织 Civil Non-profit Organization	其他 Others
一、城镇单位就业人员年末人数 (人)	Employed Persons in Urban Units at Year-end (person)	4112237	2551462	1054052	501383	4402	938
# 女 性	Female	1465427	806439	509881	146745	1902	460
# 在岗职工人数	Number of Staff and Workers	3864571	2381678	1004797	473130	4036	930
1.国有单位	State-owned Units	2562216	1098957	990129	473130		
2.城镇集体单位	Urban Collective-owned Units	142090	131654	10285		38	113
3.其他单位	Units of Other Types of Ownership	1160265	1151067	4383		3998	817
二、城镇单位就业人员工资总额 (万元)	Earning of Employed Persons in Urban Units (10 000 yuan)	18055537	11092129	4806337	2140638	12979	3454
# 在岗职工工资总额	Number of Staff and Workers	17434693	10617897	4708202	2092919	12225	3450
三、城镇单位就业人员平均工资 (元)	Average Earning of Employed Persons in Urban Units (yuan)	43073	42198	45569	42551	28888	37288
四、在岗职工平均工资 (元)	Average Wage of Staff and Workers(yuan)	44330	43403	46773	44065	29622	37334
1.国有单位	State-owned Units	46810	47840	46933	44065		
2.城镇集体单位	Urban Collective-owned Units	33142	33145	33405		26789	8088
3.其他单位	Units of Other Types of Ownership	40174	40204	41682		29649	41409

注：本表不含城镇私营单位和个体。
私营单位就业人员：2011年2067214人，2012年2165266人；私营单位就业人员平均工资：2011年18844元，2012年22753元。

a) Data in this table do not include urban private enterprises and self-employed individuals.
b) Emploplees in private enterprises:2 067 214 persons in 2011,2 165 266 persons in 2012.
c) The average wage of employlees in private enterprises in private enterprises:18 844 yuan in 2011,22 753 yuan in 2012.

5-4 城镇非私营单位分行业就业人员年末人数(2012年)
Number of Fully Employed Staff and Workers in Urban Non-private Units at Year-end by Sector (2012)

单位：人 (person)

行业	Sector	年末人数 Number at Year-end	国有单位 State-owned Units	城镇集体单位 Urban Collective-owned Units	其他单位 Units of Other Types of Ownership
总 计	**Total**	**4112237**	**2715565**	**151840**	**1244832**
农、林、牧、渔业	Agriculture, Forestry, Animal Husbandry and Fishery	36369	35096	538	735
采矿业	Mining	299886	232650	6295	60941
制造业	Manufacturing	862145	316549	17461	528135
电力、燃气及水生产和供应业	Production and Distribution of Electricity, Gas and Water	95723	55789	685	39249
建筑业	Construction	428073	181563	55991	190519
批发和零售业	Wholesale and Retail Trades	178351	52437	13909	112005
交通运输、仓储和邮政业	Traffic, Transport, Storage and Post	183423	157535	2892	22996
住宿和餐饮业	Hotels and Catering Services	74893	20079	2363	52451
信息传输、软件和信息技术服务业	Information Transmission, Software and Information Services	78126	38277	642	39207
金融业	Financial Intermediation	146178	45543	21122	79513
房地产业	Real Estate	66265	20870	4263	41132
租赁和商务服务业	Leasing and Business Services	44698	17387	9487	17824
科学研究和技术服务业	Scientific Research, Technology Services	143775	124552	1437	17786
水利、环境和公共设施管理业	Management of Water Conservancy, Environment and Public Facilities	89264	85627	287	3350
居民服务、修理和其他服务业	Residents Service, Repair and other Services	15027	5627	4362	5038
教 育	Education	568677	554598	634	13445
卫生和社会工作	Health, Social Work	219122	204607	8607	5908
文化、体育和娱乐业	Culture, Sports and Entertainment	50098	34784	806	14508
公共管理、社会保障和社会组织	Public Management, Social Security and Social Organization	532144	531995	59	90

5-5 城镇非私营单位分行业在岗职工年末人数(2012年)
Number of Employed Staff and Workers in Urban Non-private Units at Year-end by Sector (2012)

单位：人 (person)

行业	Sector	年末人数 Number at Year-end	国有单位 State-owned Units	城镇集体单位 Urban Collective-owned Units	其他单位 Units of Other Types of Ownership
总计	**Total**	**3864571**	**2562216**	**142090**	**1160265**
农、林、牧、渔业	Agriculture, Forestry, Animal Husbandry and Fishery	35247	34049	463	735
采矿业	Mining	290848	226450	6289	58109
制造业	Manufacturing	837682	304507	16659	516516
电力、燃气及水生产和供应业	Production and Distribution of Electricity, Gas and Water	93029	54113	685	38231
建筑业	Construction	345413	141891	51245	152277
批发和零售业	Wholesale and Retail Trades	172746	50386	12465	109895
交通运输、仓储和邮政业	Traffic, Transport, Storage and Post	176045	151694	2610	21741
住宿和餐饮业	Hotels and Catering Services	72785	18775	2175	51835
信息传输、软件和信息技术服务业	Information Transmission, Software and Information Services	76533	37609	532	38392
金融业	Financial Intermediation	120749	43314	20138	57297
房地产业	Real Estate	62006	18172	3883	39951
租赁和商务服务业	Leasing and Business Services	43362	16491	9247	17624
科学研究和技术服务业	Scientific Research, Technology Services	137847	119310	1428	17109
水利、环境和公共设施管理业	Management of Water Conservancy, Environment and Public Facilities	77728	74214	287	3227
居民服务、修理和其他服务业	Residents Service, Repair and other Services	14588	5289	4262	5037
教育	Education	553102	540417	634	12051
卫生和社会工作	Health, Social Work	204817	190744	8243	5830
文化、体育和娱乐业	Culture, Sports and Entertainment	47828	32724	786	14318
公共管理、社会保障和社会组织	Public Management, Social Security and Social Organization	502216	502067	59	90

5-6 各市(区)城镇非私营单位就业人员年末人数(2012年)
Number of Fully Employed Staff and Workers in Urban Non-private Units at Year-end by City(District)(2012)

单位：人 (person)

地区	Region	总计 Total	国有单位 State-owned Units	城镇集体单位 Urban Collective-owned Units	其他单位 Others	#港澳台投资 Funds from Hong Kong, Macao & Taiwan	#外商投资 Foreign Funded
全省	**Shaanxi**	**4112237**	**2715565**	**151840**	**1244832**	**34084**	**106474**
西安市	Xi'an	1797557	1083074	50999	663484	21563	86081
铜川市	Tongchuan	100262	78919	2030	19313	12	1527
宝鸡市	Baoji	302052	176529	16431	109092	460	2653
咸阳市	Xianyang	401549	262556	18665	120328	8786	6329
渭南市	Weinan	392433	279578	11132	101723	447	6205
延安市	Yan'an	246159	223638	10175	12346		591
汉中市	Hanzhong	263654	162054	12645	88955	816	1128
榆林市	Yulin	275177	226240	11388	37549	212	556
安康市	Ankang	147940	101144	7961	38835	1444	477
商洛市	Shangluo	147036	106030	10282	30724		
杨凌示范区	Yangling	38418	15803	132	22483	344	927

5-7 各市(区)城镇非私营单位在岗职工年末人数(2012年)
Number of Employed Staff and Workers in Urban Non-private Units at Year-end by City(District)(2012)

单位：人 (person)

地 区	Region	总 计 Total	国有单位 State-owned Units	城镇集体单位 Urban Collective-owned Units	其他单位 Others	# 港澳台投资 Funds from Hong Kong, Macao & Taiwan	# 外商投资 Foreign Funded
全 省	**Shaanxi**	**3864571**	**2562216**	**142090**	**1160265**	**33660**	**105123**
西安市	Xi'an	1694463	1016661	48648	629154	21370	84975
铜川市	Tongchuan	93081	75126	1931	16024	12	1527
宝鸡市	Baoji	294520	171689	15849	106982	460	2650
咸阳市	Xianyang	380283	248171	18375	113737	8607	6313
渭南市	Weinan	368268	269903	10702	87663	446	6205
延安市	Yan'an	231719	210111	9469	12139		591
汉中市	Hanzhong	233498	147153	10100	76245	799	913
榆林市	Yulin	260110	213029	10521	36560	212	556
安康市	Ankang	138397	96859	7146	34392	1428	469
商洛市	Shangluo	133732	97920	9217	26595		
杨凌示范区	Yangling	36500	15594	132	20774	326	924

5-8 城镇非私营单位在岗职工人数和工资总额
Total Persons and Wages of Employed Staff and Workers in Urban Non-private Units

指 标	Item	在岗职工人数(人) Number of Staff and Workers (person)		工资总额(万元) Total Wages Bill (10 000 yuan)		平均工资(元) Average Wage (yuan)	
		2011	2012	2011	2012	2011	2012
总 计	**Total**	**3712830**	**3864571**	**14842733**	**17434693**	**39043**	**44330**
国有单位	State-owned Units	2505745	2562216	10609279	12233222	41291	46810
城镇集体单位	Urban Collective-owned Units	140194	142090	383545	470133	27336	33142
其他单位	Units of Other Types of Ownership	1066891	1160265	3849909	4731338	35257	40174
(一)内 资	Domestic Funds	926293	1021482	3307745	4058574	35307	39211
1.股份合作制	Cooperative	20405	23736	67818	89722	32552	37969
2.联 营	Joint Ownership	6722	8157	25667	40623	37763	50735
3.有限责任公司	Limited Liability Corporations	689314	786340	2301975	2972457	32931	37285
4.股份有限公司	Share-holding Corporations Ltd.	199712	190421	857545	916951	43069	47459
5.其 它	Others	10140	12828	54739	38821	49377	29872
(二)港、澳、台投资	Funds from Hong Kong, Macao & Taiwan	29998	33660	97079	125605	30839	37216
(三)外商投资	Foreign Funded	110600	105123	445086	547159	36001	50247

5-9 职工平均工资和指数
Average Wage of Staff and Workers and Related Indices

年 份 Year	职 工 平均工资 (元) Average Wage of Staff and Workers (yuan)	指数(1978年=100) Indices (1978 year=100)		国有单位 职 工 平均工资 (元) Average Wage of Staff and Workers in State-owned Units (yuan)	指数(1978年=100) Indices (1978 year=100)		城镇集体单位 职工平均工资 (元) Average Wage of Staff and Workers in Urban Collective-owned Units (yuan)	指数(1978年=100) Indices (1978 year=100)	
		货 币 工 资 Money Wage	实 际 工 资 Real Wage		货 币 工 资 Money Wage	实 际 工 资 Real Wage		货 币 工 资 Money Wage	实 际 工 资 Real Wage
1978	654	100.0	100.0	669	100.0	100.0	558	100.0	100.0
1979	705	107.8	106.3	728	108.8	107.3	570	102.2	100.7
1980	785	120.0	112.3	811	121.2	113.4	636	114.0	106.6
1981	780	119.3	107.7	812	121.4	109.6	609	109.1	98.6
1982	797	121.9	109.1	831	124.2	111.2	619	110.9	99.3
1983	824	126.0	111.0	857	128.1	112.9	652	116.8	102.9
1984	973	148.8	126.7	1024	153.1	130.4	757	135.7	115.6
1985	1122	171.6	135.8	1182	176.7	139.9	869	155.7	123.3
1986	1291	197.4	146.7	1363	203.7	151.4	987	176.9	131.4
1987	1409	215.4	146.6	1493	223.2	151.8	1054	188.9	128.5
1988	1680	256.9	145.5	1788	267.3	151.4	1206	216.2	122.5
1989	1856	283.8	136.7	1975	295.2	142.2	1319	236.4	113.9
1990	2042	312.2	146.6	2174	325.0	152.6	1425	255.4	119.9
1991	2198	336.1	147.1	2332	348.6	152.6	1554	278.5	121.9
1992	2434	372.2	146.5	2594	387.7	152.6	1634	292.8	115.2
1993	2890	441.9	152.5	3077	459.9	158.8	1918	343.7	118.6
1994	3803	581.5	156.6	4050	605.4	163.0	2299	412.0	110.9
1995	4396	672.2	153.4	4639	693.4	158.2	2795	500.9	114.3
1996	4882	746.5	154.4	5142	768.6	159.0	3082	552.3	114.3
1997	5184	792.7	155.9	5452	814.9	160.2	3177	569.4	111.9
1998	6029	921.9	185.5	6257	935.3	188.2	3823	685.1	137.9
1999	6931	1059.8	219.4	7162	1070.6	221.6	4318	773.8	160.2
2000	7804	1193.3	246.3	8043	1202.2	248.2	4920	881.7	182.0
2001	9120	1394.5	287.6	9440	1411.1	291.0	5293	948.6	195.6
2002	10351	1582.7	332.4	10700	1599.4	335.9	6080	1089.6	228.8
2003	11461	1752.4	365.1	11833	1768.8	368.5	6858	1229.0	256.0
2004	13024	1991.4	402.8	13333	1992.9	403.1	7373	1321.3	267.2
2005	14796	2262.3	453.5	15223	2275.5	456.1	7926	1420.4	284.7
2006	16918	2586.8	507.9	17139	2561.9	501.5	9086	1628.3	318.6
2007	21296	3256.3	607.7	21653	3236.6	604.1	11289	2023.1	377.6
2008	25942	3966.7	697.1	26516	3963.5	696.6	13523	2423.5	425.9
2009	30185	4615.4	790.6	31537	4710.1	807.5	16415	2941.8	503.9
2010	34299	5244.5	888.8	35495	5305.7	899.1	20650	3700.7	627.1
2011	39043	5969.9	957.2	41291	6172.0	989.6	27336	4898.9	785.5
2012	44330	6778.3	1057.2	46810	6997.0	1091.3	33142	5939.4	979.0

注：本表不含城镇私营单位和个体，1998年及以后数据为在岗职工平均工资，指数据此推算。

a) Data in this table do not include urban private enterprises and self-employed individuals. The data refer to average wage of fully employed staff and workers since 1998 and the indices was calculated on it.

5-10 城镇非私营单位就业人员分行业工资总额(2012年)
Earnings of Employed Persons by Sector in Urban Non-private Units (2012)

单位：万元 (10 000 yuan)

行 业	Sector	工资总额 Total Wages Bill	国有单位 State-owned Units	城镇集体单位 Urban Collective-owned Units	其他单位 Others
总 计	**Total**	**18055537**	**12620401**	**491556**	**4943580**
农、林、牧、渔业	Agriculture, Forestry, Animal Husbandry and Fishery	117962	114492	1184	2286
采矿业	Mining	1747860	1393309	26686	327865
制造业	Manufacturing	3412580	1393966	50021	1968593
电力、燃气及水生产和供应业	Production and Distribution of Electricity, Gas and Water	516669	260660	2251	253758
建筑业	Construction	1554580	756299	162802	635479
批发和零售业	Wholesale and Retail Trades	189618	49960	5172	134486
交通运输、仓储和邮政业	Traffic, Transport, Storage and Post	586430	187605	27425	371400
住宿和餐饮业	Hotels and Catering Services	417106	186217	2933	227956
信息传输、软件和信息技术服务业	Information Transmission, Software and Information Services	860457	755502	9942	95013
金融业	Financial Intermediation	873893	290209	122951	460733
房地产业	Real Estate	239068	76625	11112	151331
租赁和商务服务业	Leasing and Business Services	158751	74030	19156	65565
科学研究和技术服务业	Scientific Research, Technology Services	864454	750488	6956	107010
水利、环境和公共设施管理业	Management of Water Conservancy, Environment and Public Facilities	276335	266278	651	9406
居民服务、修理和其他服务业	Residents Service, Repair and other Services	39932	17557	7278	15097
教 育	Education	2719624	2672958	2692	43974
卫生和社会工作	Health, Social Work	1007008	955099	29762	22147
文化、体育和娱乐业	Culture, Sports and Entertainment	194067	140406	2360	51301
公共管理、社会保障和社会组织	Public Management, Social Security and Social Organization	2279143	2278741	222	180

注：本表不含城镇私营单位和个体，下表同。

a) Data in this table do not include urban private enterprises and self-employed individuals.The same applies to the table following.

5-11 城镇非私营单位就业人员分行业平均工资(2012年)
Average Earnings of Employed Persons by Sector in Urban Non-private Units (2012)

单位：元 (yuan)

行 业	Sector	平均工资 Average Wage	国有单位 State-owned Units	城镇集体单位 Urban Collective-owned Units	其他单位 Others
总 计	**Total**	**43073**	**45526**	**32399**	**38989**
农、林、牧、渔业	Agriculture, Forestry, Animal Husbandry and Fishery	32557	32751	22007	31064
采矿业	Mining	57556	58956	42562	53675
制造业	Manufacturing	37833	40742	28693	36292
电力、燃气及水生产和供应业	Production and Distribution of Electricity, Gas and Water	54069	46800	32904	64774
建筑业	Construction	34033	37269	29008	32139
批发和零售业	Wholesale and Retail Trades	33043	36504	19671	33119
交通运输、仓储和邮政业	Traffic, Transport, Storage and Post	45982	46699	33363	42473
住宿和餐饮业	Hotels and Catering Services	25006	24657	21860	25279
信息传输、软件和信息技术服务业	Information Transmission, Software and Information Services	56137	53618	44166	58589
金融业	Financial Intermediation	57997	60810	59159	56069
房地产业	Real Estate	35213	33446	26182	37148
租赁和商务服务业	Leasing and Business Services	35737	42953	20245	36990
科学研究和技术服务业	Scientific Research, Technology Services	60394	60481	49088	60694
水利、环境和公共设施管理业	Management of Water Conservancy, Environment and Public Facilities	30802	30972	23004	27200
居民服务、修理和其他服务业	Residents Service, Repair and other Services	26762	31308	16444	30891
教 育	Education	47596	47955	42597	32863
卫生和社会工作	Health, Social Work	46380	47117	34575	38158
文化、体育和娱乐业	Culture, Sports and Entertainment	38995	40505	29317	35880
公共管理、社会保障和社会组织	Public Management, Social Security and Social Organization	42698	42703	37864	20278

5-12 城镇非私营单位在岗职工分行业工资总额(2012年)
Total Wages Bill of Employed Staff and Workers in Urban Non-private Units by Sector (2012)

单位：万元 (10 000 yuan)

行业	Sector	工资总额 Total Wages Bill	国有单位 State-owned Units	城镇集体单位 Urban Collective-owned Units	其他单位 Others
总计	**Total**	**17434693**	**12233222**	**470133**	**4731338**
农、林、牧、渔业	Agriculture, Forestry, Animal Husbandry and Fishery	116539	113188	1065	2286
采矿业	Mining	1716654	1375332	26673	314649
制造业	Manufacturing	3353925	1368619	48716	1936590
电力、燃气及水生产和供应业	Production and Distribution of Electricity, Gas and Water	511067	257119	2251	251697
建筑业	Construction	1290475	606621	150420	533434
批发和零售业	Wholesale and Retail Trades	575396	182908	25568	366920
交通运输、仓储和邮政业	Traffic, Transport, Storage and Post	844195	743478	9184	91533
住宿和餐饮业	Hotels and Catering Services	185367.1	47461.7	4810.1	133095.3
信息传输、软件和信息技术服务业	Information Transmission, Software and Information Services	412037	183661	2643	225734
金融业	Financial Intermediation	821695	281734	120364	419597
房地产业	Real Estate	231055	72198	10604	148253
租赁和商务服务业	Leasing and Business Services	156413	72424	18867	65121
科学研究和技术服务业	Scientific Research, Technology Services	843157	732081	6940	104137
水利、环境和公共设施管理业	Management of Water Conservancy, Environment and Public Facilities	257215	247387	651	9176
居民服务、修理和其他服务业	Residents Service, Repair and other Services	39284	16999	7191	15094
教育	Education	2691764	2648164	2692	40908
卫生和社会工作	Health, Social Work	966266	915426	28946	21894
文化、体育和娱乐业	Culture, Sports and Entertainment	188675	135315	2326	51034
公共管理、社会保障和社会组织	Public Management, Social Security and Social Organization	2233514	2233109	223	183

注：本表不含城镇私营单位和个体，下表同。

a) Data in this table do not include urban private enterprises and self-employed individuals.The same applies to the table following.

5-13 城镇非私营单位在岗职工分行业平均工资(2012年)
Average Wage of Employed Staff and Workers in Urban Non-private Units by Sector (2012)

单位：元 (yuan)

行业	Sector	平均工资 Average Wage	国有单位 State-owned Units	城镇集体单位 Urban Collective-owned Units	其他单位 Others
总计	**Total**	**44330**	**46810**	**33142**	**40174**
农、林、牧、渔业	Agriculture, Forestry, Animal Husbandry and Fishery	33194	33379	22998	31064
采矿业	Mining	58302	59827	42588	53975
制造业	Manufacturing	38227	41421	29326	36515
电力、燃气及水生产和供应业	Production and Distribution of Electricity, Gas and Water	54923	47560	32904	65709
建筑业	Construction	35552	38698	29339	34425
批发和零售业	Wholesale and Retail Trades	33479	37063	20468	33348
交通运输、仓储和邮政业	Traffic, Transport, Storage and Post	47002	47722	33976	43358
住宿和餐饮业	Hotels and Catering Services	25162	25067	22004	25328
信息传输、软件和信息技术服务业	Information Transmission, Software and Information Services	56629	53870	47704	59226
金融业	Financial Intermediation	66009	61822	60781	70989
房地产业	Real Estate	36360	35867	27458	37480
租赁和商务服务业	Leasing and Business Services	36312	44342	20457	37172
科学研究和技术服务业	Scientific Research, Technology Services	61421	61555	49286	61489
水利、环境和公共设施管理业	Management of Water Conservancy, Environment and Public Facilities	32888	33161	23004	27590
居民服务、修理和其他服务业	Residents Service, Repair and other Services	27120	32255	16610	30893
教育	Education	48412	48737	42597	34014
卫生和社会工作	Health, Social Work	47457	48272	35116	38236
文化、体育和娱乐业	Culture, Sports and Entertainment	39706	41470	29625	36186
公共管理、社会保障和社会组织	Public Management, Social Security and Social Organization	44327	44332	37864	20278

5-14 城镇私营单位分行业就业人员平均工资
Average Wage of Employed Persons in Urban Private Units by Sector

单位：元 (yuan)

行　业	Sector	2011	2012
总　计	**Total**	**18844**	**22753**
农、林、牧、渔业	Agriculture, Forestry, Animal Husbandry and Fishery	14606	19514
采矿业	Mining	23581	30298
制造业	Manufacturing	17360	22450
电力、燃气及水生产和供应业	Production and Distribution of Electricity,Gas and Water	18729	21277
建筑业	Construction	19578	23290
批发和零售业	Wholesale and Retail Trades	19010	22306
交通运输、仓储和邮政业	Traffic, Transport, Storage and Post	21377	23220
住宿和餐饮业	Hotels and Catering Services	17958	20264
信息传输、软件和信息技术服务业	Information Transmission, Software and Information Services	22211	26518
金融业	Financial Intermediation	20486	25584
房地产业	Real Estate	24642	27613
租赁和商务服务业	Leasing and Business Services	21519	24531
科学研究和技术服务业	Scientific Research, Technology Services	27924	34187
水利、环境和公共设施管理业	Management of Water Conservancy,Environment and Public Facilities	15474	20493
居民服务、修理和其他服务业	Residents Service, Repair and Other Services	18306	20881
教　育	Education	23002	25160
卫生和社会工作	Health, Social Work	21240	21051
文化、体育和娱乐业	Culture, Sports and Entertainment	19358	23631

5-15 各市(区)城镇非私营单位就业人员及在岗职工工资总额(2012年)

Earnings of Employed Persons and Total Wages Bill of Fully Employed Staff and Workers in Urban Non-private Units by City(District)(2012)

单位：万元 (10 000 yuan)

地区	Region	就业人员工资总额 Total Wages Bill of Employed Persons	在岗职工工资总额 Total Wages Bill of Fully Employed Staff and Workers	国有单位 State-owned Units	城镇集体单位 Urban Collective-owned Units	其他单位 Others	# 港澳台投资 Funds from Hong Kong, Macao & Taiwan	# 外商投资 Foreign Funded
全省	**Shaanxi**	**18055537**	**17434693**	**12233222**	**470133**	**4731338**	**125605**	**547159**
西安市	Xi'an	8654095	8367082	5430190	148734	2788158	82984	477371
铜川市	Tongchuan	367190	357290	290187	4478	62626	52	6719
宝鸡市	Baoji	1163351	1149079	732494	50934	365650	1518	10337
咸阳市	Xianyang	1513250	1452225	974405	49548	428273	30337	21527
渭南市	Weinan	1522914	1461157	1111828	25500	323829	1093	17465
延安市	Yan'an	1154386	1127452	1031714	36563	59175		1914
汉中市	Hanzhong	1023635	948748	645338	38311	265099	2750	2752
榆林市	Yulin	1427087	1390680	1146651	55500	188530	927	5511
安康市	Ankang	581615	561566	428464	31654	101448	4570	1660
商洛市	Shangluo	488745	467283	367171	28547	71565		
杨凌示范区	Yangling	159268	152131	74781	364	76987	1375	1904

注：本表不含城镇私营单位和个体；全省数据含省级直报单位。下表同。

a) Data in this table do not include urban private enterprises and self-employed individuals.

b) The data of Shaanxi is include the direct reporting organization. The same applies to the table following.

5-16 各市(区)城镇非私营单位就业人员和在岗职工平均工资(2012年)

Average Earnings of Employed Persons and Average Wage of Fully Employed Staff and Workers in Urban Non-private Units by City(District)(2012)

单位：元 (yuan)

地区	Region	就业人员平均工资 Average Wage of Employed Persons	在岗职工平均工资 Average Wage of Fully Employed Staff and Workers	国有单位 State-owned Units	城镇集体单位 Urban Collective-owned Units	其他单位 Others	# 港澳台投资 Funds from Hong Kong, Macao & Taiwan	# 外商投资 Foreign Funded
全省	**Shaanxi**	**43073**	**44330**	**46810**	**33142**	**40174**	**37216**	**50247**
西安市	Xi'an	46248	47566	51030	30638	43134	39256	54128
铜川市	Tongchuan	36884	38722	38912	25946	39217	43250	43546
宝鸡市	Baoji	38546	39025	42617	32131	34263	33281	38213
咸阳市	Xianyang	37670	38202	39413	27188	37341	34063	33678
渭南市	Weinan	38368	39510	41038	24027	36681	24902	26498
延安市	Yan'an	46183	47867	48210	38860	48812		32436
汉中市	Hanzhong	39106	40739	43887	37969	34998	34680	29718
榆林市	Yulin	51607	53216	53908	51030	49943	43526	91547
安康市	Ankang	39629	40951	44369	43764	30437	31195	35926
商洛市	Shangluo	33088	34769	37163	31188	27063		
杨凌示范区	Yangling	42063	42332	48134	27545	37981	42049	21392

5-17 城镇登记失业人数及失业率
Registered Urban Unemployment Persons and Unemployment Rate

年份 Year	年末城镇登记实有失业人数(人) Registered Unemployed Persons in Urban Areas (person)	城镇登记失业率(%) Registered Unemployment Rate in Urban Areas (%)	年份 Year	年末城镇登记实有失业人数(人) Registered Unemployed Persons in Urban Areas (person)	城镇登记失业率(%) Registered Unemployment Rate in Urban Areas (%)
1980	216209	7.1	2001	140082	3.2
1985	67044	1.9	2002	135094	3.3
1990	112345	3.0	2003	139490	3.7
1991	100790	3.0	2004	184617	3.8
1992	90844	3.0	2005	215414	4.2
1993	108306	3.0	2006	215432	4.0
1994	99800	3.3	2007	209546	4.0
1995	85700	3.2	2008	208337	3.9
1996	125700	3.3	2009	214757	3.94
1997	151600	3.4	2010	214206	3.85
1998	122100	3.1	2011	209061	3.59
1999	107000	2.6	2012	194807	3.22
2000	113861	2.7			

5-18 社会保障基本情况
Basic Statistics on Social Security

指标	Item	2010	2011	2012
城镇居民最低生活保障户数(万户)	Number of Families Receiving Minimum Living Allowance in Urban Areas (10 000 households)	38.50	38.03	35.10
城镇居民最低生活保障人数(万人)	Number of Persons Receiving Minimum Living Allowance in Urban Areas (10 000 persons)	86.00	84.60	74.80
参加失业保险职工人数(万人)	Unemployment Insurance Contributors (10 000 persons)	335.97	338.67	339.14
参加养老保险职工人数(万人)	Pension Insurance Contributors (10 000 persons)	492.62	530.68	582.81
参加医疗保险职工人数(万人)	Medical Care Insurancce Contributors (10 000 persons)	474.16	540.26	547.49
城镇居民基本医疗保险参保人数(万人)	Basic Medical Care Insurancce Contributors in Urban Areas (10 000 persons)	473.05	550.18	571.32
参加工伤保险职工人数(万人)	Work Injury Insurance Contributors (10 000 persons)	278.59	326.84	350.40
参加生育保险职工人数(万人)	Maternity Insurance Contributors (10 000 persons)	180.08	211.55	223.66

5-19 养老基金缴拨情况(2012年)
Render and Allocation of Pension Funds (2012)

单位：万元 (10 000 yuan)

指标	Item	缴纳 Render	单位 Unit	个人 Person	拨付 Allocation
总计	**Total**	**2783709**	**1781634**	**1002075**	**3539333**
企业	Enterprises	2463601	1781634	681967	3342097
其他	Others	320108		320108	197236

5-20 参加基本养老保险的职工及离退休人员(2012年)
Staff and Workers, Retired and VCSR Joined Basic Pension Insurance(2012)

单位：人 (person)

指标	Item	职工人数 Number of Employees	离退休职工 Number of Retirees
总计	**Total**	**4222394**	**1605765**
一、企业	Enterprises	3403528	1475084
(一)内资企业	Domestic Units	3285841	1471627
1.国有企业	State-owned Units	1725554	1049635
2.集体企业	Collective-owned Units	152073	212877
3.其他	Others	1408214	209115
(二)港澳台及外资企业	Funds from Hong Kong,Macao,Taiwan and Foreign	117777	3457
二、其他	Others	818866	130681

5-21 失业保险基本情况
Basic Statistics on Unemployment Insurance

单位：人 (person)

指标	Item	2010	2011	2012
参加失业保险人数	Unemployment Insurance Contributors	3359732	3386654	3391398
一、企业	Enterprises	2567256	2587450	2598333
(一)内资企业	Domestic Units	2516854	2529174	2538295
1.国有企业	State-owned Units	1839317	1798876	1745195
2.集体企业	Collective-owned Units	279998	248106	219047
3.其他	Others	397539	482192	574053
(二)港澳台及外资企业	Funds from Hong Kong,Macao,Taiwan and Foreign	50402	58276	60038
二、事业单位	Institutions	780064	783183	775584
三、其他单位	Others	12412	16021	17481
领取失业保险金人数	Beneficiaries of Unemployment Insurance Fund	121900	89018	63500

5-22 各市、县(市、区)城镇非私营单位就业人员、职工人数及工资(2012年) Number and Wage of Employed Persons, Staff and Workers in Urban Non-private Units by City and County (City and District) (2012)

地 区	Region	就业人员 (人) Number of Employed Persons (person)	# 在岗职工 Number of staff and Works	就业人员工资总额 (万元) Total Wages of Employed Persons (10 000 yuan)	就业人员平均工资 (元) Average Wage of Employed Persons (yuan)	在岗职工工资总额 (万元) Total Wages of Staff and Workers (10 000 yuan)	在岗职工平均工资 (元) Average Wage of Staff and Workers (yuan)
全 省	**Shaanxi**	**4112237**	**3864571**	**18055537**	**43073**	**17434693**	**44330**
西安市	**Xi'an**	**1797557**	**1694463**	**8654095**	**46248**	**8367082**	**47566**
新城区	Xincheng	264861	248315	1506752	54600	1455853	56984
碑林区	Beilin	220174	208320	1191547	52266	1152551	53376
莲湖区	Lianhu	180895	173961	862396	45436	841604	46060
灞桥区	Baqiao	78663	73161	303740	35225	292232	36117
未央区	Weiyang	210285	186606	932653	40165	853670	42563
雁塔区	Yanta	482842	464459	2451817	50875	2405536	51711
阎良区	Yanliang	46636	42177	214902	42234	203729	42976
临潼区	Lintong	47041	41859	182407	37512	171870	39304
长安区	Chang'an	122212	118751	516694	40400	509678	40941
蓝田县	Lantian	22425	21557	81975	36283	79631	36669
周至县	Zhouzhi	20772	20286	73353	35354	72916	35981
户 县	Huxian	29941	27264	91065	30446	87468	32102
高陵县	Gaoling	70810	67747	244796	32009	240344	32746
铜川市	**Tongchuan**	**100262**	**93081**	**367190**	**36884**	**357290**	**38722**
王益区	Wangyi	44598	40968	165155	37252	159427	39303
印台区	Yintai	14357	14214	53698	38244	53459	38466
耀州区	Yaozhou	34790	31705	118704	34224	115091	36416
宜君县	Yijun	6517	6194	29633	45632	29314	47249
宝鸡市	**Baoji**	**302052**	**294520**	**1163351**	**38546**	**1149079**	**39025**
渭滨区	Weibin	82212	80918	357306	43412	352213	43406
金台区	Jintai	52081	49579	208355	39914	206306	41526
陈仓区	Chencang	34014	33002	123277	36256	121096	36607
凤翔县	Fengxiang	21759	21590	81659.8	37441	81337	37618
岐山县	Qishan	25602	25261	84964	33293	84371	33541
扶风县	Fufeng	21266	20335	67823	32025	66095	32639
眉 县	Meixian	18880	18419	62092	33196	61436	33601
陇 县	Longxian	11444	11002	43095	38171	42006	38837
千阳县	Qianyang	8280	7950	28295	34028	27803	34837
麟游县	Linyou	5877	5875	27378	46809	27362	46797
凤 县	Fengxian	12037	11993	49375	40836	49329	40940
太白县	Taibai	8600	8596	29731	34794	29726	34804
咸阳市	**Xianyang**	**401549**	**380283**	**1513250**	**37670**	**1452225**	**38202**
秦都区	Qindu	107299	92564	385338.8	35623	340558	36658
渭城区	Weicheng	57129	54026	209040.3	36202	200130	36422
三原县	Sanyuan	21573	21449	73024	33776	72694	33835
泾阳县	Jingyang	19981	19965	72684	36257	72658	36273
乾 县	Qianxian	22711	22711	79391	35090	79391	35090
礼泉县	Liquan	22148	22067	73112	33706	72948	33735
永寿县	Yongshou	12256	12239	43358	35406	43328	35430

5-22 续表 1 continued

地 区	Region	就业人员 (人) Number of Employed Persons (person)	# 在岗职工 Number of staff and Works	就业人员工资总额 (万元) Total Wages of Employed Persons (10 000 yuan)	就业人员平均工资 (元) Average Wage of Employed Persons (yuan)	在岗职工工资总额 (万元) Total Wages of Staff and Workers (10 000 yuan)	在岗职工平均工资 (元) Average Wage of Staff and Workers (yuan)
彬 县	Binxian	26789	26375	166834	63811	166136	64566
长武县	Changwu	13220	12373	49560	37706	46734	37847
旬邑县	Xunyi	19904	19806	83646	42393	83445	42502
淳化县	Chunhua	12299	12299	41246	33673	41246	33673
武功县	Wugong	30068	29896	103835	34545	103520	34643
兴平市	Xingping	36172	34513	132181	36470	129438	37566
渭南市	**Weinan**	**392433**	**368268**	**1522914**	**38368**	**1461157**	**39510**
临渭区	Linwei	118481	104594	446150	37505	419862	40230
华 县	Huaxian	25840	24541	124527	47768	121487	49038
潼关县	Tongguan	15454	13704	55844	34872	45884	32256
大荔县	Dali	24747	24747	83671	32384	83671	32384
合阳县	Heyang	30606	27530	110917	36212	105200	38179
澄城县	Chengcheng	30439	30172	135260	44435	134580	44632
蒲城县	Pucheng	31257	31140	109254	35157	109143	35411
白水县	Baishui	15528	15146	55365	35634	54614	36096
富平县	Fuping	30498	30093	104125	33970	103456	34204
韩城市	Hancheng	49395	46672	225940	43789	212380	45303
华阴市	Huayin	20188	19929	71863	35724	70881	35743
延安市	**Yan'an**	**246159**	**231719**	**1154386**	**46183**	**1127452**	**47867**
宝塔区	Baota	90607	87929	424579	44636	417993	45266
延长县	Yanchang	9342	8451	45111	49156	43949	52899
延川县	Yanchuan	9807	9807	44890	45792	44890	45792
子长县	Zichang	15784	11610	63773	40938	58296	50321
安塞县	Ansai	13154	12143	57609	43813	55668	45942
志丹县	Zhidan	16178	12952	80374	50575	73218	57688
吴起县	Wuqi	16612	15543	84627	50906	82195	53170
甘泉县	Ganquan	9524	9508	41900	43723	41878	43773
富 县	Fuxian	11776	10903	48594	41272	47304	43358
洛川县	Luochuan	16678	16600	86351	51875	86113	51950
宜川县	Yichuan	6935	6935	33875	48882	33866	48890
黄龙县	Huanglong	5538	5329	23049	42221	22655	43210
黄陵县	Huangling	24224	24009	119656	49396	119428	49743
汉中市	**Hanzhong**	**263654**	**233498**	**1023635**	**39106**	**948748**	**40739**
汉台区	Hantai	84590	66837	324377	38720	277751	41355
南郑县	Nanzheng	25018	23839	102142	41270	99728	42295
城固县	Chenggu	30004	28707	128397	42823	126466	43983
洋 县	Yangxian	20722	19815	84915	41159	83386	42274
西乡县	Xixiang	14910	13702	57787	38861	56083	40984
勉 县	Mianxian	32140	28357	110190	34559	100298	35669
宁强县	Ningqiang	17204	15784	63935	37597	60773	39004
略阳县	Lueyang	20486	19527	77614	38183	75785	39111
镇巴县	Zhenba	11546	10262	46260	40131	40946	39986
留坝县	Liuba	4073	4010	15866	38963	15732	39240
佛坪县	Foping	2961	2658	12154	41397	11802	44503

5-22 续表 2 continued

地 区	Region	就业人员 (人) Number of Employed Persons (person)	# 在岗职工 Number of staff and Works	就业人员工资总额 (万元) Total Wages of Employed Persons (10 000 yuan)	就业人员平均工资 (元) Average Wage of Employed Persons (yuan)	在岗职工工资总额 (万元) Total Wages of Staff and Workers (10 000 yuan)	在岗职工平均工资 (元) Average Wage of Staff and Workers (yuan)
榆林市	**Yulin**	**275177**	**260110**	**1427087**	**51607**	**1390680**	**53216**
榆阳区	Yuyang	60738	58548	348871	54651	343686	55800
神木县	Shenmu	63304	60587	361940	58168	354968	59635
府谷县	Fugu	17262	15687	86261	49997	81387	52147
横山县	Hengshan	16736	14120	78421	46858	70177	49707
靖边县	Jingbian	26562	25757	125191	47267	123083	47952
定边县	Dingbian	21706	20299	105155	49539	102240	51610
绥德县	Suide	19490	19012	92878	47681	91834	48326
米脂县	Mizhi	10860	10308	51363	47413	50288	48913
佳县	Jiaxian	9652	9028	45483	47432	44646	49800
吴堡县	Wubu	6689	6259	29448	44025	28576	45656
清涧县	Qingjian	11877	10308	51475	43340	49477	47999
子洲县	Zizhou	10301	10197	50602	49123	50320	49358
安康市	**Ankang**	**147940**	**138397**	**581615**	**39629**	**561566**	**40951**
汉滨区	Hanbin	60988	55983	227455	37516	217582	39276
汉阴县	Hanyin	10685	10654	44169	42034	44105	42097
石泉县	Shiquan	9700	8446	39232	40875	36296	43489
宁陕县	Ningshan	5569	4894	20353	36495	18964	38695
紫阳县	Ziyang	11462	11250	46491	41168	46115	41586
岚皋县	Langao	8010	7880	29332	36592	29002	36743
平利县	Pingli	9789	9591	40770	41649	40346	42058
镇坪县	Zhenping	3712	3477	17734	48935	17310	50436
旬阳县	Xunyang	19475	19350	79883	41315	79719	41518
白河县	Baihe	8550	6872	36195	43114	32128	47241
商洛市	**Shangluo**	**147036**	**133732**	**488745**	**33088**	**467283**	**34769**
商州区	Shangzhou	46776	43505	151887	32493	145344	33427
洛南县	Luonan	20083	18476	68877	34226	66277	35854
丹凤县	Danfeng	11337	10634	38519	34009	36939	34773
商南县	Shangnan	13178	12200	41329	31857	39643	33052
山阳县	Shanyang	23134	20819	81873	33940	79929	36648
镇安县	Zhen'an	17703	14089	56951	32294	50815	36227
柞水县	Zhashui	14825	14009	49310	33353	48336	34585
杨凌示范区	**Yangling**	**38418**	**36500**	**159268**	**42063**	**152131**	**42332**

注：本表不含城镇私营单位和个体。全省数据含省级直报单位。
a) Data in this table do not include urban private enterprises and self-employed individuals.
b) The data of Shaanxi is include the direct reporting organization。

主要统计指标解释

就业人员 指在16周岁及以上，从事一定社会劳动并取得劳动报酬或经营收入的人员。这一指标反映了一定时期内全部劳动力资源的实际利用情况，是研究我国基本国情国力的重要指标。

单位就业人员 指在各级国家机关、政党机关、社会团体及企业、事业单位中工作，取得工资或其他形式的劳动报酬的全部人员。包括在岗职工、再就业的离退休人员、民办教师以及在各单位中工作的外方人员和港澳台方人员、兼职人员、借用的外单位人员和第二职业者。不包括离开本单位仍保留劳动关系的职工。各单位的就业人员反映了各单位实际参加生产或工作的全部劳动力。

城镇私营和个体就业人员 城镇私营就业人员指在工商管理部门注册登记，其经营地址设在县城关镇(含县城关镇)以上的私营企业就业人员，包括私营企业投资者和雇工。城镇个体就业人员指在工商管理部门注册登记，并持有城镇户口或在城镇长期居住，经批准从事个体工商经营的就业人员，包括个体经营者和在个体工商户劳动的家庭帮工和雇工。

国有单位 指资产归国家所有的经济组织。包括按《中华人民共和国企业法人登记管理条例》规定登记注册的非公司制的经济组织，以及中央、地方各级国家机关、事业单位和社会团体。

集体单位 指生产资料归集体所有，并按《中华人民共和国企业法人登记管理条例》规定登记注册的经济组织。

其他单位 包括股份合作单位、联营单位、有限责任公司、股份有限公司、港澳台商投资单位以及外商投资单位等其他登记注册类型单位。

在岗职工 指在本单位工作并由单位支付工资的人员，以及有工作岗位，但由于学习、病伤产假等原因暂未工作，仍由单位支付工资的人员。

工资总额 指各单位在一定时期内直接支付给本单位全部就业人员的劳动报酬总额。工资总额的计算原则应以直接支付给就业人员的全部劳动报酬为根据。各单位支付给就业人员的劳动报酬以及其他根据有关规定支付的工资，不论是计入成本的还是不计入成本的，不论是按国家规定列入计征奖金税项目的，还是未列入计征奖金税项目的，不论是以货币形式支付的还是以实物形式支付的，均包括在工资总额内。

平均工资 指企业、事业、机关单位的就业人员在一定时期内平均每人所得的货币工资额。它表明一定时期职工工资收入的高低程度，是反映就业人员工资水平的主要指标。计算公式为:

$$平均工资=\frac{报告期实际支付的全部就业人员工资总额}{报告期全部就业人员平均人数}$$

平均工资指数 指报告期就业人员平均工资与基期就业人员平均工资的比率，是反映不同时期就业人员货币工资水平变动情况的相对数。计算公式为:

$$平均工资指数=\frac{报告期就业人员平均工资}{基期就业人员平均工资}\times 100\%$$

平均实际工资指数 就业人员平均实际工资指扣除物价变动因素后的就业人员平均工资。就业人员平均实际工资指数是反映实际工资变动情况的相对数，表明就业人员实际工资水平提高或降低的程度。计算公式为:

$$平均实际工资指数=\frac{报告期就业人员平均工资指数}{报告期城镇居民消费价格指数}\times 100\%$$

城镇登记失业人员 指有非农业户口，在一定的劳动年龄内(16周岁至退休年龄)，有劳动能力，无业而要求就业，并在当地就业服务机构进行求职登记的人员。

城镇登记失业率 城镇登记失业人员与城镇单位就业人员(扣除使用的农村劳动力、聘用的离退休人员、港澳台及外方人员)、城镇单位中的不在岗职工、城镇私营业主、个体户主、城镇私营企业和个体就业人员、城镇登记失业人员之和的比。计算公式为:

$$城镇登记失业率=\frac{城镇登记失业人数}{(城镇单位就业人员-使用的农村劳动力-聘用的离退休人员-聘用的港澳台及外方人员)+不在岗职工+城镇私营业主+城镇个体户主+城镇私营企业及个体就业人员+城镇登记失业人数}\times 100\%$$

Explanatory Notes on Main Statistical Indicators

Employed Persons refer to persons aged 16 and over who are engaged in gainful employment and thus receive remuneration payment or earn business income. This indicator reflects the actual utilization of total labour force during a certain period of time and is often used for the research on China's economic situation and national power.

Persons Employed in Various Units refer to all the persons working in government agencies of various levels, political and party organizations, social organizations, enterprises and institutions, and receiving wages or other forms of payment. They include fully-employed staff and workers, re-employed retirees, teachers in the schools run by the local people, foreigners and Chinese compatriots from Hong Kong, Macao, and Taiwan working in various units, part-time employees, employees of other units working temporarily at current posts, and employees holding the second job, but do not include persons who have left their working units while keeping their labour contract (employment relation) unchanged. This indicator reflects the total number of laborers actually engaged in production or other operations in various units.

Persons Employed in Private Enterprises and Self-Employed Individuals in Urban Areas Persons employed in private enterprises refer to the persons employed in the private enterprises which have been registered at the departments of industrial and commercial administration for which the business operation are situated at a county town (i.e. a town where the county government is located), or at urban areas with administrative hierarchy higher than a county town. The self-employed individuals in urban areas refer to persons who hold the certificates of residence in urban areas or have resided in the urban areas for a long time and have been registered at the departments of industrial and commercial administration and approved to be engaged in individual industrial or commercial business, including self-employed persons as well as helpers and hired labourers who work in individual households.

State-owned Units refer to economic units whose assets are owned by the state, including non-corporation units registered according to *Regulation of the People's Republic of China on the Registration of Enterprises and Corporations*, state organs, institutions and social organizations at the central-level and local levels.

Collective-owned Units refer to economic units registered according to *Regulation of the People's Republic of China on the Registration of Enterprises and Corporations* where the means of production are collectively owned.

Units of Other Types of Ownership refer to units registered with other types of ownership, including cooperative units, joint ownership units, limited liability corporations, share holding corporations, units funded by entrepreneurs from Hong Kong, Macao, and Taiwan, and foreign- funded units.

Employed Staff and Workers refer to persons who work in, and receive wages from their working units, including persons who have their work posts but are temporarily absent from work for reasons of study or on sick, injury or maternal leave and still receive wages from their working units.

Total Wage Bill refers to the total remuneration payment to employed persons in various units during a certain period of time. The calculation of total wage bill is based on the total remuneration payment to employed persons . Therefore, all the wages and salaries and other payments to employed persons are included in the total wage bill regardless of sources, reckoning the cost of production or not, category, listing as items of premium taxation or not, and forms, paying in cash or in kind.

Average Wage refers to the average wage in money terms per person during a certain period of time for employed persons in enterprises, institutions, and government agencies, which reflects the general level of wage income during a certain period of time and is calculated as follows:

$$\text{Average Wage} = \frac{\text{Total Wage Bill of Employed Persons at Reference Time}}{\text{Average Number of Persons Employed at Reference Time}}$$

Average Wage Indices refers to the ratio of average wage of employed persons the reference period to that at the base period, which reflects the change of wage of employed persons at the different period. It is calculated as follows:

$$\text{Average Wage Indices} = \frac{\text{Average Wage of Employed Persons at Reference Time}}{\text{Average Wage of Persons Employeds at Base Period}} \times 100\%$$

Average Real Wage Indices average real wage of employed persons refers to the average wage of employed persons after removing the effects of the price changes and average real wage indices of employed persons refers to the change of real wage, which reflects the relative increasing or decreasing level of real wage of employed persons ,which is calculated as follows:

$$\text{Average Real Wage Indices} = \frac{\text{Average Wage Indices of Employed Persons at the Reference Time}}{\text{Urban Consumer Price Indices at Reference Time}} \times 100\%$$

Registered Unemployed Persons in Urban Areas refer to the persons with non-agricultural household registration at certain working ages (16 years old to retirement age), who are capable of working, unemployed and willing to work, and have been registered at the local employment service agencies to apply for a job.

Registered Unemployment Rate in Urban Areas refers to the ratio of the number of the registered unemployed persons to the sum of the number of persons employed in various units (minus the employed rural labour force, re-employed retirees, and Hong Kong, Macao, Taiwan or foreign employees), laid-off staff and workers in urban units, owners of private enterprises in urban areas, owners of self-employed individuals in urban areas, employees of private enterprises in urban areas, employee of self-employed individuals in urban areas, and the registered unemployed persons in urban areas. The formula is as follows:

$$\text{Registered unemployment rate in urban areas} = \frac{\text{number of registered urban unemployed persons}}{\begin{array}{c}\text{number of persons employed in urban units - employed rural labour force}\\ \text{re - employed retirees - Hong Kong, Macao, Taiwan or foreign employees}\\ \text{+ laid - off staff and workers + owners of urban private enterprises + owners of}\\ \text{urban self - employed individuals + employees of urban private enterprises + employees of}\\ \text{urban self - employed individuals + registered unemployed persons in urban areas}\end{array}} \times 100\%$$

六、固定资产投资

Investment in Fixed Assets

资料整理：袁军会　郑　娟　穆　丹
刘海燕　刘卫斌

简 要 说 明

一、本篇资料反映陕西固定资产投资的基本情况，主要包括：全社会固定资产投资，房地产开发投资，商品房及保障房情况。

二、固定资产投资统计的资料来源主要为统计局的全面统计报表。除农户固定资产投资统计采用抽样调查方法外，其他均为全面统计报表。

三、统计口径的变化

自1997年起，除房地产开发投资、非农户投资、农户投资及城镇和工矿区私人建房投资外，固定资产投资的统计起点由5万元提高到50万元。

自2006年起，非农户固定资产投资统计改为按项目统计，调查方法由抽样调查改为全面统计报表，起点提高到50万元。城镇和工矿区私人建房投资改为按项目统计，起点为50万元。

自2011年起，提高固定资产投资统计起点标准，从计划总投资额50万元提高到500万元。投资统计的范围从城镇扩大到农村企事业组织，并将这一统计范围定义为“固定资产投资（不含农户）”。

Brief Introduction

Ⅰ. This chapter reflects the basic conditions of investment in fixed assets of Shaanxi Province, mainly including total investment in fixed assets in the whole province, real estate development,, commercial residential building and security housing.

Ⅱ. The data sources for the statistics of investment in fixed assets mainly come from complete statistical report forms. Investment in fixed assets by farm households are calculated with sample survey, and the others come from complete statistical report forms.

Ⅲ. Changes in Statistical Scope

Since 1997, the cut-off point of projects covered by statistics of investment in fixed assets are raised from an investment of 50,000 yuan to 500,000 yuan, except investment in real estate development, farm household investment, non-farm household investment and private investment in housing construction in urban areas and industrial and mining areas.

Since 2006, statistics on investments in fixed assets of rural non-farm households are changed to project-based. Survey method is changed from sample survey to the system of reporting form with complete enumeration. The cut-off point has been raised to 500,000 yuan. Statistics on private investment in housing construction in urban areas and industrial and mining areas have become project-based. The cut-off point has been raised to 500,000 yuan.

Since 2011, the cut-off point of statistics on investments in fixed assets are raised, amount of intended investment are raised from 500,000 yuan to 5,000,000 yuan. The scope of investment statistics expends from urban to rural enterprises, and this scope of statistics is defined “investments in fixed assets(non-farm)”.

6.固定资产投资

2012年全省

全社会固定资产投资	12840.15	亿元	比上年增长 28.1%
# 房地产开发投资	1835.93	亿元	比上年增长 30.1%
全社会新增固定资产	6733.66	亿元	比上年增长 38.5%
全社会竣工住宅建筑面积	5883.83	万平方米	比上年增长 18.0%

全社会固定资产投资

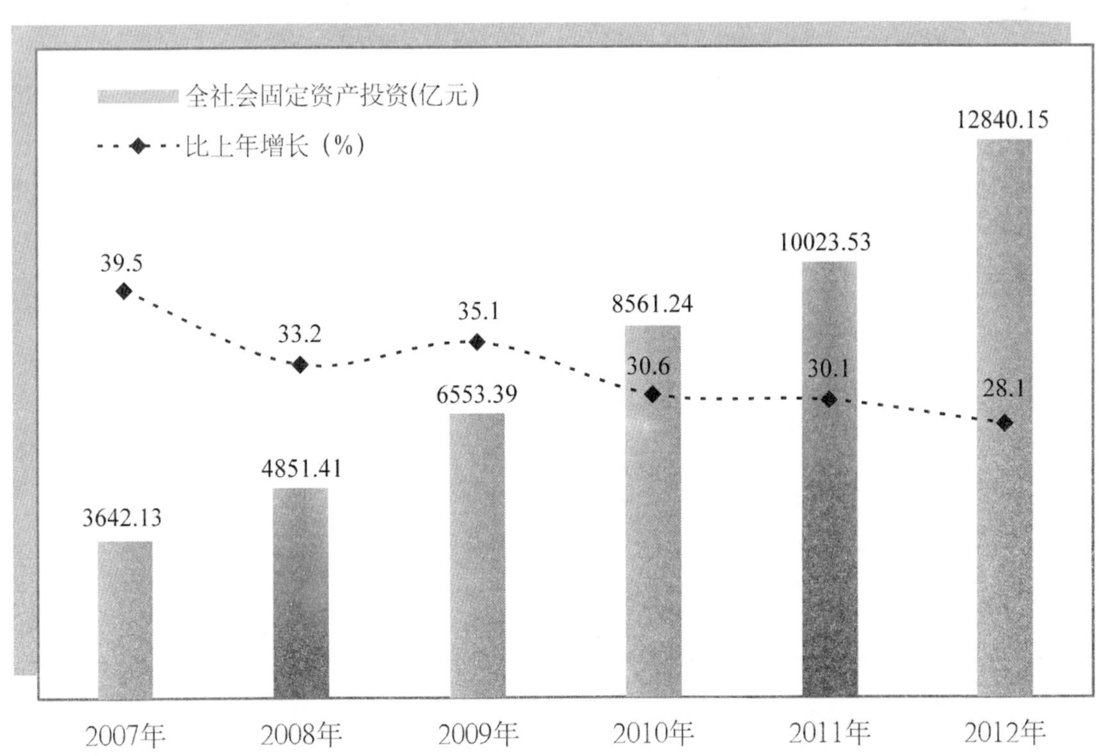

6-1 全社会固定资产投资
Total Investment in Fixed Assets of the Whole Province

单位：亿元 (100 million yuan)

年份 Year	全社会固定资产投资 Total Investment	固定资产投资 Investment in Fixed Assets	#房地产开发 Real Estate Development	农户固定资产投资 Rural Investment in Fixed Assets
1978	20.35	19.11		1.24
1979	21.16	19.48		1.68
1980	27.80	25.51		2.29
1981	22.92	19.81		3.11
1982	29.48	26.12		3.36
1983	30.83	26.08		4.74
1984	40.39	31.31		9.08
1985	57.99	44.08		13.91
1986	63.53	51.49		12.04
1987	80.89	65.52		15.37
1988	94.72	75.26		19.46
1989	95.18	73.21		21.97
1990	103.72	80.82		22.90
1991	124.93	94.75		30.18
1992	142.47	116.27		26.20
1993	228.21	197.46		30.74
1994	283.29	235.47	18.19	47.82
1995	324.33	268.78	28.28	55.54
1996	372.00	305.16	30.13	66.84
1997	424.10	353.35	29.53	70.74
1998	544.89	473.78	51.35	71.11
1999	619.27	536.72	68.33	82.55
2000	745.85	675.53	78.89	70.32
2001	850.66	774.12	99.79	76.54
2002	974.63	888.20	123.57	86.43
2003	1278.72	1179.99	188.56	98.73
2004	1544.19	1442.28	231.17	101.91
2005	1982.04	1872.06	298.95	109.98
2006	2610.22	2490.74	394.86	119.48
2007	3642.13	3507.12	535.32	135.01
2008	4851.41	4668.12	762.23	183.29
2009	6553.39	6353.51	943.73	199.88
2010	8561.24	8340.99	1159.47	220.25
2011	10023.53	9701.43	1410.90	322.10
2012	12840.15	12501.43	1835.93	338.72

注：2011年起，城镇固定资产投资数据发布口径改为固定资产投资(不含农户)。固定资产投资(不含农户)等于原口径的城镇固定资产投资加上非农户投资(以下相关表同)。

a) Urban Investment in Fixed Assets has changed to Investment in fixed assets (excluding rural households) since 2011. Investment in fixed assets (excluding rural households) is the Urban Investment in Fixed Assets and Non-farm Households(The related tables is the same).

6-2 按经济类型分的全社会固定资产投资
Total Investment in Fixed Assets of the Whole Province by Economic Type

单位：亿元 (100 million yuan)

年 份 Year	合 计 Total	国有经济 单 位 State-owned Units	固定资产投资 Urban Investment in Fixed Assets	房地产开发 Real Estate Development	集体经济 单 位 Collective-owned Units	# 农 村 Rural	其他经济 单 位 Others	城乡个人 Urban and Rural Individuals	# 农 村 Rural
1978	20.35	17.20	17.20		1.91	1.75		1.24	1.23
1979	21.16	17.47	17.47		2.02	1.82		1.68	1.66
1980	27.80	23.25	23.25		2.27	1.89		2.29	2.25
1981	22.92	17.47	17.47		2.34	1.97		3.11	3.05
1982	29.48	23.32	23.32		2.80	2.09		3.36	3.22
1983	30.83	24.99	24.99		1.10	0.59		4.74	4.53
1984	40.39	28.07	28.07		3.24	2.68		9.08	8.76
1985	57.99	39.81	39.81		4.27	2.96		13.91	13.35
1986	63.53	47.25	47.25		4.24	2.75		12.04	11.19
1987	80.89	58.11	58.11		7.41	5.63		15.37	14.34
1988	94.72	67.08	67.08		8.18	6.26		19.46	18.15
1989	95.18	67.13	67.13		6.08	4.55		21.97	20.41
1990	103.72	73.85	73.85		6.96	5.38		22.90	21.51
1991	124.93	85.36	85.36		9.39	7.27		30.18	28.89
1992	142.47	108.71	108.71		7.56	5.06		26.20	24.09
1993	228.21	171.86	162.05	9.81	14.01	9.72	11.60	30.74	26.93
1994	283.29	202.92	190.31	12.61	17.89	13.50	14.66	47.82	43.20
1995	324.33	226.61	211.95	14.67	21.53	12.63	20.64	55.54	51.32
1996	372.00	256.48	239.52	16.96	22.00	15.62	26.68	66.84	61.89
1997	424.10	287.64	271.06	16.57	24.74	17.69	40.98	70.74	67.40
1998	544.89	382.89	350.63	32.26	27.07	21.01	63.83	71.11	55.70
1999	619.27	407.76	367.89	39.87	38.96	30.22	89.99	82.55	63.74
2000	745.85	473.53	426.88	46.65	41.66	31.14	137.11	93.54	70.32
2001	850.66	523.92	484.95	38.97	46.41	34.05	169.14	111.19	76.54
2002	974.63	555.41	506.60	48.80	54.52	33.48	212.91	151.79	86.43
2003	1278.72	713.37	664.71	48.66	62.78	30.91	373.28	129.29	98.73
2004	1544.19	814.51	784.47	30.04	71.15	28.52	515.34	143.20	101.91
2005	1982.04	1017.13	985.00	32.13	77.63	31.34	754.18	133.11	109.98
2006	2610.22	1295.31	1258.48	36.84	132.32	75.50	1059.67	122.92	119.48
2007	3642.13	1779.70	1715.68	50.21	227.13	47.51	1494.01	141.29	135.01
2008	4851.41	2208.95	2155.79	53.16	398.62	144.71	2041.99	201.85	183.29
2009	6553.39	3015.64	2941.63	74.00	392.96	158.65	2912.48	232.32	199.88
2010	8561.24	4223.83	4101.13	122.70	412.17	173.51	3664.17	261.07	220.25
2011	10023.53	4462.54	4380.27	82.27	407.69	140.33	4760.71	392.59	322.10
2012	12840.15	5540.89	5378.84	162.05	439.49	71.82	6423.68	436.09	338.72

6-3 全社会新增固定资产
Total Newly Increased Fixed Assets of the Whole Province

单位：亿元 (100 million yuan)

年 份 Year	合 计 Total	国有经济 单 位 State-owned Units	固定资产投资 Urban Investment in Fixed Assets	房地产开发 Real Estate Development	集体经济 单 位 Collective-owned Units	#农 村 Rural	其他经济 单 位 Others	城乡个人 Urban and Rural Individuals	#农 村 Rural
1978	30.66	27.97	27.97		1.45	1.33		1.24	1.23
1979	16.66	13.45	13.45		1.53	1.38		1.68	1.66
1980	18.39	14.37	14.37		1.73	1.44		2.29	2.25
1981	18.69	13.77	13.77		1.80	1.50		3.11	3.05
1982	27.82	22.31	22.31		2.15	1.57		3.36	3.22
1983	26.51	20.72	20.72		1.04	0.59		4.74	4.53
1984	34.05	21.77	21.77		3.20	2.68		9.08	8.76
1985	41.35	23.67	23.67		3.78	2.96		13.91	13.35
1986	48.32	32.50	32.50		3.78	2.75		12.04	11.19
1987	62.71	40.25	40.25		7.09	5.63		15.37	14.34
1988	72.09	44.89	44.89		7.74	6.26		19.46	18.15
1989	70.96	43.21	43.21		5.78	4.55		21.97	20.41
1990	97.20	67.42	67.42		6.88	5.38		22.90	21.51
1991	102.48	63.82	63.82		8.49	7.25		30.18	28.89
1992	129.09	96.58	96.58		6.31	4.61		26.20	24.09
1993	144.64	98.85	95.21	3.64	11.80	8.96	3.24	30.74	26.93
1994	201.82	134.43	125.05	9.39	11.30	7.75	8.27	47.82	43.20
1995	247.96	161.77	152.39	9.38	16.79	11.24	13.86	55.54	51.32
1996	278.20	189.25	179.65	9.61	17.29	12.79	7.47	64.19	59.24
1997	288.92	189.49	174.92	14.57	21.42	16.06	7.27	70.74	67.40
1998	374.98	255.96	240.03	15.93	23.16	17.70	30.46	65.40	49.99
1999	520.87	349.21	309.81	39.40	37.41	30.35	58.39	75.86	57.05
2000	607.27	403.96	365.37	38.59	37.96	28.48	79.22	86.13	62.91
2001	683.46	430.00	393.43	36.56	40.01	28.16	116.19	97.26	68.35
2002	717.17	341.10	311.12	29.98	45.06	31.15	189.83	141.19	85.35
2003	851.54	447.63	412.17	35.46	46.26	28.39	230.31	127.33	97.20
2004	883.55	448.02	424.67	23.35	50.68	26.34	243.34	141.51	101.05
2005	1258.49	612.05	594.89	17.15	50.75	23.39	453.40	142.29	118.94
2006	1579.34	844.35	831.14	13.21	88.82	59.25	511.79	134.38	131.71
2007	2144.45	1176.79	1141.89	23.01	138.38	40.19	673.19	156.09	151.83
2008	2545.29	1155.80	1138.63	17.17	292.87	75.11	899.77	196.85	183.29
2009	3202.24	1462.70	1433.33	29.37	334.55	133.95	1175.23	229.77	199.88
2010	3655.85	1649.70	1622.98	26.72	175.73	108.02	1589.13	241.29	220.25
2011	4860.55	2219.49	2199.68	19.81	264.17	186.55	2002.80	374.09	322.10
2012	6733.66	3132.10	3080.39	51.71	283.33	61.44	2901.45	416.78	338.72

6-4 全社会竣工住宅建筑面积

Total Floor Space of Residential Buildings Completed of the Whole Province

单位：万平方米 (10 000 sq.m)

年份 Year	合计 Total	国有经济 单位 State-owned Units	固定资产投资 Urban Investment in Fixed Assets	房地产开发 Real Estate Development	集体经济 单位 Collective-owned Units	#农村 Rural	其他经济 单位 Others	城乡个人 Urban and Rural Individuals	#农村 Rural
1978	706.09	135.61	135.61		32.61	30.33		537.87	535.55
1979	951.05	187.73	187.73		35.90	31.47		727.42	722.78
1980	1277.11	249.08	249.08		39.08	32.84		988.95	979.67
1981	1627.18	250.48	250.48		39.13	34.10		1337.57	1322.56
1982	1598.73	289.49	289.49		32.65	21.77		1276.59	1242.54
1983	2400.03	304.84	304.84		17.81	9.31		2077.38	2032.45
1984	1930.28	290.78	290.78		70.40	63.07		1569.10	1521.75
1985	2622.98	339.80	339.80		84.86	77.06		2198.32	2136.94
1986	2336.38	350.84	350.84		110.02	97.91		1875.52	1801.08
1987	2295.25	305.51	305.51		110.66	103.67		1879.08	1796.30
1988	2943.49	263.75	263.75		65.49	56.85		2614.25	2534.19
1989	1630.46	224.30	224.30		48.26	37.48		1357.90	1290.77
1990	2257.86	250.12	250.12		94.12	85.82		1913.62	1850.44
1991	2583.58	267.14	267.14		60.15	54.00		2256.29	2202.00
1992	1943.91	309.04	309.04		5.32			1629.55	1566.80
1993	2072.95	372.39	308.06	64.33	25.93	10.90	2.97	1671.66	1561.00
1994	2613.12	434.00	334.67	99.33	29.61	11.35	14.09	2135.42	2009.83
1995	3111.15	485.16	375.18	109.98	45.28	10.56	29.86	2550.85	2470.00
1996	2814.39	462.62	349.19	113.43	51.86	15.44	29.97	2269.94	2198.42
1997	2581.69	529.29	393.80	135.49	39.67	9.29	40.19	1972.54	1899.26
1998	2645.52	549.82	402.82	147.00	52.54	20.90	71.73	1971.43	1641.62
1999	3133.31	961.31	549.36	411.95	79.30	42.00	120.57	1972.13	1531.00
2000	4947.36	942.36	566.19	376.17	88.87	44.85	157.30	3758.83	3246.86
2001	4990.18	813.17	543.47	269.70	75.31	18.45	233.44	3868.26	3311.05
2002	4317.24	712.33	470.77	241.56	87.16	10.99	241.10	3276.65	2649.75
2003	4269.44	805.99	581.35	224.64	104.63	17.88	466.63	2892.19	2379.92
2004	3301.31	507.95	384.34	123.61	76.78	28.35	406.56	2310.02	1625.09
2005	3292.40	544.63	440.67	103.96	78.65	6.29	662.86	2006.26	1451.64
2006	2764.55	553.46	455.91	97.55	136.29	54.30	697.17	1377.63	1366.27
2007	3469.95	646.99	546.89	96.99	213.97	25.78	927.84	1681.15	1668.69
2008	4190.59	668.92	575.41	93.51	243.83	92.48	1020.74	2257.10	2242.44
2009	3696.33	694.14	597.95	96.19	177.70	36.85	871.84	1952.65	1880.73
2010	3451.16	401.50	299.83	101.67	74.98	19.79	804.17	2170.51	2155.24
2011	4986.63	478.86	370.75	108.11	210.43	125.83	1434.52	3073.25	3029.77
2012	5883.83	989.96	825.23	164.73	300.06	9.04	1589.79	3004.01	2972.08

6-5 全社会固定资产投资主要指标及构成(2012年)
Main Indicators and Composition of Total Investment in Fixed Asset of the Whole Province (2012)

单位：万元 (10 000 yuan)

指标	Item	合计 Total	内资 Domestic	国有 State-owned	集体 Collective-owned
一、投资总额	Total Investment	128401491	121164611	55408877	4394861
1.按隶属关系分	By Jurisdiction of Management				
中央	Central Investment	11357995	11337283	5749381	3014
地方	Local Investment	117043496	109827328	49659496	4391847
2.按构成分	By Use of Funds				
建筑工程	Construction	89363561	84632674	40866522	3524037
安装工程	Installation	10251554	9951679	4218227	357803
设备工器具购置	Purchase of Equipment and Instruments	17211606	15694787	5764145	215720
其他费用	Others	11574770	10885471	4559983	297301
# 土地购置费	Purchase of Land	4514004	4167139	1456355	118351
3.按建设性质分	By Type of Construction				
# 新建	New Construction	75133342	73175324	38919766	3026578
扩建	Expansion	16018106	15756221	6352497	468299
改建和技改	Reconstruction and Technical Transformation	11198171	10955015	5870499	485196
4.按产业构成分	By Type of Industry				
第一产业	Primary Industry	7858758	4309690	2147380	466552
第二产业	Secondary Industry	48325109	46787772	17753233	699811
第三产业	Tertiary Industry	72217624	70067149	35508264	3228498
二、本年新增固定资产	Newly Increased Fixed Assets This Year	67336576	62071049	31320964	2833295
三、房屋建筑面积及竣工价值	Floor Space and Value of Buildings				
本年施工房屋面积(万平方米)	Floor Space of Buildings under Construction This Year (10 000 sq.m)	35496.14	30863.14	9690.65	1345.54
# 住宅	Residential Buildings	21200.89	17443.70	4428.70	917.55
本年竣工房屋面积(万平方米)	Floor Space of Buildings Completed This Year (10 000 sq.m)	7868.22	4603.16	1494.21	375.50
# 住宅	Residential Buildings	5883.83	2737.24	989.96	300.06
本年竣工房屋价值	Value of Buildings Completed This Year	13349400	10427425	3316816	706775
# 住宅	Residential Buildings	8911548	6111355	2040684	567597

6-5 续表 continued

单位：万元 (10 000 yuan)

指 标	Item	其 他 Others	港澳台商投资 Funds from Hong Kong, Macao & Taiwan	外商投资 Foreign Funded	个体经营 Self-employed Individual
一、投资总额	Total Investment	61360873	914733	1961207	4360940
1.按隶属关系分	By Jurisdiction of Management				
中 央	Central Investment	5584888		20712	
地 方	Local Investment	55775985	914733	1940495	4360940
2.按构成分	By Use of Funds				
建筑工程	Construction	40242115	496437	1097713	3136738
安装工程	Installation	5375649	40294	194519	65062
设备工器具购置	Purchase of Equipment and Instruments	9714922	302412	329540	884867
其他费用	Others	6028187	75590	339435	274274
# 土地购置费	Purchase of Land	2592433	27535	279486	39844
3.按建设性质分	By Type of Construction				
# 新 建	New Construction	31228980	375695	862969	719354
扩 建	Expansion	8935425	11339	89783	160763
改建和技改	Reconstruction and Technical Transformation	4599320	131684	44507	66965
4.按产业构成分	By Type of Industry				
第一产业	Primary Industry	1695758	1650	12100	3535318
第二产业	Secondary Industry	28334728	477691	901169	158477
第三产业	Tertiary Industry	31330387	435392	1047938	667145
二、本年新增固定资产	Newly Increased Fixed Assets This Year	27916790	413653	684051	4167823
三、房屋建筑面积及竣工价值	Floor Space and Value of Buildings				
本年施工房屋面积(万平方米)	Floor Space of Buildings under Construction This Year (10 000 sq.m)	19826.94	355.60	626.11	3651.29
# 住 宅	Residential Buildings	12097.45	259.26	381.06	3116.87
本年竣工房屋面积(万平方米)	Floor Space of Buildings Completed This Year (10 000 sq.m)	2733.46	53.59	96.01	3115.46
# 住 宅	Residential Buildings	1447.22	47.43	95.14	3004.01
本年竣工房屋价值	Value of Buildings Completed This Year	6403834	147450	333793	2440732
# 住 宅	Residential Buildings	3503074	130352	332173	2337668

6-6 各市(区)全社会固定资产投资
Total Investment in Fixed Assets of the Whole Province by City(District)

地　区	Region	投资额(亿元) Total Investment(100 million yuan)				比上年增长(%) Growth Rate(%)			
		2009	2010	2011	2012	2009	2010	2011	2012
西安市	Xi'an	2500.13	3250.56	3352.12	4243.43	31.2	30.0	30.2	26.6
铜川市	Tongchuan	88.12	117.23	145.96	201.81	39.0	33.0	32.6	38.3
宝鸡市	Baoji	639.14	835.22	1008.03	1311.69	41.7	30.7	31.9	30.1
咸阳市	Xianyang	801.53	1050.54	1263.10	1616.47	40.7	31.2	31.3	28.0
渭南市	Weinan	509.39	742.25	912.94	1172.21	52.7	45.7	30.2	28.4
#韩城市	Hancheng	69.40	94.72	120.40	156.56	48.5	36.5	27.4	30.0
延安市	Yan'an	557.48	724.53	815.21	1032.06	37.2	30.0	29.2	26.6
汉中市	Hanzhong	238.43	312.80	411.33	534.86	45.7	31.2	30.2	30.0
榆林市	Yulin	850.33	1105.46	1378.73	1771.23	41.6	30.0	32.1	28.5
安康市	Ankang	272.77	360.05	304.49	380.27	35.9	32.0	29.2	24.9
商洛市	Shangluo	220.34	290.07	308.36	391.60	33.8	31.6	30.9	27.0
杨凌示范区	Yangling	22.26	36.33	55.01	76.08	38.7	63.2	45.5	38.3

6-7 各行业按构成分的固定资产投资(2012年)
Investment by Sector and Use of Funds in the Whole Province (2012)

单位：万元 (10 000 yuan)

行业	Sector	投资额 Invest-ment	建筑工程 Construc-tion	安装工程 Install-ation	设备工器具购置 Purchase of Equipment and Instruments	其他费用 Other Expenses
全省总计	**Total**	**125014315**	**86999334**	**10251554**	**16394285**	**11369142**
农、林、牧、渔业	Agriculture, Forestry, Animal Husbandry and Fishery	4471582	3049052	302108	430506	689916
农业	Farming	1948776	1358290	173412	158984	258090
林业	Forestry	645819	349874	33911	16791	245243
畜牧业	Animal Husbandry	904519	638571	49223	131616	85109
渔业	Fishery	80157	50342	7738	9144	12933
农、林、牧、渔服务业	Services in Support of Agriculture	892311	651975	37824	113971	88541
采矿业	Mining	15552053	9927264	1621691	2856470	1146628
煤炭开采和洗选业	Mining and Washing of Coal	8024121	4318008	690223	2216862	799028
石油和天然气开采业	Extraction of Petroleum and Natural Gas	6025798	4744642	751146	364905	165105
黑色金属矿采选业	Mining and Processing of Ferrous Metal Ores	288966	160510	29089	67072	32295
有色金属矿采选业	Mining and Processing of Non-Ferrous Metal Ores	489346	284707	27087	58910	118642
非金属矿采选业	Mining and Processing of Nonmetal Ores	385496	237923	32551	95937	19085
开采辅助活动	Mining Supporting Activities	331027	176095	90681	51784	12467
其他采矿业	Mining of Other Ores	7299	5379	914	1000	6
制造业	Manufacturing	23344420	10792896	2432909	8132815	1985800
农副食品加工业	Processing of Food from Agricultural Products	1105961	648786	80911	302972	73292
食品制造业	Manufacture of Foods	669431	503480	22825	102710	40416
酒、饮料和精制茶制造业	Manufacture of Wine,Beverages and Refined Tea	461014	225812	30584	135091	69527
烟草制品业	Manufacture of Tobacco	26679	7495	300	17600	1284
纺织业	Manufacture of Textile	344183	146824	16747	162185	18427
纺织服装、服饰业	Manufacture of Textile and Clothing	97328	50465	12679	25651	8533
皮革、毛皮、羽毛及其制品和制鞋业	Manufacture of Leather, Fur, Feather and Related Products, and Shoes	10646	4124	142	6180	200
木材加工及木、竹、藤、棕、草制品业	Processing of Timbers, Manufacture of Wood, Bamboo, Rattan, Palm, and Straw Products	105106	64661	7032	23366	10047
家具制造业	Manufacture of Furniture	154176	99738	18830	22918	12690
造纸及纸制品业	Manufacture of Paper and Paper Products	179417	109564	17235	46451	6167
印刷业和记录媒介的复制	Printing, Reproduction of Recording Media	155482	69008	7070	74619	4785
文教、工美、体育和娱乐用品制造业	Manufacture of Culture, Education,Articles,Sports and Entertainment Supplies	24440	22940	137	1218	145
石油加工、炼焦及核燃料加工业	Processing of Petroleum, Coking, Processing Nuclear Fuel	1301758	643470	151262	421774	85252
化学原料及化学制品制造业	Manufacture of Chemical Raw Material and Chemical Products	4776886	1744742	548710	1856505	626929
医药制造业	Manufacture of Medicines	617826	291128	42233	217371	67094
化学纤维制造业	Manufacture of Chemical Fibers					
橡胶和塑料制品业	Manufacture of Rubber and Plastics	392256	239240	20387	104994	27635
非金属矿物制品业	Manufacture of Non-metallic Mineral Products	2240953	1127403	184219	786066	143265
黑色金属冶炼及压延加工业	Smelting and Pressing of Ferrous Metals	805490	281882	130889	341506	51213
有色金属冶炼及压延加工业	Smelting and Pressing of Non-ferrous Metals	1234521	469423	165397	490492	109209
金属制品业	Manufacture of Metal Products	687228	379456	70742	179573	57457
通用设备制造业	Manufacture of General Purpose Machinery	1202401	565807	171797	363247	101550

6-7 续表 1 continued

单位：万元 (10 000 yuan)

行业	Sector	投资额 Investment	建筑工程 Construction	安装工程 Installation	设备工器具购置 Purchase of Equipment and Instruments	其他费用 Other Expenses
专用设备制造业	Manufacture of Special Purpose Machinery	1646750	796271	134142	612412	103925
汽车制造业	Automotive Industry	1681533	890345	92327	618413	80448
铁路、船舶、航空航天和其他运输设备制造业	Manufacture of Railway, Shipping, Aerospace and Other Transport Equipments	411423	179965	27436	149641	54381
电气机械和器材制造业	Manufacture of Electrical Machinery and Equipment	1627896	571400	332788	643134	80574
计算机、通信和其他电子设备制造业	Manufacture of Computers,Communication and Other Electronic Equipment	726718	376026	64266	190255	96171
仪器仪表制造业	Manufacture of Instrument and Apparatus	392036	161426	62902	133803	33905
其他制造业	Other Manufacturing	93481	27504	6480	56336	3161
废弃资源综合利用业	Comprehensive Utilization Industry of Waste Resources	88034	66814	2236	17256	1728
金属制品、机械和设备修理业	Industry of Metalwork, Machinery, and Equipment Repair	83367	27697	10204	29076	16390
电力、热力、燃气及水生产和供应业	Production and Distribution of Electricity, Gas and Water	3703022	1482174	617177	1391274	212397
电力、热力生产和供应业	Production and Supply of Electric Power and Heat Power	2682183	920281	471016	1143347	147539
燃气生产和供应业	Production and Supply of Gas	523703	231511	98484	184262	9446
水的生产和供应业	Production and Supply of Water	497136	330382	47677	63665	55412
建筑业	Construction	5725614	4371692	350955	581867	421100
房屋建筑业	Construction of Buildings	3210106	2455777	208059	344749	201521
土木工程建筑业	Civil Engineering Construction	2130470	1633565	95408	211663	189834
建筑安装业	Construction and Installation	62283	18826	13608	19847	10002
建筑装饰和其他建筑业	Architectural Decoration and Other Construction	322755	263524	33880	5608	19743
批发和零售业	Wholesale and Retail Trades	3364664	2514910	299381	248801	301572
批发业	Wholesale Trade	1297401	926200	104980	93332	172889
零售业	Retail Trade	2067263	1588710	194401	155469	128683
交通运输、仓储和邮政业	Transport, Storage and Post	10449870	8466688	394247	666798	922137
铁路运输业	Railway Transport	2038572	1563739	96004	133660	245169
道路运输业	Road Transport	6586858	5753379	173322	209872	450285
水上运输业	Water Transport	4800	4800			
航空运输业	Air Transport	209349	128064	18392	62893	
管道运输业	Transport Via Pipelines	146770	79208	22349	33788	11425
装卸搬运和运输代理业	Loading, Unloading and Other Transport Services	337811	196683	36805	65646	38677
仓储业	Storage	1088895	732196	46105	135013	175581
邮政业	Post	36815	8619	1270	25926	1000
住宿和餐饮业	Hotels and Catering Services	1667403	1316724	166867	99254	84558
住宿业	Hotels	1365714	1112654	120997	69103	62960
餐饮业	Catering Services	301689	204070	45870	30151	21598
信息传输、软件和信息技术服务业	Information Transmission, Software and Information Services	858846	443091	142172	257852	15731
电信、广播电视和卫星传输服务	Telecommunications, Broadcasting Television and Satellite Transmission Services	565346	247607	110533	203214	3992
互联网和相关服务	Internet and Related Services	34769	17723	8146	8900	
软件和信息技术服务业	Software and Information Technology Services	258731	177761	23493	45738	11739

6-7 续表 2 continued

单位：万元 (10 000 yuan)

行业	Sector	投资额 Investment	建筑工程 Construction	安装工程 Installation	设备工器具购置 Purchase of Equipment and Instruments	其他费用 Other Expenses
金融业	Financial Intermediation	289994	183094	70060	33879	2961
货币金融服务	Monetary and Financial Services	195235	116375	48880	27019	2961
资本市场服务	Capital Market Services	2556			2556	
保险业	Insurance	11714	7910	400	3404	
其他金融业	Others	80489	58809	20780	900	
房地产业	Real Estate	35012095	28100739	2475740	424755	4010861
房地产业	Real Estate	35012095	28100739	2475740	424755	4010861
租赁和商务服务业	Leasing and Business Services	1104577	823298	120514	78136	82629
租赁业	Leasing	27546	2900		24211	435
商务服务业	Business Services	1077031	820398	120514	53925	82194
科学研究和技术服务业	Scientific Research, Technology Services	1191448	661198	145881	270821	113548
研究和试验发展	Research and Experimental Development	366259	211050	36679	93785	24745
专业技术服务业	Professional Technical Services	677849	350942	90359	164207	72341
科技推广和应用服务业	Services of Science and Technology Exchanges and Promotion and Application	147340	99206	18843	12829	16462
水利、环境和公共设施管理业	Management of Water Conservancy, Environment and Public Facilities	9778732	8208961	551512	320052	698207
水利管理业	Management of Water Conservancy	2005344	1794533	102821	26939	81051
生态保护和环境治理业	Ecological Protection and Environmental Management	355112	266745	23993	46421	17953
公共设施管理业	Management of Public Facilities	7418276	6147683	424698	246692	599203
居民服务、修理和其他服务业	Residents Service, Repair and other Services	568440	325033	76540	101560	65307
居民服务业	Services to Households	148120	125549	2383	11925	8263
机动车、电子产品和日用产品修理业	Motor Vehicle, Electronic Products and Daily Product Repair	130790	84904	18206	16195	11485
其他服务业	Other Services	289530	114580	55951	73440	45559
教育	Education	1661349	1348583	117957	102276	92533
教育	Education	1661349	1348583	117957	102276	92533
卫生和社会工作	Health, Social Work	1338543	1058032	68976	174977	36558
卫生	Health	1142159	884608	58794	173235	25522
社会工作	Social Work	196384	173424	10182	1742	11036
文化、体育和娱乐业	Culture, Sports and Entertainment	907039	696863	45075	56513	108588
新闻和出版业	Journalism and Publishing Activities	15533	14057	551	925	
广播、电视、电影和影视录音制作业	Broadcasting, Television, Movies and Video Recording	15567	6518	4740	4139	170
文化艺术业	Cultural and Art Activities	553845	425564	16170	28668	83443
体育	Sports Activities	164915	143069	5414	4655	11777
娱乐业	Entertainment	157179	107655	18200	18126	13198
公共管理、社会保障和社会组织	Public Management, Social Security and Social Organization	4024624	3229042	251792	165679	378111
中国共产党机关	Organs of Communist Party of China	23530	20504	1765	1224	37
国家机构	Government Agencies	3302147	2684911	212439	144912	259885
人民政协、民主党派	CPPCC and Democratic Parties	350		350		
社会保障	Social Security	128145	123783	2043	1109	1210
群众团体、社会团体和其他成员组织	Mass Organizations, Social Organizations and Religion Organizations	295111	167542	14731	9015	103823
基层群众自治组织	Grass Roots Self-governing Organizations	275341	232302	20464	9419	13156

6-8 分行业固定资产投资施工、投产项目个数及新增固定资产(2012年)

Number of Investment Projects under Construction and Put into Use and Newly Increased Fixed Assets by Sector in the Whole Province(2012)

行业	Sector	施工项目 (个) Number of Projects under Construction (unit)	全部建成投产项目 (个) Number of Projects Completed and Put into Use (unit)	施工项目计划总投资 (万元) Total Planned Investment of Projects under Construction (10 000 yuan)	本年完成投资额 (万元) Investment Completed This Year (10 000 yuan)	本年新增固定资产 (万元) Newly Increased Fixed Assets This Year (10 000 yuan)
全省总计	**Total**	**16240**	**9124**	**377742594**	**125014315**	**63949400**
农、林、牧、渔业	Agriculture, Forestry, Animal Husbandry and Fishery	1445	1031	7835507	4471582	3495944
农业	Farming	544	388	3185910	1948776	1557366
林业	Forestry	185	138	1399161	645819	520532
畜牧业	Animal Husbandry	307	217	1740573	904519	731756
渔业	Fishery	45	27	138492	80157	61882
农、林、牧、渔服务业	Services in Support of Agriculture	364	261	1371371	892311	624408
采矿业	Mining	821	450	34254759	15552053	5064072
煤炭开采和洗选业	Mining and Washing of Coal	369	202	22999110	8024121	1401752
石油和天然气开采业	Extraction of Petroleum and Natural Gas	130	60	7580119	6025798	2757416
黑色金属矿采选业	Mining and Processing of Ferrous Metal Ores	53	30	885762	288966	137553
有色金属矿采选业	Mining and Processing of Non-Ferrous Metal Ores	86	38	1470495	489346	253761
非金属矿采选业	Mining and Processing of Nonmetal Ores	139	95	873381	385496	300911
开采辅助活动	Mining Supporting Activities	42	25	429092	331027	211679
其他采矿业	Mining of Other Ores	2		16800	7299	1000
制造业	Manufacturing	2686	1487	71276584	23344420	13665729
农副食品加工业	Processing of Food from Agricultural Products	277	153	2356978	1105961	787658
食品制造业	Manufacture of Foods	96	61	1634449	669431	269076
酒、饮料和精制茶制造业	Manufacture of Wine,Beverages and Refined Tea	91	50	1060026	461014	323284
烟草制品业	Manufacture of Tobacco	7	4	49358	26679	17874
纺织业	Manufacture of Textile	71	43	883376	344183	265818
纺织服装、服饰业	Manufacture of Textile and Clothing	20	16	118358	97328	67734
皮革、毛皮、羽毛及其制品和制鞋业	Manufacture of Leather, Fur, Feather and Related Products, and Shoes	6	6	23600	10646	94359
木材加工及木、竹、藤、棕、草制品业	Processing of Timbers, Manufacture of Wood, Bamboo, Rattan, Palm, and Straw Products	30	15	176214	105106	40748
家具制造业	Manufacture of Furniture	28	21	244789	154176	142490
造纸和纸制品业	Manufacture of Paper and Paper Products	38	26	302743	179417	145570
印刷业和记录媒介的复制	Printing, Reproduction of Recording Media	26	14	302947	155482	88946
文教、工美、体育和娱乐用品制造业	Manufacture of Culture, Education,Articles,Sports and Entertainment Supplies	8	3	45324	24440	9329
石油加工、炼焦及核燃料加工业	Processing of Petroleum, Coking, Processing Nuclear Fuel	74	33	5099824	1301758	562700
化学原料及化学制品制造业	Manufacture of Chemical Raw Material and Chemical Products	173	88	17888366	4776886	1801728
医药制造业	Manufacture of Medicines	105	47	1357102	617826	412622
化学纤维制造业	Manufacture of Chemical Fibers					
橡胶和塑料制品业	Manufacture of Rubber and Plastics	76	46	766096	392256	249281
非金属矿物制品业	Manufacture of Non-metallic Mineral Products	397	245	4443819	2240953	1450816
黑色金属冶炼及压延加工业	Smelting and Pressing of Ferrous Metals	52	35	1816718	805490	1015230
有色金属冶炼及压延加工业	Smelting and Pressing of Non-ferrous Metals	86	44	3952365	1234521	524208
金属制品业	Manufacture of Metal Products	114	62	1984901	687228	575754
通用设备制造业	Manufacture of General Purpose Machinery	173	88	2169739	1202401	528264

6-8 续表 1 continued

行业	Sector	施工项目(个) Number of Projects under Construction (unit)	全部建成投产项目(个) Number of Projects Completed and Put into Use (unit)	施工项目计划总投资(万元) Total Planned Investment of Projects under Construction (10 000 yuan)	本年完成投资额(万元) Investment Completed This Year (10 000 yuan)	本年新增固定资产(万元) Newly Increased Fixed Assets This Year (10 000 yuan)
专用设备制造业	Manufacture of Special Purpose Machinery	204	114	4266537	1646750	1393238
汽车制造业	Automotive Industry	138	88	3951017	1681533	1124665
铁路、船舶、航空航天和其他运输设备制造业	Manufacture of Railway,Shipping,Aerospace and Other Transport Equipments	76	36	1191948	411423	282738
电气机械及器材制造业	Manufacture of Electrical Machinery and Equipment	137	67	7098946	1627896	866209
计算机、通信和其他电子设备制造业	Manufacture of Computers,Communication and Other Electronic Equipment	86	30	6593406	726718	287881
仪器仪表制造业	Manufacture of Instrument and Apparatus	51	25	827244	392036	206778
其他制造业	Other Manufacturing	22	11	177818	93481	35434
废弃资源综合利用业	Comprehensive Utilization Industry of Waste Resources	17	11	133571	88034	62245
金属制品、机械和设备修理业	Industry of Metalwork,Machinery,and Equipment Repair	7	5	359005	83367	33052
电力、燃气及水的生产和供应业	Production and Distribution of Electricity, Gas and Water	559	327	10105008	3703022	3266943
电力、热力生产和供应业	Production and Supply of Electric Power and Heat Power	307	183	7633188	2682183	2740837
燃气生产和供应业	Production and Supply of Gas	91	54	902968	523703	229264
水的生产和供应业	Production and Supply of Water	161	90	1568852	497136	296842
建筑业	Construction	1120	702	10592628	5725614	4064994
房屋建筑业	Construction of Buildings	583	370	5796429	3210106	2611914
土木工程建筑业	Civil Engineering Construction	457	277	4185434	2130470	1231801
建筑安装业	Construction and Installation	11	7	70312	62283	46839
建筑装饰和其他建筑业	Architectural Decoration and Other Construction	69	48	540453	322755	174440
批发和零售业	Wholesale and Retail Trades	566	348	8108073	3364664	1897519
批发业	Wholesale Trade	197	117	3639582	1297401	538552
零售业	Retail Trade	369	231	4468491	2067263	1358967
交通运输、仓储和邮政业	Transport, Storage and Post	910	561	42785810	10449870	3596859
铁路运输业	Railway Transport	31	12	13291590	2038572	335635
道路运输业	Road Transport	647	417	23093229	6586858	2456527
水上运输业	Water Transport	1	1	9000	4800	4800
航空运输业	Air Transport	4	1	1229166	209349	3500
管道运输业	Transport Via Pipelines	14	6	259676	146770	50147
装卸搬运和运输代理业	Loading, Unloading and Other Transport Services	41	17	874833	337811	185711
仓储业	Storage	165	103	3944854	1088895	530620
邮政业	Post	7	4	83462	36815	29919
住宿和餐饮业	Hotels and Catering Services	286	194	3448217	1667403	1156416
住宿业	Hotels	200	121	2942424	1365714	919983
餐饮业	Catering Services	86	73	505793	301689	236433
信息传输、软件和信息技术服务业	Information Transmission, Software and Information Services	110	56	1518561	858846	241436
电信、广播电视和卫星传输服务	Telecommunications, Broadcasting Television and Satellite Transmission Services	74	46	929453	565346	198290
互联网和相关服务	Internet and Related Services	4	2	61200	34769	4174
软件和信息技术服务业	Software and Information Technology Services	32	8	527908	258731	38972

6-8 续表 2 continued

行 业	Sector	施工项目（个）Number of Projects under Construction (unit)	全部建成投产项目（个）Number of Projects Completed and Put into Use (unit)	施工项目计划总投资（万元）Total Planned Investment of Projects under Construction (10 000 yuan)	本年完成投资额（万元）Investment Completed This Year (10 000 yuan)	本年新增固定资产（万元）Newly Increased Fixed Assets This Year (10 000 yuan)
金融业	Financial Intermediation	21	8	549058	289994	42390
货币金融服务	Monetary and Financial Services	17	7	358438	195235	31434
资本市场服务	Capital Market Services			2556	2556	2556
保险业	Insurance	2	1	55764	11714	8400
其他金融业	Others	2		132300	80489	
房地产业	Real Estate	3497	1395	138021894	35012095	13440473
房地产业	Real Estate	3497	1395	138021894	35012095	13440473
租赁和商务服务业	Leasing and Business Services	139	77	4027742	1104577	576758
租赁业	Leasing	1		29412	27546	19150
商务服务业	Business Services	138	77	3998330	1077031	557608
科学研究和技术服务业	Scientific Research, Technology Services	172	82	3943927	1191448	653557
研究和试验发展	Research and Experimental Development	37	13	2420561	366259	149602
专业技术服务业	Professional Technical Services	96	50	1126489	677849	397873
科技推广和应用服务业	Services of Science and Technology Exchanges and Promotion and Application	39	19	396877	147340	106082
水利、环境和公共设施管理业	Management of Water Conservancy, Environment and Public Facilities	2002	1216	24807779	9778732	6573975
水利管理业	Management of Water Conservancy	459	333	5367605	2005344	1620055
生态保护和环境治理业	Ecological Protection and Environmental Management	114	58	931233	355112	363836
公共设施管理业	Management of Public Facilities	1429	825	18508941	7418276	4590084
居民服务、修理和其他服务业	Residents Service, Repair and Other Services	106	70	1469744	568440	537158
居民服务业	Services to Households	58	39	245249	148120	119310
机动车、电子产品和日用产品修理业	Motor Vehicle, Electronic Products and Daily Product Repair	38	24	194599	130790	92337
其他服务业	Other Services	10	7	1029896	289530	325511
教 育	Education	484	303	3240628	1661349	1347826
教 育	Education	484	303	3240628	1661349	1347826
卫生和社会工作	Health, Social Work	276	147	2755674	1338543	860031
卫 生	Health	199	105	2452298	1142159	729924
社会工作	Social Work	77	42	303376	196384	130107
文化、体育和娱乐业	Culture, Sports and Entertainment	243	159	1850710	907039	708921
新闻和出版业	Journalism and Publishing Activities	13	9	34613	15533	17761
广播、电视、电影和影视录音制作业	Broadcasting, Television, Movies and Video Recording	10	8	30162	15567	16262
文化艺术业	Cultural and Art Activities	114	69	1070014	553845	358813
体 育	Sports Activities	54	37	331593	164915	128062
娱乐业	Entertainment	52	36	384328	157179	188023
公共管理、社会保障和社会组织	Public Management, Social Security and Social Organization	797	511	7150291	4024624	2758399
中国共产党机关	Organs of Communist Party of China	7	6	36944	23530	20292
国家机构	Government Agencies	660	422	5513754	3302147	2302980
人民政协、民主党派	CPPCC and Democratic Parties	1	1	1324	350	350
社会保障	Social Security	35	22	257360	128145	95265
群众团体、社会团体和其他成员组织	Mass Organizations, Social Organizations and Religion Organizations	49	32	774955	295111	241757
基层群众自治组织	Grass Roots Self-governing Organizations	45	28	565954	275341	97755

6-9 固定资产投资新增生产能力或效益(2012年)

Newly Increased Production Capacity or Project Efficiency through Investment(2012)

名　　称		Item		能力或效益 Capacity or Efficiency
原煤开采	(万吨／年)	Coal Mining	(10 000 tons/year)	2532
洗　煤	(万吨／年)	Coal Washing	(10 000 tons/year)	2179
焦　炭	(万吨／年)	Coke	(10 000 tons/year)	425.15
天然原油开采	(万吨／年)	Petroleum Extraction	(10 000 tons/year)	1072.66
天然气开采	(亿立方米／年)	Natural Gas Extraction	(100 million cu.m/year)	145
石油加工：蒸馏设备能力	(处理万吨/年)	Petroleum Processing: Distillation Equipment Capacity	(Processing 10 000 tons/year)	150.00
裂化设备能力	(处理万吨/年)	Cracking Equipment Capacity	(Processing 10 000 tons/year)	30
铁矿开采(原矿)	(万吨／年)	Iron-Ore Mining	(10 000 tons/year)	294.60
铁矿选矿处理原矿量	(万吨／年)	Iron Ore Processing Ore Quantity	(10 000 tons/year)	50
铁矿成品矿	(万吨／年)	Iron-Ore Mine Finished	(10 000 tons/year)	377
生　铁	(万吨／年)	Pig Iron	(10 000 tons/year)	145
钢　材	(万吨／年)	Rolled Steel	(10 000 tons/year)	1302.64
铁合金	(折标吨／年)	Ferroalloy	(standard ton/year)	20370
铜选矿：处理原矿	(万吨/年)	Copper Processing:Processing Ore	(10 000 tons/year)	17
铅锌采矿(原矿)	(万吨/年)	Lead and Zinc Mining	(10 000 tons/year)	77.60
铅锌选矿：处理原矿	(万吨/年)	Lead-zinc Ore:Processing Ore	(10 000 tons/year)	73.20
铅含量	(吨/年)	Lead Content	(ton/year)	7850
锌含量	(吨/年)	Zinc Content	(ton/year)	14950
镍冶炼	(吨/年)	Nickel Smelting	(ton/year)	50
铝加工	(吨／年)	Aluminium fabrication	(ton/year)	3300
铜加工材	(吨／年)	Copper Material	(kg/year)	2900
黄　金	(公斤／年)	Gold	(kilogram /year)	2350
水力发电	(万千瓦)	Hydraulic Power	(10 000 kw)	56.42
火力发电	(万千瓦)	Fire Power	(10 000 kw)	194.45
风力发电	(万千瓦)	Wind Power	(10 000 kw)	66.50
太阳能发电	(万千瓦)	Solar Energy	(10 000 kw)	405.80
其他发电	(万千瓦)	Others	(10 000 kw)	888.65
输电线路长度(11万伏及以上)	(公里)	Length of Transmission Lines (above 110 000 VA)	(km)	1122.75
水　泥	(万吨／年)	Cement	(10 000 tons/year)	652.00

6-9 续表 continued

名 称		Item		能力或效益 Capacity or Efficiency
平板玻璃	(万重量箱／年)	Plate Glass	(10 000 Weight-boxs/year)	513
石墨及炭素制品	(吨／年)	Graphite and Carbon Products	(ton/year)	1800
电 石	(吨／年)	Calcium Carbide	(ton/year)	100000
氮 肥	(吨／年)	Nitrogen Fertilizers	(ton/year)	415600
磷 肥	(吨／年)	Phosphate Fertilizer	(ton/year)	230000
钾 肥	(吨／年)	Potash Fertilizer	(ton/year)	20000
化学农药原药	(吨／年)	Chemical Fertilizers and Pesticides	(ton/year)	4583
精甲醇	(万吨／年)	Refined methanol	(10 000 tons/year)	600010
塑料树脂及共聚物	(吨/年)	Plastic Resin and Copolymer	(ton/year)	28134
合成橡胶	(吨/年)	Synthal	(ton/year)	3345
内燃机	(台/年)	Combustion Engine	(unit/year)	10
载货汽车制造	(辆/年)	Truck Manufacturing	(unit/year)	10000
轿车制造	(辆/年)	Car Manufacturing	(unit/year)	13300
化学纤维	(吨／年)	Chemical Fiber	(ton/year)	2000
棉纺锭	(万锭)	Cotton Spirit	(10 000 unit)	170000
白 酒	(万吨/年)	White Spirit	(10 000 tons/year)	2.60
其他酒	(万吨／年)	Other Alcohols	(10 000 tons/year)	0.98
卷烟	(箱/年)	Cigarette	(chest/year)	13000
新建铁路里程	(公里)	Newly Railway	(km)	84.43
新建公路	(公里)	Newly Highways	(km)	2591.79
# 高速公路		Expressway		259.10
一级公路		First Class		83.54
二级公路		Second Class		184.69
改建公路	(公里)	Reconstructed Highways	(km)	2720.03
# 高速公路		Expressway		103.20
一级公路		First Class		5.90
二级公路		Second Class		727.21
新建独立公路桥梁	(延长米)	Bridge	(m)	6499.97
新建独立公路桥梁	(座)	Bridge	(unit)	36
新(扩)建客、货运站	(个)	New (expanded) Passenger and Freight Stations	(unit)	24
新(扩)建客、货运站	(平方米)	New (expanded) Passenger and Freight Stations	(sq.m)	398930
城市自来水供水能力	(万吨／日)	Tap Water Supply Capacity in City	(10 000 tons/day)	7.23
城市污水处理能力	(万吨／日)	Waste Water Treated Capacity in City	(10 000 tons/day)	15.15

6-10 分行业工业技术改造投资(2012年)
Investment in Technological Transformation of Industrial by Sector(2012)

单位：万元 (10 000 yuan)

行业	Sector	投资额 Investment	# 改建和技术改造 Reconstruction and Technical Transformation
工业投资合计	**Total of Industrial Investment**	**42599495**	**5262662**
采矿业	Mining	15552053	1513127
煤炭开采和洗选业	Mining and Washing of Coal	8024121	845531
石油和天然气开采业	Extraction of Petroleum and Natural Gas	6025798	238642
黑色金属矿采选业	Mining and Processing of Ferrous Metal Ores	288966	42242
有色金属矿采选业	Mining and Processing of Non-Ferrous Metal Ores	489346	186918
非金属矿采选业	Mining and Processing of Nonmetal Ores	385496	66355
开采辅助活动	Mining Supporting Activities	331027	132439
其他采矿业	Mining of Other Ores	7299	1000
制造业	Manufacturing	23344420	2997489
农副食品加工业	Processing of Food from Agricultural Products	1105961	163648
食品制造业	Manufacture of Foods	669431	91837
酒、饮料和精制茶制造业	Manufacture of Wine,Beverages and Refined Tea	461014	33725
烟草制品业	Manufacture of Tobacco	26679	10701
纺织业	Manufacture of Textile	344183	79814
纺织服装、服饰业	Manufacture of Textile and Clothing	97328	26278
皮革、毛皮、羽毛及其制品和制鞋业	Manufacture of Leather, Fur, Feather and Related Products, and Shoes	10646	
木材加工及木、竹、藤、棕、草制品业	Processing of Timbers, Manufacture of Wood, Bamboo, Rattan, Palm, and Straw Products	105106	11515
家具制造业	Manufacture of Furniture	154176	11980
造纸和纸制品业	Manufacture of Paper and Paper Products	179417	6230
印刷业和记录媒介的复制	Printing, Reproduction of Recording Media	155482	7537
文教、工美、体育和娱乐用品制造业	Manufacture of Culture, Education, Articles, Sports and Entertainment Supplies	24440	1649
石油加工、炼焦及核燃料加工业	Processing of Petroleum, Coking, Processing Nuclear Fuel	1301758	174234
化学原料及化学制品制造业	Manufacture of Chemical Raw Material and Chemical Products	4776886	255310
医药制造业	Manufacture of Medicines	617826	112603
化学纤维制造业	Manufacture of Chemical Fibers		
橡胶和塑料制品业	Manufacture of Rubber and Plastics	392256	40310
非金属矿物制品业	Manufacture of Non-metallic Mineral Products	2240953	244477
黑色金属冶炼及压延加工业	Smelting and Pressing of Ferrous Metals	805490	482823
有色金属冶炼及压延加工业	Smelting and Pressing of Non-ferrous Metals	1234521	163504
金属制品业	Manufacture of Metal Products	687228	54417
通用设备制造业	Manufacture of General Purpose Machinery	1202401	186782
专用设备制造业	Manufacture of Special Purpose Machinery	1646750	279908
汽车制造业	Automotive Industry	1681533	160004
铁路、船舶、航空航天和其他运输设备制造业	Manufacture of Railway, Shipping, Aerospace and Other Transport Equipments	411423	91740
电气机械和器材制造业	Manufacture of Electrical Machinery and Equipment	1627896	150166
计算机、通信和其他电子设备制造业	Manufacture of Computers, Communication and Other Electronic Equipment	726718	100660
仪器仪表制造业	Manufacture of Instrument and Apparatus	392036	24597
其他制造业	Other Manufacturing	93481	14020
废弃资源综合利用业	Comprehensive Utilization Industry of Waste Resources	88034	13270
金属制品、机械和设备修理业	Industry of Metalwork, Machinery, and Equipment Repair	83367	3750
电力、热力、燃气及水生产和供应业	Production and Distribution of Electricity, Gas and Water	3703022	752046
电力、热力生产和供应业	Production and Supply of Electric Power and Heat Power	2682183	651609
燃气生产和供应业	Production and Supply of Gas	523703	55515
水的生产和供应业	Production and Supply of Water	497136	44922

6-11 民间投资(2012年)
Private Investment(2012)

行　　业	Sector	投资额 (万元) Investment (10 000 yuan)	占民间投资比重(%) Rate (%)
民间投资合计	**Total of Private Investment**	**54692888**	**100.0**
农、林、牧、渔业	Agriculture, Forestry, Animal Husbandry and Fishery	2296833	4.2
采矿业	Mining	3550405	6.5
制造业	Manufacturing	14069628	25.7
电力、燃气及水的生产和供应业	Production and Distribution of Electricity, Gas and Water	850114	1.6
建筑业	Construction	1791923	3.3
批发和零售业	Wholesale and Retail Trades	2638700	4.8
交通运输、仓储和邮政业	Transport, Storage and Post	1370119	2.5
住宿和餐饮业	Hotels and Catering Services	1230646	2.3
信息传输、软件和信息技术服务业	Information Transmission, Software and Information Services	110082	0.2
金融业	Financial Intermediation	109333	0.2
房地产业	Real Estate	22111686	40.4
租赁和商务服务业	Leasing and Business Services	501404	0.9
科学研究和技术服务业	Scientific Research, Technology Services	239457	0.4
水利、环境和公共设施管理业	Management of Water Conservancy, Environment and Public Facilities	2273699	4.2
居民服务、修理和其他服务业	Residents Service, Repair and other Services	191236	0.3
教　育	Education	352365	0.6
卫生和社会工作	Health, Social Work	202189	0.4
文化、体育和娱乐业	Culture, Sports and Entertainment	384980	0.7
公共管理、社会保障和社会组织	Public Management, Social Security and Social Organization	418089	0.8

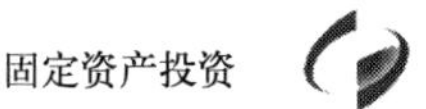

6-12　基础设施投资(2012年)
Investment for Basic Infrastructure(2012)

行　　业	Sector	投资额 (万元) Investment (10 000 yuan)	占基础设施投资比重(%) Rate (%)
基础设施投资合计	**Total Investment of Infrastructure**	**21114203**	**100.0**
一、交通运输、仓储和邮政业	Transport,Storage and Post	10449870	49.5
铁路运输业	Railway Transport	2038572	9.7
道路运输业	Road Transport	6586858	31.2
水上运输业	Water Transport	4800	0.0
航空运输业	Air Transport	209349	1.0
管道运输业	Transport Via Pipelines	146770	0.7
装卸搬运和运输代理业	Loading, Unloading and Other Transport Services	337811	1.6
仓储业	Storage	1088895	5.2
邮政业	Post	36815	0.2
二、信息传输、软件和信息技术服务业	Information Transmission, Software and Information Services	858846	4.1
三、电网建设	Grid Construction	26755	0.1
四、水利、环境和公共设施管理业	Management of Water Conservancy, Environment and Public Facilities	9778732	46.3
水利管理业	Management of Water Conservancy	2005344	9.5
生态保护和环境治理业	Ecological Protection and Environmental Management	355112	1.7
公共设施管理业	Management of Public Facilities	7418276	35.1

6-13 七大战略性新兴产业投资(2012年)
Investment of Seven Strategic Emerging Industries(2012)

行业	Sector	投资额(万元) Investment (10 000 yuan)	占战略性新兴产业投资比重(%) Rate (%)
七大战略性新兴产业投资合计	**Total Investment of Seven Strategic Emerging Industries**	**14824416**	**100.0**
节能环保产业	Energy Conservation and Environment Protection	1185531	8.0
新一代信息技术产业	New Generation of Enformation Technology	858846	5.8
生物产业	Living Things	663434	4.5
高端装备制造业	Manufacture of High-end Equipment	8375985	56.5
新能源产业	New Energy	75380	0.5
新材料产业	New Material	3530189	23.8
新能源汽车产业	New Energy Automobile	135051	0.9

6-14 文化产业投资(2012年)
Culture Industry Investment(2012)

行业	Sector	投资额(万元) Investment (10 000 yuan)	占文化产业投资比重(%) Rate (%)
文化产业投资合计	**Total Investment of Culture Industry**	**3756566**	**100.0**
新闻出版发行服务	News Publishing Service	23718	0.6
广播电视电影服务	Broadcasting Television and Film Service	15567	0.4
文化艺术服务	Arts and Cultural Service	882115	23.5
文化信息传输服务	Cultural Information Transmission Service	159919	4.3
文化创意和设计服务	Cultural Creative and Design Service	69283	1.8
文化休闲娱乐服务	Cultural and Recreational Service	1542699	41.1
工艺美术品的生产	Arts and Crafts Production	31314	0.8
文化产品生产的辅助生产	Subsidiary Production of Cultural Product	245993	6.5
文化用品的生产	Stationery Production	695838	18.5
文化专用设备的生产	Cultural Special Equipment Production	90120	2.4

6-15 全社会固定资产投资财务拨款资金来源(2012年)
Source of Funds of Investment in Fixed Assets for Finance Allocation in the Whole Province(2012)

单位：万元 (10 000 yuan)

指标	Item	合计 Total	固定资产投资 Investment in Fixed Assets	房地产开发 Real Estate Development	农户投资 Farm Households
一、本年资金来源合计	Total of Sources of Funds This Year	149652505	117892877	28372451	3387177
1.上年末结余资金	Funds of Last Year-end	9692429	4494026	5198403	
2.本年资金来源小计	Subtotal of Sources of Funds This Year	139960076	113398851	23174048	3387177
国家预算内资金	State Budget	9959623	9959623		
国内贷款	Domestic Loans	11448535	8296576	2803565	348394
债　券	Bond	522154	522154		
利用外资	Foreign Investment	342893	318893	24000	
# 外商直接投资	Foreign Direct Investment	181158	157158	24000	
自筹资金	Self-raising Fund	103138331	88921980	11204400	3011951
# 企事业单位自有资金	Enterprises and Institutions-owned Funds	22453279	17685095	4768184	
其他资金来源	Others	14548540	5379625	9142083	26832
二、本年各项应付款合计	Total Payment of this year	10868188	7624015	3244173	
# 工程款	Project Payment	4971822	2992025	1979797	

6-16 固定资产投资资金来源(2012年)
Source of Funds of Investment (2012)

单位：万元 (10 000 yuan)

指标	Item	总计 Total	按经济类型分 By Owership		按隶属关系分 By Jurisdiction of Management	
			国有经济单位 State-owned	其他经济单位 Others	中央单位 Central	地方单位 Local
一、本年实际到位资金合计	Total of Actual Funds This Year	117892877	59777160	58115717	11996374	105896503
1.上年末结余资金	Funds of Last Year-end	4494026	2377176	2116850	219493	4274533
2.本年实际到位资金小计	Subtotal of Actual Funds This Year	113398851	57399984	55998867	11776881	101621970
国家预算资金	State Budget	9959623	8740867	1218756	640587	9319036
国内贷款	Domestic Loans	8296576	3777949	4518627	1714769	6581807
债　券	Bond	522154	521944	210	508200	13954
利用外资	Foreign Investment	318893	88319	230574		318893
# 外商直接投资	Foreign Direct Investment	157158	55125	102033		157158
自筹资金	Self-raising Fund	88921980	41112160	47809820	8765928	80156052
# 企事业单位自有资金	Enterprises and Institutions-owned Funds	17685095	7319900	10365195	4883119	12801976
其他资金来源	Others	5379625	3158745	2220880	147397	5232228
二、本年各项应付款合计	Total Payment of this Year	7624015	4705086	2918929	274577	7349438
# 工程款	Project Payment	2992025	2121465	870560	32150	2959875

注：本表不含房地产开发投资。
a) Data in this table do not include those of real estate development.

6-17 各市(区)固定资产投资资金来源(2012年)
Source of Funds of Investment by City(District)(2012)

单位：万元 (10 000 yuan)

地区	Region	本年实际到位资金合计 Total of Actual Funds This Year	上年末结余资金 Funds of Last Year-end	本年实际到位资金小计 Subtotal of Actual Funds This Year	国家预算资金 State Budget	国内贷款 Domestic Loans	债券 Bond
全省	**Shaanxi**	**117892877**	**4494026**	**113398851**	**9959623**	**8296576**	**522154**
西安市	Xi'an	32160940	1486285	30674655	1893987	1716510	
铜川市	Tongchuan	1647024	58164	1588860	227710	200728	
宝鸡市	Baoji	12498617	105655	12392962	1460511	617235	
咸阳市	Xianyang	15376820	763918	14612902	594479	385841	
渭南市	Weinan	10482500	603585	9878915	945663	452511	
# 韩城市	Hancheng	2168188	229537	1938651	78948	187754	
延安市	Yan'an	8168828	372151	7796677	1134580	277177	
汉中市	Hanzhong	4040465	225680	3814785	574838	199083	12054
榆林市	Yulin	16504169	680575	15823594	1390236	1215780	600
安康市	Ankang	3949893	13370	3936523	716309	88907	2500
商洛市	Shangluo	3669827	60392	3609435	599830	247505	
杨凌示范区	Yangling	554071	34734	519337	49390	32290	
不分地区	Not Classified by Region	8839723	89517	8750206	372090	2863009	507000

6-17 续表 continued

单位：万元 (10 000 yuan)

地区	Region	利用外资 Foreign Investment	# 外商直接投资 Foreign Direct Investment	自筹资金 Self-raising Fund	# 企事业单位自有资金 Enterprises and Institutions-owned Funds	其他资金来源 Others	本年各项应付款合计 Total Payment of This Year	# 工程款 Project Payment
全省	**Shaanxi**	**318893**	**157158**	**88921980**	**17685095**	**5379625**	**7624015**	**2992025**
西安市	Xi'an	135385	15185	25648307	3836410	1280466	1154900	527839
铜川市	Tongchuan	400		1023453	32147	136569	21031	17251
宝鸡市	Baoji	5398		9721647	265401	588171	913916	296220
咸阳市	Xianyang			12951082	4692186	681500	33818	6345
渭南市	Weinan	17771	15000	7833628	1552890	629342	608695	336970
# 韩城市	Hancheng			1358785	91000	313164	1900	1900
延安市	Yan'an	42097	40125	5496868	1285003	845955	1048747	346102
汉中市	Hanzhong	11880	7617	2721903	315164	295027	728872	459887
榆林市	Yulin			12989909	202276	227069	1864212	821948
安康市	Ankang	26731		2818795	200916	283281	303468	109195
商洛市	Shangluo	78000	78000	2427469	389643	256631	148754	57582
杨凌示范区	Yangling	1231	1231	391239	49693	45187	34834	12686
不分地区	Not Classified by Region			4897680	4863366	110427	762768	

注：本表不含房地产开发投资。

a) Data in this table do not include those of real estate development.

6-18 各市(区)国有经济单位投资资金来源(2012年)

Source of Funds of Investment in State-Owned Units by City(District)(2012)

单位：万元

地　区	Region	本年实际到位资金合计 Total of Actual Funds This Year	上年末结余资金 Funds of Last Year-end	本年实际到位资金小计 Subtotal of Actual Funds This Year	国家预算资金 State Budget	国内贷款 Domestic Loans	债券 Bond
全　省	**Shaanxi**	**59777160**	**2377176**	**57399984**	**8740867**	**3777949**	**521944**
西安市	Xi'an	16771957	892862	15879095	1370888	1023548	
铜川市	Tongchuan	932104	55383	876721	215528	101725	
宝鸡市	Baoji	6651268	42009	6609259	1337605	101344	
咸阳市	Xianyang	5705511	429447	5276064	581414	63093	
渭南市	Weinan	4426777	355295	4071482	740200	191271	
# 韩城市	Hancheng	902986	53823	849163	70728	21562	
延安市	Yan'an	6941057	326309	6614748	978354	266227	
汉中市	Hanzhong	1640045	117117	1522928	511832	61047	11844
榆林市	Yulin	9431255	83568	9347687	1365911	362799	600
安康市	Ankang	1486452	7916	1478536	665283	41357	2500
商洛市	Shangluo	1794938	21566	1773372	570199	32985	
杨凌示范区	Yangling	304787	10204	294583	48563	10000	
不分地区	Not Classified by Region	3691009	35500	3655509	355090	1522553	507000

6-18 续表 continued

单位：万元 (10 000 yuan)

地　区	Region	利用外资 Foreign Investment	# 外商直接投资 Foreign Direct Investment	自筹资金 Self-raising Fund	# 企事业单位自有资金 Enterprises and Institutions-owned Funds	其他资金来源 Others	本年各项应付款合计 Total Payment of This Year	# 工程款 Project Payment
全　省	**Shaanxi**	**88319**	**55125**	**41112160**	**7319900**	**3158745**	**4705086**	**2121465**
西安市	Xi'an	20200		12861041	2036425	603418	647477	431784
铜川市	Tongchuan			470949	25627	88519	14119	11920
宝鸡市	Baoji	5398		4855034	111843	309878	528893	207969
咸阳市	Xianyang			4313822	1558459	317735	21153	4315
渭南市	Weinan	16361	15000	2706463	745060	417187	272868	205964
# 韩城市	Hancheng			570627	73000	186246	400	400
延安市	Yan'an	42097	40125	4603180	1240075	724890	943571	340312
汉中市	Hanzhong	4263		789899	82582	144043	467609	324786
榆林市	Yulin			7450267	201976	168110	854299	516003
安康市	Ankang			642718	23262	126678	125996	44231
商洛市	Shangluo			1038590	132465	131598	58177	30101
杨凌示范区	Yangling			219758	23452	16262	8337	4080
不分地区	Not Classified by Region			1160439	1138674	110427	762587	

注：本表不含房地产开发投资。

a) Data in this table do not include those of real estate development.

6-19 各市(区)按国民经济行业分的固定资产投资(2012年)
Investment by Sector and City(District)(2012)

单位：万元 (10 000 yuan)

地 区	Region	总 计 Total	农、林、牧、渔业 Agriculture, Forestry, Animal Husbandry & Fishery Industry	采矿业 Mining	制造业 Manufacturing	电力燃气及水的生产和供应业 Production and Distribution of Electricity, Gas and Water	建筑业 Construction	交通运输仓储和邮政业 Transport, Storage and Post	信息传输计算机服务和软件业 Information Transmission, Computer Service and Software	批发和零售业 Wholesale and Retail Trades	住宿和餐饮业 Hotels and Catering Services
全 省	**Shaanxi**	**125014315**	**4471582**	**15552053**	**23344420**	**3703022**	**5725614**	**3364664**	**10449870**	**1667403**	**858846**
西 安 市	Xi'an	40387558	993627	21100	4642584	812141	792343	1219868	2270779	504776	687847
铜 川 市	Tongchuan	1829447	129579	295051	361225	24439	178715	54830	43816	14410	1000
宝 鸡 市	Baoji	12120416	872477	258951	3211598	408826	1374194	348262	802464	277468	51834
咸 阳 市	Xianyang	14863386	550001	1325755	4729779	228503	311610	789035	1047923	211895	10241
渭 南 市	Weinan	10650191	596770	959748	3256706	314375	187879	332835	399901	326727	25340
# 韩城市	Hancheng	1500047	3146	382577	471862	59446		33453	101849	118385	
延 安 市	Yan'an	8729207	325876	2803621	367076	427244	1328845	215227	415419	53234	3189
汉 中 市	Hanzhong	4606492	192684	289783	945701	138014	773618	120070	218323	71227	4515
榆 林 市	Yulin	14939710	312048	3902165	4323009	1034147	243074	190712	947559	62374	23689
安 康 市	Ankang	3244091	285560	260796	662881	164764		38932	183262	52170	5055
商 洛 市	Shangluo	3631135	203600	336215	668815	109092	486059	54893	144450	93122	44034
杨凌示范区	Yangling	648847	9360		133764	14722	7661		22312		2102
不分地区	Not Classified by Region	9363835	-3146	4716291	-430580	-32691	41616	-33453	3953662	-118385	

6-19 续表 continued

单位：万元 (10 000 yuan)

地 区	Region	金融业 Financial Intermediation	房地产业 Real Estate	租赁和商务服务业 Leasing and Business Services	科学研究技术服务和地质勘查业 Scientific Research, Technical Services, and Geological Prospecting	水利环境和公共设施管理业 Management of Water Conservancy, Environment and Public Facilities	居民服务和其他服务业 Services Households and Other Services	教 育 Education	卫生社会保障和社会福利业 Health, Social Securities and Social Welfare	文化体育和娱乐业 Culture, Sports and Entertainment	公共管理和社会组织 Public Management and Social Organization
全 省	**Shaanxi**	**289994**	**35012095**	**1104577**	**1191448**	**9778732**	**568440**	**1661349**	**1338543**	**907039**	**4024624**
西 安 市	Xi'an	247789	21293288	567604	536580	3268943	335283	566253	597425	296487	732841
铜 川 市	Tongchuan	319	401301	11943	8629	206856	29227	12312	23202	29021	3572
宝 鸡 市	Baoji	13934	2173245	64828	58050	1298285	31050	220393	132473	58358	463726
咸 阳 市	Xianyang	8619	3357576	94273	94476	903927	32481	292883	224418	203378	446613
渭 南 市	Weinan	3480	1641444	80263	31287	1771004	60219	142483	70314	143807	305609
# 韩城市	Hancheng		125357								
延 安 市	Yan'an	6400	634248	47351	293774	675185	3493	42274	32907	42584	1011260
汉 中 市	Hanzhong		1292736	51158	9022	265019	22969	85694	51002	38125	36832
榆 林 市	Yulin	2000	2281179	184587	72664	317186	32362	151443	113251	61751	684510
安 康 市	Ankang	853	986990	970	22842	382341	7581	72877	38776	8443	68998
商 洛 市	Shangluo	6600	602862	1600	43950	453579	13775	41756	32159	25085	269489
杨凌示范区	Yangling		347226		4588	51347		31975	22616		1174
不分地区	Not Classified by Region				15586	185060		1006			

6-20 各市(区)工业技术改造投资(2012年)
Investment in Technological Transformation of Industrial by City(District)(2012)

单位：万元 (10 000 yuan)

地区	Region	投资额 Investment	# 改建和技术改造 Reconstruction and Technical Transformation
全　省	**Shaanxi**	**42599495**	**5262662**
西安市	Xi'an	5475825	628911
铜川市	Tongchuan	680715	167539
宝鸡市	Baoji	3879375	812415
咸阳市	Xianyang	6284037	394414
渭南市	Weinan	4530829	812370
# 韩城市	Hancheng	913885	343734
延安市	Yan'an	3597941	311956
汉中市	Hanzhong	1373498	750146
榆林市	Yulin	9259321	1045678
安康市	Ankang	1088441	124889
商洛市	Shangluo	1114122	124690
杨凌示范区	Yangling	148486	28833
不分地区	Not Classified by Region	5166905	60821

6-21 各市(区)按登记注册类型分的固定资产投资(2012年)
Investment by Registration Status and City (District)(2012)

单位：万元 (10 000 yuan)

地区	Region	合计 Total	内资 Domestic				港澳台商投资 Funds from Hong Kong, Macao and Taiwan	外商投资 Foreign Investment	个体经营 Self-Employed Individual
				国有 State-owned	集体 Collective-owned	其他 Other			
全　省	**Shaanxi**	**106654994**	**103978032**	**53788361**	**4138697**	**46050974**	**519261**	**1183937**	**973764**
西安市	Xi'an	27568545	26397392	14259111	1719390	10418891	325476	787133	58544
铜川市	Tongchuan	1604265	1602769	917551	79943	605275	1200		296
宝鸡市	Baoji	11361659	11174901	5589325	805286	4780290	9910	36665	140183
咸阳市	Xianyang	13345748	13206847	4807328	272892	8126627	54420	64955	19526
渭南市	Weinan	9799098	9426488	4088227	375555	4962706	52222	216756	103632
# 韩城市	Hancheng	1436492	1413985	569341	40893	803751	20952	1555	
延安市	Yan'an	8526118	8477816	7347458	208723	921635		10184	38118
汉中市	Hanzhong	3872345	3827059	1736328	195863	1894868	23500	4617	17169
榆林市	Yulin	14414785	13870329	7771792	365489	5733048	34493	20712	489251
安康市	Ankang	2880076	2762331	1154731	34639	1572961	10900	800	106045
商洛市	Shangluo	3489146	3444915	1648301	80917	1715697	3800	39431	1000
杨凌示范区	Yangling	429374	423350	213145		210205	3340	2684	
不分地区	Not Classified by Region	9363835	9363835	4255064		5108771			

注：本表不含房地产开发投资。

a) Data in this table do not include those of real estate development.

6-22 各市(区)按隶属关系分的固定资产投资(2012年)
Investment in Urban Area by Jurisdiction of Management and City (District)(2012)

单位：万元 (10 000 yuan)

地 区	Region	总 计 Total	# 地 方 Local	省 Province	市 City	县 County	其 他 Others
全 省	**Shaanxi**	**106654994**	**95672698**	**13751495**	**16029650**	**32635188**	**33256365**
西 安 市	Xi'an	27568545	26259183	2039573	8843900	5606926	9768784
铜 川 市	Tongchuan	1604265	1544513	290665	194826	632196	426826
宝 鸡 市	Baoji	11361659	10905802	476676	964742	4340672	5123712
咸 阳 市	Xianyang	13345748	12958565	2338754	1800353	3742225	5077233
渭 南 市	Weinan	9799098	9631252	1121698	862624	3478288	4168642
# 韩城市	Hancheng	1436492	1306602	432652	102051	436846	335053
延 安 市	Yan'an	8526118	8505948	2047263	1373559	4689972	395154
汉 中 市	Hanzhong	3872345	3825765	103114	532510	1627603	1562538
榆 林 市	Yulin	14414785	12641822	2488013	944396	5464091	3745322
安 康 市	Ankang	2880076	2849891	42111	194022	1190394	1423364
商 洛 市	Shangluo	3489146	3480121	128245	284649	1850637	1216590
杨凌示范区	Yangling	429374	408828	14375	34069	12184	348200
不分地区	Not Classified by Region	9363835	2661008	2661008			

注：本表不含房地产开发投资。下表同。
a) Data in this table do not include those of real estate development. The same applies to the table following.

6-23 各市(区)能源工业投资(2012年)
Investment in Energy Industry by City(District)(2012)

单位：万元 (10 000 yuan)

地 区	Region	能源工业投资 Energy Industry	煤炭开采及洗选业 Mining and Washing of Coal	石油和天然气开采业 Extraction of Petroleum and Natural Gas	石油加工、炼焦及核燃料加工业 Processing of Petroleum,Coking, Processing of Nuclear Fuel	电力、燃气及水的生产和供应业 Production and Distribution of Electricity,Gas and Water
全 省	**Shaanxi**	**18630152**	**8024121**	**6025798**	**1301758**	**3278475**
西 安 市	Xi'an	825837			33365	792472
铜 川 市	Tongchuan	321595	252456	34900	9800	24439
宝 鸡 市	Baoji	440333	34067		33820	372446
咸 阳 市	Xianyang	1588654	1208648	41771	115732	222503
渭 南 市	Weinan	1184027	629739	130290	113223	310775
# 韩城市	Hancheng	482468	220205	130290	72527	59446
延 安 市	Yan'an	3325122	385217	2257528	299596	382781
汉 中 市	Hanzhong	204837	61974	15000		127863
榆 林 市	Yulin	5218817	3321992	520056	633346	743423
安 康 市	Ankang	226982	54513		7705	164764
商 洛 市	Shangluo	153603	2900		55171	95532
杨凌示范区	Yangling	14722				14722
不分地区	Not Classified by Region	5125623	2072615	3026253		26755

6-24 各市(区)按构成分的固定资产投资（2012年）
Investment by Use of Funds and City(District)(2012)

单位：万元 (10 000 yuan)

地区	Region	总计 Total	建筑工程 Construction	安装工程 Installation	设备工具器具购置 Purchase of Equipment and Instruments	其他费用 Others	# 土地购置费 Total Value of Land Purchased
全省	**Shaanxi**	**106654994**	**73557020**	**8469890**	**16155018**	**8473066**	**3111312**
西安市	Xi'an	27568545	20409342	2073425	3087784	1997994	942621
铜川市	Tongchuan	1604265	1009537	162351	339803	92574	14941
宝鸡市	Baoji	11361659	7329445	983656	2196292	852266	208185
咸阳市	Xianyang	13345748	8760634	704344	2829314	1051456	390445
渭南市	Weinan	9799098	5719717	1003320	2231793	844268	379705
# 韩城市	Hancheng	1436492	713033	236290	427698	59471	9666
延安市	Yan'an	8526118	6293179	952140	584578	696221	226824
汉中市	Hanzhong	3872345	2577602	254276	604079	436388	200031
榆林市	Yulin	14414785	8030099	1653726	3046244	1684716	428391
安康市	Ankang	2880076	2200221	147909	241046	290900	110654
商洛市	Shangluo	3489146	2694245	235912	375938	183051	132128
杨凌示范区	Yangling	429374	318452	20865	60116	29941	8287
不分地区	Not Classified by Region	9363835	8214547	277966	558031	313291	69100

注：本表不含房地产开发投资。下表同。

a) Data in this table do not include those of real estate development. The same applies to the table following.

6-25 各市(区)按建设性质分的固定资产投资(2012年)
Investment by Type of Construction and City(District)(2012)

单位：万元 (10 000 yuan)

地区	Region	总计 Total	新建 New Construction	扩建 Expansion	改建和技改 Reconstruction and Technological Transformation	单纯建造生活设施 Construction of Living Facilities	迁建 Removal Construction	恢复 Reestablishment	单纯购置 Purchase of Equipment
全省	**Shaanxi**	**106654994**	**75133342**	**16018106**	**11198171**	**1327104**	**900858**	**239475**	**1837938**
西安市	Xi'an	27568545	20442049	1652574	2865544	619685	440197	15795	1532701
铜川市	Tongchuan	1604265	1130769	71693	285247	52714	48054	885	14903
宝鸡市	Baoji	11361659	7262371	2095820	1639347	135343	54721	13703	160354
咸阳市	Xianyang	13345748	10219016	1981941	712874	219271	142409		70237
渭南市	Weinan	9799098	6512936	1963087	1182151	69846	24511	44667	1900
# 韩城市	Hancheng	1436492	727841	249847	371432	46705		40667	
延安市	Yan'an	8526118	6144384	1425722	726055	199292	6332	21936	2397
汉中市	Hanzhong	3872345	1744833	351921	1640017	8482	106713	15081	5298
榆林市	Yulin	14414785	12088461	1096218	1181354	2750	34880	2197	8925
安康市	Ankang	2880076	2490273	103741	228855		27919	26910	2378
商洛市	Shangluo	3489146	2708276	447758	222151	2400	10260	98301	
杨凌示范区	Yangling	429374	365892	21011	32028		4862		5581
不分地区	Not Classified by Region	9363835	4024082	4806620	482548	17321			33264

6-26 各市(区)固定资产投资施工、投产项目个数及新增固定资产(2012年)

Number of Investment Projects under Construction and Put into Use and Newly Increased Fixed Assets by City(District)(2012)

地　区	Region	施工项目 (个) Number of Project under Construction (unit)	全部建成投产项目 (个) Number of Project Completed and Put into Use (unit)	施工项目计划总投资 (万元) Total Investment Planned under Construction (10 000 yuan)	本年完成投资额 (万元) Investment Completed This Year (10 000 yuan)	本年新增固定资产 (万元) Newly Increased Fixed Assets of This Year (10 000 yuan)	固定资产交付使用率 (%) Rate of Projects of Fixed Assets Completed and Put into Use (%)
全　省	**Shaanxi**	**14654**	**8611**	**283842265**	**106654994**	**58882120**	**55.2**
西安市	Xi'an	2270	1279	79034231	27568545	14574138	52.9
铜川市	Tongchuan	558	308	4507424	1604265	782367	48.8
宝鸡市	Baoji	2356	1748	19546145	11361659	9254024	81.4
咸阳市	Xianyang	1586	975	34057103	13345748	8295810	62.2
渭南市	Weinan	1631	1058	21156199	9799098	7571223	77.3
# 韩城市	Hancheng	199	126	3278967	1436492	1231830	85.8
延安市	Yan'an	1106	649	15545699	8526118	5830028	68.4
汉中市	Hanzhong	1248	699	8709805	3872345	3125639	80.7
榆林市	Yulin	1495	752	50684028	14414785	4174133	29.0
安康市	Ankang	1421	732	8549658	2880076	2428329	84.3
商洛市	Shangluo	760	361	9248339	3489146	2393458	68.6
杨凌示范区	Yangling	125	44	1659147	429374	248335	57.8
不分地区	Not Classified by Region	98	6	31144487	9363835	204636	2.2

注：本表不含房地产开发投资。下表同。

a) Data in this table do not include those of real estate development. The same applies to the table following.

6-27 各市(区)固定资产投资房屋建筑面积及造价(2012年)

Floor Space and Cost of Buildings in Investment by City(District)(2012)

地　区	Region	本年施工房屋面积 (万平方米) Floor Space of Buildings under Construction This Year (10 000 sq.m)	# 住宅 Residential Buildings	本年竣工房屋面积 (万平方米) Floor Space of Buildings Completed this Year (10 000 sq.m)	# 住宅 Residential Buildings	本年竣工房屋价值 (万元) Value of Buildings Completed This Year (10 000 yuan)	# 住宅 Residential Buildings
全　省	**Shaanxi**	**169263782**	**51567331**	**31767534**	**14979984**	**6594253**	**2937581**
西安市	Xi'an	41460222	12709192	5625498	2852199	1826947	855137
铜川市	Tongchuan	2454719	461682	191243	156168	24369	17208
宝鸡市	Baoji	18335198	7668971	5478179	3034634	1093974	473488
咸阳市	Xianyang	31849757	9002324	6820011	3121701	1351337	525063
渭南市	Weinan	27240463	2724113	4294124	809529	607605	169464
# 韩城市	Hancheng	1651589	985531	187334	116217	33716	20917
延安市	Yan'an	5273237	3772639	1119793	1048770	232174	209371
汉中市	Hanzhong	10843133	6252993	3818757	1739955	747475	302410
榆林市	Yulin	14196283	1427242	495441	202768	108130	40893
安康市	Ankang	10542373	4816382	2324356	965081	289963	136113
商洛市	Shangluo	4572300	1604060	1273595	788603	235143	144826
杨凌示范区	Yangling	2021585	1015975	326537	260576	77136	63608
不分地区	Not Classified by Region	474512	111758				

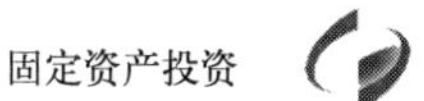

6-28 房地产开发投资主要指标及构成(2012年)
Main Indicators and Composition of Investment for Real Estate Development(2012)

单位：万元 (10 000 yuan)

指标	Item	房地产开发 Real Estate Development	# 地方 Local Governments	# 省属 Provincial Owned
一、企业(单位)个数(个)	Number of Enterprises(unit)	1646	1565	66
二、本年完成投资	Investment Completed This Year	18359321	17983622	1011421
# 配套工程投资	Investment of Related Project	215235	215037	18546
1.按隶属关系分	Group by Jurisdiction of Management			
中　央	Central	375699		
地　方	Local	17983622	17983622	1011421
# 市县属	City and County Level	16972201	16972201	
2.按构成分	By Composition of Funds			
建筑工程	Construction	13442314	13201077	805728
安装工程	Installation	1781664	1778967	82826
设备工器具购置	Purchase of Equipment and Instruments	239267	239180	7466
其他费用	Others	2896076	2764398	115401
# 旧建筑物购置费	Purchase of Used Buildings	205718	185718	
土地购置费	Total Value of Land Purchased	1402692	1339592	7106
3.按工程用途分	By Use of Projects			
住　宅	Residential Buildings	14775700	14509414	856469
# 别墅、高档公寓	Villas,High-grade Apartments	339606	339606	
办公楼	Office Buildings	438731	438731	19937
商业营业用房	Houses for Business Use	1554941	1540887	96057
其　他	Others	1589949	1494590	38958
三、本年新增固定资产	Newly Increased Fixed Assets of This Year	5067280	4949596	233507
四、房屋建筑面积及竣工价值	Floor Space of Buildings Completed and Value of Buildings Completed			
施工面积(万平方米)	Floor Space of Buildings under Construction (10 000 sq.m)	15410.57	15275.47	864.80
# 住　宅	Residential Buildings	13030.16	12919.18	761.51
竣工面积(万平方米)	Floor Space of Buildings Completed (10 000 sq.m)	1653.94	1610.56	70.32
# 住　宅	Residential Buildings	1413.75	1376.61	62.34
竣工价值(亿元)	Value of Buildings Completed(100 million yuan)	442.11	430.34	19.96
# 住　宅	Residential Buildings	368.95	359.39	16.83

6-28 续表 continued

单位：万元 (10 000 yuan)

指标	Item	按登记注册类型分 By Status of Registration					
		内资 Domestic Funded	国有 State-owned	集体 Collective-owned	其它 Others	港澳台投资 Funds from Hong Kong, Macao and Taiwan	外商投资 Foreign Funded
一、企业(单位)个数(个)	Number of Enterprises(unit)	1612	118	34	1460	14	20
二、本年完成投资	Investment Completed This Year	17186579	1620516	256164	15309899	395472	777270
# 配套工程投资	Investment of Related Project	214935	9948	192	204795	300	
1.按隶属关系分	Group by Jurisdiction of Management						
中央	Central	375699	240426		135273		
地方	Local	16810880	1380090	256164	15174626	395472	777270
# 市县属	City and County Level	15799617	1240115	242231	14317271	395314	777270
2.按构成分	By Composition of Funds						
建筑工程	Construction	12680314	1246613	212370	11221331	328281	433719
安装工程	Installation	1679401	136223	22696	1520482	18656	83607
设备工器具购置	Purchase of Equipment and Instruments	200563	8309	4231	188023	31365	7339
其他费用	Others	2626301	229371	16867	2380063	17170	252605
# 旧建筑物购置费	Purchase of Used Buildings	205718	4013		201705		
土地购置费	Total Value of Land Purchased	1188386	109442	6959	1071985		214306
3.按工程用途分	By Use of Projects						
住宅	Residential Buildings	13989392	1392776	210514	12386102	317288	469020
# 别墅、高档公寓	Villas,High-grade Apartments	244613	37771		206842	23980	71013
办公楼	Office Buildings	402891	34955	359	367577	10991	24849
商业营业用房	Houses for Business Use	1429336	70152	33443	1325741	26854	98751
其他	Others	1364960	122633	11848	1230479	40339	184650
三、本年新增固定资产	Newly Increased Fixed Assets of This Year	4590605	517077	141277	3932251	144500	332175
四、房屋建筑面积及竣工价值	Floor Space of Buildings Completed and Value of Buildings Completed						
施工面积(万平方米)	Floor Space of Buildings under Construction (10 000 sq.m)	14604.15	1398.76	258.28	12947.10	329.27	477.15
# 住宅	Residential Buildings	12403.36	1280.65	218.39	10904.32	253.89	372.91
竣工面积(万平方米)	Floor Space of Buildings Completed (10 000 sq.m)	1506.21	176.94	53.85	1275.42	52.59	95.14
# 住宅	Residential Buildings	1271.18	164.73	45.69	1060.76	47.43	95.14
竣工价值(亿元)	Value of Buildings Completed(100 million yuan)	394.44	47.02	13.20	334.22	14.45	33.22
# 住宅	Residential Buildings	322.70	42.28	11.36	269.06	13.03	33.22

6-29 房地产开发投资资金来源(2012年)
Sources of Funds of Investment for Real Estate Development (2012)

单位：万元 (10 000 yuan)

指标	Item	总计 Total	内资 Domestic	国有 State-owned	集体 Collective-owned	其他 Others	港澳台投资 Funds from Hong Kong, Macao and Taiwan	外商投资 Foreign Investment
一、本年资金来源合计	Total of Sources of Funds This Year	28372451	26277882	2426218	382161	23469503	891872	1202697
1.上年末结余资金	Funds of Last Year-end	5198403	4608239	535694	11301	4061244	158591	431573
2.本年资金来源小计	Subtotal of Sources of Funds This Year	23174048	21669643	1890524	370860	19408259	733281	771124
国内贷款	Domestic Loans	2803565	2670475	372215	830	2297430	54990	78100
# 银行贷款	Loans from Bank	2523044	2415954	356027	830	2059097	54990	52100
非银行金融机构贷款	Loans from Non-bank	280521	254521	16188		238333		26000
利用外资	Foreign Investment	24000						24000
# 外商直接投资	Foreign Direct Investment	24000						24000
自筹资金	Self-raising Funds	11204400	10875701	722032	324139	9829530	53442	275257
# 自有资金	Self-owned Funds	4768184	4662674	201744	185621	4275309	52110	53400
其他资金来源	Others	9142083	8123467	796277	45891	7281299	624849	393767
# 定金及预收款	Booked and Prepayed Money	5977368	5367128	447285	36142	4883701	366729	243511
个人按揭贷款	Individual Credit	2269511	1872563	161640	8242	1702681	255992	140956
二、本年各项应付款合计	Total Payment of this year	3244173	3083125	372561	28691	2681873	79930	81118
# 工程款	Project Payment	1979797	1860647	184369	25377	1650901	70171	48979

6-30 各市(区)房地产开发投资和新增固定资产(2012年)
Investment for Real Estate Development and Newly Increased Fixed Assets by City(District)(2012)

单位：万元 (10 000 yuan)

地区	Region	计划总投资 Total Investment Planed	自开始建设至本年底累计完成投资 Accumulative Investment Actually Completed Since Start of Construction up to the end of This Year	本年完成投资 Investment Completed This Year	# 配套工程投资 Investment of Related Project	本年新增固定资产 Newly Increased Fixed Assets of This Year
全省	**Shaanxi**	**93900329**	**51289023**	**18359321**	**215235**	**5067280**
西安市	Xi'an	70810112	38376897	12819013	107864	3580256
铜川市	Tongchuan	1170441	624959	225182	860	35780
宝鸡市	Baoji	3789420	2157116	758757	4043	82981
咸阳市	Xianyang	5038155	2947748	1517638	45811	71373
渭南市	Weinan	3424312	1900918	851093	4503	255927
# 韩城市	Hancheng	283182	251624	95650	242	106399
延安市	Yan'an	1193353	735409	203089	2429	78793
汉中市	Hanzhong	2842072	1841865	734147	46438	408588
榆林市	Yulin	2637535	1174775	524925	2069	241849
安康市	Ankang	1511997	780814	364015	420	156323
商洛市	Shangluo	560437	328792	141989	798	49567
杨凌示范区	Yangling	922495	419730	219473		105843

6-31 各市(区)按构成和工程用途分的房地产开发投资(2012年)
Investment for Real Estate Development by Use of Funds and Projects by City(District)(2012)

单位：万元 (10 000 yuan)

地区	Region	按构成分 by Use of Funds				按工程用途分 by Use of Projects				
		建筑安装工程 Construction and Installation Projects	设备工器具购置 Purchase of Equipment and Instruments	其他费用 Others	# 土地购置费 Total Value of Land Purchased	住宅 Residential Buildings	# 别墅、高档公寓 Villas, High-grade Apartments	办公楼 Office Buildings	商业营业用房 Houses for Business Use	其他 Others
全省	**Shaanxi**	**15223978**	**239267**	**2896076**	**1402692**	**14775700**	**339606**	**438731**	**1554941**	**1589949**
西安市	Xi'an	10633333	143591	2042089	886481	10116672	284544	373553	1097093	1231695
铜川市	Tongchuan	219543	36	5603	5223	200344		204	15622	9012
宝鸡市	Baoji	613062	34381	111314	87727	634643	21086	13436	52146	58532
咸阳市	Xianyang	1305365	6027	206246	157290	1456343	12489	3312	42035	15948
渭南市	Weinan	666190	25747	159156	65248	629404		29056	100333	92300
# 韩城市	Hancheng	92199		3451	2320	83692		238	9433	2287
延安市	Yan'an	186697	3914	12478	4916	165550	402	710	30263	6566
汉中市	Hanzhong	592692	8925	132530	57107	580460		6345	79602	67740
榆林市	Yulin	398624	3451	122850	83245	343195	10000	8247	93588	79895
安康市	Ankang	306095	3657	54263	16177	310158	9980	1218	31992	20647
商洛市	Shangluo	123334	6864	11791	8821	125565		1920	10431	4073
杨凌示范区	Yangling	179043	2674	37756	30457	213366	1105	730	1836	3541

6-32 房地产开发面积及造价(2012年)
Floor Space and Cost of Buildings in Real Estate Development(2012)

地区	Region	施工房屋面积(万平方米) Floor Space of Buildings Construction (10 000 sq.m)	# 住宅 Residential Buildings	竣工房屋面积(万平方米) Floor Space of Buildings Completed (10 000 sq.m)	# 住宅 Residential Buildings	竣工房屋价值(亿元) Value of Buildings Completed (100 million yuan)	# 住宅 Residential Buildings	竣工房屋造价(元/平方米) Cost of Buildings Completed (yuan/sq.m)	# 住宅 Residential Buildings
全省	**Shaanxi**	**15410.57**	**13030.16**	**1653.94**	**1413.75**	**442.11**	**368.95**	**2673**	**2610**
西安市	Xi'an	9947.90	8294.92	1063.70	903.82	323.12	268.35	3038	2969
铜川市	Tongchuan	357.71	316.81	16.39	15.89	2.94	2.84	1794	1788
宝鸡市	Baoji	523.86	429.52	26.58	23.75	5.40	4.61	2031	1940
咸阳市	Xianyang	1009.55	986.60	19.17	18.47	3.87	3.70	2017	2002
渭南市	Weinan	906.61	756.69	102.84	85.30	20.34	16.50	1978	1934
# 韩城市	Hancheng	107.26	90.10	25.26	17.71	6.53	4.98	2585	2814
延安市	Yan'an	287.49	266.55	10.99	7.76	3.04	1.47	2766	1892
汉中市	Hanzhong	806.60	709.18	155.06	138.44	33.56	29.83	2165	2155
榆林市	Yulin	777.36	558.63	101.95	72.32	21.95	15.69	2153	2169
安康市	Ankang	399.74	343.21	81.77	74.67	13.82	12.29	1690	1646
商洛市	Shangluo	137.59	118.44	19.24	19.12	3.51	3.49	1823	1825
杨凌示范区	Yangling	256.16	249.61	56.25	54.21	10.56	10.18	1878	1878

6-33 商品房屋销售情况(2012年)
Sales of Commercialized Buildings(2012)

地 区	Region	商品房销售面积(平方米) Floor Space of Commercialized Buildings Sold(sq.m)	住宅 Residential Buildings	#别墅、公寓 Villas, High-grade Apartments	办公楼 Office Buildings	商业营业用房 Houses for Business Use	其他 Others
全 省	**Shaanxi**	**27555907**	**25308411**	**529810**	**659666**	**1243366**	**344464**
西安市	Xi'an	15389113	13838696	481209	569230	707410	273777
铜川市	Tongchuan	266814	259367		2147	5300	
宝鸡市	Baoji	2205305	2095737	14200	35470	58082	16016
咸阳市	Xianyang	1398299	1367805			27714	2780
渭南市	Weinan	2571651	2334786		2932	221964	11969
#韩城市	Hancheng	280244	262380			17864	
延安市	Yan'an	415107	396768		1580	16759	
汉中市	Hanzhong	1850164	1768965	2218		62318	18881
榆林市	Yulin	1219505	1129742		12807	70044	6912
安康市	Ankang	1216910	1170885	32183	500	31396	14129
商洛市	Shangluo	529468	456691		35000	37777	
杨凌示范区	Yangling	493571	488969			4602	

6-33 续表 continued

地 区	Region	商品房销售额(万元) Total Sale of Commercialized Buildings (10 000 yuan)	住宅 Residential Buildings	#别墅、公寓 Villas, High-grade Apartments	办公楼 Office Buildings	商业营业用房 Houses for Business Use	其他 Others
全 省	**Shaanxi**	**14207497**	**12155745**	**508782**	**533837**	**1323773**	**194142**
西安市	Xi'an	10177400	8585326	486989	487949	948843	155282
铜川市	Tongchuan	82197	79817		1290	1090	
宝鸡市	Baoji	677964	647901	6958	5658	22056	2349
咸阳市	Xianyang	533963	514471			18519	973
渭南市	Weinan	878767	676383		1591	185087	15706
#韩城市	Hancheng	95202	90080			5122	
延安市	Yan'an	138241	128392		727	9122	
汉中市	Hanzhong	541536	493810	1427		43294	4432
榆林市	Yulin	489007	401898		17192	58645	11272
安康市	Ankang	381487	362637	13408	180	14542	4128
商洛市	Shangluo	166660	130864		19250	16546	
杨凌示范区	Yangling	140275	134246			6029	

6-34 房地产开发经营情况(2012年)

Operating Statistics on Enterprises for Real Estate Development(2012)

单位: 万元 (10 000 yuan)

地 区	Region	主营业务收入 Revenue from Principal Business	土地转让收入 Land Transferred	商品房屋销售收入 Commercialized Building Sold	房屋出租收入 House Leased	其它收入 Others	主营业务成本 Operating Costs of Main Business	主营业务税金及附加 Operating Tax and Extra Charge on Main Business
全 省	**Shaanxi**	**13434504**	**52378**	**12868813**	**116147**	**397166**	**10163342**	**857052**
西 安 市	Xi'an	10785961	39954	10400430	84277	261300	8063306	702925
铜 川 市	Tongchuan	58907		57753	114	1040	49347	3879
宝 鸡 市	Baoji	413817	1242	374030	14941	23604	327367	22843
咸 阳 市	Xianyang	472495	517	465473	3557	2948	327582	26246
渭 南 市	Weinan	371842	368	359924	861	10689	302075	20080
# 韩城市	Hancheng	32205	110	31945	150		26213	2313
延 安 市	Yan'an	153655	11	145816	1211	6617	157441	12428
汉 中 市	Hanzhong	384095	5265	374244	2206	2380	299458	25426
榆 林 市	Yulin	340968		285424	5512	50032	267660	19134
安 康 市	Ankang	301205	1326	268160	1375	30344	243665	15512
商 洛 市	Shangluo	88733		85325	2093	1315	67244	5121
杨凌示范区	Yangling	62826	3695	52234		6897	58197	3458

6-35 房地产开发企业基本情况(2012年)

Basic Statistics on Real Estate Development Enterprises (2012)

地 区	Region	开发公司个数(个) Number of Enterprises for Real Estate Development (unit)	实收资本金总计(万元) Total Capital Held (10 000 yuan)	资产总计(万元) Total Assets (10 000 yuan)	本年折旧(万元) Depreciation This Year (10 000 yuan)	负债合计(万元) Total Liabilities (10 000 yuan)	所有者权益合计(万元) Owners' Equity (10 000 yuan)	全部从业人员年平均人数(人) Average Number of Employed Persons (persons)	本年应付工资总额(万元) Total Wages This Year (10 000 yuan)
全 省	**Shaanxi**	**1646**	**15514736**	**52149806**	**105252**	**41734407**	**10415399**	**71866**	**326583**
西 安 市	Xi'an	672	13571745	39575558	71822	32097246	7478312	44447	202972
铜 川 市	Tongchuan	52	75739	593812	612	427557	166255	1358	3484
宝 鸡 市	Baoji	157	276329	2080622	6695	1720042	360580	3522	14235
咸 阳 市	Xianyang	110	264752	2018007	5766	1624305	393702	5404	21324
渭 南 市	Weinan	117	203746	1297116	2469	936832	360284	4040	17084
# 韩城市	Hancheng	10	21673	148252	252	126068	22184	324	1789
延 安 市	Yan'an	63	165501	858057	2434	675175	182882	2087	5638
汉 中 市	Hanzhong	196	305242	2126478	4706	1586615	539863	4189	15710
榆 林 市	Yulin	132	329614	1670573	5862	1227301	443272	2890	28683
安 康 市	Ankang	95	232144	1210078	3572	841321	368757	2579	9616
商 洛 市	Shangluo	33	39792	305398	850	236832	68566	755	5801
杨凌示范区	Yangling	19	50133	414108	465	361181	52927	595	2037

6-36 保障性安居工程情况(2012年)
The Situation of Affordable Housing Projects (2012)

指标	Item	合计 Total	廉租住房 Low-rent Housing	公共租赁住房 Public Rental Housing	经济适用住房 Economically Affordable Housing	限价商品房 Limited Price Commercial Residential Building	棚户区改造 Shanty-town Renovation
一、本年实际供地 (万平方米)	Actual Land Supply This Year (10 000 sq.m)	1397.81	250.68	173.72	351.88	250.59	370.93
二、本年计划新开工套数 (套)	The Number of Planning New Construction This Year	405000	59000	92000	41723	114277	98000
集中新建	New construction Concentrated	369161	49860	83900	40523	106729	88149
配　建	Ancillary Building	30838	8340	8100	1200	7548	5650
改(扩、翻)建	Reconstruction (Expansion, Renovation)	5001	800				4201
本年计划长期租赁套数(套)	The Number of Suites Planning Long-term Lease This Year (suit)	10000		10000			
本年计划货币补贴户数(户)	The Number of Households Planning Monetary Subsidies This Year(household)	31000	31000				
三、本年实际新开工套数 (套)	The Number of Actual New Construction This Year (suit)	417700	65111	103458	34176	111256	103699
集中新建	New construction Concentrated	354649	50389	91136	31740	94322	87062
配　建	Ancillary Building	50030	13877	11621	2436	15604	6492
改(扩、翻)建	Reconstruction (Expansion, Renovation)	13021	845	701		1330	10145
本年实际购买套数 (套)	The Number of Suites Actual Purchase This Year (suit)	3259		2259		1000	
本年实际长期租赁套数(套)	The Number of Suites Actual Long-term Lease This Year (suit)	11474		11474			
本年实际货币补贴户数(套)	The Number of Households Actual Monetary Subsidies This Year (suit)	34985	31252				3733
四、本年计划安排资金总额 (亿元)	Total Capital Planning This Year (100 million yuan)	208.10	68.19	82.67			57.24
公共财政预算	Public Finance Budget	137.64	51.11	59.57			26.96
中央预算资金	The Central Budget Funds	71.75	16.23	29.48			26.04
省级预算资金	The Provincial Budget Funds	15.39	12.86	2.00			0.53
市县预算资金	County Budget Funds	50.50	22.01	28.10			0.39
住房公积金增值收益	Housing Reserve Value-added Benefits	2.13	0.84	1.29			
土地出让收益	Land Transfer Revenue	10.85	8.69	1.65			0.51
地方债券收入	Local Bond Revenue	7.18	4.32	2.86			
其他渠道	Ohter Channels	50.30	3.23	17.30			29.77
五、本年实际使用资金总额 (亿元)	Total Capital Actual Use This Year (100 million yuan)	263.37	55.15	88.35	16.54	4.57	98.76
公共预算	Public Budget	92.15	27.98	37.60			26.57
住房公积金增值收益	Housing Reserve Value-added Benefits	2.03	0.81	1.22			
土地出让收益	Land Transfer Revenue	9.55	7.87	1.58			0.10
银行贷款	Bank Loans	124.19	11.35	30.89	15.66	3.00	63.29
其他渠道	Ohter Channels	35.45	7.14	17.06	0.88	1.57	8.80

注：1.棚户区改造计划和实际使用资金中包括省保障性住房建设工程有限公司的10.3亿元。
2.农村危旧房改造：2012年计划完成11.75万户，已开工11.22万户，已竣工10.23万户；实际安排资金44.12亿元，其中中央14.25亿元，省级3.42亿元。

a)The planning and actual use capital for Shantytown Renovation include 10.3 billion yuan from Provincial Affordable Housing Construction Engineering Company Limited

b)Transformation of the danger old houses in countryside: plan to be complete 11.75 millon families,have started 11.22 millon families, have been completed 10.23 millon families; actual capital're 44.12 billion yuan,the central capital're 14.25 billion yuan, the provincial capital're 3.42 billion yuan.

6-37 各市(区)保障性安居工程投资(2012年)
Affordable Housing Projects Investment by Regions (2012)

单位：亿元 (100 million yuan)

地区	Region	合计 Total	廉租住房 Low-rent Housing	公共租赁住房 Public Rental Housing	经济适用住房 Economically Affordable Housing	限价商品房 Limiited Price Commercial Residential Building	棚户区改造 Shantytown Renovation
全省	**Shaanxi**	**784.74**	**89.26**	**129.40**	**112.91**	**227.31**	**225.86**
西安市	Xi'an	212.02	20.01	25.57	53.69	26.23	86.52
铜川市	Tongchuan	36.66	7.41	8.82	2.87	6.03	11.53
宝鸡市	Baoji	73.70	8.21	16.15	3.41	20.45	25.48
咸阳市	Xianyang	81.37	7.87	21.05	9.50	28.83	14.12
渭南市	Weinan	69.54	9.16	8.76	5.29	25.17	21.16
# 韩城市	Hancheng	4.73	0.20	0.83	0.34	1.87	1.49
延安市	Yan'an	51.56	5.10	12.20	6.77	20.90	6.59
汉中市	Hanzhong	61.08	7.51	7.55	12.87	15.64	17.51
榆林市	Yulin	67.65	6.34	16.68	11.12	24.92	8.59
安康市	Ankang	66.98	5.04	4.23	5.12	33.44	19.15
商洛市	Shangluo	39.29	7.71	4.01	1.76	19.16	6.65
杨凌示范区	Yangling	24.89	4.90	4.38	0.51	6.54	8.56

6-38 各市(区)保障性安居工程施工和竣工情况(2012年)
Building Construction and Completed of Affordable Housing Projects by Regions (2012)

地区	Region	住房施工面积(万平方米) Floor Space of Buildings Construction (10 000 sq.m)	# 新开工 New Construction	住房施工套数(万套) Number of Buildings Construction (10 000 suits)	# 新开工 New Construction	住房竣工面积(万平方米) Floor Space of Buildings Completed (10 000 sq.m)	住房竣工套数(万套) Number of Buildings Completed (10 000 suits)
全省	**Shaanxi**	**7293.58**	**3339.25**	**93.46**	**41.77**	**2386.20**	**31.08**
西安市	Xi'an	2107.32	751.76	27.07	9.59	606.98	7.73
铜川市	Tongchuan	429.57	121.14	5.59	1.79	170.42	2.11
宝鸡市	Baoji	806.90	387.31	10.09	4.57	207.41	2.61
咸阳市	Xianyang	759.25	535.48	9.76	6.60	150.86	2.11
渭南市	Weinan	548.42	292.56	7.59	3.90	205.82	2.85
# 韩城市	Hancheng	76.92	24.07	1.08	0.37	17.63	0.18
延安市	Yan'an	536.45	185.18	6.72	2.30	208.02	2.71
汉中市	Hanzhong	611.02	302.55	7.74	3.71	208.99	2.72
榆林市	Yulin	417.94	251.03	5.84	3.23	161.56	2.19
安康市	Ankang	566.23	279.62	6.54	3.21	205.91	2.58
商洛市	Shangluo	283.21	137.32	3.92	1.83	181.13	2.45
杨凌示范区	Yangling	227.27	95.30	2.60	1.04	79.10	1.02

主要统计指标解释

全社会固定资产投资 是以货币形式表现的在一定时期内全社会建造和购置固定资产的工作量以及与此有关的费用的总称。该指标是反映固定资产投资规模、结构和发展速度的综合性指标,又是观察工程进度和考核投资效果的重要依据。全社会固定资产投资按登记注册类型可分为国有、集体、个体、联营、股份制、外商、港澳台商、其他等。

房地产开发投资 指各种登记注册类型的房地产开发公司、商品房建设公司及其他房地产开发法人单位和附属于其他法人单位实际从事房地产开发或经营活动的单位统一开发的包括统代建、拆迁还建的住宅、厂房、仓库、饭店、宾馆、度假村、写字楼、办公楼等房屋建筑物和配套的服务设施，土地开发工程（如道路、给水、排水、供电、供热、通讯、平整场地等基础设施工程）的投资；不包括单纯的土地交易活动。

固定资产投资的资金来源 根据固定资产投资的资金来源不同，分为国家预算内资金、国内贷款、利用外资、自筹资金和其他资金。

(1)国家预算内资金：分为财政拨款和财政安排的贷款两部分。包括中央财政的基本建设基金(分经营性基金和非经营性基金两部分)、专项支出(如煤代油专项等)、收回再贷、贴息资金，财政安排的挖潜改造和新产品试制支出、城建支出、商业部门简易建筑支出、不发达地区发展基金等资金中用于固定资产投资的资金；地方财政中由国家统筹安排的资金等。

(2)国内贷款：指报告期固定资产投资单位向银行及非银行金融机构借入的用于固定资产投资的各种国内借款，包括银行利用自有资金及吸收的存款发放的贷款、上级主管部门拨入的国内贷款、国家专项贷款、地方财政专项资金安排的贷款、国内储备贷款、周转贷款等。

(3)利用外资：指报告期收到的用于固定资产建造和购置的国外资金(包括设备、材料、技术在内)。包括对外借款(外国政府、国际金融组织贷款、出口信贷、外国银行商业贷款、对外发行债券和股票)、外商直接投资及外商其他投资。不包括我国自有外汇资金(国家外汇、地方外汇、留成外汇、调剂外汇和中国银行自有资金发行的外汇贷款等)。计算利用外资时，需要折算成人民币，折算中所使用的外汇汇率按现汇计算，即按使用外汇时的汇率计算。

(4)自筹资金：指固定资产投资单位报告期收到的，由各地区、各部门及企、事业单位筹集用于固定资产投资的预算外资金，包括中央各部门、各级地方和企、事业单位的自筹资金。

(5)其他资金：指在报告期收到的除以上各种资金之外其他用于固定资产投资的资金，包括企业或金融机构通过发行各种债券筹集到的资金、群众集资、个人资金、无偿捐赠的资金及其他单位拨入的资金等。

固定资产投资按国民经济行业分 根据建设项目建成投产后的主要产品或主要用途及社会经济活动性质来确定国民经济行业。一般情况下，一个建设项目或一个企业、事业单位只能属于一种国民经济行业。

固定资产投资按隶属关系分 是按建设单位或企业、事业、行政单位的主管上级机关确定的。

（1）中央：是指中共中央、人大常委会和国务院各部、委、局、总公司以及直属机构直接领导的建设项目和企业、事业、行政单位。这些单位的固定资产投资计划由国务院各部门直接编制和下达，建设中所需物资、主要设备以及建设中的问题都由中央有关部门安排和解决。

（2）地方：是由省（自治区、直辖市）、地区（州、盟、省辖市）、县（旗、县级市）三级政府及业务主管部门直接领导和管理的建设项目、企业、事业、行政单位。地方项目还包括不隶属以上各级政府及主管部门的建设项目和企业、事业单位，如外商投资企业和无主管部门的企业等。

固定资产投资按建设性质分 根据整个建设项目情况来确定。建设项目的性质一般分为新建、扩建、改建和技术改造、迁建、恢复。房地产开发单位、农村投资、城镇工矿区私人建房投资不划分建设性质。

(1)新建：一般指从无到有开始建设的企业、事业和行政单位或建设项目。有的单位原有基础很小，经过建设后新增的固定资产价值超过该企、事业、行政单位原有固定资产价值(原值)三倍以上的也应作为新建。

(2)扩建：指在厂内或其他地点，为扩大原有产品的生产能力(或效益)或增加新的产品生产能力，而增建主要的生产车间(或主要工程)、分厂、独立的生产线。行政、事业单位在原单位增建业务用房(如学校增建教学用房、医院增建门诊部、病房等)也作为扩建。

现有企、事业单位为扩大原有主要产品生产能力或增加新的产品生产能力，增建一个或几个主要生产车间(或主要工程)、分厂，同时进行一些更新改造工程的，也应作为扩建。

(3)改建和技术改造：指现有企业、事业单位，对原有设施进行技术改造或更新(包括相应配套的辅助性生产、生活福利设施）的建设项目。现有企业、事业单位为适应市场变化的需要，而改变企业的主要产品种类(如军工企业转产民用品等）的建设项目，应作为改建。原有产品生产作业线由于各工序(车间)之间能力不平衡，为填平补齐充分发挥原有生产能力而增建不增加本企业主要产品设计能力的车间，也应作为改建。技术改造是指企业、事业单位在现有基础上，用先进的技术代替落后的技术，用先进的工艺和装备代替落后的工艺和装备，以改变企业落后的技术经济面貌，实现以内涵为主的扩大再生产，达到提高产品质量、促进产品更新换代、节约能源、降低消耗、扩大生产规模、全面提高社会经济效益的目的。技术改造具体包括以下内容：机器设备和工具的更新改造；生产工艺改革、节约能源和原材料的改造；厂房建筑和公共设施的改造；劳动条件和生产环境的改造等。

固定资产投资按构成分 固定资产投资活动按其工作内容和实现方式分为建筑安装工程，设备、工具、器具购置，其他费用三个部分。

(1)建筑安装工程(建筑安装工作量)：指各种房屋、建筑物的建造工程和各种设备、装置的安装工程。包括各种房屋建造工程；各种用途设备基础和各种工业窑炉的砌筑工程及金属结构工程；为施工而进行的各种准备工作和临时工程以及完工后的清理工作等；铁路、道路的铺设，矿井的开凿及石油管道的架设等；水利工程；防空地下建筑等特殊工程；列入房屋工程预算内的暖气、卫生、通风、照明、煤气等设备的价值及装设油饰工程；列入建筑工程预算内的各种管道(蒸汽、压缩空气、石油、给排水等管道)、电力、电讯电缆导线等的敷设工程；以及各种机械设备的安装工程；为测定安装工程质量，对设备进行的试运工作；房地产开发单位进行的商品房屋开发建设工程、土地开发工程。

在安装工程中，不包括被安装设备本身的价值。

(2)设备、工具、器具购置：指建设单位或企、事业单位购置或自制的，达到固定资产标准的设备、工具、器具的价值。新建单位及扩建单位的新建车间，按照设计或计划要求购置或自制的全部设备、工具、器具，不论是否达到固定资产标准均计入“设备、工具、器具购置”中。

(3)其他费用：指在固定资产建造和购置过程中发生的，除上述几项内容以外的各种应分摊计入固定资产的费用。

施工项目 指报告期内进行过建筑或安装施工活动的项目。凡是报告期内施过工的建设项目，不论施工时间长短，均作为施工项目统计。施工项目个数可以反映一定时期固定资产投资的实际规模，与同期全部建成投产项目个数相比，可以从建设速度的角度反映固定资产投资的效果。根据建设项目施工活动的不同性质，施工项目又分为：本年正式施工项目、本年收尾项目和以前年度全部停缓建项目。

全部建成投产项目 工业项目指设计文件规定形成生产能力的主体工程及其相应配套的辅助设施全部建成，经负荷试运转，证明具备生产设计规定合格产品的条件，并经过验收鉴定合格或达到竣工验收标准，与生产性工程配套的生活福利设施可以满足近期正常生产的需要，正式移交生产的建设项目。非工业项目指设计文件规定的主体工程和相应的配套工程全部建成，能够发挥设计规定的全部效益，经验收鉴定合格或达到竣工验收标准，正式移交使用的建设项目。

新增生产能力(或工程效益) 指通过固定资产投资活动而增加的设计能力(或工程效益)，该指标是以实物形态表现的反映固定资产投资成果的指标，也是考核投资经济效果的重要依据之一。

新增生产能力(或工程效益)一般有以下几种表现形式：

(1)用产品数量表示，以工程在单位时间内(一般是一年)所能生产的产品数量(即年产量)表示。如原煤开采用万吨／年表示，化学农药用吨／年表示，拖拉机制造用台／年表示等。某些化工产品由于含量差别较大，按其设计含量计算折合量表示，如硫酸、纯碱、烧碱等。

(2)用单位时间内所能处理的原料数量表示，以工程每天(或小时)所能处理原料的数量表示。如机制糖工程日处理原料吨，食用植物油日处理原料吨，城市污水处理能力用万吨／日表示等。

(3)用新增加的主要设备的数量或容量表示，如新增棉布织机、丝织机等台数，毛纺锭等锭数，发电厂新增发电机组容量用千瓦表示等。

(4)用建筑物容积、容量、面积、长度表示，是非工业项目或工程新增效益的一种表现形式。如铁路投产里程、新建公路、水库容量、粮食仓库、学校学生席位、医院病床、有效灌溉面积等。

根据工程的特点，有时需要用两种或两种以上的复合计量单位表示新增生产能力(或工程效益)，如新增内燃机生产能力同时用年产台数、千瓦数表示等。

为了规范新增生产能力(或工程效益)的名称和计算单位，国家统计局制订了《新增生产能力(或工程效益)目录及代码》。各固定资产投资单位在统计新增生产能力(或工程效益)时，必须按目录中规定的名称、计量单位和代码填报。

房屋建筑面积 指房屋建筑物勒脚以上外墙外围的水平截面面积，包括房屋建筑物的有效面积和结构面积。该指标是从实物形态上反映建设规模和建设成果的重要指标之一，也是检查工程形象进度、计算工程造价、分析投资效果、研究施工任务和建筑材料之间平衡情况的重要依据。

住宅建筑面积 指施工和竣工房屋建筑面积中供居住用的房屋建筑面积。

施工面积 指报告期内施工的全部房屋建筑面积。包括本期新开工的面积和上期开工跨入本期继续施工的房屋面积，以及上期已停建在本期恢复施工的房屋面积。本期竣工和本期施工后又停缓建的房屋，其建筑面积仍计入本期房屋施工面积中。

竣工面积 指在报告期内房屋建筑按照设计要求已经全部完工，达到住人和使用条件，经验收鉴定合格(或达到竣工验收标准)，正式移交使用单位的各栋房屋建筑面积的总和。

房屋建筑面积竣工率 指一定时期内房屋竣工面积占同期房屋施工面积的比率。

新增固定资产 指报告期内已经完成建造和购置过程，并已交付生产或使用单位的固定资产价值。该指标是表示固定资产投资成果的价值指标，也是反映建设进度，计算固定资产投资效果的重要指标。

项目建成投产率 指一定时期内全部建成投产项目个数与同期施工项目个数的比率。该指标是从建设单位建设速度的角度反映投资效果的指标。

固定资产交付使用率 指一定时期新增固定资产与同期完成投资额的比率。该指标是反映固定资产动用速度，衡量建设过程中宏观投资效果的综合指标。由于新增固定资产是较长时期内形成的结果，而投资额则是当年完成的，因此，该指标一般适宜于反映较长时期内固定资产的动用情况。

商品房销售面积 指报告期内出售商品房屋的合同总面积(即双方签署的正式买卖合同中所确定的建筑面积)。由现房销售建筑面积和期房销售建筑面积两部分组成。

商品房销售额 指报告期内出售商品房屋的合同总价款(即双方签署的正式买卖合同中所确定的合同总价)。该指标与商品房销售面积同口径，由现房销售额和期房销售额两部分组成。

保障性安居工程 指为增加中低收入家庭住房供应，解决中低收入家庭住房困难，列入当地政府住房保障规划和年度计划，由政府组织实施建设或筹集的住房。在城镇范围内实施的保障性安居工程，主要包括廉租住房、公共租赁住房、经济适用住房、限价商品住房、城市棚户区改造、国有工矿棚户区改造、国有林区棚户区和国有林场危旧房改造、国有垦区危房改造、中央下放地方煤矿棚户区改造等。在农村范围内实施的保障性安居工程，主要包括农村危房改造、游牧民定居工程等。保障性安居工程中，通常将廉租住房、公共租赁住房、经济适用住房和限价商品住房合称为保障性住房。

Explanatory Notes on Main Statistical Indicators

Total Investment in Fixed Assets in the Whole Country refers to the volume of activities in construction and purchases of fixed assets of the whole country and related fees, expressed in monetary terms during the reference period. It is a comprehensive indicator which shows the size, structure and growth of the investment in fixed assets, providing a basis for observing the progress of construction projects and evaluating results of investment. Total investment in fixed assets in the whole country includes, by type of ownership, the investment by State-owned units, collective-owned units, individuals, joint ownership units, share-holding units, as well as investments by entrepreneurs from foreign countries and from Hong Kong, Macao and Taiwan, and by other units.

Investment in Real Estate Development refers to investment by real estate development companies, commercialized buildings construction companies and other real estate development units of various types of ownership in the construction of buildings, such as residential buildings, factory buildings, warehouses, hotels, guesthouses, holiday villages, office buildings, and the complementary service facilities and land development projects, such as roads, water supply, water drainage, power supply, heating supply, telecommunications, land leveling and other infrastructural projects. It does not include activities in pure land transactions.

Sources of Funds for Investment in Fixed Assets are categorized as funds from the State budget, domestic loans, foreign investment, self-raised funds, and others, depending on the sources of investment.

(1) Fund from the State budget consists of budgetary appropriation and loans from the State budget. More specifically, it includes, from the budget of the central government, capital construction fund (operation fund and non-operational fund), special expenses (e.g. expenses on substituting petroleum with coal), loans from repayment, discount fund, expenses on innovation and trial production of new products, expenses on urban construction, expenses on temporary construction from business departments, development fund for less developed areas, as well as local budgetary fund transferred from the central budget.

(2) Domestic loans refer to loans of various forms borrowed by investing units from banks and non-bank financial institutions during the reference period for the purpose of investment in fixed assets, including loans issued by banks from their self-owned funds and deposit, loans appropriated by higher authorities, special loans by government, loans arranged by local government from special funds, domestic reserve loan, and working loan.

(3) Foreign investment refers to foreign funds received during the reference period for the construction and purchase of investment in fixed assets (covering equipment, materials and technology), including foreign borrowings (loans from foreign governments and international financial institutions, export credit, commercial loans from foreign banks, issue of bonds and stocks overseas), foreign direct investment and other foreign investments. Excluded from this category is capital in foreign exchanges owned by China (foreign exchanges owned by the central and local governments, foreign exchanges retained by enterprises, foreign exchanges by enterprises through the regulating mechanism, loans in foreign exchanges issued by the Bank of China with its own fund, etc.). In calculating the utilization of foreign capital, foreign currencies are converted into Chinese Renminbi applying the current exchange rate when the foreign capitals are actually used.

(4) Self-raised funds refer to extra-budgetary funds for investment in fixed assets received during the reference period by investing units from central government ministries, local governments, enterprises and institutions, including their self-raised funds.

(5) Others refer to funds for investment in fixed assets received from sources other than those listed above, including capital raised through issuing bonds by enterprises or financial institutions, funds raised from individuals and through donations, and funds transferred from other units.

Investment in Fixed Assets by Sector The classification of construction projects by sector is determined by the major products or the purpose of the projects when they are put into production or use, and by the nature of their social economic activities. In general, one project or one enterprise or institution can only be classified into one sector.

Investment in Fixed Assets by Jurisdiction of Management refers to the classification of investment by the competent authorities under which investment is made by construction units, enterprises, institutions or administrative units.

(1) Central investment refers to the investment in projects or by enterprises, institutions or administrative units which are under the direct leadership and management of the State Council and of the national commissions, ministries, agencies and State-owned large corporations. Various ministries and departments of the State Council prepare and implement plans for investment in fixed assets by those departments, and arrange and ensure the supply of materials and key equipment required for the projects.

(2) Local investment refers to the investment in projects or by enterprises, institutions or administrative units which are under the direct leadership and management of departments under the provincial, prefecture and county governments. Also included are projects by foreign-invested enterprises and enterprises without competent managing authorities.

Investment in Fixed Assets by Type of Construction

Construction projects in general can be classified, by the type of construction, into new construction, expansion, reconstruction and technical transformation, moving and restoration. However, investment by type of construction is not applied to investment by real-estate development units, investment in rural areas and private investment in housing construction in urban areas and in industrial and mining areas.

(1) New construction in general refers to construction projects, which start from scratch, of enterprises, institutions, administrative agencies. In case the size of the existing unit is quite small, and the value of newly added fixed assets is more than three times of the original value, the expansion will be considered as new construction.

(2) Expansion refers to construction of new major production workshop, branch factory or independent production line within a factory or in other locations, for the purpose of increasing the production capacity (or improving efficiency) or adding new production capacity. Newly constructed accommodation for the operation of institutions and administrative organizations (such as newly constructed buildings for teaching in schools, buildings for clinics or wards in hospitals, etc.) are also classified as expansion.

Also included in expansion are investments by existing enterprises or institutions in building major production line(s) or branch factory(ies) along with some work on innovation, for the purpose of expanding the production capacity of original products or producing new products.

(3) Reconstruction and technical transformation refers to construction projects by existing enterprises or institutions in innovation or technical transformation of the old facilities (including auxiliary production equipment and welfare facilities). Also considered as reconstruction is the construction of new workshops by the existing enterprises or institutions to change the variety of products to meet the market demand (such as the production of civil products by defence industries), or to bring the designed production capacity into full play through a more balanced production process on production lines. Technical transformation refers to replacement of old technology or equipment by new technology or equipment, in order to expand the reproduction through improvement of technology contents in production, to improve product quality, to promote new products, to save energy, to reduce consumption, to expand the production scale and to improve overall social-economic efficiency. Contents of technical transformation include: updating of machinery, equipment and tools; reforming production process by using energy or materials saving technology; construction of factory workshops and transformation of public facilities; improvement of working conditions and environment, etc.

Investment in Fixed Assets by Structure By their contents and the mode of implementation, investment activities are classified into 3 categories, i.e. construction and installation, purchase of equipment and instrument, and other expenses.

(1) Construction and installation (work volume of construction and installation) refers to the construction of houses and buildings and the installation of various kinds of equipment and instruments. They include construction of houses; equipment foundations, industrial kilns and stoves, and metal structure work; preparation works and temporary works for project construction, and clearing up works post project construction; pavement of railways and roads, drilling of mines and putting up of oil pipes; construction of water conservancy; construction of underground air-raid shelters and construction of other special projects; value of equipment for heating, sanitation, ventilation, lighting, gas, painting, etc. that are covered by the budget of housing projects; laying out of various pipelines (for steam, compressed air, petroleum, tap water and sewage) and wiring and cabling for electric power and for communications; installation of various machinery and equipment; testing operation for pre-testing the quality of installation projects, and land and other development work conducted by real estate developers for commercialized housing. The value of equipment installed is itself not included in the value of installation projects.

(2) Purchase of equipment and instruments refers to the total value of equipment, tools, and instruments purchased or self-produced which come up to the cut-off point for fixed assets by the construction units or investing enterprises or institutions. Equipment, tools and instruments purchased or self-produced for new workshops by newly established or expanded units are categorized as "purchase of equipment and instruments" no matter whether they come up to the cut-off point for fixed assets.

(3) Other expenses refer to expenses arising during the construction or purchase of fixed assets other than those mentioned above.

Projects under Construction refer to projects with construction and installation activities undertaken in the reference period. All projects that have construction activities undertaken during the reference period are reported as projects under construction irrespective of the length of construction work. The number of projects under construction can reflect the actual size of investment in fixed assets during a given period, and when compared with the number of projects completed and put into use during the same period, it demonstrates the results of investment in fixed assets from the angle of the speed of the construction. Depending on the nature of construction activities, projects under construction can also be classified into projects beginning construction in current year, winding-up projects in current year and stopped or suspended projects in previous years (with resumption of work in current year).

Projects Completed and Put into Use Industrial projects refer to the major projects and anxilliary facilities having been completed in accordance with the design documents, resulting in forming production capacity and having checked and accepted after relevant tests, while the living and welfare facilities having been completed and being capable of ensuring normal production. Non-industrial projects refer to the major projects and anxilliary facilities which have been completed in accordance with the design documents ; have been checked, accepted after relevant examination; and have been formally delivered for use.

Newly Increased Production Capacity (or Project Efficiency) refers to the increase in design capacity (or project efficiency) through investment in fixed assets, which reflects the accomplishment of investment in fixed assets in physical form and serves as an important basis for evaluating the economic efficiency of investment.

The newly increased production capacity (project efficiency) are usually expressed in one of the following forms:

(1) volume of output of products, i.e. the volume of output that the project can produce during a given period (usually a year). For instance, the capacity in coal mining is expressed in 10,000 tons/year, the capacity in producing chemical pesticides expressed in ton/year, the capacity in producing tractors in tractor/year, etc. For some chemical products where the effective contents differ significantly, the production capacity is expressed as the designed effective content equivalent, such as in the case of sulphuric acid, soda ash, caustic soda, etc;

(2) volume of raw materials processed per unit of time, i.e. the volume of raw materials that could be processed by the project per day (or per hour), such as tons of materials processed per day by a sugar refining project or edible vegetable oil project, or tons of urban sewage processed per day;

(3) number or capacity of major equipment increased, such as number of cotton or silk looms increased, wool spindles increased, or capacity (in kilowatts) of power generators increased; and

(4) physical measures (volume, capacity, area, and length) of construction, which is typical for non-industrial projects, for instance, the length of railways put into operation, the length of highways, the capacity of reservoirs, the capacity of warehouses, the floor space of housing projects, capacity for new students in schools or beds in hospitals, areas under new irrigation project, etc.

The special features of projects may sometimes call for the combined use of two or more measurements to reflect the increase in production capacity (or project efficiency); for instance, the new capacity for the production of internal combustion engines is expressed in sets per year and kilowatts per year simultaneously.

To standardize the nomenclature and unit of measurement for newly increased production capacity (or project efficiency), the National Bureau of Statistics has developed the *Nomenclature and Codes for New Production Capacity (Project Efficiency)*. All reporting units with investment activities are required to follow these two nomenclatures in reporting statistics on new production capacity (project efficiency).

Floor Space of Buildings under Construction refers to the total floor space of the horizontal section of outer walls above the plinth of the building, including the effective area and the area occupied by the structure. This indicator is one of the important indicators in physical terms to reflect the scale and accomplishment of the construction industry and also an important basis for monitoring the progress, calculating the cost, analyzing the efficiency and studying the supply of building materials in relation to the construction projects.

Floor Space of Residential Buildings refers to the floor space of the residential buildings among the total space of buildings under construction or completed.

Floor Space under Construction refers to total floor space of all buildings under construction during the reference period, including floor space of newly started buildings during the reference period, floor space of construction extended from the previous period to the current period, and floor space of construction suspended during the previous period and resumed in the current period. Floor space of construction completed in the current period, and floor space of construction started and then suspended in the current period are also included in the floor space under construction of the current year.

Floor Space Completed refers to the floor space of all buildings completed in the reference period, which have been appraised and accepted (or come up to the designed standards) and have been transferred to owner units.

Completion Rate of Floor Space of Buildings refers to the ratio of the floor space of buildings completed in a certain period of time to the floor space of buildings under construction in the same period.

Newly Increased Fixed Assets refer to the newly increased value of fixed assets, constructed or purchased, that have been transferred to the investors. This is an indicator that demonstrates the results of investment in fixed assets in monetary terms, and an important indicator to reflect the speed of construction and to calculate the efficiency of investment.

Rate of Construction Projects Completed and Put into Use refers to the ratio of the number of construction projects completed and put into use in a certain period of time to the number of projects under construction in the same period. This reflects the investment efficiency from the perspective of the speed of projects construction.

Rate of Projects of Fixed Assets Completed and Put into Operation refers to the ratio of the newly increased fixed assets to the total investment made in the same period. This is a comprehensive indicator reflecting the speed of the employment of fixed assets and the investment efficiency at the macro-level. As the newly increase fixed assets is the result of a long period while the investment is completed in the current year, this indicator is expected to be used to reflect the employment of fixed assets over a long period of time.

Area of Commercialized Housing Sold refers to total contracted area of commercialized housing (i.e. area of floor space as designated in the formal contracts signed by both sides) during the reference time. It constitutes floor space of completed housing and floor space of future housing.

Value of Commercialized Housing Sold refers to the total contracted value (i.e. value of sales/purchase for selling/purchase of commercialized housing as designated in the contract signed by both sides) during the reference time. This indicator has the same coverage as the area of commercialized housing sold, which constitutes floor space of completed housing and floor space of housing yet to be completed.

Affordable Housing Projects refers to increase housing supply by the government offer in order to solve the housing difficulties in low-income families, list in local government Housing Guarantee plan and annual plan. Affordable housing in urban areas mainly include Low-rent housing, public-rent housing, affordable housing, and commodity price housing, the transformation of slum areas in urban and state-owned industrial or mining enterprises, renovation of old or slum in state-owned forests or plantations etc. Affordable housing in rural areas mainly include the countryside dangerous house transformation, nomads settle project etc. The Affordable Housing in Affordable Housing Projects usually include the low-rent housing, public-rent housing, affordable housing, and commodity price housing.

七、能　源

Energy

资料整理：蔡军辉

简 要 说 明

一、本篇资料反映陕西能源生产、消费和能耗水平等情况。主要内容有能源生产、消费及品种构成，能源生产和消费弹性系数，分行业、分主要能源品种的消费量，能源加工转换效率及生活用能源消费量、单位生产总值能耗等指标。

二、关于数据口径与计算的说明:

1. 能源生产与消费弹性系数分别以能源生产、消费增长速度与地区生产总值增长速度相比求得。

2. 能源平衡表中，进口量和出口量采用海关统计数据，电力折算标准煤系数按平均发电煤耗计算。

3. 能源加工转换效率表中的电力折算标准煤系数采用当量值计算，每千瓦小时折0.1229千克标准煤。

4. GDP和工业增加值按不变价格计算。

Brief Introduction

Ⅰ. This chapter reflects the energy production, consumption and efficiency of Shaanxi Province, mainly including energy production, consumption and composition, elasticity ratio of energy production and consumption, consumption of energy by sector and by types of energy, efficiency of energy processing and conversion and the consumption of energy for non-production uses, energy consumption of unit gross domestic product.

Ⅱ. Data coverage and calculation:

1. The elasticity ratio of energy production is calculated as the quotient of the growth rate of energy production divided by the growth rate of GDP; and the elasticity ratio of energy consumption is calculated as the quotient of the growth rate of energy consumption divided by the growth rate of GDP.

2. In the energy balance sheet, the data on the imports and exports are data from the customs statistics. The ratio for converting electric power into the standard coal equivalent is calculated according to the average consumption of coal for generating electricity.

3. In the table on the efficiency of energy conversion, the ratio for converting electric power into the standard coal equivalent is calculated on the basis of heat value equivalent. One kilowatt is equal to 0.1229 kg SCE.

4. Gross domestic product and industrial value-added are calculated at constant price.

7.能源

2012 年全省				
能源生产总量	41908.36	万吨标准煤（等价值）	比上年增长	12.8%
能源消费总量	10625.71	万吨标准煤（等价值）	比上年增长	8.9%
平均每天消费能源	29.03	万吨标准煤		
# 原　煤	45.20	万　吨		
原　油	6.20	万　吨		
天然气	1787	万立方米		
电　力	29146	万千瓦小时		

能源生产总量构成

（2012年）

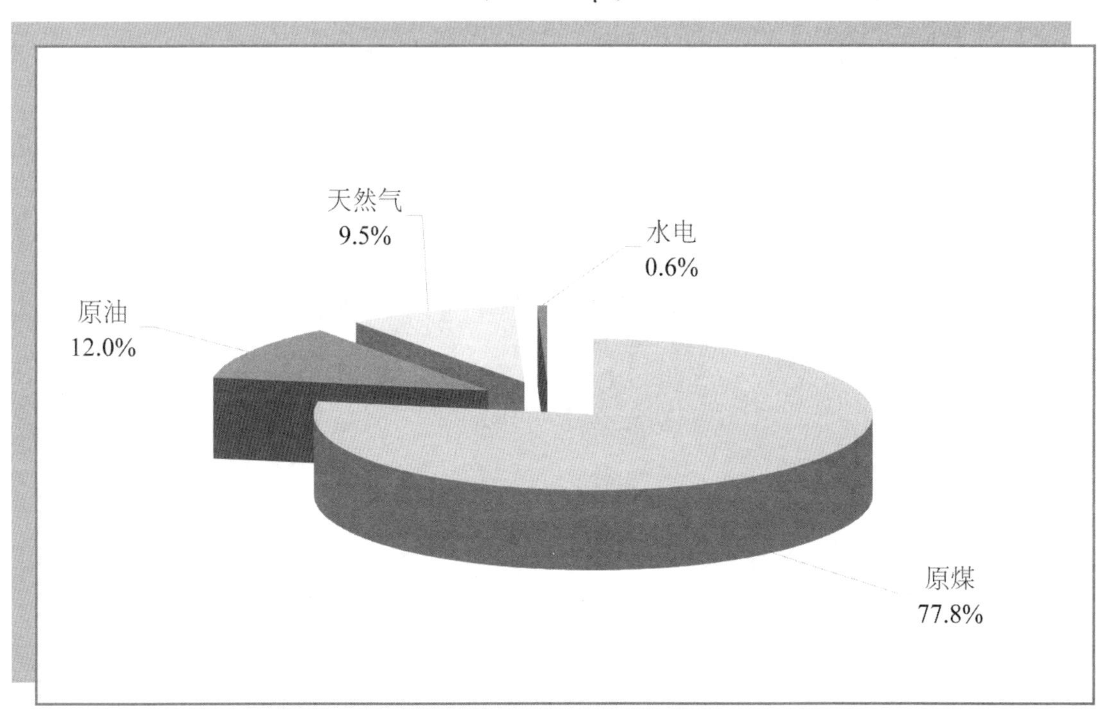

7-1 能源生产、消费总量及构成
Total Production and Consumption of Energy and Its Composition

指 标	Item	2010		2011		2012	
		当量值 Equivalent Weight	等价值 Equivalent Value	当量值 Equivalent Weight	等价值 Equivalent Value	当量值 Equivalent Weight	等价值 Equivalent Value
能源生产总量	**Total Energy Production**	**32159.90**	**32331.97**	**36980.36**	**37152.64**	**41751.85**	**41908.36**
(万吨标准煤)	**(10 000 tons of SCE)**						
原 煤	Coal	24856.72	24856.72	28643.68	28643.68	32614.19	32614.19
原 油	Crude Oil	4310.49	4310.49	4607.83	4607.83	5039.48	5039.48
天然气	Natural Gas	2885.46	2885.46	3620.42	3620.42	3998.94	3998.94
水 电	Hydro-power	107.23	279.30	108.43	280.71	99.24	255.75
能源生产构成(%)	**Energy Production Composition (%)**	**100.00**	**100.00**	**100.00**	**100.00**	**100.00**	**100.00**
原 煤	Coal	77.26	76.85	77.46	77.10	78.11	77.82
原 油	Crude Oil	13.42	13.35	12.46	12.40	12.07	12.02
天然气	Natural Gas	8.98	8.94	9.79	9.74	9.58	9.54
水 电	Hydro-power	0.33	0.86	0.29	0.76	0.24	0.61
能源消费总量	**Total Energy Consumption**	**9238.11**	**8882.11**	**10128.41**	**9760.77**	**11013.01**	**10625.71**
(万吨标准煤)	**(10 000 tons of SCE)**						
煤 品	Coal	6803.08	6275.01	7562.55	7022.63	8372.38	7828.57
油 品	Crude Oil	1563.51	1563.51	1626.38	1626.38	1689.44	1689.44
天然气	Natural Gas	764.30	764.30	831.05	831.05	851.95	851.95
水 电	Hydro-power	107.23	279.30	108.43	280.71	99.24	255.75
能源消费构成(%)	**Energy Consumption Composition (%)**	**100.00**	**100.00**	**100.00**	**100.00**	**100.00**	**100.00**
煤 品	Coal	73.64	70.65	74.66	71.95	76.02	73.67
油 品	Crude Oil	16.92	17.60	16.06	16.66	15.34	15.90
天然气	Natural Gas	8.27	8.60	8.21	8.51	7.74	8.02
水 电	Hydro-power	1.16	3.14	1.07	2.88	0.90	2.41

注：当量值指电力按自身的热功当量换算成标准煤，等价值指电力按当年平均火力发电煤耗换算成标准煤。

a) The equivalent weight refers to the value that electric power converts to standard coal by its heat equivalent, equivalent value refers to the value of average standard coal consumption by thermal power in the current year.

7-2 主要能源平衡情况(2012年)
Main Energy Balance Sheet(2012)

指 标	Item	综合能源(万吨标准煤) Comprehensive Energy (10 000 tons of SCE)	原 煤(万吨) Coal (10 000 tons)	天然气(亿立方米) Natural Gas (100 million cu.m)	电 力(亿千瓦小时) Electricity (100 million kwh)
一、可供本地区消费能源	**Volume of total Energy Available for Consumption**	**11156.63**	**17131.16**	**64.57**	**-199.83**
年初库存	Stock at the Beginning of the Year	781.29	710.92	0.38	
一次能源生产量	Primary Energy Output	41908.36	46767.32	309.87	80.75
外省(区、市)调入量	Inflow from Other Provinces (Regions, Cities)	1461.67	1838.32		
本省(区、市)调出量(-)	Outflow from this Provinces (Regions, Cities)	-31891.08	-31058.67	-245.19	-280.58
出口量(-)	Exports	-102.06	-146.72		
年末库存(-)	Stock at Year-end	-1001.55	-980.00	-0.48	
二、加工转换投入(-)产出(+)量	**Input (–) or Output (+) of Processing and Transformation**	**-673.90**	**-13080.75**	**-4.71**	**1266.58**
火力发电	Thermal Power	0.00	-4160.44	-0.94	1266.58
供 热	Heating	-77.88	-407.18	-0.43	
煤炭洗选	Separation Coal	-166.14	-5081.62		
炼 焦	Coke Making	-385.95	-3430.36		
炼油及煤制油	Oil Refining and Coal to Make Oil	-189.85			
天然气液化	Liquefied Natural Gas	-4.15		-3.34	
煤制品加工	Processing of Coal Products	-0.06	-1.16		
回收能	Recovery of Energy	159.45			
三、损失量	**Loss Volume**				
四、终端消费	**Final Consumption**	**9951.81**	**3461.82**	**63.51**	**1066.75**
第一产业	Primary Industry	227.32	25.02		42.65
农、林、牧、渔业	Agriculture, Forestry, Animal Husbandry and Fishery	227.32	25.02		42.65
第二产业	Secondary Industry	6559.67	2765.68	35.45	724.08
工 业	Industry	6383.91	2731.18	35.45	705.63
建筑业	Construction	175.76	34.50		18.45
第三产业	Tertiary Industry	1867.13	433.78	13.33	151.86
交通运输、仓储和邮政业	Transportation, Storage and Post Services	1064.48	59.10	4.79	47.48
批发、零售业和住宿、餐饮业	Wholesale and Retail Trades, Hotels and Catering Services	359.97	100.60	8.19	37.17
其 他	Others	442.67	274.08	0.35	67.21
生活消费	Household Consumption	1297.69	237.34	14.73	148.16
城 镇	Urban Areas	825.02	82.04	13.86	87.92
乡 村	Rural Area	472.67	155.30	0.87	60.24

注：综合能源消费电力按等价值折算。

a) Comprehensive energy consumption Electric power and heat are converted on the basis of equal value.

7-2 续表 continued

指 标	Item	原 油 (万吨) Crude Oil (10 000 tons)	汽 油 (万吨) Gasoline (10 000 tons)	煤 油 (万吨) Kerosene (10 000 tons)	柴 油 (万吨) Diesel Oil (10 000 tons)	燃料油 (万吨) Fuel Oil (10 000 tons)
一、可供本地区消费能源	**Volume of total Energy Available for Consumption**	**2173.15**	**-457.31**	**-19.20**	**-336.07**	**-30.54**
年初库存	Stock at the Beginning of the Year	76.50	21.76	0.80	17.27	0.26
一次能源生产量	Primary Energy Output	3527.56				
外省(区、市)调入量	Inflow from Other Provinces (Regions, Cities)		27.95		86.05	
本省(区、市)调出量(-)	Outflow from this Provinces (Regions, Cities)	-1376.19	-474.57	-20.00	-413.36	-30.80
出口量(-)	Exports					
年末库存(-)	Stock at Year-end	-54.72	-32.45		-26.04	
二、加工转换投入(-)产出(+)量	**Input (–) or Output (+) of Processing and Transformation**	**-2124.90**	**737.65**	**30.46**	**921.02**	**30.64**
火力发电	Thermal Power				-0.45	
供 热	Heating				-0.04	
煤炭洗选	Separation Coal					
炼 焦	Coke Making					
炼油及煤制油	Oil Refining and Coal to Make Oil	-2124.90	737.65	30.46	921.51	30.64
天然气液化	Liquefied Natural Gas					
煤制品加工	Processing of Coal Products					
回收能	Recovery of Energy					
三、损失量	**Loss Volume**					
四、终端消费	**Final Consumption**	**143.06**	**287.01**	**10.11**	**586.00**	**0.09**
第一产业	Primary Industry		7.70		43.70	
农、林、牧、渔业	Agriculture, Forestry, Animal Husbandry and Fishery		7.70		43.70	
第二产业	Secondary Industry	143.06	21.96	2.51	102.30	0.09
工 业	Industry	143.06	11.36	2.51	48.80	0.09
建筑业	Construction		10.60		53.50	
第三产业	Tertiary Industry		166.12	7.60	432.70	
交通运输、仓储和邮政业	Transportation, Storage and Post Services		149.41	7.60	393.40	
批发、零售业和住宿、餐饮业	Wholesale and Retail Trades, Hotels and Catering Services		11.62		27.70	
其 他	Others		5.09		11.60	
生活消费	Household Consumption		91.23		7.30	
城 镇	Urban Areas		71.03		2.10	
乡 村	Rural Area		20.20		5.20	

注：综合能源消费电力按等价值折算。

a) Comprehensive energy consumption Electric power and heat are converted on the basis of equal value.

7-3 能源生产弹性系数
Elasticity Ratio of Energy Production

指 标	Item	2010	2011	2012
能源生产增长速度(%)	Growth Rate of Energy Production over Preceding Year (%)	16.7	14.9	12.8
电力生产增长速度(%)	Growth Rate of Electricity Production over Preceding Year (%)	23.4	11.7	7.0
生产总值增长速度(%)	Rate of Gross Domestic Product (GDP) over Preceding Year (%)	14.6	13.9	12.9
能源生产弹性系数	Elasticity Ratio of Energy Production	1.15	1.07	0.99
电力生产弹性系数	Elasticity Ratio of Electricity Production	1.62	0.84	0.54

注：生产总值增长速度按不变价计算，能源生产用等价值折算。
a) The growth rates of GDP are calculated at constant prices. Energy production are converted on the basis of equal value.

7-4 平均每万人能源生产量
Energy Production Per 10 000 Population

品 种	Item	2010	2011	2012
生产总量(吨标准煤)	**Total Production (ton of SCE)**	**86657.65**	**99269.61**	**111663.61**
原 煤(吨)	Coal(ton)	96928.83	109910.44	124610.17
原 油(吨)	Crude Oil(ton)	8087.07	8618.12	9399.09
天然气(万立方米)	Natural Gas(10 000 cu. m)	598.96	727.33	825.63
电 力(万千瓦小时)	Electricity(10 000 kwh)	3020.58	3363.89	3589.91

注：能源生产总量用等价值折算。
a) Total energy production are converted on the basis of equal value.

7-5 能源加工转换效率
Efficiency of Energy Conversion

指 标	Item	2010	2011	2012
总效率(%)	**Total Efficiency (%)**	**71.77**	**75.47**	**77.77**
火力发电	Thermal Power	38.41	38.63	38.80
供 热	Heating	78.12	76.71	75.39
洗 煤	Separation Coal	90.64	95.37	95.35
炼 焦	Coke Making	82.98	86.69	89.16
炼 油	Oil Refining	93.81	95.55	95.23

7-6 单位GDP能耗
Energy Consumption Per Unit of GDP by City (District)

单位：吨标准煤/万元 (ton of SCE/10 000 yuan)

地 区	Region	GDP按2005年价格计算 GDP are calculated at 2005 constant prices						GDP按2010年价格计算 GDP are calculated at 2010 constant prices		
		2005	2006	2007	2008	2009	2010	2010	2011	2012
全 省	**Shaanxi**	**1.416**	**1.368**	**1.306**	**1.228**	**1.172**	**1.129**	**0.877**	**0.846**	**0.816**
西安市	Xi'an	1.030	0.987	0.930	0.869	0.820	0.803	0.633	0.610	0.589
铜川市	Tongchuan	2.160	2.123	2.017	1.917	1.798	1.720	1.702	1.641	1.581
宝鸡市	Baoji	1.460	1.399	1.328	1.249	1.186	1.162	0.882	0.851	0.820
咸阳市	Xianyang	1.380	1.330	1.264	1.201	1.143	1.102	0.779	0.751	0.724
渭南市	Weinan	3.510	3.429	3.263	3.085	2.946	2.807	1.782	1.718	1.656
#韩城市	Hancheng	6.484	6.410	6.116	5.810	5.549	5.208	3.918	3.768	3.617
延安市	Yan'an	0.980	0.952	0.907	0.865	0.826	0.782	0.691	0.667	0.644
汉中市	Hanzhong	1.800	1.739	1.655	1.563	1.494	1.440	1.172	1.130	1.089
榆林市	Yulin	2.510	2.426	2.343	2.195	2.072	2.000	1.020	0.983	0.948
安康市	Ankang	1.380	1.340	1.276	1.198	1.148	1.103	0.921	0.889	0.857
商洛市	Shangluo	1.080	1.066	1.024	0.975	0.926	0.896	0.596	0.575	0.555
杨凌示范区	Yangling	0.710	0.695	0.670	0.628	0.597	0.582	0.406	0.393	0.383

注：能源消耗按等价值计算。

a) The energy consumption are converted on the basis of equal value.

7-6 续表 continued

单位：吨标准煤/万元 (ton of SCE/10 000 yuan)

地 区	Region	比上年增长(%) Growth Rates over Preceding Year(%)						
		2006	2007	2008	2009	2010	2011	2012
全 省	**Shaanxi**	**-3.41**	**-4.55**	**-5.94**	**-4.56**	**-3.64**	**-3.56**	**-3.54**
西安市	Xi'an	-4.15	-5.75	-6.65	-5.56	-2.02	-3.56	-3.51
铜川市	Tongchuan	-1.70	-5.01	-4.95	-6.21	-4.31	-3.62	-3.62
宝鸡市	Baoji	-4.20	-5.05	-5.96	-5.06	-2.01	-3.53	-3.64
咸阳市	Xianyang	-3.63	-4.97	-4.97	-4.81	-3.59	-3.61	-3.50
渭南市	Weinan	-2.30	-4.85	-5.44	-4.51	-4.72	-3.60	-3.61
#韩城市	Hancheng	-1.14	-4.58	-5	-4.496	-6.15	-3.82	-4.01
延安市	Yan'an	-2.85	-4.78	-4.56	-4.54	-5.38	-3.50	-3.50
汉中市	Hanzhong	-3.40	-4.80	-5.6	-4.38	-3.63	-3.61	-3.56
榆林市	Yulin	-3.35	-3.42	-6.3	-5.6	-3.46	-3.60	-3.60
安康市	Ankang	-2.90	-4.75	-6.15	-4.2	-3.89	-3.50	-3.63
商洛市	Shangluo	-1.30	-3.96	-4.78	-5.01	-3.20	-3.51	-3.38
杨凌示范区	Yangling	-2.10	-3.65	-6.22	-5	-2.48	-3.20	-2.62

7-7　单位工业增加值能耗
Energy Consumption Per Unit of Value Added of Industry

单位：吨标准煤/万元　　　　(ton of SCE/10 000 yuan)

地　区	Region	工业增加值按2005年价格计算 VAI are calculated at 2005 constant prices						工业增加值按2010年价格计算 VAI are calculated at 2010 constant prices		
		2005	2006	2007	2008	2009	2010	2010	2011	2012
全　省	**Shaanxi**	**2.620**	**2.460**	**2.270**	**2.009**	**1.892**	**1.770**	**1.323**	**1.249**	**1.178**
西安市	Xi'an	1.220	1.100	1.092	0.915	0.800	0.703	0.593	0.502	0.449
铜川市	Tongchuan	4.100	4.150	3.455	4.739	4.142	3.955	2.893	2.623	2.330
宝鸡市	Baoji	3.010	2.840	2.101	1.712	1.434	1.374	1.115	1.090	0.893
咸阳市	Xianyang	3.090	2.730	2.505	2.158	1.896	1.933	1.329	1.273	1.219
渭南市	Weinan	7.760	8.040	7.153	5.742	4.801	4.116	3.898	3.392	3.082
#韩城市	Hancheng	10.132	11.369	9.974	7.827	8.979	7.151	6.553	5.812	5.257
延安市	Yan'an	0.640	0.560	0.746	0.737	0.611	0.567	0.561	0.519	0.503
汉中市	Hanzhong	4.720	4.210	3.490	2.803	2.563	2.388	2.369	2.009	1.791
榆林市	Yulin	3.650	3.800	2.987	2.805	2.464	2.312	1.432	1.421	1.353
安康市	Ankang	2.080	1.840	1.583	1.259	1.079	0.952	0.895	0.825	0.642
商洛市	Shangluo	2.050	2.410	2.400	2.071	2.015	1.729	0.898	0.799	0.717
杨凌示范区	Yangling	1.590	1.620	1.204	0.352	0.277	0.304	0.159	0.130	0.128

注：本表统计范围是年主营业务收入2000万元及以上的法人工业企业；能源消耗按当量值计算。

a) Statistical scope in this table is industrial enterprises with annual principal business sales over 20 million yuan. The energy consumption are converted on the basis of equal value.

7-7　续表　continued

单位：吨标准煤/万元　　　　(ton of SCE/10 000 yuan)

地　区	Region	比上年增长(%) Growth Rates over Preceding Year(%)						
		2006	2007	2008	2009	2010	2011	2012
全　省	**Shaanxi**	**-7.09**	**-7.81**	**-11.48**	**-5.82**	**-6.83**	**-5.60**	**-5.65**
西安市	Xi'an	-3.04	-12.56	-13.43	-10.48	-12.18	-15.44	-10.56
铜川市	Tongchuan	-1.09	-8.02	0.70	-15.46	-4.51	-9.33	-11.18
宝鸡市	Baoji	-11.41	-13.27	-14.07	-22.44	-4.18	-2.30	-18.07
咸阳市	Xianyang	-11.37	-10.85	-14.06	-11.46	1.92	-4.24	-4.26
渭南市	Weinan	-2.09	-10.51	-18.84	-3.41	-14.26	-12.98	-9.12
#韩城市	Hancheng	12.21	-12.27	-21.52	14.72	-20.36	-11.31	-9.55
延安市	Yan'an	-2.61	-8.60	-3.28	-2.71	-7.22	-7.51	-3.01
汉中市	Hanzhong	-7.34	-11.32	-19.55	-6.57	-6.82	-15.21	-10.86
榆林市	Yulin	-10.22	1.38	-5.95	0.60	-6.14	-0.72	-4.82
安康市	Ankang	-9.25	-4.81	-14.97	11.93	-11.72	-7.91	-22.11
商洛市	Shangluo	19.32	-0.72	-17.14	-10.13	-14.23	-11.08	-10.24
杨凌示范区	Yangling	1.23	-11.79	-0.06	-41.93	9.95	-18.60	-1.15

7-8 单位GDP电耗
Electricity Consumption Per Unit of GDP

单位：千瓦时/万元 (kw.h/10 000 yuan)

地　区	Region	GDP按2005年价格计算 GDP are calculated at 2005 constant prices						GDP按2010年价格计算 GDP are calculated at 2010 constant prices		
		2005	2006	2007	2008	2009	2010	2010	2011	2012
全　省	**Shaanxi**	**1312.83**	**1296.04**	**1259.79**	**1172.27**	**1078.51**	**1093.94**	**848.74**	**851.80**	**819.52**
西安市	Xi'an	963.34	920.19	856.29	796.92	754.45	761.98	615.07	587.77	570.64
铜川市	Tongchuan	3552.00	4625.68	4836.61	4737.56	4093.79	3884.47	3109.86	2752.22	2393.33
宝鸡市	Baoji	1199.69	1087.22	1022.65	917.48	836.47	817.64	684.80	615.35	517.47
咸阳市	Xianyang	1045.24	1020.81	998.65	967.64	917.63	925.00	725.28	685.43	670.36
渭南市	Weinan	1996.34	1857.74	1662.79	1572.67	1454.96	1511.39	1227.44	1200.23	1099.54
延安市	Yan'an	568.39	567.81	560.54	547.07	636.82	611.09	515.65	529.88	546.57
汉中市	Hanzhong	1592.44	1573.13	1490.40	1350.57	1335.07	1369.67	1121.27	1089.41	1115.00
榆林市	Yulin	1570.62	1650.89	1730.61	1443.75	1172.12	1137.68	732.16	798.88	817.01
安康市	Ankang	1027.52	1177.00	1167.76	1034.32	1013.64	991.53	828.29	758.44	661.24
商洛市	Shangluo	1001.85	1171.75	1260.36	1198.15	1126.15	1301.61	987.86	971.38	858.33
杨凌示范区	Yangling	878.69	991.54	1097.50	866.06	917.96	925.34	725.28	685.43	664.79

7-8 续表 continued

单位：千瓦时/万元 (kw.h/10 000 yuan)

地　区	Region	比上年增长(%) Growth Rates over Preceding Year(%)						
		2006	2007	2008	2009	2010	2011	2012
全　省	**Shaanxi**	**-1.28**	**-2.80**	**-6.95**	**-7.98**	**1.43**	**0.36**	**-3.79**
西安市	Xi'an	-4.48	-6.94	-6.93	-5.33	1.00	-4.43	-2.92
铜川市	Tongchuan	30.23	4.56	-2.05	-13.59	-5.11	-11.50	-13.04
宝鸡市	Baoji	-9.38	-5.94	-10.28	-8.83	-2.25	-10.14	-15.91
咸阳市	Xianyang	-2.34	-2.17	-3.11	-5.17	0.80	-5.50	-2.20
渭南市	Weinan	-6.94	-10.49	-5.42	-7.48	3.88	-2.22	-8.39
延安市	Yan'an	-0.10	-1.28	-2.40	3.06	-4.04	2.76	3.15
汉中市	Hanzhong	-1.21	-5.26	-9.38	-1.15	2.59	-2.84	2.35
榆林市	Yulin	5.11	4.83	-16.58	-18.81	-2.94	9.11	2.27
安康市	Ankang	14.55	-0.79	-11.43	-2.00	-2.18	-8.43	-12.82
商洛市	Shangluo	16.96	7.56	-4.94	-6.01	15.58	-1.67	-11.64
杨凌示范区	Yangling	12.84	10.69	-21.09	5.99	0.80	-5.50	-3.01

7-9 能源消费弹性系数

Elasticity Ratio of Energy Consumption

指 标	Item	2010	2011	2012
能源消费增长速度(%)	Growth Rate of Energy Consumption over Preceding Year (%)	10.43	9.86	8.86
电力消费增长速度(%)	Growth Rate of Electricity Consumption over Preceding Year (%)	16.09	14.34	8.58
生产总值增长速度(%)	Growth Rate of Gross Domestic Product (GDP) over Preceding Year (%)	14.46	13.90	12.90
能源消费弹性系数	Elasticity Ratio of Energy Consumption	0.72	0.71	0.69
电力消费弹性系数	Elasticity Ratio of Electricity Consumption	1.11	1.03	0.67

注：生产总值增长速度按不变价计算，能源消费用等价值折算。

a) The growth rates of GDP are calculated at constant prices. Energy consumption are converted on the basis of equal value.

7-10 平均每天各种能源消费量

Average Daily Energy Consumption by Variety

品 种	Item	2010	2011	2012
消费总量(万吨标煤)	**Total Consumption (10 000 tons of SCE)**	**24.33**	**26.74**	**29.03**
原 煤 (万吨)	Coal (10 000 tons)	33.11	37.37	45.20
焦 炭 (吨)	Coke (ton)	20034	21745	24466
原 油 (吨)	Crude Oil (ton)	57661	57416	61966
汽 油 (吨)	Gasoline (ton)	6993	7660	7842
煤 油 (吨)	Kerosene (ton)	245	265	276
柴 油 (吨)	Diesel Oil (ton)	14562	15719	16024
天然气 (万立方米)	Natural Gas (10 000 cu.m)	1622	1712	1787
电 力(万千瓦小时)	Electricity (10 000 kwh)	23540	26917	29146

注：能源消费总量用等价值折算。

a) Total energy consumption are converted on the basis of equal value.

7-11 全省用电总量

Total Electricity Consumption in the Whole Province

单位：亿千瓦时 (100 million kwh)

指　　标	Item	2010	2011	2012
全省用电量总计	**Total Electricity Consumption in the Whole Province**	**859.22**	**982.47**	**1066.75**
农、林、牧、渔、水利用电	Electricity Consumption for Agriculture,Forestry, Animal Husbandry, Fishery and Water Conservancy	39.13	42.54	42.65
# 排灌用电	Electricity Consumption for Drainage and Irrigation	29.04	30.30	29.59
工业用电	Electricity Consumption for Industry	573.05	661.91	705.63
轻工业	Light Industry	55.58	58.42	62.21
重工业	Heavy Industry	517.47	603.50	643.42
# 自来水生产和供应业	Production and Supply of Water	4.04	4.79	5.59
# 电力、热力生产供应业	Production and Supply of Electric Power and Heat Powe	129.28	153.10	172.22
# 厂用电量	Electricity Consumption for factory	67.16	84.00	92.24
# 线路损失电量	Loss of power lines	60.91	67.72	78.11
建筑业用电	Construction electricity	16.46	16.58	18.45
交通运输、仓储和邮政业用电	Electricity Consumption for Transport, Storage and Post	36.67	43.47	47.48
交通运输业	Transport	36.67	41.41	45.09
邮政业	Post	0.78	1.31	1.52
仓储业	Storage	1.16	0.76	0.87
信息传输、计算机服务和软件业用电	Electricity Consumption for Information Transmission, Computer Services and Software	5.48	6.08	6.85
商业、住宿和餐饮用电	Electricity Consumption for Commercial, Hotels and Catering Services	27.11	30.96	37.17
批发和零售业	Wholesale and Retail Trades	16.81	19.47	23.89
住宿和餐饮业	Hotels and Catering Services	10.29	11.49	13.28
金融、房地产、商务及其他服务业用电	Electricity Consumption for Financial Intermediation, Real Estate, Business and others Services	18.51	20.63	23.55
公共事业及其管理组织用电	Electricity Consumption for the Non-profit Organization and the Management Organization	28.48	30.31	36.80
城乡居民生活用电	Electricity Consumption for Cities and Rural Areas Residential	112.38	129.99	148.16
乡村用电	Electricity Consumption for Rural Areas	45.14	51.76	87.92
城市用电	Electricity Consumption for Cities	67.24	78.23	60.24

7-12　主要能源按行业分组消费量(2012年)
Consumption of Main Energy by Sector (2012)

行　业	Sector	原煤(万吨) Coal (10 000 tons)	焦炭(万吨) Coke (10 000 tons)	汽油(万吨) Gasoline (10 000 tons)	柴油(万吨) Diesel Oil (10 000 tons)	电力(亿千瓦时) Electricity (100 million kwh)
采矿业	**Mining**	**5002.26**	**0.19**	**4.49**	**29.68**	**106.94**
煤炭开采和洗选业	Mining and Washing of Coal	4866.29		0.60	8.26	52.14
石油和天然气开采业	Extraction of Petroleum and Natural Gas	93.24		3.26	15.85	31.57
黑色金属矿采选业	Mining and Processing of Ferrous Metal Ores	7.81	0.19	0.04	1.28	5.75
有色金属矿采选业	Mining and Processing of Non-Ferrous Metal Ores	11.87		0.14	0.78	11.97
非金属矿采选业	Mining and Processing of Nonmetal Ores	13.16			0.83	2.87
开采辅助活动	Mining Supporting Activities	9.89		0.45	2.67	
	Mining of Other Ores					2.64
制造业	**Manufacturing**	**6421.01**	**895.20**	**6.07**	**18.04**	**417.31**
农副食品加工业	Processing of Food from Agricultural Products	60.87		0.27	0.29	7.35
食品制造业	Manufacture of Foods	109.47		0.16	0.19	1.78
酒、饮料和精制茶制造业	Manufacture of Wine,Beverages and Refined Tea	52.78		0.08	0.08	2.39
烟草制品业	Manufacture of Tobacco	5.40		0.03	0.05	2.75
纺织业	Manufacture of Textile	25.16		0.04	0.01	9.56
纺织服装、服饰业	Manufacture of Textile and Clothing	0.79		0.01		1.50
皮革、毛皮、羽毛及其制品和制鞋业	Manufacture of Leather, Fur, Feather and Related Products, and Shoes	0.14				0.47
木材加工及木、竹、藤、棕、草制品业	Processing of Timber, Manufacture of Wood, Bamboo,Rattan, Palm and Straw Products	1.51		0.01		3.89
家具制造业	Manufacture of Furniture	0.10		0.03	0.03	1.29
造纸及纸制品业	Manufacture of Paper and Paper Products	50.67		0.05	0.04	4.69
印刷和记录媒介复制业	Printing, Reproduction of Recording Media	0.31		0.10	0.01	1.17
文教、工美、体育和娱乐用品制造业	Manufacture of Culture, Education,Articles,Sports and Entertainment Supplies		0.02			0.09
石油加工、炼焦及核燃料加工业	Processing of Petroleum, Coking, Processing of Nuclear Fuel	2963.95	9.17	0.05	1.85	26.78
化学原料及化学制品制造业	Manufacture of Raw Chemical Materials and Chemical Products	1241.03	182.02	1.08	0.87	85.38
医药制造业	Manufacture of Medicines	28.93		0.50	0.03	2.52
化学纤维制造业	Manufacture of Chemical Fibers	1.28				0.93
橡胶和塑料制品业	Manufacture of Rubber and Plastics	16.90	0.28	0.10	0.30	4.97
非金属矿物制品业	Manufacture of Non-metallic Mineral Products	971.89	0.17	0.29	6.97	60.86
黑色金属冶炼及压延加工业	Smelting and Pressing of Ferrous Metals	162.99	687.71	0.12	0.79	69.89
有色金属冶炼及压延加工业	Smelting and Pressing of Non-ferrous Metals	595.06	15.36	0.27	1.74	68.10

7-12 续表 continued

行　业	Sector	原煤(万吨) Coal (10 000 tons)	焦炭(万吨) Coke (10 000 tons)	汽油(万吨) Gasoline (10 000 tons)	柴油(万吨) Diesel Oil (10 000 tons)	电力(亿千瓦时) Electricity (100 million kwh)
金属制品业	Manufacture of Metal Products	11.57	0.15	0.23	0.25	12.73
通用设备制造业	Manufacture of General Purpose Machinery	10.73	0.06	0.31	1.15	8.75
专用设备制造业	Manufacture of Special Purpose Machinery	42.67	0.24	0.64	0.65	9.21
汽车制造业	Automotive Industry	9.17		0.55	1.20	9.62
铁路、船舶、航空航天和其他运输设备制造业	Manufacture of Railway,Shipping,Aerospace and Other Transport Equipments	44.50	0.04	0.49	0.61	5.62
电气机械及器材制造业	Manufacture of Electrical Machinery and Equipment	4.92		0.27	0.14	4.75
计算机、通信和其他电子设备制造业	Manufacture of Computers,Communication and Other Electronic Equipment	5.08		0.12	0.05	2.86
仪器仪表制造业	Manufacture of Instrument and Apparatus	0.94		0.20	0.71	1.02
其他制造业	Other Manufacturing	1.74		0.03	0.03	5.70
废弃资源综合利用业	Comprehensive Utilization Industry of Waste Resource	0.43				0.07
金属制品、机械和设备修理业	Industry of Metalwork,Machinery,and Equipment Repair	0.01		0.01		0.62
电力、燃气及水的生产和供应业	**Electric Power, Gas and Water Production and Supply**	**4388.67**	**0.06**	**0.80**	**1.57**	**181.39**
电力、热力的生产和供应业	Production and Supply of Electric Power and Heat Power	4388.54		0.61	1.56	172.22
燃气生产和供应业	Production and Supply of Gas			0.12	0.01	3.58
水的生产和供应业	Production and Supply of Water	0.13	0.06	0.07		5.59
建筑业	**Construction**	**34.50**		**10.60**	**53.50**	**18.45**
房屋和土木工程建筑业	Housing and Civil Engineering Construction	34.50		7.64	31.30	18.45
建筑安装业	Building Installation			1.38	16.70	
建筑装饰业	Fiting and Decoration			0.46		
其他建筑业	Other Construction			1.12	5.50	
交通运输、仓储和邮政业	**Traffic, Transport, Storage and Post**	**59.10**		**149.41**	**393.40**	**47.48**
铁路运输业	Railway Transport	59.10		10.91		34.24
道路运输业	Road Transport			138.50	393.40	0.66
管道运输业	Pipeline Transport					2.94
装卸搬运及其他运输服务业	Loading,Unloading and Other Transport Services					7.24
仓储业	Storage					1.52
邮政业	Posts					0.87

注：消费量包括中间消费和损失量。

a) Consumption includes middle expense and stock losses.

7-13　平均每万元工业总产值能源消费量(2012年)
Energy Consumption Per 10 000 Yuan of Gross Industrial Output Value(2012)

行　　业	Sector	能源消费量(万吨标准煤) Total Energy Consumption (10 000 tons of SCE)	产值能耗(吨标准煤／万元) Output Energy Consumption (ton of SCE/10 000 yuan)
工　业	**Industry**	**6982.51**	**0.42**
采矿业	**Mining**	**927.41**	**0.21**
煤炭开采和洗选业	Mining and Washing of Coal	234.59	0.11
石油和天然气开采业	Extraction of Petroleum and Natural Gas	638.06	0.37
黑色金属矿采选业	Mining and Processing of Ferrous Metal Ores	11.24	0.13
有色金属矿采选业	Mining and Processing of Non-Ferrous Metal Ores	14.69	0.08
非金属矿采选业	Mining and Processing of Nonmetal Ores	10.63	0.23
开采辅助活动	Mining Supporting Activities	18.21	0.37
制造业	**Manufacturing**	**3474.25**	**0.31**
农副食品加工业	Processing of Food from Agricultural Products	48.42	0.07
食品制造业	Manufacture of Foods	69.98	0.22
酒、饮料和精制茶制造业	Manufacture of Wine,Beverages and Refined Tea	38.39	0.11
烟草制品业	Manufacture of Tobacco	3.75	0.02
纺织业	Manufacture of Textile	32.66	0.19
纺织服装、服饰业	Manufacture of Textile and Clothing	1.00	0.03
皮革、毛皮、羽毛及其制品和制鞋业	Manufacture of Leather, Fur, Feather and Related Products, and Shoes	0.17	0.05
木材加工及木、竹、藤、棕、草制品业	Processing of Timber, Manufacture of Wood, Bamboo, Rattan, Palm and Straw Products	2.50	0.08
家具制造业	Manufacture of Furniture	0.43	0.03
造纸及纸制品业	Manufacture of Paper and Paper Products	33.97	0.38
印刷和记录媒介复制业	Printing, Reproduction of Recording Media	2.33	0.04
文教、工美、体育和娱乐用品制造业	Manufacture of Culture, Education,Articles,Sports and Entertainment Supplies	0.09	0.02
石油加工、炼焦及核燃料加工业	Processing of Petroleum, Coking, Processing of Nuclear Fuel	710.21	0.37
化学原料及化学制品制造业	Manufacture of Raw Chemical Materials and Chemical Products	951.68	1.64
医药制造业	Manufacture of Medicines	22.17	0.06
化学纤维制造业	Manufacture of Chemical Fibers	3.78	0.26
橡胶和塑料制品业	Manufacture of Rubber and Plastics	19.28	0.08
非金属矿物制品业	Manufacture of Non-metallic Mineral Products	603.03	0.85
黑色金属冶炼及压延加工业	Smelting and Pressing of Ferrous Metals	516.99	0.65
有色金属冶炼及压延加工业	Smelting and Pressing of Non-ferrous Metals	247.83	0.22
金属制品业	Manufacture of Metal Products	13.91	0.07
通用设备制造业	Manufacture of General Purpose Machinery	12.72	0.03
专用设备制造业	Manufacture of Special Purpose Machinery	29.11	0.07
汽车制造业	Automotive Industry	27.53	0.03
铁路、船舶、航空航天和其他运输设备制造业	Manufacture of Railway,Shipping,Aerospace and Other Transport Equipments	32.24	0.06
电气机械及器材制造业	Manufacture of Electrical Machinery and Equipment	21.90	0.04
计算机、通信和其他电子设备制造业	Manufacture of Computers,Communication and Other Electronic Equipment	17.29	0.06
仪器仪表制造业	Manufacture of Instrument and Apparatus	3.33	0.03
其他制造业	Other Manufacturing	6.82	0.36
废弃资源综合利用业	Comprehensive Utilization Industry of Waste Resources	0.42	0.07
金属制品、机械和设备修理业	Industry of Metalwork,Machinery, and Equipment Repair	0.32	0.01
电力、燃气及水的生产和供应业	**Electric Power, Gas and Water Production and Supply**	**2580.85**	**2.03**
电力、热力的生产和供应业	Production and Supply of Electric Power and Heat Power	2575.33	2.17
燃气生产和供应业	Production and Supply of Gas	2.86	0.04
水的生产和供应业	Production and Supply of Water	2.66	0.18

注：本表能源消费量为当量值，工业总产值为现价；统计范围是年主营业务收入2000万元及以上的法人工业企业。

a) Energy consumption in this table is the equivalent weight, the gross industrial output value is at current prices.Statistical scope in this table is industrial enterprises with annual principal business sales over 20 million yuan.

7-14 各市(区)规模以上工业企业能源消费量(2012年)

单位：万吨标煤

行业	Sector	西安市 Xi'an	铜川市 Tongchuan	宝鸡市 Baoji
工业	**Industry**	**471.40**	**330.52**	**551.04**
采矿业	**Mining**	**0.48**	**19.91**	**5.40**
煤炭开采和洗选业	Mining and Washing of Coal		19.91	1.31
石油和天然气开采业	Extraction of Petroleum and Natural Gas			
黑色金属矿采选业	Mining and Processing of Ferrous Metal Ores	0.01		
有色金属矿采选业	Mining and Processing of Non-Ferrous Metal Ores			4.07
非金属矿采选业	Mining and Processing of Nonmetal Ores			0.02
开采辅助活动	Mining Supporting Activities	0.47		
制造业	**Manufacturing**	**265.14**	**181.77**	**295.84**
农副食品加工业	Processing of Food from Agricultural Products	26.34	1.15	2.24
食品制造业	Manufacture of Foods	9.51	0.88	47.15
酒、饮料和精制茶制造业	Manufacture of Wine,Beverages and Refined Tea	13.45	0.98	4.26
烟草制品业	Manufacture of Tobacco	0.05		
纺织业	Manufacture of Textile	4.31	0.83	5.21
纺织服装、服饰业	Manufacture of Textile and Clothing	0.20	0.01	0.02
皮革、毛皮、羽毛及其制品和制鞋业	Manufacture of Leather, Fur, Feather and Related Products, and Shoes	0.08		
木材加工及木、竹、藤、棕、草制品业	Processing of Timber, Manufacture of Wood, Bamboo, Rattan, Palm and Straw Products	1.10		
家具制造业	Manufacture of Furniture	0.22	0.01	0.00
造纸及纸制品业	Manufacture of Paper and Paper Products	9.79		10.73
印刷和记录媒介复制业	Printing, Reproduction of Recording Media	1.83		0.25
文教、工美、体育和娱乐用品制造业	Manufacture of Culture, Education,Articles,Sports and Entertainment Supplies	0.08		
石油加工、炼焦及核燃料加工业	Processing of Petroleum, Coking, Processing of Nuclear Fuel	39.97	0.38	
化学原料及化学制品制造业	Manufacture of Raw Chemical Materials and Chemical Products	11.79	0.55	15.65
医药制造业	Manufacture of Medicines	6.95	0.43	1.89
化学纤维制造业	Manufacture of Chemical Fibers	2.90		0.61
橡胶和塑料制品业	Manufacture of Rubber and Plastics	5.61	0.07	5.13
非金属矿物制品业	Manufacture of Non-metallic Mineral Products	30.05	132.46	124.63
黑色金属冶炼及压延加工业	Smelting and Pressing of Ferrous Metals	11.21	0.21	8.10
有色金属冶炼及压延加工业	Smelting and Pressing of Non-ferrous Metals	5.81	40.92	50.59
金属制品业	Manufacture of Metal Products	9.60	0.02	1.40
通用设备制造业	Manufacture of General Purpose Machinery	2.27	0.01	4.11
专用设备制造业	Manufacture of Special Purpose Machinery	5.08	2.42	5.72
汽车制造业	Automotive Industry	23.45	0.39	1.46
铁路、船舶、航空航天和其他运输设备制造业	Manufacture of Railway,Shipping,Aerospace and Other Transport Equipments	21.82		2.71
电气机械及器材制造业	Manufacture of Electrical Machinery and Equipment	12.94	0.01	0.78
计算机、通信和其他电子设备制造业	Manufacture of Computers,Communication and Other Electronic Equipment	6.04		2.50
仪器仪表制造业	Manufacture of Instrument and Apparatus	2.52		0.70
其他制造业	Other Manufacturing	0.06	0.02	
废弃资源综合利用业	Comprehensive Utilization Industry of Waste Resources			
金属制品、机械和设备修理业	Industry of Metalwork,Machinery, and Equipment Repair	0.08		
电力、燃气及水的生产和供应业	**Electric Power, Gas and Water Production and Supply**	**205.78**	**128.84**	**249.80**
电力、热力的生产和供应业	Production and Supply of Electric Power and Heat Power	203.81	128.76	249.51
燃气生产和供应业	Production and Supply of Gas	0.83	0.00	0.18
水的生产和供应业	Production and Supply of Water	1.14	0.07	0.11

注：本表能源消费量为当量值，统计范围是年主营业务收入2000万元及以上的法人工业企业。

Industrial Enterprises above Designated Size Consumption of Energy by City(District) (2012)

(10 000 tons of SCE)

咸阳市 Xianyang	渭南市 Weinan	# 韩城市 Hancheng	延安市 Yan'an	汉中市 Hanzhong	榆林市 Yulin	安康市 Ankang	商洛市 Shangluo	杨凌示范区 Yangling
771.26	**1413.54**	**694.90**	**399.36**	**350.28**	**1904.32**	**73.23**	**55.55**	**2.53**
11.47	**51.25**	**33.13**	**186.88**	**4.09**	**126.29**	**3.93**	**14.74**	
11.47	49.22	32.99	46.63	0.02	105.28	0.72	0.02	
			139.55		10.89			
	0.14	0.14		3.02		0.51	7.56	
	1.30			0.60	0.31	1.34	7.07	
	0.59			0.45	8.12	1.36	0.09	
			0.69		1.69			
406.16	**730.24**	**422.07**	**183.78**	**310.06**	**934.38**	**68.77**	**40.76**	**2.52**
8.23	3.91	0.09	0.15	2.78	0.16	2.22	0.62	0.60
10.50	0.72			0.06	0.92	0.21	0.01	0.02
8.55	6.49	0.40	1.19	1.41	1.07	0.65	0.07	0.28
0.54								
16.33	1.65	0.27		1.22		3.04	0.04	0.04
0.60				0.14	0.02	0.01		
0.08							0.01	
0.07	0.19			0.00		0.05	0.24	0.86
0.15	0.01							0.03
10.07	2.12				0.02	1.24		
0.20	0.01			0.02		0.00		0.02
					0.01			0.01
36.86	130.32	106.49	181.85	2.51	318.31			
150.80	191.32	19.25	0.18	45.45	477.02	5.12	2.01	0.11
3.65	0.24		0.06	2.88	0.20	3.54	1.95	0.38
0.22	0.05							
7.02	0.77			0.14	0.00	0.37	0.10	0.07
119.94	65.97	13.83		41.65	27.09	43.48	17.74	
5.27	285.47	275.59		183.09	19.33	3.88	0.42	
0.46	24.58			22.58	82.24	4.57	16.07	
2.01	0.21			0.57		0.00	0.04	0.03
5.50	0.24	0.03	0.00	0.53	0.04	0.00		0.02
2.79	4.92		0.32	0.05	7.74	0.05		0.02
1.88			0.01	0.01	0.13	0.19		
3.22	0.02			4.41		0.06		
2.29	4.29			0.05		0.09	1.44	0.01
8.58	0.16			0.00			0.01	
0.03				0.08				
0.16	6.55	6.13						0.02
0.01				0.41				
0.17					0.07			
353.63	**632.05**	**239.70**	**28.70**	**36.13**	**843.64**	**0.53**	**0.04**	**0.01**
352.91	631.99	239.69	27.25	36.00	842.89	0.47	0.04	
0.40	0.06	0.01	1.31		0.06			0.01
0.32			0.13	0.13	0.70	0.06		

a) Energy consumption in this table is the equivalent weight, Statistical scope in this tableis industrial enterprises with annual principal business sales over 20 million yuan.

7-15 规模以上工业企业主要能源按行业分组消费量(2012年)

行业	Sector	煤炭(万吨) Coal (10 000 tons)	焦炭(万吨) Coke (10 000 tons)	天然气(气态)(亿立方米) Natural Gas (100 million cu.m)
工业	**Industry**	**17963.91**	**480.44**	**37.77**
采矿业	**Mining**	**4965.20**	**0.10**	**25.57**
煤炭开采和洗选业	Mining and Washing of Coal	4856.69		
石油和天然气开采业	Extraction of Petroleum and Natural Gas	71.61		24.30
黑色金属矿采选业	Mining and Processing of Ferrous Metal Ores	6.00	0.10	
有色金属矿采选业	Mining and Processing of Non-Ferrous Metal Ores	10.10	0.00	
非金属矿采选业	Mining and Processing of Nonmetal Ores	10.97		0.03
开采辅助活动	Mining Supporting Activities	9.82		1.23
制造业	**Manufacturing**	**7130.56**	**480.32**	**10.13**
农副食品加工业	Processing of Food from Agricultural Products	53.43		0.01
食品制造业	Manufacture of Foods	86.73		0.16
酒、饮料和精制茶制造业	Manufacture of Wine,Beverages and Refined Tea	40.56		0.05
烟草制品业	Manufacture of Tobacco	4.15		0.00
纺织业	Manufacture of Textile	19.32		0.00
纺织服装、服饰业	Manufacture of Textile and Clothing	0.61		0.00
皮革、毛皮、羽毛及其制品和制鞋业	Manufacture of Leather, Fur, Feather and Related Products, and Shoes	0.11		
木材加工及木、竹、藤、棕、草制品业	Processing of Timber, Manufacture of Wood, Bamboo, Rattan, Palm and Straw Products	1.16		
家具制造业	Manufacture of Furniture	0.08		0.00
造纸及纸制品业	Manufacture of Paper and Paper Products	40.60		
印刷和记录媒介复制业	Printing, Reproduction of Recording Media	0.24		0.02
文教、工美、体育和娱乐用品制造业	Manufacture of Culture, Education,Articles,Sports and Entertainment Supplies	0.00	0.01	
石油加工、炼焦及核燃料加工业	Processing of Petroleum, Coking, Processing of Nuclear Fuel	4071.52	4.92	0.97
化学原料及化学制品制造业	Manufacture of Raw Chemical Materials and Chemical Products	1026.29	97.66	5.52
医药制造业	Manufacture of Medicines	22.43		0.06
化学纤维制造业	Manufacture of Chemical Fibers	0.98		
橡胶和塑料制品业	Manufacture of Rubber and Plastics	15.23	0.15	0.00
非金属矿物制品业	Manufacture of Non-metallic Mineral Products	780.01	0.09	0.26
黑色金属冶炼及压延加工业	Smelting and Pressing of Ferrous Metals	173.09	368.98	0.69
有色金属冶炼及压延加工业	Smelting and Pressing of Non-ferrous Metals	687.38	8.24	0.25
金属制品业	Manufacture of Metal Products	8.88	0.08	0.10
通用设备制造业	Manufacture of General Purpose Machinery	8.24	0.03	0.02
专用设备制造业	Manufacture of Special Purpose Machinery	36.65	0.13	0.43
汽车制造业	Automotive Industry	7.04		0.48
铁路、船舶、航空航天和其他运输设备制造业	Manufacture of Railway,Shipping,Aerospace and Other Transport Equipments	34.96	0.02	0.18
电气机械及器材制造业	Manufacture of Electrical Machinery and Equipment	4.29		0.46
计算机、通信和其他电子设备制造业	Manufacture of Computers,Communication and Other Electronic Equipment	3.90		0.44
仪器仪表制造业	Manufacture of Instrument and Apparatus	0.72		0.02
其他制造业	Other Manufacturing	1.61		
废弃资源综合利用业	Comprehensive Utilization Industry of Waste Resources	0.33		
金属制品、机械和设备修理业	Industry of Metalwork,Machinery, and Equipment Repair	0.01		0.00
电力、燃气及水的生产和供应业	**Electric Power, Gas and Water Production and Supply**	**5868.15**	**0.03**	**2.07**
电力、热力的生产和供应业	Production and Supply of Electric Power and Heat Power	5867.94		0.00
燃气生产和供应业	Production and Supply of Gas			2.01
水的生产和供应业	Production and Supply of Water	0.21	0.03	0.06

注：消费量包括中间消费和损失量；统计范围是年主营业务收入2000万元及以上的法人工业企业；煤炭包括：原煤、洗精煤、其它洗煤、煤制品。

Industrial Enterprises above Designated Size Consumption of Main Energy by Sector (2012)

原 油 (万吨) Crude Oil (10 000 tons)	汽 油 (万吨) Gasoline (10 000 tons)	煤 油 (万吨) Kerosene (10 000 tons)	柴 油 (万吨) Diesel Oil (10 000 tons)	热 力 (万百万千焦) Heat (10 billion kilo-joule)	电 力 (亿千瓦时) Electricity (100 million kwh)
2267.96	**8.36**	**2.01**	**36.30**	**1893.77**	**766.32**
143.05	**3.30**	**0.03**	**21.77**	**71.68**	**106.48**
	0.44	0.01	6.06		40.03
143.05	2.39		11.63	22.14	50.01
	0.03		0.94		5.05
	0.10	0.02	0.57		8.11
	0.00		0.61		1.56
	0.33		1.96	49.53	1.71
2124.90	**4.48**	**1.98**	**13.25**	**1729.87**	**479.33**
	0.20		0.21	252.48	9.21
	0.12		0.14	36.00	4.94
	0.06		0.06	73.57	5.53
	0.02		0.04	1.05	0.76
	0.03	0.00	0.01	48.35	15.48
	0.01		0.00		0.45
	0.00			1.60	0.03
	0.01		0.00		1.46
	0.02		0.02		0.25
	0.04		0.03	88.51	4.59
	0.07		0.01	8.69	1.20
	0.00		0.00		0.06
2124.90	0.04		1.36	233.64	44.09
	0.79	0.00	0.64	371.75	108.53
	0.37	0.00	0.02	25.25	3.47
	0.00		0.00	73.47	0.47
	0.07	0.00	0.21	0.37	10.01
	0.21	0.00	5.11	21.30	69.85
	0.09	0.00	0.58	5.02	50.19
	0.20	0.08	1.28	21.85	93.26
	0.17	0.00	0.18	103.80	3.43
0.00	0.23	0.01	0.84	1.44	5.43
	0.47	0.01	0.48	8.58	6.79
	0.40	0.01	0.88	67.25	10.82
	0.36	1.85	0.45	51.48	8.12
	0.20	0.01	0.10	112.67	8.09
	0.09	0.00	0.04	103.39	6.45
	0.15	0.00	0.52	18.35	0.91
	0.02		0.02		5.19
					0.06
	0.01		0.00		0.21
	0.59	**0.00**	**1.27**	**92.22**	**180.52**
	0.45	0.00	1.26	92.22	177.80
	0.09		0.01		1.06
	0.05		0.00		1.66

a)Consumption covers intermediate consumption and loss. The scope of statistics include corporate industrial enterprises with revenue from principal business over 20 million yuan. The coals include raw coal, cleaned coal, other coal washing and coal products.

主要统计指标解释

能源生产总量 指一定时期内，全国一次能源生产量的总和。该指标是观察全国能源生产水平、规模、构成和发展速度的总量指标。一次能源生产量包括原煤、原油、天然气、水电、核能及其他动力能(如风能、地热能等)发电量，不包括低热值燃料生产量、生物质能、太阳能等的利用和由一次能源加工转换而成的二次能源产量。

能源消费总量 指一定时期内，全国各行业和居民生活消费的各种能源的总和。该指标是观察能源消费水平、构成和增长速度的总量指标。能源消费总量包括原煤和原油及其制品、天然气、电力，不包括低热值燃料、生物质能和太阳能等的利用。能源消费总量分为终端能源消费量、能源加工转换损失量和能源损失量三部分。

(1)终端能源消费量：指一定时期内，全国生产和生活消费的各种能源在扣除了用于加工转换二次能源消费量和损失量以后的数量。

(2)能源加工转换损失量：指一定时期内，全国投入加工转换的各种能源数量之和与产出各种能源产品之和的差额。该指标是观察能源在加工转换过程中损失量变化的指标。

(3)能源损失量：指一定时期内，能源在输送、分配、储存过程中发生的损失和由客观原因造成的各种损失量，不包括各种气体能源放空、放散量。

能源生产弹性系数 是研究能源生产增长速度与国民经济增长速度之间关系的指标。计算公式：

$$能源生产弹性系数=\frac{能源生产总量年平均增长速度}{国民经济年平均增长速度}$$

国民经济年平均增长速度，可根据不同的目的或需要，用国民生产总值、国内生产总值等指标来计算，本年鉴是采用国内生产总值指标计算的。

电力生产弹性系数 是研究电力生产增长速度与国民经济增长速度之间关系的指标。一般来说，电力的发展应当快于国民经济的发展，也就是说电力应超前发展。计算公式为:

$$电力生产弹性系数=\frac{电力生产量年平均增长速度}{国民经济年平均增长速度}$$

能源消费弹性系数 反映能源消费增长速度与国民经济增长速度之间比例关系的指标。计算公式为:

$$能源消费弹性系数=\frac{能源消费量年平均增长速度}{国民经济年平均增长速度}$$

电力消费弹性系数 反映电力消费增长速度与国民经济增长速度之间比例关系的指标。计算公式为:

$$电力消费弹性系数=\frac{电力消费量年平均增长速度}{国民经济年平均增长速度}$$

能源加工转换效率 指一定时期内，能源经过加工、转换后，产出的各种能源产品的数量与同期内投入加工转换的各种能源数量的比率。该指标是观察能源加工转换装置和生产工艺先进与落后、管理水平高低等的重要指标。计算公式为:

$$能源加工转换效率=\frac{能源加工转换产出量}{能源加工转换投入量}\times 100\%$$

单位生产总值能耗 指一定时期内，一个国家或地区每生产一个单位的生产总值所消耗的能源。计算公式为:

$$单位生产总值能耗=\frac{能源消费总量}{生产总值}$$

单位生产总值电耗 指一定时期内，一个国家或地区每生产一个单位的生产总值所消耗的电力。计算公式为:

$$单位生产总值电耗=\frac{全社会用电量}{生产总值}$$

单位工业增加值能耗 指一定时期内，一个国家或地区每生产一个单位的工业增加值所消耗的能源。计算公式为:

$$单位工业增加值能耗=\frac{工业能源消费量}{工业增加值}$$

Explanatory Notes on Main Statistical Indicators

Total Energy Production refers to the total production of primary energy by all energy producing enterprises in the country in a given period of time. It is a comprehensive indicator to show the level, scale, composition and pace of development of energy production of the country. The production of primary energy includes that of coal, crude oil, natural gas, hydro-power and electricity generated by nuclear energy and other means such as wind power and geothermal power. However, it does not include the production of fuels of low calorific value, bio-energy, solar energy and secondary energy converted from primary energy.

Total Energy Consumption refers to the total consumption of energy of various kinds by the production sectors and the households in the country in a given period of time. It is a comprehensive indicator to show the scale, composition and pace of increase of energy consumption. Total energy consumption includes that of coal, crude oil and their products, natural gas and electricity. However, it does not include the consumption of fuel of low calorific value, bio-energy and solar energy. Total energy consumption can be divided into three parts: end-use energy consumption; loss during the process of energy conversion; and energy loss.

(1)End-use Energy Consumption: It refers to the total energy consumption by the production sectors and the households in the country (region) in a given period of time. It does not include the consumption during the conversion of primary energy into secondary energy and the loss in the process of energy conversion.

(2)Loss During the Process of Energy Conversion: It refers to the total input of various kinds of energy for conversion, minus the total output of various kinds of energy in the country in a given period of time. It is an indicator to show the loss that occurs during the process of energy conversion.

(3)Energy Loss: It refers to the total of the loss of energy during the course of energy transport, distribution and storage and the loss caused by any objective reason in a given period of time. The loss of various kinds of gas due to gas discharges and stocktaking is not included.

Elasticity Ratio of Energy Production is an indicator to show the relationship between the growth rate of energy production and the growth rate of the national economy. The formula is:

$$\text{Elasticity Ratio of Energy Production} = \frac{\text{Average Annual Growth Rate of Energy Production}}{\text{Average Annual Growth Rate of National Economy}}$$

The average annual growth rate of the national economy can be measured by indicators such as the Gross National Product and the Gross Domestic Product, depending on the purposes or needs. The Gross Domestic Product has been used in the calculation of the ratio in this Yearbook.

Elasticity Ratio of Electricity Production is an indicator to show the relationship between the growth rate of electricity production and the growth rate of the national economy. Generally speaking, the growth rate of electricity production should be higher than that of the national economy.

Its formula is:

$$\text{Elasticity Ratio of Electricity Production} = \frac{\text{Average Annual Growth Rate of Electricity Production}}{\text{Average Annual Growth Rate of National Economy}}$$

Elasticity Ratio of Energy Consumption is an indicator to show the relationship between the growth rate of energy consumption and the growth rate of the national economy. The formula is:

$$\text{Elasticity Ratio of Energy Consumption} = \frac{\text{Average Annual Growth Rate of Energy Consumption}}{\text{Average Annual Growth Rate of National Economy}}$$

Elasticity Ratio of Electricity Consumption is an indicator to show the relationship between the growth rate of electricity consumption and the growth rate of the national economy. The formula is:

$$\text{Elasticity Ratio of Electricity Consumption} = \frac{\text{Average Annual Growth Rate of Electricity Consumption}}{\text{Average Annual Growth Rate of National Economy}}$$

Efficiency of Energy Processing and Conversion refers to the ratio of the total output of energy products of various kinds after processing and conversion to the total input of energy of various kinds for processing and conversion in the same reference period. It is an important indicator to show the current conditions of energy processing and conversion equipment, production technique and management. The formula is:

$$\text{Efficiency of Energy Processing \& Conversion} = \frac{\text{Output of Energy After Processing \& Conversion}}{\text{Input of Energy for Processing \& Conversion}} \times 100\%$$

Energy Consumption per Unit of GDP refers to the energy consumption per unit of Gross Domestic Product in a country or the Gross Regional Product in a region in the same reference period. The formula is:

$$\text{Energy Consumption per Unit of GDP} = \frac{\text{Total Energy Consumption}}{\text{Gross Domestic Product}}$$

Electricity Consumption per Unit of GDP refers to the electricity consumption per unit of Gross Domestic Product in a country or the Gross Regional Product in a region in the same reference period. The formula is:

$$\text{Electricity Consumption per Unit of GDP} = \frac{\text{Total Electricity Consumption}}{\text{Gross Domestic Product}}$$

Energy Consumption per Unit of Industrial Value-added refers to the energy consumption per unit of industrial value-added in a country or region in the same reference period. The formula is:

$$\text{Energy Consumption per Unit of Industrial Value-added} = \frac{\text{Total Energy Consumption}}{\text{Industrial Value-added}}.$$

八、财　政

Government Finance

资料整理：张应剑

简 要 说 明

一、本篇资料反映陕西财政收支情况，内容包括财政总收入、一般预算收入及分项目收人，分项目支出。

二、本篇资料由省财政厅提供。

Brief Introduction

Ⅰ. This chapter reflects the basic situation of local government general budgetary revenue and expenditure of Shaanxi Province, mainly including total revenue, general budget revenue, item of income and item of expenditure.

Ⅱ. The data are provided by Finance Department of Shaanxi Provincial.

8. 财 政

2012年全省

财政收入	2800.09 亿元	比上年增长 18.6%
# 地方财政收入	1600.69 亿元	比上年增长 24.9%
财政支出	3323.80 亿元	比上年增长 13.4%

财政收支（亿元）

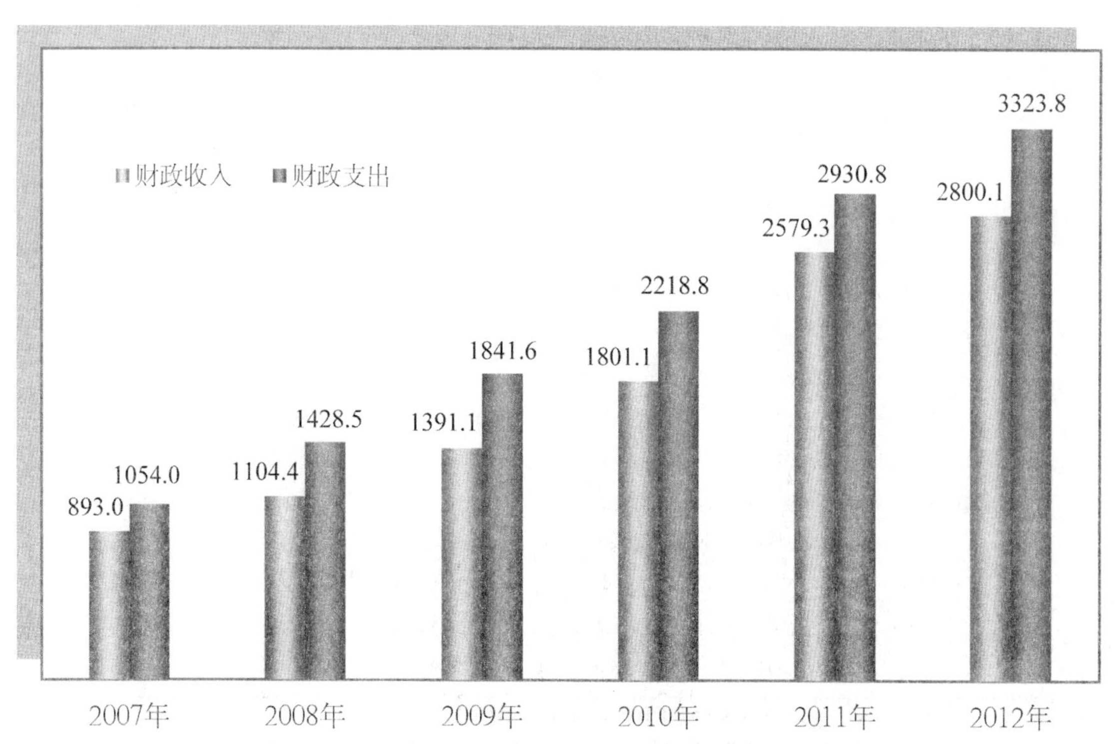

8-1 财政收支总额
Government Revenue and Expenditure

单位：万元 (10 000 yuan)

年 份 Year	财政收入 Government Revenue	# 地方一般预算收入 Local General Bugetary Revenue	财政支出 Government Expenditure	收支差额 Balance of Payment	比上年增长(%) Increase Rates(%) 财政收入 Government Revenue	地方一般预算收入 Local General Bugetary Revenue	财政支出 Government Expenditure
1978	197587		183026	14561	31.5		32.4
1979	168010		195617	-27607	-15.0		6.9
1980	158105		182837	-24732	-5.9		-6.5
1981	134538		163887	-29349	-14.9		-10.4
1982	135622		172993	-37371	0.8		5.6
1983	145407		188076	-42669	7.2		8.7
1984	153124		227471	-74347	5.3		20.9
1985	202967		275007	-72040	32.6		20.9
1986	240907		355931	-115024	18.7		29.4
1987	281805		378051	-96246	17.0		6.2
1988	338788		445835	-107047	20.2		17.9
1989	389603		507870	-118267	15.0		13.9
1990	411901		539062	-127161	5.7		6.1
1991	451391		582781	-131390	9.6		8.1
1992	509539		652654	-143115	12.9		12.0
1993	628982		753985	-125003	23.4		15.5
1994	833111	425886	855158	-22047	32.5	41.0	13.4
1995	951946	513011	1026917	-74971	14.3	20.5	20.1
1996	1172231	676022	1217909	-45678	23.1	31.8	18.6
1997	1400474	841178	1445338	-44864	19.5	24.4	18.7
1998	1569228	933309	1661955	-92727	12.0	11.0	15.0
1999	1729712	1064033	2065173	-335461	10.2	14.0	24.3
2000	1870019	1149711	2717597	-847578	8.1	8.1	31.6
2001	2259822	1358109	3500506	-1240684	20.8	18.1	28.8
2002	2522809	1502934	4049114	-1526305	11.6	10.7	15.7
2003	3269421	1773300	4182008	-912587	29.6	18.0	3.3
2004	4154957	2149586	5163052	-1008095	27.1	21.2	23.5
2005	5290241	2753183	6389627	-1099386	27.3	28.1	23.8
2006	6967712	3621295	8215522	-1247810	31.7	31.5	28.6
2007	8930217	4752398	10539665	-1609448	28.2	31.2	28.3
2008	11043550	5914750	14285208	-3241658	23.7	24.5	35.5
2009	13911343	7352704	18416388	-4505045	26.0	24.3	28.9
2010	18011071	9582065	22188283	-4177212	29.5	30.3	20.5
2011	25793001	15001838	29308100	-3515099	43.2	56.6	32.1
2012	28000912	16006862	33238020	-5237108	18.6	24.9	13.4

注：2012年财政收入增长速度为同口径增长速度。

a)The increase rates of government revenue is the same requirements data in 2012.

8-2 财政分项目收支
Government Revenue and Expenditure by Item

单位：万元 (10 000 yuan)

项 目	Item	2010	2011	2012
地方一般预算收入	**Local General Bugetary Revenue**	**9582065**	**15001838**	**16006862**
税收收入	Total Tax Revenue	7105654	9338372	11315534
增值税	Value Added Tax	1402708	1760466	1894574
营业税	Business Tax	2659418	3328833	3929029
企业所得税	Corporate Income Tax	848112	1241276	1609186
企业所得税退税	Corporate Income Tax Drawback	-301	-70	
个人所得税	Individual Income Tax	355408	444181	420501
资源税	Resource Tax	222972	494441	615942
固定资产投资方向调节税	Fixed Assets Investment Orientation Regulation Tax			
城市维护建设税	City Maintenance and Construction Tax	502231	647423	824660
房产税	House Property Tax	153521	200405	269962
印花税	Stamp Tax	100111	120774	160605
城镇土地使用税	Urban Land Use Tax	157314	192067	226649
土地增值税	Land Appreciation Tax	154285	221923	370335
车船税	Tax on Vehicles and Boat Operation	69318	87535	103448
耕地占用税	Farm Land Occupation Tax	223211	289917	442450
契 税	Deed Tax	241337	291680	424310
烟叶税	Tobacco Leaf Tax	15913	17521	23783
其他税收收入	Other Tax Revenue	96		
非税收入	Total Non-tax Revenue	2476411	5663466	4691328
专项收入	Special Program Receipts	883976	3651631	1747701
行政事业性收费收入	Charge of Administrative and Institutional Units	390206	696033	872300
罚没收入	Penalty Receipts	220604	249907	290680
国有资本经营收入	Operation Income of State-owned Assets	763473	611560	264141
国有资源(资产)有偿使用收入	Income from Use of State-owned Resources (Assets)	149700	319496	938036
其他收入	Other Non-tax Receipts	68452	134839	578470
一般预算支出	**General Bugetary Expenditure**	**22188283**	**29308100**	**33238020**
一般公共服务	Expenditure for General Public Services	2872897	3413214	4071146
外 交	Expenditure for Foreign Affairs			
国 防	Expenditure for National Defense	28960	33598	38391
公共安全	Expenditure for Public Security	1115019	1280558	1490363
教 育	Expenditure for Education	3777877	5294599	7033359
科学技术	Expenditure for Science and Technology	252498	290053	349351
文化体育与传媒	Expenditure for Culture, Sport and Media	478599	612659	918055
社会保障和就业	Expenditure for Social Safety Net and Employment Effort	3156139	3654323	4211552
医疗卫生	Expenditure for Medical and Health Care	1566560	1976141	2223015
环境保护	Expenditure for Environment Protection	828806	961304	941427
城乡社区事务	Expenditure for Urban and Rural Community Affairs	1268445	1471330	1820515
农林水事务	Expenditure for Agriculture, Forestry and Water Conservancy	2671563	3337852	3764492
交通运输	Expenditure for Transportation	1290573	3134164	2482441
工业商业金融等事务	Expenditure for Industry, Commerce and Banking	349628		
其他支出	Other Expenditure	2530719	3848305	3893913

8-3 各市、县（市、区）财政收支（2012年）
Government Revenue and Expenditure by City and County (City and District) (2012)

单位：万元 (10 000 yuan)

地　区	Region	地方一般预算收入 Local General Bugetary Revenue	一般预算支出 General Bugetary Expenditure	收支差额 Balance of Payment
西安市	**Xi'an**	**3969597**	**5974937**	**-2005340**
市本级	City level	1651391	3217321	-1565930
新城区	Xincheng	269944	212440	57504
碑林区	Beilin	330285	179421	150864
莲湖区	Lianhu	347437	235296	112141
灞桥区	Baqiao	168539	169283	-744
未央区	Weiyang	250009	184981	65028
雁塔区	Yanta	344958	208047	136911
阎良区	Yanliang	80905	139962	-59057
临潼区	Lintong	80065	242058	-161993
长安区	Chang'an	247228	365362	-118134
蓝田县	Lantian	26721	192513	-165792
周至县	Zhouzhi	21001	252265	-231264
户　县	Huxian	55773	213234	-157461
高陵县	Gaoling	95341	162754	-67413
铜川市	**Tongchuan**	**210000**	**719436**	**-509436**
市本级	City level	102242	267125	-164883
王益区	Wangyi	18998	86992	-67994
印台区	Yintai	14666	96232	-81566
耀州区	Yaozhou	59676	186149	-126473
宜君县	Yijun	14418	82938	-68520
宝鸡市	**Baoji**	**648466**	**2035338**	**-1386872**
市本级	City level	363996	634800	-270804
渭滨区	Weibin	38960	110783	-71823
金台区	Jintai	35635	103257	-67622
陈仓区	Chencang	28268	166616	-138348
凤翔县	Fengxiang	34760	159456	-124696
岐山县	Qishan	23086	141264	-118178
扶风县	Fufeng	20063	153399	-133336
眉　县	Meixian	20022	140463	-120441
陇　县	Longxian	19163	124368	-105205
千阳县	Qianyang	7132	77806	-70674
麟游县	Linyou	12960	71581	-58621
凤　县	Fengxian	38095	91572	-53477
太白县	Taibai	6326	59973	-53647
咸阳市	**Xianyang**	**691677**	**2349356**	**-1657679**
市本级	City level	260156	461824	-201668
秦都区	Qindu	71605	148444	-76839
渭城区	Weicheng	60551	118807	-58256
三原县	Sanyuan	30201	158501	-128300
泾阳县	Jingyang	25399	159800	-134401
乾　县	Qianxian	18622	172992	-154370
礼泉县	Liquan	21565	168364	-146799

8-3 续表 1 continued

单位：万元 (10 000 yuan)

地 区	Region	地方一般预算收入 Local General Bugetary Revenue	一般预算支出 General Bugetary Expenditure	收支差额 Balance of Payment
永寿县	Yongshou	10538	101489	-90951
彬 县	Binxian	86362	209539	-123177
长武县	Changwu	23554	90846	-67292
旬邑县	Xunyi	27596	132368	-104772
淳化县	Chunhua	8001	107593	-99592
武功县	Wugong	10927	141676	-130749
兴平市	Xingping	36600	177113	-140513
渭南市	**Weinan**	**550567**	**2424077**	**-1873510**
市本级	City level	110472	338744	-228272
临渭区	Linwei	47578	274551	-226973
华 县	Huaxian	39306	195794	-156488
潼关县	Tongguan	19230	100518	-81288
大荔县	Dali	13311	213522	-200211
合阳县	Heyang	17908	169800	-151892
澄城县	Chengcheng	28869	166968	-138099
蒲城县	Pucheng	45500	237162	-191662
白水县	Baishui	17700	140294	-122594
富平县	Fuping	28693	251983	-223290
韩城市	Hancheng	153156	211518	-58362
华阴市	Huayin	28844	123223	-94379
延安市	**Yan'an**	**1392603**	**2642413**	**-1249810**
市本级	City level	416335	748580	-332245
宝塔区	Baota	106436	182449	-76013
延长县	Yanchang	30543	104224	-73681
延川县	Yanchuan	20224	131695	-111471
子长县	Zichang	64380	159055	-94675
安塞县	Ansai	107262	170488	-63226
志丹县	Zhidan	200275	235356	-35081
吴起县	Wuqi	263388	281933	-18545
甘泉县	Ganquan	34607	76644	-42037
富 县	Fuxian	22508	102100	-79592
洛川县	Luochuan	21031	127918	-106887
宜川县	Yichuan	8258	100650	-92392
黄龙县	Huanglong	2410	74078	-71668
黄陵县	Huangling	94946	147243	-52297
汉中市	**Hanzhong**	**300868**	**1958365**	**-1657497**
市本级	City level	67934	373549	-305615
汉台区	Hantai	69571	179216	-109645
南郑县	Nanzheng	44944	218682	-173738
城固县	Chenggu	16519	182600	-166081
洋 县	Yangxian	17798	169489	-151691
西乡县	Xixiang	16006	164500	-148494
勉 县	Mianxian	25574	164777	-139203
宁强县	Ningqiang	11701	157816	-146115

8-3 续表 2 continued

单位：万元 (10 000 yuan)

地 区	Region	地方一般预算收入 Local General Bugetary Revenue	一般预算支出 General Bugetary Expenditure	收支差额 Balance of Payment
略阳县	Lueyang	18091	120616	-102525
镇巴县	Zhenba	8085	129086	-121001
留坝县	Liuba	2886	51533	-48647
佛坪县	Foping	1759	46501	-44742
榆林市	**Yulin**	**2490582**	**3988792**	**-1498210**
市本级	City level	1128416	1004371	124045
榆阳区	Yuyang	172955	314069	-141114
神木县	Shenmu	535610	678458	-142848
府谷县	Fugu	274226	356939	-82713
横山县	Hengshan	37381	198881	-161500
靖边县	Jingbian	152115	282473	-130358
定边县	Dingbian	160039	277248	-117209
绥德县	Suide	6198	192100	-185902
米脂县	Mizhi	4876	139849	-134973
佳县	Jiaxian	7625	157239	-149614
吴堡县	Wubu	2441	83721	-81280
清涧县	Qingjian	4150	145274	-141124
子洲县	Zizhou	4550	158170	-153620
安康市	**Ankang**	**216591**	**1622823**	**-1406232**
市本级	City level	58783	204172	-145389
汉滨区	Hanbin	39920	321967	-282047
汉阴县	Hanyin	14469	135000	-120531
石泉县	Shiquan	9378	121498	-112120
宁陕县	Ningshan	5307	68973	-63666
紫阳县	Ziyang	18409	155396	-136987
岚皋县	Langao	7628	98712	-91084
平利县	Pingli	9299	122745	-113446
镇坪县	Zhenping	4381	58281	-53900
旬阳县	Xunyang	39292	212079	-172787
白河县	Baihe	9725	124000	-114275
商洛市	**Shangluo**	**214988**	**1340292**	**-1125304**
市本级	City level	31683	148330	-116647
商州区	Shangzhou	33502	198269	-164767
洛南县	Luonan	35388	206015	-170627
丹凤县	Danfeng	22376	155601	-133225
商南县	Shangnan	26371	148342	-121971
山阳县	Shanyang	25116	197743	-172627
镇安县	Zhen'an	18936	165662	-146726
柞水县	Zhashui	21616	120330	-98714
杨凌示范区	**Yangling**	**49066**	**176684**	**-127618**
市本级	City level	32630	117007	-84377
杨陵区	Yangling	16436	59677	-43241

主要统计指标解释

财政收入　指国家财政参与社会产品分配所取得的收入，是实现国家职能的财力保证。主要包括:

（1）各项税收：包括国内增值税、国内消费税、进口货物增值税和消费税、出口货物退增值税和消费税、营业税、企业所得税、个人所得税、资源税、城市维护建设税、房产税、印花税、城镇土地使用税、土地增值税、车船税、船舶吨税、车辆购置税、关税、耕地占用税、契税、烟叶税等。

（2）非税收入：包括专项收入、行政事业性收费、罚没收入和其他收入。

财政支出　指国家财政将筹集起来的资金进行分配使用，以满足经济建设和各项事业的需要。主要包括:

（1）一般公共服务：指政府提供基本公共管理与服务的支出，包括人大事务、政协事务、政府办公厅（室）及相关机构事务、发展与改革事务、统计信息事务、财政事务、税收事务、审计事务、海关事务、人力资源事务、纪检监察事务、人口与计划生育事务、商贸事务、知识产权事务、工商行政管理事务、国土资源事务、海洋管理事务、测绘事务、地震事务、气象事务、民族事务、宗教事务、港澳台侨事务、档案事务、共产党事务、民主党派事务及工商联事务、群众团体事务、彩票事务等。

（2）外交：指政府外交事务支出，包括外交行政管理、驻外机构、对外援助、国际组织、对外合作与交流、边界勘界联检等方面的支出。

（3）国防：指政府用于国防方面的支出，包括用于现役部队、预备役部队、民兵、国防科研事业、专项工程、国防动员等方面的支出。

（4）公共安全：指政府维护社会公共安全方面的支出，包括武装警察、公安、国家安全、检察、法院、司法行政、监狱、劳教、国家保密、缉私警察等。

（5）教育：指政府教育事务支出，包括教育行政管理、学前教育、小学教育、初中教育、普通高中教育、普通高等教育、初等职业教育、中专教育、技校教育、职业高中教育、高等职业教育、广播电视教育、留学生教育、特殊教育、干部继续教育、教育机关服务等。

（6）科学技术：指用于科学技术方面的支出，包括科学技术管理事务、基础研究、应用研究、技术研究与开发、科技条件与服务、社会科学、科学技术普及、科技交流与合作等。

（7）文化教育与传媒：指政府在文化、文物、体育、广播影视、新闻出版等方面的支出。

（8）社会保障和就业：指政府在社会保障与就业方面的支出，包括社会保障和就业管理事务、民政管理事务、财政对社会保险基金的补助、补充全国社会保障基金、行政事业单位离退休、企业改革补助、就业补助、抚恤、退役安置、社会福利、残疾人事业、城市居民最低生活保障、其他城镇社会救济、农村社会救济、自然灾害生活救助、红十字事务等。

（9）医疗卫生：指政府医疗卫生方面的支出，包括医疗卫生管理事务支出、医疗服务支出、医疗保障支出、疾病预防控制支出、卫生监督支出、妇幼保健支出、农村卫生支出等。

（10）环境保护：指政府环境保护支出，包括环境保护管理事务支出、环境监测与监察支出、污染治理支出、自然生态保护支出、天然林保护工程支出、退耕还林支出、风沙荒漠治理支出、退牧还草支出、已垦草原退耕还草、能源节约利用、污染减排、可再生能源和资源综合利用等支出。

（11）城乡社区事务：指政府城乡社区事务支出，包括城乡社区管理事务支出、城乡社区规划与管理支出、城乡社区公共设施支出、城乡社区住宅支出、城乡社区环境卫生支出、建设市场管理与监督支出等。

（12）农林水事务：指政府农林水事务支出，包括农业支出、林业支出、水利支出、扶贫支出、农业综合开发支出等。

（13）交通运输：指政府交通运输和邮政业方面的支出，包括公路运输支出、水路运输支出、铁路运输支出、民用航空运输支出、邮政业支出等。

（14）工业商业金融等事务：指政府对工业、商业及金融等方面的支出，包括采掘业支出、制造业支出、建筑业支出、工业和信息产业监管支出、国有资产监管支出、商业流通事务支出、金融业监管支出、旅游业管理与服务支出等。

中央财政收入和地方财政收入　指按现行分税制财政体制划分的中央本级收入和地方本级收入。属于中央财政的收入包括关税，进口货物增值税和消费税，出口货物退增值税和消费税，消费税，铁道部门、各银行总行、各保险公司总公司等集中交纳的营业税和城市维护建设税，增值税75%部分，纳入共享范围的企业所得税60%部分，未纳入共享范围的中央企业所得税、中央企业上交的利润，个人所得税60%部分，车辆购置税，船舶吨税，证券交易印花税97%部分，海洋石油资源税，中央非税收入等。属于地方财政的收入包括营业税（不含铁道部门、各银行总行、各保险公司总公司集中交纳的营业税），地方企业上交利润，城市维护建设税（不含铁道部门、各银行总行、各保险公司总公司集中交纳的部分），房产税，城镇土地使用税，土地增值税，车船税，耕地占用税，契税，烟叶税，印花税，增值税25%部分，纳入共享范围的企业所得税40%部分，个人所得税40%部分，证券交易印花税3%部分，海洋石油资源税以外的其他资源税，地方非税收入等。

Explanatory Notes on Main Statistical Indicators

Government Revenue refers to income for the government finance through participating in the distribution of social products. It is the financial guarantee to ensure government functioning. The contents of government revenue include the following main items:

(1) Various tax revenues, including domestic value added tax (VAT), domestic consumption tax, VAT and consumption tax from imports, VAT and consumption tax rebate for exports, business tax, corporate income tax, individual income tax, resource tax, city maintenance and construct tax, house property tax, stamp tax, urban land use tax, land appreciation tax, tax on vehicles and boat operation, ship tonnage tax, vehicle purchase tax, tariffs, farm land occupation tax, deed tax, and tobacco leaf tax, etc.

(2) Non-tax revenue, including special program receipts, charge of administrative and institutional units, penalty receipts and others non-tax receipts.

Government Expenditure refers to the distribution and use of the funds which the government finance has raised, so as to meet the needs of economic construction and various causes. It includes the following main items:

(1) Expenditure for general public services: It refers to the spending on the basic public management and services which provided by governments, including the expense on affairs of People's Congress, affairs of People's Political Consultative Conference, affairs of government general office and relative institutions, affairs of development and reform, affairs of statistics, affairs of finance, affairs of taxation, affairs of audit, affairs of customs, affairs of human resources and social security, affairs of discipline inspection and supervision, affairs of population and family planning, affairs of commerce and trade, affairs of intellectual property, affairs of administration for industry and commerce, affairs of land and resources, affairs of oceanic administration, affairs of surveying and mapping, affairs of earthquake, ethnic affairs, religious affairs, affairs of Hong Kong, Macao, Taiwan, and Overseas Chinese, affairs of archives administration, affairs of Chinese Communist Party, affairs of democratic parties and federation of industry and commerce, affairs of mass organization, and affairs of lottery, etc.

(2) Expenditure for foreign affairs: It refers to the spending of government on foreign affairs, including the expense on administration of foreign affairs, missions overseas, external assistance, international organizations, foreign cooperation and communication, surveying and joint inspection on borderline, etc.

(3) Expenditure for national defence: It refers to the spending of government on national defence, including the expense on active force, reserve force, militia, scientific research on national defence, special projects, mobilization of national defence, etc.

(4) Expenditure for public security: It refers to the spending of government on maintaining social and public security, including the expense on armed police force, public security, state security, prosecution, courts, justice, prison, labour education and rehabilitation, protection of state secrecy, anti-smuggling police, etc.

(5) Expenditure for education: It refers to the spending of government on education, including the expense on the administration of education, pre-primary education, primary education, secondary education, high school education, regular higher education, primary vocational education, secondary vocational education, technical school education, vocational high school education and higher vocational education, radio and television education, student abroad education, special education, on the job training of cadres, education authorities services, etc.

(6) Expenditure for science and technology: It refers to the spending of government on science and technology (S&T), including the expense on the administration of S&T, basic research, applied research, research and development, conditions and services of S&T, popularization of social science, science and technology, exchanges and cooperation of S&T, etc.

(7) Expenditure for culture, sport and media: It refers to the spending of government on culture, cultural heritage, sports, radio, film, television, press and publication, etc.

(8) Expenditure for social safety net and employment effort: It refers to the spending of government on social safety net and employment, including the expense on administration of social safety net and employment, civil affairs, budgetary subsidy on the social insurance funds, subsidy on National Social Security Fund, retirees of administrative units and institutions, subsidy on enterprise reform, subsidy on employment effort, pension, placement of ex-serviceman, social welfare, the handicapped undertakings, the system of cost of living allowances for urban residents, other urban social relief, rural social relief, living relief of natural disasters, affairs of Red Cross Society, etc.

(9) Expenditure for medical and health care: It refers to the spending of government on medical and health care, including the expense on administration of medical and health care, medical services, health care, disease prevention and control, health inspection and supervision, women and children's health, rural health care, etc.

(10) Expenditure for environment protection: It refers to the spending of government on environment protection, including the expense on administration of environment protection, environment monitoring and supervision, pollution control, natural ecology protection, project of virgin forests

protection, reforesting farmland, controlling the sources of dust storms, returning pastureland to grassland, returning pastureland to grassland, returning cultivated land to grassland, energy conservation, emissions reduction, comprehensive utilization of renewable energy and resources, etc.

(11) Expenditure for urban and rural community affairs: It refers to the spending of government on urban and rural community affairs, including the expense on administration of urban and rural community, planning and management of urban and rural community, public facilities of urban and rural community, housing of urban and rural community, sanitation of urban and rural community, management and supervision on the construction market, etc.

(12) Expenditure for agriculture, forestry and water conservancy: It refers to the spending of government on agriculture, forestry and water conservancy, including the expense on agriculture, forestry, water conservancy, poverty alleviation, comprehensive agricultural development, etc.

(13) Expenditure for transportation: It refers to the spending of government on transportation and postal services, including the expense on road transportation, waterway transportation, railway transportation, civil aviation transportation, and postal services.

(14) Expenditure for industry, commerce and banking: It refers to the spending of government on industry, commerce and banking, including the expense on mining, manufacturing, construction, industry and information technology supervision and administration, State-owned assets supervision and administration, commerce and circulation affairs, financial intermediation supervision and administration, tourism administration and service, etc.

Revenue of the Central Government and Revenue of the Local Governments refers to the revenue collected by the Central Government and that by the local governments as defined by the decentralized taxation system. In accordance with this system, the revenue of the Central Government includes tariff, VAT and consumption tax from imports, VAT and consumption tax rebate for exports, consumption tax, business tax and city maintenance and construct tax from the Ministry of Railways, head offices of banks, head offices of insurance company, which are handed over to the government in a centralized way, 75% of the value added tax, 60% the share part of the corporate income tax, unshared part of corporate income tax of the central enterprises, profit handed in by the central enterprises, 60% of individual income tax, vehicle purchase tax, ship tonnage tax, 97% of stamp tax on securities transactions, resource tax on the offshore petroleum resources. The revenue of the local governments includes business tax (excluding the part of the Ministry of Railways, head offices of banks, head offices of insurance company, which are handed over to the government in a centralized way), profit handed in by the local enterprises, city maintenance and construct tax (excluding the part of the Ministry of Railways, head offices of banks, head offices of insurance company, which are handed over to the government in a centralized way), house property tax, urban land use tax, land appreciation tax, tax on vehicles and boat operation, farm land occupation tax, deed tax, and tobacco leaf tax, stamp tax, 25% of the value added tax, 40% the share part of the corporate income tax, 40% of individual income tax, 3% of stamp tax on securities transactions, resource tax other than the tax on offshore petroleum resources, local non-tax revenue, etc.

九、价格指数

Price Indices

资料整理：王国强　邹 悦　种都权

简 要 说 明

一、本篇资料反映生产、流通、消费与投资等环节的价格变动情况。主要包括居民消费价格指数、商品零售价格指数、农业生产资料价格指数、工业生产者价格指数、农产品生产价格指数、固定资产投资价格指数和房地产价格指数。

二、本篇资料由国家统计局陕西调查总队提供。

三、居民消费价格指数、商品零售价格指数采用抽样调查和重点调查相结合的方法编制，即选择不同经济区域的市、县以及有代表性的商品和服务项目作为样本，对其市场价格进行定期调查，以样本推断总体。

四、工业生产者价格指数采用重点调查与典型调查相结合的方法统计。重点调查对象为规模以上工业企业，典型调查对象为规模以下工业企业。

五、固定资产投资价格指数采用重点调查与典型调查相结合的方法统计。

六、农产品生产价格指数采用抽样调查和重点调查相结合的调查方法进行统计。

Brief Introduction

Ⅰ. This chapter reflects price changes in production, circulation , consumption and investment, mainly including consumer price indices, retail price indices, price indices of means of agricultural production, industrial producers price indices, producers'price indices for farm products, price indices for investment in fixed assets and real estate price indices.

Ⅱ. The data are provided by NBS Survey Office in Shaanxi.

Ⅲ. The data for the calculation of consumer price indices and retail price indices in the province are collected through stratified random sampling. Cities and counties distributed in different economic regions of the province are selected as sample areas, and representative commodities and services are selected as sample commodities and services. Regular surveys are conducted to collect data on market prices. The data on the population are estimated on the basis of the sample.

Ⅳ. The industrial producers price indices are collected through key-point survey combined with typical survey. The key investigation objects are the industrial enterprises above designated size. The typical investigation objects are the industrial enterprises below designated size.

Ⅴ. The data for the calculation of price indices of investment in fixed assets are collected through key-point survey combined with typical survey.

VI. The data for the calculation of producers' price indices of farm products are collected through sampling survey combined with key-point survey.

9.价格指数

2012年全省	
商品零售价格指数(上年=100)	102.3
#城 市	102.3
居民消费价格指数(上年=100)	102.8
#城 市	102.6

居民消费价格指数

(上年=100)

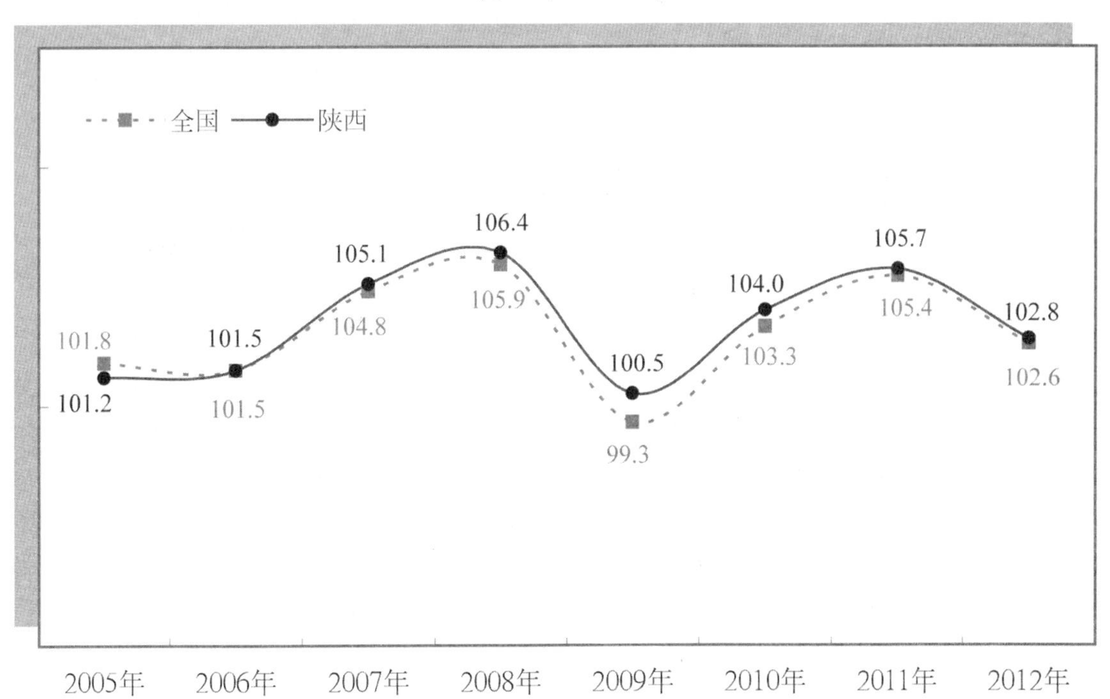

9-1 商品零售价格和居民消费价格指数
Retail Price Indices and Consumer Price Indices

年 份 Year	上年价格=100 preceding year=100			1978年价格=100 1978=100		
	商品零售价格指数 Retail Price Index	居民消费价格指数 Consumer Price Index	# 城市居民 Urban Household	商品零售价格指数 Retail Price Index	居民消费价格指数 Consumer Price Index	# 城市居民 Urban Household
1979	101.6	101.7	101.4	101.6	101.7	101.4
1980	104.7	105.3	105.4	106.4	107.1	106.9
1981	103.0	103.6	103.6	109.6	111.0	110.7
1982	101.0	101.4	100.4	110.7	112.6	111.7
1983	101.5	101.5	102.2	112.4	114.3	113.5
1984	103.9	103.0	103.4	116.8	117.7	117.4
1985	106.5	107.0	107.6	124.4	125.9	126.3
1986	105.2	106.0	106.6	130.9	133.5	134.6
1987	108.6	108.6	109.2	142.2	145.0	147.0
1988	119.0	119.1	120.1	169.2	172.7	176.5
1989	118.8	118.3	117.6	201.0	204.3	207.6
1990	101.6	101.3	102.6	204.2	207.0	213.0
1991	105.8	106.0	107.3	216.0	219.4	228.5
1992	109.5	109.7	111.2	236.5	240.7	254.1
1993	111.8	111.8	114.0	264.4	269.1	289.7
1994	125.9	126.7	128.2	332.9	340.9	371.4
1995	117.0	119.0	118.0	389.5	405.7	438.3
1996	108.1	109.7	110.3	421.0	445.1	483.4
1997	101.6	104.8	105.2	427.7	466.5	508.6
1998	96.2	98.4	97.7	411.4	459.0	496.9
1999	97.5	97.8	97.2	401.1	448.9	483.0
2000	98.3	99.5	100.3	394.3	446.7	484.4
2001	99.1	101.0	100.1	390.8	451.2	484.9
2002	98.6	98.9	98.2	385.3	446.2	476.2
2003	100.5	101.7	100.8	387.2	453.8	480.0
2004	102.5	103.1	103.0	396.9	467.9	494.4
2005	100.1	101.2	100.9	397.3	473.5	498.8
2006	101.8	101.5	102.1	404.5	480.6	509.3
2007	105.0	105.1	105.2	424.7	505.1	535.8
2008	106.9	106.4	106.2	454.0	537.4	569.0
2009	99.9	100.5	100.0	453.5	540.1	569.0
2010	103.6	104.0	103.7	469.8	561.7	590.1
2011	104.8	105.7	105.7	492.4	593.7	623.7
2012	102.3	102.8	102.6	503.7	610.3	639.9

9-2 商品零售价格分类指数(2012年)
Retail Price Indices by Category (2012)

(上年价格=100) (preceding year=100)

项 目	Item	全 省 Provincial Indices	城 市 Urban Indices	农 村 Rural Indices
商品零售价格总指数	**Retail Price Index**	**102.3**	**102.3**	**102.3**
一、食 品	**Food**	**104.7**	**104.7**	**104.3**
1.粮 食	Grain	103.6	103.9	102.4
2.淀粉及制品	Starches and Tubers	104.7	107.9	91.8
3.干豆类及豆制品	Beans and Bean Products	99.5	99.6	99.2
4.油 脂	Oil or Fat	106.8	107.4	103.7
5.肉禽及其制品	Meat, Poultry and Processed Products	101.7	101.9	100.7
(1)食用畜肉及副产品	Starches	99.2	99.1	100.0
(2)禽	Bean and Its Products	103.5	104.6	96.5
(3)肉禽加工制品	Poultry Product	110.2	110.4	108.5
6.蛋	Eggs	97.4	97.1	98.9
7.水产品	Aquatic Products	110.0	110.2	107.6
(1)鱼	Fish	110.0	110.2	108.0
(2)其它水产品	Others	110.0	110.4	105.9
8.菜	Vegetables	110.9	110.4	113.8
9.调味品	Flavoring	102.9	102.9	103.1
10.糖	Sugar	105.0	105.7	101.2
11.干鲜瓜果	Dried and Fresh Melons and Fruits	99.4	98.9	103.6
12.糕点饼干面包	Cake, Biscuit and Bread	106.1	106.2	105.5
13.液体乳及乳制品	Milk and Its Products	102.3	102.3	102.3
14.在外用膳食品	Outward Dinner Food	106.9	106.9	106.3
15.其它食品	Other Foods	107.4	108.6	102.3
二、饮料、烟酒	**Beverages, Tobacco and Liquor**	**104.6**	**104.9**	**102.6**
1.茶及饮料	Tea and Beverages	108.4	109.2	103.2
(1)茶 叶	Tea	115.3	117.2	103.3
(2)饮 料	Beverages	104.2	104.4	103.0
2.烟 草	Tobacco	99.9	99.9	100.1
3.酒	Liquor	108.4	108.9	105.6
三、服装、鞋帽	**Garments, Shoes and Hats**	**102.4**	**102.2**	**103.9**
1.服 装	Garments	102.2	102.0	103.7
(1)男式服装	Man's Garments	101.9	101.7	103.9
(2)女式服装	Woman's Garments	103.3	103.3	103.7
(3)儿童服装	Children's Garments	98.2	96.8	103.6
2.鞋袜帽	Footgear and Hats	102.8	102.5	104.5
(1)鞋	Shoes	102.6	102.2	104.8
(2)袜 子	Socks and Stockings	105.0	105.7	102.7
(3)帽 子	Hats	100.1	98.6	105.6
3.其 它	Others	103.9	104.3	100.7

9-2 续表 continued

(上年价格=100) (preceding year=100)

项 目	Item	全 省 Provincial Indices	城 市 Urban Indices	农 村 Rural Indices
四、纺织品	**Textiles**	**103.6**	**103.8**	**102.4**
1.衣着材料	Clothing	102.0	101.8	102.6
2.床上用品	Bedding	104.6	105.0	102.1
五、家用电器及音像器材	**Household Appliances, Music and Video Equipment**	**97.2**	**97.1**	**98.4**
1.家庭设备	Household Facilities	100.7	100.7	100.7
2.文娱用耐用消费品	Durable Consumer Goods for Recreation	91.3	90.5	95.3
3.音像器材	Audiovisual Articles	97.6	97.6	99.6
六、文化办公用品	**Cultural and Office Appliances**	**99.0**	**99.0**	**99.2**
七、日用品	**Articles for Daily Use**	**102.0**	**102.0**	**102.1**
1.日用百货	General Merchandise for Daily Use	100.8	100.4	102.9
2.日用杂品	Miscellaneous for Daily Use	101.9	102.0	101.5
3.洗涤用品	Washing Goods	104.0	104.3	102.4
4.其它日用品	Others	101.6	101.7	100.8
八、体育娱乐用品	**Sports and Recreation Articles**	**101.7**	**101.7**	**102.0**
1.体育用品	Sports Articles	102.3	102.3	101.6
2.娱乐用品	Recreational Articles	101.2	101.1	102.4
九、交通、通信用品	**Transportation and Communication Appliances**	**96.1**	**96.1**	**96.0**
1.交通运输机械	Means of Transportation	99.6	99.5	100.7
2.通讯器材	Means of Communication	85.8	82.8	93.1
十、家 具	**Furniture**	**102.6**	**102.9**	**99.8**
十一、化妆品	**Cosmetics**	**102.9**	**103.0**	**102.2**
十二、金银珠宝	**Gold, Silver and Jewelry**	**98.5**	**97.9**	**103.1**
十三、中西药品及医疗保健用品	**Traditional Chinese and Western Medicines and Health Care Articles Care Articles**	**104.9**	**105.0**	**104.1**
1.医疗器具及用品	Medical Apparatus and Article	107.1	107.7	102.4
2.中药材及中成药	Traditional Chinese Medicinal Materials and Medicines	110.8	111.0	109.0
3.西 药	Western Medicines	100.9	100.9	100.8
4.保健器具及用品	Health Care Equipment and Articles	101.2	101.1	101.7
十四、书报杂志及电子出版物	**Books, Newspapers, Magazines and Electronic Publications**	**101.3**	**101.3**	**101.5**
1.教材及参考书	Teaching Materials and Reference Books	101.0	100.7	103.6
2.书报杂志	Newspapers and Magazines	102.3	102.6	100.7
3.电子音像制品	Electronic Audiovisual Products	100.2	100.5	98.7
十五、燃 料	**Fuels**	**102.9**	**102.8**	**103.8**
1.煤炭及制品	Coal and Coal Products	104.9	105.4	102.8
2.石油及制品	Petroleum and its Products	102.3	102.0	104.3
十六、建筑材料及五金电料	**Building Materials and Hardware**	**100.7**	**100.4**	**102.6**
1.建筑装璜材料	Building Decoration Materials	99.9	99.4	102.6
2.五金电料	Hardware	103.2	103.3	102.6

9-3 居民消费价格分类指数(2012年)
Consumer Price Indices by Category (2012)

(上年价格=100) (preceding year=100)

项　目	Item	全 省 Provincial Indices	城 市 Urban Indices	农 村 Rural Indices
居民消费价格总指数	**Consumer Price Index**	**102.8**	**102.6**	**103.1**
非食品价格指数	Non-food Price Index	101.8	101.5	102.4
服务项目价格指数	Services Price Index	102.0	101.6	102.9
扣除鲜菜鲜果总指数	Index net of Fresh Vegetables and Fruit	102.5	102.5	102.7
消费品价格指数	Consumer Price Index	103.1	103.0	103.2
一、食　品	**Food**	**104.8**	**104.9**	**104.4**
1.粮　食	Grain	103.3	103.8	102.5
2.淀粉及制品	Starches and Tubers	100.3	107.8	90.7
3.干豆类及豆制品	Beans and Bean Products	99.5	99.6	99.3
4.油　脂	Oil or Fat	105.9	107.4	103.7
5.肉禽及其制品	Meat, Poultry and Processed Products	101.5	101.9	100.6
(1)食用畜肉及副产品	Poultry Meat and By-product	99.2	99.0	99.8
(2)禽	Poultry	101.3	104.7	95.7
(3)加工肉禽	Poultry Product	109.9	110.4	108.6
6.蛋	Eggs	97.6	97.3	98.4
7.水产品	Aquatic Products	110.4	110.9	108.6
(1)鱼	Fish	110.4	110.9	108.6
(2)其它水产品	Others	110.4	110.9	108.3
8.菜	Vegetables	111.7	110.6	114.1
9.调味品	Flavoring	102.9	102.7	103.2
10.糖	Carbohydrate	104.0	105.5	101.3
11.茶及饮料	Tea and Beverages	107.1	108.1	103.7
(1)茶　叶	Tea	112.4	115.2	104.3
(2)饮　料	Beverages	104.5	104.9	103.3
12.干鲜瓜果	Dried and Fresh Melons and Fruits	100.1	98.7	103.3
13.糕点饼干面包	Cake, Biscuit and Bread	106.3	106.6	105.6
14.液体乳及乳制品	Milk and Its Products	102.4	102.4	102.3
15.在外用膳食品	Dining Out	106.6	106.6	106.5
16.其它食品	Other Foods	108.0	111.1	102.5
二、烟　酒	**Tobacco and Liquor**	**103.0**	**103.2**	**102.3**
1.烟　草	Tobacco	99.9	99.9	100.1
2.酒	Liquor	107.7	108.5	105.7
三、衣　着	**Clothing**	**102.7**	**102.1**	**104.0**
1.服　装	Garments	102.5	102.0	103.8
(1)男式服装	Man's Garments	102.1	101.4	104.1
(2)女式服装	Woman's Garments	103.3	103.2	103.7
(3)儿童服装	Children's Garments	100.0	96.7	103.5
2.衣着材料	Clothing Material	102.5	101.7	103.1
3.鞋袜帽	Footgear and Hats	103.0	102.3	104.5
(1)鞋	Shoes	102.8	102.0	104.7
(2)袜　子	Socks and Stockings	104.4	105.5	102.9
(3)帽　子	Hats	101.8	99.1	105.4
4.衣着加工服务费	Clothing Manufacturing Services	106.3	105.4	107.7

9-3 续表 continued

(上年价格=100) (preceding year=100)

项　目	Item	全 省 Provincial Indices	城 市 Urban Indices	农 村 Rural Indices
四、家庭设备用品及维修服务	**Household Facilities, Articles and Services**	**102.4**	**102.5**	**102.2**
1.耐用消费品	Durable Consumer Goods	101.2	101.5	100.3
(1)家　具	Furniture	101.9	102.8	99.8
(2)家庭设备	Household Facilities	100.7	100.7	100.7
2.室内装饰品	Interior Decorations	102.5	102.5	102.3
3.床上用品	Bed Articles	103.3	104.0	102.1
4.家庭日用杂品	Daily Use Household Articles	102.5	102.6	102.5
5.家庭服务及加工维修服务	Household Services and Maintenance and Renovation	108.2	106.5	112.5
五、医疗保健和个人用品	**Health Care and Personal Articles**	**103.9**	**104.1**	**103.3**
1.医疗保健	Health Care	103.7	103.9	103.2
(1)医疗器具及用品	Medical Instrument and Articles	104.9	107.3	101.7
(2)中药材及中成药	Traditional Chinese Medicine	110.4	111.2	108.3
(3)西　药	Western Medicine	100.8	100.9	100.5
(4)保健器具及用品	Health Care Appliances and Articles	101.6	101.6	101.6
(5)医疗保健服务	Health Care Services	100.5	100.1	101.7
2.个人用品及服务	Personal Articles and Services	104.4	104.7	103.5
(1)化妆美容用品	Cosmetics	101.8	101.4	102.8
(2)清洁化妆用品	Sanitation Articles	104.0	105.0	102.0
(3)个人饰品	Personal Ornaments	101.8	102.0	101.5
(4)个人服务	Personal Services	108.5	109.0	107.2
六、交通和通信	**Transportation and Communication**	**99.1**	**98.6**	**100.2**
1.交　通	Transportation	102.1	102.0	102.4
(1)交通工具	Transportation Facility	101.3	100.8	101.8
(2)车用燃料及零配件	Fuels and Parts	102.3	102.2	102.4
(3)车辆使用及维修费	Fees for Vehicles Use and Maintenance	102.6	102.0	103.8
(4)市区公共交通费	Incity Traffic Fare	100.9	100.5	102.6
(5)城市间交通费	Intercity Traffic Fare	103.8	104.3	102.4
2.通　信	Communication	96.3	95.6	97.9
(1)通信工具	Communication Facility	82.8	77.8	92.0
(2)通信服务	Communication Service	99.9	99.9	100.0
七、娱乐教育文化用品及服务	**Recreation, Education and Culture Articles**	**100.6**	**100.4**	**101.2**
1.文娱用耐用消费品及服务	Durable Consumer Goods for Cultural and Recreational Use and Services	93.3	92.2	95.7
2.教　育	Education	101.9	101.5	102.7
(1)教材及参考书	Teaching Materials and Reference Books	101.4	101.1	101.8
(2)教育服务	Education Services	102.0	101.6	103.0
3.文化娱乐	Cultural and Recreational Articles	102.0	102.6	100.7
(1)文化娱乐用品	Cultural Articles	101.6	102.0	100.8
(2)书报杂志	Newspapers and Magazines	101.8	102.6	100.3
(3)文娱费	Expenditure on Culture and Recreation	102.5	103.0	100.8
4.旅　游	Touring and Outing	103.2	103.2	103.0
八、居　住	**Residence**	**102.2**	**101.6**	**103.3**
1.建房及装修材料	Building and Building Decoration Materials	101.4	100.3	103.7
2.住房租金	Renting	103.0	101.1	108.3
3.自有住房	Private Housing	101.5	101.0	102.7
4.水、电、燃料	Water, Electricity and Fuels	102.9	102.9	103.0

9-4 十九个市、县商品零售价格分类指数(2012年)
Retail Price Indices by Category of 19 Cities and Counties(2012)

(上年价格=100) (preceding year=100)

地 区	Region	总指数 General Index	一、食品 Food	二、饮料烟酒 Beverages, Tobacco and Liquor	三、服装鞋帽 Garments, Shoes and Hats	四、纺织品 Textiles	五、家用电器及音像器材 Household Appliances, Music and Video Equipment	六、文化办公用品 Cultural and Office Appliances	七、日用品 Articles for Daily Use	八、体育娱乐用品 Sports and Recreation Articles
全 省	**Shaanxi**	**102.3**	**104.7**	**104.6**	**102.4**	**103.6**	**97.2**	**99.0**	**102.0**	**101.7**
国家调查点	**National Survey Points**									
西安市	Xi'an	102.3	105.0	107.4	102.2	103.5	95.9	98.5	102.0	100.5
宝鸡市	Baoji	102.1	103.6	104.8	100.2	105.2	97.0	97.2	102.6	104.6
汉台区	Hantai	101.7	103.7	101.6	103.3	103.3	97.9	96.0	100.5	101.5
咸阳市	Xianyan	102.3	105.2	104.4	99.6	98.8	99.1	100.8	101.0	108.0
榆阳区	Yuyang	102.5	102.3	102.2	101.5	100.6	101.1	100.3	102.8	102.3
汉滨区	Hanbin	102.0	103.6	102.9	102.8	104.2	99.1	98.4	101.2	100.1
三原县	Sanyuan	101.9	102.0	105.0	109.3	102.4	98.0	99.4	103.4	112.8
商州区	Shangzhou	104.0	109.4	102.4	105.8	100.6	96.6	99.4	102.5	99.7
省级调查点	**Provincial Survey Points**									
铜川市	Tongchuan	101.7	104.6	101.1	103.4	104.9	96.5	99.1	102.0	97.9
宝塔区	Baota	101.2	102.5	103.4	99.9	110.7	100.1	90.9	100.4	100.0
临渭区	Linwei	102.9	105.0	101.4	103.9	104.0	99.3	100.2	104.2	106.2
西乡县	Xixiang	102.3	105.6	104.4	104.1	101.0	99.3	102.4	100.8	101.7
陇 县	Longxian	103.4	105.6	102.2	106.5	105.0	97.2	98.8	104.4	101.8
洛南县	Luonan	102.3	105.8	103.8	104.9	102.3	90.7	95.4	101.7	99.7
蒲城县	Puchneng	101.7	103.2	100.5	104.8	103.1	99.2	98.7	101.0	100.0
户 县	Huxian	102.4	104.4	101.4	103.0	101.4	100.9	99.7	103.0	103.5
绥德县	Suide	102.2	104.2	102.7	102.1	103.9	98.7	100.4	99.9	101.1
华阴市	Huayin	103.0	104.0	102.6	102.2	103.3	100.1	100.2	102.7	99.8
略阳县	Lueyang	101.4	104.8	105.1	103.5	101.4	96.7	98.1	103.5	100.3

9-4 续表 continued

(上年价格=100) (preceding year=100)

地 区	Region	九、交通通信用品 Transportation and Communication Appliances	十、家具 Furniture	十一、化妆品 Cosmetics	十二、金银珠宝 Gold, Silver and Jewelry	十三、中西药品及医疗保健用品 Traditional Chinese and Western Medicines and Health	十四、书报杂志及电子出版物 Books, Newspapers, Magazines and Electronic Publications	十五、燃料 Fuels	十六、建筑材料及五金电料 Building Materials and Hardware
全 省	**Shaanxi**	**96.1**	**102.6**	**102.9**	**98.5**	**104.9**	**101.3**	**102.9**	**100.7**
国家调查点	**National Survey Points**								
西安市	Xi'an	96.3	102.7	103.5	96.3	104.0	100.8	102.0	100.2
宝鸡市	Baoji	95.5	103.1	102.6	99.4	107.0	103.7	105.5	100.2
汉台区	Hantai	96.2	104.9	99.6	106.0	101.8	99.4	103.4	101.1
咸阳市	Xianyan	98.9	99.9	101.5	99.6	103.1	105.5	101.9	99.9
榆阳区	Yuyang	99.3	100.5	103.5	107.2	101.9	108.1	107.0	106.5
汉滨区	Hanbin	94.7	100.0	101.9	107.2	99.9	100.3	106.5	104.0
三原县	Sanyuan	89.7	97.9	101.6	102.0	104.1	97.7	104.0	101.1
商州区	Shangzhou	93.2	102.4	102.9	101.3	103.9	100.2	105.8	105.3
省级调查点	**Provincial Survey Points**								
铜川市	Tongchuan	94.7	98.5	100.6	101.8	102.2	98.8	102.1	103.2
宝塔区	Baota	98.3	101.3	101.2	100.8	100.0	100.0	102.6	102.0
临渭区	Linwei	97.1	102.3	102.4	100.6	107.0	102.8	101.7	101.9
西乡县	Xixiang	93.9	99.5	105.4	105.7	100.5	99.8	103.0	99.1
陇 县	Longxian	101.0	95.8	98.6	103.9	108.5	99.5	100.9	104.1
洛南县	Luonan	89.9	97.5	102.4	104.8	108.9	100.0	102.9	101.8
蒲城县	Puchneng	100.2	100.1	100.1	102.4	101.5	100.7	100.6	100.3
户 县	Huxian	98.0	99.8	102.7	102.1	102.8	101.4	105.0	100.3
绥德县	Suide	97.0	100.8	103.4	99.2	108.0	100.3	101.2	102.7
华阴市	Huayin	99.5	99.9	100.6	100.0	108.9	102.3	103.4	106.1
略阳县	Lueyang	88.2	102.2	103.1	100.5	99.1	100.1	104.5	98.4

9-5 十九个市、县居民消费价格分类指数(2012年)
Consumer Price Indices by Category and Region of 19 Cities and Counties(2012)

(上年价格=100) (preceding year=100)

地 区	Region	总指数 General Index	一、食品 Food	二、烟酒 Tobacco and Liquor	三、衣着 Clothing	四、家庭设备用品及维修服务 Household Facilities, Articles and Services	五、医疗保健和个人用品 Health Care and Personal Articles	六、交通和通讯 Transportation and Communication	七、娱乐教育文化用品及服务 Recreation, Education and Culture Articles	八、居住 Residence
全 省	**Shaanxi**	**102.8**	**104.8**	**103.0**	**102.7**	**102.4**	**103.9**	**99.1**	**100.6**	**102.2**
国家调查点	**National Survey Points**									
西安市	Xi'an	102.8	105.2	103.8	102.1	102.4	104.2	98.9	101.0	101.3
宝鸡市	Baoji	102.3	104.2	100.6	100.9	102.7	104.1	98.3	99.4	102.5
汉台区	Hantai	103.0	104.0	100.6	103.2	104.6	101.9	99.7	101.1	104.8
咸阳市	Xianyan	102.6	105.2	105.0	99.5	101.4	102.2	99.5	100.7	102.4
榆阳区	Yuyang	102.8	102.3	100.8	102.1	102.6	102.5	100.7	102.7	105.6
汉滨区	Hanbin	102.8	103.7	103.1	103.4	102.8	101.6	99.4	103.6	103.0
三原县	Sanyuan	102.6	102.3	105.6	109.7	102.9	103.5	103.0	98.6	100.9
商州区	Shangzhou	104.2	109.0	101.4	105.2	101.4	103.9	97.9	99.8	102.5
省级调查点	**Provincial Survey Points**									
铜川市	Tongchuan	102.8	104.5	100.4	102.8	102.7	102.7	99.5	103.5	101.5
宝塔区	Baota	102.4	102.6	103.3	100.1	102.1	100.7	99.9	102.0	105.8
临渭区	Linwei	103.1	104.3	101.7	104.3	103.7	106.9	101.5	98.3	102.3
西乡县	Xixiang	102.9	105.8	103.3	104.2	102.0	103.3	100.4	98.1	101.3
陇 县	Longxian	103.8	105.6	102.2	107.2	101.4	105.9	101.1	99.9	102.8
洛南县	Luonan	103.5	105.8	102.2	103.7	99.9	105.5	98.3	99.0	104.5
蒲城县	Puchneng	102.9	103.6	100.6	104.5	101.1	101.9	101.9	99.9	104.6
户 县	Huxian	103.4	104.5	101.2	102.8	103.5	102.7	100.3	102.0	104.6
绥德县	Suide	102.8	104.2	103.7	102.0	103.8	104.7	99.9	101.6	101.3
华阴市	Huayin	102.9	103.9	102.1	102.9	100.7	105.7	101.1	103.1	101.3
略阳县	Lueyang	103.2	104.9	105.2	103.4	103.1	101.0	99.4	103.5	102.7

9-6 农业生产资料价格指数
Price Indices for Means of Agricultural Production

(上年价格=100) (preceding year=100)

类　别	Item	2011	2012
总指数	**General Index**	**110.3**	**105.4**
一、农用手工工具	Farm Handtools	103.4	104.9
二、饲　料	Forage	104.8	105.4
混合饲料	Mixed Forage	105.3	104.8
其　他	Others	103.9	106.5
三、产品畜	Commodity Animals	143.2	106.6
幼禽家畜	Poultry and Livestock	143.2	106.6
四、半机械化农具	Semi-mechanized Farm Tools	102.6	105.2
五、机械化农具	Mechanized Farm Machinery	104.7	104.7
农用机械	Farm Machinery	104.7	104.7
六、化学肥料	Chemical Fertilizer	112.2	105.7
氮　肥	Nitrogenous Fertilizer	113.8	105.2
磷　肥	Phosphate Fertilizer	106.7	108.3
钾　肥	Potash Fertilizer	113.8	107.9
复合肥料	Compound Fertilizer	112.5	104.2
七、农药及农药械	Pesticide and Its Appliances	101.6	102.7
化学农药	Chemical Pesticide	100.6	102.2
杀虫剂	Insecticide	101.0	102.5
杀菌剂	Bactericide	101.0	102.0
除草剂	Herbicide	98.6	101.6
农药器械	Appliances for Pesticide	107.2	105.5
八、农用机油	Oil for Farm Machinery	108.9	102.9
九、其他农业生产资料	Other Means of Agricultural Production	109.8	106.9
农用种子	Seeds for Farming	113.2	111.7
其　他	Others	104.8	99.6
农用薄膜	Pellicle for Farming	105.8	99.0
其　他	Others	102.1	101.1
十、农业生产服务	Service for Agricultural Production	112.6	105.8
排灌费	Expenditure of Irrigation and Drainage	104.8	103.0
机械作业费	Expenditure of Mechanical Operations	109.5	108.5
农业用电	Agricultural Electricity	100.2	100.1
农业用工	Agricultural Labor	120.1	112.5

9-7 工业生产者出厂价格指数
Producer Price Index for Industrial Products

(上年价格=100) (preceding year=100)

类 别	Item	2011	2012
总指数	**General Index**	**107.2**	**100.7**
按轻重工业分	Grouped by Light & Heavy Industries		
轻工业	Light Industry	105.3	99.8
以农产品为原料	Agricultural Products as Raw Materials	105.9	100.0
以非农产品为原料	Non-agricultural Products as Raw Materials	102.5	98.8
重工业	Heavy Industry	107.5	100.9
采掘工业	Mining & Quarrying Industry	111.2	103.3
原料工业	Raw Materials Industry	111.7	101.3
加工工业	Processing Industry	101.9	98.8
按用途分	Grouped by Use		
生产资料	Means of Production	107.7	100.7
采掘工业	Mining & Quarrying Industry	111.2	103.3
原料工业	Raw Materials Industry	111.7	101.3
加工工业	Processing Industry	102.2	98.3
生活资料	Consumer Goods	104.1	100.9
食 品	Food	105.9	101.6
衣 着	Clothing	112.9	101.9
一般工业品	Articles for Daily Use	103.4	100.7
耐用消费品	Durable Consumer Goods	98.7	99.1
按工业部门分	By Department of Industry		
1.冶金工业	Metallurgical Industry	109.4	93.7
2.电力工业	Power Industry	103.7	108.2
3.煤炭及炼焦工业	Coal and Coking Industry	110.3	99.4
4.石油工业	Petroleum Industry	114.2	104.3
5.化学工业	Chemical Industry	109.2	102.7
6.机械工业	Machine Industry	99.7	98.8
7.建筑材料工业	Building Materials Industry	99.9	99.8
8.森林工业	Forestry Industry	102.8	102.0
9.食品工业	Food Industry	106.0	101.6
10.纺织工业	Textile Industry	107.3	88.9
11.缝纫工业	Tailoring Industry	114.3	102.1
12.皮革工业	Leather Industry	96.7	99.9
13.造纸工业	Paper Making Industry	100.2	97.9
14.文教艺术用品工业	Cultural, Education & Handicrafts Article	99.8	101.0
15.其它工业	Other Industry	106.0	102.2

9-8 工业生产者购进价格指数
Purchasing Price Index for Industrial Products

(上年价格=100) (preceding year=100)

类　别	Item	2011	2012
总指数	**General Index**	**109.6**	**100.0**
一、燃料、动力类	Fuels	114.2	101.1
二、黑色金属材料类	Ferrous Metal Materials	107.1	95.1
钢　材	Steel	106.0	91.4
其　它	Others	109.0	101.7
三、有色金属材料类和电线类	Non-ferrous Metals	109.3	95.9
四、化工原材料类	Chemical Raw Materials	109	100.2
五、木材及纸浆类	Timber and Paper Pulp	105.1	100.5
六、建筑材料类及非金属矿类	Building Materials and Non-metal Mineral	100.1	99.5
七、其它工业原材料及半成品	Other Industrial Raw Materials and Half-products	103.3	102.2
八、农副产品类	Farm Products	109.8	98.4
九、纺织原材料类	Textile Raw Materials	107.7	96.8

9-9 固定资产投资价格指数
Price Index of Investment in Fixed Assets

(上年价格=100) (preceding year=100)

类　别	Item	2011	2012
总指数	**General Index**	**105.9**	**102.6**
一、建筑安装工程	Construction and Installation	107.9	103.4
1.材料费	Material	106.2	112.1
钢　材	Steel	108.5	98.1
木　材	Timber	103.0	104.1
水　泥	Cement	100.4	94.4
地方材料	Local Construction Material	105.7	96.9
化工材料	Chemical Material	105.3	102.2
电　料	Electric Material	103.5	103.1
其它材料	Others	104.9	101.8
2.人工费	Labour	113.1	102.1
3.机械使用费	Machinery	106.0	105.2
二、设备工器具购置	Purchase of Equipment,Tools and Instruments	100.8	99.1
三、其它费用	Others	102.8	102.7

9-10 农产品生产价格指数
Producers' Price Indices for Farm Products

(上年价格=100) (preceding year=100)

类　别	Item	2011	2012
总指数	**General Index**	**113.8**	**102.6**
一、农业产品	Planting Products	108.0	102.5
#小　麦	Wheat	102.4	102.3
玉　米	Corn	106.3	104.5
油　料	Oil-bearing Crops	108.7	107.2
水　果	Fruit	112.0	102.7
二、林业产品	Forestry Products	107.5	110.9
三、饲养动物及其产品	Animal Feeding and Products	128.6	101.4
#活　猪	Live pigs	141.7	101.2
鸡　蛋	Eggs	121.9	95.0
四、渔业产品	Fishery Products	99.0	113.7

9-11 西安市房地产价格指数
Price Index of Real Estate in Xi'an

(上年价格=100) (preceding year=100)

类　别	Item	2011	2012
土地交易价格指数	**Price Index of Land Deal**	**103.1**	**100.6**
居住用地	Land of Residential Buildings	102.6	100.3
1.经济适用房	Economical Houses	100.0	100.0
2.商品住宅	Commercial Residential Buildings	102.6	100.3
普通住宅	Ordinary Residential Building	102.5	100.4
高档住宅	Magnificent Residential Buildings	101.8	100.1
工业用地	Land of Industry	105.1	101.6
商业营业用地	Land of Commerce	103.8	101.0
其他用地	Other Land	101.6	100.3
房屋租赁价格指数	**Price Index of Renting Houses**	**111.7**	**100.8**
1.经济适用房	Economical Houses	100.0	100.0
2.廉租房	Lower-rent Houses	100.0	100.0
3.商品住宅	Commercial Residential Buildings	112.0	100.8
普通住宅	Ordinary Residential Building	113.4	101.9
高档住宅	Magnificent Residential Buildings	110.3	100.6
物业管理指数	**Price Index of Estate Management Fee**	**100.0**	**100.0**
1.经济适用房	Economical Houses	100.0	100.0
2.商品住宅	Commercial Residential Buildings	100.0	100.0
普通住宅	Ordinary Residential Building	100.0	100.0
高档住宅	Magnificent Residential Buildings	100.0	100.0
新建住宅销售价格指数	**Sales Price Index of New Residential Buildings**	**104.0**	**100.5**
新建商品住宅	New Commercialized Residential Buildings	104.3	100.5
1.90平方米以下	Less Than 90 Sq.m	105.8	100.5
2.90－144平方米	90-144 Sq.m	103.9	100.7
3.144平方米以上	144 Sq.m and more	102.8	99.9
二手住宅销售价格指数	**Sales Price Index of Second-hand House**	**102.9**	**98.6**
1.90平方米以下	Less Than 90 Sq.m	102.2	99.6
2.90－144平方米	90-144 Sq.m	103.4	98.0
3.144平方米以上	144 Sq.m and more	103.3	98.5

主要统计指标解释

居民消费价格指数 是反映一定时期内城乡居民所购买的生活消费品价格和服务项目价格变动趋势和程度的相对数，是对城市居民消费价格指数和农村居民消费价格指数进行综合汇总计算的结果。该指数可以观察和分析消费品的零售价格和服务项目价格变动对城乡居民实际生活费支出的影响程度。

城市居民消费价格指数 是反映一定时期内城市居民家庭所购买的生活消费品价格和服务项目价格变动趋势和程度的相对数。该指数可以观察和分析消费品的零售价格和服务项目价格变动对城镇职工货币工资的影响，作为研究职工生活和确定工资政策的依据。

农村居民消费价格指数 是反映一定时期内农村居民家庭所购买的生活消费品价格和服务项目价格变动趋势和程度的相对数。该指数可以观察农村消费品的零售价格和服务项目价格变动对农村居民生活消费支出的影响，直接反映农村居民生活水平的实际变化情况，为分析和研究农村居民生活问题提供依据。

商品零售价格指数 是反映一定时期内城乡商品零售价格变动趋势和程度的相对数。商品零售价格的变动直接影响到城乡居民的生活支出和国家的财政收入，影响居民购买力和市场供需的平衡，影响到消费与积累的比例关系。因此，该指数可以从一个侧面对上述经济活动进行观察和分析。

农业生产资料价格指数 指反映一定时期内农业生产资料价格变动趋势和程度的相对数。其编制目的是了解农业生产中物质资料投入价格的变动状况，服务于国民经济核算。1994 年以前，农业生产资料价格指数仅仅是商品零售价格指数的一个类别，此后，从商品零售价格指数中分离出来，单独编制。

农产品生产价格指数 是反映一定时期内，农产品生产者出售农产品价格水平变动趋势及幅度的相对数。该指数可以客观反映全国农产品生产价格水平和结构变动情况，满足农业与国民经济核算需要。其中某代表品生产价格指数是通过对全部有出售该产品行为的调查单位的个体指数进行几何平均求得的，类价格指数是通过对其所属的类（或代表品）的价格指数进行加权平均求得的。季度累计价格指数的计算方法与分季指数的计算方法相同。

工业生产者价格 包括工业企业产品第一次出售时的出厂价格和企业作为中间投入的原材料、燃料、动力购进价格（简称工业生产者购进价格）。

工业生产者出厂价格指数 是反映一定时期内全部工业产品出厂价格总水平的变动趋势和程度的相对数，包括工业企业销售给本企业以外所有单位的各种产品和直接售给居民用于生活消费的产品。该指数可以观察出厂价格变动对工业总产值及增加值的影响。

工业生产者购进价格指数 是反映工业企业作为生产投入，而从物资交易市场和能源、原材料生产企业购买原材料、燃料和动力产品时，所支付的价格水平变动趋势和程度的统计指标，是扣除工业企业物质消耗成本中的价格变动影响的重要依据。

固定资产投资价格指数 是反映一定时期内固定资产投资品及取费项目的价格变动趋势和程度的相对数。固定资产投资额是由建筑安装工程投资完成额、设备工器具购置投资完成额和其他费用投资完成额三部分组成的。编制固定资产投资价格指数应首先分别编制上述三部分投资的价格指数，然后采用加权算术平均法求出固定资产投资价格总指数。

该指数可以准确地反映固定资产投资中涉及的各类投资品和取费项目价格变动趋势和变动幅度，消除按现价计算的固定资产投资指标中的价格变动因素，真实地反映固定资产投资的规模、速度、结构和效益，为国家科学地制定、检查固定资产投资计划并提高宏观调控水平，为完善国民经济核算体系提供科学的、可靠的依据。

房地产价格指数 是反映一定时期内房地产价格变动趋势和程度的相对数，包括房屋销售价格指数、房屋租赁价格指数、土地交易价格指数和物业管理价格指数。这四套指数的计算方法相似，均采用超级汇总的方法。

Explanatory Notes on Main Statistical Indicators

Consumer Price Indices reflect the trend and degree of changes in prices of consumer goods and services purchased by urban and rural households during a given period. They are obtained by combining Consumer Price Indices of Urban Household and Consumer Price Indices of Rural Household. The Indices enable the observation and analysis of the degree of impact of the changes in the prices of retailed goods and services on the actual living expenses of urban and rural residents.

Consumer Price Indices of Urban Household reflect the trend and degree of changes in prices of consumer goods and services purchased by urban households during a given period. It can be used to observe and analyze the impact of price changes in consumer goods and services on wages (in monetary terms) of urban staff and workers, and provide a basis for research on the livelihood of staff and workers and policy-making concerning wages.

Consumer Price Indices of Rural Household reflect the trend and degree of changes in prices of consumer goods and services purchased by rural households during a given period. It can be used to observe the impact of change in retail prices of consumer goods and service prices in rural areas on living expenditure of rural households, and to show the changes in the living standard of rural households. It provides a basis for analysis and research on the condition of life in rural areas.

Retail Price Indices reflect the trend and degree of change in retail prices of commodities during a given period. The change in retail prices of commodities directly affect the living expenses of urban and rural residents, government revenue, purchasing power of residents and the equilibrium of market supply and demand, and the ratio of consumption to accumulation. Therefore, the retail price indices are useful from an oblique perspective for observing and analyzing the changes of the above economic activities.

Price Indices for Means of Agricultural Production reflect the trend and degree of changes in the prices of the means of agricultural production during a given period. Compilation of these indices helps to understand the changes in prices of input into agricultural production and facilitate the compilation of national accounts statistics. Before 1994, price indices for means of agricultural production were a sub-category in the retail price indices for commodities, and it has been compiled separately since 1994.

Producer Prices Indices for Farm Products reflect the trend and degree of changes in producers' prices received by farmers when they sell farm products during a given period. These indices depict the change in the level and structure of producer prices for farm products of the country and meet the needs of agricultural statistics and national accounts statistics. The producer price index for a given product is calculated as the geometrical mean of individual indices for all surveyed units which sell such product, and the indices for a product category is obtained as the weighted mean of price indices for all products in the category. Method for calculating accumulative quarterly indices is the same as for calculating the individual quarterly indices.

Industrial Producer Price includes the ex-factory price when the products were first sold and the purchasing price of raw materials, fuel and power as intermediate input by enterprises (short for Industrial Producer Price).

Ex-factory Price Indices of Industrial Producer are to reflect ex-factory general price level of all industrial products in a given period the number of fluctuant trend and degree, including products sold to other units by industrial enterprises and products sold to residents for living. The index shows that ex-factory price changes influence on gross industrial output value and value-added.

Purchase price Indices of Industrial Producer are the statistical Indices to reflect the fluctuant trend and degree of the price as production inputs by industrial enterprises, which are paid for raw materials, fuel and power products, purchasing from material trading market and energy and raw materials production enterprises. It's the important basis of subtracting effects from price changes of industrial enterprises material cost.

Price Indices for Real Estate reflect the trend and degree of changes in prices of real estate during a given period, including sale price indices for houses, price indices for renting houses, price indices for land transactions and price indices for management of properties. The methods for the compilation of these four sets of indices are similar in that they all use the super-collecting approach.

十、人民生活

People's Livelihood

资料整理：李晓利　于秋白　张应剑　李　宁　孙士梅

简 要 说 明

一、本篇资料反映陕西城乡居民生活状况，分为城镇居民生活和农村居民生活两部分。

二、本篇资料来源:

全省城镇居民和农村居民生活状况数据来源于国家统计局陕西调查总队城镇住户抽样调查和农村住户抽样调查，主要内容包括家庭人口、家庭现金收支、主要商品购买数量及支出金额、劳动就业状况、居住状况和耐用消费品拥有量等。

各市（区）城乡居民收入及县（市、区）城乡居民收入由省统计局地方经济调查中心调查统计。

Brief Introduction

Ⅰ. This chapter reflects the people' s living conditions in Shaanxi, consisting of two parts, on the life of urban and rural households respectively.

Ⅱ. Sources of Data:

The data on the livelihood of urban residents are obtained from sample surveys on urban households conducted by the Division of Urban Household Survey under Shaanxi Survey Office of the National Bureau of Statistics. The main content of the surveys includes household composition, cash income and expenditure of households, purchases of and expenditures on major commodities, employment of household members, housing conditions and possession of durable consumer goods, etc.

The incomes of both urban and rural residents of cities(districts) and counties(cities, districts) are collected by the local economic survey center of the Statistic Bureau of Shaanxi Province.

10.人民生活

2012 年全省				
农村居民人均纯收入	5763	元	比上年增长	14.6%
农村居民人均生活消费支出	5115	元	比上年增长	13.8%
城镇居民人均可支配收入	20734	元	比上年增长	13.6%
城镇居民人均消费支出	15333	元	比上年增长	11.2%
城乡居民年末人均储蓄存款	28697	元	比上年增长	17.1%

城乡居民收入(元)

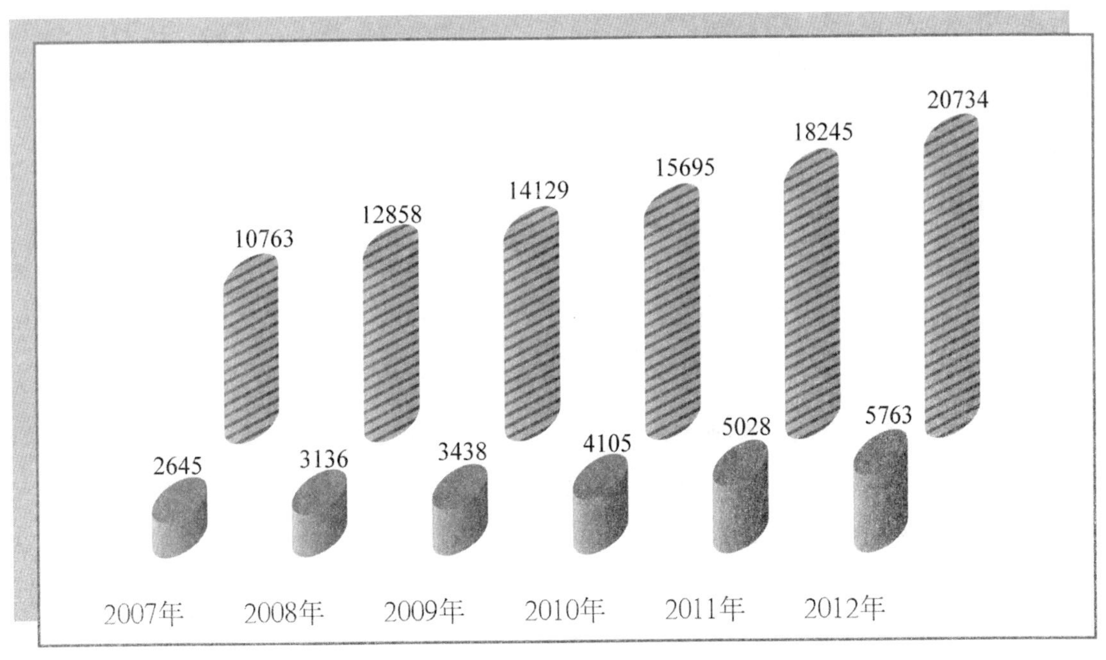

■农村居民人均纯收入 ■城镇居民人均可支配收入

10-1 人民生活基本情况
Basic Statistics on People's Living Conditions

指标		Item	2010	2011	2012
一、就　业		**Employment**			
城镇居民家庭每户就业人口	(人)	Average Number of Employed Persons per Urban Household (person)	1.46	1.50	1.47
农村居民家庭每户整、半劳动力	(人)	Average Number of Full/Semi Laborer per Rural Household (person)	2.9	2.8	2.8
每一农村劳动力负担人数	(人)	Number of Dependents per Laborer of Rural Household (person)	1.4	1.4	1.4
每一城镇就业者负担人数	(人)	Number of Dependents per Employee of Urban Household (person)	1.95	1.92	1.95
城镇登记失业率	(%)	Registered Urban Unemployment Rate (%)	3.85	3.59	3.22
二、收入与支出		**Income and Expenditure**			
城镇居民人均可支配收入	(元)	Annual Per Capita Disposable Income of Urban Households (yuan)	15695	18245	20734
农村居民人均纯收入	(元)	Annual Per Capita Net Income of Rural Households (yuan)	4105	5028	5763
城镇居民人均消费支出	(元)	Annual Per Capita Consumption Expenditure of Urban Households (yuan)	11822	13783	15333
农村居民人均生活消费支出	(元)	Annual Per Capita Living Expenditure of Rural Households (yuan)	3794	4496	5115
三、储　蓄		**Savings**			
年末个人储蓄存款余额	(亿元)	Urban and Rural Household Saving Deposit (100 million yuan)	7957.78	9172.09	10770.05
年末人均储蓄存款余额	(元)	Per Capita Balance of Saving Deposit (yuan)	21306	24507	28697
四、生活质量		**Life Quality**			
居民家庭恩格尔系数	(%)	Household's Engel's Coefficient (%)			
城　镇		Urban	37.1	36.6	36.2
农　村		Rural	34.2	30.0	29.7
居住条件		Residence Condition			
城镇居民人均住房使用面积	(平方米)	Per Capita Building Space in Urban Areas (sq.m)	21.0	22.0	22.1
农村人均住房面积	(平方米)	Per Capita Living Space in Rural Areas (sq.m)	31.7	37.2	38.3
通讯条件		Communication Condition			
平均每百人拥有固定电话数	(部)	Telephone Popularization Rate (set/100 persons)	20.93	20.72	20.57
平均每百人拥有移动电话数	(部)	Popularization Rate of Mobile Telephone (set/100 persons)	67.42	77.67	86.99

10-1 续表 continued

指 标	Item	2010	2011	2012
交通状况	Traffic Condition			
城市人均拥有道路面积 (平方米)	Per Capita Area of Paved Roads in City (sq.m)	13.38	13.72	14.71
城镇每百户拥有汽车 (辆)	Number of Automobile Per 100 Urban Households (unit)	7.1	12.2	12.4
农村每百户拥有摩托车 (辆)	Number of Motor Cycles Per 100 Rural Households (unit)	49.7	54.8	57.1
城市公用设施普及占有率	City Public Utility Rate			
城市平均每人每天生活用水量(升)	Urban Domestic Water Consumption per Person per Day (liter)	166	163	175
用水普及率 (%)	Coverage Rate of Population with Access to Tap Water(%)	99.39	95.72	96.15
燃气普及率 (%)	Coverage Rate of Population with Access to Gas (%)	90.39	92.09	94.11
人均公园绿地面积 (平方米)	Per Capita Area of Parks and Green Land (sq.m)	10.67	11.41	11.58
五、文 化	**Culture**			
广播人口覆盖率 (%)	Radio Coverage Rate of the Population (%)	96.71	97.02	97.15
电视人口覆盖率 (%)	TV Coverage Rate of the Population (%)	97.70	97.87	98.12
每百户彩色电视机拥有量 (台)	Number of Color TV per 100 Households (set)			
城 镇	Urban	123.8	119.5	119.2
农 村	Rural	109.0	111.9	113.5
每百户家用电脑拥有量 (台)	Number of Computer per 100 Households (set)			
城 镇	Urban	68.1	82.4	84.8
农 村	Rural	6.7	16.6	17.9
每百人每天拥有报纸 (份)	Every hundred People a Day with Newspapers (copy)	4.6	4.9	5.2
每人每年拥有图书杂志 (册)	Everyone has Books and Magazines Each Year (cpoy)	7.3	6.5	7.0
居民家庭文教娱乐支出比重 (%)	Percentage of Household Expenditure on Education, Culture and Entertainment (%)			
城 镇	Urban	13.5	13.5	13.6
农 村	Rural	10.5	9.0	8.7
六、教 育	**Education**			
每万人口在校大学生数 (人)	Number of University Students per 10 000 People (person)	248	258	273
七、卫 生	**Health Care**			
每万人口医院床位数 (张)	Number of Beds of Hospitals per 10 000 Population (bed)	37	39	43
每万人口医生数 (人)	Number of Doctors per 10 000 Population (person)	17	18	19
居民家庭医疗保健支出比重 (%)	Percentage of Resident Expenditure on Health Care (%)			
城 镇	Urban	7.9	8.0	7.9
农 村	Rural	9.9	11.9	12.1

10-2 城乡居民人均收入及恩格尔系数

Per Capita Annual Income and Engel's Coefficient of Urban and Rural Households

年 份 Year	农村居民家庭人均纯收入 Per Capita Annual Net Income of Rural Households		城镇居民家庭人均可支配收入 Per Capita Annual Disposable Income of Urban Households		农村居民家庭恩格尔系数(%) Engel's Coefficient of Rural Households (%)	城镇居民家庭恩格尔系数(%) Engel's Coefficient of Urban Households (%)
	绝对数(元) Value (yuan)	指 数(1978年=100) Index	绝对数(元) Value (yuan)	指 数(1978年=100) Index		
1978	134	100.0	310	100.0	59.0	
1979	150	111.0			59.8	
1980	142	102.8	407	122.8	59.8	
1981	177	126.1	427	124.4	62.0	53.0
1982	218	153.4	452	130.5	62.8	54.8
1983	236	164.8	488	138.7	60.1	55.0
1984	263	179.5	552	151.7	60.4	54.5
1985	295	191.4	650	166.0	57.4	48.9
1986	299	185.3	814	195.1	55.8	49.6
1987	329	192.5	905	198.6	55.4	51.0
1988	404	205.3	1040	190.1	52.3	46.7
1989	434	184.1	1239	192.5	51.9	50.5
1990	530	191.9	1369	207.3	58.5	51.9
1991	534	184.7	1498	211.5	55.8	50.9
1992	559	181.4	1705	216.5	58.4	51.6
1993	653	192.6	2102	234.1	57.1	47.9
1994	805	187.4	2684	233.1	60.1	47.5
1995	963	186.2	3310	243.6	59.3	47.2
1996	1165	204.8	3810	254.2	56.8	45.5
1997	1285	209.6	4001	253.8	52.8	43.0
1998	1406	237.1	4220	274.0	50.0	41.1
1999	1456	252.7	4654	310.8	47.6	37.3
2000	1470	261.0	5124	341.2	43.5	35.8
2001	1520	264.3	5484	364.8	41.9	34.3
2002	1596	276.5	6331	428.9	37.9	34.1
2003	1676	282.6	6806	457.4	39.3	34.6
2004	1867	300.4	7492	488.9	42.4	35.9
2005	2052	321.1	8272	534.9	42.9	36.1
2006	2260	346.5	9268	586.9	39.0	34.3
2007	2645	381.1	10763	648.5	36.8	36.4
2008	3136	421.5	12858	729.6	37.4	36.7
2009	3438	460.3	14129	801.8	35.1	37.3
2010	4105	515.5	15695	858.7	34.2	37.1
2011	5028	589.3	18245	944.6	30.0	36.6
2012	5763	655.3	20734	1046.6	29.7	36.2

注：本表绝对数按当年价格计算，指数按可比价格计算。

a) Level data in this table are calculated at current prices while indices at constant prices.

10-3 各市(区)城乡居民人均收入
Per Capita Income in Urban and Rural Households by City(District)

单位：元 (yuan)

地 区	Region	城镇居民人均可支配收入 Per Capita Annual Disposable Income of Urban Households			农村居民人均纯收入 Per Capita Annual Net Income of Rural Households		
		2011	2012	2012年比2011年增长% Increase of 2012 over 2011 (%)	2011	2012	2012年比2011年增长% Increase of 2012 over 2011 (%)
西安市	Xi'an	25981	29982	15.4	9788	11442	16.9
铜川市	Tongchuan	18775	21929	16.8	6077	7134	17.4
宝鸡市	Baoji	22337	25777	15.4	6340	7373	16.3
咸阳市	Xianyang	22224	25758	15.9	6401	7464	16.6
渭南市	Weinan	18768	21808	16.2	5571	6602	18.5
延安市	Yan'an	21188	24748	16.8	6565	7655	16.6
汉中市	Hanzhong	17019	19827	16.5	5283	6181	17.0
榆林市	Yulin	20721	24140	16.5	6520	7681	17.8
安康市	Ankang	17365	20300	16.9	5009	5815	16.1
商洛市	Shangluo	17344	19998	15.3	4586	5425	18.3
杨凌示范区	Yangling	25999	29925	15.1	9110	10841	19.0

10-4 城乡居民人民币储蓄存款(年底余额)
Savings Deposit of Urban and Rural Households at Year-end

年份 Year	城乡居民年末储蓄存款余额(亿元) Savings Deposit of Urban and Rural Households (100 million yuan)	定期 Time Deposits	活期 Demand Deposits	城乡居民年末人均储蓄存款余额(元) Per Capita Balance of Saving Deposit (yuan)
1978	7.79			28
1980	13.51			48
1985	44.77	35.45	9.32	149
1990	204.57	170.02	34.55	617
1995	734.04	590.11	143.93	2089
1996	942.21	751.85	190.36	2659
1997	1090.43	250.70	839.73	3054
1998	1241.63	320.46	921.17	3453
1999	1371.88	344.92	1026.96	3792
2000	1522.53	1101.50	421.03	4178
2001	1768.47	1254.87	513.60	4841
2002	2107.83	1460.26	647.57	5756
2003	2519.93	1749.76	770.17	6863
2004	2948.34	2070.47	877.87	8010
2005	3533.97	2434.18	1099.79	9577
2006	4067.70	2695.53	1372.16	10997
2007	4278.41	2653.30	1625.10	11538
2008	5494.53	3387.59	2106.94	14778
2009	6743.81	4019.83	2723.98	18094
2010	7957.78	4486.63	3471.16	21306
2011	9172.09			24507
2012	10770.05			28697

注：2006年起含外资银行人民币储蓄存款。

a) Since 2006 Savings Deposit of Urban and Rural Households including Foreign.

10-5 城镇居民家庭基本情况
Basic Conditions of Urban Households

指 标	Item	2010	2011	2012
一、调查户数 (户)	Number of Households Surveyed (household)	1500	1500	1500
二、平均每户家庭人口数 (人)	Average Household Size (person)	2.84	2.88	2.86
三、平均每户就业人口数 (人)	Average Number of Employed Persons Per Household (person)	1.46	1.50	1.47
四、平均每一就业者负担人数 (人)	Number of Dependents per Employee (person)	1.95	1.92	1.95
五、平均每户就业面 (%)	Proportion of Employment per Household (%)	51.41	52.08	51.40
六、平均每人每月可支配收入 (元)	Per Capita Per Month Annual Disposable Income (yuan)	1307.93	1520.44	1727.82
七、按每人每月可支配收入分组户数占总户数的比例 (%)	Percentage of Households Grouped by Per Capita Annual Per Month Disposable Income (%)	100	100	100
200元及以下	Less Than 200 Yuan	1.15	1.27	0.89
200—400元	200-400 Yuan	4.58	2.44	1.67
400—600元	400-600 yuan	9.66	5.80	3.90
600—800元	600-800 yuan	10.87	8.90	6.46
800—1000元	800-1000 yuan	13.39	11.26	8.55
1000—1500元	1000-1500 yuan	29.14	27.57	25.78
1500—2000元	1500-2000 yuan	14.26	19.58	21.06
2000—2500元	2000-3000 yuan	6.00	9.84	12.27
2500—3000元	2500-3000 yuan	3.58	5.18	7.40
3000—4000元	3000-4000 yuan	2.23	3.26	5.67
4000—5000元	4000-5000 yuan	1.02	0.89	1.68
5000元以上	5000 yuan and over	0.69	0.91	1.09
八、平均每人每月消费性支出 (元)	Per Capita Per Month Annual Consumption Expenditure (yuan)	985.16	1148.56	1277.74
九、平均每人住房使用面积(平方米)	Per Capita Annual Housing Area (sq.m)	21.04	22.00	22.06

10-6 城镇居民家庭人均现金收入
Per Capita Cash Income of Urban Households

单位：元 (yuan)

指　标	Item	2010	2011	2012
现金收入	**Cash Income**	**21019.95**	**25227.66**	**27538.52**
一、家庭总收入	Total Income	17064.71	20069.87	22606.01
# 可支配收入	Disposable Income	15695.21	18245.23	20733.88
(一)工资性收入	Wages Income	12078.35	14051.28	15547.32
1.工资及补贴收入	Wage and Subsidy Income	11947.14	13860.76	15339.89
2.其它劳动收入	Other Labor Income	131.21	190.52	207.43
(二)经营净收入	Net Income from Business	573.19	771.75	881.96
(三)财产性收入	Property Income	187.39	214.18	269.58
1.利息收入	Interest	32.46	46.62	58.29
2.股息与红利收入	Dividend and Bonus	20.07	14.82	41.33
3.保险收益	Insurance Profits	5.03	3.22	0.86
4.其它投资收入	Other Investment Income	0.34	6.38	6.39
5.出租房屋收入	Income from Renting House	128.90	139.65	160.06
6.知识产权收入	Income From Intellectual Property Right			
7.其它财产性收入	Other Property Income	0.59	3.50	2.64
(四)转移性收入	Transfer Income	4225.78	5032.65	5907.14
1.养老金或离退休金	Pension for Old-age for Retired Persons	3615.37	4269.56	5097.93
2.社会救济收入	Social Relief	61.52	63.51	65.34
3.辞退金	Dismissal Income	4.69		0.02
4.赔偿收入	Income from Compensation	0.01	0.67	
5.保险收入	Income from Insurance	9.95	10.70	9.44
6.赡养收入	Supporting Income	175.62	147.25	163.46
7.捐赠收入	Giving Income	181.11	308.02	285.96
8.提取住房公积金	Withdraw Housing Collective Accumulation Fund	21.88	33.58	40.07
9.记帐补贴	Account Subsidy	107.91	109.18	165.95
10.其它转移性收入	Other Transfer Income	47.73	90.17	78.98
二、出售财物收入	Income from Selling Belongings	140.01	6.39	1.51
1.出售住房收入	Income from Selling House	135.60	0.34	
2.出售其它物品收入	Income from Selling Other Goods	4.41	6.05	1.51
三、借贷收入	Loan Income	3815.23	5151.40	4931.00
1.提取储蓄存款	Withdraw Saving Deposit	3453.99	4793.33	4507.49
2.借入款	Cash Borrowed	235.35	128.99	164.08
3.收回借出款	Paid-back Loan	34.88	50.68	31.23
4.收回储蓄性保险本	Withdraw Saving Premium	0.35	2.10	1.44
5.兑售有价证券	Securities Cashed and Sold	5.24		
6.收回投资本金	Withdraw Investment Principal			
7.住房贷款	Housing Loan	46.30	103.80	9.17
8.汽车贷款	Personal Auto Loan	10.66	23.55	7.53
9.教育贷款	Education Loan	3.93		
10.其它贷款	Other Loans	4.20	7.36	9.74
11.其它借贷收入	Other Loan Income	20.33	41.59	200.31

10-7 城镇居民家庭人均消费支出
Per Capita Consumption Expenditure of Urban Households

单位：元 (yuan)

指　标	Item	2010	2011	2012
消费支出	**Total Living Expenditure**	**11821.88**	**13782.75**	**15332.84**
# 服务性消费支出	Service Consumption Expenditure	3278.70	3807.84	4237.20
一、食　品	**Food**	**4381.40**	**5040.47**	**5550.71**
# 粮　食	Grain	390.19	419.44	441.54
淀粉和薯类	Starch and Potato	53.95	63.77	65.40
干豆类及制品	Dry Beans and Products	69.59	72.72	75.20
油脂类	Oil and Fats	110.86	132.78	142.18
肉禽及制品	Meat,Poultry and Related Products	533.01	642.23	716.92
蛋　类	Eggs	79.56	96.75	98.47
水产品类	Aquatic Products	86.70	94.89	116.03
蔬菜类	Vegetables	443.78	481.61	538.90
二、衣　着	**Clothing**	**1428.20**	**1673.24**	**1789.06**
# 服　装	Garments	1035.04	1224.95	1321.91
鞋　类	Footwear	335.04	380.84	397.06
三、居　住	**Residence**	**1126.92**	**1193.81**	**1322.22**
# 住　房	Housing	271.64	291.67	335.10
水电燃料及其它	Water, Electricity, Fuels and Others	782.49	806.63	878.23
四、家庭设备用品及服务	**Household Facilities,Articles and Services**	**723.73**	**914.26**	**986.82**
# 耐用消费品	Durable Consumer Goods	288.92	365.93	369.93
家庭日用杂品	Household Articles of Daily Use	329.15	397.72	447.07
家庭服务	Household Services	25.94	47.89	48.95
五、医疗保健	**Medicine and Medical Services**	**935.38**	**1100.51**	**1212.44**
# 药品费	Drugs Fee	520.36	606.11	688.88
医疗费	Medical Expenses	323.55	394.62	417.47
六、交通和通信	**Transportation and Communications**	**1194.77**	**1502.44**	**1788.38**
交　通	Transportation	571.79	818.74	1046.19
通　信	Communications	622.98	683.70	742.19
七、教育文化娱乐服务	**Recreation, Education and Culture Services**	**1595.80**	**1857.60**	**2078.52**
文化娱乐用品	Recreation Articles	378.36	439.89	443.02
文化娱乐服务	Recreation Services	465.40	544.49	680.02
# 健身活动	Fitness Activities	10.99	16.73	18.76
教　育	Education	752.05	873.23	955.48
八、其他商品和服务	**Others**	**435.67**	**500.42**	**604.69**

10-8 城镇居民家庭人均购买主要商品数量
Per Capita Annual Purchases of Major Commodities of Urban Households

品 名	Item	2010	2011	2012
大 米 (公斤)	Rice (kg)	20.26	21.10	21.13
面 粉 (公斤)	Flour (kg)	21.17	22.62	22.32
食用植物油 (公斤)	Edible Vegetable Oil (kg)	8.70	9.26	9.21
猪 肉 (公斤)	Pork (kg)	13.08	12.37	13.44
牛 肉 (公斤)	Beef (kg)	1.29	1.21	1.13
羊 肉 (公斤)	Mutton (kg)	0.98	0.86	0.78
鸡 肉 (公斤)	Chicken (kg)	3.40	3.94	4.21
鸭 肉 (公斤)	Duck (kg)	0.22	0.30	0.35
鲜 蛋 (公斤)	Fresh Eggs (kg)	9.34	9.64	10.34
鱼 (公斤)	Fish (kg)	3.56	3.41	3.72
虾 (公斤)	Shrimp (kg)	0.47	0.40	0.44
鲜 菜 (公斤)	Fresh Vegetables (kg)	113.46	111.22	113.43
白 酒 (公斤)	Liquor (kg)	1.08	1.06	1.02
果 酒 (公斤)	Wine (kg)	0.40	0.19	0.17
啤 酒 (公斤)	Beer (kg)	3.65	3.02	3.38
碳酸饮料 (公斤)	Carbonated beverages(kg)	1.99	1.73	1.57
茶 叶 (公斤)	Tea (kg)	0.27	0.22	0.24
鲜 果 (公斤)	Fresh Fruit (kg)	43.75	43.33	48.45
鲜 瓜 (公斤)	Fresh melon (kg)	21.54	20.22	22.59
糕 点 (公斤)	Cake (kg)	5.90	6.70	7.08
鲜乳品 (公斤)	Fresh Dairy Products (kg)	19.41	16.93	18.66
奶 粉 (公斤)	Milk Powder (kg)	0.57	0.64	0.54
酸 奶 (公斤)	Yogurt (kg)	5.04	5.52	4.79
服 装 (件)	Clothing (piece)	9.33	9.89	9.93
鞋 类 (双)	Footwear (pair)	3.18	3.18	3.24
煤 炭 (公斤)	Coal (kg)	62.25	44.57	34.62
罐装液化石油气(公斤)	Bottled LPG (kg)	4.58	3.71	2.79
管道燃气 (立方米)	Gas pipeline (cu.m)	56.00	60.32	73.79

10-9 城镇居民不同收入层次家庭基本情况及耐用消费品拥有量（2012年）
Basic Conditions and Major Durable Consumer Goods Owned of Urban Households by Revenue (2012)

指标	Item	总平均 Average	低收入户 Low Income Households	中等偏下户 Lower Middle Income Households	中等收入户 Middle Income Households	中等偏上户 Upper Middle Income Households	高收入户 High Income Households
一、调查户数 (户)	Number of Households Surveyed (household)	1500	302	300	299	301	297
各组户数所占比重 (%)	Proportion (%)	100	20	20	20	20	20
二、户均家庭人数 (人)	Average Household Size (person)	2.86	3.20	3.03	2.99	2.72	2.47
三、户均有收入者人数 (人)	Number of Households Had Incomes (person)	2.05	1.75	1.98	2.20	2.15	2.13
1.户均就业人口数 (人)	Average Number of Employed Persons per Household (person)	1.47	1.36	1.58	1.49	1.46	1.46
2.户均离退休人数 (人)	Number of Retirees per Household(person)	0.53	0.28	0.34	0.67	0.66	0.65
3.户均其它有收入者人数(人)	Number of Other Income per Household (person)	0.05	0.11	0.06	0.04	0.03	0.02
四、家庭人口在外用餐 (人次)	Dining Out Household (Person / times)	26.29	21.85	22.50	27.21	26.03	32.34
五、就业者负担系数 (人)	Employee Factor (person)	1.95	2.35	1.92	2.01	1.86	1.69
六、消费品年末百户拥有量	Consumption Goods Owned per 100 Households at Year-end						
1.摩托车 (辆)	Motorcycle (unit)	15.23	14.88	19.86	12.54	19.07	10.64
2.助力车 (辆)	Strength-aid Cycle (unit)	21.74	20.29	25.22	24.47	22.91	16.46
3.家用汽车 (辆)	Automobile (unit)	12.36	3.03	5.88	12.91	11.28	25.38
4.洗衣机 (台)	Washing Machine (unit)	99.08	95.98	99.44	98.31	100.12	100.94
5.电冰箱 (台)	Refrigerator (unit)	94.74	87.63	92.54	96.39	97.20	98.39
6.彩色电视机 (台)	Color TV Set (unit)	119.19	108.70	110.15	119.35	121.72	132.36
7.家用电脑 (台)	Computer (unit)	84.82	62.72	74.71	84.90	89.39	106.13
8.组合音响 (套)	Music Center (set)	18.59	12.96	11.74	17.06	22.95	26.09
9.摄像机 (架)	Pickup Camera (unit)	8.29	1.59	3.91	8.37	10.62	14.92
10.照相机 (架)	Camera (unit)	50.89	27.16	36.53	51.89	59.21	72.77
11.钢琴 (架)	Piano (unit)	2.32	1.32	0.81	2.47	1.95	4.52
12.其它中高档乐器 (件)	Other High-end Instruments (unit)	5.82	1.91	5.96	2.32	6.29	11.43
13.微波炉 (台)	Microwave Oven (unit)	52.12	31.23	40.59	53.06	60.93	69.10
14.空调器 (台)	Air Conditioner (unit)	114.09	68.66	81.64	112.64	130.23	162.95
15.淋浴热水器 (台)	Warmer (unit)	88.38	72.13	84.54	91.13	94.43	96.23
16.消毒碗柜 (台)	Sterilizing Cupboard (unit)	6.17	1.32	3.29	6.09	4.55	13.81
17.洗碗机 (台)	Dish Washer (unit)	0.29	0.14		0.14		1.06
18.健身器材 (套)	Setting-up Apparatus (set)	2.95	0.14	0.92	1.86	3.80	7.03
19.固定电话 (部)	Ordinary Telephone (unit)	61.18	49.03	56.63	64.31	65.57	67.60
20.移动电话 (部)	Mobile Telephone (unit)	224.22	211.95	223.80	229.03	226.21	227.94
七、信息化调查 (每百户)	Information Survey (per hundred)						
1.接入互联网的移动电话(部)	Mobile Internet Access (unit)	16.91	15.58	9.90	17.10	15.53	24.81
2.接入有线电视网络的电视机 (台)	Number of Cable TV Network Access (unit)	97.07	84.66	93.87	97.40	101.51	105.04
3.接入互联网的计算机 (台)	Computer Connected to the Internet (unit)	69.06	50.89	61.03	71.66	72.98	83.93

10-10 城镇居民不同收入层次家庭人均现金收入（2012年）
Per Capita Cash Income of Urban Households by Revenue(2012)

单位：元 (yuan)

指 标	Item	总平均 Average	低收入户 Low Income Households	中等偏下户 Lower Middle Income Households	中等收入户 Middle Income Households	中等偏上户 Upper Middle Income Households	高收入户 High Income Households
现金收入	**Cash Income**	**27538.5**	**12373.9**	**19234.5**	**24563.7**	**32356.6**	**49968.1**
一、总收入	Total Income	22606.0	10163.2	15920.7	20491.3	25687.4	41386.4
# 可支配收入	Disposable Income	20733.9	9131.0	14332.9	18811.4	23829.3	38143.5
(一)工资性收入	Wages Income	15547.3	6791.1	12088.7	13895.0	17190.9	28182.9
1.工资及补贴收入	Wage and Subsidy Income	15339.9	6569.8	11979.2	13678.7	16914.4	27967.0
2.其它劳动收入	Other Labor Income	207.4	221.3	109.4	216.3	276.5	215.9
(二)经营净收入	Net Income from Business	882.0	697.4	552.5	372.6	969.1	1880.0
(三)财产性收入	Property Income	269.6	88.9	59.3	129.1	280.6	812.6
1.利息收入	Interest	58.3	22.2	27.5	33.2	69.6	142.9
2.股息与红利收入	Dividend and Bonus	41.3	0.2	0.4	3.9	4.8	202.4
3.保险收益	Insurance Profits	0.9		0.0		0.4	4.0
4.其它投资收入	Other Investment Income	6.4					32.8
5.出租房屋收入	Income from Renting House	160.1	63.6	29.3	89.8	199.9	430.0
6.知识产权收入	Income from Intellectual Property Right					0.0	
7.其它财产收入	Other Property Income	2.6	2.9	2.0	2.2	5.8	0.4
(四)转移性收入	Transfer Income	5907.1	2585.8	3220.2	6094.6	7246.9	10510.9
1.养老金或离退休金	Pension for Old-age for Retired Persons	5097.9	1888.1	2480.4	5369.6	6609.8	9253.8
2.社会救济收入	Social Relief	65.3	179.4	126.8	17.5	2.8	0.7
# 最低生活保障收入	Minimum Living Guarantee Income	48.9	168.7	58.0	16.8	1.7	
3.辞退金	Dismissal Income	0.0					0.1
4.赔偿收入	Income from Compensation						
5.保险收入	Income from Insurance	9.4	26.5	16.4	0.4	0.7	3.7
# 失业保险金	Unemployment Insurance	8.6	26.5	16.4	0.4		
6.赡养收入	Supporting Income	163.5	89.7	182.2	167.1	201.1	177.8
7.捐赠收入	Giving Income	286.0	209.8	245.8	258.4	239.2	481.4
8.提取住房公积金	Withdraw Housing Collective Accumulation Fund	40.1			1.8	2.8	201.0
9.记帐补贴	Account Subsidy	166.0	143.6	148.5	160.1	171.3	207.7
10.其它转移性收入	Other Transfer Income	79.0	48.8	20.1	119.8	19.2	184.8
二、出售财物收入	Income from Selling Belongings	1.5	0.7	0.5	4.0	1.1	1.0
1.出售住房收入	Income from Selling House						
2.出售其他物品收入	Income from Selling Other Goods	1.5	0.7	0.5	4.0	1.1	1.0
三、借贷收入	Loan Income	4931.0	2210.0	3313.3	4068.3	6668.0	8580.8
1.提取储蓄存款	Withdraw Saving Deposit	4507.5	1886.7	3088.8	3769.1	5772.7	8183.2
2.借入款	Cash Borrowed	164.1	133.5	40.4	102.4	440.1	115.9
3.收回借出款	Paid-back Loan	31.2	16.8	12.4	18.9	65.9	44.4
4.收回储蓄性保险本	Withdraw Saving Premium	1.4	5.7	1.6			
5.兑售有价证券	Securities Cashed and Sold						
6.收回投资本金	Withdraw Investment Principal						
7.住房贷款	Housing Loan	9.2	46.3				
8.汽车贷款	Personal Auto Loan	7.5			35.3		
9.教育贷款	Education Loan						
10.其它贷款	Other Loans	9.7	4.4			6.5	39.1
11.其它借贷收入	Other Loan Income	200.3	116.6	170.3	142.7	382.9	198.1

10-11 城镇居民不同收入层次家庭人均现金支出（2012年）
Per Capita Cash Expenditure of Urban Households by Revenue(2012)

单位：元 (yuan)

指 标	Item	总平均 Average	低收入户 Low Income House-holds	中等偏下户 Lower Middle Income House-holds	中等收入户 Middle Income House-holds	中等偏上户 Upper Middle Income House-holds	高收入户 High Income House-holds
一、消费支出	Total Living Expenditure	15332.8	8543.4	11537.5	14510.8	18311.5	24080.2
# 服务性消费支出	Service Consumption Expenditure	4237.2	2225.2	3089.4	3994.4	4929.4	7041.5
1.食 品	Food	5550.7	3668.2	4677.1	5528.7	6345.3	7597.7
2.衣 着	Clothing	1789.1	887.8	1367.4	1634.0	2000.9	3098.3
3.居 住	Residence	1322.2	823.1	1025.2	1177.5	1625.2	1992.8
4.家庭设备用品及服务	Household Facilities,Articles and Services	986.8	504.2	650.4	820.7	1139.6	1853.6
5.医疗保健	Medicine and Medical Services	1212.4	590.0	873.3	1147.2	1608.6	1872.1
6.交通和通信	Transportation and Communications	1788.4	646.5	1051.4	1743.2	2565.8	2984.6
7.教育文化娱乐服务	Recreation, Education and Culture Services	2078.5	1203.2	1536.3	1956.9	2394.8	3345.1
8.其他商品和服务	Others	604.7	220.5	356.4	502.7	631.3	1335.9
二、购房与建房支出	Expenditure from Buying and Constructing House	660.3	57.0	572.2	194.1	1086.8	1451.5
# 购 房	Buying House	594.6	57.0	338.3	194.1	1001.0	1439.8
三、财产性支出	Property Expenditure	43.8	12.1	26.7	16.4	82.7	85.0
四、转移性支出	Transfer Expenditure	2297.9	910.4	1700.4	1862.7	2697.1	4402.9
1.交纳的个人所得税	Paid Taxes	38.1	1.3	8.0	23.8	19.4	140.4
2.捐赠支出	Expenditure Presented	1524.5	702.0	1094.1	1351.7	1764.7	2754.1
3.购买彩票	Buying Lottery Tickets	13.8	14.8	9.1	14.0	11.0	20.1
4.赡养支出	Expenditure of Alimony	592.3	150.6	502.5	377.1	744.3	1218.4
# 在外就学子女费用	Cost of Schooling Children Outside	297.9	78.8	275.2	126.6	298.7	731.1
5.各种非储蓄性保险支出	Non-saving Premium	80.9	19.6	34.6	52.1	110.3	193.1
# 车辆保险支出	Vehicle Insurance Expenses	41.8	0.0	6.5	18.2	58.8	129.7
6.其他转移性支出	Other Transfer Expenditure	48.3	22.0	52.1	44.1	47.4	76.8
五、社会保障支出	Social Protection Expenditure	1668.1	887.3	1431.2	1496.0	1667.5	2894.7
1.个人交纳的养老基金	Personal Contribution to Pension Funds	801.1	579.3	678.2	697.4	720.2	1346.6
2.个人交纳的住房公积金	Individual Housing Provident Fund Paid	575.8	156.5	488.3	516.7	636.3	1096.6
3.个人交纳的医疗基金	Personal Contribution to the Health Funds	218.5	124.4	189.0	211.8	239.7	330.5
4.个人交纳的失业基金	Personal Contribution to the Unemployment Fund	60.8	19.9	61.9	51.5	63.0	109.3
5.其他社会保障支出	Other Social Protection Expenditure	12.0	7.2	13.8	18.5	8.2	11.8
六、借贷支出	Loan Expenditure	6889.0	1531.2	3500.6	5921.0	7694.9	16080.1
1.存入储蓄款	Depositing Money	6362.0	1414.5	3155.2	5636.8	7050.9	14799.9
2.借出款	Cash Lent	25.8	1.5	51.5	17.0	34.8	24.6
3.归还借款	Returning Borrowed Cash	54.0	20.2	37.0	20.8	71.7	124.7
4.储蓄性保险支出	Saving Premium Expenditure	136.0	52.6	64.4	99.6	166.7	303.5
5.购买有价证券	Buying Securities	2.3		0.3	2.0	9.3	0.2
6.其它投资支出	Other Investment Expenditure	7.2		5.9	1.1	3.3	26.2
7.归还住房贷款	Returning Housing Loan	274.3	37.6	183.5	118.2	297.6	756.0
8.归还汽车贷款	Returning Automobile Loan	2.6		0.9	4.4	1.3	6.4
9.归还教育贷款	Returning Education Loan						
10.归还其他贷款	Returning Other Loans	10.2			2.4	13.5	36.1
11.其他借贷支出	Other Loan Expenditure	14.7	4.9	2.0	18.7	45.7	2.5

10-12 城镇居民不同收入层次家庭人均消费支出(2012年)

Per Capita Consumption Expenditure of Urban Households by Revenue (2012)

单位：元 (yuan)

指　　标	Item	总平均 Average	低收入户 Low Income Households	中等偏下户 Lower Middle Insome Households	中等收入户 Middle Insome Households	中等偏上户 Upper Middle Insome Households	高收入户 High Insome Households
消费支出	**Total Living Expenditure**	**15332.8**	**8543.4**	**11537.5**	**14510.8**	**18311.5**	**24080.2**
# 服务性消费支出	Service Consumption Expenditure	4237.2	2225.2	3089.4	3994.4	4929.4	7041.5
一、食　品	**Food**	**5550.7**	**3668.2**	**4677.1**	**5528.7**	**6345.3**	**7597.7**
(一) 粮油类	Grain and Oil	724.3	635.8	674.9	694.8	805.0	817.5
1.粮　食	Grain	441.5	384.4	411.4	432.1	487.0	495.8
2.淀粉及薯类	Starch and Potato	65.4	58.7	62.8	60.5	69.2	76.5
3.干豆类及豆制品	Dry Beans and Products	75.2	64.4	68.9	71.2	86.0	86.3
4.油脂类	Oil and Fats	142.2	128.2	131.7	131.1	162.8	158.9
(二)肉禽蛋水产品类	Meat, Poultry, Eggs, Aquatic Products	931.4	675.7	807.3	925.1	1036.4	1221.6
1.肉　类	Meat	582.9	431.6	509.6	578.9	658.9	741.0
2.禽　类	Poultry	134.0	94.2	122.7	135.5	146.6	172.0
3.蛋　类	Eggs	98.5	78.1	86.6	98.7	109.3	120.4
4.水产品类	Aquatic Products	116.0	71.8	88.5	112.0	121.6	188.2
(三)蔬菜类	Vegetables	538.9	436.5	502.1	523.4	616.1	621.2
# 鲜　菜	Fresh Vegetables	492.7	401.7	461.1	479.9	562.6	562.5
(四)调味品	Condiment	87.5	70.2	78.3	83.6	101.6	104.9
(五)糖烟酒饮料类	Sugar, Tobacco and Alcohol Beverages	615.4	369.0	513.1	628.6	703.8	868.8
(六)干鲜瓜果类	Fresh and Dried Fruit Category	527.6	344.2	437.3	498.7	622.4	744.5
二、衣　着	**Clothing**	**1789.1**	**887.8**	**1367.4**	**1634.0**	**2000.9**	**3098.3**
# 服　装	Garments	1321.9	638.5	993.2	1196.7	1490.9	2324.0
三、居　住	**Residence**	**1322.2**	**823.1**	**1025.2**	**1177.5**	**1625.2**	**1992.8**
# 1.住　房	Housing	335.1	99.5	235.0	217.1	501.6	641.5
2.水电燃料其它	Water,Electricity,Fuels and Others	878.2	675.9	716.8	865.3	989.4	1153.8
四、家庭设备用品及服务	**Household Facilities,Articles and Services**	**986.8**	**504.2**	**650.4**	**820.7**	**1139.6**	**1853.6**
# 1.耐用消费品	Durable Consumer Goods	369.9	157.0	225.5	284.9	472.5	726.3
2.家庭日用杂品	Household Articles of Daily Use	447.1	276.0	331.3	421.2	498.5	717.3
3.家庭服务	Household Services	49.0	20.9	16.8	35.8	40.5	133.4
五、医疗保健	**Medicine and Medical Services**	**1212.4**	**590.0**	**873.3**	**1147.2**	**1608.6**	**1872.1**
# 药品费	Drugs Fee	688.9	377.3	476.5	688.5	907.0	1007.9
六、交通和通信	**Transportation and Communications**	**1788.4**	**646.5**	**1051.4**	**1743.2**	**2565.8**	**2984.6**
1.交　通	Transportation	1046.2	232.8	471.9	1009.1	1691.4	1863.6
2.通　信	Communications	742.2	413.7	579.5	734.1	874.4	1121.0
七、教育文化娱乐服务	**Recreation, Education and Culture Services**	**2078.5**	**1203.2**	**1536.3**	**1956.9**	**2394.8**	**3345.1**
1.文化娱乐用品	Recreation Articles	443.0	210.3	296.4	373.4	497.1	853.0
2.文化娱乐服务	Recreation Services	680.0	189.3	410.3	603.5	857.9	1363.5
3.教　育	Education	955.5	803.7	829.6	980.0	1039.8	1128.6
八、其他商品和服务	**Miscellaneous Goods and Services**	**604.7**	**220.5**	**356.4**	**502.7**	**631.3**	**1335.9**
# 其他商品	Miscellaneous Goods	410.2	123.9	231.5	354.6	448.0	908.4

10-13 城镇居民不同收入层次家庭主要商品人均购买数量(2012年)
Per Capita Purchase of the Number of Major Commodities by Families of Different Income Levels of Urban Residents (2012)

品　名	Item	总平均 Average	低收入户 Low Income Households	中等偏下户 Lower Middle Income Households	中等收入户 Middle Income Households	中等偏上户 Upper Middle Income Households	高收入户 High Income Households
大　米　(公斤)	Rice (kg)	21.13	19.45	20.64	20.14	22.72	22.83
面　粉　(公斤)	Flour (kg)	22.32	23.35	19.43	21.32	24.51	23.18
食用植物油(公斤)	Edible Vegetable Oil (kg)	9.21	8.64	8.75	8.70	10.26	9.76
猪　肉　(公斤)	Pork (kg)	13.44	10.79	12.30	13.47	15.31	15.41
牛　肉　(公斤)	Beef (kg)	1.13	0.80	0.90	1.08	1.36	1.54
羊　肉　(公斤)	Mutton (kg)	0.78	0.58	0.65	0.82	0.80	1.07
鸡　(公斤)	Chicken (kg)	4.21	3.34	4.26	4.35	4.48	4.65
鸭　(公斤)	Duck (kg)	0.35	0.33	0.37	0.31	0.36	0.38
鲜　蛋　(公斤)	Fresh Eggs (kg)	10.34	8.41	9.20	10.36	11.45	12.35
鱼　(公斤)	Fish (kg)	3.72	2.49	3.24	3.76	4.15	4.98
虾　(公斤)	Shrimp (kg)	0.44	0.28	0.35	0.42	0.52	0.64
鲜　菜　(公斤)	Fresh Vegetables (kg)	113.43	96.81	108.10	108.47	127.66	127.10
白　酒　(公斤)	Liquor (kg)	1.02	0.66	0.89	1.02	1.16	1.36
果　酒　(公斤)	Wine (kg)	0.17	0.10	0.15	0.19	0.16	0.23
啤　酒　(公斤)	Beer (kg)	3.38	2.18	3.64	3.30	4.05	3.73
碳酸饮料　(公斤)	Carbonated Beverages(kg)	1.57	1.15	1.21	1.90	1.38	2.20
茶　叶　(公斤)	Tea (kg)	0.24	0.20	0.26	0.21	0.28	0.27
鲜　果　(公斤)	Fresh Fruit (kg)	48.45	34.50	42.96	46.06	56.16	63.23
鲜　瓜　(公斤)	Fresh melon (kg)	22.59	16.15	19.40	21.29	26.08	30.37
糕　点　(公斤)	Cake (kg)	7.08	5.02	6.76	7.34	8.10	8.20
鲜乳品　(公斤)	Fresh Dairy Products (kg)	18.66	13.43	16.30	18.34	22.58	22.84
奶　粉　(公斤)	Milk Powder (kg)	0.54	0.41	0.48	0.51	0.73	0.58
酸　奶　(公斤)	Yogurt (kg)	4.79	3.42	4.31	5.04	5.23	5.95
服　装　(件)	Clothing (piece)	9.93	5.92	8.11	9.62	11.45	14.73
鞋　类　(双)	Footwear (pair)	3.24	2.23	2.84	3.19	3.62	4.37
水　(吨)	Water (ton)	30.84	24.74	28.33	29.87	34.33	37.22
电　(度)	Electricity (kwh)	608.98	492.67	540.84	587.55	654.31	775.73
煤　炭　(公斤)	Coal (kg)	34.62	55.04	34.38	39.20	23.96	19.68
液化石油气(公斤)	LPG (kg)	2.79	4.17	3.44	2.43	2.10	1.79
管道燃气(立方米)	Piped Gas (cu.m)	73.79	57.46	57.45	75.55	81.56	97.53

10-14 城镇居民家庭居住情况(2012年末)
Housing Conditions of Urban Households (2012)

指　　标		Item		2012
调查户数	(户)	Number of Households Surveyed	(household)	1500
平均每户居住人口	(人)	Average Number of Resident Population	(person)	2.85
平均每人建筑面积	(平方米)	The Average Floor Area Per Person	(sq.m)	29.40
平均每人使用面积	(平方米)	The average area per person	(sq.m)	22.06
一、按房屋产权分)	(%)	By Household Property Right	(%)	100
租赁公房		Rent Public Houses		2.29
租赁私房		Rent Private Houses		5.08
原有私房		Private Houses		6.03
房改私房		Reform Private Houses		56.45
商品房		Commercial Houses		25.04
其　他		Others		3.83
二、按住宅建筑式样分	(%)	By Style of Resident Building	(%)	100
单栋住宅		Dependent Resident		1.39
四居室		Four Bedrooms		1.85
三居室		Three Bedrooms		31.86
二居室		Two Beedrooms		56.97
一居室		One Beedroom		2.30
普通楼房		Ordinary Building		2.77
平房及其他		Single Storey Houses and Others		2.86
三、按装修状况分	(%)	Decoration Condition	(%)	100
有装修		Decoration		72.95
未装修		No Decoration		27.05
如果装修过，最近一次装修花费(元/户)		If Renovated, the Most Recent Improvements HaveTaken	(yuan/household)	24382.00
四、现有住房按市场价估计值	(元/户)	Estimated Market Price of Existing Homes(yuan/household)		249304.30
五、按饮水情况分	(%)	Water Drinking	(%)	100
自来水		Tap Water		91.93
矿泉水		Mineral Water		1.71
纯净水		Pure Water		6.16
井、河水		Well or River Water		0.21
六、按用水情况分	(%)	Water Usage	(%)	100
独用自来水		Tap Water Owned Per Household		99.10
公用自来水		Public Tap Water		0.50
井、河水		Well or River Water		0.40
七、按卫生设备分	(%)	Health Facilities	(%)	100
无卫生设备		Without Toilet Room		1.40
有厕所浴室		Bathroom and Toilet Room Owned Per Household		88.11
有厕所无浴室		Toilet Room Owned Per Household and Without Bath Room		8.42
公　用		Public Toilet Room		2.07
八、按取暖设备分	(%)	Heating Facilities	(%)	100
无取暖设备		Without Heating Equipment		6.71
空调设备		Air Coditioner Owned		5.95
暖　气		Central Heating		65.36
其　他		Others		21.98
九、按炊用燃料使用情况分	(%)	Cooking Fuel	(%)	100
管道燃气		Pipeline Gas		63.74
罐装液化石油气		Natural Gas		16.76
煤		Coal		4.50
其　他		Others		15.00
十、通信设备使用情况		The Use of Communications Equipment		
百户固定电话拥有量	(部)	One Hundred Fixed-line Ownership	(unit)	61.18
百户移动电话拥有量	(部)	One Hundred Mobile Phone Ownership(unit)		224.22
百户使用互联网计算机	(台)	One Hundred Computers Using the Internet (unit)		69.06
十一、户均现住房房租折算	(元)	Discounted Housing Rent Per Household	(yuan)	8684.04
十二、除了现住房，户均还有几处其他住房	(套)	In Addition to Existing Homes, the Average Household There are Several Other Housing	(unit)	0.12

10-15 调查市县(区)城镇住户调查主要指标(2012年)
Main Indicators of Urban Household Survey by Survey Cities and Counties (2012)

地 区	Region	调查户数 (户) Number of Households Surveyed (household)	户均家庭人口 (人) Average Household Size (person)	户均就业人口 (人) Average Number of Employees Per Household (person)	人均总收入 (元) Per Capita Total Income (yuan)	人均可支配收入 (元) Per Capita Disposable Income (yuan)	人均消费支出 (元) Per Capita Consumption Expenditure (yuan)	人均食品支出 (元) Per Capita Food Expenditure (yuan)
全 省	**Shaanxi**	**1500**	**2.86**	**1.47**	**22606**	**20734**	**15333**	**5551**
西 安	Xi'an	350	2.93	1.52	26000	23847	18016	6238
户 县	Huxian	50	2.75	1.38	20753	18798	13135	4607
铜 川	Tongchuan	100	2.73	1.36	18147	16303	12829	5250
宝 鸡	Baoji	150	2.72	1.31	23861	20941	14411	5234
陇 县	Longxian	50	3.14	1.53	16135	15762	9860	3233
咸 阳	Xianyang	100	2.81	1.47	22623	20915	15112	6011
三 原	Sanyuan	50	2.83	1.31	18242	17213	11379	3950
临 渭	Linwei	50	2.74	1.29	19719	18743	13201	4465
蒲 城	Pucheng	50	3.04	1.68	18554	17946	12347	4240
华 阴	Huayin	50	2.81	1.63	18382	17527	12045	4945
宝 塔	Baota	50	2.77	1.40	21606	19441	15668	5572
汉 台	Hantai	100	2.88	1.43	19309	17598	12949	5206
西 乡	Xixiang	50	2.87	1.54	17403	16110	13229	5019
略 阳	Lueyang	50	2.99	1.57	17507	15581	11822	4925
榆 阳	Yuyang	50	3.13	1.44	20341	19458	15113	4800
绥 德	Suide	50	2.93	1.17	15673	14978	9705	3066
汉 滨	Hanbin	50	2.80	1.50	18878	17618	13755	5431
商 州	Shangzhou	50	2.84	1.60	20495	18717	14793	4711
洛 南	Luonan	50	2.93	1.63	18247	17640	13151	4813

10-16 农村居民家庭基本情况
Basic Conditions of Rural Households

指 标	Item	2010	2011	2012
调查户数 (户)	Number of Households Surveyed (household)	2220	2220	2220
调查户人口 (人)	Number of Residents in the Household Surveyed (person)			
1.常住人口	Permanent Residents	9163	8841	8788
2.平均每户常住人口	Average Household Size	4.1	4.0	4.0
3.平均每户整、半劳动力	Ablebodied and Semiablebodied Labours Per Households	2.9	2.8	2.8
4.平均每劳动力负担人口	Average Number of Persons Supported by a Laborer	1.4	1.4	1.4
平均每人全年的收入 (元)	Annual Income Per Capita (yuan)			
1.总收入	Total Revenue	5793.6	7045.4	7999.4
2.现金收入	Cash Income	5032.7	6313.2	7209.0
3.纯收入	Net Income	4105.0	5027.8	5762.5
平均每人全年的支出 (元)	Annual Expenditure Per Capita (Yuan)			
1.总支出	Total Expenditure	5998.1	7189.5	8071.2
# 家庭经营费用支出	Expenditure of Household Business	1489.4	1727.7	1927.5
生活消费支出	Expenditure of Living Consumption	3793.8	4495.6	5114.7
2.现金支出	Cash Expenditure	5562.3	6840.5	7734.5
# 生产费用支出	Expenditure of Production	1629.0	1836.8	2090.4
生活消费支出	Expenditure of Living Consumption	3506.2	4255.0	4883.9
平均每人年末住房面积(平方米)	Housing Area per Capita at Year-end (sq.m)	31.7	37.2	38.3
# 砖瓦平房面积	Brick Cottage Area	15.8	15.8	15.8
楼房面积	Building Area	10.5	14.5	15.5
年末住房价值 (元/平方米)	Housing Value at Year-end (yuan/sq.m)	295.2	617.6	624.7

10-17 农村居民家庭人均总收入和纯收入
Rural Households Per Capita Total Income and Net Income

单位：元 (yuan)

指 标	Item	2010	2011	2012
一、全年总收入	**Total Annual Income**	**5793.6**	**7045.4**	**7999.4**
1.工资性收入	Wages Income	1734.5	2384.0	2727.9
2.家庭经营收入	Household Business Income	3533.7	3947.0	4435.5
3.财产性收入	Property Income	97.0	165.3	200.1
4.转移性收入	Transfer Income	428.4	549.1	635.9
二、全年纯收入	**Annual net income**	**4105.0**	**5027.8**	**5762.5**
1.工资性收入	Wages Income	1734.5	2384.0	2727.9
2.家庭经营纯收入	Household Business Income	1882.2	2028.5	2294.4
(1)第一产业收入	Primary Industry	1537.2	1603.6	1798.9
农业收入	Farming	1318.0	1326.7	1544.4
林业收入	Forestry	29.3	52.8	53.2
牧业收入	Animal Husbandary	186.7	219.5	210.9
渔业收入	Fishing income	3.1	4.6	-9.6
(2)第二产业收入	Secondary Industry	56.4	58.1	66.9
工业收入	Industry	27.8	31.4	28.7
建筑业收入	Construction	28.6	26.7	38.2
(3)第三产业收入	Tertiary Industry	288.6	366.8	428.7
交通、运输和邮电业收入	Traffic,Transportation and Post	93.2	135.3	180.5
批发和零售贸易、餐饮业收入	Wholesale and Retail Trade ,Catering Trade	117.0	166.6	171.6
社会服务业收入	Social Service	39.0	37.6	41.6
文教卫生业收入	Culture,Education and Public Health	16.0	17.0	22.4
其他家庭经营收入	Others	23.4	10.2	12.6
3.财产性收入	Property Income	97.0	165.3	200.1
4.转移性收入	Transfer Income	391.3	450.0	540.1

10-18 农村居民家庭按人均纯收入分组基本情况(2012年)
Rural Households Grouped by per Capita Annual Net Income (2012)

指标	Item	总计 Total	200-300元 200-300 yuan	300-400元 300-400 yuan	400-500元 400-500 yuan	500-600元 500-600 yuan	600-800元 600-800 yuan	800-1000元 800-1000 yuan
调查户数 (户)	Number of Households Surveyed (household)	2220	2	2	3	3	9	7
比重 (%)	Percentage (%)		0.1	0.1	0.1	0.1	0.4	0.3
常住人口 (人)	Permanent Residents (person)	8788	10	12	16	13	39	31
比重 (%)	Percentage (%)		0.1	0.1	0.2	0.1	0.4	0.3
平均每户常住人口 (人)	Average Number of Permanent Residents per Household (person)	4.0	5.0	6.0	5.3	4.3	4.3	4.4
户均整、半劳动力 (人)	Average Number of Able-bodied and Semi-able-bodied Laborers per Household(person)	2.8	4.0	4.5	3.7	3.3	3.2	2.7
劳动力负担人口 (人)	Average Number of Persons Supported by a Laborer (person)	1.4	1.3	1.3	1.5	1.3	1.3	1.6
平均每人全年收入 (元)	Per Capita Annual Income (yuan)							
总收入	Total Revenue	7999.4	913.9	1097.5	1271.1	2114.2	3808.4	3906.0
现金收入	Cash Income	7209.0	913.9	973.9	1070.1	1905.3	3299.5	3382.2
纯收入	Net Income	5762.5	243.5	322.0	480.2	563.0	712.9	909.4
(1)工资性收入	Wages Income	2727.9	524.9	484.3	315.6	641.4	383.6	242.0
(2)家庭经营收入	Household Business Income	2294.4	-536.4	-210.4	97.7	-143.1	229.3	395.3
(3)财产性收入	Property Income	200.1		37.9				111.2
(4)转移性收入	Transfer Income	540.1	255.0	10.2	66.9	64.7	100.0	160.9
平均每人全年支出 (元)	Per Capita Annual Expenditures (yuan)							
总支出	Total Expenditure	8071.2	4520.7	2570.4	2573.1	4096.4	5224.0	9672.3
# 生活消费支出	Consumption Expenditure	5114.7	3514.3	2289.6	1903.1	2699.7	2187.7	6168.3
现金支出	Cash Expenditure	7734.5	4520.7	2437.1	2457.1	3938.1	5074.8	9356.7
人均年末住房面积(平方米)	Housing Area per Capita at Year-end (sq.m)	38.3	23.0	26.7	22.5	36.6	39.2	29.9
# 砖瓦平房面积	Brick Cottage Area	15.8	18.0		4.4	16.6	16.9	8.8
楼房面积	Building Area	15.5		16.7	11.3	12.3	17.1	11.1
年末住房价值 (元/平方米)	Housing Value at Year-end (yuan/sq.m)	624.7	173.9	265.6	327.8	525.2	906.4	391.3

10-18 续表 1 continued

指　标	Item	1000-1200元 1000-1200yuan	1200-1300元 1200-1300yuan	1300-1500元 1300-1500yuan	1500-1700元 1500-1700yuan	1700-2000元 1700-2000yuan	2000-2500元 2000-2500yuan
调查户数 (户)	Number of Households Surveyed (household)	23	15	22	35	50	96
比重 (%)	Percentage (%)	1.0	0.7	1.0	1.6	2.2	4.3
常住人口 (人)	Permanent Residents (person)	106	63	100	163	234	424
比重 (%)	Percentage (%)	1.2	0.7	1.1	1.9	2.7	4.8
平均每户常住人口 (人)	Average Number of Permanent Residents per Household (person)	4.6	4.3	4.5	4.7	4.7	4.4
户均整、半劳动力 (人)	Average Number of Able-bodied and Semi-able-bodied Laborers per Household(person)	3.4	3.0	3.4	3.3	3.2	3.0
劳动力负担人口 (人)	Average Number of Persons Supported by a Laborer (person)	1.4	1.5	1.4	1.4	1.5	1.5
平均每人全年收入 (元)	Per Capita Annual Income (yuan)						
总收入	Total Revenue	2713.5	2679.5	2358.0	2794.6	2627.8	3162.2
现金收入	Cash Income	2067.2	2098.3	1926.7	2355.9	2214.1	2573.4
纯收入	Net Income	1097.7	1250.8	1392.7	1585.7	1845.7	2251.3
(1)工资性收入	Wages Income	568.3	610.4	415.1	1015.0	775.3	1062.0
(2)家庭经营收入	Household Business Income	361.0	419.3	746.8	396.6	752.6	874.6
(3)财产性收入	Property Income	15.2	0.8	21.3	13.8	64.1	15.9
(4)转移性收入	Transfer Income	153.2	220.3	209.5	160.3	253.7	298.8
平均每人全年支出 (元)	Per Capita Annual Expenditures (yuan)						
总支出	Total Expenditure	5340.3	6851.4	5671.6	5740.5	4132.2	5103.8
# 生活消费支出	Consumption Expenditure	2908.6	5249.4	4376.2	4366.0	3273.7	3846.7
现金支出	Cash Expenditure	5102.1	6633.7	5469.8	5533.3	3884.2	4792.8
人均年末住房面积(平方米)	Housing Area per Capita at Year-end (sq.m)	32.8	26.9	28.3	30.8	28.8	34.0
# 砖瓦平房面积	Brick Cottage Area	15.6	14.3	7.4	14.5	10.6	11.3
楼房面积	Building Area	12.3	9.4	13.4	11.9	11.0	14.1
年末住房价值 (元/平方米)	Housing Value at Year-end (yuan/sq.m)	446.7	736.2	662.4	690.5	700.2	561.8

10-18 续表 2 continued

指　　标	Item	2500-3000元 2500-3000yuan	3000-3500元 3000-3500yuan	3500-4000元 3500-4000yuan	4000-4500元 4000-4500yuan	4500-5000元 4500-5000yuan	5000元以上 5000Yuan and over
调查户数 (户)	Number of Households Surveyed (household)	144	165	143	169	145	1171
比重 (%)	Percentage (%)	6.5	7.4	6.4	7.6	6.5	52.7
常住人口 (人)	Permanent Residents (person)	628	717	616	728	570	4238
比重 (%)	Percentage (%)	7.1	8.2	7.0	8.3	6.5	48.2
平均每户常住人口 (人)	Average Number of Permanent Residents per Household (person)	4.4	4.3	4.3	4.3	3.9	3.6
户均整、半劳动力 (人)	Average Number of Able-bodied and Semi-able-bodied Laborers per Household(person)	3.0	3.1	3.1	3.0	2.7	2.7
劳动力负担人口 (人)	Average Number of Persons Supported by a Laborer (person)	1.5	1.4	1.4	1.5	1.4	1.4
平均每人全年收入 (元)	Per Capita Annual Income (yuan)						
总收入	Total Revenue	3850.9	4694.8	5004.6	6013.8	6506.5	11583.6
现金收入	Cash Income	3266.4	4043.1	4282.1	5257.2	5597.3	10658.5
纯收入	Net Income	2725.7	3245.3	3746.0	4260.5	4738.2	8635.1
(1)工资性收入	Wages Income	1436.2	1737.5	1812.6	2006.0	2232.0	3995.0
(2)家庭经营收入	Household Business Income	979.7	1150.5	1491.9	1781.1	1931.9	3509.0
(3)财产性收入	Property Income	70.4	59.5	43.1	115.3	125.6	343.2
(4)转移性收入	Transfer Income	239.4	297.8	398.4	358.1	448.7	787.9
平均每人全年支出 (元)	Per Capita Annual Expenditures (yuan)						
总支出	Total Expenditure	5369.5	6100.7	5549.4	6659.2	7218.4	10088.0
# 生活消费支出	Consumption Expenditure	3657.3	4256.8	3891.6	4506.7	4618.4	6155.6
现金支出	Cash Expenditure	5114.9	5804.6	5252.8	6329.4	6896.1	9698.2
人均年末住房面积(平方米)	Housing Area per Capita at Year-end (sq.m)	33.2	34.2	33.1	31.7	35.9	43.9
# 砖瓦平房面积	Brick Cottage Area	14.6	14.5	13.1	11.8	12.9	18.7
楼房面积	Building Area	11.7	12.9	13.8	13.9	14.3	17.9
年末住房价值 (元/平方米)	Housing Value at Year-end (yuan/sq.m)	615.7	558.5	594.1	631.2	619.2	640.1

10-19 农村居民家庭人均生活消费支出
Per Capita Living Expenditure of Rural Households

单位：元 (yuan)

指 标	Item	2010	2011	2012
生活消费性总支出	**Consumption Expenditure**	**3793.80**	**4495.62**	**5114.68**
# 生活消费现金支出	Cash Consumption Expenditure	3506.16	4255.04	4883.88
1.食 品	Food	1299.22	1348.86	1520.10
# 在外饮食	Dining Out	255.15	230.53	247.61
2.衣 着	Clothing	237.87	285.37	332.72
# 服 装	Clothing	170.32	205.62	236.78
3.居 住	Residence	837.54	1108.58	1258.06
# 电 费	Electricity	64.89	69.61	89.70
4.家庭设备用品及服务	Household Facilities, Articles and Services	233.37	279.80	298.69
# 床上用品	Bedding	16.88	20.99	25.78
家庭日用杂品	Daily Use Household Articles	55.72	64.56	76.85
5.交通和通讯	Transport and Communications	336.22	406.71	503.34
# 交通工具	Transport	86.57	123.80	175.92
交通费	Transportation Fees			
通讯工具	Communication Tools	29.31	33.93	42.03
邮电费	Postal Fees			
6.文化教育娱乐用品及服务	Cultural, Educational and Recreational Articles and Services	397.61	405.56	445.47
# 文化教育娱乐用品	Cultural, Educational and Recreational Articles	81.72	103.52	103.53
文化教育娱乐服务	Cultural, Educational and Recreational Services	295.36	266.34	290.61
7.医疗保健	Health Care and Medical Services	376.20	533.44	619.94
# 医疗卫生保健用品	Medical and Health Care Supplies	134.56	209.61	215.91
医疗保健服务费	Health Care Costs	241.64	323.83	404.03
8.其他商品及服务	Miscellaneous Goods and Services	75.77	127.24	136.37
商品性支出	Commodity Expenditures	41.91	65.81	80.39
服务性支出	Service Expenditure	33.86	61.43	55.98

10-20 农村居民家庭人均生活消费支出(2012年，按纯收入分组)
Per Capita Living Expenditure of Rural Households(2012, Group by Net Income)

单位：元 (yuan)

指 标	Item	总计 Total	200-300元 200-300 yuan	300-400元 300-400 yuan	400-500元 400-500 yuan	500-600元 500-600 yuan	600-800元 600-800 yuan	800-1000元 800-1000 yuan
生活消费总支出	**Consumption Expenditure**	**5114.7**	**3514.3**	**2289.6**	**1903.0**	**2699.7**	**2187.7**	**6168.3**
1.食 品	Food	1520.1	579.4	1144.2	907.2	1230.3	1019.9	1150.0
2.衣 着	Clothing	332.7	83.3	297.9	232.7	415.3	68.4	144.5
3.居 住	Residence	1258.1	539.6	39.5	170.3	106.4	220.5	4181.4
4.家庭设备用品及服务	Household Facilities, Articles and Services	298.7	204.1	112.6	89.0	257.6	79.1	70.2
5.交通和通讯	Transport and Communications	503.3	235.3	172.6	154.8	173.7	200.0	230.3
6.文化教育娱乐用品及服务	Education, Cultural and Recreation and Services	445.5	277.2	23.7	84.4	290.3	204.9	264.9
7.医疗保健	Health Care and Medical Services	619.9	909.0	456.9	200.7	190.2	344.0	103.6
8.其他商品和服务	Miscellaneous Goods and Services	136.4	686.4	42.2	63.9	35.9	50.9	23.4
生活消费现金支出	**Cash Consumption Expenditure**	**4883.9**	**3514.3**	**2156.3**	**1787.1**	**2541.4**	**2069.9**	**5874.2**
1.食 品	Food	1293.4	579.4	1012.8	791.8	1073.1	902.1	859.4
2.衣 着	Clothing	332.7	83.3	297.9	232.7	415.3	68.4	144.5
3.居 住	Residence	1254.0	539.6	37.6	169.8	105.4	220.5	4177.9
4.家庭设备用品及服务	Household Facilities, Articles and Services	298.7	204.1	112.6	89.0	257.6	79.1	70.2
5.交通和通讯	Transport and Communications	503.3	235.3	172.6	154.8	173.7	200.0	230.3
6.文化教育娱乐用品及服务	Education, Cultural and Recreation and Services	445.5	277.2	23.7	84.4	290.3	204.9	264.9
7.医疗保健	Health Care and Medical Services	619.9	909.0	456.9	200.7	190.2	344.0	103.6
8.其他商品及服务	Miscellaneous Goods and Services	136.4	686.4	42.2	63.9	35.8	50.9	23.4

10-20 续表 1 continued

单位：元 (yuan)

指标	Item	1000-1200元 1000-1200 yuan	1200-1300元 1200-1300 yuan	1300-1500元 1300-1500 yuan	1500-1700元 1500-1700 yuan	1700-2000元 1700-2000 yuan	2000-2500元 2000-2500 yuan
生活消费总支出	**Consumption Expenditure**	**2908.6**	**5249.4**	**4376.2**	**4366.0**	**3273.7**	**3846.7**
1.食　品	Food	1210.9	1595.3	1209.8	1113.9	1033.3	1117.3
2.衣　着	Clothing	187.3	610.6	198.6	227.2	169.2	204.6
3.居　住	Residence	365.8	1307.3	2065.4	1782.7	951.2	1459.8
4.家庭设备用品及服务	Household Facilities, Articles and Services	222.3	285.7	136.2	272.4	132.1	142.8
5.交通和通讯	Transport and Communications	227.3	444.7	207.9	320.9	156.7	238.3
6.文化教育娱乐用品及服务	Education, Cultural and Recreation and Services	285.9	555.3	249.2	176.4	246.5	216.5
7.医疗保健	Health Care and Medical Services	359.5	291.3	234.9	406.5	469.0	410.1
8.其他商品和服务	Miscellaneous Goods and Services	49.6	159.2	74.2	66.0	115.7	57.3
生活消费现金支出	**Cash Consumption Expenditure**	**2712.8**	**5058.1**	**4185.8**	**4201.8**	**3062.7**	**3599.0**
1.食　品	Food	1020.9	1409.5	1022.7	955.0	826.0	873.5
2.衣　着	Clothing	187.3	610.6	198.6	227.2	169.2	204.6
3.居　住	Residence	360.0	1301.8	2062.1	1777.4	947.5	1455.9
4.家庭设备用品及服务	Household Facilities, Articles and Services	222.3	285.7	136.2	272.4	132.1	142.8
5.交通和通讯	Transport and Communications	227.3	444.7	207.9	320.9	156.7	238.3
6.文化教育娱乐用品及服务	Education, Cultural and Recreation and Services	285.9	555.3	249.2	176.4	246.5	216.5
7.医疗保健	Health Care and Medical Services	359.5	291.3	234.9	406.5	469.0	410.1
8.其他商品及服务	Miscellaneous Goods and Services	49.6	159.2	74.2	66.0	115.7	57.3

10-20 续表 2 continued

单位：元 (yuan)

指标	Item	2500-3000元 2500-3000 yuan	3000-3500元 3000-3500 yuan	3500-4000元 3500-4000 yuan	4000-4500元 4000-4500 yuan	4500-5000元 4500-5000 yuan	5000元以上 5000 Yuan and over
生活消费总支出	**Consumption Expenditure**	**3657.3**	**4256.8**	**3891.6**	**4506.7**	**4618.4**	**6155.6**
1.食　品	Food	1229.0	1208.7	1351.4	1435.9	1482.4	1765.8
2.衣　着	Clothing	243.9	229.6	281.3	294.8	306.2	412.4
3.居　住	Residence	760.7	1226.5	1015.1	752.9	1099.6	1432.1
4.家庭设备用品及服务	Household Facilities, Articles and Services	188.8	207.4	205.8	254.1	252.7	394.2
5.交通和通讯	Transport and Communications	275.6	411.9	302.5	573.4	362.7	659.1
6.文化教育娱乐用品及服务	Education, Cultural and Recreation and Services	294.8	255.3	251.1	363.2	446.1	599.0
7.医疗保健	Health Care and Medical Services	591.6	642.4	373.5	708.8	552.3	712.6
8.其他商品和服务	Miscellaneous Goods and Services	72.9	75.0	110.9	123.6	116.4	180.4
生活消费现金支出	**Cash Consumption Expenditure**	**3452.6**	**4023.0**	**3663.0**	**4251.6**	**4366.4**	**5920.3**
1.食　品	Food	1028.8	978.5	1127.0	1184.7	1235.4	1534.5
2.衣　着	Clothing	243.9	229.6	281.3	294.8	306.2	412.4
3.居　住	Residence	756.2	1222.9	1010.9	749.0	1094.6	1428.1
4.家庭设备用品及服务	Household Facilities, Articles and Services	188.8	207.4	205.8	254.1	252.7	394.2
5.交通和通讯	Transport and Communications	275.6	411.9	302.5	573.4	362.7	659.1
6.文化教育娱乐用品及服务	Education, Cultural and Recreation and Services	294.8	255.3	251.1	363.2	446.1	599.0
7.医疗保健	Health Care and Medical Services	591.6	642.4	373.5	708.8	552.3	712.6
8.其他商品及服务	Miscellaneous Goods and Services	72.9	75.0	110.9	123.6	116.4	180.4

10-21 农村居民家庭平均每人主要实物消费量和每百户耐用物品拥有量
Rural Households Per Capita Consumption of the Main Physical and Possession of Durable Goods for Every One Hundred

指标		Item		2010	2011	2012
实物消费量	**(公斤)**	**Consumption in Kind**	**(kg)**			
粮　食		Food		149.6	153.4	144.6
油脂类		Fats and Oils		6.6	7.2	7.8
蔬菜及菜制品		Vegetables and Vegetable Products		52.6	52.7	48.5
水果及水果制品		Fruits		10.0	10.5	11.6
肉禽及其制品		Meat and Poultry		9.0	9.4	9.2
蛋类及蛋制品		Eggs and Egg Products		2.6	3.5	3.9
奶和奶制品		Milk and Milk Products		4.1	5.7	5.6
食　糖		Sugar		0.6	0.6	0.6
酒		Wine		4.3	4.7	4.3
耐用物品每百户拥有量		**Possession of Durable Goods per One Hundred**				
洗衣机	(台)	Washing Machine	(unit)	74.1	84.7	88.6
电冰箱	(台)	Refrigerator	(unit)	27.0	48.5	54.4
空调机	(台)	Air Conditioner	(unit)	6.0	9.8	11.9
抽油烟机	(台)	Hood	(unit)	1.8	5.3	5.6
微波炉	(台)	Microwave Oven	(unit)	3.2	4.1	4.2
热水器	(台)	Warmer	(unit)	13.0	25.8	31.3
自行车	(辆)	Bicycle	(unit)	114.0	81.8	83.5
摩托车	(辆)	Motorcycle	(unit)	49.7	54.8	57.1
汽车(生活用)	(辆)	Motorcar(in life)	(unit)	2.3	4.4	5.1
固定电话机	(部)	Ordinary Telephone	(unit)	55.4	36.2	34.8
移动电话	(部)	Mobile Telephone	(unit)	160.6	221.5	229.8
彩色电视机	(台)	Color TV Set	(unit)	109.0	111.9	113.5
黑白电视机	(台)	Black and White TV	(unit)	8.3	1.4	1.2
照相机	(台)	Camera	(unit)	2.4	3.5	3.6
家用计算机	(台)	Computer	(unit)	6.7	16.6	17.9

10-22 农村居民家庭平均每人主要实物消费量和每百户耐用物品拥有量(2012年，按纯收入分组)

Rural Households Per Capita Consumption of the Main Physical and Possession of Durable Goods for Every One Hundred(2012,Group by Net Income)

单位：元 (yuan)

指标	Item	总计 Total	200-300元 200-300 yuan	300-400元 300-400 yuan	400-500元 400-500 yuan	500-600元 500-600 yuan	600-800元 600-800 yuan	800-1000元 800-1000 yuan
实物消费量 （公斤）	**Consumption in Kind (kg)**							
粮食	Food	144.6	87.6	114.0	105.5	149.7	98.9	164.8
油脂类	Fats and Oils	7.8	5.9	8.5	6.8	5.5	5.6	7.6
蔬菜及菜制品	Vegetables and Vegetable Products	48.5	20.5	82.2	32.8	33.0	29.7	40.2
水果类	Fruits	11.6	1.4	6.1	11.7	4.6	4.0	9.4
肉禽及其制品	Meat and Poultry	9.2	3.4	4.3	4.1	5.8	7.8	7.5
蛋类及蛋制品	Eggs and Egg Products	3.9	2.5	3.0	2.5	2.4	3.5	3.6
奶和奶制品	Milk and Milk Product	5.6	0.2	3.1	5.9	8.2	2.2	0.1
食糖	Sugar	0.6	0.2	1.0	0.8	0.0	0.2	0.4
酒	Wine	4.3	0.6	1.5	1.6	3.4	1.1	5.7
耐用物品每百户拥有量	**Possession of Durable Goods Per One Hundred**							
洗衣机 （台）	Washing Machine (unit)	88.6	100.0	100.0	100.0	100.0	77.8	57.1
电冰箱 （台）	Refrigerator (unit)	54.4	100.0	50.0		100.0	55.6	14.3
空调机 （台）	Air Conditioner (unit)	11.9					11.1	14.3
抽油烟机 （台）	Hood (unit)	5.6					11.1	
微波炉 （台）	Microwave Oven (unit)	4.2						
热水器 （台）	Warmer (unit)	31.3			33.3		22.2	
自行车 （辆）	Bicycle (unit)	83.5	150.0	50.0	100.0	100.0	55.6	42.9
摩托车 （辆）	Motorcycle (unit)	57.1	150.0	50.0	100.0	100.0	88.9	57.1
汽车(生活用) （辆）	Motorcar(in life) (unit)	5.1					33.3	
固定电话机 （部）	Ordinary Telephone (unit)	34.8	50.0		33.3	33.3	33.3	14.3
移动电话 （部）	Mobile Telephone (unit)	229.8	200.0	200.0	266.7	233.3	255.6	157.1
彩色电视机 （台）	Color TV Set (unit)	113.5	150.0	150.0	100.0	133.3	100.0	100.0
黑白电视机 （台）	Black and White TV (unit)	1.2						
照相机 （台）	Camera (unit)	3.6						
家用计算机 （台）	Computer (unit)	17.9	50.0	50.0			44.4	

10-22 续表 1 continued

单位：元 (yuan)

指标	Item	1000-1200元 1000-1200 yuan	1200-1300元 1200-1300 yuan	1300-1500元 1300-1500 yuan	1500-1700元 1500-1700 yuan	1700-2000元 1700-2000 yuan	2000-2500元 2000-2500 yuan
实物消费量 （公斤）	**Consumption in Kind (kg)**						
粮　食	Food	130.7	141.1	131.1	120.0	124.7	131.7
油脂类	Fats and Oils	6.6	6.6	7.0	7.0	6.4	6.7
蔬菜及菜制品	Vegetables and Vegetable Products	37.1	64.3	38.3	38.0	43.2	40.0
水果类	Fruits	7.1	21.0	8.8	8.1	7.9	7.0
肉禽及其制品	Meat and Poultry	6.8	10.0	6.4	7.0	7.0	8.1
蛋类及蛋制品	Eggs and Egg Products	2.9	2.6	3.3	3.1	2.8	3.2
奶和奶制品	Milk and Milk Product	3.0	5.5	3.3	8.7	1.9	3.0
食　糖	Sugar	0.4	0.4	0.8	0.7	0.5	0.6
酒	Wine	3.5	2.8	5.4	5.1	3.8	3.4
耐用物品每百户拥有量	**Possession of Durable Goods Per One Hundred**						
洗衣机 （台）	Washing Machine (unit)	82.6	72.4	63.6	74.3	71.7	84.3
电冰箱 （台）	Refrigerator (unit)	47.8	10.3	40.9	37.1	40.4	39.3
空调机 （台）	Air Conditioner (unit)	4.3				7.1	3.7
抽油烟机 （台）	Hood (unit)	4.3	6.9		2.9	8.1	2.1
微波炉 （台）	Microwave Oven (unit)		6.9		2.9	2.0	1.6
热水器 （台）	Warmer (unit)	26.1	20.7	11.4	25.7	28.3	17.3
自行车 （辆）	Bicycle (unit)	78.3	100.0	61.4	60.0	64.6	73.3
摩托车 （辆）	Motorcycle (unit)	60.9	48.3	45.5	80.0	43.4	46.1
汽车(生活用) （辆）	Motorcar(in life) (unit)		6.9			2.0	2.6
固定电话机 （部）	Ordinary Telephone (unit)	30.4	37.9	38.6	17.1	49.5	40.3
移动电话 （部）	Mobile Telephone (unit)	217.4	169.0	234.1	260.0	190.9	200.5
彩色电视机 （台）	Color TV Set (unit)	108.7	106.9	136.4	114.3	106.1	102.6
黑白电视机 （台）	Black and White TV (unit)	4.3					3.1
照相机 （台）	Camera (unit)	8.7	6.9				1.6
家用计算机 （台）	Computer (unit)	13.0	24.1	4.5	17.1	16.2	9.4

10-22 续表 2 continued

单位：元 (yuan)

指 标	Item	2500-3000元 2500-3000 yuan	3000-3500元 3000-3500yuan	3500-4000元 3500-4000 yuan	4000-4500元 4000-4500 yuan	4500-5000元 4500-5000 yuan	5000元以上 5000 Yuan and over
实物消费量 （公斤）	**Consumption in Kind (kg)**						
粮 食	Food	135.0	137.9	140.4	146.6	141.1	152.7
油脂类	Fats and Oils	6.8	7.7	7.9	6.7	8.3	8.3
蔬菜及菜制品	Vegetables and Vegetable Products	43.2	40.9	44.5	47.9	52.4	52.7
水果类	Fruits	10.0	9.5	10.4	9.2	10.3	14.1
肉禽及其制品	Meat and Poultry	6.8	6.5	9.0	8.5	9.1	10.8
蛋类及蛋制品	Eggs and Egg Products	3.5	3.7	3.8	3.8	3.6	4.3
奶和奶制品	Milk and Milk Product	6.8	4.2	5.2	4.1	4.6	6.6
食 糖	Sugar	0.6	0.6	0.6	0.7	0.6	0.6
酒	Wine	2.9	3.6	4.3	4.2	5.3	4.7
耐用物品每百户拥有量	**Possession of Durable Goods Per One Hundred**						
洗衣机 （台）	Washing Machine (unit)	85.4	87.9	90.9	90.5	92.7	90.5
电冰箱 （台）	Refrigerator (unit)	46.3	51.5	51.6	53.1	54.0	59.5
空调机 （台）	Air Conditioner (unit)	8.4	9.7	7.0	5.9	7.3	16.1
抽油烟机 （台）	Hood (unit)	0.7	4.2	3.5	0.9	5.9	7.6
微波炉 （台）	Microwave Oven (unit)	3.5	3.0	3.2	3.3	2.4	5.6
热水器 （台）	Warmer (unit)	22.0	23.6	27.7	24.9	29.4	37.1
自行车 （辆）	Bicycle (unit)	90.2	85.8	66.0	75.7	55.0	92.1
摩托车 （辆）	Motorcycle (unit)	53.7	60.3	57.9	62.9	54.3	57.1
汽车(生活用) （辆）	Motorcar(in life) (unit)	3.1	4.2	4.6	4.7	4.8	5.9
固定电话机 （部）	Ordinary Telephone (unit)	32.1	36.7	38.9	36.2	36.0	33.4
移动电话 （部）	Mobile Telephone (unit)	215.3	221.5	231.6	244.2	230.1	235.1
彩色电视机 （台）	Color TV Set (unit)	111.5	114.5	115.1	113.1	112.8	114.4
黑白电视机 （台）	Black and White TV (unit)	3.5	1.2	0.7	1.8	0.7	0.8
照相机 （台）	Camera (unit)	4.2	3.6	1.4	4.2	1.4	4.3
家用计算机 （台）	Computer (unit)	8.0	12.7	13.0	13.9	12.5	22.3

10-23 各县(市、区)城乡居民人均收入(2012年)
Per Capita Income in Urban and Rural Households by County (City and District)(2012)

单位：元 (yuan)

地 区	Region	城镇居民人均可支配收入 Per Capita Annual Disposable Income of Urban Households	农村居民人均纯收入 Per Capita Annual Net Income of Rural Households
西安市	**Xi'an**	**29982**	**11442**
新城区	Xincheng	30658	
碑林区	Beilin	31268	
莲湖区	Lianhu	31195	
灞桥区	Baqiao	28688	13278
未央区	Weiyang	30103	14562
雁塔区	Yanta	31934	14800
阎良区	Yanliang	31026	13403
临潼区	Lintong	24568	10685
长安区	Chang'an	26493	11107
蓝田县	Lantian	19957	7824
周至县	Zhouzhi	20025	7733
户 县	Huxian	22520	9654
高陵县	Gaoling	23462	10673
铜川市	**Tongchuan**	**21929**	**7134**
王益区	Wangyi	22218	8068
印台区	Yintai	21325	6863
耀州区	Yaozhou	25358	7975
宜君县	Yijun	20922	6477
宝鸡市	**Baoji**	**25777**	**7373**
渭滨区	Weibin	26465	10208
金台区	Jintai	25473	9290
陈仓区	Chencang	25971	8678
凤翔县	Fengxiang	26630	9159
岐山县	Qishan	26242	9153
扶风县	Fufeng	24205	7565
眉 县	Meixian	26817	8313
陇 县	Longxian	20630	6740
千阳县	Qianyang	22525	7007
麟游县	Linyou	21215	6696
凤 县	Fengxian	27550	9061
太白县	Taibai	20713	6610
咸阳市	**Xianyang**	**25758**	**7464**
秦都区	Qindu	28798	9355
渭城区	Weicheng	28694	9218
三原县	Sanyuan	26619	8383
泾阳县	Jingyang	26513	8379
乾 县	Qianxian	24915	8314
礼泉县	Liquan	25048	8381
永寿县	Yongshou	21256	6391
彬 县	Binxian	25217	7835
长武县	Changwu	22021	6622
旬邑县	Xunyi	21403	6662
淳化县	Chunhua	20173	6572
武功县	Wugong	24142	8167
兴平市	Xingping	27246	8437
渭南市	**Weinan**	**21808**	**6602**
临渭区	Linwei	23280	6887
华 县	Huaxian	22438	6505
潼关县	Tongguan	21089	6388
大荔县	Dali	21200	7051
合阳县	Heyang	20784	5912
澄城县	Chengcheng	22079	5938
蒲城县	Pucheng	22342	6603
白水县	Baishui	20922	6242
富平县	Fuping	22015	6551
韩城市	Hancheng	24717	8852
华阴市	Huayin	21668	6402

10-23 续表 continued

单位：元 (yuan)

地 区	Region	城镇居民人均可支配收入 Per Capita Annual Disposable Income of Urban Households	农村居民人均纯收入 Per Capita Annual Net Income of Rural Households	地 区	Region	城镇居民人均可支配收入 Per Capita Annual Disposable Income of Urban Households	农村居民人均纯收入 Per Capita Annual Net Income of Rural Households
延安市	**Yan'an**	**24748**	**7655**	横山县	Hengshan	23920	7860
宝塔区	Baota	25520	7483	靖边县	Jingbian	28652	11413
延长县	Yanchang	22529	6282	定边县	Dingbian	25271	9492
延川县	Yanchuan	20961	5815	绥德县	Suide	22708	6630
子长县	Zichang	26387	7357	米脂县	Mizhi	23178	7509
安塞县	Ansai	26680	8046	佳 县	Jiaxian	21412	6408
志丹县	Zhidan	26670	7872	吴堡县	Wubu	21992	6558
吴起县	Wuqi	26744	8005	清涧县	Qingjian	21675	6500
甘泉县	Ganquan	23108	7689	子洲县	Zizhou	21967	6582
富 县	Fuxian	21647	8084	**安康市**	**Ankang**	**20300**	**5815**
洛川县	Luochuan	23294	9278	汉滨区	Hanbin	22115	5920
宜川县	Yichuan	22972	7565	汉阴县	Hanyin	20228	5938
黄龙县	Huanglong	17671	6766	石泉县	Shiquan	20525	5948
黄陵县	Huangling	24479	8974	宁陕县	Ningshan	19733	5629
汉中市	**Hanzhong**	**19827**	**6181**	紫阳县	Ziyang	20196	5966
汉台区	Hantai	20966	8171	岚皋县	Langao	20483	5755
南郑县	Nanzheng	20442	7228	平利县	Pingli	20007	6247
城固县	Chenggu	20468	7309	镇坪县	Zhenping	20207	5673
洋 县	Yangxian	19788	5755	旬阳县	Xunyang	20617	5911
西乡县	Xixiang	20068	5788	白河县	Baihe	19980	5798
勉 县	Mianxian	20228	6642	**商洛市**	**Shangluo**	**19998**	**5425**
宁强县	Ningqiang	20018	5754	商州区	Shangzhou	21100	5414
略阳县	Lueyang	19930	5654	洛南县	Luonan	20407	5592
镇巴县	Zhenba	19096	5470	丹凤县	Danfeng	20527	5536
留坝县	Liuba	18948	5471	商南县	Shangnan	20058	5529
佛坪县	Foping	18911	5473	山阳县	Shanyang	19750	5606
榆林市	**Yulin**	**24140**	**7681**	镇安县	Zhen'an	20201	5585
榆阳区	Yuyang	26071	10001	柞水县	Zhashui	20128	5446
神木县	Shenmu	29316	12537	**杨凌示范区**	**Yangling**	**29925**	**10841**
府谷县	Fugu	29083	11783	杨陵区	Yangling	29925	10841

主要统计指标解释

一、城镇住户

城镇家庭人口 指居住在一起，经济上合在一起共同生活的家庭成员。凡计算为家庭人口的成员其全部收支都包括在本家庭中。

城镇就业面 指就业人口占家庭人口的百分比。

城镇就业者负担人数 指家庭人口与就业人口之比。

城镇家庭总收入 指家庭成员得到的工薪收入、经营净收入、财产性收入、转移性收入之和，不包括出售财物收入和借贷收入。

城镇家庭可支配收入 指家庭成员得到可用于最终消费支出和其它非义务性支出以及储蓄的总和，即居民家庭可以用来自由支配的收入。它是家庭总收入扣除交纳的个人所得税、个人交纳的社会保障支出以及记账补贴后的收入。计算公式为:

可支配收入=家庭总收入-交纳个人所得税-个人交纳的社会保障支出-记账补贴

城镇家庭总支出 指除借贷支出以外的全部家庭支出。包括消费性支出、购房建房支出、转移性支出、财产性支出、社会保障支出。

城镇家庭消费性支出 指家庭用于日常生活的支出，包括食品、衣着、居住、家庭设备用品及服务、医疗保健、交通和通信、娱乐教育文化服务、其他商品和服务等八大类支出。

恩格尔系数 指食物支出金额在消费性总支出金额中所占的比例。计算公式为:

$$\text{恩格尔系数}=\frac{\text{食品支出金额}}{\text{消费性总支出金额}}\times 100\%$$

二、农村住户

农村住户 指农村常住户。农村常住户指长期(一年以上)居住在乡镇(不包括城关镇)行政管理区域内的住户，以及长期居住在城关镇所辖行政村范围内的农村住户。户口不在本地而在本地居住一年及以上的住户也包括在本地农村常住户范围内；有本地户口，但举家外出谋生一年以上的住户，无论是否保留承包耕地都不包括在本地农村住户范围内。

常住人口 指全年经常在家或在家居住6个月以上，而且经济和生活与本户连成一体的人口。外出从业人员在外居住时间虽然在6个月以上，但收入主要带回家中，经济与本户连为一体，仍视为家庭常住人口；在家居住，生活和本户连成一体的国家职工、退休人员也为家庭常住人口。但是现役军人、中专及以上(走读生除外)的在校学生、以及常年在外(不包括探亲、看病等)且已有稳定的职业与居住场所的外出从业人员，不算家庭常住人口。家庭常住人口主要作为计算农村住户平均每人收入、消费和积累水平及分析家庭人口状况的依据。

整、半劳动力 整劳动力指男子18周岁到50周岁，女子18周岁到45周岁；半劳动力指男子16周岁到17周岁，51周岁到60周岁；女子16周岁到17周岁，46周岁到55周岁，同时具有劳动能力的人。虽然在劳动年龄之内，但已丧失劳动能力的人，不应算为劳动力；超过劳动年龄，但能经常参加劳动，计入半劳动力数内。常住人口中的职工，若这些职工为劳动力，就包括在本户的整半劳动力中。

总收入 指调查期内农村住户和住户成员从各种来源渠道得到的收入总和。按收入的性质划分为工资性收入、家庭经营收入、财产性收入和转移性收入。

工资性收入 指农村住户成员受雇于单位或个人，靠出卖劳动而获得的收入。

家庭经营收入 指农村住户以家庭为生产经营单位进行生产筹划和管理而获得的收入。农村住户家庭经营活动按行业划分为农业、林业、牧业、渔业、工业、建筑业、交通运输业邮电业、批发和零售贸易餐饮业、社会服务业、文教卫生业和其他家庭经营。

财产性收入 指金融资产或有形非生产性资产的所有者向其他机构单位提供资金或将有形非生产性资产供其支配，作为回报而从中获得的收入。

转移性收入 指农村住户和住户成员无须付出任何对应物而获得的货物、服务、资金或资产所有权等，不包括无偿提供的用于固定资本形成的资金。一般情况下，是指农村住户在二次分配中的所有收入。

现金收入 指农村住户和住户成员在调查期内得到以现金形态表现的收入。按来源分成工资性收入、家庭经营现金收入、财产性收入、转移性收入。

纯收入 指农村住户当年从各个来源得到的总收入相应地扣除所发生的费用后的收入总和。计算方法:

纯收入=总收入-税费支出-家庭经营费用支出-生产性固定资产折旧-赠送农村内部亲友支出

纯收入主要用于再生产投入和当年生活消费支出，也可用于储蓄和各种非义务性支出。“农民人均纯收入”是按人口平均的纯收入水平，反映的是一个地区农村居民的平均收入水平。

总支出 指农村住户用于生产、生活和再分配的全部支出。包括家庭经营费用支出、购置生产性固定资产支出、税费支出、生活消费支出、财产性支出和转移性支出。

Explanatory Notes on Main Statistical Indicators

I. Urban Households

Population of Urban Households refer to members of households living and sharing economically together in the urban areas. All the income and expenditure of all the members of such households are included in the income and expenditure of the household.

Proportion of Urban Employment refers to the proportion of employed population to the population of urban households.

Number of Dependents per Urban Employee refers to the ratio between number of persons in an urban household and the number of employed persons.

Total Income of Urban Households refers to the sum of wage and salary; net business income; income from properties; and income from transfers of members of the households. Income from selling of properties and income from borrowing are not included..

Disposable Income of Urban Households refers to the actual income at the disposal of members of the households which can be used for final consumption, other non-compulsory expenditure and savings. This equals to total income minus income tax, personal contribution to social security and subsidy for keeping diaries in being a sample household. The following formula is used:

Disposable income = total household income - income tax - personal contribution to social security - subsidy for keeping diaries for a sampled household

Total Expenditure of Urban Households refers to all expenditure of households except expenditure on lending. It includes expenditure on consumption; on purchasing or building houses; on transfers; on properties; and on social security.

Consumption Expenditure of Urban Households refers to total expenditure of households for consumption in daily life, including expenditure on the eight categories of food; clothing; housing; household appliances and services; health care and medical services; transport and communications; recreation, education and cultural services; and miscellaneous goods and services.

Expenditure of Urban Households on Consumption of Services refers to expenditure of households on various kinds of non-commercial services provided by society.

Engel's Coefficient refers to the percentage of expenditure on food in the total consumption expenditure, using the following formula:

$$\text{Engel's Coefficient}=\frac{\text{expenditure on food}}{\text{total consumption expenditure}}\times 100\%$$

II. Rural Household

Rural Households refer to usual resident households in rural areas. Usual resident households in rural areas are households residing on a long term basis(for more than one year) in the areas under the administration of township governments (not including county towns), and in the areas under the administration of villages in county towns. Households residing in the current addresses for over one year with their household registration in other places are still considered as resident households of the locality. For households with their household registration in one place but all members of the households having moved away to make a living in another place for over one year, they will not be included in the rural households of the area where they are registered, irrespective of whether they still keep their contracted land.

Usual Resident Population refers to persons staying at home regularly or for over 6 months during a year and integrated with the household economically and in terms of living.. Members of the household staying away from the household for over 6 months but keeping a close economic relation with the household by sending the majority of income to the household are regarded as usual resident of the household. Government staff and workers or retirees living as close members of the household are also considered as usual resident. However, servicemen, students of secondary technical schools or schools of higher education and persons with stable jobs and residence outside the household (excluding those visiting relatives or seeking medical service) are not included as resident population of the household. Resident population is used in calculating income, consumption, accumulation on per capita basis of rural households and in analyzing composition of rural households.

Full/Semi Labour Force Full labour force refers to persons capable of work, aged 18-50 for males and 18-45 for females. Semi labour force refers to persons capable of work, aged 16-17 and 51-60 for males and 16-17 and 46-55 for females. Persons at their working ages but not capable of work are not to be included as labour force. Persons not at working ages but participating regularly in work are included in semi labour force. For staff and workers who are usual residents, are included as full or semi labour force of the household if they are in the labour force.

Total Income refers to the sum of income earned from various sources by the rural households and their members during the reference period, and is classified as income from wages and salaries, income from household operations, income from properties and income from transfers.

Income from Wages and Salaries refers to income from labour earned by the members of rural households employed by other units or individuals.

Income from Household Operations refers to income by the rural households as units of production and operation.

Operations by rural households are classified according to their economic activities namely agriculture, forestry, animal husbandry, fishery, manufacturing, construction, transportation, post and telecommunications, wholesale, retail and catering, social service, culture, education, health, and other household operations.

Income from Properties refers to the income received as returns by owners of financial assets or tangible non-productive assets by providing capitals or tangible non-productive assets to other institutional units.

Income from Transfers refers to the receipt by rural households and their members of goods, services, capital or rights of assets without giving or repaying accordingly, excluding capital provided to them for the formation of fixed assets. In general, it refers to all income received by rural households through redistribution.

Cash Income refers to income received by rural households and their members in the form of cash during the reference period. It is classified, by source of income, into income from wages and salaries, cash income from household operations, income from properties and income from transfers.

Net Income refers to the total income of rural households from all sources minus all corresponding expenses. The formula for calculation is as follows:

Net income = total income - taxes and fees paid - household operation expenses - taxes and fees depreciation of fixed assets for production - gifts to non-rural relatives

Net income is mainly used as input for reinvestment in production and as consumption expenditure of the year, and also used for savings and non-compulsory expenses of various forms. "Per capita net income of farmers" is the level of net income averaged by population, reflecting the average income level of rural households in a given area.

Total Expenditure refers to total expenses of rural households on production, consumption and redistribution, including expenditure on household operations; purchase of productive fixed assets; taxes and fees; expenses on household consumption; expenses on properties; and expenses on transfers.

十一、环境和城市

Environment and Cities

资料整理：冉妮平　李雯佳

简 要 说 明

一、本篇资料主要反映陕西环境保护事业发展情况和城市公用事业基本情况。

环境保护事业发展情况主要包括供水、用水情况以及工业废水和生活污水的排放及治理情况；城市空气质量，废气排放及处理情况；工业固体废物的产生、处理及利用情况；城市生活垃圾清运及处理情况；城市道路交通和区域环境噪声监测情况；造林及自然保护基本情况；地质、地震、海洋、森林灾害及突发环境事件情况；环境污染治理投资等情况。

城市公用事业基本情况主要包括城市建设、供水、供气、供热、市政设施、城市绿化、环境卫生等情况。

二、本篇资料由省国土资源厅、省环境保护厅、省住房和城乡建设厅、省水利厅、省林业厅提供。

Brief Introduction

I. This chapter reflects the development of environment protection and public utilities in Shaanxi Province.

The development of environment protection mainly include water supply and utilization, discharge and treatment of industrial and other waste water; urban air quality, emission and treatment of waste gas; production, treatment and utilization of industrial solid wastes, collection and disposal of consumption wastes in cities; national monitoring of road traffic noise and urban environmental noise in key cities; forestation, grassland construction and natural protection; incidences of geological, seismic, marine and forest disasters, environmental emergency investment in environment pollution treatment, etc.

The public utilities mainly include urban construction, water supply, gas supply, heat supply, public facilities, urban greening and environmental hygiene, etc.

Ⅱ. The data resources are provided by Shaanxi Province Department of Land and Resources, Shaanxi Province Environmental Protection Department, Shaanxi Province Housing and Urban-Rural Development, Shaanxi Province Department of Water Resources and Shaanxi Province Forestry Department.

11.环境和城市

2012年全省13个城市(不包括市辖县)		
人均公园绿地面积	11.58	平方米
人均拥有道路面积	14.71	平方米
人均日生活用水量	175	升
用水普及率	96.15	%
用气普及率	94.11	%

城市人均公园绿地面积(平方米)

(2012年)

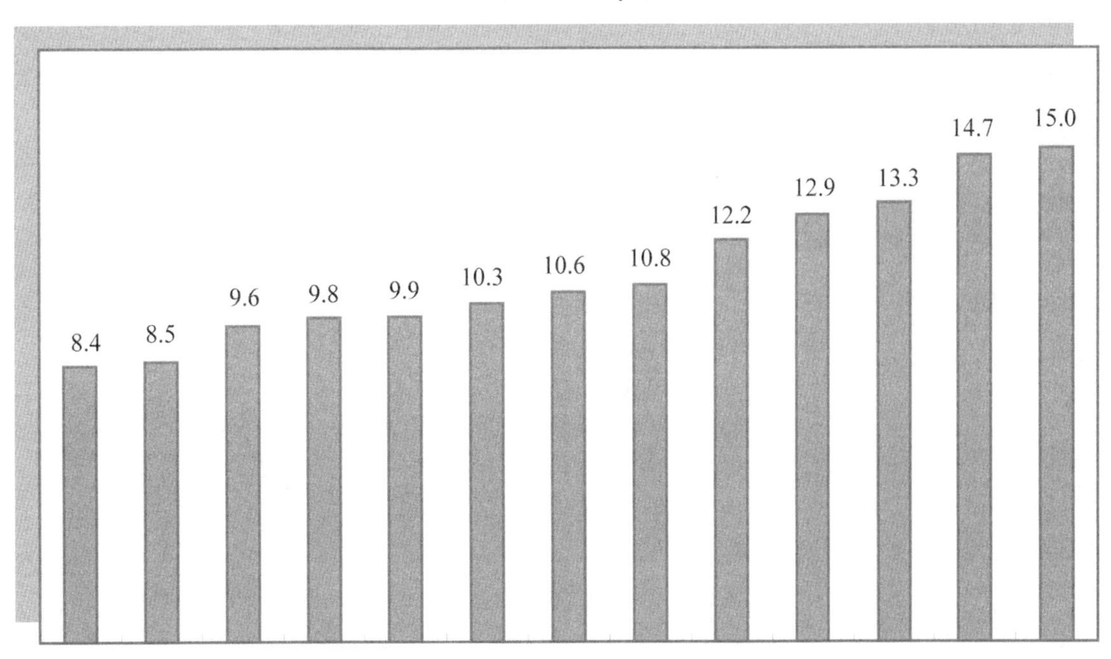

11-1 环境保护基本情况
Basic Statistics on Environmental Protection

指 标	Item	2011	2012
水环境	**Water Environment Conditions**		
水资源总量 (亿立方米)	Total Amount of Water Resources (100 million cu. m)	604.43	
地表水资源量	Surface Water	575.51	
地下水资源量	Ground-Water	164.28	
地表水与地下水资源重复量	Duplicated Measurement between Surface and Underground	135.36	
人均水资源量 (立方米/人)	Per Capita Water Resources (cu.m/person)	1616.59	
用水总量 (亿立方米)	Water Consumption (100 million cu. m)	87.76	88.04
# 农业用水	Water Consumption of Agriculture	58.21	58.19
工业用水	Water Consumption of Industry	13.24	13.35
生活用水	Water Consumption of Consumption	11.84	12.22
生态环境补水	Water Consumption of Ecological Protection	2.10	1.74
废水排放总量 (万吨)	Total Volume of Waste Water Discharged (10 000 tons)	121814.67	128748.59
# 工业废水排放量	Volume of Industrial Waste Water Discharged	40806.28	38036.50
城镇生活污水排放量	Volume of Consumption Waste Water Discharged	80932.72	90625.84
集中式治理设施污水排放量	Volume of Sewage Discharged from Centralized Treatment Facilities	75.67	86.25
化学需氧量(COD)排放量 (吨)	COD Discharge (ton)	556424	536325
# 工业废水中COD排放量	COD Discharge by Industrial Waste Water	106370	98456
农业COD排放量	COD Discharge by Agriculture	201299	196700
城镇生活污水中COD排放量	COD Discharge by Consumption Waste Water	243341	234539
集中式治理设施COD排放量	Volume of COD Discharged by Centralized Treatment Facilities	5415	6630
氨氮排放量 (吨)	Ammonia Nitrogen Discharge (ton)	63357	61884
# 工业废水中氨氮排放量	Ammonia Nitrogen Discharge by Industrial Waste Water	8695	8653
农业氨氮排放量	Ammonia Nitrogen Discharge by Agriculture	15605	15412
生活污水中氨氮排放量	Ammonia Nitrogen Discharge by Consumption Waste Water	38140	36901
集中式治理设施氨氮排放量	Volume of Ammonia Nitrogen Discharged by Centralized Treatment Facilities	918	918
大气环境	**Atmospheric Environment Conditions**		
二氧化硫(SO_2)排放量 (吨)	Sulphur Dioxide (SO_2) Emission (ton)	916839	843808
# 工业SO_2排放量	Volume of Sulphur Dioxide Emission by Industry	831222	747071
城镇生活SO_2排放量	Volume of Sulphur Dioxide Emission by Consumption	85614	96732
集中式治理设施SO_2排放量	Volume of SO_2 Discharged by Centralized Treatment Facilities	3	5
氮氧化物排放量 (吨)	Volume of Nitrogen oxides (ton)	831939	808199
# 工业氮氧化物排放量	Volume of Nitrogen oxides by Industry	633708	604470
城镇生活氮氧化物排放量	Volume of Nitrogen oxides by Consumption	19205	26511
机动车氮氧化物排放量	Volume of Nitrogen oxides by Motor Vehicles	179015	177206
集中式治理设施氮氧化物排放量	Volume of Nitrogen oxides by Centralized Treatment Facilities	11	12
烟(粉)尘排放量 (吨)	Volume of Soot Emission (ton)	463475	462051
# 工业烟(粉)尘排放量	Volume of Industrial Soot Emission	396997	385522
城镇生活烟尘排放量	Volume of Consumption Soot Emission	43342	53587
机动车烟尘排放量	Volume of Soot Emission by Motor Vehicles	23135	22940
集中式治理设施烟尘排放量	Volume of Soot Emission by Centralized Treatment Facilities	1	2

11-1 续表 1 continued

指 标	Item	2011	2012
固体废物	**Solid Wastes**		
工业固体废物产生量 (万吨)	Volume of Industrial Solid Wastes Produced (10 000 tons)	7170.57	7215.11
工业固体废物综合利用量 (万吨)	Volume of Industrial Solid Wastes Utilized (10 000 tons)	4311.51	4421.94
# 综合利用往年贮存量	The Comprehensive Utilization Stored Quantity in Early Years	4.62	24.82
工业固体废物综合利用率 (%)	Ratio of Industrial Solid Wastes Utilized (%)	60.13	61.29
工业固体废物处置量 (万吨)	Volume of Industrial Solid Wastes Treated (10 000 tons)	1843.32	1457.34
# 处置往年贮存量	Stored Quantity Treated in Early Years	0.75	1.00
工业固体废物处置率 (%)	Ratio of Industrial Solid Wastes Treated (%)	25.71	20.20
工业固体废物贮存量 (万吨)	Industrial Solid Wastes Stored Quantity (10 000 tons)	1007.85	1359.54
危险废物产生量 (吨)	Volume of Hazardous Wastes (ton)	332539	306531
危险废物综合利用量 (吨)	Volume of Hazardous Wastes Utilized (ton)	173220	115381
# 综合利用往年贮存量	The Comprehensive Utilization Stored Quantity in Early Years		5945
危险废物综合利用率 (%)	Ratio of Hazardous Wastes Utilized (%)	51.00	37.00
危险废物处置量 (吨)	Volume of Hazardous Wastes Treated (ton)	98614	121103
危险废物处置率 (%)	Ratio of Hazardous Wastes Treated (%)	30.00	29.00
危险废物贮存量 (吨)	Hazardous Wastes Stored Quantity (ton)	60631	76299
生态环境	**Ecological Environment Conditions**		
森林面积 (千公顷)	Area of Forest (1 000 hectares)	853.24	853.24
森林覆盖率 (%)	Forest Coverage Rate (%)	41.42	41.42
累计水土流失治理面积 (千公顷)	Accumulative Area of Water and Soil Conservation (1 000 hectares)	9407.09	9512.30
当年造林面积 (公顷)	The Area of Afforestation (hectare)	325752	326353
# 人工造林	Man-made Forests	200151	215684
飞播造林	Afforestation by Air Seeding	40000	39003
无林地和疏林地新封山育林	Non-forest Land and Close Hillsides to Facilitate Afforestation	85601	65600
自然保护区数 (个)	Number of Nature Reserves (unit)	57	58
# 国家级	Nation Level	15	18
自然保护区面积 (万公顷)	Area of Nature Reserves (10 000 hectares)	115.60	115.04
自然灾害	**Natural Disasters**		
地质灾害次数 (次)	Number of Geologic Hazards (time)	667	240
地质灾害人员伤亡 (人)	Geologic Hazard Casualties (person)	85	13
地质灾害直接经济损失 (万元)	Direct Economic Losses of Geologic Hazard (10 000 yuan)	21864	6516
森林火灾次数 (次)	Number of Forest Fires (time)	125	67
森林火灾受害森林面积 (公顷)	Danaged Forest Area (hectare)	265	16
环境污染与治理	**Investment in the Treatment of Environmental Pollution**		
突发环境事件次数 (次)	Environmental Disasters (time)	17	23
环境污染治理投资总额 (万元)	Total Investment in the Treatment of Environmental Pollution (10 000 yuan)	982635	1153831
城市环境基础设施投资	Investment in Urban Environmental Infrastructure	517699	592309
燃 气	Gas	50435	77495
集中供热	Centralized Heating	43395	101485
排 水	Drainage Works	111479	97578
园林绿化	Gardening and Greening	275778	273413
市容环境卫生	Environmental Sanitation	36612	42338

11-1 续表 2 continued

指 标		Item	2011	2012
工业污染防治投资		Investment in the Treatment of Industrial Pollution	238936	278987
治理废水		Treatment of Waste Water	160499	182221
治理废气		Treatment of Waste Gas	62078	82119
治理固体废物		Treatment of Solid Waste	5948	6406
治理噪声		Treatment of Noise Pollution	1418	1636
治理其他		Treatment of Other Pollution	8994	6605
完成环保验收项目环保投资	（万元）	Investment in Completion Acceptance of Environmental Protection (10 000 yuan)	226000	282535
环境污染治理投资占GDP比重	（%）	Total Investment in the Treatment of Environmental Pollution as Percent of GDP (%)	0.79	0.80
工业废气治理设施运行费用	（万元）	Operating Costs of Industrial Waste Gas Treatment Facilities (10 000 yuan)	223923	276400
工业废水治理设施运行费用	（万元）	Operating Costs of Industrial Waste Water Treatment Facilities (10 000 yuan)	120108	92998
排污费收入总额	（万元）	Total Pollution Charges (10 000 yuan)	54400	57740
本年林业投资完成额	（万元）	Investment Completed This Year for Afforestation (10 000 yuan)	498242	749288
# 生态建设与保护		Ecological Construction and Protection	368071	518325
林业支撑与保障		Forestry Support and Protection	17532	56733
林业产业发展		Development of Forestry	31209	60306
其 他		Others	81430	113924
城市环境		**Urban Environmental**		
城区面积	（平方公里）	Total Urban Area (sq.km)	1373.40	1504.44
# 建成区面积		Developed Areas	809.01	863.51
城市建设用地面积	（平方公里）	City Areas and Floor Space of Buildings (sq.km)	706.48	776.18
城市供水总量	（万立方米）	Total Water Supply (10 000 cu.m)	76780	84703
城市用水普及率	（%）	Coverage Rate of Urban Population with Access to Tap Water (%)	95.72	96.15
城市污水排放量	（万立方米）	Volume of City Sewage (10 000 cu.m)	67366	71442
城市污水处理量	（万立方米）	Disposal of City Sewage (10 000 cu.m)	56561	63221
城市污水处理厂集中处理率	（%）	Treatment Rate of City Sewage (%)	82.31	87.64
城市生活垃圾清运量)	（万吨）	Urban Consumption Wastes Collected and Transported (10 000 tons)	428.27	433.10
城市生活垃圾无害化处理量	（万吨）	Volume of City Consumption Wastes (10 000 tons)	386.61	421.12
城市生活垃圾无害化处理率	（%）	Treatment Rate of City Consumption Wastes (%)	90.27	97.23
城市燃气普及率	（%）	Coverage Rate of Urban Population with Access to Gas (%)	92.09	94.11
城市集中供热面积	（万平方米）	Area of Centralized Heating in Urban (10 000 sq.m)	10069.30	12307.78
人均公园绿地面积	（平方米）	Per Capita Public Green Area (sq.m)	11.41	11.58
建成区绿化覆盖率	（%）	Green Covered Area as % of Completed Area (%)	38.68	40.36

11-2 各市(区)工业固体废物排放及处理情况(2012年)
Production and Treatment of Industrial Solid Wastes by City(District)(2012)

地 区	Region	一般工业固体废物产生量(万吨) Volume of Industrial Solid Wastes Produced (10 000 tons)	#危险废物产生量 Volume of Hazardous Wastes Produced	一般工业固体废物贮存量(万吨) Volume of Industrial Solid Wastes in Stocks (10 000 tons)	#危险废物贮存量 Volume of Hazardous Wastes in Stocks	一般工业固体废物处置量(万吨) Volume of Industrial Solid Wastes Disposed (10 000 tons)	#危险废物处置量 Volume of Hazardous Wastes Disposed	#处置往年贮存量 stored quantity Treated in early years	一般工业固体废物综合利用量(万吨) Volume of Industrial Solid Wastes Utilized (10 000 tons)
全 省	**Shaanxi**	**7215.11**	**30.65**	**1359.54**	**7.63**	**1457.34**	**12.11**	**1.00**	**4421.94**
西 安 市	Xi'an	258.22	0.92	1.54		8.38	0.86		248.53
铜 川 市	Tongchuan	173.96	0.01	5.03		3.71			166.20
宝 鸡 市	Baoji	411.55	1.22			160.89	0.74		250.66
咸 阳 市	Xianyang	501.32	0.35	21.59		20.58	0.32		459.53
渭 南 市	Weinan	2575.22	9.76	205.26	0.04	1247.94	0.53		1122.05
延 安 市	Yan'an	81.02	7.45		0.12	7.12	7.34		73.20
汉 中 市	Hanzhong	461.78	7.52	276.63	7.11	5.86	0.03	0.70	194.41
榆 林 市	Yulin	1676.05	2.14	43.29	0.06	0.02	1.88		1631.72
安 康 市	Ankang	118.13	0.03	8.32		2.41	0.03		113.01
商 洛 市	Shangluo	956.73	1.26	797.88	0.30	0.43	0.37	0.30	161.52
杨凌示范区	Yangling	1.14							1.12

11-3 各市(区)工业废水排放及处理量(2012年)
Discharge and Treatment of Industrial Waste Water by City(District)(2012)

地 区	Region	工业用水总量(万吨) Total Water Use in Industry (10 000 tons)	工业废水排放总量(万吨) Total Volume of Industrial Waste Water Discharged (10 000 tons)	化学需氧量排放量(吨) COD Discharge (ton)	氨氮排放量(吨) Ammonia Nitrogen Discharge (ton)	工业废水处理量(万吨) Volume of Treated Industrial Waste Water (10 000 tons)	废水治理设施数(套) Number of Facilities for Treatment of Waste Water (set)	废水治理设施处理能力(万吨/日) Treatment Capacity of Facilities for Treatment of Waste Water (10 000 tons/day)	废水治理设施运行费用(万元) Operate Expenditure for Facilities for Treatment of Waste Water (10 000 yuan)
全 省	**Shaanxi**	**502841.39**	**38036.50**	**98456.14**	**8653.04**	**63704.48**	**2206**	**332.98**	**92997.50**
西 安 市	Xi'an	48643.35	10223.73	24381.00	1695.89	9089.04	312	41.23	12323.50
铜 川 市	Tongchuan	20181.34	432.99	1463.39	7.45	367.05	34	3.38	1028.80
宝 鸡 市	Baoji	46126.61	5498.32	14584.75	1071.06	4883.47	333	51.82	9203.10
咸 阳 市	Xianyang	17409.06	6032.88	14542.94	1330.22	5259.43	208	27.52	12796.80
渭 南 市	Weinan	281925.57	3302.99	20427.18	1096.63	12219.76	201	42.84	12033.50
延 安 市	Yan'an	6540.93	2648.53	4879.34	245.53	3204.34	274	17.15	12992.30
汉 中 市	Hanzhong	21770.00	2262.50	5192.48	1089.90	10157.44	244	65.77	6334.60
榆 林 市	Yulin	51354.91	4719.75	3676.55	725.01	12903.97	394	43.71	17254.00
安 康 市	Ankang	2535.07	418.86	3978.95	243.11	593.59	93	4.27	1083.60
商 洛 市	Shangluo	6118.48	2354.64	4947.93	1140.01	4923.08	104	34.78	7533.20
杨凌示范区	Yangling	236.09	141.32	381.63	8.23	103.31	9	0.51	414.10

注：本表工业用水总量包括重复用水。
a) Total water use in industry in this table includes repeated water.

11-4 各市(区)工业废气排放及处理情况(2012年)
Emission and Treatment of Industrial Waste Gas by City(District)(2012)

地区 Region	工业废气排放总量(亿立方米) Total Volume of Industrial Waste Gas Emission (100 million cu.m)	二氧化硫排放量(吨) Volume of Industrial Sulphur Dioxide Emission (ton)	氮氧化物排放量(吨) Volume of Nitrogen Oxides Emission (ton)	烟(粉)尘排放量(吨) Volume of Soot Emission (ton)	废气治理设施数(套) Number of Facilities for Treatment of Waste Gas (set)	废气治理设施处理能力(万立方米/时) Treatment Capacity of Facilities for Treatment of Waste Gas (10 000 cu.m/hour)	废气治理设施运行费用(万元) Operate Expenditure for Facilities for Treatment of Waste Gas (10 000 yuan)	空气日报优良率(%) Air Quality Fine Rate (%)
全　省 Shaanxi	**14767.40**	**747071.19**	**604470.02**	**385522.40**	**4701**	**30906.15**	**276399.60**	**89.2**
西安市 Xi'an	1043.31	83072.91	41862.71	17462.59	649	3124.50	28076.10	83.6
铜川市 Tongchuan	1184.98	18098.57	52807.41	41582.75	350	1407.02	5668.70	84.7
宝鸡市 Baoji	1348.65	30543.78	57569.25	13743.13	808	3355.54	37787.10	86.6
咸阳市 Xianyang	1380.41	67258.10	81879.84	15683.96	635	2537.48	27903.00	89.9
渭南市 Weinan	3886.68	263224.64	165187.79	36346.32	708	11434.14	92124.90	85.8
延安市 Yan'an	247.66	17616.38	4637.07	21324.42	197	318.08	5357.30	85.8
汉中市 Hanzhong	1434.07	30295.16	21515.68	17534.21	553	2591.85	21949.30	92.9
榆林市 Yulin	3670.30	206252.20	168526.58	206949.99	381	4623.28	41776.70	98.1
安康市 Ankang	339.60	9649.37	5843.08	8603.54	247	952.42	3412.50	95.9
商洛市 Shangluo	221.72	20562.00	4498.33	6107.74	152	530.93	12171.30	91.5
杨凌示范区 Yangling	10.02	498.10	142.28	183.74	21	30.92	172.70	86.1

11-5 城市设施水平(2012年)
Level of Public Facilities in Cities(2012)

城市 City	人均公园绿地面积(平方米) Per Capita Public Green Area (sq.m)	人均城市道路面积(平方米) Per Capita Area of Paved Roads (sq.m)	人均日生活用水量(升) Per Capita Daily Consumption of Tap Water for Residential Use (liter)	用水普及率(%) Coverage Rate of Population with Access to Tap Water (%)	燃气普及率(%) Coverage Rate of Population with Access to Gas (%)
全　省 Shaanxi	**11.58**	**14.71**	**174.72**	**96.15**	**94.11**
西安市 Xi'an	10.81	17.92	241.76	100.00	100.00
铜川市 Tongchuan	10.60	11.13	77.23	94.58	74.04
宝鸡市 Baoji	13.30	14.64	118.47	100.00	98.75
咸阳市 Xianyang	14.74	11.84	135.27	96.38	96.13
兴平市 Xingping	12.94	13.36	98.92	98.33	95.80
渭南市 Weinan	12.17	18.68	146.89	99.76	83.40
韩城市 Hancheng	8.49	11.47	104.15	99.88	68.28
华阴市 Huayin	8.36	11.64	80.31	92.73	48.18
延安市 Yan'an	9.58	4.84	109.65	86.85	94.02
汉中市 Hanzhong	14.96	7.42	158.20	80.54	90.93
榆林市 Yulin	10.26	12.84	104.45	88.42	90.79
安康市 Ankang	9.83	15.31	110.52	90.51	88.64
商洛市 Shangluo	9.86	11.95	194.20	67.95	90.54

11-6 城市市政设施(2012年)
Municipal Infrastructure in Cities(2012)

城市	City	道路长度 (公里) Length of Paved Roads (km)	道路面积 (万平方米) Area of Paved Roads (10 000 sq.m)	城市桥梁 (座) City Bridges (set)	#立交桥 Flyover	城市道路照明灯盏数 (盏) Number of Street Lights (unit)	城市排水管道长度 (公里) Length of City Sewage Pipes (km)
全省	**Shaanxi**	**5421.70**	**12137.12**	**618**	**117**	**585751**	**6382.80**
西安市	Xi'an	2829.47	6332.79	404	92	308969	4022.04
铜川市	Tongchuan	292.99	459.95	32	4	27290	195.51
宝鸡市	Baoji	490.00	1292.00	52	1	56758	528.00
咸阳市	Xianyang	277.98	1059.03	32	11	42966	235.00
兴平市	Xingping	169.50	247.92	12	3	11094	60.90
渭南市	Weinan	312.77	784.44	4	4	21014	315.00
韩城市	Hancheng	105.30	194.47			4036	96.20
华阴市	Huayin	72.20	128.00	21		4529	97.00
延安市	Yan'an	113.08	195.16	4		26622	91.50
汉中市	Hanzhong	193.07	285.54	6	1	13797	140.76
榆林市	Yulin	264.44	488.02	20		40459	364.00
安康市	Ankang	192.60	490.50	7		21480	166.89
商洛市	Shangluo	108.30	179.30	24	1	6737	70.00

11-7 城市供水情况(2012年)
Basic Statistics on Tap Water Supply in Cities (2012)

城市	City	综合生产能力 (万立方米/日) Production Capacity (10 000 cu.m/day)	# 地下水 Groundwater	全年供水总量 (万立方米) Annual Volume of Tap Water Supply (10 000 cu.m)	#生产运营用水 Water Consumption of Production and Operations	#公共服务用水 Water Consumption of Public Services	#居民家庭用水 Water Consumption of Household
全省	**Shaanxi**	**380.48**	**158.42**	**84703.20**	**20146.18**	**14517.77**	**36020.22**
西安市	Xi'an	190.17	54.55	43848.11	5123.35	7702.45	23484.68
铜川市	Tongchuan	15.03		1650.00	117.03	184.10	918.08
宝鸡市	Baoji	28.40	10.70	7252.00	2352.00	751.00	3044.00
咸阳市	Xianyang	54.00	34.00	12826.90	6954.56	2690.00	1567.00
兴平市	xingping	11.50	11.50	3647.82	2558.50	28.59	629.95
渭南市	Weinan	20.62	13.62	5307.50	2118.00	937.50	1309.00
韩城市	hancheng	10.00	5.00	908.03	148.00	49.00	595.00
华阴市	huayin	8.45	8.45	618.00	231.00	82.00	217.00
延安市	Yan'an	5.00		1708.72	29.54	667.26	733.50
汉中市	Hanzhong	10.00	10.00	2518.00	34.00	613.00	1161.00
榆林市	Yulin	9.50	4.50	1834.00	266.00	498.00	783.00
安康市	Ankang	11.71		1597.12	139.20	149.87	1020.01
商洛市	Shangluo	6.10	6.10	987.00	75.00	165.00	558.00

11-8 城市园林绿化情况(2012年)
Basic Statistics on Parks, Gardens and Green Areas in Cities(2012)

城 市	City	园林绿化覆盖面积(公顷) Covered area of Gardening and Greening (hectare)	#建成区 Developed Areas	园林绿地面积(公顷) Areas of Green Land (hectare)	公园绿地面积(公顷) Capita Public Green Area (hectare)	公园个数(个) Number of Parks (unit)	公园面积(公顷) Area of Parks (hectare)
全 省	**Shaanxi**	**38668**	**34848**	**30990**	**9552**	**152**	**3488**
西安市	Xi'an	16764	15750	13590	3819	67	1511
铜川市	Tongchuan	2498	1880	1861	438	13	78
宝鸡市	Baoji	4520	4412	3847	1174	17	834
咸阳市	Xianyang	2900	2750	2561	1319	2	165
兴平市	xingping	738	737	640	240	1	52
渭南市	Weinan	1659	1593	1459	511	3	45
韩城市	hancheng	883	688	640	144	6	26
华阴市	huayin	542	541	496	92	7	48
延安市	Yan'an	1410	1404	1349	386	12	259
汉中市	Hanzhong	1445	1292	1055	576	3	78
榆林市	Yulin	2468	1811	1731	390	3	200
安康市	Ankang	1441	1440	1259	315	12	83
商洛市	Shangluo	1400	550	502	148	6	109

11-9 城市环境卫生情况(2012年)
Basic Statistics on Urban Sanitation in Cities(2012)

城 市	City	道路清扫保洁面积(万平方米) Area of Paved Roads under Cleaning Program (10 000 sq.m)	#机械清扫 Machinery cleaning	生活垃圾清运量(万吨) Consumption Wastes Collected and Transported (10 000 tons)	粪便清运量(万吨) Volume of Disposal of Excrement and Urine (10 000 tons)	公厕数量(座) Number of Public Lavatories (set)	#三类以上 Third Grade 'and Above	市容环卫专用车辆设备总数(辆) Number of Special Vehicles for Environmental Sanitation (coach)
全 省	**Shaanxi**	**12267**	**4862**	**433.10**	**22.92**	**2872**	**2620**	**2072**
西安市	Xi'an	6298	2858	251.23	2.99	1539	1539	1197
铜川市	Tongchuan	375	142	17.08	3.33	189	80	58
宝鸡市	Baoji	1064	426	27.85	1.52	243	220	179
咸阳市	Xianyang	806	250	27.76	3.08	209	209	165
兴平市	xingping	247	43	7.30		30	30	28
渭南市	Weinan	467	87	15.19	0.14	37	31	60
韩城市	hancheng	59		7.40		25	25	19
华阴市	huayin	44		5.40		45	34	7
延安市	Yan'an	720	168	11.77	0.91	143	104	76
汉中市	Hanzhong	397	105	12.10	0.05	104	95	45
榆林市	Yulin	1450	675	21.00	10.40	214	165	114
安康市	Ankang	219	68	22.60	0.50	94	88	84
商洛市	Shangluo	121	40	6.42				40

11-10 城市燃气情况(2012年)
Basic Statistics on Supply of Gas in Cities(2012)

城市	City	天然气 Natural Gas				液化石油气 Liquefied Petroleum Gas			
		供气总量(万立方米) Volume of Gas Supply (10 000 cu.m)	销售气量(万立方米) Volume of Gas Sold (10 000 cu.m)	#居民家庭 Consumption for Residential Use	用气人口(万人) Population with Access to Gas (10 000 persons)	供气总量(吨) Volume of Gas Supply (ton)	销售气量(吨) Volume of Gas Sold (ton)	#居民家庭 Consumption for Residential Use	用气人口(万人) Population with Access to Gas (10 000 persons)
全 省	**Shaanxi**	**221162**	**214952**	**54997**	**644.33**	**31516**	**31128**	**29433**	**131.90**
西安市	Xi'an	138050	132395	25293	353.41				
铜川市	Tongchuan	7400	7400	2202	29.00	1288	1274	611	1.61
宝鸡市	Baoji	17493	17365	4343	74.49	1587	1560	1070	12.66
咸阳市	Xianyang	16172	16132	4311	66.00	11100	11100	11100	20.00
兴平市	xingping	1729	1729	876	12.23	950	950	850	5.54
渭南市	Weinan	7147	6822	1707	27.35	2402	2392	2371	7.68
韩城市	hancheng	2748	2697	1129	3.68	380	380	350	7.90
华阴市	huayin					640	640	497	5.30
延安市	Yan'an	7811	7811	2816	27.42	6055	6054	6054	10.47
汉中市	Hanzhong	915	915	267	10.00	3880	3600	3400	25.00
榆林市	Yulin	20800	20800	12000	34.50				
安康市	Ankang	245	236	5	0.20	2600	2548	2500	28.20
商洛市	Shangluo	652	650	48	6.05	634	630	630	7.54

11-11 国家级风景名胜区(2012年)
State Scenic Spots at National Level (2012)

风景区名称	Name of Scenic Spots	风景区面积(平方公里) Area of Scenic Spots (sq.km)	#供游览面积 Area of Visiting	游人量(万人次) Number of Visitor (10 000 person-times)	#境外游人 Number of Oversea Visitor Arrivals
总 计	**Total**	**760**	**359**	**1552.6**	**84.9**
骊山风景区	LishanHill Scenic Spot	120	91	1183.0	80.0
宝鸡天台山	BaojiTiantaishan	134	40	2.3	
合阳洽川风景区	Heyangqiachuan Scenic Spot	177	165	50.3	
华 山	Mountain Hua	148	50	152.0	1.1
黄河壶口瀑布	The Yellow River Hu-kou Falls	178	12	75.0	3.8
黄 帝 陵	The Huangdi Tomb	3	1	90.0	

主要统计指标解释

水资源总量 指评价区内降水形成的地表和地下产水总量，即地表产流量与降水入渗补给地下水量之和，不包括过境水量。

地表水资源量 指评价区内河流、湖泊、冰川等地表水体中可以逐年更新的动态水量，即当地天然河川径流量。

地下水资源量 指评价区内降水和地表水对饱水岩土层的补给量，包括降水入渗补给量和河道、湖库、渠系、渠灌田间等地表水体的入渗补给量。

地表水与地下水资源重复量 指地表水和地下水相互转化的部分，即天然河川径流量中的地下水排泄量和地下水补给量中来源于地表水的入渗补给量。

用水总量 指分配给各类用户的包括输水损失在内的毛用水量之和，不包括海水直接利用量。

农业用水 指农田灌溉用水、林果地灌溉用水、草地灌溉用水和鱼塘补水。

工业用水 指工矿企业在生产过程中用于制造、加工、冷却、空调、净化、洗涤等方面的用水，按新水取用量计，不包括企业内部的重复利用水量。

生活用水 包括城镇生活用水和农村生活用水。城镇生活用水由居民用水和公共用水（含第三产业及建筑业等用水）组成；农村生活用水除居民生活用水外，还包括牲畜用水在内。

生态补水 仅包括人为措施供给的城镇环境用水和部分河湖、湿地补水，而不包括降水、径流自然满足的水量。

工业废水排放量 指经过企业厂区所有排放口排到企业外部的工业废水量。包括生产废水、外排的直接冷却水、超标排放的矿井地下水和与工业废水混排的厂区生活污水，不包括外排的间接冷却水(清污不分流的间接冷却水应计算在内)。

工业废水排放达标量 指报告期内废水中各项污染物指标都达到国家或地方排放标准的外排工业废水量，包括未经处理外排达标的，经废水处理设施处理后达标排放的，以及经污水处理厂处理后达标排放的。

生活污水排放量 指城镇居民每年排放的生活污水。用人均系数法测算。测算公式为:

$$\text{生活污水排放量}=\text{城镇生活污水排放系数}\times\text{市镇非农业人口}\times 365$$

化学需氧量(COD) 指用化学氧化剂氧化水中有机污染物时所需的氧量。COD 值越高，表示水中有机污染物污染越重。

工业废气排放量 指报告期内企业厂区内燃料燃烧和生产工艺过程中产生的各种排入大气的含有污染物的气体的总量，以标准状态(273K，101325Pa)计算。测算公式为:

$$\text{工业废气排放量}=\text{燃料燃烧过程中废气排放量}+\text{生产工艺过程中废气排放量}$$

生活及其他SO_2排放量 以生活及其他煤炭消费量和其含硫量为基础，根据以下公式计算:

$$\text{生活及其他}SO_2\text{排放量}=\text{生活及其他煤炭消费量}\times\text{含硫量}\times 0.8\times 2$$

工业SO_2排放量 指报告期内企业在燃料燃烧和生产工艺过程中排入大气的 SO_2 总量，计算公式为:

$$\text{工业}SO_2\text{排放量}=\text{燃料燃烧过程中}SO_2\text{排放量}+\text{生产工艺过程中}SO_2\text{排放量}$$

工业烟尘排放量 指企业厂区内燃料燃烧过程中产生的烟气中夹带的颗粒物排放量。

生活及其他烟尘排放量 指除工业生产活动以外的所有社会、经济活动及公共设施的经营活动中燃烧所排放的烟尘纯重量。以生活及其他煤炭消费量为基础进行测算。

工业粉尘排放量 指企业在生产工艺过程中排放的能在空气中悬浮一定时间的固体颗粒物排放量。如钢铁企业的耐火材料粉尘、焦化企业的筛焦系统粉尘、烧结机的粉尘、石灰窑的粉尘、建材企业的水泥粉尘等。不包括电厂排入大气的烟尘。

工业固体废物产生量 指报告期内企业在生产过程中产生的固体状、半固体状和高浓度液体状废弃物的总量，包括危险废物、冶炼废渣、粉煤灰、炉渣、煤矸石、尾矿、放射性废物和其他废物等；不包括矿山开采的剥离废石和掘进废石(煤矸石和呈酸性或碱性的废石除外)。酸性或碱性废石指采掘的废石其流经水、雨淋水的 pH 值小于 4 或 pH 值大于 10.5 者。

危险废物 指列入国家危险废物名录或根据国家规定的危险废物鉴别标准和鉴别方法认定的，具有爆炸性、易燃性、易氧化性、毒性、腐蚀性、易传染疾病等危险特性之一的废物。

工业固体废物综合利用量 指报告期内企业通过回收、加工、循环、交换等方式，从固体废物中提取或者使其转化为可以利用的资源、能源和其他原材料的固体废物量(包括当年利用往年的工业固体废物贮存量)，如用作农业肥料、生产建筑材料、筑路等。综合利用量由原产生固体废物的单位统计。

工业固体废物综合利用率 指工业固体废物综合利用量占工业固体废物产生量(包括综合利用往年贮存量)的百分率。计算公式为:

$$\text{工业固体废物综合利用率}=\frac{\text{工业固体废物综合利用量}}{\text{工业固体废物产生量}+\text{综合利用往年贮存量}}\times100\%$$

工业固体废物贮存量 指报告期内企业以综合利用或处置为目的，将固体废物暂时贮存或堆存在专设的贮存设施或专设的集中堆存场所内的数量。专设的固体废物贮存场所或贮存设施必须有防扩散、防流失、防渗漏、防止污染大气、水体的措施。

工业固体废物处置量 指报告期内企业将固体废物焚烧或者最终置于符合环境保护规定要求的场所，并不再回取的工业固体废物量(包括当年处置往年的工业固体废物贮存量)。处置方式有填埋(其中危险废物应安全填埋)、焚烧、专业贮存场(库)封场处理、深层灌注、回填矿井及海洋处置(经海洋管理部门同意投海处置)等。

工业固体废物排放量 指报告期内企业将所产生的固体废物排到固体废物污染防治设施、场所以外的数量，不包括矿山开采的剥离废石和掘进废石(煤矸石和呈酸性或碱性的废石除外)。

"三废"综合利用产品产值 指报告期内利用"三废"作为主要原料生产的产品价值(现行价)；已经销售或准备销售的应计算产品价值，留作生产自用的不应计算产品价值。

自然保护区 指为了保护自然环境和自然资源，促进国民经济的持续发展，将一定面积的陆地和水体划分出来，并经各级人民政府批准而进行特殊保护和管理的区域个数。根据保护对象，自然保护区分为自然生态系统类、野生生物类、自然遗迹类。风景名胜区、文物保护区不计在内。

湿地 指天然或人工、长久或暂时性的沼泽地、泥炭地或水域地带，包括静止或流动、淡水、半咸水、咸水体，低潮时水深不超过 6 米的水域以及海岸地带地区的珊瑚滩和海草床、滩涂、红树林、河口、河流、淡水沼泽、沼泽森林、湖泊、盐沼及盐湖。

环境突发事件 指由于违反环境保护法规的经济、社会活动与行为，以及意外因素的影响或不可抗拒的自然灾害等原因，致使环境受到污染，国家重点保护的野生动植物、自然保护区受到破坏，人体健康受到危害，社会经济和人民财产受到损失，造成不良社会影响的突发性事件。

环境污染治理投资 指在污染源治理和城市环境基础设施建设的资金投入中，用于形成固定资产的资金，其中污染源治理投资包括工业污染源治理投资和"三同时"项目环保投资两部分。环境污染治理投资为城市环境基础设施投资、工业污染源治理投资与"三同时"项目环保投资之和。

城市桥梁 指为跨越天然或人工障碍物而修建的构筑物。包括跨河桥、立交桥、人行天桥以及人行地下通道等。按使用年限分为永久性桥和半永久性桥。

城市园林绿地面积 指报告期末用作园林和绿化的各种绿地面积。包括公园绿地、生产绿地、防护绿地、附属绿地和其他绿地的面积。

Explanatory Notes on Main Statistical Indicators

Total Water Resources refers to total volume of water resources measured as run-off for surface water from rainfall and recharge for groundwater in a given area, excluding transit water.

Surface Water Resources refers to total renewable resources which exist in rivers, lakes, glaciers and other collectors from rainfall and are measured as run-off of rivers.

Groundwater Resources refers to replenishment of aquifers with rainfall and surface water.

Duplicated Measurement between Surface Water and Groundwater refers to mutual exchange between surface water and groundwater, i.e. run-off of rivers includes some depletion into groundwater while groundwater includes some replenishment from surface water.

Water Use refers to gross water use distributed to users, including loss during transportation, broken down into use by agriculture, industry, living consumption and ecological protection.

Water Use by Agriculture includes uses of water by irrigation of farming fields and by forestry, animal husbandry and fishing. Water use by forestry, animal husbandry and fishery includes irrigation of forestry and orchards, irrigation of grassland and replenishment of fishing farms.

Water Use by Industry refers to new withdrawals of water, excluding reuse of water within enterprises.

Water Use by Living Consumption includes use of water for living consumption in both urban and rural areas. Urban water use by living consumption is composed of household use and public use (including services, commerce, restaurants, cargo transportation, posts, telecommunications and construction). Rural water use by living consumption includes both households and animals.

Water Use by Ecological Protection includes replenishment of rivers and lakes and use for urban environment.

Waste Water Discharged by Industry refers to the volume of waste water discharged by industrial enterprises through all their outlets, including waste water from production process, directly cooled water, groundwater from mining wells which does not meet discharge standards and sewage from households mixed with waste water produced by industrial activities, but excluding indirectly cooled water discharged (It should be included if the discharge is not separated from waste water).

Industrial Waste Water Meeting Discharge Standards refers to volume of industrial waste water discharge which, with or without treatment, reaches national or local standards with regard to all pollutants.

Urban Non-industrial Waste Water Discharge refers to annual discharge of non-industrial waste water by urban households. It is estimated by per capita coefficient using the formula:

$$\begin{matrix}\text{Urban non-industrial}\\\text{waste water discharge}\end{matrix} = \begin{matrix}\text{urban non-industrial waste}\\\text{water discharge coefficient}\end{matrix} \times \begin{matrix}\text{urban non-agricultural}\\\text{population}\end{matrix} \times 365$$

Chemical Oxygen Demand (COD) refers to the amount of oxygen required when chemical oxidants are used to oxidize organic pollutants in water. A higher value of COD corresponds to more serious pollution by organic pollutants.

Industrial Waste Air Emission refers to the discharge into atmosphere of waste air containing pollutants generated from fuel burning and production processes in enterprises within a given period of time. It is calculated at standard status (273K, 101325Pa) as:

$$\begin{matrix}\text{Industrial waste}\\\text{air emission}\end{matrix} = \begin{matrix}\text{emission through}\\\text{fuel burning}\end{matrix} + \begin{matrix}\text{emission through}\\\text{production process}\end{matrix}$$

SO_2 Emission through Non-industrial and Other Activities is calculated on the basis of consumption of coal by households and other activities and the sulphur content of coal with the following formula:

$$\begin{matrix}SO_2\text{ emission}\\\text{through non-}\\\text{industrial and}\\\text{other activities}\end{matrix} = \begin{matrix}\text{of coal by}\\\text{households}\\\text{and other}\\\text{activities}\end{matrix} \times \begin{matrix}\text{sulphur}\\\text{content}\end{matrix} \times 0.8 \times 2$$

SO_2 Emission through Industrial Activities refers to volume of sulphur dioxide emission from fuel burning and production process by enterprises during a given period of time. It is calculated as:

$$\begin{matrix}SO_2\text{ emission}\\\text{through industrial}\\\text{activities}\end{matrix} = \begin{matrix}SO_2\text{ emission from}\\\text{fuel burning}\end{matrix} + \begin{matrix}SO_2\text{ emission from}\\\text{production process}\end{matrix}$$

Industrial Soot Emission refers to the volume of soot in smoke emitted in the process of fuel burning in the premises of enterprises.

Soot Emission by Consumption and Others refers to the net volume of soot emitted by fuel burning from all social and economic activities and operations of public facilities other than industrial activities. It is calculated on the basis of coal consumption by households and others.

Industrial Dust Emission refers to volume of dust emitted by production process of enterprises and suspended in the air for a given period of time, including dust from refractory material of iron and steel works, dust from coke-screening systems and sintering machines of coke plants, dust from lime kilns and dust from cement production in building material enterprises, but excluding soot and dust emitted from power plants.

Industrial Solid Wastes Produced refers to total volume of solid, semi-solid and high concentration liquid residues produced by industrial enterprises from production process in a given period of time, including hazardous wastes, slag, coal ash, gangue, tailings, radioactive residues and other wastes, but excluding stones stripped or dug out in mining - gangue and acid or alkaline stones not included (a stone is acid or alkaline according to the pH value of the water being below 4 or above 10.5 when the stone is in, or soaked by water).

Hazardous Wastes refers to those included in thc national hazardous wastes catalogue or specified as any one of the following properties in the national hazardous wastes identification standards: explosive, ignitable, oxidizable, toxic, corrosive or liable to cause infectious diseases or lead to other dangers.

Industrial Solid Wastes Utilized refers to volume of solid wastes from which useful materials can be extracted or which can be converted into usable resources, energy or other materials by means of reclamation, processing, recycling and exchange (including utilizing in the year the stocks of industrial solid wastes of the previous year). Examples of such utilizations include fertilizers, building materials and road materials. The information shall be collected by the producing units of the wastes.

Rate of Utilization of Industrial Solid Wastes refers to the percentage of industrial solid wastes utilized over industrial solid wastes produced (including stocks of the previous years). It is calculated as:

$$\text{Rate of utilization of industrial solid wastes} = \frac{\text{volume of industrial solid wastes utilized}}{\text{industrial solid wastes produced} + \text{stock of previous years}} \times 100\%$$

Stock of Industrial Solid Wastes refers to the volume of solid wastes placed in special facilities or special sites for purposes of utilization or disposal. The sites or facilities should take measures against dispersion, loss, seepage, and air and water contamination.

Industrial Solid Wastes Disposed refers to the quantity of industrial solid wastes which are burnt or placed ultimately in the sites meeting the requirements for environmental protection and not salvaged or recycled (including disposition in the year of those wastes of previous years). The disposition includes landfill (Safe landfills should be conducted for hazardous wastes), incineration, containment spaces, deep underground disposal, backfill in mining pits and disposal at sea.

Natural Reserves refer to certain areas of land, waters or sea demarked and approved by relevant governments at all levels to put under special protection and management in order to protect the natural environment and natural resources and to promote the sustainable development of the national economy. According to the objects be protected, the natural reserves are classified into classes of natural ecosystem, wild life and natural heritage. Scenic spots and cultural preservation zones are not included.

Wetlands refer to marshland and peat bog, whether natural or man-made, permanent or temporary; water covered areas, whether stagnant or flowing, with fresh or semi-fresh or salty water that is less than 6 meters deep at low tide; as well as coral beach, weed beach, mud beach, mangrove, river outlet, rivers, fresh-water marshland, marshland forests, lakes, salty bog and salt lakes along the coastal areas.

Sudden Accidents Effecting Environment refer to sudden accidents, due to economic or social activities that are contrary to environment protection laws or due to unforeseen factors or natural disasters, that lead to environment pollution, destruction of protected wild animals, plants or nature reserves, damage to human health, economic and property losses, and other negative impacts on the society.

Investment in Environment Pollution Harnessing Projects refers to the proportion of investment in fixed assets in the total investment in harnessing pollution and in the construction of urban environment infrastructure facilities. The investment in harnessing pollution It includes investment in harnessing sources of industrial pollution and investment in environment protection facilities designed concurrently with construction projects. Investment in environment pollution harnessing is the total of investment in harnessing pollution and investment in urban environment infrastructure facilities.

Urban Bridges refer to bridges built to cross over natural or man-made barriers, including bridges over rivers, overpasses for traffic and for pedestrians, underpasses for pedestrians, etc. Both permanent and semi-permanent bridges are included.

Area of Parks and Green Land refers to the total area occupied for green projects at the end of the reference period, including park green land, production green land, protection green land, green land attached to institutions, and other green areas.

十二、农　业

Agriculture

资料整理：魏静怡　孔庆惠　赵胜利
郑月霞　姜亦武　陈　伟

简 要 说 明

一、本篇资料反映陕西农业生产和农村经济的基本情况，内容主要包括耕地、农林牧渔业产值、主要农产品产量、造林、水利水保、农业机械拥有量、农业基地县等方面的统计资料。

二、农业统计范围包括除县城关镇以外所有乡镇的社会经济活动。

三、粮食播种面积及产量、主要畜禽产品产量全省为抽样调查数。

四、造林情况及2010年以后林产品产量由省林业厅提供，水利水保情况由省水利厅提供，灾情由省民政厅提供。

Brief Introduction

I. This chapter reflects the basic conditions of agricultural production and rural economy of Shaanxi Province, mainly including cultivated land, output of agriculture, forestry, animal husbandry and fishery, output of major products, forestation, water conservancy and protection, quantity of agricultural machinery and agricultural base county.

Ⅱ. Rural social and economic statistics cover social and economic activities in all townships except county towns.

Ⅲ. The sown area and output of grain and output of main animal products of Shaanxi Province are collected with sample survey.

Ⅳ. The forestation situation and output of forest product after 2010 are provided by Shaanxi Province Forestry Department. The situation of water conservancy and protection are provided by Shaanxi Province Department of Water Resources Department. The data on disasters are provided by Shaanxi Provincial Department of Civil Affairs.

12.农　业

2012年全省				
年末耕地面积	2864.29	千公顷	占全省土地面积	13.9%
农林牧渔业总产值	2303.20	亿　元	比上年增长	6.0%
农作物播种面积	4190.27	千公顷		
粮食产量	1245.10	万　吨		
水果产量	1437.74	万　吨		

果园面积和水果产量

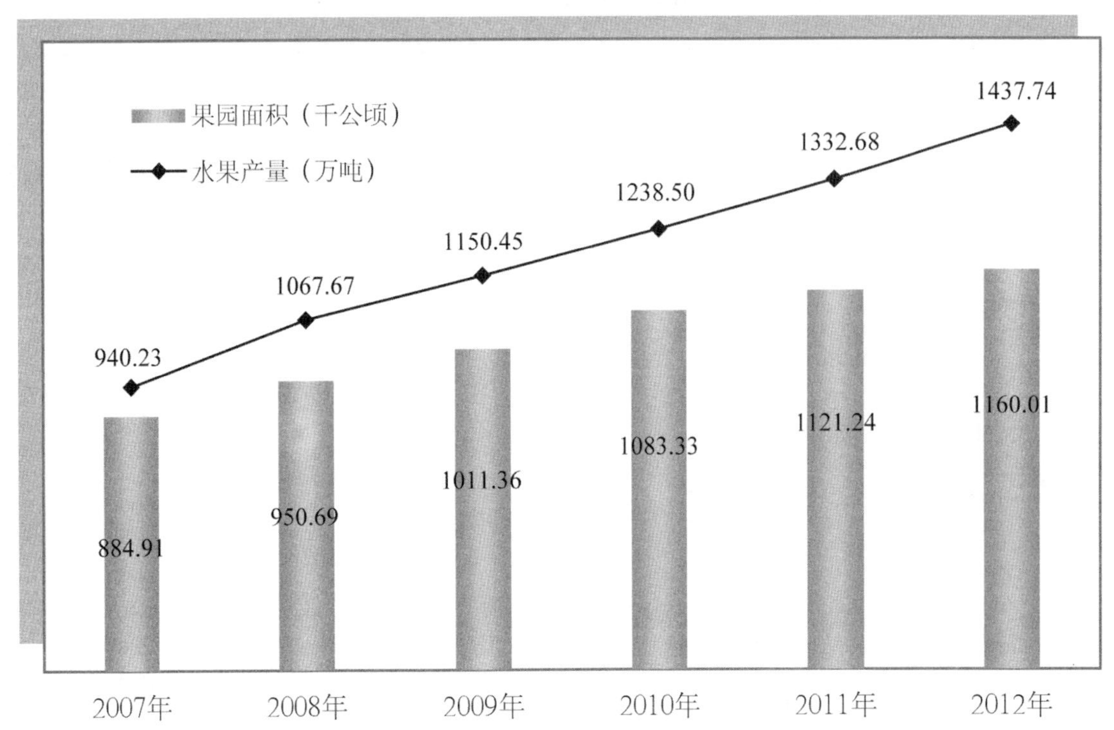

12-1 常用耕地面积
Area of Cultivated Land

年 份 Year	年末常用耕地面积(千公顷) Area of Cultivated Land (1 000 hectares)	# 水 田 Paddy Field	# 水浇地 Irrigated Field	每一乡村人口占有耕地(公顷) The Average Area of Cultivated Land per Rural Person (hectare)	# 水田、水浇地 Paddy Field and Irrigated Field
1978	3853.60	170.07	1047.93	0.16	0.05
1980	3815.67	169.93	1095.80	0.16	0.05
1985	3627.07	166.13	1003.33	0.15	0.05
1990	3533.00	171.47	998.20	0.13	0.04
1995	3393.44	176.04	995.59	0.12	0.04
1996	3358.98	173.54	996.37	0.12	0.04
1997	3325.01	174.00	976.83	0.12	0.04
1998	3302.47	171.09	992.42	0.12	0.04
1999	3238.28	170.88	1007.75	0.12	0.04
2000	3113.96	172.53	997.22	0.11	0.04
2001	2965.83	163.95	968.66	0.11	0.04
2002	2854.81	159.27	974.22	0.10	0.04
2003	2795.82	154.22	916.21	0.10	0.04
2004	2795.52	156.68	897.56	0.10	0.04
2005	2788.45	155.04	926.44	0.10	0.04
2006	2783.30	153.45	921.44	0.10	0.04
2007	2840.73	152.64	900.97	0.10	0.04
2008	2848.37	151.69	899.50	0.10	0.04
2009	2860.04	148.22	906.41	0.10	0.04
2010	2860.53	146.65	900.43	0.10	0.04
2011	2860.98	144.65	934.44	0.10	0.04
2012	2864.29	143.76	965.95	0.11	0.04

12-2 各市(区)常用耕地面积(2012年)
Area of Cultivated Land by City(District)(2012)

地 区	Region	年末常用耕地面积(千公顷) Cultivated Land (1 000 hectares)	# 水 田 Paddy Field	# 水浇地 Irrigated Field	每一乡村人口占有耕地(公顷) The Average Area of Cultivated Land per Rural Person (hectare)	# 水田、水浇地 Paddy Field and Irrigated Field
全 省	**Shaanxi**	**2864.29**	**143.76**	**965.95**	**0.11**	**0.04**
西 安 市	Xi'an	246.61	2.22	165.98	0.06	0.04
铜 川 市	Tongchuan	64.57	0.06	7.28	0.15	0.02
宝 鸡 市	Baoji	299.96	0.46	113.77	0.11	0.04
咸 阳 市	Xianyang	359.57	0.17	193.68	0.09	0.05
渭 南 市	Weinan	521.45	0.30	319.59	0.12	0.07
# 韩城市	Hancheng	26.88		14.32	0.11	0.06
延 安 市	Yan'an	240.42	1.08	6.95	0.15	0.01
汉 中 市	Hanzhong	205.26	97.45	5.00	0.07	0.03
榆 林 市	Yulin	580.63	5.36	114.14	0.20	0.04
安 康 市	Ankang	197.94	34.57	1.12	0.08	0.01
商 洛 市	Shangluo	133.60	2.09	26.45	0.07	0.01
杨凌示范区	Yangling	5.67		5.67	0.05	0.05

12-3 农林牧渔业总产值

Gross Output Value of Agriculture, Forestry, Animal Husbandry and Fishery

单位：万元 (10 000 yuan)

年 份 Year	农林牧渔业总产值 Total	农 业 Farming	林 业 Forestry	牧 业 Animal Husbandry	渔 业 Fishery	农林牧渔服务业 Service in Support of Agriculture
1978	362748	309084	11717	41802	145	
1980	418773	349984	16625	51996	168	
1985	795777	611883	50751	131815	1328	
1990	1699568	1243236	90170	357676	8486	
1995	3816465	2578674	168848	1046501	22442	
1996	4484603	3229267	190692	1036321	28323	
1997	4555898	3214059	186349	1124778	30712	
1998	4793422	3408731	192286	1158870	33535	
1999	4524685	3276525	222862	989843	35455	
2000	4648889	3277761	272175	1063900	35053	
2001	4788356	3374163	235930	1140722	37541	
2002	5090762	3532131	266225	1251170	41236	
2003	5112543	3343544	268260	1455952	44787	
2004	6512051	4137371	263525	1794364	51236	265555
2005	7307239	4729047	250070	1989982	54879	283261
2006	8215406	5234189	289488	2141302	34427	516000
2007	10028501	6293403	337745	2740463	42427	614463
2008	12778611	7758512	414721	3852637	60582	692159
2009	13372200	8236000	456300	3879000	65000	735900
2010	16660575	11072354	351824	4349944	82909	803544
2011	20586024	13606649	423402	5534045	106249	915679
2012	23032043	15262805	584353	5987160	146109	1051616

注：1.2002年及以前农林牧渔业总产值含农民家庭兼营工业产值，按当年市场价格计算。
2.2003年及以后不含农民家庭兼营工业产值，按生产者价格计算，2004年及以后含农林牧渔服务业产值.

a) Before 2002 Gross Output Value of Agriculture, Forestry, Animal Husbandry and Fishery included commodity industry run by Rural Household, Data in this table are calculated at current prices.

b) Since 2003 it exclude commodity industry run by Rural Household,Data in this table are calculated at producer's price. Since 2004 it include services for Agriculture, Forestry,Animal Husbandry and Fishery.

12-4 各市(区)农林牧渔业总产值(2012年)

Gross Output Value of Agriculture, Forestry, Animal Husbandry and Fishery by City(District)(2012)

单位：万元 (10 000 yuan)

地 区	Region	农林牧渔业总产值 Total	农 业 Farming	林 业 Forestry	牧 业 Animal Husbandry	渔 业 Fishery	农林牧渔服务业 Service in Support of Agriculture
全 省	**Shaanxi**	**23032043**	**15262805**	**584353**	**5987160**	**146109**	**1051616**
西 安 市	Xi'an	3083560	1933148	62291	820390	19877	247854
铜 川 市	Tongchuan	345898	259990	4908	65920	1995	13085
宝 鸡 市	Baoji	2399749	1283424	77266	934280	9045	95734
咸 阳 市	Xianyang	4653670	3447903	56059	919802	11622	218284
渭 南 市	Weinan	3180016	2218068	62628	737765	25094	136461
# 韩城市	Hancheng	231794	173011	4157	33624	620	20382
延 安 市	Yan'an	1696912	1316628	51895	283834	4293	40262
汉 中 市	Hanzhong	2746579	1507739	121424	974143	38000	105273
榆 林 市	Yulin	2097172	1094828	59426	855971	8354	78593
安 康 市	Ankang	1403908	813006	80775	423245	48772	38110
商 洛 市	Shangluo	1395503	715915	80326	545743	3420	50099
杨凌示范区	Yangling	99687	60398	8521	24818		5950

注：本表按当年价格计算。

a) Data in this table are calculated at current prices.

12-5 农林牧渔业总产值指数(1978年=100)
Indices of Gross Output Value of Agriculture, Forestry, Animal Husbandry and Fishery (year of 1978=100)

年 份 Year	农林牧渔业 总 产 值 Total	农 业 Farming	林 业 Forestry	牧 业 Animal Husbandry	渔 业 Fishery	农林牧渔服务业 Service in Support of Agriculture
1978	100.0	100.0	100.0	100.0	100.0	
1980	97.0	92.0	123.3	107.7	113.7	
1985	148.2	152.7	189.0	159.6	303.5	
1990	191.7	204.0	176.7	231.9	992.9	
1995	250.8	250.8	251.7	364.6	1834.7	
1996	277.1	294.5	263.1	346.4	2144.8	
1997	281.5	294.8	249.6	373.4	2348.5	
1998	306.6	321.9	274.1	402.6	2463.6	
1999	306.0	324.5	305.3	378.0	2803.6	
2000	320.0	336.8	322.1	403.7	2795.2	
2001	328.0	341.5	328.6	426.3	2937.7	
2002	348.4	361.7	363.4	452.3	3193.3	
2003	366.1	371.8	389.2	503.4	3404.1	
2004	399.8	416.8	383.6	526.1	3482.4	
2005	432.2	448.9	359.7	587.1	3844.6	
2006	463.8	484.4	367.9	627.1	4063.7	
2007	487.0	508.1	409.9	652.1	4336.0	
2008	525.4	547.7	446.8	707.6	4713.2	
2009	551.2	568.5	499.0	755.0	5080.8	
2010	583.1	605.7	512.4	789.1	5540.0	
2011	615.8	645.7	562.1	788.3	6925.0	
2012	652.7	683.8	617.2	831.7	8213.1	

注：本表按可比价格计算。
a) Data in this table are calculated at constant prices.

12-6 农林牧渔业总产值指数(上年=100)
Indices of Gross Output Value of Agriculture, Forestry, Animal Husbandry and Fishery (preceding year=100)

年 份 Year	农林牧渔业 总 产 值 Total	农 业 Farming	林 业 Forestry	牧 业 Animal Husbandry	渔 业 Fishery	农林牧渔服务业 Service in Support of Agriculture
1978	102.7	101.6	94.4	100.5	94.3	
1980	85.9	81.2	109.2	95.7	100.6	
1985	102.8	100.8	113.7	115.6	148.9	
1990	106.1	107.6	93.8	108.6	115.3	
1995	104.0	104.8	100.0	102.8	113.1	
1996	110.5	117.4	104.5	95.0	116.9	
1997	101.6	100.1	94.9	107.8	109.5	
1998	108.9	109.2	109.8	107.8	104.9	
1999	99.8	100.8	111.4	93.9	113.8	
2000	104.6	103.8	105.5	106.8	99.7	
2001	102.5	101.4	102.0	105.6	105.1	
2002	106.2	105.9	110.6	106.1	108.7	
2003	105.1	102.8	107.1	111.3	106.6	
2004	109.2	112.1	98.6	104.5	102.3	
2005	108.1	107.7	93.8	111.6	110.4	104.2
2006	107.3	107.9	102.3	106.8	105.7	105.8
2007	105.0	104.9	111.4	104.0	106.7	106.1
2008	107.9	107.8	109.0	108.5	108.7	106.2
2009	104.9	103.8	111.7	106.7	107.8	105.5
2010	105.8	106.5	102.7	104.5	109.0	105.2
2011	105.6	106.6	109.7	99.9	125.0	107.0
2012	106.0	105.9	109.8	105.5	118.6	107.6

注：本表按可比价格计算。
a) Data in this table are calculated at constant prices.

12-7 农林牧渔业分项产值
Gross Output Value of Agriculture, Forestry, Animal Husbandry and Fishery by Item

单位：万元 (10 000 yuan)

指 标	Item	2010	2011	2012
农林牧渔业总产值	**Gross Output Value of Agriculture, Forestry, Animal Husbandry and Fishery**	**16660575**	**20586024**	**23032043**
一、农业总产值	Output Value of Farming	11072354	13606649	15262805
# 粮食作物	Grain	3103357	3385911	3635733
(一) 谷物及其他作物	Cereals and Other Crops	3859367	4301323	4603723
1.谷 物	Cereal	2342859	2546428	2754503
2.薯 类	Tubers	548719	588160	616013
3.豆 类	Beans	211779	251323	265217
4.油 料	Oil-bearing	295515	396254	421253
5.棉 花	Cotton	95603	96634	93699
6.麻 类	Fiber Crops	333	737	663
7.糖 料	Sugar Crops	403	216	847
8.烟 草	Tobacco	95736	115371	116948
9.其他农作物	Others	268420	306200	334580
(二)蔬菜、园艺作物	Vegetables Gardening Crops	2912902	3712867	4194385
# 1.蔬 菜	Vegetables	2860449	3635456	4151458
2.花 卉	Flowers	52453	31929	29380
(三)水果、坚果、茶叶和香料作物	Fruits,Nuts Tea and Spices Crops	3928041	5120495	5444801
# 1.水 果	Fruits	3536584	4537842	5229613
# 园林水果	Garden Fruit	3203009	4114382	4738566
# 苹 果	Apples	2188454	2877250	3172407
果用瓜类	Melon	333575	423460	491047
2.坚 果	Nuts	137565	252597	323582
3.茶 叶	Tea	153710	183000	226603
4.香料作物	Spices Crops	100182	147056	156050
(四)中药材	Chinese Herbal Medicines	372044	471964	528849
二、林业产值	Output Value of Forestry	351824	423402	584353
(一)林木的培育和种植	Cultivation and Planting of Trees	198270	232767	336971
(二)竹木采运	Logging andTransport of Bamboo	31304	42459	47175
(三)林产品	Forestry Products	122250	148176	200207
三、牧业产值	Output Value of Animal Husbandry	4349944	5534045	5987160
(一)牲畜的饲养	Stock Breeding	1589937	1922945	2132462
1.牛的饲养	Cattle	326123	435484	505828
2.羊的饲养	Sheep	423122	551843	577830
3.其他牲畜饲养	Others	23689	35456	42364
4.奶产品	Milk Products	764107	826649	906605
5.毛绒产品	Feather and Cashmere Products	52896	73513	99835
(二)猪的饲养	Pigs Breeding	1965196	2703848	2881879
(三)家 禽	Poultry Breeding	645022	690133	715861
# 禽 蛋	Egg	412596	469131	475850
(四)狩猎和捕捉动物	Animal Hunting and Trapping	4138	6217	3929
(五)其它畜牧业	Other Animal Husbandry	145651	210902	253029
四、渔业产值	Output Value of Fishery	82909	106249	146109
五、农林牧渔服务业	Service in Support of Agriculture	803544	915679	1051616

注：1.本表按当年生产者价格计算。
2.由于核算制度的变化，2010年起林产品不含核桃板栗和花椒等。
a) Data in this table are calculated at producer's price.
b) Because the changes of national accounts, forestry Products exclude walnuts, chestnuts and pepper etc.

12-8 农林牧渔业增加值
Value Added of Agriculture, Forestry, Animal Husbandry and Fishery

单位：万元 (10 000 yuan)

指 标	Item	2010	2011	2012
农林牧渔业增加值	**Total**	**9884525**	**12209264**	**13701582**
农 业	Farming	6848658	8415524	9440605
林 业	Forestry	223675	269181	371506
牧 业	Animal Husbandry	2336965	2974000	3229479
渔 业	Fishery	47194	60279	83257
农林牧渔服务业	Service in Support of Agriculture	428033	490280	576735

12-9 各市(区)农林牧渔业增加值(2012年)
Value Added of Farming, Forestry, Animal Husbandry Fishery by City(District)(2012)

单位：万元 (10 000 yuan)

地 区	Region	农林牧渔业 Total	农 业 Farming	林 业 Forestry	牧 业 Animal Husbandry	渔 业 Fishery	农林牧渔服务业 Service in Support of Agriculture	农林牧渔业增加值比上年增长% Growth Rate as Last Year (%)
全 省	**Shaanxi**	**13701582**	**9440605**	**371506**	**3229479**	**83257**	**576735**	**6.0**
西安市	Xi'an	1955931	1297824	33973	465476	10115	148543	6.0
铜川市	Tongchuan	194656	146474	2735	37336	1128	6983	6.3
宝鸡市	Baoji	1432579	767046	48104	553602	5195	58632	5.7
咸阳市	Xianyang	2831006	2158074	30882	499781	6923	135346	6.1
渭南市	Weinan	1799982	1222358	35328	442921	14805	84570	6.0
# 韩城市	Hancheng	129383	93749	1997	21738	357	11542	5.5
延安市	Yan'an	970598	765699	29463	151134	2455	21847	6.1
汉中市	Hanzhong	1594688	929114	79101	505725	22354	58394	5.8
榆林市	Yulin	1258843	690578	36152	481539	4887	45687	5.9
安康市	Ankang	809472	496747	43006	221848	29848	18023	5.7
商洛市	Shangluo	794249	432623	53218	276674	2003	29731	5.9
杨凌示范区	Yangling	59949	41850	2726	13052		2321	6.9

注：本表按当年价格计算，增长速度按可比价计算。

a) Data in this table are calculated at current prices. Growth rate are calculated at constant prices.

12-10 主要农作物播种面积
Total Sown Areas of Major Farm Crops

单位：千公顷 (1 000 hectares)

年 份 Year	总播种面积 Total Sown Area	粮食作物播种面积 Sown Area of Grain Crops	夏 粮 Summer Grain	#小 麦 Wheat	秋 粮 Autumn Grain	#稻 谷 Rice	#玉 米 Corn	#大 豆 Soja
1978	5254.67	4488.00	1949.33	1604.67	2493.33	160.00	1090.67	206.00
1980	5072.67	4310.37	1906.67	1590.67	2404.00	162.67	1076.67	211.33
1985	4663.33	3965.33	1928.00	1693.33	2037.33	156.67	950.67	202.00
1990	4860.00	4134.67	1925.33	1690.67	2209.33	159.33	1024.67	288.67
1995	4496.85	3807.73	1805.33	1600.23	2002.40	139.35	902.63	240.51
1996	4777.32	4052.85	1813.62	1597.84	2239.23	156.87	1087.38	277.12
1997	4504.04	3811.46	1810.73	1602.80	2000.74	153.86	915.92	255.85
1998	4697.17	4030.12	1820.73	1610.54	2209.39	159.97	1065.18	291.77
1999	4726.34	4026.97	1787.79	1589.45	2239.17	154.59	1123.41	273.24
2000	4555.49	3821.59	1716.62	1537.26	2104.97	144.81	1056.96	246.96
2001	4264.84	3517.63	1590.29	1424.24	1927.34	140.78	1005.06	229.06
2002	4198.37	3397.29	1512.25	1356.75	1885.04	130.52	999.93	224.25
2003	4090.26	3157.28	1402.71	1255.11	1754.57	123.35	940.53	198.19
2004	4303.04	3362.01	1324.90	1152.70	2037.11	135.25	1132.56	237.58
2005	4391.24	3453.33	1389.53	1211.53	2063.77	133.79	1148.37	232.51
2006	3983.48	3081.27	1338.76	1181.61	1742.51	106.50	1041.63	180.77
2007	4044.74	3099.81	1329.43	1167.22	1770.38	109.70	1060.32	171.21
2008	4274.45	3234.70	1317.33	1140.00	1917.37	119.01	1112.90	184.25
2009	4154.10	3133.97	1319.33	1145.97	1814.64	125.33	1164.00	187.33
2010	4185.58	3159.70	1320.67	1148.90	1839.03	121.60	1182.40	178.60
2011	4181.04	3134.87	1314.67	1136.67	1820.20	120.93	1177.80	151.79
2012	4190.27	3127.53	1286.73	1127.60	1840.80	123.33	1167.40	166.80

12-10 续表 continued

单位：千公顷 (1 000 hectares)

年 份 Year	棉 花 Cotton	油 料 Oil-bearing	#油菜籽 Rapeseeds	#花 生 Peanuts	麻 类 Fiber Crops	糖 料 Sugar Crops	烤 烟 Flue-cured Tobacco	蔬 菜 Vegetables	瓜 类 Melon
1978	252.67	130.00	73.33	4.7	7.13	2.60	7.60	78.67	14.67
1980	242.00	160.00	89.33	8.7	3.73	3.30	3.33	79.33	20.27
1985	94.67	240.00	114.00	47.67	2.20	4.33	34.67	121.33	30.60
1990	112.67	269.33	132.00	39.56	2.88	3.53	72.13	145.33	22.87
1995	72.75	302.18	169.77	32.87	1.50	2.28	48.33	174.23	27.63
1996	59.55	312.91	168.20	31.26	1.40	2.20	62.36	194.28	26.68
1997	39.86	296.68	160.29	28.17	1.20	3.50	87.04	182.74	25.26
1998	35.22	284.72	136.76	31.56	1.10	2.10	54.03	193.12	34.19
1999	27.74	308.15	153.47	31.78	1.01	1.77	46.73	216.95	31.91
2000	30.09	303.63	163.75	33.45	0.91	1.43	47.08	228.71	33.49
2001	50.38	291.14	167.70	30.86	0.75	1.52	40.60	219.43	37.07
2002	42.81	280.63	166.05	29.63	0.68	1.27	31.26	263.70	37.56
2003	65.06	285.58	165.82	29.51	0.51	0.33	30.95	276.80	43.52
2004	80.09	283.32	173.21	28.04	0.76	0.24	30.40	301.30	44.87
2005	70.23	276.86	178.71	29.55	1.06	0.10	32.58	331.70	51.04
2006	85.30	249.21	160.60	28.87	1.05	0.09	32.93	356.38	59.92
2007	89.13	252.12	163.39	27.57	0.68	0.09	31.18	368.91	61.84
2008	85.15	277.16	178.31	32.56	0.51	0.19	33.42	385.59	58.60
2009	61.84	295.48	194.63	31.14	0.38	0.06	36.81	428.67	64.83
2010	50.88	301.24	201.78	31.15	0.49	0.07	31.06	443.99	70.37
2011	50.28	300.84	203.32	32.05	0.49	0.05	35.74	458.28	78.42
2012	48.30	302.30	202.09	32.92	0.49	0.06	40.01	477.10	74.26

注：2009年及以后粮食播种面积为抽样调查数。
a) Since 2009 sown area of grain crops are sample survey data.

12-11 各市(区)主要农作物播种面积(2012年)
Total Sown Areas of Major Farm Crops by City(District)(2012)

单位：千公顷 (1 000 hectares)

地 区	Region	总播种面积 Total Sown Area	粮食作物播种面积 Sown Area of Grain Crops	夏粮 Summer Grain	#小麦 Wheat	秋粮 Autumn Grain	#稻谷 Rice	#玉米 Corn	#大豆 Soja
全 省	**Shaanxi**	**4190.27**	**3127.53**	**1286.73**	**1127.60**	**1840.80**	**123.33**	**1167.40**	**166.80**
西 安 市	Xi'an	467.71	381.67	205.62	203.56	176.05	0.80	161.47	7.31
铜 川 市	Tongchuan	78.83	59.28	25.44	25.44	33.84	0.02	29.38	2.85
宝 鸡 市	Baoji	420.00	337.49	191.97	189.19	145.52	0.63	126.98	7.93
咸 阳 市	Xianyang	522.27	400.25	228.37	227.94	171.88		157.99	5.07
渭 南 市	Weinan	703.67	521.64	298.04	296.87	223.60		201.78	10.20
#韩城市	Hancheng	27.10	23.47	13.72	13.72	9.75		8.74	0.10
延 安 市	Yan'an	241.65	197.84	9.78	4.83	188.05	0.41	71.93	19.87
汉 中 市	Hanzhong	438.11	268.90	89.90	44.47	179.00	79.01	71.60	15.48
榆 林 市	Yulin	576.01	471.16	17.28	3.30	453.88	1.46	114.51	49.15
安 康 市	Ankang	449.35	269.87	119.00	50.01	150.87	29.98	80.13	11.08
商 洛 市	Shangluo	279.22	209.81	103.84	68.42	105.98	0.62	70.97	20.89
杨凌示范区	Yangling	7.02	4.72	2.43	2.43	2.30		2.27	

12-11 续表 continued

单位：千公顷 (1 000 hectares)

地 区	Region	棉花 Cotton	油料 Oil-bearing	#油菜籽 Rapeseeds	#花生 Peanuts	麻类 Fiber Crops	糖料 Sugar Crops	烤烟 Flue-cured Tobacco	蔬菜 Vegetables
全 省	**Shaanxi**	**48.30**	**302.30**	**202.09**	**32.92**	**0.49**	**0.06**	**40.01**	**477.10**
西 安 市	Xi'an	3.33	5.13	4.50	0.18				65.21
铜 川 市	Tongchuan		7.10	7.06				0.13	6.52
宝 鸡 市	Baoji	0.07	12.31	11.14	0.02	0.20		5.53	50.34
咸 阳 市	Xianyang	0.25	23.78	22.46	0.10			2.33	87.16
渭 南 市	Weinan	42.90	29.60	18.22	8.58	0.01		0.38	74.16
#韩城市	Hancheng	0.14	0.58	0.52	0.02				2.84
延 安 市	Yan'an	1.02	10.78	2.34	1.93			2.44	21.78
汉 中 市	Hanzhong		82.79	76.17	4.09	0.01	0.02	5.08	58.46
榆 林 市	Yulin	0.20	49.95		6.87	0.09	0.01		23.77
安 康 市	Ankang	0.03	68.89	55.01	6.08	0.14	0.03	14.60	67.52
商 洛 市	Shangluo		11.65	5.20	4.76	0.04		9.52	20.05
杨凌示范区	Yangling		0.01						1.97

注：本表全省粮食面积为抽样调查数。

a) The sown area of grain crops of Shaanxi in this table are sample survey data.

12-12 主要农作物产品产量
Output of Major Farm Products

单位：万吨 (10 000 tons)

年 份 Year	粮 食 Grain	夏 粮 Summer Grain	# 小 麦 Wheat	秋 粮 Autumn Grain	# 稻 谷 Rice	# 玉 米 Corn	# 大 豆 Soja
1978	800.00	293.50	251.00	542.00	81.50	292.00	19.95
1980	757.00	264.00	229.90	493.00	75.70	274.70	17.86
1985	951.90	459.20	423.30	492.70	88.30	291.60	18.35
1990	1070.70	501.70	463.70	569.00	100.40	333.80	30.75
1995	913.40	457.80	410.40	455.60	64.20	282.30	20.46
1996	1217.30	433.90	405.70	783.40	104.70	472.30	39.80
1997	1044.40	584.90	562.70	459.50	93.40	271.40	17.30
1998	1303.10	525.90	504.20	777.20	101.30	481.10	41.10
1999	1081.60	432.70	405.50	648.90	86.10	440.40	29.30
2000	1089.10	445.50	418.60	643.60	94.70	413.70	22.20
2001	976.61	432.74	406.63	543.87	92.05	352.81	19.60
2002	1005.60	440.10	405.30	565.50	80.30	374.50	21.20
2003	968.40	440.60	395.50	527.80	75.50	373.20	15.90
2004	1160.36	449.00	407.90	711.40	80.83	475.36	30.18
2005	1139.50	436.80	401.20	702.70	79.30	470.10	31.79
2006	1041.90	429.39	392.63	612.51	66.36	448.57	22.12
2007	1067.91	393.29	356.99	674.62	66.93	498.77	22.93
2008	1150.90	438.80	391.50	712.10	67.88	504.31	24.56
2009	1131.40	426.00	383.10	705.40	82.50	526.10	42.36
2010	1164.90	449.30	403.80	715.60	81.01	532.20	39.71
2011	1194.70	455.10	410.10	739.60	84.50	550.70	24.39
2012	1245.10	472.50	435.50	772.60	87.35	566.90	36.01

12-12 续表 continued

单位：万吨 (10 000 tons)

年 份 Year	棉 花 Cotton	油 料 Oil-bearing	# 油菜籽 Rapeseeds	# 花 生 Peanuts	麻 类 Fiber Crops	糖 料 Sugar Crops	烤 烟 Flue-cured Tobacco	蔬 菜 Vegetables
1978	10.54	5.65	4.01	0.51	0.50	1.89	1.38	
1980	8.08	10.97	7.72	1.15	0.27	3.11	0.57	
1985	4.30	29.86	16.40	10.05	0.24	7.85	6.26	297.16
1990	7.78	33.39	19.25	7.03	0.18	5.92	12.32	367.30
1995	3.99	38.15	25.45	6.02	0.11	1.03	6.34	362.86
1996	3.12	37.42	19.05	6.63	0.12	2.75	11.09	430.93
1997	2.06	36.71	25.77	4.66	0.08	3.43	12.17	391.14
1998	2.29	35.48	17.58	6.94	0.10	4.96	8.53	459.58
1999	1.95	31.92	16.75	6.68	0.09	1.81	7.46	500.11
2000	2.74	38.76	22.40	7.33	0.09	1.79	7.36	556.53
2001	4.98	37.54	23.13	7.09	0.07	1.94	6.29	525.46
2002	4.30	41.08	24.58	7.01	0.11	3.10	5.10	660.48
2003	5.27	41.33	27.05	6.90	0.07	0.80	4.88	708.94
2004	8.23	46.06	29.45	7.18	0.11	0.67	5.32	785.34
2005	7.78	45.35	30.33	7.58	0.09	0.30	5.88	869.93
2006	8.83	41.36	27.29	7.55	0.14	0.24	5.99	848.48
2007	8.98	39.15	26.97	6.94	0.08	0.31	5.56	928.10
2008	10.07	49.46	33.35	8.20	0.06	0.30	7.14	1067.12
2009	8.58	54.38	35.63	9.71	0.05	0.17	7.31	1257.59
2010	6.92	56.08	37.27	8.98	0.06	0.20	6.73	1384.02
2011	6.74	58.97	38.36	9.28	0.06	0.16	7.67	1432.50
2012	6.72	60.33	39.94	9.76	0.07	0.17	9.15	1525.62

注：2009年及以后粮食产量为抽样调查数。
a) Since 2009 grain products are sample survey data.

12-13 各市(区)主要农产品产量(2012年)
Output of Major Farm Products by City(District)(2012)

地 区	Region	粮食(万吨) Grain (10 000 tons)	夏粮 Summer Grain	#小麦 Wheat	秋粮 Autumn Grain	#稻谷 Rice	#玉米 Corn	#大豆 Soja
全 省	**Shaanxi**	**1245.10**	**472.50**	**435.50**	**772.60**	**87.35**	**566.90**	**36.01**
西安市	Xi'an	192.54	95.73	94.92	96.82	0.57	89.29	1.72
铜川市	Tongchuan	24.41	7.53	7.53	16.87	0.02	15.63	0.51
宝鸡市	Baoji	153.59	83.59	82.54	70.00	0.44	65.23	1.37
咸阳市	Xianyang	200.23	102.72	102.56	97.51		92.49	1.29
渭南市	Weinan	224.34	112.71	112.25	111.63		104.93	2.01
#韩城市	Hancheng	8.33	4.15	4.15	4.18		3.89	0.01
延安市	Yan'an	76.58	3.26	1.67	73.33	0.30	47.03	4.26
汉中市	Hanzhong	101.36	23.94	12.69	77.42	50.50	21.73	1.67
榆林市	Yulin	154.03	5.30	0.59	148.73	1.02	66.65	8.32
安康市	Ankang	85.18	28.90	12.06	56.28	21.44	24.15	2.12
商洛市	Shangluo	64.30	24.99	15.40	39.31	0.41	30.26	3.37
杨凌示范区	Yangling	2.95	1.49	1.49	1.46		1.44	

12-13 续表 continued

地 区	Region	棉花(吨) Cotton (ton)	油料(吨) Oil-bearing (ton)	#油菜籽 Rapeseeds	#花生 Peanuts	麻类(吨) Fiber Crops (ton)	糖料(吨) Sugar Crops (ton)	烤烟(吨) Flue-cured Tobacco (ton)	蔬菜(万吨) Vegetables (10 000 tons)
全 省	**Shaanxi**	**67202**	**603300**	**399403**	**97614**	**690**	**1667**	**91495**	**1525.62**
西安市	Xi'an	4721	10176	8756	484				277.80
铜川市	Tongchuan		10046	10009				237	14.40
宝鸡市	Baoji	103	22002	20533	41	192		11436	120.10
咸阳市	Xianyang	192	46722	44591	228			5581	368.33
渭南市	Weinan	59365	69754	35064	29579	15		1271	214.29
#韩城市	Hancheng	275	1141	1067	38				10.13
延安市	Yan'an	919	21844	4467	3774			5973	100.03
汉中市	Hanzhong	3	178941	163626	11393	4	708	12618	191.09
榆林市	Yulin	121	84884		21896	222	68		63.64
安康市	Ankang	36	134609	105095	16188	211	891	31807	121.08
商洛市	Shangluo	2	23427	7249	13161	46		22572	42.50
杨凌示范区	Yangling		25	13					12.02

注：全省粮食产量为抽样调查数。

a) The sown area of grain crops of Shaanxi in this table are sample survey data.

12-14　主要农产品单位面积产量
Output of Major Farm Products Per Hectare

单位：公斤/公顷　　(kg/hectare)

年　份 Year	粮　食 Grain	夏　粮 Summer Grain	# 小麦 Wheat	秋　粮 Autumn Grain	# 稻谷 Rice	# 玉米 Corn	# 大豆 Soja
1978	1785	1395	1470	2175	5130	2520	970
1980	1755	1380	1440	2055	4650	2550	844
1985	2400	2385	2550	2415	5640	3060	908
1990	2595	2610	2745	2580	6300	3255	1066
1995	2399	2536	2565	2275	4609	3128	851
1996	3003	2392	2539	3498	6674	4343	1436
1997	2740	3230	3511	2297	6070	2963	676
1998	3233	2888	3131	3518	6332	4517	1408
1999	2686	2420	2551	2898	5570	3920	1072
2000	2850	2595	2723	3057	6540	3914	899
2001	2776	2721	2855	2822	6539	3510	856
2002	2960	2910	2987	3000	6153	3745	945
2003	3067	3141	3151	3008	6121	3968	802
2004	3452	3389	3539	3492	5977	4197	1270
2005	3300	3144	3312	3405	5927	4094	1367
2006	3381	3207	3323	3515	6231	4307	1224
2007	3445	2958	3059	3811	6203	4704	1339
2008	3558	3331	3434	3714	5704	4531	1333
2009	3610	3229	3343	3887	6582	4520	2261
2010	3687	3402	3515	3891	6662	4501	2223
2011	3811	3462	3608	4063	6988	4676	1607
2012	3981	3672	3862	4197	7082	4856	2159

12-14　续表　continued

单位：公斤/公顷　　(kg/hectare)

年　份 Year	棉　花 Cotton	油　料 Oil-bearing	# 油菜籽 Rapeseeds	# 花生 Peanuts	麻　类 Fiber Crops	糖　料 Sugar Crops	烤　烟 Flue-cured Tobacco	蔬　菜 Vegetables
1978	420	435	555	1080	1065	7260	1815	
1980	330	690	855	1320	735	9600	1830	
1985	450	1245	1440	2155	1095	18210	1815	24450
1990	690	1245	1455	1770	615	16755	1710	25245
1995	548	1263	1499	1830	726	4531	1312	20827
1996	524	1196	1133	2120	841	12399	1777	22180
1997	516	1237	1608	1654	712	9805	1398	21404
1998	650	1246	1285	2199	927	23370	1579	23798
1999	704	1036	1092	2103	899	10211	1596	23052
2000	911	1277	1368	2192	985	12578	1564	24334
2001	989	1290	1379	2297	960	12724	1550	23946
2002	1004	1464	1480	2367	1573	24389	1628	25047
2003	811	1447	1631	2340	1283	24147	1576	25612
2004	1027	1626	1700	2563	1451	27630	1749	26066
2005	1107	1638	1697	2563	883	29208	1805	26227
2006	1035	1660	1699	2615	1453	28565	1820	23808
2007	1007	1553	1650	2517	1240	33468	1783	25158
2008	1183	1785	1871	2520	1110	15898	2137	27675
2009	1395	1840	1831	3120	1275	28755	2040	29340
2010	1361	1861	1847	2884	1139	28144	2175	31172
2011	1341	1960	1887	2895	1335	31120	2147	31258
2012	1391	1996	1976	2966	1416	28350	2287	31977

注：2009年及以后粮食单产为抽样调查数。
a) Since 2009 grain products per hectare are sample survey data.

12-15 各市(区)主要农作物单位面积产量(2012年)
Output of Major Farm Products Per Hectare by City(District)(2012)

单位：公斤／公顷 (kg/hectare)

地区	Region	粮食 Grain	夏粮 Summer Grain	#小麦 Wheat	秋粮 Autumn Grain	#稻谷 Rice	#玉米 Corn	#大豆 Soja
全省	**Shaanxi**	**3981**	**3672**	**3862**	**4197**	**7082**	**4856**	**2159**
西安市	Xi'an	5045	4656	4663	5500	7056	5530	2358
铜川市	Tongchuan	4117	2962	2962	4986	9000	5322	1792
宝鸡市	Baoji	4551	4354	4363	4810	6908	5137	1725
咸阳市	Xianyang	5003	4498	4500	5673		5854	2551
渭南市	Weinan	4301	3782	3781	4992		5200	1975
#韩城市	Hancheng	3547	3023	3023	4285		4454	1335
延安市	Yan'an	3871	3327	3466	3899	7279	6538	2146
汉中市	Hanzhong	3770	2663	2853	4325	6391	3036	1077
榆林市	Yulin	3269	3066	1782	3277	7019	5820	1693
安康市	Ankang	3156	2429	2412	3730	7151	3014	1916
商洛市	Shangluo	3064	2407	2250	3709	6627	4264	1612
杨凌示范区	Yangling	6237	6135	6135	6344		6332	

12-15 续表 continued

单位：公斤／公顷 (kg/hectare)

地区	Region	棉花 Cotton	油料 Oil-bearing	#油菜籽 Rapeseeds	#花生 Peanuts	麻类 Fiber Crops	糖料 Sugar Crops	烤烟 Flue-cured Tobacco	蔬菜 Vegetables
全省	**Shaanxi**	**1391**	**1996**	**1976**	**2966**	**1416**	**28350**	**2287**	**31977**
西安市	Xi'an	1417	1982	1948	2765				42600
铜川市	Tongchuan		1415	1418				1787	22090
宝鸡市	Baoji	1375	1788	1843	2721	963		2068	23859
咸阳市	Xianyang	757	1965	1986	2322			2394	42257
渭南市	Weinan	1384	2356	1924	3446	2083		3367	28895
#韩城市	Hancheng	1922	1976	2042	1545				35675
延安市	Yan'an	900	2026	1912	1960			2452	45937
汉中市	Hanzhong	1000	2161	2148	2788	400	30962	2485	32688
榆林市	Yulin	593	1699		3189	2379	6800		26776
安康市	Ankang	1347	1954	1910	2661	1522	34357	2178	17933
商洛市	Shangluo	1500	2012	1395	2765	1186		2371	21200
杨凌示范区	Yangling		3125	3250					60897

注：全省粮食单产为抽样调查数。

a) The grain products per hectare of Shaanxi in this table are sample survey data.

12-16 茶、桑、果面积及产量
Areas and Output of Tea Plantation, Cocoon, Orchards

年 份 Year	茶园面积 (千公顷) Area of Tea Plantations (1 000 hectares)	茶叶产量 (吨) Output of Tea (ton)	桑园面积 (千公顷) Area of Mulberry Field (1 000 hectares)	果园面积 (千公顷) Area of Orchards (1 000 hectares)	水果产量 (万吨) Output of Fruits (10 000 tons)	# 苹 果 Apples	# 柑 桔 Citrus
1978	31.07	1408	12.00	98.60	33.41	9.92	0.12
1980	24.00	1428	17.40	104.27	28.00	8.93	0.30
1985	26.16	2822	46.75	109.93	33.53	14.09	0.52
1990	29.19	4548	37.31	304.78	62.03	34.93	0.89
1995	30.64	5252	76.83	685.35	283.96	233.76	1.12
1996	30.96	5831	74.99	702.19	362.15	295.89	1.52
1997	28.06	6316	66.03	691.23	326.55	263.65	2.01
1998	28.49	6288	53.86	663.84	430.77	347.35	2.77
1999	30.33	6215	53.81	649.32	493.49	399.27	2.96
2000	35.28	6126	58.76	664.76	493.79	388.57	3.52
2001	38.23	6273	65.59	680.11	534.19	408.57	5.85
2002	43.28	7003	71.43	703.75	577.35	440.59	6.40
2003	50.86	7952	75.23	750.51	621.14	461.79	9.86
2004	56.34	10239	78.30	788.47	735.61	555.21	11.75
2005	59.47	11382	79.83	817.45	765.74	560.12	16.76
2006	62.94	12827	97.50	860.49	881.95	649.98	16.32
2007	67.33	14400	91.75	884.91	940.23	701.57	22.43
2008	69.06	16025	104.47	950.69	1067.67	745.51	23.73
2009	78.12	20153	105.96	1011.36	1150.45	805.17	30.80
2010	85.38	25052	105.83	1083.33	1238.50	856.01	28.68
2011	90.79	28430	101.59	1121.24	1332.68	902.93	34.28
2012	97.14	35195	97.49	1160.01	1437.74	965.09	36.80

12-17 水果生产情况
Production of Fruit

品 种	Item	2010 面 积 (公顷) Area of Orchards (hectare)	2010 产 量 (吨) Output (ton)	2011 面 积 (公顷) Area of Orchards (hectare)	2011 产 量 (吨) Output (ton)	2012 面 积 (公顷) Area of Orchards (hectare)	2012 产 量 (吨) Output (ton)
水果合计	**Total**	**1083326**	**12385021**	**1121235**	**13326763**	**1160005**	**14377449**
1.苹 果	Apples	601518	8560132	623188	9029316	645677	9650885
2.柑 桔	Citrus	33944	286765	35498	342801	36691	368010
3.梨	Pears	48954	799909	49202	881483	48581	896932
4.葡 萄	Grapes	28839	322292	31619	363839	35253	464710
5.桃	Peach	31192	593502	30442	567449	30928	640733
6.红 枣	Jujube	162479	500320	171754	637270	179816	678978
7.杏	Apricot	60672	149347	58619	170002	56491	204030
8.柿 子	Persimmon	31786	320383	31726	341867	31003	332894
9.猕猴桃	Kiwi	47239	629341	50303	735748	57600	822886
10.石 榴	Pomegranate	3083	59409	3726	47469	4681	86146
11.其他水果	Others	33619	163621	35159	209519	25740	135735

注：本表为果业监测结果。
a) Data in this table are the results of fruits monitoring.

12-18 各市(区)茶、桑、果面积及产量(2012年)
Areas and Output of Tea Plantation, Cocoon, Orchards by City(District)(2012)

地 区	Region	茶园面积(公顷) Area of Tea Plantations (Hectares)	茶叶产量(吨) Output of Tea (ton)	桑园面积(公顷) Area of Orchards (Hectares)	果园面积(公顷) Area of Orchards (Hectares)	水果产量(吨) Output of Fruits (ton)	苹果 Apples	柑桔 Citrus
全 省	**Shaanxi**	**97137**	**35195**	**97491**	**1160005**	**14377449**	**9650885**	**368010**
西安市	Xi'an				51222	932054	28675	
铜川市	Tongchuan				60383	670865	647008	
宝鸡市	Baoji	7		1809	64414	1227535	660138	
咸阳市	Xianyang				274417	5463202	4549358	
渭南市	Weinan				165880	2820252	1949679	
# 韩城市	Hancheng				5662	110175	97589	
延安市	Yan'an			3967	277903	2711394	2600206	
汉中市	Hanzhong	49874	22735	9903	37203	397746	4559	312166
榆林市	Yulin			17280	194390	736228	167646	
安康市	Ankang	28870	10516	56511	28914	194959	5204	75722
商洛市	Shangluo	18386	1944	8021	4179	69781	9652	2109
杨凌示范区	Yangling				1100	36552	7064	

12-18 续表 continued

地 区	Region	梨 Pears	葡萄 Grapes	桃 Peach	红枣 Jujube	杏 Apricot	柿子 Persimmon	猕猴桃 Kiwi	石榴 Pomegranate	其它水果 Others
全 省	**Shaanxi**	**896932**	**464710**	**640733**	**678978**	**204030**	**332894**	**822886**	**86146**	**135735**
西安市	Xi'an	47463	75516	125857	41927	57772	41211	386336	32329	22017
铜川市	Tongchuan	335	434	4521	460	1299	10914		8	172
宝鸡市	Baoji	10819	31650	36728	5	4182	26087	453900	7	2226
咸阳市	Xianyang	279204	148887	235889	36490	52877	75582	12639	19091	48145
渭南市	Weinan	392363	112141	99413	131942	20002	92028	3797	155	15726
# 韩城市	Hancheng	427	3000	3546	193	1922	2916		90	
延安市	Yan'an	36574	5231	4534	54916	5052	3589			1284
汉中市	Hanzhong	21872	1732	15480	492	2467	13682	8847		15094
榆林市	Yulin	20460	7608	10225	486687	26842		50		16710
安康市	Ankang	6695	1383	19573	1318	4628	23601	1560	77	53448
商洛市	Shangluo	1354	1637	4125	678	1503	40786	1061	34	3034
杨凌示范区	Yangling	20	930	850		21		27640		4

注：本表全省水果产量为果业监测数据。

a) Data in this table are the results of fruits monitoring.

12-19 主要林产品产量
Output of Major Forest Products

单位：吲 (ton)

年 份 Year	生 漆 Lacquer	油桐籽 Tung-oil Seeds	五倍籽 Chinese Gall	棕 片 Palm Sheet	核 桃 Walnuts	板 栗 Chestnut	花 椒 Pepper
1978	668	14800	50		28275	3460	577
1980	930	17685	83		25700	2715	539
1985	635	17718	337	1448	12826	1777	694
1990	685	18672	1589	2265	16833	4770	2501
1995	773	15460	2922	3015	30599	8019	7135
1996	978	15409	2260	3358	30433	10635	8411
1997	1222	14265	2432	3078	26222	8116	
1998	1223	11046	1771	3217	32519	18385	9747
1999	1027	12456	1009	2735	33257	14689	9747
2000	1176	12968	863	2962	34866	20098	16298
2001	893	13003	968	3060	10474	11211	16471
2002	821	9278	934	3183	34779	21352	25112
2003	975	9634	1034	3177	44091	24022	22781
2004	995	12068	1513	3059	54243	26290	28441
2005	1060	12562	1963	3044	55206	27855	28178
2006	1613	11631	2241	3333	43492	29232	31507
2007	1851	11496	2383	3511	46717	35778	34904
2008	1697	14534	2785	4164	74069	40435	44000
2009	2552	17871	3386	3989	88773	46315	48571
2010	1915	17096	3152	3202	60453	52037	44789
2011	2434	19664	3441	3147	141362	69132	52974
2012	3494	22622	3969	2987	162981	71985	61698

注：2010年以后为林业部门统计数据。
a) Data in this table are from forestry authorities.

12-20 各市(区)主要林产品产量(2012年)
Output of Major Forest Products by City(District)(2012)

单位：吨 (ton)

地 区	Region	生 漆 Lacquer	油桐籽 Tung-oil Seeds	五倍籽 Chinese Gall	棕 片 Palm Sheet	核 桃 Walnut	板 栗 Chestnut	花 椒 Pepper
全 省	**Shaanxi**	**3494**	**22622**	**3969**	**2987**	**162981**	**71985**	**61698**
西 安 市	Xi'an					10281	2815	256
铜 川 市	Tongchuan					13292		3564
宝 鸡 市	Baoji	31				33703	2938	7336
咸 阳 市	Xianyang					7799		314
渭 南 市	Weinan					15482	811	45522
# 韩城市	Hancheng					860	65	21330
延 安 市	Yan'an					7120	230	1732
汉 中 市	Hanzhong	623	1460	2458	2057	17041	12232	866
榆 林 市	Yulin					104		29
安 康 市	Ankang	2614	15967	1319	921	17551	34646	1318
商 洛 市	Shangluo	226	5195	192	9	40608	18313	761
杨凌示范区	Yangling							

12-21 各市(区)造林情况(2012年)
Area of Afforestation by City(District)(2012)

地　区	Region	荒山荒(沙)地造林面积(公顷) Afforestation of Barren Hills and Wasteland Area (hectare)	按造林方式分 By Approach		按林种用途分 By Function of Forest		按经济成份分 By Economy	
			#人工造林 Manual Planting	#飞播造林 Airplane Planting	#经济林 By-product Forests	#防护林 Protection Forests	公有经济造林 Public Economy Forests	非公有经济造林 Non-public Economy Forests
全　省	**Shaanxi**	**327963**	**224756**	**39001**	**82998**	**239110**	**265082**	**62881**
西安市	Xi'an	6050	4717		1285	4765	5557	493
铜川市	Tongchuan	12793	8059		3002	9057	10670	2123
宝鸡市	Baoji	25653	12847	4000	4248	21405	21586	4067
咸阳市	Xianyang	33473	22407	2000	12120	21353	22120	11353
渭南市	Weinan	34238	21905		8521	24718	20158	14081
#韩城市	Hancheng	4534	2867		761	3773	3440	1094
延安市	Yan'an	51489	35822	4000	4121	47368	51489	
汉中市	Hanzhong	20126	10057	4002	8060	11299	14669	5457
榆林市	Yulin	77733	67400	10333	6320	71413	63699	14033
安康市	Ankang	43542	29476	7333	26754	15003	36434	7108
商洛市	Shangluo	22733	11933	7333	8474	12688	18660	4073
杨凌示范区	Yangling	133	133		93	41	41	93

12-21 续表 continued

地　区	Region	四旁(零星)植树(万株) Four-side Tree Planting (10 000 trees)	幼林抚育作业面积(公顷) Area of Tending Growing Forest (hectare)	育苗面积(公顷) Area of Tending Seedlings (hectare)	当年苗木产量(万株) Output of Nursery Stock (10 000 trees)	年末核桃面积(公顷) Walnut Acreage (hectare)	年末板栗面积(公顷) Chestnut Acreage (hectare)	年末花椒面积(公顷) Pepper Acreage (hectare)
全　省	**Shaanxi**	**11483**	**119373**	**32739**	**337007**	**550045**	**318074**	**151046**
西安市	Xi'an	438		7762	31153	18692	3875	1856
铜川市	Tongchuan	610	667	172	625	62893		21087
宝鸡市	Baoji	1155		1223	16331	74627	3559	51577
咸阳市	Xianyang	846		2211	13218	38734		3206
渭南市	Weinan	1354	4448	2170	9270	39993	333	50981
#韩城市	Hancheng	200	1667	233	320			
延安市	Yan'an	871	26667	3059	58633	26360	1333	14252
汉中市	Hanzhong	1352	1667	6544	29897	57830	49371	2145
榆林市	Yulin	1023	68267	7191	135534	2902		137
安康市	Ankang	1804		941	20310	70380	85246	2109
商洛市	Shangluo	2023	17658	483	11006	157635	174356	3697
杨凌示范区	Yangling	5		982	11030			

注：本表为林业部门统计数据。
a) Data in this table are from forestry authorities.

12-22 畜牧业和渔业生产情况
Production of Animal Husbandry and Fishery

指标	Item	2010	2011	2012
一、牲畜年末头数	**Number of Large Animals (year-end)**			
(一)大牲畜 (万头)	Large Animals (10 000 heads)	186.35	170.14	165.82
1.牛	Cattle and Buffaloes	165.00	150.10	146.80
# 奶 牛	Muich Cows	41.30	45.20	46.90
2.马	Horses	0.71	0.72	0.70
3.驴	Donkeys	15.23	14.16	13.49
4.骡	Mules	5.41	5.12	4.83
(二)猪存栏数 (万头)	Hogs (10 000 heads)	884.40	880.00	900.24
# 母 猪	Sow	80.00	85.00	88.32
(三)羊存栏数 (万只)	Sheep and Goats (10 000 heads)	635.20	643.00	644.93
1.山 羊	Goats	526.70	529.51	542.90
# 奶山羊	Muich Goats	101.81	99.76	105.77
2.绵 羊	Sheep	108.50	113.49	102.03
(四)家禽存栏数 (万只)	Poultry (10 000 heads)	5726.71	6255.00	6749.21
(五)养蜂箱数 (万箱)	Bee (10 000 heads)	32.16	36.91	42.19
(六)家兔存栏数 (万只)	Rabbit (10 000 heads)	297.02	267.74	295.39
二、畜产品产量	**Output of Livestock Products**			
肉类总产量 (万吨)	Output of Meat (10 000 tons)	102.64	99.60	107.09
# 猪 肉	Pork	79.10	77.30	83.45
牛 肉	Beef	7.30	7.39	7.50
羊 肉	Mutton	7.30	6.70	6.85
奶类产量 (万吨)	Milk (10 000 tons)	177.62	182.37	189.08
# 牛 奶	Cow Milk	137.50	140.50	141.76
山羊毛产量 (吨)	Goat Wool (ton)	2320	2233	2881
绵羊毛产量 (吨)	Sheep Wool (ton)	6921	6062	6682
羊绒产量 (吨)	Cashmere (ton)	1497	1639	1714
禽蛋产量 (万吨)	Poultry Eggs (10 000 tons)	47.07	50.30	51.86
蜂蜜产量 (吨)	Honey (ton)	4272	4220	4989
蚕茧产量 (吨)	Silkworm Cocoon (ton)	25477	20266	16357
三、渔 业	**Fisheries**			
1.水产品产量 (吨)	Output of Aquatic Products (ton)	60373	81800	105429
2.水产养殖面积 (公顷)	Cultivatable area of Aquatic Products (hectare)	39838	45531	47757

注：本表主要畜禽存栏和畜禽产品产量为抽样调查数。
a) The number of main livestock and the output of livestock products are sample survey data.

12-23 各市(区)牲畜存栏情况（2012年）
Livestock by City(District)(2012)

地区 Region		大牲畜年末头数(头) Large Animals (year-end) (head)	牛 Cattle and Buffaloes	#奶牛 Dairy cow	马 Horses	驴 Donkeys	骡 Mules	家禽(万只) Poultry (10 000 heads)
全省	**Shaanxi**	**1658158**	**1467978**	**469025**	**6971**	**134919**	**48290**	**6749.21**
西安市	Xi'an	211852	210819	119888	533	46	454	1176.73
铜川市	Tongchuan	79461	79456	16428		5		181.5
宝鸡市	Baoji	504101	499921	207607	1622	1960	598	950.46
咸阳市	Xianyang	454517	450987	236986	632	238	2660	1117.59
渭南市	Weinan	283923	282774	105635	362	272	515	1132.61
#韩城市	Hancheng	13018	12650	574	125	117	126	38.00
延安市	Yan'an	200964	144512	2416	362	42037	14053	382.7
汉中市	Hanzhong	297510	296592	3628	836	39	43	1111.76
榆林市	Yulin	264534	141842	26038	2535	90200	29957	560.71
安康市	Ankang	250405	250184		89	122	10	946.18
商洛市	Shangluo	128064	128064	499				759
杨凌示范区	Yangling	16425	16425	6466				18.00

12-23 续表 continued

地区 Region		猪年末头数(头) Hogs (year-end) (head)	#母猪 Sow	羊(只) Sheep and Goats (head)	#山羊 Goats	#奶山羊 Dairy Goat	蜂(箱) Bee (box)	兔(万只) Rabbit (10 000 heads)
全省	**Shaanxi**	**9002400**	**883150**	**6449290**	**5428981**	**1057732**	**421931**	**295.39**
西安市	Xi'an	966018	103926	284596	278738	234643	17161	15.43
铜川市	Tongchuan	77570	10962	70625	70548	17783	27	0.4
宝鸡市	Baoji	1106509	109581	531384	527784	289334	86612	15.62
咸阳市	Xianyang	2066027	179725	1125349	966053	697004	6419	137.94
渭南市	Weinan	2164338	223716	981651	614722	507743	18424	47.66
#韩城市	Hancheng	81337	9231	58046	22360	1181	2610	1.00
延安市	Yan'an	725907	70831	582885	532221	10004	33448	12.17
汉中市	Hanzhong	2804240	234555	329209	327882	2912	123762	21.78
榆林市	Yulin	1003764	126843	5986898	4710774	43932	27165	30.78
安康市	Ankang	2438031	232694	891449	891449		86600	7.7
商洛市	Shangluo	1067796	116087	356378	346681	691	22313	5.91
杨凌示范区	Yangling	41746	11655	2405	1868	1785		

注：本表全省主要畜禽存栏为抽样调查数。

a) The number of main livestock of Shaanxi in this table are sample survey data.

12-24 各市(区)主要畜产品和水产品产量(2012年)
Output of Livestock and Aquatic Products by City(District)(2012)

地 区	Region	肉类总产量(吨) Output of Meat (ton)	#猪肉 Pork	#牛肉 Beef	#羊肉 Mutton	#禽肉 Poultry	奶类产量(吨) Milk (ton)	牛奶 Cow Milk	羊奶 Sheep Milk
全 省	**Shaanxi**	**1070928**	**834500**	**75009**	**68541**	**78500**	**1890751**	**1417645**	**473106**
西 安 市	Xi'an	151711	110506	12079	3697	20046	666439	513337	153102
铜 川 市	Tongchuan	16125	7818	5137	1036	2131	28077	26000	2077
宝 鸡 市	Baoji	174145	110478	32652	7595	18117	620903	552757	68146
咸 阳 市	Xianyang	204921	152405	14350	10057	16238	745987	649080	96907
渭 南 市	Weinan	206230	167395	12863	9619	15607	378295	232135	146160
#韩城市	Hancheng	8766	6857	732	663	432	1805	1725	80
延 安 市	Yan'an	71154	52374	6544	5236	5404	7335	5492	1843
汉 中 市	Hanzhong	312077	270792	14492	4024	22224	13756	12101	1655
榆 林 市	Yulin	171509	99722	5446	55973	7659	85405	82339	3066
安 康 市	Ankang	261390	214390	11273	14903	20694	140	140	
商 洛 市	Shangluo	141201	114367	8831	6088	11388	1765	1615	150
杨凌示范区	Yangling	4971	3987	393	22	559	23090	23090	

12-24 续表 continued

地 区	Region	山羊毛(吨) Goat Wool (ton)	绵羊毛(吨) Sheep Wool (ton)	羊绒(公斤) Cashmere (kg)	禽蛋(吨) Poultry Eggs (ton)	蜂蜜(公斤) Honey (kg)	蚕茧(吨) Silkworm Cocoon (ton)	水产品(吨) Aquatic Products (ton)	水产养殖面积(公顷) Water Area for Breeding Aquatics(hactare)
全 省	**Shaanxi**	**2881**	**6682**	**1714474**	**518593**	**4989449**	**16357**	**105429**	**47757**
西 安 市	Xi'an				129970	213174		14010	1965
铜 川 市	Tongchuan				16118	132		1207	552
宝 鸡 市	Baoji	10	3		72817	486671	1401	7077	3029
咸 阳 市	Xianyang	72	203	63660	107266	96152		8001	1749
渭 南 市	Weinan	36	460	10916	100370	285994	524	20004	2730
#韩城市	Hancheng	6	50	4000	2675	29600		600	250
延 安 市	Yan'an	215	92	147065	26693	665127	401	2908	1568
汉 中 市	Hanzhong				70095	1353342	1900	26240	6506
榆 林 市	Yulin	2541	5919	1492379	49862	551847	86	6491	4313
安 康 市	Ankang				35469	1111278	11147	35936	14668
商 洛 市	Shangluo	7	5	454	70055	225732	898	2136	573
杨凌示范区	Yangling				2009			530	33

注：本表全省主要畜禽产品产量为抽样调查数。

a) The output of livestock products of Shaanxi in this table are sample survey data.

12-25 粮食生产大县情况
Large County of Food Production

县 区	Region	2010		2011		2012	
		播种面积 (千公顷) Sown Area (1 000 hectares)	产 量 (万吨) Output (10 000 tons)	播种面积 (千公顷) Sown Area (1 000 hectares)	产 量 (万吨) Output (10 000 tons)	播种面积 (千公顷) Sown Area (1 000 hectares)	产 量 (万吨) Output (10 000 tons)
全 省	**Shaanxi**	**3159.70**	**1164.90**	**3134.87**	**1194.70**	**3127.53**	**1245.10**
生产大县合计	Total of Large Counties	1640.80	819.01	1532.15	679.76	1515.97	717.19
生产大县占全省%	As Percentage of Shaanxi	51.9	70.3	48.7	56.9	48.5	57.6
阎良区	Yanliang	14.94	9.60	13.68	8.11	12.96	8.13
临潼区	Lintong	79.15	40.10	73.98	32.03	74.84	35.17
长安区	Changan	79.98	41.49	73.78	34.62	73.30	36.88
蓝田县	Lantian	69.44	33.53	64.07	26.58	65.71	28.98
周至县	Zhouzhi	58.49	28.86	52.59	22.60	52.06	24.32
户 县	Huxian	61.87	37.15	57.77	30.27	58.38	31.37
高陵县	Gaoling	29.38	20.90	28.06	20.03	27.45	20.02
陈仓区	Chencang	59.81	29.11	57.06	21.05	58.41	24.06
凤翔县	Fengxiang	62.53	30.88	57.52	26.10	55.87	27.04
岐山县	Qishan	49.40	29.03	47.14	26.35	47.79	27.51
扶风县	Fufeng	50.81	28.99	47.31	26.43	47.89	28.05
眉 县	Meixian	27.22	14.40	25.34	13.21	24.89	13.45
千阳县	Qianyang	19.82	6.95	19.39	5.36	19.85	6.13
三原县	Sanyuan	45.18	23.60	41.86	19.31	42.11	20.65
泾阳县	Jingyang	55.29	28.79	53.51	24.87	51.75	25.73
乾 县	Qianxian	60.57	30.57	58.88	27.70	55.97	26.82
武功县	Wugong	44.62	24.29	41.85	20.66	41.06	21.06
兴平市	Xingping	46.90	25.22	46.60	23.09	43.58	22.30
临渭区	Linwei	95.57	43.00	87.15	34.32	88.19	36.75
华 县	Huaxian	31.02	14.79	28.27	10.87	27.72	11.96
大荔县	Dali	68.20	34.60	63.64	27.33	63.40	29.01
合阳县	Heyang	57.15	27.49	53.36	20.18	50.76	22.02
澄城县	Chengcheng	49.41	21.20	46.04	16.43	43.71	17.77
蒲城县	Pucheng	94.91	40.64	87.18	33.65	85.17	36.03
富平县	Fuping	93.27	44.17	84.76	36.39	81.83	38.00
韩城市	Hancheng	27.19	8.73	25.04	7.75	23.47	8.33
汉台区	Hantai	18.94	11.66	17.65	9.71	17.77	10.35
南郑县	Nanzheng	36.28	16.59	33.94	13.80	34.18	14.74
城固县	Chenggu	28.85	15.70	26.94	13.10	27.13	13.98
洋 县	Yangxian	35.28	17.66	32.98	14.70	33.22	15.57
勉 县	Mianxian	32.74	15.05	30.59	12.51	30.81	13.30
汉滨区	Hanbin	56.59	24.24	54.26	20.61	54.75	21.74

注：全省为抽样调查数。

a) The data of Shaanxi are sample survey data.

12-26 商品棉基地县情况
Base County of Marketable Cotton

县 区	Region	2010		2011		2012	
		播种面积 (公顷) Sown Area (hectare)	产 量 (吨) Output (ton)	播种面积 (公顷) Sown Area (hectare)	产 量 (吨) Output (ton)	播种面积 (公顷) Sown Area (hectare)	产 量 (吨) Output (ton)
全 省	**Shaanxi**	**50876**	**69240**	**50277**	**67447**	**48299**	**67202**
基地县合计	Total of Base Counties	39456	52828	37970	49463	33969	47037
基地县占全省%	As Percentage of Shaanxi	77.6	76.3	75.5	73.3	70.3	70.0
阎良区	Yanliang	3092	4344	2973	4230	2840	4049
临潼区	Lintong	788	1142	733	1052	191	259
临渭区	Linwei	7010	10409	6078	8661	5770	8407
华 县	Huaxian	727	926	564	676	487	629
大荔县	Dali	15353	16811	14514	15240	12940	16885
蒲城县	Pucheng	11689	18000	12332	18498	11405	16253
富平县	Fuping	798	1196	776	1106	336	555

12-27 烤烟主产县情况
Base County of Flue-cured Tobacco

县 区	Region	2010		2011		2012	
		播种面积 (公顷) Sown Area (hectare)	产 量 (吨) Output (ton)	播种面积 (公顷) Sown Area (hectare)	产 量 (吨) Output (ton)	播种面积 (公顷) Sown Area (hectare)	产 量 (吨) Output (ton)
全 省	**Shaanxi**	**31063**	**67331**	**35741**	**76749**	**40010**	**91495**
基地县合计	Total of Base Counties	21636	46417	23453	52003	25283	59907
基地县占全省%	As Percentage of Shaanxi	69.7	68.9	65.6	67.8	63.2	65.5
宜君县	Yijun	135	312	120	307	36	57
陇 县	Longxian	3886	7333	3328	6254	3498	7309
乾 县	Qianxian	402	814			333	840
永寿县	Yongshou	333	700	295	620	126	356
彬 县	Binxian	413	1052	363	981	254	704
长武县	Changwu	400	1050	576	1573	505	1345
旬邑县	Xunyi	1333	2980	1609	3379	1112	2336
合阳县	Heyang	129	405	55	185		
澄城县	Chengcheng	373	1029	433	1105	244	831
宝塔区	Baota	7	6	222	659	274	759
富 县	Fuxian	1200	2250	1333	1676	1000	2100
洛川县	Luochuan						
宜川县	Yichuan	711	1784	677	1626	702	2100
黄龙县	Huanglong	509	1172	471	958	460	1014
洋 县	Yangxian	275	1681	559	3271	824	4253
西乡县	Xixiang	487	1096	774	1706	1433	3231
平利县	Pingli	478	1263	630	1456	672	1552
旬阳县	Xunyang	6655	13298	7121	14373	8343	16963
洛南县	Luonan	3908	8192	4887	11874	5467	14157

12-28 苹果基地县情况
Base County of Apple

县 区	Region	2010		2011		2012	
		苹果园面积 (公顷) Area of Apple Orchards (hectare)	产 量 (吨) Output (ton)	苹果园面积 (公顷) Area of Apple Orchards (hectare)	产 量 (吨) Output (ton)	苹果园面积 (公顷) Area of Apple Orchards (hectare)	产 量 (吨) Output (ton)
全 省	**Shaanxi**	**601518**	**8560132**	**623188**	**9029316**	**645677**	**9650885**
基地县合计	Total of Base Counties	507135	7451893	511951	8223002	541877	9194373
基地县占全省%	As Percentage of Shaanxi	84.3	87.1	82.2	91.1	83.9	95.3
印台区	Yintai	20474	179782	20433	205882	20364	221016
耀洲区	Yaozhou	15019	152982	2060	207227	17128	220198
宜君县	Yijun	13200	141603	16378	207227	16291	169818
陈仓区	Chencang	5727	88273	6330	89388	6973	95828
凤翔县	Fengxiang	5704	98048	6174	119401	6384	121245
岐山县	Qishan	4962	102980	2511	83093	2540	89478
扶风县	Fufeng	4907	161180	6758	254032	8378	257165
陇 县	Longxian	3469	20750	4129	25443	4502	26999
千阳县	Qianyang	1726	10393	1688	13574	2590	13868
乾 县	Qianxian	24683	489400	25513	466500	27200	478003
礼泉县	Liquan	30015	1010000	30376	1138125	30684	1160768
永寿县	Yongshou	24670	363000	24461	395970	26923	423000
彬 县	Binxian	19308	321640	18938	394155	19138	418754
长武县	Changwu	16000	240000	16920	259000	17320	265800
旬邑县	Xunyi	33533	505000	33533	520030	33533	536602
淳化县	Chunhua	36667	725000	40000	800000	36667	829855
合阳县	Heyang	16772	284673	16306	291700	16495	293949
澄城县	Chengcheng	19630	292909	21812	325468	23254	325749
蒲城县	Pucheng	10219	168519	11260	174494	11485	177340
白水县	Baishui	21632	486000	21699	518000	22402	530119
富平县	Fuping	9002	189112	9158	211995	10905	215899
韩城市	Hancheng	4702	80230	4714	94064	4646	97589
宝塔区	Baota	27533	241400	29133	261600	30603	275040
延长县	Yanchang	18667	140000	19833	175885	19470	220017
延川县	Yanchuan	7556	40741	8393	44310	10193	50049
安塞县	Ansai	23342	65000	25022	80000	26700	93015
富 县	Fuxian	24166	433000	23886	450000	23687	475009
洛川县	Luochuan	33593	676500	33703	745000	33727	750012
宜川县	Yichuan	16761	333949	17332	361200	17529	400005
黄陵县	Huangling	13498	225000	13498	250000	14165	260012

注：本表基地县产量为监测推算结果。

a) The outputs of Base Counties are calculateed results by monitoring.

12-29 梨基地县情况
Base County of Pear

县 区	Region	2010 梨园面积(公顷) Area of Pears Orchards (hectare)	2010 产 量(吨) Output (ton)	2011 梨园面积(公顷) Area of Pears Orchards (hectare)	2011 产 量(吨) Output (ton)	2012 梨园面积(公顷) Area of Pears Orchards (hectare)	2012 产 量(吨) Output (ton)
全 省	**Shaanxi**	**48954**	**799909**	**49202**	**881483**	**48581**	**896932**
基地县合计	Total of Base Counties	27010	485283	27225	536986	26695	530982
基地县占全省%	As Percentage of Shaanxi	55.2	60.7	3.7	60.9	54.9	59.2
秦都区	Qindu	800	29900	895	27826	867	27000
乾 县	Qianxian	1533	30000	1533	30000	1533	30000
礼泉县	Liquan	4303	160000	3982	146387	3982	149744
彬 县	Binxian	1301	6438	1616	22360	1616	19500
临渭区	Linwei	3163	77419	3252	74027	3117	74957
蒲城县	Pucheng	8030	112645	8753	117313	9069	121300
富平县	Fuping	683	20665	725	23528	778	23537
子长县	Zichang	3800	11926	3700	9300	3350	8500
宜川县	Yichuan	1480	3908	1084	8630	787	7900
洋 县	Yangxian	1918	12302	1685	12137	1596	13545

注：本表基地县产量为监测推算结果。
a) The outputs of Base Counties are calculateed results by monitoring.

12-30 猕猴桃基地县情况
Base County of Kiwi

县 区	Region	2010 猕猴桃园面积(公顷) Area of Kiwi Orchards (hectare)	2010 产 量(吨) Output (ton)	2011 猕猴桃园面积(公顷) Area of Kiwi Orchards (hectare)	2011 产 量(吨) Output (ton)	2012 猕猴桃园面积(公顷) Area of Kiwi Orchards (hectare)	2012 产 量(吨) Output (ton)
全 省	**Shaanxi**	**47239**	**629341**	**50303**	**735748**	**57600**	**822886**
基地县合计	Total of Base Counties	38042	556112	41505	674687	43860	760989
基地县占全省%	As Percentage of Shaanxi	80.5	88.4	82.5	91.7	76.1	92.5
灞桥区	Baqiao	552	19222	541	17851	535	17776
长安区	Chang'an	261	4951	268	5504	301	5963
周至县	Zhouzhi	21400	246519	22800	304551	23701	327242
户 县	Huxian	914	22771	919	25997	918	25058
眉 县	Meixian	14467	250964	16503	338810	17804	378671
城固县	Chenggu	449	5672	473	5912	599	6279

注：本表基地县产量为监测推算结果。
a) The outputs of Base Counties are calculateed results by monitoring.

12-31 各市(区)灾情(2012年)
Conditions in Natural Disaster by City(District)(2012)

地 区	Region	受灾人口(万人次) Disaster Population Covered (10 000 persons-times)	死亡失踪人口(人) Population of Death and Abscondence (persons)	农作物受灾面积(千公顷) Disaster Areas of Farm Crops (1 000 hectares)	农作物绝收面积(千公顷) Disaster Areas of Farm Crops of No Harvest (1 000 hectares)	倒塌民房(万间) Broken Civil Buildings (10 000 units)	直接经济损失(亿元) Direct Economic Losses (100 million yuan)
全 省	**Shaanxi**	**945.13**	**58**	**821.58**	**59.72**	**12.00**	**89.81**
西安市	Xi'an	14.10		4.81	0.21	0.51	0.76
铜川市	Tongchuan	27.54		48.85	0.24	0.79	3.14
宝鸡市	Baoji	81.45		40.47	0.21	1.44	6.03
咸阳市	Xianyang	67.85	1	74.03	3.48	0.23	5.22
渭南市	Weinan	324.15	4	289.98	4.10	1.64	11.35
#韩城市	Hancheng	23.90	2	19.63	1.00	0.07	0.16
延安市	Yan'an	85.17	1	112.65	4.36	0.32	7.53
汉中市	Hanzhong	61.78	5	62.26	9.67	3.59	24.40
榆林市	Yulin	77.76	42	82.92	23.54	0.83	13.38
安康市	Ankang	78.58	5	36.70	8.81	2.19	12.89
商洛市	Shangluo	126.75		68.91	5.10	0.46	5.11
杨凌示范区	Yangling						

12-32 各市(区)水利水保(2012年)
Water Conservancy Facilities and Soil Conservation by City(District)(2012)

地 区	Region	水库座数(座) Number of Reservoirs (unit)	水库库容(万立方米) Capacity of Reservoirs (10 000 cu.m)	有效灌溉面积(千公顷) Area of Irrigated (1 000 hectares)	旱涝保收面积(千公顷) Farmland Area of Stable Yields Despite Drought or Excessive Rain (1 000 hectares)	当年完成水保治理面积(千公顷) Area of Soil Conservation in the Year (1 000 hectares)	#水土保持林面积 Area of Forest for Soil Water and Conservation	#封山育林面积 Area of Close Hillsides to Facilitate Afforestation
全 省	**Shaanxi**	**1045**	**774043**	**1277.18**	**814.24**	**663.86**	**244.05**	**220.11**
西安市	Xi'an	92	38468	173.68	140.87	25.10	6.92	9.18
铜川市	Tongchuan	29	4072	15.76	5.58	16.20	6.11	4.38
宝鸡市	Baoji	105	58690	161.33	115.18	32.07	12.68	12.86
咸阳市	Xianyang	66	31143	227.50	149.85	42.48	15.90	14.35
渭南市	Weinan	100	26078	318.13	170.84	35.08	9.22	11.35
#韩城市	Hancheng			11.70	8.50	3.50	0.87	1.30
延安市	Yan'an	28	53742	32.23	19.94	110.00	34.88	24.00
汉中市	Hanzhong	332	44679	124.81	85.12	96.76	38.31	41.86
榆林市	Yulin	95	120650	111.54	66.14	124.14	47.17	22.74
安康市	Ankang	119	322400	60.62	31.77	100.50	36.80	46.82
商洛市	Shangluo	52	14293	39.61	18.20	81.03	35.84	32.47
杨凌示范区	Yangling			5.39	4.32	0.50	0.22	0.10

12-33 农业现代化情况
Agriculture Modernization

指 标	Item	2010	2011	2012
农业机械总动力合计 (亿瓦特)	**Total Agricultural Machinery Power (10 000 kw)**	**188.93**	**203.66**	**214.64**
大中型拖拉机 (台)	Number of Large and Medium Tractors (unit)	78261	81707	87904
小型拖拉机 (万台)	Number of Small Tractors (10 000 units)	17.47	17.05	19.04
大中型拖拉机配套农具 (万部)	Large and Medium Tractors Towing	12.99	15.14	16.15
小型拖拉机配套农具 (万部)	Small Tractors Towing Farm Machinery (10 000 kw)	25.27	27.26	29.25
农用电动机 (万台)	Number of Agricultural Motor (10 000 units)	28.19	29.26	31.66
农用柴油机 (万台)	Number of Diesel Engines (10 000 units)	4.68	5.11	5.48
联合收割机 (台)	Number of Combine Harvesters (unit)	23357	26770	29363
机动脱粒机 (万台)	Number of Mobile Thresher (10 000 units)	24.65	30.34	34.68
农用运输车 (辆)	Number of Farm Vehicles (unit)	501505	466888	460203
节水灌溉类机械 (套)	Watersaving Irrigation Machinery (unit)	9972	16735	21268
农用水泵 (万台)	Number of Agricultural Pumps (10 000 units)	29.14	29.09	31.19
当年机耕地面积 (千公顷)	Area Cultivated by Mechanical (1 000 hectares)	2078.6	2199.3	2287.4
当年机械播种面积 (千公顷)	Area Sown by Mechanical (1 000 hectares)	1740.6	1799.3	1850.6
当年机械收获面积 (千公顷)	Mechanical harvest Area (1 000 hectares)	1243.5	1390.3	1460.0
农用化肥施用量(折纯量) (万吨)	Consumption of Chemical Fertilizers (10 000 tons)	196.79	207.27	239.80
氮 肥	Nitrogenous Fertilizer	87.67	91.37	98.25
磷 肥	Phosphate Fertilizer	17.98	17.79	18.50
钾 肥	Potash Fertilizer	19.99	21.77	23.01
复合肥	Compound Fertilizer	56.43	62.77	100.04
农用塑料薄膜使用量 (吨)	Plastic Film Consumption (tons)	36811	37912	39077
# 地膜使用量	Film Consumption	19547	19894	20535
地膜覆盖面积 (千公顷)	Film Coverage Area (1 000 hectares)	427.10	426.60	435.66
农用柴油使用量 (万吨)	Diesel Consumption (10 000 tons)	70.36	79.97	82.16
农药使用量 (吨)	Pesticides Consumption (10 000 tons)	12408	12410	17560

12-34 各市(区)农业现代化情况 (2012)
Agriculture Modernization by City(District) (2012)

地 区	Region	农用机械总动力合计(万千瓦) Total Agricultural Machinery Power (10 000 kw)	大中型拖拉机(台) Large and Medium Tractors (unit)	小 型拖拉机(台) Small Tractors (unit)	大中型机配农具(部) Large and Medium Tractors Towing Farm Machinery (unit)	小 型机配农具(部) Small Tractors Towing Farm Machinery (unit)	农 用电动机(台) Agricultural Motor (unit)	农 用柴油机(台) Diesel Engines (unit)
全 省	**Shaanxi**	**2146.43**	**87904**	**190351**	**161522**	**292486**	**316569**	**54841**
西 安 市	Xi'an	282.16	12586	11382	31018	25239	80647	2677
铜 川 市	Tongchuan	44.90	2310	4867	4731	8438	898	176
宝 鸡 市	Baoji	225.20	15214	35267	31196	57391	19961	2317
咸 阳 市	Xianyang	283.08	12209	10381	27615	19862	36014	4931
渭 南 市	Weinan	441.93	20184	54261	46307	96577	74021	12403
# 韩城市	Hancheng	27.58	570	3795	1817	5901	15042	63
延 安 市	Yan'an	181.34	4426	36736	6668	47438	10244	5278
汉 中 市	Hanzhong	163.91	6326	10073	3677	4805	31493	8266
榆 林 市	Yulin	288.51	12809	21394	8348	24347	33636	5783
安 康 市	Ankang	145.02	831	2084	553	2610	17380	11989
商 洛 市	Shangluo	79.91	502	3241	596	4422	12275	1021
杨凌示范区	Yangling	10.48	507	665	813	1357		

12-34 续表 continued

地 区	Region	联 合收割机(台) Combine Harvesters (unit)	机 动脱粒机(台) Mobile Thresher (unit)	农 用运输车(辆) Farm Vehicles (unit)	节水灌溉类机械(套) Watersaving Irrigation Machinery (unit)	农 用水 泵(台) Pumps (unit)	化肥施用折纯量(吨) Consumption of Chemical Fertilizers (ton)	农用塑料薄膜使用量(吨) Plastic Film Consumption (ton)
全 省	**Shaanxi**	**29363**	**346811**	**460203**	**21268**	**311874**	**2398048**	**39077**
西 安 市	Xi'an	8248	14216	46217	1808	74199	243281	2683
铜 川 市	Tongchuan	169	2622	18539	1677	1040	52358	643
宝 鸡 市	Baoji	5241	29890	28000	240	20556	257652	1667
咸 阳 市	Xianyang	5660	14955	86701	2173	36634	662695	6711
渭 南 市	Weinan	9070	27298	96548	7204	57783	582504	12296
# 韩城市	Hancheng	328	549	11011	14	1247	17474	214
延 安 市	Yan'an	61	3239	54081	4461	12218	132844	3815
汉 中 市	Hanzhong	466	79417	19714	863	31956	139453	2196
榆 林 市	Yulin	202	22782	71349	417	46992	146829	4380
安 康 市	Ankang	112	80500	17226	155	10443	113893	2702
商 洛 市	Shangluo	14	71819	21503	2270	20053	62167	1344
杨凌示范区	Yangling	120	73	325			4372	638

12-35　各市、县(市、区)农村经济主要指标(2012年)

Main Indicators of Rural Economy by City and County (City and District) (2012)

地　区	Region	农林牧渔业总产值(万元) Gross Output Value of Farming, Forestry, Animal Husbandry and Fishery (10 000 yuan)	农林牧渔业增加值(万元) Value Added of Farming, Forestry, Animal Husbandry and Fishery (10 000 yuan)	年末常用耕地面积(公顷) Area of Cultivated Land (hectare)	农用机械总动力(千瓦) Total Agricultural Machinery Power (kw)	农用化肥施用折纯量(吨) Consumption of Chemical Fertilizers (ton)	农用塑料薄膜使用量(吨) Plastic Film Consumption (ton)
全　省	**Shaanxi**	**23032043**	**13701582**	**2864287**	**21464297**	**2398048**	**39077**
西安市	**Xi'an**	**3083560**	**1955931**	**246608**	**2821592**	**243281**	**2683**
新城区	Xincheng						
碑林区	Beilin						
莲湖区	Lianhu						
灞桥区	Baqiao	245553	160774	10511	179492	10372	203
未央区	Weiyang	36525	22351	1468	50602	808	18
雁塔区	Yanta	32760	23406	564	40174	148	
阎良区	Yanliang	290460	197028	15792	173133	19275	1011
临潼区	Lintong	468170	296241	46994	553638	39101	217
长安区	Chang'an	453711	302517	44219	421910	30456	182
蓝田县	Lantian	401514	243476	40400	292763	36350	176
周至县	Zhouzhi	412820	253100	33257	423554	46965	99
户　县	Huxian	407108	253698	38160	428754	31941	491
高陵县	Gaoling	334939	203340	15244	257572	27865	287
铜川市	**Tongchuan**	**345898**	**194656**	**64573**	**448982**	**52358**	**643**
王益区	Wangyi	17870	10235	3891	62925	1837	14
印台区	Yintai	74923	42590	8924	92018	8586	113
耀州区	Yaozhou	160530	89014	32624	202975	29347	209
宜君县	Yijun	92575	52817	19134	91064	12588	307
宝鸡市	**Baoji**	**2399749**	**1432579**	**299962**	**2252020**	**257652**	**1667**
渭滨区	Weibin	63308	35606	6504	75010	7224	22
金台区	Jintai	37857	23615	10748	125765	6221	4
陈仓区	Chencang	369445	215351	45170	346174	31252	182
凤翔县	Fengxiang	338535	209002	46181	381305	37833	114
岐山县	Qishan	323161	205104	35237	241147	22623	131
扶风县	Fufeng	299723	176378	33199	400504	54736	40
眉　县	Meixian	290770	151823	23157	190847	40480	122
陇　县	Longxian	266633	162519	35436	146008	12711	445
千阳县	Qianyang	140736	88356	18574	117455	11709	136
麟游县	Linyou	95471	62375	29530	62705	23197	222
凤　县	Fengxian	98099	56348	9714	100942	5144	145
太白县	Taibai	76011	46102	6513	64158	4522	105
咸阳市	**Xianyang**	**4653670**	**2831006**	**359573**	**2830803**	**662695**	**6711**
秦都区	Qindu	238008	143097	10335	195805	15140	403
渭城区	Weicheng	200596	119261	13124	189117	10039	115
三原县	Sanyuan	450714	261158	33208	243000	32220	413
泾阳县	Jingyang	632757	386382	44397	397507	40253	2420
乾　县	Qianxian	426941	254753	51258	320513	274558	176
礼泉县	Liquan	665289	426842	30850	315023	92700	670

注：全省粮食和猪牛羊禽相关数据为抽样调查数据。

a) The Shaanxi data of grain, pig, cattle, sheep are sample survey data.

12-35 续表 1 continued

地 区	Region	农林牧渔业总产值(万元) Gross Output Value of Farming, Forestry, Animal Husbandry and Fishery (10 000 yuan)	农林牧渔业增加值(万元) Value Added of Farming, Forestry, Animal Husbandry and Fishery (10 000 yuan)	年末常用耕地面积(公顷) Area of Cultivated Land (hectare)	农用机械总动力(千瓦) Total Agricultural Machinery Power (kw)	农用化肥施用折纯量(吨) Consumption of Chemical Fertilizers (ton)	农用塑料薄膜使用量(吨) Plastic Film Consumption (ton)
永寿县	Yongshou	195466	123842	19256	139700	24220	132
彬 县	Binxian	252341	144544	30551	95199	28474	332
长武县	Changwu	208938	126011	11058	122277	32460	700
旬邑县	Xunyi	386944	232567	27766	101560	33448	750
淳化县	Chunhua	376957	217400	25432	190362	32721	360
武功县	Wugong	293249	185150	26528	242275	29694	143
兴平市	Xingping	325470	209999	35810	278465	16768	97
渭南市	**Weinan**	**3180016**	**1799982**	**521453**	**4419329**	**582504**	**12296**
临渭区	Linwei	527055	293331	69495	758136	58223	1099
华 县	Huaxian	138149	79438	23958	266000	26544	372
潼关县	Tongguan	52526	29941	10654	93346	10715	45
大荔县	Dali	483972	266338	76399	890137	71094	1519
合阳县	Heyang	274949	151269	58383	267184	26725	906
澄城县	Chengcheng	311150	175310	45504	291903	31851	734
蒲城县	Pucheng	363911	213419	97855	632018	62180	5083
白水县	Baishui	313727	181008	28577	354390	47824	688
富平县	Fuping	397056	230181	70987	532313	224494	1406
韩城市	Hancheng	231794	129383	26882	275791	17474	214
华阴市	Huayin	85727	50364	12758	58111	5380	232
延安市	**Yan'an**	**1696912**	**970598**	**240415**	**1813418**	**132844**	**3815**
宝塔区	Baota	184619	107028	32450	154417	7291	302
延长县	Yanchang	128152	73084	16510	88979	4688	95
延川县	Yanchuan	83862	47951	24838	74886	4060	173
子长县	Zichang	114146	66050	30370	120140	7526	789
安塞县	Ansai	113293	64749	27200	74847	6001	360
志丹县	Zhidan	72235	44490	21200	133585	2655	310
吴起县	Wuqi	70880	42944	24520	164760	3631	776
甘泉县	Ganquan	64988	36319	9586	75530	3492	285
富 县	Fuxian	185474	103689	9847	149208	11138	320
洛川县	Luochuan	342897	191341	11237	246435	53527	97
宜川县	Yichuan	162137	93491	11854	238987	9524	89
黄龙县	Huanglong	63990	37205	11865	47096	10226	88
黄陵县	Huangling	110239	62257	8938	244548	9085	132
汉中市	**Hanzhong**	**2746579**	**1594688**	**205261**	**1639079**	**139453**	**2196**
汉台区	Hantai	248738	144435	14923	118228	6630	226
南郑县	Nanzheng	330886	185892	30224	175001	20395	431
城固县	Chenggu	612689	360177	24326	202235	34124	210
洋 县	Yangxian	322047	191251	27923	189646	19694	421
西乡县	Xixiang	264662	152579	21711	321792	14175	154
勉 县	Mianxian	304966	169529	26231	131988	20464	145
宁强县	Ningqiang	254727	152006	21256	144149	11787	180

12-35 续表 2 continued

地 区	Region	农林牧渔业总产值(万元) Gross Output Value of Farming, Forestry, Animal Husbandry and Fishery (10 000 yuan)	农林牧渔业增加值(万元) Value Added of Farming, Forestry, Animal Husbandry and Fishery (10 000 yuan)	年末常用耕地面积(公顷) Area of Cultivated Land (hectare)	农用机械总动力(千瓦) Total Agricultural Machinery Power (kw)	农用化肥施用折纯量(吨) Consumption of Chemical Fertilizers (ton)	农用塑料薄膜使用量(吨) Plastic Film Consumption (ton)
略阳县	Lueyang	131357	74647	10074	227972	3480	142
镇巴县	Zhenba	215886	129472	23674	86448	7339	224
留坝县	Liuba	42369	24832	3086	21038	829	49
佛坪县	Foping	18252	9868	1833	20582	536	15
榆林市	**Yulin**	**2097172**	**1258843**	**580627**	**2885050**	**146829**	**4380**
榆阳区	Yuyang	359612	211683	53168	377735	21406	253
神木县	Shenmu	180649	106316	45155	294730	7258	228
府谷县	Fugu	86360	52134	43260	315359	6104	78
横山县	Hengshan	205689	121595	59573	243287	14993	205
靖边县	Jingbian	284670	166549	80154	449245	8791	1403
定边县	Dingbian	249735	143396	134162	498469	30142	876
绥德县	Suide	146772	90860	41557	147287	14854	152
米脂县	Mizhi	86083	52844	27859	144875	5117	172
佳 县	Jiaxian	141701	89116	31225	106256	18334	238
吴堡县	Wubu	34621	22083	8120	66026	954	19
清涧县	Qingjian	180483	114101	26647	144212	4512	313
子洲县	Zizhou	140797	88166	29748	97569	14364	444
安康市	**Ankang**	**1403908**	**809472**	**197937**	**1450174**	**113893**	**2702**
汉滨区	Hanbin	322257	191949	43255	387321	49910	512
汉阴县	Hanyin	167092	98234	23285	178754	11086	214
石泉县	Shiquan	96428	56071	13086	116303	5514	207
宁陕县	Ningshan	62968	35313	3386	47846	393	62
紫阳县	Ziyang	175284	100901	24386	137907	5204	180
岚皋县	Langao	90850	52235	17168	79661	5064	399
平利县	Pingli	150436	84331	18379	112350	4649	421
镇坪县	Zhenping	46773	25484	4943	39086	1277	53
旬阳县	Xunyang	190068	104974	36208	234238	23823	454
白河县	Baihe	101752	59980	13840	116708	6973	200
商洛市	**Shangluo**	**1395503**	**794249**	**133598**	**799063**	**62167**	**1344**
商州区	Shangzhou	205123	120164	21578	148305	11427	146
洛南县	Luonan	310000	172154	31457	149196	17234	386
丹凤县	Danfeng	186654	103381	12307	57984	5709	166
商南县	Shangnan	201808	111231	14201	74667	5307	138
山阳县	Shanyang	210779	128896	24006	169664	8830	165
镇安县	Zhen'an	187819	105658	21569	133551	8477	206
柞水县	Zhashui	93320	52765	8481	65696	5183	137
杨凌示范区	**Yangling**	**99687**	**59949**	**5673**	**104787**	**4372**	**638**

12-35 续表 3 continued

地 区	Region	粮食播种面积(公顷) Sown Area of Grain (hectare)	粮食产量(吨) Output of Grain (ton)	油料产量(吨) Output of Oil-bearing (ton)	棉花产量(吨) Output of Cotton (ton)	蔬菜产量(吨) Output of Vegetables (ton)	水果产量(吨) Output of Fruits (ton)	#苹果 Output of Apples
全 省	**Shaanxi**	**3127533**	**12451000**	**603300**	**67202**	**15256183**	**14377449**	**9650885**
西安市	**Xi'an**	**381669**	**1925448**	**10176**	**4721**	**2778013**	**932054**	**28675**
新城区	Xincheng							
碑林区	Beilin							
莲湖区	Lianhu							
灞桥区	Baqiao	13807	61082	567	73	265584	92579	4
未央区	Weiyang	3161	15695			45188	8720	76
雁塔区	Yanta					25092	5700	550
阎良区	Yanliang	12963	81318	122	4049	657314	64018	5622
临潼区	Lintong	74839	351676	1671	259	393406	46317	3060
长安区	Chang'an	73305	368814	2783	14	529978	74497	3075
蓝田县	Lantian	65708	289759	2780	324	150473	118651	7786
周至县	Zhouzhi	52056	243158	1414		179825	379644	2702
户 县	Huxian	58380	313700	839	2	275163	90556	3813
高陵县	Gaoling	27450	200246			255990	51372	1987
铜川市	**Tongchuan**	**59278**	**244071**	**10046**		**143951**	**670865**	**647008**
王益区	Wangyi	3790	11256	313		15036	40300	35976
印台区	Yintai	9991	38450	1020		20678	224077	221016
耀州区	Yaozhou	29311	96919	5509		83887	236670	220198
宜君县	Yijun	16186	97446	3204		24350	169818	169818
宝鸡市	**Baoji**	**337489**	**1535852**	**22002**	**103**	**1200967**	**1227535**	**660138**
渭滨区	Weibin	7825	26527	1113		21165	20263	522
金台区	Jintai	11960	36787	1004		1910	3352	1021
陈仓区	Chencang	58410	240560	2541	7	134259	125640	95828
凤翔县	Fengxiang	55873	270408	6257		141528	130653	121245
岐山县	Qishan	47793	275099	3103	32	144890	154217	89478
扶风县	Fufeng	47890	280526	1395	63	30705	282693	257165
眉 县	Meixian	24890	134532	1145	1	31721	399881	2300
陇 县	Longxian	33622	110804	2464		104210	39614	26999
千阳县	Qianyang	19845	61280	878		73724	16156	13868
麟游县	Linyou	20897	63284	1229		9665	621	521
凤 县	Fengxian	6336	28714	538		82269	51755	50949
太白县	Taibai	2148	7331	335		424921	2690	242
咸阳市	**Xianyang**	**400252**	**2002301**	**46722**	**192**	**3683250**	**5463202**	**4549358**
秦都区	Qindu	14178	70388	357	20	240474	94694	55300
渭城区	Weicheng	21886	107594	1588	24	115951	76013	34050
三原县	Sanyuan	42110	206465	3800		887928	189731	101465
泾阳县	Jingyang	51746	257271	2820	140	1664834	155140	31000
乾 县	Qianxian	55967	268199	8758		37064	553120	478003
礼泉县	Liquan	27370	130453	4190		62386	1480442	1160768

12-35　续表 4　continued

地　区	Region	粮　食 播种面积 (公顷) Sown Area of Grain (hectare)	粮　食 产　量 (吨) Output of Grain (ton)	油　料 产　量 (吨) Output of Oil-bearing (ton)	棉　花 产　量 (吨) Output of Cotton (ton)	蔬　菜 产　量 (吨) Output of Vegetables (ton)	水　果 产　量 (吨) Output of Fruits (ton)	# 苹果 Output of Apples
永寿县	Yongshou	18623	84735	3088		19365	441557	423000
彬　县	Binxian	27102	129983	9652		37675	467201	418754
长武县	Changwu	12066	62665	1697		16809	284045	265800
旬邑县	Xunyi	20973	126735	1674		68338	554732	536602
淳化县	Chunhua	17240	124294	5636		39785	918000	829855
武功县	Wugong	41065	210562	2567	8	178567	88555	74993
兴平市	Xingping	43576	222957	895		314074	159972	139768
渭南市	**Weinan**	**521638**	**2243398**	**69754**	**59365**	**2142860**	**2820252**	**1949679**
临渭区	Linwei	88187	367542	5508	8407	494495	248406	73147
华　县	Huaxian	27724	119562	1650	629	541500	24679	1600
潼关县	Tongguan	13311	46481	4037	961	31085	11914	10342
大荔县	Dali	63396	290095	26563	16885	286303	513166	223070
合阳县	Heyang	50755	220180	3566	6149	173723	348739	293949
澄城县	Chengcheng	43710	177655	9862	7892	50729	415118	325749
蒲城县	Pucheng	85172	360256	4568	16253	107712	303960	177340
白水县	Baishui	28238	117880	6573		59885	532199	530119
富平县	Fuping	81826	379999	5068	555	255612	304058	215899
韩城市	Hancheng	23473	83268	1141	275	101343	110175	97589
华阴市	Huayin	18127	80480	1218	1359	40473	7838	875
延安市	**Yan'an**	**197837**	**765838**	**21844**	**919**	**1000274**	**2711394**	**2600206**
宝塔区	Baota	27468	90198	930		135018	278128	275040
延长县	Yanchang	10030	38374	3133	470	85025	230487	220017
延川县	Yanchuan	16966	43263	1318	438	25016	109049	50049
子长县	Zichang	25802	77259	5262		100015	23208	13008
安塞县	Ansai	27999	68568	2688		200007	98143	93015
志丹县	Zhidan	17574	55146	2880		55010	14505	10010
吴起县	Wuqi	16786	58662	450		75009	9939	9004
甘泉县	Ganquan	8994	41577	103		125012	5505	5017
富　县	Fuxian	6254	37304	551		95002	476175	475009
洛川县	Luochuan	12622	94413	898		30005	752452	750012
宜川县	Yichuan	6786	37083	1000	11	43036	410744	400005
黄龙县	Huanglong	10202	77375	147		2108	40358	40008
黄陵县	Huangling	10354	46616	2484		30011	262701	260012
汉中市	**Hanzhong**	**268899**	**1013638**	**178941**	**3**	**1910851**	**397746**	**4559**
汉台区	Hantai	17774	103517	15659		185462	26310	8
南郑县	Nanzheng	34179	147416	33124		147212	9980	120
城固县	Chenggu	27133	139827	23008		571184	261343	157
洋　县	Yangxian	33215	155658	27333		590571	67915	1366
西乡县	Xixiang	30076	98264	23901	3	83990	4433	31
勉　县	Mianxian	30811	132994	27603		107997	7219	31
宁强县	Ningqiang	30898	82208	11514		44120	3896	384

12-35 续表 5 continued

地 区	Region	粮食播种面积(公顷) Sown Area of Grain (hectare)	粮食产量(吨) Output of Grain (ton)	油料产量(吨) Output of Oil-bearing (ton)	棉花产量(吨) Output of Cotton (ton)	蔬菜产量(吨) Output of Vegetables (ton)	水果产量(吨) Output of Fruits (ton)	# 苹果 Output of Apples
略阳县	Lueyang	20267	46939	4608		48706	7437	1382
镇巴县	Zhenba	38552	86517	10837		93595	7819	700
留坝县	Liuba	3191	11748	924		23011	715	214
佛坪县	Foping	2803	8550	430		15003	679	166
榆林市	**Yulin**	**471158**	**1540277**	**84884**	**121**	**636375**	**736228**	**167646**
榆阳区	Yuyang	43945	243070	1623		65578	7098	2570
神木县	Shenmu	31343	121133	6760		14395	33668	173
府谷县	Fugu	30667	68411	2692	54	41688	14096	1073
横山县	Hengshan	61839	152742	3941		33457	21113	8450
靖边县	Jingbian	51363	229913	6582		208871	28006	10083
定边县	Dingbian	110226	282210	15484		102214	2300	1277
绥德县	Suide	25486	87932	20870		55825	134354	78820
米脂县	Mizhi	26406	83638	4506		11702	40403	20105
佳 县	Jiaxian	24562	70730	2949		16115	149297	1754
吴堡县	Wubu	5497	17754	1361	30	10961	41962	750
清涧县	Qingjian	28059	71759	7649	37	44241	242618	28330
子洲县	Zizhou	31763	110985	10467		31328	21313	14261
安康市	**Ankang**	**269874**	**851803**	**134609**	**36**	**1210846**	**194959**	**5204**
汉滨区	Hanbin	54751	217363	37816	24	321213	49905	813
汉阴县	Hanyin	25686	100027	27064	12	177297	33179	85
石泉县	Shiquan	19264	66459	12300		53919	5216	591
宁陕县	Ningshan	4785	19848	805		41119	2372	293
紫阳县	Ziyang	42147	106868	11623		172430	5406	118
岚皋县	Langao	24827	64013	6040		120093	3600	166
平利县	Pingli	24885	73628	11969		90441	7486	357
镇坪县	Zhenping	9302	27180	1534		31227	1386	310
旬阳县	Xunyang	45323	120091	19383		125367	47753	2061
白河县	Baihe	18905	56326	6075		77740	38656	410
商洛市	**Shangluo**	**209812**	**642957**	**23427**	**2**	**425026**	**69781**	**9652**
商州区	Shangzhou	37099	107590	332		43051	14951	855
洛南县	Luonan	49629	163415	1025		137475	8236	467
丹凤县	Danfeng	22132	65152	1305		19671	8962	1419
商南县	Shangnan	18842	61733	11732		70911	5872	548
山阳县	Shanyang	37006	110726	2731		66049	10811	1235
镇安县	Zhen'an	32631	92502	5923	2	64015	13825	4167
柞水县	Zhashui	12472	41839	379		23854	7124	961
杨凌示范区	**Yangling**	**4725**	**29467**	**25**		**120230**	**36552**	**7064**

12-35 续表 6 continued

地 区	Region	肉类产量(吨) Output of Meat (ton)	禽蛋产量(吨) Output of Poultry Eggs (ton)	奶类产量(吨) Output of Milk (ton)	牛存栏(万头) Stocked Cattle (10 000 heads)	#奶牛 Dairy cow	猪存栏(万头) Stocked Hogs (10 000 heads)	羊存栏(万只) Stocked (10 000 heads)	家禽存栏(万只) Stocked (10 000 heads)
全 省	**Shaanxi**	**1070928**	**518593**	**1890751**	**146.80**	**46.90**	**900.24**	**644.93**	**6749.21**
西安市	**Xi'an**	**151711**	**129970**	**666439**	**21.08**	**11.99**	**96.60**	**28.46**	**1176.73**
新城区	Xincheng								
碑林区	Beilin								
莲湖区	Lianhu								
灞桥区	Baqiao	7263	5597	64080	1.29	1.25	5.02	1.20	43.77
未央区	Weiyang	2197	222	22163	0.57	0.55	2.76	0.06	6.40
雁塔区	Yanta	1493	242	880	0.02	0.02			2.50
阎良区	Yanliang	6273	7112	94734	1.78	1.58	3.82	5.46	61.89
临潼区	Lintong	41021	30426	347760	7.25	6.47	25.38	9.82	270.50
长安区	Chang'an	20472	39697	21868	0.73	0.40	10.48	1.47	287.10
蓝田县	Lantian	18719	6139	39817	4.42	0.25	8.09	7.10	164.41
周至县	Zhouzhi	27951	9242	13111	3.11	0.29	20.58	1.20	90.86
户 县	Huxian	18694	17355	29848	1.11	0.58	15.29	0.66	135.30
高陵县	Gaoling	7628	13938	32178	0.81	0.60	5.19	1.49	114.00
铜川市	**Tongchuan**	**16125**	**16118**	**28077**	**7.95**	**1.64**	**7.76**	**7.06**	**181.50**
王益区	Wangyi	1366	861	2512	0.36	0.14	1.22	0.39	23.90
印台区	Yintai	5192	9315	3701	1.09	0.16	2.63	1.32	99.28
耀州区	Yaozhou	4946	5537	21864	4.04	1.34	2.90	2.87	37.80
宜君县	Yijun	4621	405		2.45		1.00	2.48	20.52
宝鸡市	**Baoji**	**174145**	**72817**	**620903**	**49.99**	**20.76**	**110.65**	**53.14**	**950.46**
渭滨区	Weibin	2220	805	3220	0.30	0.11	1.39	0.45	24.71
金台区	Jintai	3371	1213	8646	0.75	0.23	2.42	1.21	14.78
陈仓区	Chencang	52018	23508	64883	6.79	1.44	28.81	3.82	205.16
凤翔县	Fengxiang	20780	10802	82084	8.52	2.33	9.48	8.33	128.13
岐山县	Qishan	20077	13880	60859	5.63	2.69	20.23	4.51	128.78
扶风县	Fufeng	25740	15335	32303	2.31	1.02	19.33	2.92	254.35
眉 县	Meixian	14227	2637	56433	3.32	2.41	14.26	2.90	73.68
陇 县	Longxian	9214	2038	185360	8.79	6.32	2.66	6.85	25.58
千阳县	Qianyang	6900	1752	126998	5.76	4.21	1.94	6.83	21.16
麟游县	Linyou	7619	43	14	5.43		1.07	11.60	32.40
凤 县	Fengxian	8422	235		1.36		7.23	1.69	31.53
太白县	Taibai	3557	569	103	1.02		1.82	2.04	10.20
咸阳市	**Xianyang**	**204921**	**107266**	**745987**	**45.10**	**23.70**	**206.60**	**112.53**	**1117.59**
秦都区	Qindu	8924	3400	19600	0.81	0.76	7.50	0.79	38.20
渭城区	Weicheng	8363	12898	59312	1.42	1.40	6.61	0.85	96.42
三原县	Sanyuan	14918	21431	46126	4.83	0.78	12.87	16.76	187.82
泾阳县	Jingyang	23877	15700	214975	7.46	7.43	19.87	18.28	214.40
乾 县	Qianxian	16484	4373	126196	4.90	4.61	17.19	5.10	50.00
礼泉县	Liquan	8352	2201	30040	1.86	1.16	7.85	9.81	24.00

12-35 续表 7 continued

地 区	Region	肉类产量(吨) Output of Meat (ton)	禽蛋产量(吨) Output of Poultry Eggs (ton)	奶类产量(吨) Output of Milk (ton)	牛存栏(万头) Stocked Cattle (10 000 heads)	#奶牛 Dairy Cow	猪存栏(万头) Stocked Hogs (10 000 heads)	羊存栏(万只) Stocked (10 000 heads)	家禽存栏(万只) Stocked (10 000 heads)
永寿县	Yongshou	9476	2211	10335	5.66	0.10	6.04	15.47	38.51
彬 县	Binxian	5736	5340	5892	2.03	0.08	3.64	4.29	31
长武县	Changwu	4522	3000	13300	2.56	0.56	2.38	7.08	50.74
旬邑县	Xunyi	26164	5444	7796	3.99	0.14	51.74	10.12	52.85
淳化县	Chunhua	13732	9538	36400	2.79	0.70	9.01	17.98	99.85
武功县	Wugong	22576	8145	153270	5.00	4.91	28.65	2.98	92.80
兴平市	Xingping	41797	13585	22745	1.80	1.06	33.25	3.01	141.00
渭南市	**Weinan**	**206230**	**100370**	**378295**	**28.28**	**10.56**	**216.43**	**98.17**	**1132.61**
临渭区	Linwei	30538	29601	114946	8.22	3.43	27.72	9.72	260.50
华 县	Huaxian	7738	5072	8148	1.08	0.24	7.75	2.88	89.50
潼关县	Tongguan	6130	578		0.37	0.01	7.17	0.62	13.82
大荔县	Dali	37836	16451	14546	6.07	0.69	37.71	22.88	136.00
合阳县	Heyang	11189	4418	53970	3.39	2.92	12.79	4.86	60.80
澄城县	Chengcheng	51472	8809	766	1.04	0.02	62.15	4.28	84.84
蒲城县	Pucheng	14640	5800	36438	1.82	0.90	15.50	7.80	165.51
白水县	Baishui	15167	1310	1752	0.93	0.03	18.05	3.86	34.23
富平县	Fuping	18874	21556	142428	3.34	2.10	16.08	33.73	210.41
韩城市	Hancheng	8766	2675	1805	1.26	0.06	8.13	5.80	38.00
华阴市	Huayin	3880	4100	3496	0.76	0.18	3.38	1.73	39.00
延安市	**Yan'an**	**71154**	**26693**	**7335**	**14.45**	**0.24**	**72.59**	**58.29**	**382.70**
宝塔区	Baota	6840	3654	3033	1.81	0.12	4.47	2.73	56.43
延长县	Yanchang	3106	1516	81	1.95	0.01	2.06	6.35	25.20
延川县	Yanchuan	2968	1285	258	1.03	0.01	3.11	3.07	20.24
子长县	Zichang	8572	2301	421	3.03	0.03	7.33	7.34	26.12
安塞县	Ansai	2963	1874	160	0.66	0.01	3.42	6.16	25.45
志丹县	Zhidan	3075	1530	92	0.47	0.01	3.31	12.52	23.50
吴起县	Wuqi	5432	1510	1071	0.51	0.04	3.88	12.20	21.63
甘泉县	Ganquan	4304	6120	140	0.78		2.29	5.22	95.80
富 县	Fuxian	2865	1667	47	1.63		2.31	0.15	22.44
洛川县	Luochuan	23208	1310	1558	0.51	0.01	33.07	0.66	17.35
宜川县	Yichuan	2432	1323	48	0.54		2.47	0.86	14.76
黄龙县	Huanglong	2473	918		0.77		1.78	0.61	14.46
黄陵县	Huangling	2916	1685	426	0.77		3.09	0.41	19.32
汉中市	**Hanzhong**	**312077**	**70095**	**13756**	**29.66**	**0.36**	**280.42**	**32.92**	**1111.76**
汉台区	Hantai	17248	9406	6427	0.92	0.17	11.83	0.21	132.56
南郑县	Nanzheng	34652	6400	1022	3.35	0.06	33.06	2.18	101.00
城固县	Chenggu	45711	10751	633	3.24	0.04	32.37	1.53	164.23
洋 县	Yangxian	42703	8012	803	6.52	0.02	40.95	5.40	109.61
西乡县	Xixiang	48202	4564	31	3.00		45.88	5.78	72.40
勉 县	Mianxian	41142	12411	4840	2.79	0.09	38.55	0.79	158.74
宁强县	Ningqiang	31775	6267		3.85		31.86	1.84	108.70

12-35 续表 8 continued

地 区	Region	肉类产量（吨）Output of Meat (ton)	禽蛋产量（吨）Output of Poultry Eggs (ton)	奶类产量（吨）Output of Milk (ton)	牛存栏（万头）Stocked Cattle (10 000 heads)	# 奶牛 Dairy Cow	猪存栏（万头）Stocked Hogs (10 000 heads)	羊存栏（万只）Stocked (10 000 heads)	家禽存栏（万只）Stocked (10 000 heads)
略阳县	Lueyang	15202	8401		1.83		10.09	2.22	176.63
镇巴县	Zhenba	29555	2972		3.55		31.49	12.63	67.87
留坝县	Liuba	3532	666		0.51		2.97	0.22	14.80
佛坪县	Foping	2355	245		0.10		1.39	0.12	5.22
榆林市	**Yulin**	**171509**	**49862**	**85405**	**14.18**	**2.60**	**100.38**	**598.69**	**560.71**
榆阳区	Yuyang	58340	8893	17256	3.41	0.48	41.04	120.50	122.18
神木县	Shenmu	17238	5766	17140	3.67	0.52	7.68	88.47	42.65
府谷县	Fugu	5922	2909	598	1.07	0.02	3.42	20.09	27.29
横山县	Hengshan	19376	7330	2455	0.71	0.09	7.00	87.90	59.23
靖边县	Jingbian	27203	6114	12160	0.85	0.37	16.48	117.49	74.06
定边县	Dingbian	18454	3770	15440	0.63	0.52	10.21	78.06	47.85
绥德县	Suide	4107	4032	5958	0.67	0.18	1.99	13.38	46.59
米脂县	Mizhi	4519	3311	2317	0.85	0.07	2.05	15.76	52.18
佳 县	Jiaxian	4271	3395	1300	1.00	0.04	2.30	15.54	27.82
吴堡县	Wubu	894	1142	330	0.09	0.01	0.53	2.91	8.20
清涧县	Qingjian	5069	1440	2804	0.75	0.07	3.72	11.04	22.16
子洲县	Zizhou	6116	1760	7647	0.49	0.25	3.97	27.55	30.50
安康市	**Ankang**	**261390**	**35469**	**140**	**25.02**		**243.80**	**89.14**	**946.18**
汉滨区	Hanbin	54769	7835	140	5.23		52.29	12.41	194.20
汉阴县	Hanyin	31599	6880		3.46		29.70	4.85	128.66
石泉县	Shiquan	19730	2350		3.17		18.96	5.39	68.73
宁陕县	Ningshan	4263	592		0.43		4.18	2.52	22.19
紫阳县	Ziyang	31110	3752		0.73		29.83	9.82	86.88
岚皋县	Langao	20620	4040		0.21		20.45	8.16	122.00
平利县	Pingli	28507	2455		0.78		21.37	13.91	73.39
镇坪县	Zhenping	14680	437		0.37		14.08	2.27	35.50
旬阳县	Xunyang	42024	4057		9.64		40.01	21.17	150.78
白河县	Baihe	14088	3071		1.01		12.93	8.63	63.85
商洛市	**Shangluo**	**141201**	**70055**	**1765**	**12.81**	**0.05**	**106.78**	**35.64**	**759.00**
商州区	Shangzhou	18746	7573	1585	1.74	0.04	16.18	1.89	62.00
洛南县	Luonan	34315	10307	79	4.71		31.38	4.70	111.00
丹凤县	Danfeng	21903	8116	79	1.42	0.01	16.91	2.73	190.00
商南县	Shangnan	20429	13517	2	1.43	0.01	12.17	3.16	115.00
山阳县	Shanyang	22150	16541		1.12		14.54	10.73	121.00
镇安县	Zhen'an	14751	7702	20	1.38		10.98	8.60	67.00
柞水县	Zhashui	8907	6299		0.98		4.62	3.82	93.00
杨凌示范区	**Yangling**	**4971**	**2009**	**23090**	**1.64**	**0.65**	**4.17**	**0.24**	**18.00**

主要统计指标解释

农林牧渔业总产值 指以货币表现的农、林、牧、渔业全部产品和对农林牧渔业生产活动进行的各种支持性服务活动的价值总量，它反映一定时期内农林牧渔业生产总规模和总成果。1957 年以前的农林牧渔业总产值中包括了厩肥和农民自给性手工业(如农民自制衣服、鞋、袜，自己从事粮食初步加工等)。1958 年及以后，林业中增加了村及村以下竹木采伐产值；牧业中取消了厩肥产值；副业中取消了农民自给性手工业产值，增加了村及村以下办的工业产值；渔业中增加了海洋捕捞水产品产值。1980 年及以后，在副业中增加了农民家庭兼营工业商品部分的产值。从 1984 年起村及村以下工业产值划归工业。从 1993 年起取消副业，将野生动物的捕猎划入牧业，野生植物采集和农民家庭兼营商品性工业划归农业。从 2003 年起，执行新的国民经济行业分类标准，农林牧渔业总产值中包括了农林牧渔服务业产值。林业中增加了森林采运业产值。农业中取消了家庭兼营商品性工业产值，将野生林产品的采集划归林业。第一次农业普查以后，由于畜牧业产品年报数据与普查数据之间存在一定的差距，根据农业普查结果对畜牧业年报数据进行了修正，对畜牧业产值进行了相应修正。

农林牧渔业总产值的计算方法通常是按农、林、牧、渔业产品及其副产品的产量分别乘以各自单位产品价格求得；少数生产周期较长，当年没有产品或产品产量不易统计的，则采用间接方法匡算其产值；然后将四业产品产值及农林牧渔服务业产值相加即为农林牧渔业总产值。

粮食产量 指全社会的产量。包括国有经济经营的、集体统一经营的和农民家庭经营的粮食产量，还包括工矿企业办的农场和其他生产单位的产量。粮食除包括稻谷、小麦、玉米、高粱、谷子及其他杂粮外，还包括薯类和豆类。其产量计算方法，豆类按去豆荚后的干豆计算；薯类(包括甘薯和马铃薯，不包括芋头和木薯)1963 年以前按每 4 公斤鲜薯折 1 公斤粮食计算，从 1964 年开始改为按 5 公斤鲜薯折 1 公斤粮食计算。城市郊区作为蔬菜的薯类(如马铃薯等)按鲜品计算，并且不作粮食统计。其他粮食一律按脱粒后的原粮计算。1989 年以前全国粮食产量数据主要靠全面报表取得，1989 年开始使用抽样调查数据。

棉花产量 指全社会的产量。包括春播棉和夏播棉。产量按皮棉计算。不包括木棉。

油料产量 指全部油料作物的生产量。包括花生、油菜籽、芝麻、向日葵籽、胡麻籽（亚麻籽）和其他油料。不包括大豆、木本油料和野生油料。花生以带壳干花生计算。

水产品产量 指人工养殖的水产品和天然生长的水产品的捕捞量。包括海水的鱼类、虾蟹类、贝类和藻类以及内陆水域的鱼类、虾蟹类和贝类，不包括淡水生植物。水产品产量是通过各级水产和统计部门逐级上报取得数据。1995 年及以前，贝类中牡蛎按鲜肉计算；蚶、蛤、蛏按 5 斤鲜品折 1 斤计算。1996 年以后则统一按鲜品计算。

猪、牛、羊肉产量 指当年出栏并已屠宰、除去头蹄下水后带骨肉(即胴体重)的重量。包括全社会范围内的产量。1996 年前为各级逐级上报数据。1996 年第一次农业普查以后，由于畜牧业产品年报数据与普查数据之间存在一定的差距，根据普查结果对畜牧业年报数据进行了修正。1999 年以后，国家统计局在部分地区开展了猪、牛、羊、禽等主要畜禽品种的抽样调查，并用抽样数据作为国家定案数据使用。未开展抽样调查的地区和品种，仍使用各级统计部门逐级上报数据。2007 年，根据第二次农业普查结果，对 2000——2006 年畜牧业年报数据进行了修正。2008 年，建立了主要畜禽监测调查制度，猪、牛、羊、禽等主要畜牧业数据均以抽样调查数为法定数据。

期初(末)畜禽存栏头(只)数 指报告期初(末)农村各种合作经济组织和国营农场、农民个人、机关、团体、学校、工矿企业、部队等单位以及城镇居民饲养的大牲畜、猪、羊、家禽等畜禽的存栏数。数据上报方式及数据调整情况同猪、牛、羊肉产量。

农作物播种面积 指实际播种或移植有农作物的面积。凡是实际种植有农作物的面积，不论种植在耕地上还是种植在非耕地上，均包括在农作物播种面积中。在播种季节基本结束后，因遭灾而重新改种和补种的农作物面积，也包括在内。它是反映我国耕地面积利用情况的一个重要指标。目前，农作物播种面积主要包括粮食、棉花、油料、糖料、麻类、烟叶、蔬菜和瓜类、药材和其他农作物九大类。

有效灌溉面积 指具有一定的水源，地块比较平整，灌溉工程或设备已经配套，在一般年景下，当年能够进行正常灌溉的耕地面积。在一般情况下，有效灌溉面积应等于灌溉工程或设备已经配备，能够进行正常灌溉的水田和水浇地面积之和。它是反映我国耕地抗旱能力的一个重要指标。

农用化肥施用量 指本年内实际用于农业生产的化肥数量，包括氮肥、磷肥、钾肥和复合肥。化肥施用量要求按折纯量计算数量。折纯量是指把氮肥、磷肥、钾肥分别按含氮、含五氧化二磷、含氧化钾的百分之百成份进行折算后的数量。复合肥按其所含主要成分折算。公式为：

折纯量=实物量 × 某种化肥有效成份含量的百分比

农业机械总动力 指主要用于农、林、牧、渔业的各种动力机械的动力总和。包括耕作机械、排灌机械、收获机械、农用运输机械、植物保护机械、牧业机械、林业机械、渔业机械和其他农业机械〔内燃机按引擎马力折成瓦(特)计算、电动机按功率折成瓦(特)计算〕。不包括专门用于乡、镇、村、组办工业、基本建设、非农业运输、科学试验和教学等非农业生产方面用的动力机械与作业机械。这个指标的统计数据主要来源于农机部门。

Explanatory Notes on Main Statistical Indicators

Gross Output Value of Agriculture, Forestry, Animal Husbandry and Fishery refers to the total value of products of agriculture, forestry, animal husbandry and fishery, and total value of services in support of agriculture, forestry, animal husbandry and fishery activities. It reflects the total scale and results of agricultural production during a given period. Prior to 1957, China's gross agricultural output value included barnyard manure and handicraft products for self-consumption (clothes, shoes, stockings, and initial grain processing undertaken by peasants). Since 1958, cutting and felling of bamboo and trees by villages and other cooperative organizations under villages have been included in forestry; value of barnyard manure has been excluded from animal husbandry; self consumed handicrafts have not been included from sideline occupations, while the output value of industries run by villages and cooperative organizations under village has been included in sideline occupations; and the output value of fish catches by motor fishing boats has been added to fishery. Since 1980, the value of handicraft products made for sale by individuals in households has been added to sideline occupations. Since 1984, industries run by villages and under villages have been included in the sector of industry. Since 1993, the subdivision of sideline occupations has been cancelled, and the hunting of wild animals has been classified into animal husbandry, and the gathering of wild plants and commodity industry run by rural household have been included in farming. A new industrial classification of economic activities was introduced in 2003. Under the new classification, value of services to agriculture, forestry, animal husbandry and fishery is included in the gross output value of agriculture, value of wood felling and transport is included in forestry, value of industrial output by rural households is not included in agriculture, and the collection of wild forest products is taken from agriculture and included in forestry. The First Agriculture Census of China revealed some discrepancy between the production of animal products from the annual reports and that from the census. According to the result of the First Agriculture census, efforts were made to adjust the output value of animal husbandry to make the figures from the annual reports consistent with the census data.

Gross output value of agriculture is obtained by multiplying the output of each product or by-product by its price, resulting in the output value of each single item. For a small number of products, annual output of which is not available or difficult to get due to the long production (growing) process involved, the output value is estimated through an indirect approach. The sum of output values of all products of agriculture, forestry, animal husbandry and fishery and services in support to those industries is then equal to the gross output value of agriculture.

Grain Output refers to the total output in the whole country including grains produced by State farms, collective units, rural households, as well as by farms affiliated to industrial and mining enterprises and other production units. Grain includes rice, wheat, corn, sorghum, millet and other miscellaneous grains as well as tubers and beans. Output of beans refers to dry beans without pods. The output of tubers (sweet potatoes and potatoes, not including taros and cassava) are converted into that of grain at the ratio 4:1, i.e. 4 kilograms of fresh tubers were equivalent to 1 kilogram of grain up to 1963. Since 1964 the ratio for conversion has been 5:1. Tubers supplied as vegetables (such as potatoes) in cities and suburbs are calculated as fresh vegetables and their output is not included in the output of grain. Output of all other grains refers to husked grain. Data on grain production before 1989 were obtained through the Comprehensive Statistical Reporting System. Since 1989, data from sample surveys are used.

Cotton Output refers to cotton production in the whole country including cotton planted in spring and in autumn. Output is measured as the weight of ginned cotton. Ceiba is not included.

Output of Oil-bearing Crops refers to the total production of oil-bearing crops of various kinds, including peanuts (dry, in shell), rapeseeds, sesame, sunflower seeds, flax seeds, and other oil-bearing crops. Soybeans, oil-bearing woody plants, and wild oil-bearing crops are not included.

Output of Aquatic Products refers to catches of both artificially cultured and naturally grown aquatic products, including fish, shrimps, crabs and shellfish in sea and inland water as well as seaweed. Freshwater plants are not included. Data on output of aquatic products are reported by aquatic product and statistical agencies level by level. Before 1995, among the shellfish, oyster was counted as fresh meat; 5 kilograms of ark shell, clams and frogs are equivalent to 1 kilogram of fresh aquatic products; they have all been counted as fresh aquatic products since 1996.

Output of Pork, Beef, and Mutton refers to the meat of slaughtered hogs, cattle, sheep and goats with head, feet, and offal taken away. Data refers to the production of the whole country. The First Agricultural Census of China in 1996 revealed some discrepancy between the production of animal products from the annual reports and that from the census. Efforts were made to adjust the output value of animal husbandry to make the figures from the annual reports consistent with the census data. Since 1999, the NBS conducted sample surveys for the major animal husbandry products, such as hogs, cattle, sheep and goats and fowls, and the data from sample surveys are used as national finalized data. Those products, which are not covered by the sample survey, are still reported by statistical agencies level by level. In 2007, the data on animal husbandry from 2000 to 2006 were revised according to the results of the Second Agriculture Census of China. In 2008, A Monitoring and Survey Program was set up on main livestock, the data on the main livestock such as hog, cattle, sheep and poultry became the official data based on the sampling survey.

Number of Livestock or Poultry in Stock at Beginning (or End) of Period refers to the total number of large animals, pigs, sheep, fowls, etc. raised by rural cooperative organizations, State farms, rural individuals, government agencies, schools, industrial and mining enterprises, army, and urban residents at the beginning (or end) of the reference period. Data reporting system and data adjustment are the same as that in the output of pork, beef and mutton.

Sown Area of Crops refers to area of land sown or transplanted with crops regardless of being in cultivated area or non-cultivated area. Area of land re-sown due to natural disasters is also included. This is an important indicator that can reflect the utilization condition of the cultivated land in China. At present, the sown area of crops mainly include the following 9 categories of crops: grain, cotton, oil-bearing crops, sugar crops, flax crops, tobacco, vegetables and melons, medicinal materials and other farm crops.

Irrigated Area refers to area of land that are effectively irrigated, i.e. relatively level land, where there are water sources or complete sets of irrigation facilities to lift and move adequate water for irrigation purpose under normal conditions. Under normal situations, irrigated area is the sum of watered fields and irrigated fields where irrigation systems or equipment have been installed for regular irrigation purpose. This important indicator reflects drought resistance capacity of the cultivated land in China.

Consumption of Chemical Fertilizers in Agriculture refers to the quantity of chemical fertilizers applied in agriculture in the year, including nitrogenous fertilizer, phosphate fertilizer, potash fertilizer, and compound fertilizer. The consumption of chemical fertilizers is calculated in terms of volume of effective components by means of converting the gross weight of the respective fertilizers into weight containing effective component (e.g. nitrogen content in nitrogenous fertilizer, phosphorous pentoxide contents in phosphate fertilizer, and potassium oxide contents in potash fertilizer). Compound fertilizer is converted in regard to its major components. The formula is:

Volume of effective component= physical quantity × effective component of certain chemical fertilizer (%)

Total Power of Agricultural Machinery refers to total mechanical power of machinery used in agriculture, forestry, animal husbandry and fishery, including machinery for ploughing, irrigation and drainage, harvesting, transport, plant protection, animal husbandry, forestry and fishery and other agricultural machineries. (For the power of internal combustion engines, it is converted from its horsepower into watts while for electric motors the output power is converted into watts.) Machinery employed for non-agricultural purposes, such as the machines used in township-run and village-run industry, construction, non-agricultural transport, scientific experiments and teaching, are not included. Data are mainly from agricultural machinery agencies.

十三、工　业

Industry

资料整理：杨　琨

简 要 说 明

一、本篇资料反映陕西工业经济方面的基本情况，内容包括全部工业总产值，规模以上工业企业按企业登记注册类型、轻重工业、企业规模、工业行业大类分组的主要经济指标和经济效益指标，主要工业产品产量。

二、规模以上工业企业统计范围

1998年至2006年为全部国有及年主营业务收入在500万元以上非国有工业企业。

2007至2010年为年主营业务收入在500万元以上工业企业。

2011年起提高到年主营业务收入在2000万元以上工业企业。

三、按照 2011 年《统计上大中小微型企业划分办法》，工业企业大中小微型划分标准是：

大型：从业人员 1000 人及以上、营业收入 40000 万元及以上。

中型：从业人员 300－1000 人、营业收入 2000－40000 万元。

小型：从业人员 20－300 人、营业收入 300－2000 万元。

微型：从业人员20人以下、营业收入300万元以下。

Brief Introduction

I. This chapter reflects the basic conditions of the industrial sector, mainly including economic indicators of industrial enterprises above designated size; as well as their economic indicators, efficiency indicators, output and production capacity of key industrial products classified by type of registration, by light and heavy industries, by size of enterprise, by branch of industry.

II. The Scopes of Industrial Statistics

The scopes of industrial statistics are all State-owned industrial enterprises and non-State-owned industrial enterprises with revenue from principal business over 5 million yuan from 1998 to 2006.

The scopes of industrial statistics are all industrial enterprises with revenue from principal business over 5 million yuan form 2007 to 2010.

The scopes of industrial statistics are raised to all industrial enterprises with revenue from principal business over 20 million yuan from 2011.

III. According to "*the Division Standard of Large/Medium/Small/Mini Sized Enterprises*" in 2011, the division standard of large/medium/small/mini sized enterprises is:

Large sized enterprises:

Number of employed persons: 1000 person and above.

Amount of operating revenue: 400 million yuan and above.

Medium sized enterprises:

Number of employed persons: 300−1000 person .

Amount of operating revenue: 20-400 million yuan .

Small sized enterprises:

Number of employed persons: 20−300 person .

Amount of operating revenue: 3-20 million yuan .

Mini sized enterprises:

Number of employed persons: 20 person and below.

Amount of operating revenue: 3 million yuan and below.

13.工　业

2012年全省		
规模以上工业企业单位数	4284	个
# 大中型工业企业	975	个
全部工业总产值	18591.89	亿元
# 规模以上工业	16926.49	亿元

规模以上工业企业利税总额（亿元）

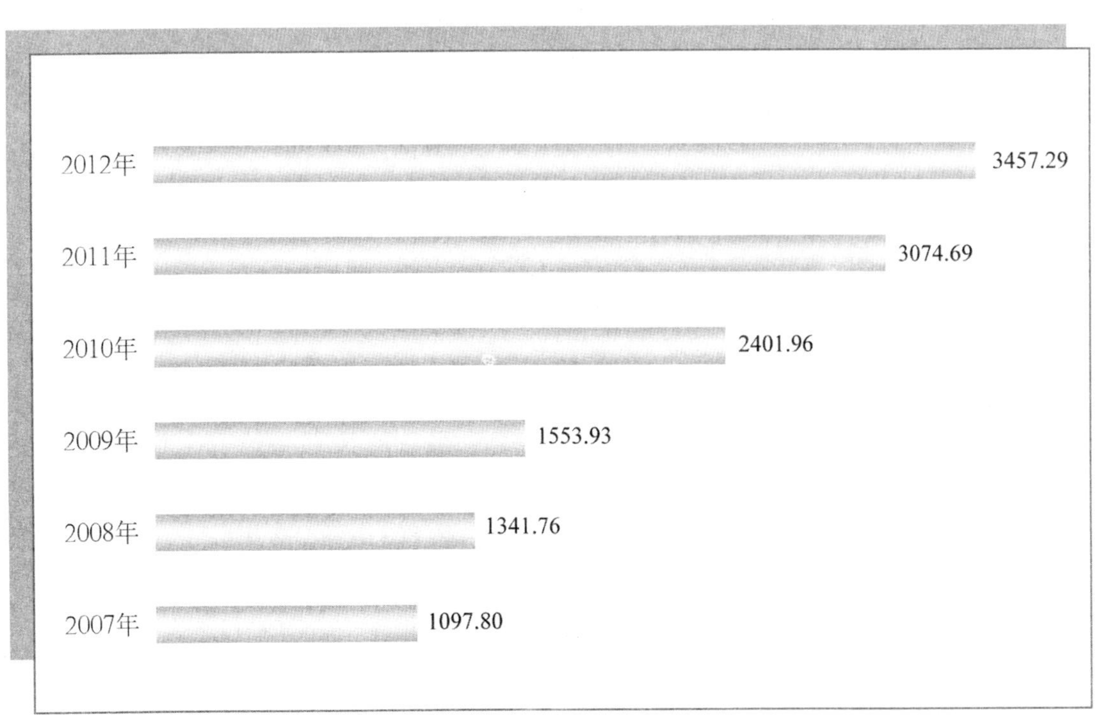

13-1 全部工业总产值
Gross Industrial Output Value

单位：亿元 (100 million yuan)

年 份 Year	全部工业总产值 Gross Industrial Output Value	国有工业 State-owned Enterprises	集体工业 Collective-owned Enterprises	其他经济类型工业 Other Enterprises	城乡个体工业 Urban and Rural Individual-owned Enterprises	轻工业 Light Industry	重工业 Heavy Industry
1978	96.48	81.26	15.22			43.06	53.42
1979	105.79	90.19	15.61			47.23	58.56
1980	109.96	92.57	17.37	0.02		55.09	54.86
1981	108.64	91.22	17.32	0.10		59.24	49.39
1982	117.71	98.16	19.41	0.13		58.99	58.72
1983	131.77	110.38	21.24	0.15		61.86	69.90
1984	150.70	119.65	29.14	0.22	1.68	64.55	86.14
1985	192.08	145.69	42.39	0.29	3.72	80.11	111.98
1986	219.26	159.66	51.48	0.53	7.60	92.44	126.82
1987	258.44	185.25	60.79	0.81	11.59	108.09	150.35
1988	331.74	235.54	78.10	1.11	16.99	139.95	191.79
1989	406.71	284.91	94.48	2.36	24.95	168.70	238.01
1990	442.58	304.17	102.86	3.72	31.83	188.02	254.55
1991	508.81	348.64	114.40	8.17	37.59	214.41	294.40
1992	599.54	396.02	137.54	15.07	50.92	239.85	359.69
1993	793.78	483.97	194.74	37.70	77.37	281.03	512.75
1994	1009.76	585.08	257.39	57.81	109.48	370.67	639.08
1995	1068.71	627.99	266.78	112.73	61.21	398.13	670.58
1996	1168.54	671.48	309.90	115.30	71.87	426.52	742.02
1997	1284.14	680.18	335.03	172.10	96.82	489.77	794.37
1998	1318.81	727.42	361.64	140.92	88.82	508.72	810.09
1999	1501.05	839.29	401.43	159.79	100.54	581.16	919.90
2000	1714.18	974.75	446.00	183.38	110.04	602.35	1111.82
2001	1946.94	1106.23	483.07	233.73	123.91	674.97	1271.98
2002	2205.98	1247.29	521.63	299.00	138.05	736.57	1469.42
2003	2708.86	1526.71	603.29	424.87	153.99	816.83	1892.03
2004	3389.88	1878.00	687.52	651.98	172.38	932.13	2457.75
2005	4109.32	2332.47	785.71	822.00	169.15	988.16	3121.16
2006	5248.39	3165.22	954.71	936.98	191.49	1152.02	4096.37
2007	6587.41	4010.54	1136.90	1227.20	212.76	1371.40	5216.01
2008	8358.86	4900.65	1463.22	1748.76	246.24	1639.11	6719.76
2009	9553.70	5221.58	1642.76	2431.86	257.50	1920.50	7633.20
2010	12421.80	6900.46	1955.27	3275.61	290.46	2345.73	10076.07
2011	15811.48	8797.96	2338.01	4312.30	363.21	2958.11	12853.37
2012	18591.89	10216.05	2809.09	5170.89	395.87	3510.70	15081.19

13-2 规模以上工业企业主要经济指标(1998-2012年)
Main Indicators of Industrial Enterprises above Designated Size (1998-2012)

单位：亿元 (100 million yuan)

年 份 Year	企业单位数 (个) Number of Enterprises (unit)	工业总产值 Gross Industrial Output Value	资产总计 Total Assets	主营业务收入 Revenue from Principal Business	利润总额 Total Profits	税金总额 Total Taxes
1998	2685	960.81	2158.36	867.48	-11.40	64.71
1999	2589	1097.45	2514.49	950.36	6.92	81.34
2000	2553	1268.43	2683.07	1133.82	63.80	91.71
2001	2440	1457.62	3071.06	1292.71	62.96	99.09
2002	2461	1667.10	3227.24	1503.30	93.18	119.94
2003	2493	2118.17	3672.72	1843.33	158.62	151.96
2004	3012	2735.22	4432.45	2632.18	253.90	212.45
2005	2997	3397.71	5085.90	3302.50	400.70	275.80
2006	3375	4442.81	6130.02	4380.18	523.95	339.49
2007	3372	5692.33	7494.03	5512.63	691.83	405.97
2008	3526	7322.92	9163.02	6944.88	872.63	469.13
2009	4480	8470.40	12119.26	8188.52	854.11	699.82
2010	4564	11199.84	14688.70	10888.80	1469.57	932.39
2011	3684	14283.48	17234.61	13790.12	1933.92	1140.77
2012	4284	16926.49	20591.16	16328.25	2057.22	1400.07

13-3 规模以上工业企业主要经济效益指标(1998-2012年)
Main Indicators on Economic Benefit of Industrial Enterprises above Designated Size(1998-2012)

年 份 Year	总资产贡献率 (%) Ratio of Total Assets to Industrial Output Value (%)	资产负债率 (%) Assets-Liability Ratio (%)	流动资产周转次数 (次/年) Number of Times of Annual of Turnover Working Capitals (times/year)	成本费用利润率 (%) Ratio of Profits to Industrial Cost (%)	产品销售率 (%) Proportion of Products Sold (%)
1998	4.96	71.53	0.99	-1.31	95.79
1999	6.06	68.86	1.03	0.74	96.00
2000	7.83	68.17	1.12	6.06	96.70
2001	7.58	66.01	1.15	5.19	97.17
2002	8.40	65.75	1.29	6.74	97.69
2003	10.40	63.94	1.34	9.71	97.59
2004	14.10	65.40	1.60	10.90	97.40
2005	15.38	62.15	1.72	14.46	97.74
2006	16.60	59.80	1.90	14.00	98.20
2007	17.27	57.35	1.97	14.54	97.49
2008	17.30	55.80	1.90	14.80	96.60
2009	13.60	56.00	1.60	12.30	95.90
2010	17.11	56.84	1.67	16.14	96.91
2011	18.84	56.61	1.82	16.97	96.52
2012	18.03	56.91	1.87	14.95	96.34

13-4 规模以上工业企业主要经济指标(2012年)

单位：万元

分　组	Item	企业单位数 (个) Number of Enterprises (unit)	# 亏损企业 Unprofitable Enterprises	工业总产值 Gross Industrial Output Value (at current prices)	工业销售产值 Sales Output Value (at current prices)
总　计	**Total**	**4284**	**809**	**169264870**	**163073130**
按登记注册类型分	**By Status of Registration**				
内资企业	Domestic Funded	4074	763	157738560	152208876
国有企业	State-owned Enterprises	267	64	29465890	27574437
中央企业	Central	80	15	17743600	16593985
地方企业	Local	187	49	11722291	10980451
集体企业	Collective-owned Enterprises	106	17	1472104	1449195
股份合作企业	Cooperative Enterprises	59	7	1395357	1344021
联营企业	Joint Ownership Enterprises	15	4	670754	600378
国有联营企业	State Joint Ownership Enterprises	5	2	557759	495167
集体联营企业	Collective Joint Ownership Enterprises	3		23632	23428
国有与集体联营企业	Joint State-collective Enterprises	3		54377	48123
其他联营企业	Other Joint Ownership Enterprises	4	2	34987	33661
有限责任公司	Limited Liability Corporations	1963	440	70458835	68131661
国有独资公司	State Sole Funded Corporations	67	18	18294396	17993381
其他有限责任公司	Other Limited Liability Corporations	1896	422	52164439	50138280
股份有限公司	Share-holding Corporations Limited	247	39	33089779	32185199
私营企业	Private Enterprises	1291	171	18674577	18524268
私营独资企业	Private-funded Enterprises	225	24	2944391	2812492
私营合作企业	Private Partnership Enterprises	96	13	2327207	3099056
私营有限责任公司	Private Limited Liability Corporations	875	121	11594456	10895056
私营股份有限公司	Private Share-holding Corporations Ltd.	95	13	1808523	1717664
其他企业	Other Enterprises	126	21	2511263	2399717
港、澳、台商投资企业	Enterprises with Funds from Hong Kong, Macao and Taiwan	60	20	1773916	1594117
合资经营企业(港或澳、台资)	Joint-venture Enterprises	27	9	519273	490710
合作经营企业(港或澳、台资)	Cooperative Enterprises	3	1	250846	250664
港澳台商独资经营企业	Enterprises with Sole Investment	28	10	936805	782872
港澳台商投资股份有限公司	Share-holding Corporations Ltd.	2		66992	69872
外商投资企业	Foreign Funded Enterprises	150	26	9752394	9270137
中外合资经营企业	Joint-venture Enterprises	97	17	7287248	6942670
中外合作经营企业	Cooperation Enterprises	4		206510	205875
外资企业	Enterprises with Sole Funds	41	9	1759471	1694213
外商投资股份有限公司	Share-holding Corporations Ltd.	8		499165	427378

Main Indicators of Industrial Enterprises above Designated Size(2012)

(10 000 yuan)

资产总计 Total Assets	流动资产合计 Total Working Capitals	# 应收账款 Accounts Receivable	# 存货 Inventories	# 产成品 Finished products	固定资产合计 Total of Fixed Assets	固定资产原价 Original Value of Fixed Assets	累计折旧 Total Depreciation	负债合计 Total Liabilities	# 流动负债 Total Working Liabilities
205911639	**87433327**	**14849668**	**19317365**	**7491243**	**93179736**	**131179781**	**49408065**	**117190508**	**79340244**
196389773	83110927	13855623	18057880	6862112	88874985	124933875	46926417	112201250	75225407
43701393	15785646	3798676	4230550	1451380	19918702	27644859	9243929	27890207	18141357
25283872	9102211	2462060	2708693	823035	13470117	19501499	6695370	15343171	9326207
18417522	6683435	1336615	1521857	628345	6448585	8143360	2548559	12547036	8815150
981058	504085	145714	61947	33239	389636	537803	205047	381580	276027
1654542	632995	150507	111533	48306	626886	726137	210516	849986	668454
921919	197194	65706	20905	11916	695813	1072078	398539	906648	355073
837412	146608	59638	11694	7492	678482	1055092	394696	876238	333169
26095	13821	1524	3610	1293	3958	4823	1138	11880	10070
23152	14179	301	1560	942	1673	798	96	1774	1774
35261	22586	4243	4041	2189	11700	11365	2609	16755	10061
84508726	43625381	6933098	10133403	3766489	31579812	37338745	13437497	48488524	35341110
30876189	17271726	1643450	2694657	1127899	11053077	9767612	3823379	15279319	10509826
53632538	26353654	5289648	7438746	2638591	20526736	27571133	9614119	33209205	24831284
50984724	15867862	1493495	1943397	670880	30446633	50443540	20838142	26981932	15269166
11711537	5720162	1110582	1434127	797080	4156710	5600691	1945977	5850160	4491006
1514108	732807	126968	170620	101224	586116	868913	336538	632095	487500
1939438	1015933	199664	56225	36694	608471	684576	133557	810640	621327
6983417	3414414	667273	1037719	569405	2450916	3396579	1286174	3844563	2889127
1274574	557007	116678	169562	89757	511207	650623	189708	562862	493052
1925874	777603	157845	122018	82823	1060793	1570023	646770	852215	683215
1675684	769096	113904	183737	54310	686739	1561030	890090	796501	666142
613700	267194	59546	65302	21072	218095	373582	162544	314939	289861
213837	131620	21530	14487		52253	602236	549984	66552	64666
796207	350381	21911	99604	32133	398328	553675	163763	390428	287840
51940	19902	10918	4344	1105	18062	31537	13798	24582	23774
7846182	3553304	880140	1075748	574821	3618012	4684876	1591559	4192757	3448695
5587352	2509378	569410	692531	306307	2565487	3184025	1042802	3190181	2608854
128455	37571	23597	4121	699	82114	163010	84480	69893	68360
1621140	724111	235628	185318	83196	751192	1067073	368370	626352	514820
509234	282243	51506	193778	184619	219219	270768	95907	306331	256661

13-4 续表 1

单位：万元

分 组	Item	企业单位数(个) Number of Enterprises (unit)	# 亏损企业 Unprofitable Enterprises	工业总产值 Gross Industrial Output Value (at current prices)	工业销售产 值 Sales Output Value (at current prices)
按经济组织类型分	**By Economic Type of Orgnization**				
独资企业	Appropratorship	667	124	36578661	34313209
国有企业	State-owned Enterprises	267	64	29465890	27574437
集体企业	Collective-owned Enterprises	106	17	1472104	1449195
私营独资企业	Private-funded Enterprises	225	24	2944391	2812492
港澳台商独资经营企业	Enterprises with Sole Investment	28	10	936805	782872
外资企业	Enterprises with Sole Funds	41	9	1759471	1694213
合作、合伙企业	Partnership	303	46	7361938	7899710
股份合作企业	Cooperative Enterprises	59	7	1395357	1344021
国有联营企业	State Joint Ownership Enterprises	5	2	557759	495167
集体联营企业	Collective Joint Ownership Enterprises	3		23632	23428
国有与集体联营企业	Joint State-collective Enterprises	3		54377	48123
其他联营企业	Other Joint Ownership Enterprises	4	2	34987	33661
私营合伙企业	Private Partnership Enterprises	96	13	2327207	3099056
合作经营企业(港或澳、台资)	Cooperative Enterprises	3	1	250846	250664
中外合作经营企业	Cooperation Enterprises	4		206510	205875
其他企业(内资)	Other Enterprises	126	21	2511263	2399717
股份有限公司	Share-holding Corporations Limited	352	52	35464459	34400113
股份有限公司(内资)	Share-holding Corporations Ltd.	247	39	33089779	32185199
私营股份有限公司	Private Share-holding Corporations Ltd.	95	13	1808523	1717664
港澳台商投资股份有限公司	Share-holding Corporations Ltd.with Funds from Hong Kong, Macao and Taiwan	2		66992	69872
外商投资股份有限公司	Share-holding Corporations Ltd.with Foreign Investment	8		499165	427378
有限责任公司	Limited Liability Corporations	2962	587	89859812	86460098
国有独资公司	State Sole Funded Corporations	67	18	18294396	17993381
私营有限责任公司	Private Limited Liability Corporations	875	121	11594456	10895056
合资经营企业(港或澳、台资)	Joint-venture Enterprises	27	9	519273	490710
中外合资经营企业	Joint-venture Enterprises	97	17	7287248	6942670
其他有限责任公司	Other Corporations	1896	422	52164439	50138280
按轻重工业分	**Grouped by Light & Heavy Industries**				
轻工业	Light Industry	1266	163	25789110	24357395
重工业	Heavy Industry	3018	646	143475760	138715734
按企业规模分	**Grouped by Size of Enterprises**				
大型企业	Large Enterprises	189	26	92780751	89857555
中型企业	Medium-sized Enterprises	786	148	37988997	36573558
小型企业	Small Enterprises	3126	590	37316708	35521287
微型企业	Mini Enterprises	183	45	1178414	1120730

continued

(10 000 yuan)

资产总计 Total Assets	流动资产合计 Total Working Capitals	# 应收账款 Accounts Receivable	# 存货 Inventories	# 产成品 Finished products	固定资产合计 Total of Fixed Assets	固定资产原价 Original Value of Fixed Assets	累计折旧 Total Depreciation	负债合计 Total Liabilities	# 流动负债 Total Working Liabilities
48613908	18097030	4328897	4748040	1701173	22043975	30672323	10317648	29920662	19707544
43701393	15785646	3798676	4230550	1451380	19918702	27644859	9243929	27890207	18141357
981058	504085	145714	61947	33239	389636	537803	205047	381580	276027
1514108	732807	126968	170620	101224	586116	868913	336538	632095	487500
796207	350381	21911	99604	32133	398328	553675	163763	390428	287840
1621140	724111	235628	185318	83196	751192	1067073	368370	626352	514820
6784065	2792916	618848	329288	180437	3126330	4818060	2023845	3555933	2461095
1654542	632995	150507	111533	48306	626886	726137	210516	849986	668454
837412	146608	59638	11694	7492	678482	1055092	394696	876238	333169
26095	13821	1524	3610	1293	3958	4823	1138	11880	10070
23152	14179	301	1560	942	1673	798	96	1774	1774
35261	22586	4243	4041	2189	11700	11365	2609	16755	10061
1939438	1015933	199664	56225	36694	608471	684576	133557	810640	621327
213837	131620	21530	14487		52253	602236	549984	66552	64666
128455	37571	23597	4121	699	82114	163010	84480	69893	68360
1925874	777603	157845	122018	82823	1060793	1570023	646770	852215	683215
52820471	16727014	1672596	2311082	946360	31195121	51396468	21137555	27875706	16042652
50984724	15867862	1493495	1943397	670880	30446633	50443540	20838142	26981932	15269166
1274574	557007	116678	169562	89757	511207	650623	189708	562862	493052
51940	19902	10918	4344	1105	18062	31537	13798	24582	23774
509234	282243	51506	193778	184619	219219	270768	95907	306331	256661
97693195	49816367	8229326	11928955	4663273	36814310	44292931	15929018	55838208	41128953
30876189	17271726	1643450	2694657	1127899	11053077	9767612	3823379	15279319	10509826
6983417	3414414	667273	1037719	569405	2450916	3396579	1286174	3844563	2889127
613700	267194	59546	65302	21072	218095	373582	162544	314939	289861
5587352	2509378	569410	692531	306307	2565487	3184025	1042802	3190181	2608854
53632538	26353654	5289648	7438746	2638591	20526736	27571133	9614119	33209205	24831284
15334270	7984940	1446156	3081586	1284751	5252871	8612045	3877033	7205502	5890529
190577369	79448387	13403512	16235779	6206492	87926865	122567737	45531032	109985006	73449715
136368455	57325706	7916051	11937035	4019999	65193186	93167043	36772350	77341016	51202918
40063641	15260875	3221245	3747403	1701342	17406345	24332209	8273473	24502212	16844223
28195818	14254881	3599529	3536061	1718818	10191653	13025302	4023826	14700363	10916397
1283724	591865	112842	96866	51083	388553	655227	338416	646917	376706

13-4 续表 2

单位：万元

分　组	Item	所有者权益合　计 Owners' Equity	主营业务收　入 Revenue from Principal Business	主营业务成　本 Cost of Principal Business	主营业务税金及附加 Taxes and Other Charges on Principal Business
总　计	**Total**	**88232742**	**163282495**	**121979043**	**5069422**
按登记注册类型分	**By Status of Registration**				
内资企业	Domestic Funded	83760196	152959872	113550832	4976207
国有企业	State-owned Enterprises	15798064	27753399	21776891	1179768
中央企业	Central	9940631	16870845	13286215	1069271
地方企业	Local	5857432	10882554	8490676	110497
集体企业	Collective-owned Enterprises	546115	1486289	1137957	21931
股份合作企业	Cooperative Enterprises	788961	1286229	880681	21465
联营企业	Joint Ownership Enterprises	7464	526599	461926	4669
国有联营企业	State Joint Ownership Enterprises	-39026	450060	401900	2902
集体联营企业	Collective Joint Ownership Enterprises	14214	21632	16405	323
国有与集体联营企业	Joint State-collective Enterprises	13771	25914	23447	399
其他联营企业	Other Joint Ownership Enterprises	18505	28994	20173	1045
有限责任公司	Limited Liability Corporations	35851714	71763946	57247848	2030115
国有独资公司	State Sole Funded Corporations	15596306	20820383	15489907	1620653
其他有限责任公司	Other Limited Liability Corporations	20255408	50943563	41757942	409461
股份有限公司	Share-holding Corporations Limited	23993333	30369470	17281123	1458425
私营企业	Private Enterprises	5733853	17486049	13250159	225748
私营独资企业	Private-funded Enterprises	853044	2827301	2084841	35725
私营合作企业	Private Partnership Enterprises	1107230	2227608	1239338	59193
私营有限责任公司	Private Limited Liability Corporations	3076284	10741824	8613168	113142
私营股份有限公司	Private Share-holding Corporations Ltd.	697296	1689317	1312813	17689
其他企业	Other Enterprises	1040692	2287893	1514247	34086
港、澳、台商投资企业	Enterprises with Funds from Hong Kong, Macao and Taiwan	877887	1532553	1286147	11882
合资经营企业(港或澳、台资)	Joint-venture Enterprises	297867	430711	340360	5252
合作经营企业(港或澳、台资)	Cooperative Enterprises	147285	247785	233967	1265
港澳台商独资经营企业	Enterprises with Sole Investment	405376	788689	657342	5004
港澳台商投资股份有限公司	Share-holding Corporations Ltd.	27358	65368	54478	362
外商投资企业	Foreign Funded Enterprises	3594660	8790071	7142064	81333
中外合资经营企业	Joint-venture Enterprises	2347077	6508086	5404415	70878
中外合作经营企业	Cooperation Enterprises	58562	206303	127670	629
外资企业	Enterprises with Sole Funds	993976	1664269	1286300	8387
外商投资股份有限公司	Share-holding Corporations Ltd.	195045	411412	323678	1440

continued

(10 000 yuan)

销售费用 Operating Expenses	管理费用 Manage-ment Expenses	财务费用 Financial Expenses	利润总额 Total Profits	亏损企业亏损额 Losses of Unprofitable Enterprises	利税总额 Total Profits and Taxes	本年应交增值税 Value Added Tax Payable	全部从业人员年平均人数(人) Annual Average Employed Persons (person)
4023608	**9274834**	**2354807**	**20572234**	**1518994**	**34572969**	**8931313**	**1655187**
3437421	8768172	2268492	19671523	1447008	33154557	8506826	1544897
520853	2171363	584080	2171447	252341	4883202	1531987	349228
278324	943478	410989	976711	150992	2898374	852392	165870
242529	1227885	173091	1194736	101349	1984828	679595	183358
41578	69399	7704	204647	8555	321352	94775	25797
40208	77065	22970	247305	3477	351600	82830	10472
5149	17859	37546	2805	23426	33353	25879	3721
3125	14077	37378	-4748	23278	18613	20459	2046
784	901	49	2586		4232	1323	360
697	1045	113	273		1789	1116	375
542	1837	5	4694	148	8720	2981	940
1752464	3307128	986433	6511769	571461	11483125	2941241	687584
274805	1045817	218347	2383691	53899	4965131	960786	152491
1477659	2261311	768086	4128078	517561	6517994	1980455	535093
397861	2322849	396026	7781277	496463	11965528	2725827	239471
616829	698948	209196	2210101	71874	3370575	934726	208103
96282	111084	21890	410004	11572	615464	169735	31771
147372	155703	18095	585206	6740	916020	271621	18267
322301	374690	146428	984113	49149	1522999	425744	137201
50874	57471	22783	230777	4413	316092	67627	20864
62479	103562	24539	542173	19411	745821	169562	20521
62120	103950	10378	110764	36001	190243	67597	22640
19907	37152	6101	34486	10096	58161	18423	9061
26	6979	-1053	9322	105	22722	12135	2520
40390	58545	4371	59939	25800	98796	33853	10167
1797	1274	959	7018		10565	3186	892
524067	402711	75937	789946	35985	1228170	356890	87650
383002	295945	55659	573998	20141	873413	228537	63742
656	5719	2846	21633		34205	11943	1219
121589	78115	7470	147415	15844	225293	69491	19823
18820	22932	9962	46900		95259	46919	2866

13-4 续表 3

单位：万元

分　组	Item	所有者权益合　计 Owners' Equity	主营业务收　入 Revenue from Principal Business	主营业务成　本 Cost of Principal Business	主营业务税金及附加 Taxes and Other Charges on Principal Business
按经济组织类型分	**By Economic Type of Orgnization**				
独资企业	Appropratorship	18596575	34519947	26943331	1250815
国有企业	State-owned Enterprises	15798064	27753399	21776891	1179768
集体企业	Collective-owned Enterprises	546115	1486289	1137957	21931
私营独资企业	Private-funded Enterprises	853044	2827301	2084841	35725
港澳台商独资经营企业	Enterprises with Sole Investment	405376	788689	657342	5004
外资企业	Enterprises with Sole Funds	993976	1664269	1286300	8387
合作、合伙企业	Partnership	3150194	6782415	4457829	121307
股份合作企业	Cooperative Enterprises	788961	1286229	880681	21465
国有联营企业	State Joint Ownership Enterprises	-39026	450060	401900	2902
集体联营企业	Collective Joint Ownership Enterprises	14214	21632	16405	323
国有与集体联营企业	Joint State-collective Enterprises	13771	25914	23447	399
其他联营企业	Other Joint Ownership Enterprises	18505	28994	20173	1045
私营合伙企业	Private Partnership Enterprises	1107230	2227608	1239338	59193
合作经营企业(港或澳、台资)	Cooperative Enterprises	147285	247785	233967	1265
中外合作经营企业	Cooperation Enterprises	58562	206303	127670	629
其他企业(内资)	Other Enterprises	1040692	2287893	1514247	34086
股份有限公司	Share-holding Corporations Limited	24913032	32535567	18972092	1477914
股份有限公司(内资)	Share-holding Corporations Ltd.	23993333	30369470	17281123	1458425
私营股份有限公司	Private Share-holding Corporations Ltd.	697296	1689317	1312813	17689
港澳台商投资股份有限公司	Share-holding Corporations Ltd.with Funds from Hong Kong, Macao and Taiwan	27358	65368	54478	362
外商投资股份有限公司	Share-holding Corporations Ltd.with Foreign Investment	195045	411412	323678	1440
有限责任公司	Limited Liability Corporations	41572942	89444567	71605791	2219386
国有独资公司	State Sole Funded Corporations	15596306	20820383	15489907	1620653
私营有限责任公司	Private Limited Liability Corporations	3076284	10741824	8613168	113142
合资经营企业(港或澳、台资)	Joint-venture Enterprises	297867	430711	340360	5252
中外合资经营企业	Joint-venture Enterprises	2347077	6508086	5404415	70878
其他有限责任公司	Other Corporations	20255408	50943563	41757942	409461
按轻重工业分	**Grouped by Light & Heavy Industries**				
轻工业	Light Industry	8024809	23692078	17879861	1058614
重工业	Heavy Industry	80207933	139590418	104099181	4010808
按企业规模分	**Grouped by Size of Enterprises**				
大型企业	Large Enterprises	58947638	93083321	67522790	3786273
中型企业	Medium-sized Enterprises	15440532	34676989	26122267	919217
小型企业	Small Enterprises	13274937	34345300	27290145	354741
微型企业	Mini Enterprises	569635	1176886	1043841	9191

continued

(10 000 yuan)

销售费用 Operating Expenses	管理费用 Manage-ment Expenses	财务费用 Financial Expenses	利润总额 Total Profits	亏损企业亏损额 Losses of Unprofitable Enterprises	利税总额 Total Profits and Taxes	本年应交增值税 Value Added Tax Payable	全部从业人员年平均人数(人) Annual Average Employed Persons (person)
820692	2488507	625515	2993452	314112	6144108	1899841	436786
520853	2171363	584080	2171447	252341	4883202	1531987	349228
41578	69399	7704	204647	8555	321352	94775	25797
96282	111084	21890	410004	11572	615464	169735	31771
40390	58545	4371	59939	25800	98796	33853	10167
121589	78115	7470	147415	15844	225293	69491	19823
255890	366887	104943	1408444	53160	2103721	573971	56720
40208	77065	22970	247305	3477	351600	82830	10472
3125	14077	37378	-4748	23278	18613	20459	2046
784	901	49	2586		4232	1323	360
697	1045	113	273		1789	1116	375
542	1837	5	4694	148	8720	2981	940
147372	155703	18095	585206	6740	916020	271621	18267
26	6979	-1053	9322	105	22722	12135	2520
656	5719	2846	21633		34205	11943	1219
62479	103562	24539	542173	19411	745821	169562	20521
469353	2404526	429730	8065972	500875	12387444	2843558	264093
397861	2322849	396026	7781277	496463	11965528	2725827	239471
50874	57471	22783	230777	4413	316092	67627	20864
1797	1274	959	7018		10565	3186	892
18820	22932	9962	46900		95259	46919	2866
2477673	4014914	1194620	8104367	650846	13937697	3613944	897588
274805	1045817	218347	2383691	53899	4965131	960786	152491
322301	374690	146428	984113	49149	1522999	425744	137201
19907	37152	6101	34486	10096	58161	18423	9061
383002	295945	55659	573998	20141	873413	228537	63742
1477659	2261311	768086	4128078	517561	6517994	1980455	535093
1250117	1009419	194557	2182229	98712	4285371	1044529	322868
2773491	8265414	2160250	18390005	1420281	30287598	7886784	1332319
1847926	5905706	1363628	12900378	892570	22161467	5474816	831716
1031612	1852678	617015	4174426	345976	7002702	1909059	454896
1120165	1474769	363920	3445030	262687	5304126	1504355	364860
23905	41681	10245	52399	17761	104674	43084	3715

13-5 规模以上工业企业分行业主要经济指标(2012年)

单位：万元

行业	Sector	企业单位数(个) Number of Enterprises (unit)	# 亏损企业 Unprofitable Enterprises	工业总产值 Gross Industrial Output Value (at current prices)
总计	**Total**	**4284**	**809**	**169264870**
煤炭开采和洗选业	Mining and Washing of Coal	491	96	22413136
石油和天然气开采业	Extraction of Petroleum and Natural Gas	6	1	17150282
黑色金属矿采选业	Mining and Processing of Ferrous Metal Ores	51	16	1020051
有色金属矿采选业	Mining and Processing of Non-Ferrous Metal Ores	100	15	1740351
非金属矿采选业	Mining and Processing of Nonmetal Ores	55	6	420343
开采辅助活动	Mining Supporting Activities	25		494655
农副食品加工业	Processing of Food from Agricultural Products	360	39	6973655
食品制造业	Manufacture of Foods	167	16	3230487
酒、饮料和精制茶制造业	Manufacture of Wine,Beverages and Refined Tea	142	14	3426672
烟草制品业	Manufacture of Tobacco	3		1806969
纺织业	Manufacture of Textile	123	36	1755377
纺织服装、服饰业	Manufacture of Textile and Clothing	25	1	360351
皮革、毛皮、羽毛及其制品和制鞋业	Manufacture of Leather, Fur, Feather and Related Products, and Shoes	6		43752
木材加工和木、竹、藤、棕、草制品业	Processing of Timber, Manufacture of Wood, Bamboo, Rattan, Palm and Straw Products	17	1	307818
家具制造业	Manufacture of Furniture	18	2	132867
造纸和纸制品业	Manufacture of Paper and Paper Products	62	5	905003
印刷和记录媒介复制业	Printing, Reproduction of Recording Media	35	4	655960
文教、工美、体育和娱乐用品制造业	Manufacture of Culture, Education,Articles,Sports and Entertainment Supplies	10	1	59371
石油加工、炼焦及核燃料加工业	Processing of Petroleum, Coking, Processing of Nuclear Fuel	109	53	19262367
化学原料和化学制品制造业	Manufacture of Raw Chemical Materials and Chemical Products	286	79	5941371
医药制造业	Manufacture of Medicines	174	18	3619475
化学纤维制造业	Manufacture of Chemical Fibers	6	2	146277
橡胶和塑料制品业	Manufacture of Rubber and Plastics	108	8	2417881
非金属矿物制品业	Manufacture of Non-metallic Mineral Products	486	108	7255865
黑色金属冶炼及压延加工业	Smelting and Pressing of Ferrous Metals	118	36	8155242
有色金属冶炼及压延加工业	Smelting and Pressing of Non-ferrous Metals	156	35	11221674
金属制品业	Manufacture of Metal Products	120	17	2069987
通用设备制造业	Manufacture of General Purpose Machinery	175	29	4186604
专用设备制造业	Manufacture of Special Purpose Machinery	204	41	4709360
汽车制造业	Automotive Industry	87	21	8559449
铁路、船舶、航空航天和其他运输设备制造业	Manufacture of Railway,Shipping,Aerospace and Other Transport Equipments	80	12	5419354
电气机械和器材制造业	Manufacture of Electrical Machinery and Equipment	161	26	5048304
计算机、通信和其他电子设备制造业	Manufacture of Computers,Communication and Other Electronic Equipment	93	18	2790787
仪器仪表制造业	Manufacture of Instrument and Apparatus	41	2	1349671
其他制造业	Other Manufacturing	11	2	201038
废弃资源综合利用业	Comprehensive Utilization Industry of Waste Resources	4		66244
金属制品、机械和设备修理业	Industry of Metalwork,Machinery, and Equipment Repair	7	1	219156
电力、热力的生产和供应业	Production and Supply of Electric Power and Heat Power	112	42	12369137
燃气生产和供应业	Production and Supply of Gas	31		1211417
水的生产和供应业	Production and Supply of Water	19	6	147113

Main Indicators of Industrial Enterprises above Designated Size by Industrial Sector (2012)

(10 000 yuan)

工业销售产值 Sales Output Value (at current prices)	资产总计 Total Assets	流动资产合计 Total Working Capitals	#应收账款 Accounts Receivable	#存货 Inventories	#产成品 Finished products	固定资产合计 Total of Fixed Assets	固定资产原价 Original Value of Fixed Assets	累计折旧 Total Depreciation	负债合计 Total Liabilities	#流动负债 Total Working Liabilities
163073130	**205911639**	**87433327**	**14849668**	**19317365**	**7491243**	**93179736**	**131179781**	**49408065**	**117190508**	**79340244**
22783337	31585595	14661991	1547055	892424	346750	9718519	12524184	3836608	12887485	9402653
17057349	34243943	6003644	50004	387135	112251	26117766	43556576	18086044	20401525	10378805
938760	991774	426694	70535	76483	55169	280329	333093	106301	669903	510943
1584050	1260120	518757	93990	122538	73075	461917	574079	211695	694032	508767
405311	262335	103722	25002	26103	16716	127335	146419	28872	123728	83001
501234	2206651	1173461	134271	103591	19833	845196	1202163	360759	618612	543838
6634655	2588979	1407127	163867	682520	266545	968602	1203620	330511	1357148	1135314
2970466	1351963	709486	212751	158763	77534	500595	743956	282809	625549	486794
3248475	2374831	1157865	167243	541558	379916	874081	1166529	415580	1267466	1061078
1799637	1358743	862381	72355	518581	15809	371172	639743	268571	354797	352822
1648941	1139352	521576	55460	282360	118119	503019	748866	297612	651311	557857
352078	235448	160666	28730	62377	7854	62560	134799	75080	141504	104465
41642	55959	29261	2803	12388	9290	12178	14694	3647	28444	20678
291889	291456	134413	4952	33669	8988	121899	183790	65404	133877	69869
127705	70429	31398	6908	8952	3926	27118	32059	10771	27198	20990
843629	500974	240063	90719	77828	56336	227334	429115	227583	263015	206742
629823	700272	315548	43088	85774	30897	284866	463986	217742	277307	222765
61570	31400	16742	4780	6897	4810	12713	15324	3007	10616	10040
19106719	20815155	11596152	591471	1409301	835939	8247320	5755123	1960352	10502416	7095728
5707563	9194310	3064108	532720	578606	308139	4516417	6538834	2227504	6379561	3778452
3382943	2393521	1427225	316039	414837	201779	654578	1583756	1012686	1046252	898558
137564	90911	42228	5086	16266	9607	45477	76376	39543	14759	14759
2171488	1671807	712103	163077	212020	132171	711307	1057653	597781	1016675	780489
6850323	5521306	1988546	475736	573571	261274	3081210	4420144	1571637	3184449	2532775
7318632	5920036	3214152	412076	1090376	561967	2438524	2907317	789716	4697226	4116938
10452556	10732984	5559721	432990	2082863	751063	2692880	3531064	1187411	5548897	3997040
1965876	2875975	1507499	528400	441587	131249	1222672	1573830	501883	1660896	1314806
3978336	4937990	3436030	803499	941404	289654	1034231	1716980	862320	2809971	2443500
4213410	5899998	3817026	1288918	1254326	591848	1582729	2078512	667285	3449503	2873458
8332574	6695848	3662175	864821	1086040	582001	2326991	2704512	981643	3935563	3387610
5165952	9833963	6348691	1776784	2475580	295432	2455461	3115468	1370902	5852769	4978122
4803388	6580230	4247762	1448049	1064047	455793	2021765	2445843	1091537	3662469	3198087
2616226	4668729	2441829	830880	676313	228078	1171859	1824101	750582	2645246	2133995
1312058	1984349	1220592	446125	288273	88817	541452	768416	356756	1073628	895705
194964	197719	97498	30623	8396	5790	74247	102786	29159	60841	43125
65828	25769	8945	1189	1200	613	16225	16666	862	8743	7764
206675	336159	261871	117841	95036	20987	58918	87567	36407	224195	215266
11832085	21855497	3436878	909297	485989	128982	15801824	23448688	8018586	17522083	8174850
1193748	1914354	621514	69389	39556	6026	750333	897434	309165	1123172	647753
143671	514810	245989	30145	1840	216	216119	415720	215752	237677	134043

13-5 续表

单位：万元

行 业	Sector	所有者权益合 计 Owners' Equity	主营业务收 入 Revenue from Principal Business	主营业务成 本 Cost of Principal Business
总 计	**Total**	**88232742**	**163282495**	**121979043**
煤炭开采和洗选业	Mining and Washing of Coal	18585779	21364221	11860819
石油和天然气开采业	Extraction of Petroleum and Natural Gas	13842418	15964154	6760037
黑色金属矿采选业	Mining and Processing of Ferrous Metal Ores	321635	744892	598530
有色金属矿采选业	Mining and Processing of Non-Ferrous Metal Ores	565087	1603537	1213129
非金属矿采选业	Mining and Processing of Nonmetal Ores	137541	394506	288655
开采辅助活动	Mining Supporting Activities	1577978	1044508	1006528
农副食品加工业	Processing of Food from Agricultural Products	1203188	6422531	5614289
食品制造业	Manufacture of Foods	719645	2881818	2291661
酒、饮料和精制茶制造业	Manufacture of Wine,Beverages and Refined Tea	1088898	3175457	2247121
烟草制品业	Manufacture of Tobacco	1003863	1799763	595265
纺织业	Manufacture of Textile	472732	1614874	1330866
纺织服装、服饰业	Manufacture of Textile and Clothing	91206	369775	289113
皮革、毛皮、羽毛及其制品和制鞋业	Manufacture of Leather, Fur, Feather and Related Products, and Shoes	26752	44248	36438
木材加工和木、竹、藤、棕、草制品业	Processing of Timber, Manufacture of Wood, Bamboo, Rattan, Palm and Straw Products	156978	246874	214230
家具制造业	Manufacture of Furniture	43197	122596	90467
造纸和纸制品业	Manufacture of Paper and Paper Products	233083	850960	694871
印刷和记录媒介复制业	Printing, Reproduction of Recording Media	421101	632410	456042
文教、工美、体育和娱乐用品制造业	Manufacture of Culture, Education,Articles,Sports and Entertainment Supplies	20450	58885	43251
石油加工、炼焦及核燃料加工业	Processing of Petroleum, Coking, Processing of Nuclear Fuel	10273934	21856902	16219005
化学原料和化学制品制造业	Manufacture of Raw Chemical Materials and Chemical Products	2804187	5480510	4721532
医药制造业	Manufacture of Medicines	1337117	3148505	2020137
化学纤维制造业	Manufacture of Chemical Fibers	75672	137941	114292
橡胶和塑料制品业	Manufacture of Rubber and Plastics	642573	2055461	1753729
非金属矿物制品业	Manufacture of Non-metallic Mineral Products	2291104	6761037	5640999
黑色金属冶炼及压延加工业	Smelting and Pressing of Ferrous Metals	1205989	8099164	7041052
有色金属冶炼及压延加工业	Smelting and Pressing of Non-ferrous Metals	5179311	12353551	11218624
金属制品业	Manufacture of Metal Products	1203448	1957045	1690642
通用设备制造业	Manufacture of General Purpose Machinery	2120305	3593360	2889076
专用设备制造业	Manufacture of Special Purpose Machinery	2434610	4042365	3218045
汽车制造业	Automotive Industry	2738520	6967007	6234365
铁路、船舶、航空航天和其他运输设备制造业	Manufacture of Railway,Shipping,Aerospace and Other Transport Equipments	3980765	5599895	4710764
电气机械和器材制造业	Manufacture of Electrical Machinery and Equipment	2883339	4351482	3725178
计算机、通信和其他电子设备制造业	Manufacture of Computers,Communication and Other Electronic Equipment	2021360	2717619	2296922
仪器仪表制造业	Manufacture of Instrument and Apparatus	910161	1295173	1041811
其他制造业	Other Manufacturing	136878	183932	144341
废弃资源综合利用业	Comprehensive Utilization Industry of Waste Resources	17026	65574	63282
金属制品、机械和设备修理业	Industry of Metalwork,Machinery, and Equipment Repair	111963	248511	188850
电力、热力的生产和供应业	Production and Supply of Electric Power and Heat Power	4296197	11841407	10488230
燃气生产和供应业	Production and Supply of Gas	783559	1055353	819518
水的生产和供应业	Production and Supply of Water	273196	134694	107338

continued

(10 000 yuan)

主营业务税金及附加 Taxes and Other Charges on Principal Business	销售费用 Eelling Expenses	管理费用 Manage-ment Expenses	财务费用 Financial Expenses	利润总额 Total Profits	亏损企业亏损额 Losses of Unprofitable Enterprises	利税总额 Total Profits and Taxes	本年应交增值税 Value Added Tax Payable	全部从业人员年平均人数(人) Annual Average Employed Persons (person)
5069422	**4023608**	**9274834**	**2354807**	**20572234**	**1518994**	**34572969**	**8931313**	**1655187**
487169	676708	1909965	194292	6175351	80784	9072652	2410133	200044
779637	11703	1626643	275804	5694730	365825	8383662	1909295	114172
18315	20260	37475	13967	54557	2719	128108	55236	12950
15890	16023	112952	15174	249779	9173	370950	105280	20141
8316	34731	26646	5368	34538	1471	66443	23589	8089
23914	1919	47814	-16773	53862		125292	47517	20762
24798	109341	125559	61281	445474	6195	613883	143611	54758
18457	176118	125969	6666	249135	2906	346593	79002	36915
117441	249138	154783	24821	400757	11893	714905	196707	32115
824892	25121	140406	1234	213048		1247577	209637	9697
13663	18611	47899	23000	133754	32639	200595	53177	62544
4922	12814	15289	4788	37303	48	52695	10470	8047
229	1234	2452	298	3779		5149	1141	1467
1739	6638	6808	6960	24250	52	48699	22709	2835
1866	4744	3439	1142	14833	24	21042	4343	2982
7634	18296	22779	10509	91763	870	120089	20693	20236
4786	22508	63521	7755	78526	2314	108973	25660	12313
442	1277	2260	604	8055	49	9864	1368	1020
2235615	283989	583159	220852	2202626	133854	5441635	1003394	50863
22120	227339	314359	131848	84338	198533	283559	177101	79896
27683	503744	165118	31407	382211	2614	643179	233285	43318
449	746	3434	-86	21925	351	26399	4025	952
13904	60676	160428	15928	205311	5233	269541	50326	32966
44558	163493	240067	80037	599104	50944	919471	275810	88814
24792	144132	277306	118077	73569	157558	247604	149243	48993
80822	106161	513493	138564	651844	29760	1052429	319763	70800
13132	40488	126014	22713	83087	9076	140697	44478	38998
21500	135784	315097	23200	318394	14646	457236	117342	61731
26135	190453	319890	59215	242114	57513	379498	111249	64312
51976	217875	289819	48922	263437	15910	469607	154194	100316
23814	124868	465769	62579	308142	16534	415208	83253	102801
22466	214236	308919	41334	103709	81250	256254	130079	66012
9456	82745	258858	33511	78363	87114	130872	43053	53712
7888	33658	145085	10488	73496	379	119315	37931	22469
738	4786	7316	3530	31698	239	38982	6547	1403
208	272	709	110	1492		1952	252	283
464	4102	30529	6164	19416	15	22646	2765	6058
82307	32695	197633	645573	717094	136512	1434160	634759	84547
4067	32123	61486	22449	142180		171268	25021	8273
1219	12062	17687	1501	5193	3997	14289	7877	6583

13-6 国有及国有控股工业企业主要经济指标(2012年)

单位：万元

行　　业	Sector	企业单位数(个) Number of Enterprises (unit)	# 亏损企业 Unprofitable Enterprises	工业总产值 Gross Industrial Output Value (at current prices)
总　　计	**Total**	**681**	**155**	**102160518**
煤炭开采和洗选业	Mining and Washing of Coal	69	6	12811345
石油和天然气开采业	Extraction of Petroleum and Natural Gas	5	1	17120412
黑色金属矿采选业	Mining and Processing of Ferrous Metal Ores	10		359333
有色金属矿采选业	Mining and Processing of Non-Ferrous Metal Ores	17	3	501431
非金属矿采选业	Mining and Processing of Nonmetal Ores	6	3	53604
开采辅助活动	Mining Supporting Activities	3		324842
农副食品加工业	Processing of Food from Agricultural Products	14	3	181032
食品制造业	Manufacture of Foods	8	1	363007
酒、饮料和精制茶制造业	Manufacture of Wine,Beverages and Refined Tea	9		809406
烟草制品业	Manufacture of Tobacco	3		1806969
纺织业	Manufacture of Textile	12	8	266805
纺织服装、服饰业	Manufacture of Textile and Clothing	1		7540
皮革、毛皮、羽毛及其制品和制鞋业	Manufacture of Leather, Fur, Feather and Related Products, and Shoes	1		25464
木材加工和木、竹、藤、棕、草制品业	Processing of Timber, Manufacture of Wood, Bamboo, Rattan, Palm and Straw Products	1		2710
家具制造业	Manufacture of Furniture	1		10769
印刷和记录媒介复制业	Printing, Reproduction of Recording Media	5		290184
石油加工、炼焦及核燃料加工业	Processing of Petroleum, Coking, Processing of Nuclear Fuel	9	4	14958566
化学原料和化学制品制造业	Manufacture of Raw Chemical Materials and Chemical Products	56	16	3002704
医药制造业	Manufacture of Medicines	15	1	206834
化学纤维制造业	Manufacture of Chemical Fibers	2	1	100030
橡胶和塑料制品业	Manufacture of Rubber and Plastics	11	1	493730
非金属矿物制品业	Manufacture of Non-metallic Mineral Products	30	7	748880
黑色金属冶炼及压延加工业	Smelting and Pressing of Ferrous Metals	13	6	5222421
有色金属冶炼及压延加工业	Smelting and Pressing of Non-ferrous Metals	41	9	7232720
金属制品业	Manufacture of Metal Products	28	1	1148409
通用设备制造业	Manufacture of General Purpose Machinery	32	7	2462047
专用设备制造业	Manufacture of Special Purpose Machinery	39	13	2705935
汽车制造业	Automotive Industry	21	4	5559109
铁路、船舶、航空航天和其他运输设备制造业	Manufacture of Railway,Shipping,Aerospace and Other Transport Equipments	49	7	5087606
电气机械和器材制造业	Manufacture of Electrical Machinery and Equipment	26	8	2530071
计算机、通信和其他电子设备制造业	Manufacture of Computers,Communication and Other Electronic Equipment	35	11	1798947
仪器仪表制造业	Manufacture of Instrument and Apparatus	10		1033247
其他制造业	Other Manufacturing	2		17893
金属制品、机械和设备修理业	Industry of Metalwork,Machinery, and Equipment Repair	3		186459
电力、热力的生产和供应业	Production and Supply of Electric Power and Heat Power	70	29	11741194
燃气生产和供应业	Production and Supply of Gas	10		858963
水的生产和供应业	Production and Supply of Water	14	5	129902

Main Indicators of State-owned and State-holding Industrial Enterprises (2012)

(10 000 yuan)

工业销售产值 Sales Output Value (at current prices)	资产总计 Total Assets	流动资产合计 Total Working Capitals	# 应收账款 Accounts Receivable	# 存货 Inventories	# 产成品 Finished products	固定资产合计 Total of Fixed Assets	固定资产原价 Original Value of Fixed Assets	累计折旧 Total Depreciation	负债合计 Total Liabilities	# 流动负债 Total Working Liabilities
98941018	**156614092**	**62878151**	**9566322**	**13208382**	**4523142**	**74628603**	**104283416**	**38807369**	**91731932**	**58936104**
12602416	22483160	9827113	979110	496404	111154	6904589	9401213	3250675	9091962	6660495
17027478	34191532	5988468	49996	385905	112251	26080531	43516150	18082853	20371226	10378805
325288	488066	206341	38702	36569	29377	134646	157705	54949	378623	314411
455946	565878	200849	48919	42989	20395	218926	293813	119021	372308	257422
50084	86337	25959	7041	7244	3447	59215	72669	13441	53419	21486
331420	1860182	1015580	77948	98176	18484	726349	1045866	319517	515822	456806
169386	143911	81910	8739	38539	9561	47214	68717	23113	88366	74134
353821	62123	25222	14555	6052	1458	32098	51486	20026	35620	32835
882662	535897	297965	20711	70135	42120	71298	148181	78715	263361	262154
1799637	1358743	862381	72355	518581	15809	371172	639743	268571	354797	352822
258042	302039	138762	10074	76385	36529	102351	227053	133587	166900	151685
7040	3000	2200	980	150	100	650	900	250	600	410
23705	39537	17855	585	8434	6550	7990	10180	2191	18261	12626
2559	3951	1441	172	781	374	2295	2932	637	752	752
9905	1153	594	144	93		560	634	74	297	183
284364	365896	156047	12481	48447	15247	185631	300764	143768	78821	63105
14917098	16358217	9470203	193254	856434	522555	6539389	3785701	1573614	7609801	4794288
2913192	6895035	1838184	204958	337944	182331	3738761	4796027	1190618	5165726	2854811
196376	149708	94614	20924	35783	16166	36927	53864	22866	69692	64421
92869	73150	31231	3986	11536	7360	38820	68661	38485	9338	9338
471719	825221	457168	89903	125585	73867	168601	266060	113289	584390	391707
725944	1284670	292881	52623	81426	31254	893944	1144697	265193	881115	654227
4516457	4485236	2502673	301898	859577	439432	1825448	2022294	429124	3709768	3251811
6957679	8171178	4357652	234145	1644719	546265	1689121	2169731	732207	4193143	2882575
1088993	1822348	1086282	348515	365819	104639	643802	842216	325098	1114805	804789
2320035	3674037	2734378	587248	685475	212749	701864	907947	349419	2197284	1948020
2331211	3967300	2753535	899153	944923	476887	950663	1203632	358788	2640585	2234972
5392442	4523802	2625954	643955	869809	511525	1468856	1643339	605330	2623284	2167306
4856154	9429342	6058471	1634655	2407639	270386	2389856	3020605	1335740	5665714	4803843
2478215	4481209	3010606	1049905	794835	331714	1378758	1356679	474498	2355873	2049354
1699311	3664858	1938673	621335	590196	200445	744416	1098821	430124	2216277	1807148
1008532	1614750	931120	332606	234753	69982	494478	701781	330904	903375	737911
17926	10428	7458	3596	1756	432	2488	3486	997	5318	5257
174503	312322	245003	112571	90173	20172	53324	82786	35144	212566	203759
11224612	20474310	2956316	821568	400606	76522	15151637	22068103	7234623	16686624	7622848
846790	1465868	427810	55335	32794	5408	581256	727592	244010	891431	498197
127208	439699	209252	11673	1718	198	190683	381391	205908	204691	109394

13-6 续表

单位：万元

行　　业	Sector	所有者权益合　计 Owners' Equity	主营业务收　入 Revenue from Principal Business	主营业务成　本 Cost of Principal Business
总　　计	**Total**	**64802962**	**101432426**	**72934241**
煤炭开采和洗选业	Mining and Washing of Coal	13361519	11998090	6073638
石油和天然气开采业	Extraction of Petroleum and Natural Gas	13820307	15934283	6749492
黑色金属矿采选业	Mining and Processing of Ferrous Metal Ores	109442	263615	191359
有色金属矿采选业	Mining and Processing of Non-Ferrous Metal Ores	193570	509127	389770
非金属矿采选业	Mining and Processing of Nonmetal Ores	32918	49730	25556
开采辅助活动	Mining Supporting Activities	1336753	864981	901922
农副食品加工业	Processing of Food from Agricultural Products	55545	169542	154000
食品制造业	Manufacture of Foods	26263	350307	289984
酒、饮料和精制茶制造业	Manufacture of Wine,Beverages and Refined Tea	272536	874579	552021
烟草制品业	Manufacture of Tobacco	1003863	1799763	595265
纺织业	Manufacture of Textile	134821	248569	246488
纺织服装、服饰业	Manufacture of Textile and Clothing	2400	7040	5371
皮革、毛皮、羽毛及其制品和制鞋业	Manufacture of Leather, Fur, Feather and Related Products, and Shoes	21276	23705	19858
木材加工和木、竹、藤、棕、草制品业	Processing of Timber, Manufacture of Wood, Bamboo, Rattan, Palm and Straw Products	3199	2559	2201
家具制造业	Manufacture of Furniture	856	10760	8521
印刷和记录媒介复制业	Printing, Reproduction of Recording Media	287074	297401	206377
石油加工、炼焦及核燃料加工业	Processing of Petroleum, Coking, Processing of Nuclear Fuel	8748410	17678460	12575762
化学原料和化学制品制造业	Manufacture of Raw Chemical Materials and Chemical Products	1729168	2757335	2424804
医药制造业	Manufacture of Medicines	80016	171946	120804
化学纤维制造业	Manufacture of Chemical Fibers	63812	91809	73861
橡胶和塑料制品业	Manufacture of Rubber and Plastics	240768	447568	376659
非金属矿物制品业	Manufacture of Non-metallic Mineral Products	398241	731344	551341
黑色金属冶炼及压延加工业	Smelting and Pressing of Ferrous Metals	775467	5253309	4519878
有色金属冶炼及压延加工业	Smelting and Pressing of Non-ferrous Metals	3974535	8726619	8194113
金属制品业	Manufacture of Metal Products	707117	1003053	852290
通用设备制造业	Manufacture of General Purpose Machinery	1473326	2052635	1650252
专用设备制造业	Manufacture of Special Purpose Machinery	1323133	2239717	1829886
汽车制造业	Automotive Industry	1900518	4379077	3909489
铁路、船舶、航空航天和其他运输设备制造业	Manufacture of Railway,Shipping,Aerospace and Other Transport Equipments	3763628	5287224	4486689
电气机械和器材制造业	Manufacture of Electrical Machinery and Equipment	2125334	2053269	1689567
计算机、通信和其他电子设备制造业	Manufacture of Computers,Communication and Other Electronic Equipment	1447997	1816397	1557932
仪器仪表制造业	Manufacture of Instrument and Apparatus	711375	983760	818923
其他制造业	Other Manufacturing	5110	17065	15216
金属制品、机械和设备修理业	Industry of Metalwork,Machinery, and Equipment Repair	99756	212968	164866
电力、热力的生产和供应业	Production and Supply of Electric Power and Heat Power	3763862	11260534	10008450
燃气生产和供应业	Production and Supply of Gas	574437	744947	604471
水的生产和供应业	Production and Supply of Water	234611	119340	97168

continued

(10 000 yuan)

主营业务税金及附加 Taxes and Other Charges on Principal Business	销售费用 Eelling Expenses	管理费用 Management Expenses	财务费用 Financial Expenses	利润总额 Total Profits	亏损企业亏损额 Losses of Unprofitable Enterprises	利税总额 Total Profits and Taxes	本年应交增值税 Value Added Tax Payable	全部从业人员年平均人数(人) Annual Average Employed Persons (person)
4404637	**1677826**	**6699210**	**1705750**	**14069698**	**1077375**	**24541920**	**6067585**	**921258**
257088	235134	1292553	96182	4087580	19355	5766187	1421519	128023
779636	9671	1625728	275688	5678469	365825	8367400	1909295	113986
12404	13287	17215	7653	24038		60415	23974	3198
3043	1653	54931	6554	84508	1456	110392	22841	8087
1725	9189	7512	2741	4150	763	9627	3752	1182
17931	207	35806	-20641	2821		66100	45349	17066
216	5022	4918	2921	3032	1333	12577	9329	2303
875	35690	21678	179	3449	0	9449	5124	2454
83316	107703	70657	-2654	124822		272851	64713	6435
824892	25121	140406	1234	213048		1247577	209637	9697
1226	4412	15565	4025	-14256	16277	-4551	8480	29142
6	42	48	51	1522		1569	41	550
123	882	1745	164	1846		2074	105	887
	118	169	13	59		59		57
564	284	229	98	1064		2044	416	135
2957	9161	36605	48	46487		65633	16189	4528
2213998	113612	480519	147533	2075425	70496	5141690	852267	22826
10162	106264	194154	104456	-43526	160503	52588	85952	42050
841	21170	9402	1299	17206	59	24834	6787	3662
368	233	2804	-217	14734	344	18308	3206	400
2121	19331	25854	6346	19431	4048	32931	11379	17212
4581	24424	54656	20554	75778	9333	118047	37689	12400
9750	114246	226964	94574	-86230	135230	10951	87431	20847
13910	40860	429347	102268	264854	11360	447248	168485	40837
4456	22495	95559	15372	34745	2875	60030	20828	26794
9275	69497	242300	7473	193110	3468	271671	69286	35050
11458	110740	206399	37356	72438	34487	135486	51590	34616
10636	176255	199232	30822	92019	7072	199506	96851	55301
21377	118165	437404	59671	262600	14099	353800	69823	96425
13725	143638	208218	16371	28837	7437	128211	85649	38926
6057	63046	199351	28585	-17119	76342	13954	25016	37083
4647	15031	113868	8070	30965		62281	26669	16172
81	459	626	62	725		1331	525	403
234	2400	27244	5834	14564		15792	994	5616
77856	28488	165659	627113	669527	131470	1349140	601757	75971
2036	19056	38684	16912	83980		103479	17463	5154
1066	10841	15203	1040	2999	3745	11241	7176	5783

13-7 外商及港澳台商投资工业企业主要经济指标(2012年)

单位：万元

行业	Sector	企业单位数(个) Number of Enterprises (unit)	#亏损企业 Unprofitable Enterprises	工业总产值 Gross Industrial Output Value (at current prices)
总计	**Total**	**210**	**46**	**11526310**
煤炭开采和洗选业	Mining and Washing of Coal	3	1	179740
黑色金属矿采选业	Mining and Processing of Ferrous Metal Ores	1		2541
有色金属矿采选业	Mining and Processing of Non-Ferrous Metal Ores	1		17608
非金属矿采选业	Mining and Processing of Nonmetal Ores	1	1	3620
农副食品加工业	Processing of Food from Agricultural Products	12	2	597934
食品制造业	Manufacture of Foods	16	2	1611276
酒、饮料和精制茶制造业	Manufacture of Wine,Beverages and Refined Tea	22	6	1215475
纺织业	Manufacture of Textile	4	3	87373
纺织服装、服饰业	Manufacture of Textile and Clothing	1		18030
木材加工和木、竹、藤、棕、草制品业	Processing of Timber, Manufacture of Wood, Bamboo, Rattan, Palm and Straw Products	1		2710
造纸和纸制品业	Manufacture of Paper and Paper Products	5		104721
印刷和记录媒介复制业	Printing, Reproduction of Recording Media	2	1	32939
文教、工美、体育和娱乐用品制造业	Manufacture of Culture, Education,Articles,Sports and Entertainment Supplies	1		7380
石油加工、炼焦及核燃料加工业	Processing of Petroleum, Coking, Processing of Nuclear Fuel	3		216655
化学原料和化学制品制造业	Manufacture of Raw Chemical Materials and Chemical Products	12	4	228672
医药制造业	Manufacture of Medicines	16	4	804611
化学纤维制造业	Manufacture of Chemical Fibers	1		96930
橡胶和塑料制品业	Manufacture of Rubber and Plastics	6	1	677116
非金属矿物制品业	Manufacture of Non-metallic Mineral Products	16	1	789368
黑色金属冶炼及压延加工业	Smelting and Pressing of Ferrous Metals	4	1	180260
有色金属冶炼及压延加工业	Smelting and Pressing of Non-ferrous Metals	4	1	78434
金属制品业	Manufacture of Metal Products	5	1	19219
通用设备制造业	Manufacture of General Purpose Machinery	7		121378
专用设备制造业	Manufacture of Special Purpose Machinery	11	4	407879
汽车制造业	Automotive Industry	5	2	1887800
铁路、船舶、航空航天和其他运输设备制造业	Manufacture of Railway,Shipping,Aerospace and Other Transport Equipments	5	1	98536
电气机械和器材制造业	Manufacture of Electrical Machinery and Equipment	12	3	698796
计算机、通信和其他电子设备制造业	Manufacture of Computers,Communication and Other Electronic Equipment	14	3	405521
仪器仪表制造业	Manufacture of Instrument and Apparatus	4	1	74143
其他制造业	Other Manufacturing	4	1	63731
金属制品、机械和设备修理业	Industry of Metalwork,Machinery, and Equipment Repair	2	1	18657
电力、热力的生产和供应业	Production and Supply of Electric Power and Heat Power	5	1	481941
燃气生产和供应业	Production and Supply of Gas	2		286495
水的生产和供应业	Production and Supply of Water	2		8824

Main Indicators of Industrial Enterprises with Hong Kong, Macao, Taiwan and Foreign Funds (2012)

(10 000 yuan)

工业销售产值 Sales Output Value (at current prices)	资产总计 Total Assets	流动资产合计 Total Working Capitals	# 应收账款 Accounts Receivable	# 存货 Inventories	# 产成品 Finished products	固定资产合计 Total of Fixed Assets	固定资产原价 Original Value of Fixed Assets	累计折旧 Total Depreciation	负债合计 Total Liabilities	# 流动负债 Total Working Liabilities
10864254	**9521866**	**4322400**	**994044**	**1259485**	**629131**	**4304750**	**6245906**	**2481648**	**4989258**	**4114837**
154684	192798	87431	16479	5838	4310	92319	104308	12384	39515	38730
2462	1296	479	76	132	132	427	443	16	428	428
16678	1954	999	310	291	147	487	350	120	1021	140
3440	11320	2091	326	1103	610	8008	11567	3616	4268	4268
587723	203418	95476	16472	51510	18320	97398	126555	39758	105133	102055
1444523	651000	387106	132134	49369	14873	189026	318210	139730	292640	250634
1104625	1070863	469045	92713	293197	259918	502326	667660	242521	598143	520559
82317	116665	66739	-860	47476	7406	37993	85655	47864	100243	98443
17360	5884	877	316	302	254	5007	6745	1738	442	
2559	3951	1441	172	781	374	2295	2932	637	752	752
103053	39135	15506	8948	2830	975	13833	17827	5966	9161	7667
33326	73145	27737	8346	7909	5176	14010	27166	13521	49547	38149
7380	4274	3939	783	783	783	335	475	141	1735	1735
213523	112182	49393	4002	7935	5031	62328	62075	13773	57517	37517
225382	243980	177145	44401	25931	19191	50324	77602	35955	106944	86669
765102	550869	350688	77702	107853	74031	155230	266563	121948	197143	185559
89768	47404	27376	3446	10692	7359	19006	57086	38239	8301	8301
562521	371238	66118	25546	9783	8075	303482	204963	103167	258879	258236
757317	929567	270511	16924	90823	49575	602828	797106	246272	363469	307022
179655	108463	69701	6365	38978	25583	37503	65950	30495	58356	50130
74620	62487	46967	12068	19181	10974	11148	19435	10531	29380	21909
19446	35656	17445	6059	4141	656	16315	28513	12217	17947	13722
121093	136863	106428	31120	29175	13156	24249	54404	32911	40014	39269
383720	382164	210024	48902	109124	21500	132174	183374	54562	143748	119473
1860207	1525020	637988	91233	111567	19889	653307	762107	224443	951507	912191
90881	100089	86152	41996	27121	10491	10724	30499	19797	59600	55360
656198	316661	228576	89127	60829	24720	62032	124892	62896	177339	158202
380688	637706	305785	99566	86115	23378	311832	427838	139249	322756	247355
74124	72504	56468	15198	5205	1564	12014	21609	9594	29886	28439
63283	137782	61113	19478	1243	582	54607	67963	13356	31058	13808
18657	15435	14020	4730	3485		639	1338	699	9190	9190
479586	889310	181195	51903	25368		668677	1416155	749860	648793	259947
279528	427875	171965	10095	23384	103	146727	196011	49285	250302	219773
8824	42912	28478	17971	37		6142	10532	4390	24106	19206

13-7 续表

单位：万元

行业	Sector	所有者权益合计 Owners' Equity	主营业务收入 Revenue from Principal Business	主营业务成本 Cost of Principal Business
总计	**Total**	**4472546**	**10322624**	**8428211**
煤炭开采和洗选业	Mining and Washing of Coal	153283	137979	52278
黑色金属矿采选业	Mining and Processing of Ferrous Metal Ores	800	2116	1736
有色金属矿采选业	Mining and Processing of Non-Ferrous Metal Ores	933	16678	14870
非金属矿采选业	Mining and Processing of Nonmetal Ores	7052	2428	2337
农副食品加工业	Processing of Food from Agricultural Products	97266	644196	539000
食品制造业	Manufacture of Foods	356941	1426191	1143703
酒、饮料和精制茶制造业	Manufacture of Wine,Beverages and Refined Tea	464849	1073555	790337
纺织业	Manufacture of Textile	16422	70072	66378
纺织服装、服饰业	Manufacture of Textile and Clothing	5442	17186	8278
木材加工和木、竹、藤、棕、草制品业	Processing of Timber, Manufacture of Wood, Bamboo, Rattan, Palm and Straw Products	3199	2559	2201
造纸和纸制品业	Manufacture of Paper and Paper Products	29934	101675	77635
印刷和记录媒介复制业	Printing, Reproduction of Recording Media	23597	28811	20903
文教、工美、体育和娱乐用品制造业	Manufacture of Culture, Education,Articles,Sports and Entertainment Supplies	2205	7380	6790
石油加工、炼焦及核燃料加工业	Processing of Petroleum, Coking, Processing of Nuclear Fuel	54665	169207	143627
化学原料和化学制品制造业	Manufacture of Raw Chemical Materials and Chemical Products	137036	211931	169427
医药制造业	Manufacture of Medicines	353725	749976	431868
化学纤维制造业	Manufacture of Chemical Fibers	39103	89770	71973
橡胶和塑料制品业	Manufacture of Rubber and Plastics	112358	507024	500227
非金属矿物制品业	Manufacture of Non-metallic Mineral Products	562518	722226	556932
黑色金属冶炼及压延加工业	Smelting and Pressing of Ferrous Metals	50107	179644	157732
有色金属冶炼及压延加工业	Smelting and Pressing of Non-ferrous Metals	33107	75910	68016
金属制品业	Manufacture of Metal Products	17709	22428	17944
通用设备制造业	Manufacture of General Purpose Machinery	96645	139746	120649
专用设备制造业	Manufacture of Special Purpose Machinery	227212	382993	332535
汽车制造业	Automotive Industry	554508	1530495	1411259
铁路、船舶、航空航天和其他运输设备制造业	Manufacture of Railway,Shipping,Aerospace and Other Transport Equipments	40489	91281	61304
电气机械和器材制造业	Manufacture of Electrical Machinery and Equipment	124817	647604	598805
计算机、通信和其他电子设备制造业	Manufacture of Computers,Communication and Other Electronic Equipment	314138	377449	327460
仪器仪表制造业	Manufacture of Instrument and Apparatus	42619	74209	50053
其他制造业	Other Manufacturing	106724	62429	37627
金属制品、机械和设备修理业	Industry of Metalwork,Machinery, and Equipment Repair	6245	21671	16583
电力、热力的生产和供应业	Production and Supply of Electric Power and Heat Power	240518	479586	418268
燃气生产和供应业	Production and Supply of Gas	177573	248439	203909
水的生产和供应业	Production and Supply of Water	18806	7779	5568

continued

(10 000 yuan)

主营业务税金及附加 Taxes and Other Charges on Principal Business	销售费用 Eelling Expenses	管理费用 Manage-ment Expenses	财务费用 Financial Expenses	利润总额 Total Profits	亏损企业亏损额 Losses of Unpro-fitable Enterprises	利税总额 Total Profits and Taxes	本年应交增值税 Value Added Tax Payable	全部从业人员年平均人数(人) Annual Average Employed Persons (person)
93216	**586187**	**506662**	**86315**	**900710**	**71986**	**1418413**	**424487**	**110290**
3388	15987	11742	54	53204	105	72943	16352	853
33	157	117	0	73		136	31	35
143	145	352	163	1785		3068	1140	220
13	66	522	0	-326	326	-131	182	169
822	11164	9981	2654	31360	252	44304	12122	3778
5028	121008	81207	-4747	94516	252	142498	42954	9745
10312	78709	27969	11112	119956	7232	206162	75895	9706
304	1181	3999	2482	-3205	3372	-718	2184	5598
122	2450	2011	1878	2202		2565	241	446
	118	169	13	59		59		57
1860	1480	1525	374	17727		23861	4274	1087
244	1974	2483	1719	2328	2019	4463	1891	897
111	180	264	1	166		509	232	170
1109	2840	6519	762	15663		18206	1433	3493
963	12724	11320	1674	14183	2104	22634	7489	1511
7163	220361	44589	11227	54695	1402	154251	92393	8046
368	195	2235	-127	15077		18652	3206	269
5169	15156	99352	336	51740	294	59092	2182	1830
6663	8327	35186	10526	118731	1267	169688	44293	4797
934	5714	6067	1748	4174	6564	11266	6159	797
175	4019	2684	414	1502	1440	3216	1539	686
186	833	2502	24	1048	1216	2121	887	764
342	5667	6028	610	7931		11122	2849	1647
1654	9351	26336	1695	17902	14284	34858	15301	4564
37358	19882	35477	9771	105626	5763	169142	26159	29768
1105	1517	8859	827	16103	1127	22876	5669	698
849	16296	16792	3864	14504	7217	20145	4792	2865
1346	9102	15187	-2503	37501	10086	46083	7235	7846
623	4674	5803	-251	14066	74	17668	2979	931
306	2861	2290	1569	27878	99	33463	5280	502
97	1303	3014	201	1011	15	2020	912	282
2875	86	10712	31090	21475	5476	52579	28229	3305
1511	10663	22310	-2999	38663		47833	7659	2677
42		1059	152	1394		1779	343	251

13-8 大中型工业企业主要经济指标(2012年)

单位：万元

行　　业	Sector	企业单位数(个) Number of Enterprises (unit)	# 亏损企业 Unprofitable Enterprises	工业总产值 Gross Industrial Output Value (at current prices)
总　　计	**Total**	**975**	**174**	**130769748**
煤炭开采和洗选业	Mining and Washing of Coal	118	13	16318132
石油和天然气开采业	Extraction of Petroleum and Natural Gas	3	1	17105936
黑色金属矿采选业	Mining and Processing of Ferrous Metal Ores	11		542489
有色金属矿采选业	Mining and Processing of Non-Ferrous Metal Ores	15	1	642464
非金属矿采选业	Mining and Processing of Nonmetal Ores	6		97216
开采辅助活动	Mining Supporting Activities	5		404270
农副食品加工业	Processing of Food from Agricultural Products	41	2	3184796
食品制造业	Manufacture of Foods	38	3	2251546
酒、饮料和精制茶制造业	Manufacture of Wine,Beverages and Refined Tea	27	5	2095077
烟草制品业	Manufacture of Tobacco	2		1799894
纺织业	Manufacture of Textile	50	18	1194695
纺织服装、服饰业	Manufacture of Textile and Clothing	10		197594
皮革、毛皮、羽毛及其制品和制鞋业	Manufacture of Leather, Fur, Feather and Related Products, and Shoes	1		25464
木材加工和木、竹、藤、棕、草制品业	Processing of Timber, Manufacture of Wood, Bamboo, Rattan, Palm and Straw Products	3		197375
家具制造业	Manufacture of Furniture	2		23829
造纸和纸制品业	Manufacture of Paper and Paper Products	19	2	589300
印刷和记录媒介复制业	Printing, Reproduction of Recording Media	13	1	488342
石油加工、炼焦及核燃料加工业	Processing of Petroleum, Coking, Processing of Nuclear Fuel	32	15	16893263
化学原料和化学制品制造业	Manufacture of Raw Chemical Materials and Chemical Products	63	20	3745107
医药制造业	Manufacture of Medicines	38	1	2326289
橡胶和塑料制品业	Manufacture of Rubber and Plastics	22	1	1591650
非金属矿物制品业	Manufacture of Non-metallic Mineral Products	61	8	2919637
黑色金属冶炼及压延加工业	Smelting and Pressing of Ferrous Metals	23	7	6734266
有色金属冶炼及压延加工业	Smelting and Pressing of Non-ferrous Metals	54	10	9651967
金属制品业	Manufacture of Metal Products	21	5	1214653
通用设备制造业	Manufacture of General Purpose Machinery	32	6	2975183
专用设备制造业	Manufacture of Special Purpose Machinery	50	10	3448417
汽车制造业	Automotive Industry	31	5	7934015
铁路、船舶、航空航天和其他运输设备制造业	Manufacture of Railway,Shipping,Aerospace and Other Transport Equipments	38	4	4861936
电气机械和器材制造业	Manufacture of Electrical Machinery and Equipment	37	8	3394379
计算机、通信和其他电子设备制造业	Manufacture of Computers,Communication and Other Electronic Equipment	41	10	2217359
仪器仪表制造业	Manufacture of Instrument and Apparatus	12		1129226
金属制品、机械和设备修理业	Industry of Metalwork,Machinery, and Equipment Repair	2		182250
电力、热力的生产和供应业	Production and Supply of Electric Power and Heat Power	43	16	11460138
燃气生产和供应业	Production and Supply of Gas	8		849151
水的生产和供应业	Production and Supply of Water	3	2	82446

Main Indicators of Large and Medium-sized Industrial Enterprises(2012)

(10 000 yuan)

工业销售产值 Sales Output Value (at current prices)	资产总计 Total Assets	流动资产合计 Total Working Capitals	# 应收账款 Accounts Receivable	# 存货 Inventories	# 产成品 Finished products	固定资产合计 Total of Fixed Assets	固定资产原价 Original Value of Fixed Assets	累计折旧 Total Depreciation	负债合计 Total Liabilities	# 流动负债 Total Working Liabilities
126431112	**176432097**	**72586581**	**11137296**	**15684438**	**5721341**	**82599531**	**117499252**	**45045823**	**101843228**	**68047141**
16874315	25941411	11410105	1003845	666193	226623	8207513	10895257	3556158	10545583	7672424
17013070	34178030	5987262	49465	385645	112184	26070293	43488631	18065571	20364078	10371656
498540	653315	285710	51603	27257	23315	140360	196586	77924	449061	352809
568001	658837	251381	46973	49553	27778	231384	339327	132791	394171	259012
94808	82822	25509	7642	5770	3078	55972	66841	10870	47088	14536
411165	2031814	1098443	96677	98724	17841	778510	1114427	338463	559662	495753
3020500	1181373	718934	66969	369934	123254	414050	536602	153541	706125	617846
2068371	879348	495005	166618	74923	25087	328502	495793	187462	407390	305967
2055225	1560247	751412	111764	345003	280745	542891	777671	299765	885559	774804
1792064	1342688	849046	72287	517603	15309	369036	635467	266432	344462	343132
1138621	825408	376851	32954	205603	83827	362761	593204	264627	491152	412083
194220	174819	124824	15446	53178	3467	43614	113588	70858	115157	85290
23705	39537	17855	585	8434	6550	7990	10180	2191	18261	12626
188348	215342	102202	236	21629	4628	94855	139068	47588	104231	44781
23469	6959	2174	638	487	218	4091	3926	1078	2872	2849
538555	333008	167404	67045	54333	41755	149964	267105	135475	189924	148403
472593	574563	262240	26490	69451	20848	245421	410479	196934	198885	170976
16772878	19371289	10796629	432548	1111271	631259	7756354	5173704	1808583	9736885	6386878
3590100	7354563	2084030	268058	391404	218021	4034851	5884293	1999552	5397762	3000906
2183370	1426564	868648	210291	216099	124297	387537	1174358	828346	589375	527304
1422182	1327588	544124	120131	161662	102165	567926	684207	347811	874267	671216
2667273	2767780	852167	91242	239969	105102	1779375	2582900	940424	1689260	1342572
5959536	5214284	2829725	331134	938440	466331	2185986	2578895	701520	4266236	3773830
8998669	9730657	5077448	331241	1892665	663622	2397179	3101228	1017823	4971944	3558898
1154639	2385673	1219223	430164	338738	89785	1060426	1316992	380131	1384201	1079149
2812534	3890866	2726312	565961	746238	223615	795319	1325693	684466	2214123	1914168
3024979	4751816	3134355	1028954	1052379	517499	1248737	1656565	545961	2848344	2370394
7744005	6234639	3387121	798807	1004450	550540	2182342	2495958	888904	3699475	3182460
4635964	8849578	5801483	1498130	2380245	266223	2305459	2945590	1311501	5308749	4538048
3250864	5636603	3606303	1202580	894833	379640	1793303	2156955	1007002	3179728	2800260
2090617	4213617	2102583	670217	614559	199363	1097097	1634491	630911	2453790	1964712
1105242	1689501	1002875	364686	226305	70009	507183	722389	341474	903376	734979
170295	310405	243825	111963	90173	20172	52592	81900	34991	211755	202948
10948263	18990562	2874000	809272	400436	76648	13825695	20918665	7347625	15382838	7339477
841694	1458079	450345	50292	30288	545	491224	757334	269990	828516	526905
82443	148513	59029	4390	565		83742	222983	151077	78945	47091

13-8 续表

单位：万元

行　业	Sector	所有者权益合计 Owners' Equity	主营业务收入 Revenue from Principal Business	主营业务成本 Cost of Principal Business
总　计	**Total**	**74388170**	**127760310**	**93645057**
煤炭开采和洗选业	Mining and Washing of Coal	15347857	15467683	8179018
石油和天然气开采业	Extraction of Petroleum and Natural Gas	13813953	15919875	6741413
黑色金属矿采选业	Mining and Processing of Ferrous Metal Ores	204254	342692	252621
有色金属矿采选业	Mining and Processing of Non-Ferrous Metal Ores	264267	592209	455772
非金属矿采选业	Mining and Processing of Nonmetal Ores	35734	93760	53186
开采辅助活动	Mining Supporting Activities	1470045	949786	949821
农副食品加工业	Processing of Food from Agricultural Products	472944	2998704	2650487
食品制造业	Manufacture of Foods	470539	2042544	1600193
酒、饮料和精制茶制造业	Manufacture of Wine,Beverages and Refined Tea	666829	2028895	1384815
烟草制品业	Manufacture of Tobacco	998225	1791501	590115
纺织业	Manufacture of Textile	323167	1103116	913407
纺织服装、服饰业	Manufacture of Textile and Clothing	59132	228949	171964
皮革、毛皮、羽毛及其制品和制鞋业	Manufacture of Leather, Fur, Feather and Related Products, and Shoes	21276	23705	19858
木材加工和木、竹、藤、棕、草制品业	Processing of Timber, Manufacture of Wood, Bamboo, Rattan, Palm and Straw Products	111111	156066	138173
家具制造业	Manufacture of Furniture	4087	23469	17395
造纸和纸制品业	Manufacture of Paper and Paper Products	138632	542323	440883
印刷和记录媒介复制业	Printing, Reproduction of Recording Media	375678	483860	344632
石油加工、炼焦及核燃料加工业	Processing of Petroleum, Coking, Processing of Nuclear Fuel	9595899	19661739	14247691
化学原料和化学制品制造业	Manufacture of Raw Chemical Materials and Chemical Products	1952525	3442260	3011133
医药制造业	Manufacture of Medicines	835040	1957986	1148972
橡胶和塑料制品业	Manufacture of Rubber and Plastics	450259	1318132	1148283
非金属矿物制品业	Manufacture of Non-metallic Mineral Products	1055166	2715973	2248851
黑色金属冶炼及压延加工业	Smelting and Pressing of Ferrous Metals	947048	6765566	5833692
有色金属冶炼及压延加工业	Smelting and Pressing of Non-ferrous Metals	4757398	10949927	9991445
金属制品业	Manufacture of Metal Products	998977	1159672	1004265
通用设备制造业	Manufacture of General Purpose Machinery	1675474	2483040	1968098
专用设备制造业	Manufacture of Special Purpose Machinery	1888542	2932097	2329016
汽车制造业	Automotive Industry	2517164	6389309	5745825
铁路、船舶、航空航天和其他运输设备制造业	Manufacture of Railway,Shipping,Aerospace and Other Transport Equipments	3540829	4968775	4187517
电气机械和器材制造业	Manufacture of Electrical Machinery and Equipment	2455366	2845465	2390611
计算机、通信和其他电子设备制造业	Manufacture of Computers,Communication and Other Electronic Equipment	1759012	2221079	1911457
仪器仪表制造业	Manufacture of Instrument and Apparatus	785564	1094561	892701
金属制品、机械和设备修理业	Industry of Metalwork,Machinery, and Equipment Repair	98650	208760	161678
电力、热力的生产和供应业	Production and Supply of Electric Power and Heat Power	3604724	11026038	9850618
燃气生产和供应业	Production and Supply of Gas	623240	753186	599750
水的生产和供应业	Production and Supply of Water	69568	77610	69703

continued

(10 000 yuan)

主营业务税金及附加 Taxes and Other Charges on Principal Business	销售费用 Eelling Expenses	管理费用 Manage-ment Expenses	财务费用 Financial Expenses	利润总额 Total Profits	亏损企业亏损额 Losses of Unpro-fitable Enterprises	利税总额 Total Profits and Taxes	本年应交增值税 Value Added Tax Payable	全部从业人员年平均人数(人) Annual Average Employed Persons (person)
4705490	**2879538**	**7758384**	**1980642**	**17074804**	**1238546**	**29164169**	**7383875**	**1286612**
336404	340328	1555993	150744	4913976	37631	7079115	1828735	164712
775619	9374	1625070	275524	5677374	365825	8360468	1907475	113707
9946	13600	23119	8555	32394		72732	30393	7488
4112	5306	50618	9041	96993	3041	129128	28023	11123
2770	14398	8611	3039	12881		21567	5916	2395
20840	253	40889	-19073	31017		98111	46254	18640
10308	51267	38554	32235	186611	728	267536	70618	26094
12693	150336	97007	-1250	183352	2020	258757	62712	22765
96129	202084	104213	12655	265511	3922	505775	144134	19481
824806	25018	138469	1249	211853		1245633	208974	9455
10282	11126	33321	16154	86949	25204	137144	39913	52132
4046	10537	12039	3696	23567		34381	6769	5833
123	882	1745	164	1846		2074	105	887
825	4027	3695	5933	17331		37574	19419	1331
74	351	379	119	4089		5171	1009	677
5999	12396	15577	8345	63344	715	82099	12756	15480
4170	16901	52923	4424	65911	68	91441	21361	8899
2227956	213727	544476	207024	2203493	109229	5405304	973856	43051
10859	146846	226067	110907	-22169	164539	100483	111793	56276
19271	407737	100134	17190	270803	6	466865	176790	28509
9276	46450	134242	7740	129704	4048	164711	25732	23742
15192	70826	111313	41686	270777	13862	411649	125680	40755
13193	126862	250709	106550	6888	142458	141741	121661	38337
70384	86410	462710	124027	560005	16097	914723	284333	59186
8978	27008	93443	17167	35580	6711	65690	21132	28171
15986	98837	255990	13685	244629	6983	346463	85849	44055
17666	154402	258906	48296	162140	46251	260380	80574	46090
49214	202049	260976	43927	227143	8113	408687	132329	92281
20429	108363	424721	56088	261750	10521	341208	59029	97001
16874	174512	254545	31369	39432	75274	155942	99636	52350
7393	72614	212157	32549	15895	84118	52350	29061	46450
6346	20690	125258	8873	52212		87445	28888	18193
164	2400	26941	5826	13877		14750	708	5415
73963	27906	158030	576102	634106	110928	1278269	570201	75863
2638	20255	46147	20178	91878		111906	17390	5857
564	3460	9399	-92	1664	257	6897	4669	3931

13-9 八大工业支柱产业主要经济指标(2012年)

单位：万元

行　业	Sector	企业单位数(个) Number of Enterprises (unit)	#亏损企业 Unprofitable Enterprises	工业总产值 Gross Industrial Output Value (at current prices)
全省总计	**Provincial Total**	**4284**	**809**	**169264870**
八大工业合计	Total Mainstay Property of 8 Large Industries	4015	781	164938542
八大工业占全省比重(%)	Mainstay Property of 8 Large Industries Rate in Total (%)	93.7	96.5	97.4
1.通信设备、计算机及其他电子设备制造业	Manufacture of Communication Equipment, Computer and Other Electronic Equipment	93	18	2790787
2.能源化工工业	Energy and Chemical Industry	1143	281	80195106
3.装备制造工业	Equipment Manufacturing Industry	868	148	31342728
4.医药制造业	Manufacture of Medicines Industry	174	18	3619475
5.食品工业	Foods Industry	672	69	15437783
6.纺织服装工业	Textile Wearing Apparel Industry	154	37	2159480
7.非金属矿物制品业	Manufacture of Non-metallic Mineral Products	486	108	7255865
8.有色冶金工业	Non-ferrous Metallurgy Industry	425	102	22137318

13-9 续表

单位：万元

行　业	Sector	所有者权益合计 Owners' Equity	主营业务收入 Revenue from Principal Business	主营业务成本 Cost of Principal Business
全省总计	**Provincial Total**	**88232742**	**163282495**	**121979043**
八大工业合计	Total Mainstay Property of 8 Large Industries	85897771	159288202	118868199
八大工业占全省比重(%)	Mainstay Property of 8 Large Industries Rate in Total (%)	97.4	97.6	97.5
1.通信设备、计算机及其他电子设备制造业	Manufacture of Communication Equipment, Computer and Other Electronic Equipment	2021360	2717619	2296922
2.能源化工工业	Energy and Chemical Industry	52098737	79745105	52924171
3.装备制造工业	Equipment Manufacturing Industry	16271146	27806327	23509881
4.医药制造业	Manufacture of Medicines Industry	1337117	3148505	2020137
5.食品工业	Foods Industry	4015593	14279569	10748337
6.纺织服装工业	Textile Wearing Apparel Industry	590691	2028896	1656417
7.非金属矿物制品业	Manufacture of Non-metallic Mineral Products	2291104	6761037	5640999
8.有色冶金工业	Non-ferrous Metallurgy Industry	7272022	22801144	20071335

Main Indicators of Industrial Enterprises(2012)

(10 000 yuan)

工业销售产值 Sales Output Value (at current prices)	资产总计 Total Assets	流动资产合计 Total Working Capitals	#应收账款 Accounts Receivable	#存货 Inventories	#产成品 Finished products	固定资产合计 Total of Fixed Assets	固定资产原价 Original Value of Fixed Assets	累计折旧 Total Depreciation	负债合计 Total Liabilities	#流动负债 Total Working Liabilities
163073130	**205911639**	**87433327**	**14849668**	**19317365**	**7491243**	**93179736**	**131179781**	**49408065**	**117190508**	**79340244**
158908317	201065964	85355625	14425032	18932115	7335939	91262630	128388916	48263341	114700139	77678884
97.5	97.7	97.6	97.1	98.0	97.9	97.9	97.9	97.7	97.9	97.9
2616226	4668729	2441829	830880	676313	228078	1171859	1824101	750582	2645246	2133995
79297339	121663868	40690565	3932981	4085331	1893672	66003825	94159596	35127177	69343118	40169573
29771594	38808352	24239775	7156595	7551256	2434795	11185301	14403560	5832326	22444800	19091287
3382943	2393521	1427225	316039	414837	201779	654578	1583756	1012686	1046252	898558
14653233	7674515	4136859	616216	1901422	739804	2714450	3753848	1297470	3604960	3036008
2042661	1430759	711502	86993	357125	135263	577757	898359	376340	821258	682999
6850323	5521306	1988546	475736	573571	261274	3081210	4420144	1571637	3184449	2532775
20293998	18904914	9719324	1009592	3372260	1441274	5873650	7345553	2295124	11610058	9133689

continued

(10 000 yuan)

主营业务税金及附加 Taxes and Other Charges on Principal Business	销售费用 Eelling Expenses	管理费用 Management Expenses	财务费用 Financial Expenses	利润总额 Total Profits	亏损企业亏损额 Losses of Unprofitable Enterprises	利税总额 Total Profits and Taxes	本年应交增值税 Value Added Tax Payable	全部从业人员年平均人数(人) Annual Average Employed Persons (person)
5069422	**4023608**	**9274834**	**2354807**	**20572234**	**1518994**	**34572969**	**8931313**	**1655187**
5037944	3882069	9031656	2288714	20120290	1509962	33948724	8790490	1585112
99.4	96.5	97.4	97.2	97.8	99.4	98.2	98.4	95.8
9456	82745	258858	33511	78363	87114	130872	43053	53712
3645117	1295773	4843434	1467438	15155235	921092	25036901	6236549	584202
166911	957361	1970594	268451	1392378	195308	2237815	678526	456639
27683	503744	165118	31407	382211	2614	643179	233285	43318
985588	559718	546717	94003	1308414	20994	2922958	628956	133485
18814	32659	65640	28087	174836	32687	258438	64788	72058
44558	163493	240067	80037	599104	50944	919471	275810	88814
139819	286577	941226	285781	1029749	199210	1799091	629523	152884

13-10 规模以上工业企业主要经济效益指标(2012年)
Main Indicators on Economic Benefit of Industrial Enterprises above Designated Size (2012)

分组	Item	总资产贡献率(%) Ratio of Total Assets to Industrial Output Value (%)	资产负债率(%) Assets-Liability Ratio (%)	流动资产周转率(次/年) Ratio of Turnover of Working Capitals (times/year)	成本费用利润率(%) Ratio of Profits to Industrial Cost (%)	工业产品销售率(%) Proportion of Products Sold (%)
总计	**Total**	**18.03**	**56.91**	**1.87**	**14.95**	**96.34**
按登记注册类型分	**By Status of Registration**					
内资企业	Domestic Funded	18.13	57.13	1.84	15.37	96.49
国有企业	State-owned Enterprises	12.61	63.82	1.76	8.67	93.58
中央企业	Central	13.25	60.68	1.85	6.55	93.52
地方企业	Local	11.73	68.13	1.63	11.79	93.67
集体企业	Collective-owned Enterprises	33.44	38.89	2.95	16.29	98.44
股份合作企业	Cooperative Enterprises	22.56	51.37	2.03	24.22	96.32
联营企业	Joint Ownership Enterprises	7.69	98.34	2.67	0.54	89.51
国有联营企业	State Joint Ownership Enterprises	6.69	104.64	3.07	-1.04	88.78
集体联营企业	Collective Joint Ownership Enterprises	16.41	45.53	1.57	14.25	99.14
国有与集体联营企业	Joint State-collective Enterprises	7.93	7.66	1.83	1.08	88.50
其他联营企业	Other Joint Ownership Enterprises	24.73	47.52	1.28	20.81	96.21
有限责任公司	Limited Liability Corporations	14.81	57.38	1.65	10.29	96.70
国有独资公司	State Sole Funded Corporations	16.94	49.49	1.21	14.00	98.35
其他有限责任公司	Other Limited Liability Corporations	13.59	61.92	1.93	8.92	96.12
股份有限公司	Share-holding Corporations Limited	24.51	52.92	1.91	38.15	97.27
私营企业	Private Enterprises	30.33	49.95	3.06	14.96	99.20
私营独资企业	Private-funded Enterprises	41.91	41.75	3.86	17.72	95.52
私营合作企业	Private Partnership Enterprises	48.00	41.80	2.19	37.50	133.17
私营有限责任公司	Private Limited Liability Corporations	23.62	55.05	3.15	10.41	93.97
私营股份有限公司	Private Share-holding Corporations Ltd.	26.45	44.16	3.03	15.98	94.98
其他企业	Other Enterprises	39.88	44.25	2.94	31.80	95.56
港、澳、台商投资企业	Enterprises with Funds from Hong Kong, Macao and Taiwan	12.06	47.53	1.99	7.57	89.86
合资经营企业(港或澳、台资)	Joint-venture Enterprises	10.54	51.32	1.61	8.55	94.50
合作经营企业(港或澳、台资)	Cooperative Enterprises	10.66	31.12	1.88	3.89	99.93
港澳台商独资经营企业	Enterprises with Sole Investment	12.95	49.04	2.25	7.88	83.57
港澳台商投资股份有限公司	Share-holding Corporations Ltd.	22.25	47.33	3.28	11.99	104.30
外商投资企业	Foreign Funded Enterprises	16.66	53.44	2.47	9.70	95.05
中外合资经营企业	Joint-venture Enterprises	16.63	57.10	2.59	9.35	95.27
中外合作经营企业	Cooperation Enterprises	28.84	54.41	5.49	15.80	99.69
外资企业	Enterprises with Sole Funds	14.58	38.64	2.30	9.87	96.29
外商投资股份有限公司	Share-holding Corporations Ltd.	20.54	60.16	1.46	12.49	85.62

13-10 续表 continued

分 组	Item	总资产贡献率(%) Ratio of Total Assets to Industrial Output Value (%)	资 产 负债率(%) Assets-Liability Ratio (%)	流动资产周转率(次/年) Ratio of Turnover of Working Capitals (times/year)	成本费用利润率(%) Ratio of Profits to Industrial Cost (%)	工业产品销售率(%) Proportion of Products Sold (%)
按经济组织类型分	**By Economic Type of Orgnization**					
独资企业	Appropratorship	14.01	61.55	1.91	9.69	93.81
国有企业	State-owned Enterprises	12.61	63.82	1.76	8.67	93.58
集体企业	Collective-owned Enterprises	33.44	38.89	2.95	16.29	98.44
私营独资企业	Private-funded Enterprises	41.91	41.75	3.86	17.72	95.52
港澳台商独资经营企业	Enterprises with Sole Investment	12.95	49.04	2.25	7.88	83.57
外资企业	Enterprises with Sole Funds	14.58	38.64	2.30	9.87	96.29
合作、合伙企业	Partnership	32.47	52.42	2.43	27.16	107.30
股份合作企业	Cooperative Enterprises	22.56	51.37	2.03	24.22	96.32
国有联营企业	State Joint Ownership Enterprises	6.69	104.64	3.07	-1.04	88.78
集体联营企业	Collective Joint Ownership Enterprises	16.41	45.53	1.57	14.25	99.14
国有与集体联营企业	Joint State-collective Enterprises	7.93	7.66	1.83	1.08	88.50
其他联营企业	Other Joint Ownership Enterprises	24.73	47.52	1.28	20.81	96.21
私营合伙企业	Private Partnership Enterprises	48.00	41.80	2.19	37.50	133.17
合作经营企业(港或澳、台资)	Cooperative Enterprises	10.66	31.12	1.88	3.89	99.93
中外合作经营企业	Cooperation Enterprises	28.84	54.41	5.49	15.80	99.69
其他企业(内资)	Other Enterprises	39.88	44.25	2.94	31.80	95.56
股份有限公司	Share-holding Corporations Limited	24.51	52.77	1.95	36.21	97.00
股份有限公司(内资)	Share-holding Corporations Ltd.	24.51	52.92	1.91	38.15	97.27
私营股份有限公司	Private Share-holding Corporations Ltd.	26.45	44.16	3.03	15.98	94.98
港澳台商投资股份有限公司	Share-holding Corporations Ltd.with Funds from Hong Kong, Macao and Taiwan	22.25	47.33	3.28	11.99	104.30
外商投资股份有限公司	Share-holding Corporations Ltd.with Foreign Investment	20.54	60.16	1.46	12.49	85.62
有限责任公司	Limited Liability Corporations	15.52	57.16	1.80	10.22	96.22
国有独资公司	State Sole Funded Corporations	16.94	49.49	1.21	14.00	98.35
私营有限责任公司	Private Limited Liability Corporations	23.62	55.05	3.15	10.41	93.97
合资经营企业(港或澳、台资)	Joint-venture Enterprises	10.54	51.32	1.61	8.55	94.50
中外合资经营企业	Joint-venture Enterprises	16.63	57.10	2.59	9.35	95.27
其他有限责任公司	Other Corporations	13.59	61.92	1.93	8.92	96.12
按轻重工业分	**Grouped by Light & Heavy Industries**					
轻工业	Light Industry	29.12	46.99	2.97	10.73	94.45
重工业	Heavy Industry	17.14	57.71	1.76	15.68	96.68
按企业规模分	**Grouped by Size of Enterprises**					
大型企业	Large Enterprises	17.44	56.71	1.62	16.83	96.85
中型企业	Medium-sized Enterprises	19.00	61.16	2.27	14.09	96.27
小型企业	Small Enterprises	19.94	52.14	2.41	11.39	95.19
微型企业	Mini Enterprises	8.71	50.39	1.99	4.68	95.10

13-11 规模以上工业企业分行业主要经济效益指标(2012年)
Main Indicators on Economic Benefit of Industrial Enterprises above Designated Size by Industrial Sector (2012)

行业	Sector	总资产贡献率(%) Ratio of Total Assets to Industrial Output Value (%)	资产负债率(%) Assets-Liability Ratio (%)	流动资产周转率(次/年) Ratio of Turnover of Working Capitals (times/year)	成本费用利润率(%) Ratio of Profits to Industrial Cost (%)	工业产品销售率(%) Proportion of Products Sold (%)
总计	**Total**	**18.03**	**56.91**	**1.87**	**14.95**	**96.34**
煤炭开采和洗选业	Mining and Washing of Coal	29.32	40.80	1.46	42.18	101.65
石油和天然气开采业	Extraction of Petroleum and Natural Gas	25.66	59.58	2.66	65.65	99.46
黑色金属矿采选业	Mining and Processing of Ferrous Metal Ores	13.93	67.55	1.75	8.14	92.03
有色金属矿采选业	Mining and Processing of Non-Ferrous Metal Ores	30.59	55.08	3.09	18.40	91.02
非金属矿采选业	Mining and Processing of Nonmetal Ores	27.15	47.16	3.80	9.72	96.42
开采辅助活动	Mining Supporting Activities	6.11	28.03	0.89	5.18	101.33
农副食品加工业	Processing of Food from Agricultural Products	25.86	52.42	4.56	7.54	95.14
食品制造业	Manufacture of Foods	26.40	46.27	4.06	9.58	91.95
酒、饮料和精制茶制造业	Manufacture of Wine,Beverages and Refined Tea	31.18	53.37	2.74	14.98	94.80
烟草制品业	Manufacture of Tobacco	92.04	26.11	2.09	27.96	99.59
纺织业	Manufacture of Textile	19.46	57.16	3.10	9.42	93.94
纺织服装、服饰业	Manufacture of Textile and Clothing	23.55	60.10	2.30	11.58	97.70
皮革、毛皮、羽毛及其制品和制鞋业	Manufacture of Leather, Fur, Feather and Related Products, and Shoes	9.75	50.83	1.51	9.35	95.18
木材加工和木、竹、藤、棕、草制品业	Processing of Timber, Manufacture of Wood, Bamboo,Rattan, Palm and Straw Products	18.96	45.93	1.84	10.34	94.83
家具制造业	Manufacture of Furniture	31.25	38.62	3.90	14.86	96.12
造纸和纸制品业	Manufacture of Paper and Paper Products	26.00	52.50	3.54	12.29	93.22
印刷和记录媒介复制业	Printing, Reproduction of Recording Media	16.68	39.60	2.00	14.28	96.02
文教、工美、体育和娱乐用品制造业	Manufacture of Culture, Education,Articles,Sports and Entertainment Supplies	33.31	33.81	3.52	17.00	103.70
石油加工、炼焦及核燃料加工业	Processing of Petroleum, Coking, Processing of Nuclear Fuel	27.20	50.46	1.88	12.73	99.19
化学原料和化学制品制造业	Manufacture of Raw Chemical Materials and Chemical Products	4.64	69.39	1.79	1.56	96.06
医药制造业	Manufacture of Medicines	27.82	43.71	2.21	14.05	93.47
化学纤维制造业	Manufacture of Chemical Fibers	29.18	16.23	3.27	18.52	94.04
橡胶和塑料制品业	Manufacture of Rubber and Plastics	17.07	60.81	2.89	10.31	89.81
非金属矿物制品业	Manufacture of Non-metallic Mineral Products	18.04	57.68	3.40	9.78	94.41
黑色金属冶炼及压延加工业	Smelting and Pressing of Ferrous Metals	6.11	79.34	2.52	0.97	89.74
有色金属冶炼及压延加工业	Smelting and Pressing of Non-ferrous Metals	11.21	51.70	2.22	5.44	93.15
金属制品业	Manufacture of Metal Products	5.71	57.75	1.30	4.42	94.97
通用设备制造业	Manufacture of General Purpose Machinery	9.87	56.91	1.05	9.47	95.03
专用设备制造业	Manufacture of Special Purpose Machinery	7.48	58.47	1.06	6.39	89.47
汽车制造业	Automotive Industry	7.82	58.78	1.90	3.88	97.35
铁路、船舶、航空航天和其他运输设备制造业	Manufacture of Railway,Shipping,Aerospace and Other Transport Equipments	5.04	59.52	0.88	5.74	95.32
电气机械和器材制造业	Manufacture of Electrical Machinery and Equipment	4.65	55.66	1.02	2.42	95.15
计算机、通信和其他电子设备制造业	Manufacture of Computers,Communication and Other Electronic Equipment	3.69	56.66	1.11	2.93	93.75
仪器仪表制造业	Manufacture of Instrument and Apparatus	6.65	54.10	1.06	5.97	97.21
其他制造业	Other Manufacturing	20.60	30.77	1.89	19.81	96.98
废弃资源综合利用业	Comprehensive Utilization Industry of Waste Resour	8.00	33.93	7.33	2.32	99.37
金属制品、机械和设备修理业	Industry of Metalwork,Machinery, and Equipment Repair	8.58	66.69	0.95	8.45	94.31
电力、热力的生产和供应业	Production and Supply of Electric Power and Heat Power	9.51	80.17	3.45	6.31	95.66
燃气生产和供应业	Production and Supply of Gas	10.15	58.67	1.70	15.20	98.54
水的生产和供应业	Production and Supply of Water	3.11	46.17	0.55	3.75	97.66

13-12 国有及国有控股工业企业主要经济效益指标(2012年)
Main Indicators on Economic Benefit of State-owned and State-holding Industrial Enterprises(2012)

行 业	Sector	总资产贡献率(%) Ratio of Total Assets to Industrial Output Value (%)	资 产负债率(%) Assets-Liability Ratio (%)	流动资产周转率(次/年) Ratio of Turnover of Working Capitals (times/year)	成本费用利润率(%) Ratio of Profits to Industrial Cost (%)	工业产品销售率(%) Proportion of Products Sold (%)
总 计	**Total**	**16.93**	**58.57**	**1.61**	**16.95**	**96.85**
煤炭开采和洗选业	Mining and Washing of Coal	26.09	40.44	1.22	53.10	98.37
石油和天然气开采业	Extraction of Petroleum and Natural Gas	25.65	59.58	2.66	65.57	99.46
黑色金属矿采选业	Mining and Processing of Ferrous Metal Ores	13.25	77.58	1.28	10.47	90.53
有色金属矿采选业	Mining and Processing of Non-Ferrous Metal Ores	20.73	65.79	2.53	18.66	90.93
非金属矿采选业	Mining and Processing of Nonmetal Ores	13.97	61.87	1.92	9.22	93.43
开采辅助活动	Mining Supporting Activities	3.87	27.73	0.85	0.31	102.03
农副食品加工业	Processing of Food from Agricultural Products	10.57	61.40	2.07	1.82	93.57
食品制造业	Manufacture of Foods	15.46	57.34	13.89	0.99	97.47
酒、饮料和精制茶制造业	Manufacture of Wine,Beverages and Refined Tea	51.00	49.14	2.94	17.15	109.05
烟草制品业	Manufacture of Tobacco	92.04	26.11	2.09	27.96	99.59
纺织业	Manufacture of Textile	-0.31	55.26	1.79	-5.27	96.72
纺织服装、服饰业	Manufacture of Textile and Clothing	53.95	20.00	3.20	27.61	93.37
皮革、毛皮、羽毛及其制品和制鞋业	Manufacture of Leather, Fur, Feather and Related Products, and Shoes	5.78	46.19	1.33	8.15	93.09
木材加工和木、竹、藤、棕、草制品业	Processing of Timber, Manufacture of Wood, Bamboo,Rattan, Palm and Straw Products	1.82	19.03	1.78	2.34	94.44
家具制造业	Manufacture of Furniture	177.73	25.73	18.13	11.65	91.98
印刷和记录媒介复制业	Printing, Reproduction of Recording Media	18.25	21.54	1.91	18.43	97.99
石油加工、炼焦及核燃料加工业	Processing of Petroleum, Coking, Processing of Nuclear Fuel	32.39	46.52	1.87	15.58	99.72
化学原料和化学制品制造业	Manufacture of Raw Chemical Materials and Chemical Products	2.49	74.92	1.50	-1.54	97.02
医药制造业	Manufacture of Medicines	17.52	46.55	1.82	11.27	94.94
化学纤维制造业	Manufacture of Chemical Fibers	25.03	12.77	2.94	19.21	92.84
橡胶和塑料制品业	Manufacture of Rubber and Plastics	4.86	70.82	0.98	4.54	95.54
非金属矿物制品业	Manufacture of Non-metallic Mineral Products	10.77	68.59	2.50	11.64	96.94
黑色金属冶炼及压延加工业	Smelting and Pressing of Ferrous Metals	2.39	82.71	2.10	-1.74	86.48
有色金属冶炼及压延加工业	Smelting and Pressing of Non-ferrous Metals	6.90	51.32	2.00	3.02	96.20
金属制品业	Manufacture of Metal Products	4.22	61.17	0.92	3.52	94.83
通用设备制造业	Manufacture of General Purpose Machinery	7.87	59.81	0.75	9.80	94.23
专用设备制造业	Manufacture of Special Purpose Machinery	4.51	66.56	0.81	3.32	86.15
汽车制造业	Automotive Industry	5.20	57.99	1.67	2.13	97.00
铁路、船舶、航空航天和其他运输设备制造业	Manufacture of Railway,Shipping,Aerospace and Other Transport Equipments	4.58	60.09	0.87	5.15	95.45
电气机械和器材制造业	Manufacture of Electrical Machinery and Equipment	3.42	52.57	0.68	1.40	97.95
计算机、通信和其他电子设备制造业	Manufacture of Computers,Communication and Other Electronic Equipment	1.36	60.47	0.94	-0.93	94.46
仪器仪表制造业	Manufacture of Instrument and Apparatus	4.50	55.95	1.06	3.24	97.61
其他制造业	Other Manufacturing	13.46	51.00	2.29	4.43	100.18
废弃资源综合利用业	Comprehensive Utilization Industry of Waste Resources					
金属制品、机械和设备修理业	Industry of Metalwork,Machinery, and Equipment Repair	6.92	68.06	0.87	7.27	93.59
电力、热力的生产和供应业	Production and Supply of Electric Power and Heat Power	9.66	81.50	3.81	6.18	95.60
燃气生产和供应业	Production and Supply of Gas	8.49	60.81	1.74	12.37	98.58
水的生产和供应业	Production and Supply of Water	2.84	46.55	0.57	2.41	97.93

13-13 外商及港澳台商投资工业企业主要经济效益指标(2012年)
Main Indicators on Economic Benefit of Industrial Enterprises with Hong Kong, Macao, Taiwan and Foreign Funds (2012)

行业	Sector	总资产贡献率(%) Ratio of Total Assets to Industrial Output Value (%)	资产负债率(%) Assets-Liability Ratio (%)	流动资产周转率(次/年) Ratio of Turnover of Working Capitals (times/year)	成本费用利润率(%) Ratio of Profits to Industrial Cost (%)	工业产品销售率(%) Proportion of Products Sold (%)
总计	**Total**	**15.85**	**52.40**	**2.39**	**9.38**	**94.26**
煤炭开采和洗选业	Mining and Washing of Coal	37.94	20.50	1.58	66.45	86.06
黑色金属矿采选业	Mining and Processing of Ferrous Metal Ores	10.47	33.00	4.42	3.61	96.89
有色金属矿采选业	Mining and Processing of Non-Ferrous Metal Ores	159.77	52.25	16.70	11.49	94.72
非金属矿采选业	Mining and Processing of Nonmetal Ores	-1.16	37.70	1.16	-11.16	95.01
农副食品加工业	Processing of Food from Agricultural Products	23.04	51.68	6.75	5.57	98.29
食品制造业	Manufacture of Foods	21.92	44.95	3.68	7.05	89.65
酒、饮料和精制茶制造业	Manufacture of Wine,Beverages and Refined Tea	20.29	55.86	2.29	13.21	90.88
纺织业	Manufacture of Textile	1.50	85.92	1.05	-4.33	94.21
纺织服装、服饰业	Manufacture of Textile and Clothing	43.79	7.51	19.60	15.07	96.29
木材加工和木、竹、藤、棕、草制品业	Processing of Timber,Manufacture of Wood, Bamboo, Rattan, Palm and Straw Products	1.82	19.03	1.78	2.34	94.44
造纸和纸制品业	Manufacture of Paper and Paper Products	62.18	23.41	6.56	21.88	98.41
印刷和记录媒介复制业	Printing, Reproduction of Recording Media	8.49	67.74	1.04	8.60	101.18
文教、工美、体育和娱乐用品制造业	Manufacture of Culture, Education,Articles,Sports and Entertainment Supplies	11.91	40.58	1.87	2.29	100.00
石油加工、炼焦及核燃料加工业	Processing of Petroleum, Coking, Processing of Nuclear Fuel	17.03	51.27	3.43	10.19	98.55
化学原料和化学制品制造业	Manufacture of Raw Chemical Materials and Chemical Products	10.10	43.83	1.20	7.27	98.56
医药制造业	Manufacture of Medicines	28.43	35.79	2.14	7.72	95.09
化学纤维制造业	Manufacture of Chemical Fibers	39.35	17.51	3.28	20.30	92.61
橡胶和塑料制品业	Manufacture of Rubber and Plastics	16.00	69.73	7.67	8.41	83.08
非金属矿物制品业	Manufacture of Non-metallic Mineral Products	19.59	39.10	2.67	19.43	95.94
黑色金属冶炼及压延加工业	Smelting and Pressing of Ferrous Metals	11.87	53.80	2.58	2.44	99.66
有色金属冶炼及压延加工业	Smelting and Pressing of Non-ferrous Metals	6.33	47.02	1.62	2.00	95.14
金属制品业	Manufacture of Metal Products	6.04	50.33	1.29	4.92	101.18
通用设备制造业	Manufacture of General Purpose Machinery	8.47	29.24	1.31	5.97	99.77
专用设备制造业	Manufacture of Special Purpose Machinery	9.48	37.61	1.82	4.84	94.08
汽车制造业	Automotive Industry	11.70	62.39	2.40	7.15	98.54
铁路、船舶、航空航天和其他运输设备制造业	Manufacture of Railway,Shipping,Aerospace and Other Transport Equipments	23.18	59.55	1.06	22.21	92.23
电气机械和器材制造业	Manufacture of Electrical Machinery and Equipment	7.43	56.00	2.83	2.28	93.90
计算机、通信和其他电子设备制造业	Manufacture of Computers,Communication and Other Electronic Equipment	7.52	50.61	1.23	10.74	93.88
仪器仪表制造业	Manufacture of Instrument and Apparatus	24.94	41.22	1.31	23.33	99.97
其他制造业	Other Manufacturing	25.42	22.54	1.02	62.86	99.30
金属制品、机械和设备修理业	Industry of Metalwork,Machinery, and Equipment Repair	14.58	59.54	1.55	4.79	100.00
电力、热力的生产和供应业	Production and Supply of Electric Power and Heat Power	9.55	72.95	2.65	4.67	99.51
燃气生产和供应业	Production and Supply of Gas	11.21	58.50	1.44	16.53	97.57
水的生产和供应业	Production and Supply of Water	4.50	56.17	0.27	20.56	100.00

13-14 大中型工业企业主要经济效益指标(2012年)
Main Indicators on Economic Benefit of Large and Medium-sized Industrial Enterprises(2012)

行 业	Sector	总资产贡献率(%) Ratio of Total Assets to Industrial Output Value (%)	资产负债率(%) Assets-Liability Ratio (%)	流动资产周转率(次/年) Ratio of Turnover of Working Capitals (times/year)	成本费用利润率(%) Ratio of Profits to Industrial Cost (%)	工业产品销售率(%) Proportion of Products Sold (%)
总 计	**Total**	**17.79**	**57.72**	**1.76**	**16.07**	**96.68**
煤炭开采和洗选业	Mining and Washing of Coal	27.88	40.65	1.36	48.05	103.41
石油和天然气开采业	Extraction of Petroleum and Natural Gas	25.64	59.58	2.66	65.62	99.46
黑色金属矿采选业	Mining and Processing of Ferrous Metal Ores	11.89	68.74	1.20	10.87	91.90
有色金属矿采选业	Mining and Processing of Non-Ferrous Metal Ores	21.05	59.83	2.36	18.63	88.41
非金属矿采选业	Mining and Processing of Nonmetal Ores	29.34	56.85	3.68	16.26	97.52
开采辅助活动	Mining Supporting Activities	5.19	27.54	0.86	3.19	101.71
农副食品加工业	Processing of Food from Agricultural Products	25.31	59.77	4.17	6.73	94.84
食品制造业	Manufacture of Foods	29.85	46.33	4.13	9.93	91.86
酒、饮料和精制茶制造业	Manufacture of Wine,Beverages and Refined Tea	33.40	56.76	2.70	15.58	98.10
烟草制品业	Manufacture of Tobacco	92.99	25.65	2.11	28.07	99.56
纺织业	Manufacture of Textile	18.42	59.50	2.93	8.93	95.31
纺织服装、服饰业	Manufacture of Textile and Clothing	20.69	65.87	1.83	11.89	98.29
皮革、毛皮、羽毛及其制品和制鞋业	Manufacture of Leather, Fur, Feather and Related Products, and Shoes	5.78	46.19	1.33	8.15	93.09
木材加工和木、竹、藤、棕、草制品业	Processing of Timber, Manufacture of Wood, Bamboo,Rattan, Palm and Straw Products	20.05	48.40	1.53	11.41	95.43
家具制造业	Manufacture of Furniture	75.87	41.28	10.79	22.41	98.49
造纸和纸制品业	Manufacture of Paper and Paper Products	27.12	57.03	3.24	13.27	91.39
印刷和记录媒介复制业	Printing, Reproduction of Recording Media	16.71	34.62	1.85	15.73	96.77
石油加工、炼焦及核燃料加工业	Processing of Petroleum, Coking, Processing of Nuclear Fuel	28.98	50.26	1.82	14.48	99.29
化学原料和化学制品制造业	Manufacture of Raw Chemical Materials and Chemical Products	3.08	73.39	1.65	-0.63	95.86
医药制造业	Manufacture of Medicines	33.43	41.31	2.25	16.18	93.86
橡胶和塑料制品业	Manufacture of Rubber and Plastics	13.06	65.85	2.42	9.70	89.35
非金属矿物制品业	Manufacture of Non-metallic Mineral Products	16.45	61.03	3.19	10.95	91.36
黑色金属冶炼及压延加工业	Smelting and Pressing of Ferrous Metals	4.73	81.82	2.39	0.11	88.50
有色金属冶炼及压延加工业	Smelting and Pressing of Non-ferrous Metals	10.82	51.10	2.16	5.25	93.23
金属制品业	Manufacture of Metal Products	3.56	58.02	0.95	3.12	95.06
通用设备制造业	Manufacture of General Purpose Machinery	9.49	56.91	0.91	10.47	94.53
专用设备制造业	Manufacture of Special Purpose Machinery	6.58	59.94	0.94	5.81	87.72
汽车制造业	Automotive Industry	7.32	59.34	1.89	3.63	97.61
铁路、船舶、航空航天和其他运输设备制造业	Manufacture of Railway,Shipping,Aerospace and Other Transport Equipments	4.69	59.99	0.86	5.48	95.35
电气机械和器材制造业	Manufacture of Electrical Machinery and Equipment	3.50	56.41	0.79	1.38	95.77
计算机、通信和其他电子设备制造业	Manufacture of Computers,Communication and Other Electronic Equipment	2.17	58.23	1.06	0.71	94.28
仪器仪表制造业	Manufacture of Instrument and Apparatus	5.83	53.47	1.09	4.98	97.88
金属制品、机械和设备修理业	Industry of Metalwork,Machinery,and Equipment Repair	6.63	68.22	0.86	7.05	93.44
电力、热力的生产和供应业	Production and Supply of Electric Power and Heat Power	9.80	81.00	3.84	5.97	95.53
燃气生产和供应业	Production and Supply of Gas	9.10	56.82	1.67	13.39	99.12
水的生产和供应业	Production and Supply of Water	4.71	53.16	1.31	2.02	100.00

13-15 主要工业产品产量
Output of Major Industrial Products

产品名称		Item		2010	2011	2012
原煤	(万吨)	Coal	(10 000 tons)	36115.50	41135.08	47904.12
洗煤	(万吨)	Coal Washing	(10 000 tons)	1137.31	3027.14	4313.85
天然原油	(万吨)	Crude Petroleum Oil	(10 000 tons)	3017.28	3225.42	3527.56
天然气	(亿立方米)	Natural Gas	(100 million cu.m)	223.47	272.21	309.62
铁矿石原矿	(万吨)	Crude Quantity of Iron Ore	(10 000 tons)	372.95	991.80	1329.50
锌金属含量	(万吨)	Zinc Metal Content	(10 000 tons)	20.44	27.23	29.63
钼精矿折合量	(万吨)	Reduced Quantity of Molybdenum Concentrate	(10 000 tons)	3.82	3.96	4.98
发电量	(亿千瓦小时)	Electricity	(100 million kwh)	1101.91	1208.82	1330.50
小麦粉	(万吨)	Wheat Meal	(10 000 tons)	319.03	358.05	419.91
精制食用植物油	(万吨)	Refined Edible Vegetable Oil	(10 000 tons)	67.92	88.15	121.94
饲料	(万吨)	Feed	(10 000 tons)	161.43	195.54	246.75
乳制品	(万吨)	Dairy Products	(10 000 tons)	147.97	160.20	172.10
白酒	(万千升)	Spirits	(10 000 kiloliter)	8.33	7.99	9.31
啤酒	(万千升)	Beer	(10 000 kiloliter)	94.26	98.98	102.09
软饮料	(万吨)	Soft Drinks	(10 000 tons)	215.79	383.54	419.84
卷烟	(亿支)	Cigarettes	(100 million pieces)	830.00	860.00	879.50
化学纤维	(吨)	Chemical Fiber	(ton)	23070	23140	27876
纱	(万吨)	Yarn	(10 000 tons)	27.12	27.44	28.86
布	(万米)	Cloth	(10 000 m)	75248.40	61422.20	65006.43
印染布	(万米)	Dyed Fabric	(10 000 m)	8390.82	6830.90	7438.84
服装	(万件)	Garments	(10 000 cases)	1933.06	1556.60	1960.71
机制纸及纸板	(万吨)	Machine-made Paper and Paperboard	(10 000 tons)	86.63	92.76	80.35
纸制品	(万吨)	Paper Products	(10 000 tons)	34.56	37.97	50.18
原油加工量	(万吨)	crude runs	(10 000 tons)	1979.94	1962.57	2124.05
# 汽油		Gasoline		572.49	610.81	737.65
柴油		Diesel Oil		854.44	853.32	921.51
机械化焦炉生产的焦炭	(万吨)	Coke	(10 000 tons)	1485.1	1790.29	2041.77
硫酸(折100%)	(万吨)	Sulfuric Acid	(10 000 tons)	132.33	147.72	134.76
氢氧化钠(烧碱)	(万吨)	Caustic Soda	(10 000 tons)	22.67	44.02	50.94
碳化钙(电石)	(万吨)	Soda Ash	(10 000 tons)	104.91	115.59	146.71
合成氨	(万吨)	Synthetic Ammonia	(10 000 tons)	122.28	114.02	135.26
化肥总计	(万吨)	Chemical Fertilizers	(10 000 tons)	82.74	92.01	97.89
氮肥		Nitrogen Fertilizers		68.30	61.76	74.01
磷肥		Phosphate Fertilizers		14.45	24.79	23.88
合成洗涤剂	(吨)	Synthetic Detergents	(ton)	111495	127383	149673
化学药品原药	(吨)	Chemical Medicines	(ton)	7767	10065	12569
精甲醇	(万吨)	Extract Methanol	(10 000 tons)	149.02	164.16	269.40
中成药	(吨)	Traditional Chinese Medicine	(ton)	28559	26741	32373
塑料制品	(吨)	Plastic Articles	(ton)	728117	129970	421364
水泥	(万吨)	Cement	(10 000 tons)	5463.79	6430.63	7552.71
平板玻璃	(万重量箱)	Plain Glass	(10 000 weight cases)	1291.57	1302.83	1360.84
生铁	(万吨)	Pig Iron	(10 000 tons)	513.85	717.59	803.12
粗钢	(万吨)	Crude Steel	(10 000 tons)	604.82	751.49	828.69
钢材	(万吨)	Rolled Steel	(10 000 tons)	994.89	1025.29	1283.55
铝材	(吨)	Rolled Aluminum	(ton)	84829	125829	154793
铁合金	(万吨)	Ferroalloy	(10 000 tons)	28.87	50.97	51.44
十种有色金属	(万吨)	Ten Kinds of Nonferrous Metals	(10 000 tons)	112.71	129.59	124.29
原铝(电解铝)	(万吨)	Electrolyzed Aluminum	(10 000 tons)	29.54	31.31	29.89
锌	(万吨)	Zinc Metal	(10 000 tons)	54.49	65.62	61.92
金属切削机床	(台)	Metal-cutting Machine Tools	(unit)	24479	31108	19781
# 数控机床		Computer Numerical Control Machine Tools		13166	15317	8670
金属成型机床(锻压设备)	(台)	Metal Forming Machines(Forging Equipment)	(unit)	823	1144	343
采矿专用设备	(万吨)	Mining Special-purpose Equipments	(10 000 tons)	20.32		
缝纫机	(万架)	Sewing Machines	(10 000 units)	58.17		
汽车	(万辆)	Motor Vehicles	(unit)	65.21	55.67	54.46
# 基本型乘用车(轿车)		Basic Type Passenger Vehicle(Car)		52.12	38.68	36.62
载货汽车		Trucks		12.35	9.67	7.89
家用电冰箱	(万台)	Home Refrigerators	(10 000 sets)	35.68	32.33	31.06
交流电动机	(万千瓦)	Alternating Current Motors	(10 000 kw)	469.14	578.02	449.54
变压器	(万千伏安)	Transformers	(10 000 KVA)	11944.88	11936.61	11278.66
光缆	(芯千米)	Fiber Optic Cable	(Core.km)	2053881	1569274	3347745
电子元件	(万只)	Electronic Components	(10 000 units)	307790.50	41475.30	109917.55
彩色显像管	(万只)	Color CRT	(10 000 units)	704.08	190.72	108.86

13-16 各市(区)规模以上工业企业工业总产值(1995-2012年)
Gross Industrial Output Value above Designated Size by City(District)(1995-2012)

单位：亿元 (100 million yuan)

年 份 Year	全 省 Shaanxi	西安市 Xi'an	铜川市 Tongchuan	宝鸡市 Baoji	咸阳市 Xianyang	渭南市 Weinan
1995	761.35	240.63	15.80	115.84	135.02	74.74
1996	814.82	281.51	21.98	123.29	151.78	79.99
1997	900.78	303.94	25.47	124.26	173.04	87.40
1998	960.81	355.15	26.97	125.62	182.22	89.60
1999	1097.45	376.72	29.21	126.21	202.89	95.79
2000	1268.43	433.43	30.84	139.98	208.70	100.27
2001	1457.62	505.02	30.11	155.13	217.24	112.93
2002	1667.10	546.24	33.38	183.76	231.22	136.04
2003	2118.17	676.93	42.13	252.95	286.13	191.74
2004	2735.22	892.60	59.91	315.47	309.65	257.79
2005	3397.71	952.18	70.49	409.95	359.16	337.71
2006	4442.81	1194.60	99.53	536.67	458.52	377.63
2007	5692.33	1623.85	124.34	672.20	565.61	474.27
2008	7480.79	2030.76	166.84	895.77	860.24	638.00
2009	8470.40	2490.50	195.02	995.99	1038.83	767.22
2010	11199.84	3130.15	249.05	1340.45	1401.92	1039.83
2011	14283.48	3552.21	335.76	1701.80	1854.54	1360.03
2012	16926.49	4066.31	461.80	1986.69	2293.52	1634.36

13-16 续表 continued

单位：亿元 (100 million yuan)

年 份 Year	延安市 Yan'an	汉中市 Hanzhong	榆林市 Yulin	安康市 Ankang	商洛市 Shangluo	杨凌示范区 Yangling
1995	33.39	53.33	16.75	12.49	5.61	1.61
1996	56.96	56.62	18.19	16.13	6.43	1.95
1997	75.33	62.91	20.15	19.04	6.92	2.32
1998	69.83	63.80	22.48	15.93	7.92	1.29
1999	83.90	62.58	24.60	16.37	9.45	1.28
2000	131.00	68.43	36.61	20.06	11.47	2.07
2001	160.78	76.31	68.20	20.63	14.19	3.58
2002	188.52	89.11	119.20	25.03	16.40	5.52
2003	255.93	110.07	142.27	30.45	22.00	13.34
2004	348.10	142.76	278.39	37.71	26.82	16.29
2005	537.00	165.41	360.04	43.57	32.76	16.53
2006	764.07	204.37	528.20	56.28	41.39	19.57
2007	905.20	241.11	773.87	81.56	60.08	28.17
2008	1053.51	260.60	1269.86	97.48	74.43	34.74
2009	969.50	310.79	1392.56	132.47	104.56	40.30
2010	1227.31	404.41	1917.70	192.15	176.99	40.09
2011	1504.86	545.42	2613.53	309.22	265.07	60.26
2012	1646.76	718.09	3130.98	482.20	365.04	79.87

13-17 各市(区)规模以上工业企业主要经济指标(2012年)
Main Indicators of Industrial Enterprises above Designated Size by City(District)(2012)

单位：万元 (10 000 yuan)

地区	Sector	企业单位数(个) Number of Enterprises (unit)	# 亏损企业 Unprofitable Enterprises	资产总计 Total Assets	负债合计 Total Liabilities	所有者权益合计 Owners' Equity	主营业务收入 Revenue from Principal Business	主营业务成本 Cost of Principal Business
全 省	**Shaanxi**	**4284**	**809**	**205911639**	**117190508**	**88232742**	**163282495**	**121979043**
西 安 市	Xi'an	966	167	46493711	27641278	18715981	36448926	30827360
铜 川 市	Tongchuan	144	24	4503504	2896583	1593558	4779452	4107973
宝 鸡 市	Baoji	443	101	16177372	9709787	6448636	16927120	13667300
咸 阳 市	Xianyang	639	59	18174155	9968843	8174622	21612851	16806264
渭 南 市	Weinan	411	101	18388781	11952567	6344698	15585312	13640748
# 韩城市	Hancheng	81	24	6200583	4911114	1255557	5922780	5120502
延 安 市	Yan'an	113	34	28751137	16275507	12440082	18086362	10698266
汉 中 市	Hanzhong	324	62	8099912	5701619	2380651	7465394	6540969
榆 林 市	Yulin	665	202	32187059	14872066	17200578	19879855	11707307
安 康 市	Ankang	363	16	3048682	1695202	1332934	4521243	3491826
商 洛 市	Shangluo	150	30	3458553	2444263	1006587	3273883	2949525
杨凌示范区	Yangling	61	13	712743	381559	329459	667008	549672

13-17 续表 continued

单位：万元 (10 000 yuan)

地区	Sector	主营业务税金及附加 Taxes and Other Charges on Principal Business	销售费用 Eelling Expenses	管理费用 Management Expenses	财务费用 Financial Expenses	利润总额 Total Profits	亏损企业亏损额 Losses of Unprofitable Enterprises	本年应交增值税 Value Added Tax Payable	全部从业人员年平均人数(人) Annual Average Employed Persons (person)
全 省	**Shaanxi**	**5069422**	**4023608**	**9274834**	**2354807**	**20572234**	**1518994**	**8931313**	**1655187**
西 安 市	Xi'an	350780	1421890	2101411	495250	1650755	263660	1126491	438659
铜 川 市	Tongchuan	45174	92899	250995	79029	265772	30318	193971	50815
宝 鸡 市	Baoji	557239	478743	1337534	199353	1324639	45825	615473	168507
咸 阳 市	Xianyang	668844	418941	767648	213015	2366429	149838	958108	285096
渭 南 市	Weinan	89238	251023	542484	306081	637118	275891	506615	158248
# 韩城市	Hancheng	24377	101509	125517	165342	84542	124066	186640	40000
延 安 市	Yan'an	1715240	139822	1534391	251475	3501686	307885	1592314	28233
汉 中 市	Hanzhong	240696	111876	280614	131730	201995	93654	209496	90622
榆 林 市	Yulin	422044	848673	1392085	337765	5110118	168400	1903003	154932
安 康 市	Ankang	93268	130211	189860	69019	588818	10126	268106	45974
商 洛 市	Shangluo	34568	53419	114180	76986	97237	78191	152267	29078
杨凌示范区	Yangling	2047	45204	31884	9101	36197	5226	41992	8170

主要统计指标解释

工业　指从事自然资源的开采，对采掘品和农产品进行加工和再加工的物质生产部门。具体包括：(1)对自然资源的开采，如采矿、晒盐等(但不包括禽兽捕猎和水产捕捞)；(2)对农副产品的加工、再加工，如粮油加工、食品加工、缫丝、纺织、制革等；(3)对采掘品的加工、再加工，如炼铁、炼钢、化工生产、石油加工、机器制造、木材加工等，以及电力、自来水、煤气的生产和供应等；(4)对工业品的修理、翻新，如机器设备的修理、交通运输工具(如汽车)的修理等。

轻工业　指主要提供生活消费品和制作手工工具的工业。按其所使用的原料不同，可分为两大类：(1)以农产品为原料的轻工业，是指直接或间接以农产品为基本原料的轻工业。主要包括食品制造、饮料制造、烟草加工、纺织、缝纫、皮革和毛皮制作、造纸以及印刷等工业；(2)以非农产品为原料的轻工业，是指以工业品为原料的轻工业。主要包括文教体育用品、化学药品制造、合成纤维制造、日用化学制品、日用玻璃制品、日用金属制品、手工工具制造、医疗器械制造、文化和办公用机械制造等工业。

重工业　指为国民经济各部门提供物质技术基础的主要生产资料的工业。按其生产性质和产品用途，可以分为下列三类：(1)采掘(伐)工业，是指对自然资源的开采，包括石油开采、煤炭开采、金属矿开采、非金属矿开采等工业；(2)原材料工业，指向国民经济各部门提供基本材料、动力和燃料的工业。包括金属冶炼及加工、炼焦及焦炭、化学、化工原料、水泥、人造板以及电力、石油和煤炭加工等工业；(3)加工工业，是指对工业原材料进行再加工制造的工业。包括装备国民经济各部门的机械设备制造工业、金属结构、水泥制品等工业，以及为农业提供的生产资料如化肥、农药等工业。

根据上述划分原则，修理业中以重工业产品为修理作业对象的划为重工业，反之划为轻工业。

国有及国有控股企业　指国有企业加上国有控股企业。国有企业(即原全民所有制工业或国营工业)指企业全部资产归国家所有，并按《中华人民共和国企业法人登记管理条例》规定登记注册的非公司制的经济组织。包括国有企业、国有独资公司和国有联营企业。1957 年以前的公私合营和私营工业，后均改造为国营工业，1992 年改为国有工业，这部分工业的资料不单独分列时，均包括在国有企业内。国有控股企业是对混合所有制经济的企业进行的“国有控股”分类。它是指这些企业的全部资产中国有资产(股份)相对其他所有者中的任何一个所有者占资(股)最多的企业。该分组反映了国有经济控股情况。

工业总产值

(1)定义：

工业总产值是以货币形式表现的，工业企业在一定时期内生产的工业最终产品或提供工业性劳务活动的总价值量。它反映一定时间内工业生产的总规模和总水平。

(2)计算原则：

工业生产的原则，即凡是企业在报告期生产的经检验合格的产品，不管是否在报告期销售，均包括在内。

最终产品的原则，即凡是计入工业总产值的产品，必须是本企业生产的经检验合格的，不需要再进行任何加工的最终产品。如果企业有中间产品(半成品)对外销售，则对外销售的中间产品应视为企业的最终产品。

工厂法原则，即工业总产值是以工业企业作为基本计算(核算)单位，即按企业的最终产品计算工业总产值。按这种方法计算的工业总产值，不允许同一产品价值在企业内部重复计算，不能把企业内部各个车间(分厂)生产的成果相加，但允许企业间的重复计算。

(3)内容及计算方法：

1995 年全国工业普查对工业总产值(原规定)的内容及计算原则和方法做了某些修订，修订后的工业总产值(新规定)包括三项内容：即本期生产成品价值、对外加工费收入、在制品半成品期末期初差额价值三部分。

工业增加值　指工业企业在报告期内以货币表现的工业生产活动的最终成果。

工业增加值有两种计算方法：一是生产法，即工业总产出减去工业中间投入加上应交增值税；二是收入法，即从收入的角度出发，根据生产要素在生产过程中应得到的收入份额计算，具体构成项目有固定资产折旧、劳动者报酬、生产税净额、营业盈余，这种方法也称要素分配法。本年鉴中的工业增加值是以生产法计算的。

生产法工业增加值的计算方法为：

工业增加值=工业总产出-工业中间投入+应交增值税

资产总计　指企业拥有或控制的能以货币计量的经济资源，包括各种财产、债权和其他权利。资产按流动性分为流动资产、长期投资、固定资产、无形资产、递延资产和其他资产。该指标根据企业会计“资产负债表”中“资产总计”项目的期末数增列。

流动资产　指企业可以在一年内或者超过一年的一个生产周期内变现或者耗用的资产，包括现金及各种存款、短期投资，应收及预付款项、存货等。

流动资产平均余额　指企业在报告期内全部流动资产的平均余额。

固定资产原价　指企业在建造、购置、安装、改建、扩建、技术改造某项固定资产时所支出的全部货币总额。它一般包括买价、包装费、运杂费和安装费等。

固定资产净值年平均余额 指固定资产净值在报告期内余额的平均数。计算公式为:

$$\text{固定资产净值年平均余额}=\frac{\text{1至12月各月月初、月末固定资产净值之和}}{24}$$

固定资产净值 指固定资产原价减去历年已提折旧额后的净额。计算公式为:

固定资产净值=固定资产原价-累计折旧

负债合计 指企业所承担的能以货币计量,将以资产或劳务偿付的债务,偿还形式包括货币、资产或提供劳务。负债一般按偿还期长短分为流动负债和长期负债。根据会计"资产负债表"中"负债合计"的年末数填列。

所有者权益 指企业投资人对企业净资产的所有权。企业净资产等于企业全部资产减去全部负债后的余额,包括企业投资人对企业的最初投入的实际到位的资产及资本公积金、盈余公积金和未分配利润。所有者权益合计数小于零,表示企业资不抵债。

主营业务收入 指会计"利润表"中对应指标的本年累计数。未执行 2001 年《企业会计制度》的企业,用"产品销售收入"的本期累计数代替。

主营业务成本 指会计"利润表"中对应指标的本年累计数。未执行 2001 年《企业会计制度》的企业,用"产品销售成本"的本期累计数代替。

主营业务税金及附加 指会计"利润表"中对应指标的本年累计数。未执行 2001 年《企业会计制度》的企业,用"产品销售税金及附加" 的本期累计数代替。

利润总额 指企业生产经营活动的最终成果,是企业在一定时期内实现的盈亏相抵后的利润总额(亏损以"-"号表示),它等于营业利润加上补贴收入加上投资收益加上营业外净收入再加上以前年度损益调整。

本年应交增值税 指企业在报告期内应交纳的增值税额。它等于本年销项税额加上出口退税加上进项税额转出数减去本年进项税额。小规模纳税企业直接按全年计税销售额乘以征收率计算取得。

从业人员平均人数 是指报告期内每天拥有的从业人员人数。其计算公式为:

$$\text{月平均人数}=\frac{\text{报告月内每天实有人数之和}}{\text{报告月日历日数}}$$

$$\text{季平均人数}=\frac{\text{季内各月平均人数之和}}{3}$$

$$\text{年平均人数}=\frac{\text{年内各月平均人数之和}}{12}$$

总资产贡献率 反映企业全部资产的获利能力,是企业经营业绩和管理水平的集中体现,是评价和考核企业盈利能力的核心指标。计算公式为:

$$\text{总资产贡献率(\%)}=\frac{\text{利润总额}+\text{税金总额}+\text{利息支出}}{\text{平均资金总额}}\times 100\%$$

公式中:税金总额为产品销售税金及附加与应交增值税之和; 平均资产总额为期初期末资产之和的算术平均值。

资产负债率 该指标既反映企业经营风险的大小,也反映企业利用债权人提供的资金从事经营活动的能力。计算公式为:

$$\text{资产负债率(\%)}=\frac{\text{负债总额}}{\text{资产总额}}\times 100\%$$

资产与负债均为报告期期末数。

流动资产周转次数 指一定时期内流动资产完成的周转次数,反映投入工业企业流动资金的周转速度。计算公式为:

$$\text{流动资产周转次数}=\frac{\text{产品销售收入}}{\text{全部流动资产平均余额}}$$

公式中:全部流动资产平均余额为期初和期末的流动资产之和的算术平均值。

成本费用利润率 反映企业投入的生产成本及费用的经济效益,同时也反映企业降低成本所取得的经济效益。计算公式为:

$$\text{成本费用利润率(\%)}=\frac{\text{利润总额}}{\text{成本费用总额}}\times 100\%$$

公式中:成本费用总额为产品销售成本、销售费用、管理费用、财务费用之和。

产品销售率 该指标反映工业产品已实现销售的程度,是分析工业产销衔接情况,研究工业产品满足社会需求的指标。计算公式为:

$$\text{产品销售率(\%)}=\frac{\text{工业销售产值}}{\text{工业总产值(现价)}}\times 100\%$$

Explanatory Notes on Main Statistical Indicators

Industry refers to the material production sector which is engaged in the extraction of natural resources and processing and reprocessing of minerals and agricultural products, including (1) extraction of natural resources, such as mining, salt production (but not including hunting and fishing); (2) processing and reprocessing of farm and sideline produces, such as rice husking, flour milling, wine making, oil pressing, silk reeling, spinning and weaving, and leather making; (3) manufacture of industrial products, such as steel making, iron smelting, chemicals manufacturing, petroleum processing, machine building, timber processing; water and gas production and electricity generation and supply; (4)repairing of industrial products such as the repairing of machinery and means of transport (including cars).

Light Industry refers to the industry that produces consumer goods and hand tools. It consists of two categories, depending on the materials used:

(1) Industries using farm products as raw materials. These are the branches of light industry which directly or indirectly use farm products as basic raw materials, including the manufacture of food and beverages, tobacco processing, textile, clothing, fur and leather manufacturing, paper making, printing, etc.

(2) Industries using non-farm products as raw materials. These are the branches of light industry which use manufactured goods as raw materials, including the manufacture of cultural, educational articles and sports goods, chemicals, synthetic fibre, chemical products for daily use, glass products for daily use, metal products for daily use, hand tools, medical apparatus and instruments, and the manufacture of cultural and office machinery.

Heavy Industry refers to the industry which produces capital goods, and provides various sectors of the national economy with necessary material and technical basis for production. It consists of the following three branches according to the purpose of production or the use of products:

(1) Mining, quarrying and logging industry, which refers to the industry that extracts natural resources, including extraction of petroleum, coal, metal and non-metal ores.

(2) Raw materials industry refers to the industry that provides various sectors of the national economy with raw materials, fuels and power. It includes smelting and processing of metals, coking and coke chemistry, chemical materials and building materials such as cement, plywood, and power, petroleum refining and coal dressing.

(3) Manufacturing industry which refers to the industry that processes raw materials. It includes machine-building industries which equip sectors of the national economy; industries producing metal structure and cement products; and industries producing means of agricultural production, such as chemical fertilizers and pesticides.

In accordance with the above principles of classification, the repairing trades, which are engaged primarily in repairing products of heavy industry, are classified as heavy industry while those which are engaged in repairing products of light industry are classified as light industry.

State-owned and State-holding Enterprises refer to state-owned enterprises plus State-holding enterprises. State-owned enterprises (originally known as State-run enterprises with ownership by the whole society) are non-corporate economic entities registered in accordance with the *Regulation of the People's Republic of China on the Management of Registration of Legal Enterprises*, where all assets are owned by the State. Included in this category are State-owned enterprises, State-funded corporations and State-owned joint-operation enterprises. Joint State-private industries and private industries, which existed before 1957, were transformed into state-run industries since 1957, and into State-owned industries after 1992. Statistics on those enterprises are included in the State-owned industries instead of being grouped them separately. State-holding enterprises are a sub-classification of enterprises with mixed ownership, referring to enterprises where the percentage of State assets (or shares by the State) is larger than any other single share holder of the same enterprise. This sub-classification illustrates the control of the State over a particular industry.

Gross Industrial Output Value

(1) Definition: Gross industrial output value is the total volume of final industrial products produced and industrial services provided during a given period. It reflects the total achievements and overall scale of industrial production during a given period.

(2) Principles for calculation:

Statistics on industrial production follow the principle that all products produced by the enterprises and accepted through quality check during the reference period are to be included no matter whether they are sold or not during the reference period.

Determination of final products follows the principle that all products that are included in the calculation of gross industrial output value are the final products of the enterprise which have been accepted through quality check and require no further processing. If an enterprise has intermediate (semi-finished) products to sell, these intermediate products are considered as the final products of the enterprise.

Gross industrial output value is calculated following the principle of factory approach, i.e. industrial enterprise is used as the basic accounting unit in calculating the gross industrial output value. By this approach, value of the same product is not to be double-counted, and the output value of different workshops (branch factories) within the enterprise should not be added. However, this approach allows the possibility of double counting between enterprises.

(3) Content and method of calculation: The old definition of gross industrial output value was modified during the 1995 National Industrial Census. The revised (new) definition of gross industrial output value consists of 3 components: value of the finished products during the reference period, income from processing for external parties, and value of change in semi-finished products between the end and the beginning of the reference period.

Value-added of Industry refers to the final results of industrial production of industrial enterprises in money terms during the reference period.

Industrial value-added can be calculated by two approaches: the production approach, i.e. gross industrial output value minus intermediate input plus value-added tax, and the income approach, i.e. income for various factors used in the course of production, including depreciation of fixed assets, remuneration of labourers, net of production tax, and operating surplus. Value-added of industry in the Yearbook is calculated by the production approach as follows:

Value-added of industry = gross industrial output - industrial intermediate input + value-added tax

Total Assets refer to all economic resources, in monetary term, these are owned or controlled by enterprises, including properties, creditor's equity and other economic rights of all forms. Classified by the degree of liquidity, total assets include working capitals, long-term investment, fixed assets, intangible assets, deferred assets and other assets. Data on this indicator can be obtained by the year-end figures of total assets in the *Assets and Liability Table* of accounting records of enterprises.

Working Capital refers to capital that an enterprise can cash or use during one year or one production cycle that may exceed one year, including cash and savings deposits of various forms, short-term investment, money receivable and prepaid money, inventories, etc.

Annual Average Value of Working Capital refers to the average value of all working capital of the enterprise during the reference period.

Original Value of Fixed Assets refers to the total value, in monetary terms, that an enterprise spent on fixed assets, through construction, purchase, installation, transformation, expansion or technical upgrading. Generally, it covers cost of purchase, packing, transportation and installation, etc.

Annual Average of Net Value of Fixed Assets refers to the average of the net value of fixed assets during the reference period, calculated with the following formula:

$$\text{Annual Average of Net Value of Fixed Assets} = \frac{\text{sum of net value of fixed assets at the beginning and at the end of each month from January to December}}{24}$$

Net value of fixed assets refers to the original value of fixed assets minus depreciation over the years, i.e.:

Net value of fixed assets = original value of fixed assets - cumulative depreciation

Total Liabilities refer to payable liabilities of enterprises that have to be repaid in terms of money, assets or labour services. In terms of payment, it can be divided into liquid liabilities and long-term liabilities. Data on this item is obtained from the ending figures on total liabilities from the Assets and Liability Table from the enterprises.

Owner's Equity refers to the ownership of net assets of enterprise by its investors. Net assets equal total assets minus total liabilities of the enterprise, including the actual assets invested into the enterprise by investors, accumulation of capital and operating surplus and non-distributed profits. The enterprise's assets are less than its liabilities if the sum of owner's equity is smaller than zero.

Revenue from Principal Business refers to the annual accumulation of the corresponding item in the "profit table" of the accountant. For enterprises that do not follow the *2001 Enterprise Accounting Standards*, the year-end accumulation of revenue from the sales of products is used as a substitute.

Cost of Principal Business refers to the annual accumulation of the corresponding item in the "profit table" of the accountant. For enterprises that do not follow the *2001 Enterprise Accounting Standards*, the year-end accumulation of cost for the sales of products is used as a substitute.

Tax and Extra Charges from Principal Business refer to the annual accumulation of the corresponding item in the "profit table" of the accountant. For enterprises that do not follow the *2001 Enterprise Accounting Standards*, the year-end accumulation of tax and extra charges from the sales of products is used as a substitute.

Total Profits refer to the final achievement of production and operation activities of the enterprises, represented by total profits after deducting losses (loss is expressed by the negative figure). It is the sum of profits from operation, income from subsidies, investment earnings, net income from activities other than operation, and adjustment of profits and losses of previous years.

Value-added Tax Payable in the Current Year refers to the amount of the value-added tax which should be paid by the enterprises during the reference period. It is the sum of tax on sales, export rebate, and transferred tax on purchases of the current year, minus the tax on purchases of the current year. Value-added tax payable of small-size enterprises is determined by the taxable sales of the year multiplied by the tax rate.

Average Annual Number of Employed Persons Employed persons refer to all those who are employed in enterprises and receive remunerations there from, including currently working employees, retirees who are re-employed, teachers of local-run schools, as well as foreigners, staff from Hong Kong, Macao and Taiwan, part-time employees and persons with second job who are employed by the enterprise, and employees of other units temporarily working in the enterprises, but excluding former employees who left the enterprise with their employment records still being kept by the enterprises.

Average number of employed persons refers to the number of employee everyday during the reference period, calculated with the following formula:

$$\text{Monthly average number} = \frac{\text{sum of actual employees everyday in reference month}}{\text{number of calendar dates in reference month}}$$

$$\text{Quarterly average number} = \frac{\text{sum of monthly average number in reference quarter}}{3}$$

$$\text{Annual average number} = \frac{\text{sum of monthly average number in reference year}}{12}$$

Ratio of Profits, Taxes and Interests to Average Assets reflects the profit-making capability of all assets of the enterprise and is a key indicator manifesting the performance and management and evaluating the profit-making potential of the enterprise. It is calculated as follows:

$$\text{Ratio of Profits, Taxes and Interests to Average Assets (\%)} = \frac{\text{total profits + total taxes + interest payment}}{\text{average assets}} \times 100\%$$

In the above formula, total taxes is the sum of tax and extra charges on the sales of products and value-added tax payable; and average assets is the arithmetic mean of the sum of beginning assets and ending assets.

Ratio of Debts to Assets reflects both the operation risk and the capability of the enterprise in making use of the capital from the creditors. It is calculated as follows:

$$\text{Ratio of Debts to Assets (\%)} = \frac{\text{total debts}}{\text{total assets}} \times 100\%$$

Both assets and debts are figures at the end of the reference period.

Turnover of Working Capital refers to the number of times of turnover of working capital in a given period of time, which reflects the speed of the turnover of working capital of industrial enterprises, and is calculated as follows:

$$\text{Turnover of Working Capital} = \frac{\text{sales revenue of products}}{\text{average balance of total working capital}}$$

In the above formula, average balance of total working capital refers to the arithmetic mean of the sum of working capital at the beginning and at the end of the reference period.

Ratio of Profits to Total Industrial Costs refers to the ratio of profits realized in a given period to the total costs in the same period, which reflects the economic efficiency of input cost and is calculated as follows:

$$\text{Ratio of Profits to Total Industrial Cost (\%)} = \frac{\text{total profits}}{\text{total costs}} \times 100\%$$

Total costs in the above formula are the sum of cost of products sold, marketing cost, management cost and financial cost.

Sales Ratio of Products is an indicator reflecting the actual sale of industrial products, analyzing the production-selling and supply-demand relations. It is calculated as:

$$\text{Sales Ratio of Products (\%)} = \frac{\text{value of industrial sales}}{\text{gross industrial output value (current prices)}} \times 100\%$$

十四、建筑业

Construction

资料整理：郭　涛　陈晓峰　龚小品

简要说明

一、本篇资料反映陕西建筑业概况和发展情况。内容包括建筑业企业基本情况和生产经营情况。主要指标有企业个数、从业人员数、建筑业总产值、建筑业增加值、房屋建筑面积、利润税金、劳动生产率等。此外，还包括勘察设计企业基本情况。

二、建筑业统计范围为具有建筑业资质的独立核算建筑业企业。

三、勘察设计企业资料由省住房和城乡建设厅提供。

Brief Introduction

I. This chapter reflects the general situation and the development of the construction industry of Shaanxi Province. They cover the situation of production and management of the construction enterprises, including the number of enterprises, number of employed persons, gross output value and value added of the construction industry, floor space of buildings under construction, profits and taxes and labour productivity etc. They also cover main indicators on the situation of prospecting and designing institutions and personnel.

II. The scope of Statistics is all the construction enterprises of various types of ownership with qualification certificates and independent accounting systems.

III. Data on prospecting and designing institutions are provided by Shaanxi Province Housing and Urban-Rural Development.

14.建筑业

2012年全省具有建筑业资质等级的建筑施工企业		
企业个数	1343	个
#国有及国有控股企业	216	个
总产值	3540.75	亿 元
#国有及国有控股企业	2200.01	亿 元
房屋建筑竣工面积（不含劳务分包企业）	5386.66	万平方米
房屋建筑面积竣工率（不含劳务分包企业）	31.6	%

建筑施工企业总产值(亿元)

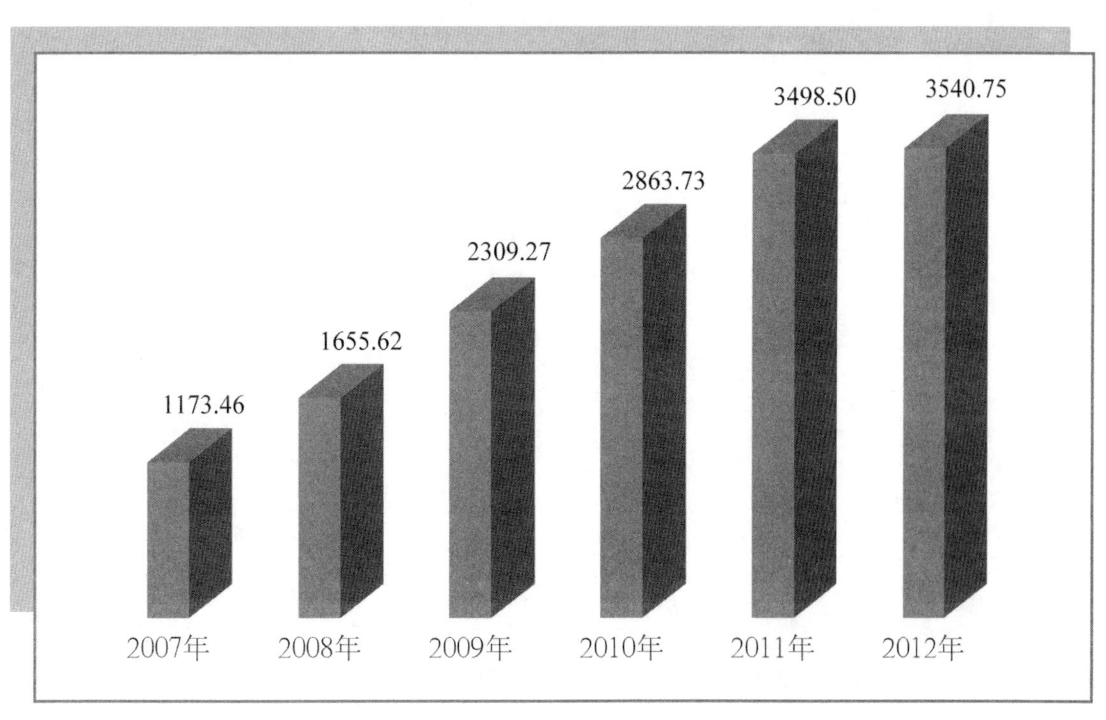

14-1 建筑业总产值
Gross Output Value of Construction

单位：万元 (10 000 yuan)

年 份 Year	建筑业总产值 Gross Output Value of Construction	# 地方属企业 Local-owned	国有企业 State-owned	集体企业 Collective-owned
1978	86642	60131	75082	11560
1979	91932	66057	77854	14078
1980	97607	71142	80505	17102
1981	82528	65171	65789	16739
1982	98176	70799	79749	18427
1983	110401	75874	85828	24573
1984	139234	92633	111271	27963
1985	164405	100322	132119	32286
1986	183081	112965	150795	38357
1987	208180	125264	165971	42209
1988	242409	134927	197920	44489
1989	273554	144417	230069	43485
1990	325034	155840	278358	46676
1991	360774	173400	306098	54676
1992	479806	228929	410445	69361
1993	751613	331449	650865	100649
1994	980260	414949	856685	121941
1995	1065612	501076	914782	143870
1996	1294502	735145	940012	335948
1997	1642493	928341	1158205	461272
1998	1879804	983440	1399161	394712
1999	2183009	1188225	1640515	432628
2000	2423046	1205275	1843456	439089
2001	2797388	1424557	1970842	479810
2002	3473536	1735125	2474524	490351
2003	4409564	2076800	3138878	456851
2004	5231639	2688405	3878423	439996
2005	6586411	3011102	5068215	443869
2006	8306966	3918215	6108524	686188
2007	11734648	5906626	7794313	931517
2008	16556239	8501607	11138979	1036447
2009	23092674	11391659	16741395	1201810
2010	28637317	15426858	20021853	2220240
2011	34984999	20712510	24518351	3152250
2012	35407509	24154390	22000114	3849886

注：1.1996年以后建筑业年报统计范围由往年的县及县以上(含县级建制镇)各种经济类型的建筑企业，改为具有建筑业资质等级四级及以上的各种经济类型的建筑施工企业；2002年改为具有建筑业资质等级的各种经济类型的建筑施工企业。

2.1998年以后国有经济为国有及国有控股企业。

3.本表资料含劳务分包企业。

a) Since 1996, the statistical range of construction annual report have changed from construction enterprises of all economic types in counties and above counties level (contain county towns) to the construction enterprises of all economic types at fourth or higher quality grades, since 2002 which have changed to the all economic types construction enterprises which possess qualification grades.

b) Since 1998, the state-owned enterprises are the state-owned and the state holding enterprises.

c) Data in the table include the subcontractor of labour services.

14-2 具有资质等级的建筑业企业主要指标(2012年)

指　　标	Item	企业数 (个) Number of Enter-prises (unit)	总产值 (万元) Total Output Value (10 000 yuan)	#建筑工程产值 Output Value of Construc-tion	#安装工程产值 Output Value of Install-ation	直接从事生产经营活动平均人数(人) Annual Average of Persons Employed (person)
总　　计	**Total**	**1343**	**35407509**	**31307629**	**2864139**	**759745**
# 国有及国有控股企业	State-owned and State-holding Enterprises	216	22000114	19555335	1608503	327608
按登记注册类型分	**By Status of Registration**					
内资企业	Domestic Funded	1339	35396873	31306893	2854248	759647
国有企业	State-owned Enterprises	143	12009808	10833387	1016863	197104
集体企业	Collective-owned Enterprises	141	2073844	1914473	133481	76601
股份合作企业	Cooperative Enterprises	9	83211	78436	4775	4395
联营企业	Joint Ownership Enterprises	3	66611	48657	11502	863
集体联营企业	Collective Joint Ownership Enterprises	1	59452	41498	11502	715
国有与集体联营企业	Joint State-collective Enterprises	2	7159	7159		148
有限责任公司	Limited Liability Corporations	558	16076970	13903214	1396528	321169
国有独资公司	State Sole Funded Corporations	7	636137	477159	55170	4693
其他有限责任公司	Other Limited Liability Corporations	551	15440833	13426055	1341358	316476
股份有限公司	Share-holding Corporations Limited	61	1546329	1443340	42672	34202
私营企业	Private Enterprises	406	3441101	2987202	247906	120336
私营独资企业	Private-funded Enterprises	33	138130	121774	4768	5784
私营合伙企业	Private Partnership Enterprises	4	45857	44323	1534	
私营有限责任公司	Private Limited Liability Corporations	320	2757951	2461367	225944	97676
私营股份有限公司	Private Share-holding Corporations Ltd.	49	499164	359738	15660	15266
其他企业	Other Enterprises	18	98999	98184	521	4977
港、澳、台商投资企业	Enterprises with Funds from Hong Kong, Macao and Taiwan	2	479	441	38	46
合资经营企业(港或澳、台资)	Joint-venture Enterprises					
外商投资企业	Foreign-invested Enterprise	2	10157	295	9853	52
外资企业	Overseas-funded Enterprise	1	9863		9853	47
其他外商投资	Other Foreign Investment	1	295	295		5
按国民经济行业分	**By Sector**					
房屋建筑业	Building	868	18669727	17005034	1232249	490484
土木工程建筑业	Building and Civil Engineering	283	13463064	12655677	602700	224807
铁路、道路、隧道和桥梁工程建筑	Railway Road Tunnel and Bridge Engineering Construction	180	11014561	10813823	52963	172196
铁路工程建筑	Railway Engineering Construction	23	5014355	4970665	37267	55049
公路工程建筑	Highway Engineering Construction	85	2754680	2706617	9669	60159
市政道路工程建筑	Municipal Road Engineering Construction	45	472142	416261	5848	12142
其他道路、隧道和桥梁工程建筑	Other Road Tunnel and Bridge Engineering	27	2773385	2720279	179	44846
水利和内河港口工程建筑	Water Conservancy and Inland Port Engineering Construction	34	1137319	1098386	29499	20342
水源及供水设施工程建筑	Water Supply and Water Supply Facilities Engineering Construction	25	1075433	1046367	28881	18403
河湖治理及防洪设施工程建筑	Governance of Lakes, and Flood Control Facilities Engineering	9	61886	52020	618	1939
工矿工程建筑	Industrial and Mining Engineering	22	621412	437428	170536	15255
架线和管道工程建筑	Wiring and Piping Engineering	29	452731	111155	341014	11823
架线及设备工程建筑	Wiring and Equipment Engineering	16	382302	73530	308210	10449
管道工程建筑	Pipeline Project Construction	13	70429	37625	32804	1374
其他土木工程建筑	Other Civil Engineering Construction	18	237041	194885	8688	5191
建筑安装业	Construction Installation	92	1841071	810682	921034	30990
电气安装	Electrical Installation	38	361741	109984	239721	6920
管道和设备安装	Piping and Equipment Installation	20	149291	86067	54327	4956
其他建筑安装业	Other Construction and Installation Industry	34	1330039	614631	626986	19114

Main Production Indicators of Construction Enterprises Which Possess Qualification Grades(2012)

年末从业人数（人） Number of Engaged Persons (person)	利润总额（万元） Total Profits (10 000 yuan)	税金（万元） Tax (10 000 yuan)	按总产值计算劳动生产率（元/人） Overall Labor Productivity by Gross Output Value (yuan/person)	产值利润率（%） Ratio of Profit to Gross Output Value (%)	产值利税率（%） Ratio of Pre-tax Profit to Gross Output Value (%)	固定资产原价（万元） Original Value of Fixed Assets (10 000 yuan)	本年折旧（万元） Depreciation of Fixed Assets (10 000 yuan)	资产总计（万元） Total Assets (10 000 yuan)	负债合计（万元） Total Liabilities (10 000 yuan)	实收资本（万元） Paid-in Capitals (10 000 yuan)	资产负债率（%） Assets-Liability Ratio (%)
797761	**1014983**	**1122370**	**466045**	**2.9**	**3.2**	**4165288**	**339404**	**27721698**	**19953948**	**5587615**	**72.0**
333609	404908	706677	671538	1.8	3.2	2382719	234921	18217384	14792168	2394833	81.2
797645	1014913	1122059	465965	2.9	3.2	4163312	339191	27711186	19946335	5584737	72.0
225239	212100	353839	609313	1.8	2.9	1255629	130891	8314998	6496131	1275655	78.1
81045	118328	76366	270733	5.7	3.7	256168	14133	907642	357038	431985	39.3
4919	3684	3105	189332	4.4	3.7	13925	574	78729	49808	11593	63.3
902	15766	1042	771855	23.7	1.6	15951	1007	119669	75159	35880	62.8
753	16428	892	831498	27.6	1.5	13692	271	17466	13905	160	79.6
149	-662	150	483716	-9.2	2.1	2259	736	102203	61254	35720	59.9
306846	441559	531270	500577	2.7	3.3	1928557	150063	14317808	10778159	2498306	75.3
5228	15394	23883	1355502	2.4	3.8	94191	2753	576622	412529	78982	71.5
301618	426165	507387	487899	2.8	3.3	1834366	147310	13741186	10365631	2419323	75.4
37099	45584	44439	452117	2.9	2.9	157216	8909	1192577	851392	244660	71.4
136300	175078	108136	285958	5.1	3.1	521223	32718	2711621	1308497	1055347	48.3
7869	4751	4791	238814	3.4	3.5	37717	2218	175698	90106	68821	51.3
1110	771	1551	284824	1.7	3.4	1571	43	15257	8042	6910	52.7
110731	144660	86708	282357	5.2	3.1	410145	24217	2195911	1049395	859588	47.8
16590	24897	15086	326977	5.0	3.0	71789	6239	324755	160954	120028	49.6
5295	2815	3862	198913	2.8	3.9	14645	896	68143	30152	31311	44.2
43	-45	43	104152	-9.4	9.0	990	31	1546	439	1868	28.4
	-45	43	104152	-9.4	9.0	990	31	1546	439	1868	28.4
73	115	267	1953269	1.1	2.6	986	183	8966	7173	1010	80.0
48	146	259	2098404	1.5	2.6	250	43	6414	5468	498	85.3
25	-31	8	589000	-10.5	2.6	736	140	2552	1705	512	66.8
521121	584853	567263	380639	3.1	3.0	1768930	110142	10219409	6103302	2909894	59.7
232685	329662	480560	598872	2.4	3.6	2147308	207685	15493390	12366061	2303868	79.8
176583	259784	396753	639653	2.4	3.6	1655796	167724	13101257	10641207	1809291	81.2
69462	118374	222777	910889	2.4	4.4	906537	97961	6785714	5808338	681475	85.6
50613	84490	90776	457900	3.1	3.3	439707	45144	3886001	2973848	689205	76.5
12043	17082	15180	388850	3.6	3.2	77478	4984	750158	554674	139449	73.9
44465	39839	68020	618424	1.4	2.5	232074	19635	1679383	1304346	299162	77.7
24295	34402	39831	559099	3.0	3.5	258958	19596	904206	646937	190800	71.5
22149	33293	37647	584379	3.1	3.5	246562	19215	882569	639582	181219	72.5
2146	1109	2184	319164	1.8	3.5	12396	382	21637	7355	9581	34.0
16714	15991	20325	407349	2.6	3.3	125588	14290	707428	490116	177894	69.3
9239	6630	15915	382924	1.5	3.5	72433	4271	637094	515322	93178	80.9
7345	3998	13930	365874	1.0	3.6	58838	3401	554390	459052	73527	82.8
1894	2633	1985	512584	3.7	2.8	13596	869	82705	56270	19652	68.0
5854	12854	7736	456638	5.4	3.3	34533	1804	143405	72479	32706	50.5
30436	70080	49061	594086	3.8	2.7	160931	13477	1506486	1149147	248120	76.3
6953	21298	5580	522747	5.9	1.5	14292	1029	452541	350498	60603	77.5
5267	3098	5793	301233	2.1	3.9	23158	2051	120983	84011	26742	69.4
18216	45684	37688	695845	3.4	2.8	123481	10397	932963	714638	160776	76.6

14-2 续表

指 标	Item	企业数 (个) Number of Enterprises (unit)	总产值 (万元) Total Output Value (10 000 yuan)	#建筑工程产值 Output Value of Construction	#安装工程产值 Output Value of Installation	直接从事生产经营活动平均人数(人) Annual Average of Persons Employed (person)
建筑装饰和其他建筑业	Building Decoration and Other Construction	100	1433647	836235	108156	13464
建筑装饰业	Construction Decoration	61	246308	128392	55862	6809
工程准备活动	Engineering Preparation	16	1001011	528328	47796	4154
建筑物拆除活动	Building Demolition Activities	2	2366			205
其他工程准备活动	Other Engineering Preparation Activities	14	998645	528328	47796	3949
提供施工设备服务	Construction Equipment Services	4	17956	17956		139
其他未列明的建筑活动	Other Construction Activities Unlisted	19	168372	161560	4498	2362
按隶属关系分	**By Jurisdiction of Management**					
中 央	Central	61	11253119	10595765	580356	152733
省	Provincial	84	6843303	6054814	651379	113186
市	Municipal	211	4590266	3648403	366895	87674
县及县以下	County and County under	291	4476420	4104913	269784	167532
其 他	Others	696	8244401	6903735	995726	238620
按企业资质等级分	**By Qualification Grade**					
施工总承包	The General Contractor	1125	33190430	29946740	2249148	712619
特 级	Special Grade	17	2239612	2217020	20000	15124
一 级	First Grade	152	20677140	18479411	1524499	355749
二 级	Second Grade	606	8084545	7274862	557135	262245
三级及以下	Third Grade and Below	350	2189133	1975447	147515	79501
专业承包	The Specialized Contractor	218	2103455	1360889	614990	40869
一 级	First Grade	49	999556	659091	271633	17613
二 级	Second Grade	73	775854	491244	252273	17121
三级及以下	Third Grade and Below	96	328045	210553	91084	6135
劳务分包	The Subcontractor of Labour Services	18	113623			6257
一 级	First Grade	11	11023			2025
二 级	Second Grade	4	96902			4168
三级及以下	Third Grade and Below	3	5698			64
按营业状态分	**By Business State**					
营 业	Operating	1291	35243515	31201078	2821757	755661
停业(歇业)	Suspension	35	58735	48923		1402
筹 建	In Construction	2	3050	3050		33
当年关闭	Closure in This Year	10	98859	51228	42382	2449
当年破产	Bankrupted in This Year	4				
其 他	Others	1	3350	3350		200
按控股情况分	**By Holding Situation**					
国有控股	State-holding	216	22000114	19555335	1608503	327608
集体控股	Group Holdings	205	3849886	3593356	202456	123327
私人控股	Private Holdings	852	8906119	7657462	930081	288294
港澳台商控股	Holdings Hong Kong, Macao,Taiwan	2	59731	158	52037	2938
外商控股	Foreign Holdings	2	4445	3000	1445	3
其 他	Others	66	587214	498319	69617	17575

continued

年末从业人数(人) Number of Engaged Persons (person)	利润总额(万元) Total Profits (10 000 yuan)	税金(万元) Tax (10 000 yuan)	按总产值计算劳动生产率(元/人) Overall Labor Productivity by Gross Output Value (yuan/person)	产值利润率(%) Ratio of Profit to Gross Output Value (%)	产值利税率(%) Ratio of Pre-tax Profit to Gross Output Value (%)	固定资产原价(万元) Original Value of Fixed Assets (10 000 yuan)	本年折旧(万元) Depreciation of Fixed Assets (10 000 yuan)	资产总计(万元) Total Assets (10 000 yuan)	负债合计(万元) Total Liabilities (10 000 yuan)	实收资本(万元) Paid-in Capitals (10 000 yuan)	资产负债率(%) Assets-Liability Ratio (%)
13519	30388	25486	1064800	2.1	1.8	88120	8101	502413	335438	125733	66.8
6728	17760	7002	361739	7.2	2.8	56021	5603	285715	182010	67009	63.7
4292	9390	15517	2409752	0.9	1.6	12774	1155	136453	93037	43033	68.2
6	0	80	115434	0.0	3.4	119	4	116	23	100	20.1
4286	9391	15437	2528854	0.9	1.5	12655	1151	136337	93013	42933	68.2
183	118	266	1291820	0.7	1.5	1795	26	2426	1919	896	79.1
2316	3120	2702	712837	1.9	1.6	17530	1317	77819	58472	14795	75.1
165040	262616	405751	736784	2.3	3.6	1616878	170844	12229662	10238316	1427288	83.7
107299	101233	193356	604607	1.5	2.8	446051	33012	4136158	3271647	637888	79.1
87931	71345	108156	523561	1.6	2.4	449671	24335	2911638	2039786	548380	70.1
176117	269380	170159	267198	6.0	3.8	639077	47661	2173698	740822	1098889	34.1
261374	310408	244947	345503	3.8	3.0	1013610	63553	6270542	3663377	1875170	58.4
750968	902837	1063949	465753	2.7	3.2	3926986	323134	25620771	18462063	5176827	72.1
25349	126223	135936	1480833	5.6	6.1	440684	42585	5582264	4543352	695332	81.4
344344	259419	579340	581228	1.3	2.8	1870008	175151	13128633	10592888	1940223	80.7
291049	411914	272463	308282	5.1	3.4	1267774	85374	5617947	2685997	2050868	47.8
90226	105281	76210	275359	4.8	3.5	348520	20024	1291927	639827	490403	49.5
40052	100374	55013	514682	4.8	2.6	235741	16106	2093431	1489703	409695	71.2
14092	36179	27480	567510	3.6	2.7	135996	9629	840852	610575	186948	72.6
18977	43025	19405	453160	5.5	2.5	58996	4575	685090	468031	136775	68.3
6983	21170	8128	534711	6.5	2.5	40749	1902	567489	411097	85972	72.4
6741	11772	3408	181594	10.4	3.0	2561	165	7496	2181	1093	29.1
2397	93	381	54436	0.8	3.5	2082	55	7028	2017	927	28.7
4272	11456	2978	232490	11.8	3.1	211	95	119	10	30	8.4
72	224	50	890313	3.9	0.9	269	15	349	154	136	44.1
792991	1014750	1116054	466393	2.9	3.2	4143029	338339	27366142	19670736	5528354	71.9
1682	-292	2777	418934	-0.5	4.7	15353	678	78075	25417	48602	32.6
66	151	122	924242	4.9	4.0	696	50	1573	257	1202	16.4
2822	350	3404	403671	0.4	3.4	5811	337	274972	257200	8858	93.5
200	25	13	167500	0.8	0.4	399		936	336	600	35.9
333609	404908	706677	671538	1.8	3.2	2382719	234921	18217384	14792168	2394833	81.2
120398	149222	122014	312169	3.9	3.2	454594	28993	2082329	1283192	619218	61.6
318621	439359	274590	308925	4.9	3.1	1198490	69350	6452774	3159470	2418774	49.0
3151	417	1067	203306	0.7	1.8	459	14	7095	5604	2161	79.0
108	264	59	14815667	5.9	1.3	78	6	1333	407	503	30.5
21874	20814	17963	334119	3.5	3.1	128948	6121	960783	713107	152127	74.2

14-3 施工总承包和专业承包建筑业企业主要指标(2012年)

指标	Item	企业数(个) Number of Enterprises (unit)	直接从事生产经营活动平均人数(人) Annual Average of Employed Persons (person)	年末从业人数(人) Number of Engaged Persons at Year-end (person)	# 工程技术人员 Engineer	# 一级建造师 First Engineer
总计	**Total**	**1325**	**753488**	**791020**	**119398**	**8191**
# 国有及国有控股企业	State-owned and State-holding Enterprises	216	327608	333609	51265	3814
按登记注册类型分	**By Status of Registration**					
内资企业	Domestic Funded	1321	753390	790904	119363	8180
国有企业	State-owned Enterprises	143	197104	225239	28793	2097
集体企业	Collective-owned Enterprises	141	76601	81045	11830	353
股份合作企业	Cooperative Enterprises	9	4395	4919	727	9
联营企业	Joint Ownership Enterprises	3	863	902	111	25
集体联营企业	Collective Joint Ownership Enterprises	1	715	753	61	
国有与集体联营企业	Joint State-collective Enterprises	2	148	149	50	25
有限责任公司	Limited Liability Corporations	555	321108	306775	53407	4233
国有独资公司	State Sole Funded Corporations	7	4693	5228	2420	138
其他有限责任公司	Other Limited Liability Corporations	548	316415	301547	50987	4095
股份有限公司	Share-holding Corporations Limited	61	34202	37099	5752	274
私营企业	Private Enterprises	393	114248	129776	18047	1138
私营独资企业	Private-funded Enterprises	30	4068	5845	796	58
私营合伙企业	Private Partnership Enterprises	4	1610	1110	766	55
私营有限责任公司	Private Limited Liability Corporations	313	97458	110483	14847	934
私营股份有限公司	Private Share-holding Corporations Ltd.	46	11112	12338	1638	91
其他企业	Other Enterprises	16	4869	5149	696	51
港、澳、台商投资企业	Enterprises with Funds from Hong Kong, Macao and Taiwan	2	46	43	18	5
合资经营企业(港或澳、台资)	Joint-venture Enterprises					
外商投资企业	Foreign-invested Enterprise	2	52	73	17	6
外资企业	Overseas-funded Enterprise	1	47	48	11	
其他外商投资	Other Foreign Investment	1	5	25	6	6
按国民经济行业分	**By Sector**					
房屋建筑业	Building	859	488675	518987	74688	4581
土木工程建筑业	Building and Civil Engineering	279	220645	228423	37506	2767
铁路、道路、隧道和桥梁工程建筑	Railway Road Tunnel and Bridge Engineering Construction	178	169292	173643	27783	1990
铁路工程建筑	Railway Engineering Construction	23	55049	69462	10269	695
公路工程建筑	Highway Engineering Construction	85	60159	50613	9810	820
市政道路工程建筑	Municipal Road Engineering Construction	44	10658	10523	2348	166
其他道路、隧道和桥梁工程建筑	Other Road Tunnel and Bridge Engineering and Construction	26	43426	43045	5356	309
水利和内河港口工程建筑	Water Conservancy and Inland Port Engineering Construction	34	20342	24295	5695	234
水源及供水设施工程建筑	Water Supply and Water Supply Facilities Engineering Construction	25	18403	22149	5152	221
河湖治理及防洪设施工程建筑	Governance of Lakes, and Flood Control Facilities Engineering	9	1939	2146	543	13
工矿工程建筑	Industrial and Mining Engineering	22	15255	16714	2076	364
架线和管道工程建筑	Wiring and Piping Engineering	29	11823	9239	1189	137
架线及设备工程建筑	Wiring and Equipment Engineering	16	10449	7345	879	102
管道工程建筑	Pipeline Project Construction	13	1374	1894	310	35
其他土木工程建筑	Other Civil Engineering Construction	16	3933	4532	763	42

Main Indicators of General Contracting and Professional Contracting in Construction Enterprises (2012)

# 现场施工工人 The Construction Workers	# 持证上岗人员 Personnel of Card Mount Guard	建筑业总产值（万元） Total Output Value (10 000 yuan)	建筑工程 Construction	安装工程 Installation	其他 Others	竣工产值（万元） Output Value of Completed Construction (10 000 yuan)	房屋建筑施工面积（万平方米） Floor Space of Buildings under Construction (10 000 sq.m)	# 本年新开工面积 New Buildings	# 实行投标承包面积 Bidden and Contracted
490263	**284153**	**35293886**	**31307629**	**2864139**	**1122118**	**13689846**	**17065.69**	**7103.09**	**14758.79**
211602	126813	22000114	19555335	1608503	836276	7204695	8820.12	2734.68	8555.78
490221	284129	35283250	31306893	2854248	1122108	13681390	17065.69	7103.09	14758.79
152430	85882	12009808	10833387	1016863	159558	4277222	5604.58	1727.27	5402.89
44791	27671	2073844	1914473	133481	25889	1013589	1612.19	947.55	1434.02
2172	1149	83211	78436	4775		64066	37.45	32.59	30.95
325	32	66611	48657	11502	6452	31930	47.89	31.25	20.53
325	32	59452	41498	11502	6452	31232	45.61	31.25	18.24
		7159	7159			698	2.28		2.28
180297	111083	16071332	13903214	1396528	771591	5754444	7091.70	2798.01	5810.31
1541	1415	636137	477159	55170	103809	64058	106.44	0.93	88.63
178756	109668	15435195	13426055	1341358	667782	5690386	6985.26	2797.08	5721.68
19150	10184	1546329	1443340	42672	60317	700298	463.69	255.44	339.17
87251	45668	3333409	2987202	247906	98301	1782500	2111.88	1249.50	1642.90
3714	1791	132004	121774	4768	5462	59548	74.53	40.36	29.17
738	292	45857	44323	1534		37967	33.02	16.02	16.00
75106	40364	2753221	2461367	225944	65910	1502058	1814.80	1074.40	1458.54
7693	3221	402327	359738	15660	26930	182927	189.54	118.71	139.19
3805	2460	98706	98184	521		57340	96.29	61.48	78.03
4	4	479	441	38		474			
38	20	10157	295	9853	10	7981			
38	20	9863		9853	10	7687			
		295	295			295			
335799	201419	18656810	17005034	1232249	419526	8968027	15818.20	6682.68	13658.29
131930	67576	13366225	12655677	602700	107848	3630955	756.93	314.32	639.30
98308	41437	10951191	10813823	52963	84405	2881912	475.89	288.02	432.15
41518	20128	5014355	4970665	37267	6423	1104496	199.07	121.11	199.07
25982	12942	2754680	2706617	9669	38393	912095	170.38	80.38	163.37
5150	2926	441116	416261	5848	19007	295615	27.29	20.93	19.71
25658	5441	2741040	2720279	179	20581	569706	79.15	65.60	50.00
14473	11894	1137319	1098386	29499	9434	365899	30.75	6.30	10.52
13236	10970	1075433	1046367	28881	185	325599	29.39	6.30	10.02
1237	924	61886	52020	618	9248	40300	1.36		0.50
12213	10534	621412	437428	170536	13447	99829	194.09	17.28	193.91
4852	3249	452731	111155	341014	563	219385	1.62	1.62	1.62
4145	2866	382302	73530	308210	563	166256	1.62	1.62	1.62
707	383	70429	37625	32804		53129			
2084	462	203573	194885	8688		63930	54.59	1.11	1.11

14-3 续表 1

指标	Item	企业数(个) Number of Enterprises (unit)	直接从事生产经营活动平均人数(人) Annual Average of Employed Persons (person)	年末从业人数(人) Number of Engaged Persons at Year-end (person)	# 工程技术人员 Engineer	# 一级建造师 First Engineer
建筑安装业	Construction Installation	91	30830	30260	5038	552
电气安装	Electrical Installation	38	6920	6953	1286	138
管道和设备安装	Piping and Equipment Installation	19	4796	5091	451	37
其他建筑安装业	Other Construction and Installation Industry	34	19114	18216	3301	377
建筑装饰和其他建筑业	Building Decoration and Other Construction	96	13338	13350	2166	291
建筑装饰业	Construction Decoration	58	6713	6625	824	177
工程准备活动	Engineering Preparation	16	4154	4292	786	67
建筑物拆除活动	Building Demolition Activities	2	205	6	4	
其他工程准备活动	Other Engineering Preparation Activities	14	3949	4286	782	67
提供施工设备服务	Construction Equipment Services	4	139	183	55	7
其他未列明的建筑活动	Other Construction Activities Unlisted	18	2332	2250	501	40
按隶属关系分	**By Jurisdiction of Management**					
中　央	Central	61	152733	165040	26556	2185
省	Provincial	84	113186	107299	18131	1470
市	Municipal	209	87643	87863	15782	1076
县及县以下	County and County under	290	167454	176037	22793	1161
其　他	Others	681	232472	254781	36136	2299
按企业资质等级分	**By Qualification Grade**					
施工总承包	The General Contractor	1107	712619	750968	111984	7516
特　级	Special Grade	6	15124	25349	4219	609
一　级	First Grade	148	355749	344344	51319	4642
二　级	Second Grade	603	262245	291049	44317	1809
三级及以下	Third Grade and Below	350	79501	90226	12129	456
专业承包	The Specialized Contractor	218	40869	40052	7414	675
一　级	First Grade	49	17613	14092	3370	383
二　级	Second Grade	73	17121	18977	1834	166
三级及以下	Third Grade and Below	96	6135	6983	2210	126
按营业状态分	**By Business State**					
营　业	Operating	1275	749566	786431	118787	8145
停业(歇业)	Suspension	33	1240	1501	301	30
筹　建	In Construction	2	33	66	7	1
当年关闭	Closure in This Year	10	2449	2822	288	15
当年破产	Bankrupted in This Year	4				
其　他	Others	1	200	200	15	
按控股情况分	**By Holding Situation**					
国有控股	State-holding	216	327608	333609	51265	3814
集体控股	Group Holdings	205	123327	120398	18322	694
私人控股	Private Holdings	834	282037	311880	45251	3433
港澳台商控股	Holdings Hong Kong, Macao,Taiwan	2	2938	3151	698	70
外商控股	Foreign Holdings	2	3	108	41	3
其　他	Others	66	17575	21874	3821	177

continued

# 现场施工工人 The Construction Workers	# 持证上岗人员 Personnel of Card Mount Guard	建筑业总产值(万元) Total Output Value (10 000 yuan)	建筑工程 Construction	安装工程 Installation	其 他 Others	竣工产值(万元) Output Value of Completed Construction (10 000 yuan)	房屋建筑施工面积(万平方米) Floor Space of Buildings under Construction (10 000 sq.m)	# 本年新开工面积 New Buildings	# 实行投标承包面积 Bidden and Contracted
15370	12808	1837622	810682	921034	105907	552859	35.77	26.34	6.52
3303	1832	361741	109984	239721	12036	58950	0.47	0.32	0.38
898	460	145843	86067	54327	5448	62640	2.67	2.41	0.64
11169	10516	1330039	614631	626986	88422	431269	32.62	23.62	5.50
7164	2350	1433228	836235	108156	488837	538004	454.79	79.75	454.67
3473	1453	245899	128392	55862	61646	112145	7.13	3.50	7.13
2096	348	1001011	528328	47796	424887	306963	434.03	70.00	434.03
2		2366			2366	2366			
2094	348	998645	528328	47796	422521	304597	434.03	70.00	434.03
114	52	17956	17956			7911	0.95	0.95	0.95
1481	497	168362	161560	4498	2304	110986	12.69	5.29	12.57
104588	53426	11253119	10595765	580356	76999	2695724	1558.37	366.70	1438.09
62274	45011	6843303	6054814	651379	137110	2775205	5195.04	1601.52	4963.73
59408	35090	4590256	3648403	366895	574958	1941370	3153.48	1109.89	2761.36
105668	62953	4476136	4104913	269784	101440	2416698	3097.36	1996.32	2514.41
158325	87673	8131072	6903735	995726	231611	3860848	4061.44	2028.66	3081.19
467015	274637	33190430	29946740	2249148	994542	12892118	16682.27	6917.17	14540.03
7811	7811	2239612	2217020	20000	2592	556110	540.52	224.83	540.08
238057	142752	20677140	18479411	1524499	673230	6945396	9820.19	3124.89	9153.36
166497	98750	8084545	7274862	557135	252548	4224259	5157.77	2836.52	3983.77
54650	25324	2189133	1975447	147515	66172	1166353	1163.79	730.94	862.83
23248	9516	2103455	1360889	614990	127577	797728	383.42	185.91	218.75
6931	4195	999556	659091	271633	68831	445681	126.79	78.48	126.19
12622	3950	775854	491244	252273	32337	256386	232.03	100.05	75.39
3695	1371	328045	210553	91084	26408	95661	24.60	7.39	17.17
486632	283666	35133341	31201078	2821757	1110506	13648931	17001.07	7061.54	14696.35
791	128	55286	48923		6363	10342	11.64	7.68	9.46
2	2	3050	3050			3050	1.99	1.99	1.99
2679	237	98859	51228	42382	5249	27523	48.16	29.05	48.16
159	120	3350	3350				2.82	2.82	2.82
211602	126813	22000114	19555335	1608503	836276	7204695	8820.12	2734.68	8555.78
70095	42069	3849886	3593356	202456	54075	1859110	2589.56	1369.63	2172.04
193136	109778	8792496	7657462	930081	204953	4404824	5355.72	2827.68	3778.94
2380	1366	59731	158	52037	7536	4535			
88	45	4445	3000	1445		1445			
12962	4082	587214	498319	69617	19278	215237	300.30	171.09	252.03

14-3 续表 2

指 标	Item	房屋建筑竣工面积(万平方米) Floor Space of Buildings Completed (10 000 sq.m)	# 住宅 Residential Housing	房屋建筑面积竣工率(%) Rate of Floor Space of Buildings Completed (%)	自有施工机械设备年末净值(万元) Net Value of Machinery and Equipment Owned (10 000 yuan)
总 计	**Total**	**5386.66**	**3785.15**	**31.6**	**1091359**
# 国有及国有控股企业	State-owned and State-holding Enterprises	2026.75	1372.74	23.0	547669
按登记注册类型分	**By Status of Registration**				
内资企业	Domestic Funded	5386.66	3785.15	31.6	1091359
国有企业	State-owned Enterprises	1364.67	883.23	24.3	270291
集体企业	Collective-owned Enterprises	679.12	512.69	42.1	99830
股份合作企业	Cooperative Enterprises	28.50	22.47	76.1	1537
联营企业	Joint Ownership Enterprises	24.46	13.09	51.1	3021
集体联营企业	Collective Joint Ownership Enterprises	23.88	13.09	52.3	2600
国有与集体联营企业	Joint State-collective Enterprises	0.58		25.5	421
有限责任公司	Limited Liability Corporations	2170.17	1590.80	30.6	515916
国有独资公司	State Sole Funded Corporations	10.41	10.41	9.8	26018
其他有限责任公司	Other Limited Liability Corporations	2159.76	1580.40	30.9	489899
股份有限公司	Share-holding Corporations Limited	203.41	146.92	43.9	33750
私营企业	Private Enterprises	892.38	603.60	42.3	163095
私营独资企业	Private-funded Enterprises	30.07	24.24	40.3	16852
私营合伙企业	Private Partnership Enterprises	15.02	13.00	45.5	488
私营有限责任公司	Private Limited Liability Corporations	786.33	530.69	43.3	130387
私营股份有限公司	Private Share-holding Corporations Ltd.	60.96	35.68	32.2	15369
其他企业	Other Enterprises	23.96	12.34	24.9	3917
港、澳、台商投资企业	Enterprises with Funds from Hong Kong, Macao and Taiwan				0
合资经营企业(港或澳、台资)	Joint-venture Enterprises				0
外商投资企业	Foreign-invested Enterprise				
外资企业	Overseas-funded Enterprise				
其他外商投资	Other Foreign Investment				
按国民经济行业分	**By Sector**				
房屋建筑业	Building	5125.10	3660.38	32.4	525953
土木工程建筑业	Building and Civil Engineering	168.32	75.79	22.2	498857
铁路、道路、隧道和桥梁工程建筑	Railway Road Tunnel and Bridge Engineering Construction	120.41	43.27	25.3	400605
铁路工程建筑	Railway Engineering Construction	18.47	17.78	9.3	215809
公路工程建筑	Highway Engineering Construction	41.07	13.91	24.1	91076
市政道路工程建筑	Municipal Road Engineering Construction	3.32	3.04	12.2	17153
其他道路、隧道和桥梁工程建筑	Other Road Tunnel and Bridge Engineering an Construction	57.55	8.55	72.7	76566
水利和内河港口工程建筑	Water Conservancy and Inland Port Engineerir Construction	14.27	14.21	46.4	61031
水源及供水设施工程建筑	Water Supply and Water Supply Facilities Engineering Construction	14.27	14.21	48.6	56983
河湖治理及防洪设施工程建筑	Governance of Lakes, and Flood Control Facilities Engineering				4047
工矿工程建筑	Industrial and Mining Engineering	15.73	0.56	8.1	21295
架线和管道工程建筑	Wiring and Piping Engineering	0.16		9.6	11885
架线及设备工程建筑	Wiring and Equipment Engineering	0.16		9.6	8777
管道工程建筑	Pipeline Project Construction				3108
其他土木工程建筑	Other Civil Engineering Construction	17.76	17.76	32.5	4041

continued

自有施工机械设备年末总台数(台) Number of Machinery and Equipment Owned (set)	自有施工机械设备年末总功率(千瓦) Total Power of Machinery and Equipment Owned (kw)	技术装备率(元/人) Value of Machines per Laborer (yuan/person)	动力装备率(千瓦/人) Power of Machines per Laborer (kw/person)	钢材消耗(吨) Rolled Steel Consumption (ton)	木材消耗(立方米) Timber Consumption (cu.m)	水泥消耗(吨) Cement Consumption (ton)	平板玻璃 Plate Glass		铝材消耗(吨) Aluminum Consumption (ton)
							(重量箱) (weight-box)	(平方米) (sq.m)	
221015	**4921149**	**14484**	**6.5**	**14217981**	**6635206**	**43944344**	**2887127**	**17674916**	**756170**
65107	2699603	16717	8.2	9008349	2546289	24663416	457978	6343971	151055
221014	4921148	14486	6.5	14217958	6635190	43944323	2886949	17674619	756167
45819	1439844	13713	7.3	3949469	1745457	14326277	143980	4401190	132649
41194	463454	13033	6.1	802258	651623	2413361	206830	1752518	75136
1006	28332	3497	6.4	30166	7282	100128	3571	774491	1737
559	8158	35008	9.5	11724	28454	82280	5084	53527	5374
520	7600	36364	10.6	11183	28163	52121	5000	52267	5226
39	558	28459	3.8	541	291	30159	84	1260	148
93470	2264906	16067	7.1	7940082	3038672	20148097	1127841	5339106	327505
2963	198603	55439	42.3	88222	3851	432031	740	3700	1
90507	2066303	15483	6.5	7851860	3034821	19716066	1127101	5335406	327504
5642	179977	9868	5.3	322631	142580	1117624	170759	1994103	30758
32696	521251	14276	4.6	1122455	1012352	5714761	1225078	3317619	180434
1571	47644	41425	11.7	48903	20732	157078	9141	108330	3624
399	21530	3031	13.4	10720	12925	185818	2201	10085	29
27824	409381	13379	4.2	980651	927834	4895291	1197878	3057912	169985
2902	42696	13831	3.8	82181	50861	476574	15858	141292	6796
628	15226	8046	3.1	39173	8770	41795	3806	42065	2574
1	1	22	0.0	23	16	21	178	297	3
1	1	22	0.0	23	16	21	178	297	3
166263	2115344	10763	4.3	9922881	5177984	25690279	2488546	15423160	723513
39907	2445513	22609	11.1	4157970	1353269	18027570	62456	349435	12146
16415	1570574	23664	9.3	3759389	1278099	16092009	46120	239719	3716
7206	798384	39203	14.5	2274409	85485	8218725			
4830	343110	15139	5.7	775610	303597	4843180	26568	140613	1453
1533	59705	16094	5.6	38215	6865	294256	1912	28306	260
2846	369375	17631	8.5	671155	882152	2735848	17640	70800	2003
14428	440004	30002	21.6	249746	25724	1445027	3946	39775	4989
13241	417587	30964	22.7	242591	14866	1400894	1621	30380	473
1187	22417	20874	11.6	7155	10858	44133	2325	9395	4516
6556	240665	13959	15.8	83285	31927	201414	6434	32009	2683
2240	182496	10052	15.4	26976	1178	107664	614	29741	706
1871	28168	8400	2.7	26737	1020	105194	602	29711	706
369	154328	22622	112.3	239	158	2470	12	30	
268	11774	10275	3.0	38574	16341	181456	5342	8191	52

14-3 续表 3

指　　标	Item	房屋建筑竣工面积(万平方米) Floor Space of Buildings Completed (10 000 sq.m)	# 住宅 Residential Housing	房屋建筑面积竣工率(%) Rate of Floor Space of Buildings Completed (%)	自有施工机械设备年末净值(万元) Net Value of Machinery and Equipment Owned (10 000 yuan)
建筑安装业	Construction Installation	8.54	0.51	23.9	38251
电气安装	Electrical Installation	0.37	0.05	77.4	851
管道和设备安装	Piping and Equipment Installation	2.67	0.47	100.0	3215
其他建筑安装业	Other Construction and Installation Industry	5.50		16.9	34185
建筑装饰和其他建筑业	Building Decoration and Other Construction	84.70	48.46	18.6	28299
建筑装饰业	Construction Decoration				17053
工程准备活动	Engineering Preparation	75.72	48.46	17.4	9315
建筑物拆除活动	Building Demolition Activities				82
其他工程准备活动	Other Engineering Preparation Activities	75.72	48.46	17.4	9233
提供施工设备服务	Construction Equipment Services				99
其他未列明的建筑活动	Other Construction Activities Unlisted	8.98		70.8	1833
按隶属关系分	**By Jurisdiction of Management**				
中　央	Central	291.95	190.39	18.7	381610
省	Provincial	1179.84	826.81	22.7	130105
市	Municipal	792.90	611.73	25.1	117396
县及县以下	County and County under	1531.67	1047.92	49.5	191465
其　他	Others	1590.30	1108.30	39.2	270784
按企业资质等级分	**By Qualification Grade**				
施工总承包	The General Contractor	5268.66	3682.27	31.6	1032611
特　级	Special Grade	130.69	99.53	24.2	94919
一　级	First Grade	2327.49	1666.36	23.7	495597
二　级	Second Grade	2255.80	1520.07	43.7	352020
三级及以下	Third Grade and Below	554.68	396.32	47.7	90076
专业承包	The Specialized Contractor	118.00	102.88	30.8	58748
一　级	First Grade	15.44	6.77	12.2	38910
二　级	Second Grade	95.56	92.75	41.2	12776
三级及以下	Third Grade and Below	7.00	3.36	28.4	7062
按营业状态分	**By Business State**				
营　业	Operating	5365.75	3775.02	31.6	1079503
停业(歇业)	Suspension	7.24	6.00	62.2	8517
筹　建	In Construction	1.94	1.71	97.5	420
当年关闭	Closure in This Year	11.73	2.41	24.3	2918
当年破产	Bankrupted in This Year				
其　他	Others				
按控股情况分	**By Holding Situation**				
国有控股	State-holding	2026.75	1372.74	23.0	547669
集体控股	Group Holdings	1078.29	801.02	41.6	148101
私人控股	Private Holdings	2213.07	1552.35	41.3	331726
港澳台商控股	Holdings Hong Kong, Macao,Taiwan				156
外商控股	Foreign Holdings				37
其　他	Others	68.56	59.03	22.8	63670

continued

自有施工机械设备年末总台数(台) Number of Machinery and Equipment Owned (set)	自有施工机械设备年末总功率(千瓦) Total Power of Machinery and Equipment Owned (kw)	技术装备率(元/人) Value of Machines per Laborer (yuan/person)	动力装备率(千瓦/人) Power of Machines per Laborer (kw/person)	钢材消耗(吨) Rolled Steel Consumption (ton)	木材消耗(立方米) Timber Consumption (cu.m)	水泥消耗(吨) Cement Consumption (ton)	平板玻璃 Plate Glass (重量箱) (weight-box)	(平方米) (sq.m)	铝材消耗(吨) Aluminum Consumption (ton)
10608	158544	12407	5.1	102885	93697	131765	1023	6505	9100
459	2631	1230	0.4	12240	87273	10332	900	1545	8786
1521	19707	6703	4.1	12729	348	8788	122	4760	303
8628	136206	17885	7.1	77916	6076	112645	1	200	11
4237	201748	21217	15.1	34245	10256	94730	335102	1895816	11411
1176	49865	25403	7.4	2729	3416	9711	334493	1891580	11114
529	63270	22423	15.2	8036	42	66406			
7	420	3995	2.0						
522	62850	23380	15.9	8036	42	66406			
23	1354	7122	9.7	220	4100	362	20	600	2
2509	87259	7860	37.4	23260	2698	18251	589	3636	295
30336	1783473	24985	11.7	3422545	745048	13337067	286102	1829628	26507
32046	580804	11495	5.1	2693545	1025133	8705113	113499	1863766	26863
15883	425206	13395	4.9	3500303	807683	5578609	236372	1851998	129128
82901	1040427	11434	6.2	1937065	2642503	5693248	553351	6877430	292603
59849	1091239	11648	4.7	2664523	1414839	10630307	1697803	5252094	281069
212334	4445067	14490	6.2	13863537	6586191	43407852	2542658	14976840	709091
10776	461583	62761	30.5	1314088	99118	4884095	3584	21760	1152
92090	2486399	13931	7.0	8353183	4094070	22177683	373980	3014496	82808
88456	1209032	13423	4.6	3476486	2133570	13903307	1932661	10082229	555763
21012	288053	11330	3.6	719780	259433	2442767	232433	1858355	69368
8681	476082	14375	11.6	354444	49015	536492	344469	2698076	47079
4423	252349	22092	14.3	254411	22178	343156	332629	1904969	42902
3049	206978	7462	12.1	73100	20723	107649	5807	766626	3762
1209	16755	11511	2.7	26933	6114	85687	6033	26481	415
220659	4903857	14402	6.5	14170170	6614975	43850720	2875750	17568473	754464
127	6904	68689	5.6	23752	6758	82530	5149	57852	1146
15	1440	127273	43.6	772	88	918	500	2980	80
214	8948	11916	3.7	23237	13365	10096	5688	45551	450
				50	20	80	40	60	30
65107	2699603	16717	8.2	9008349	2546289	24663416	457978	6343971	151055
49197	675091	12009	5.5	1715650	808525	4839009	378403	4044226	120418
97660	1419915	11762	5.0	3303927	3087927	13658624	1875963	6634113	477070
129	103	530	0.0	4320					
33	253	123333	84.3	5		20			
8889	126184	36227	7.2	185730	192465	783275	174783	652606	7627

14-4 施工总承包和专业承包建筑业企业主要财务指标(2012年)

单位：万元

指标	Item	资产总计 Total Assets	#流动资产 Circulating Funds	#固定资产 Fixed Assets	固定资产原价 Original Value of Fixed Assets	累计折旧 Total Depreciation
总计	**Total**	**27714202**	**21862448**	**3035626**	**4162727**	**1686505**
# 国有及国有控股企业	State-owned and State-holding Enterprises	18217384	14975627	1347008	2382719	1164173
按登记注册类型分	**By Status of Registration**					
内资企业	Domestic Funded	27703690	21853690	3034641	4160751	1685347
国有企业	State-owned Enterprises	8314998	6808974	792474	1255629	560865
集体企业	Collective-owned Enterprises	907642	635592	217572	256168	77821
股份合作企业	Cooperative Enterprises	78729	44893	16170	13925	3188
联营企业	Joint Ownership Enterprises	119669	62843	21160	15951	2382
集体联营企业	Collective Joint Ownership Enterprises	17466	1081	16385	13692	941
国有与集体联营企业	Joint State-collective Enterprises	102203	61762	4775	2259	1441
有限责任公司	Limited Liability Corporations	14317536	11438471	1334653	1928337	850878
国有独资公司	State Sole Funded Corporations	576622	449488	45604	94191	48879
其他有限责任公司	Other Limited Liability Corporations	13740914	10988983	1289049	1834146	801999
股份有限公司	Share-holding Corporations Limited	1192577	905408	134229	157216	47685
私营企业	Private Enterprises	2705102	1907029	507759	518885	137993
私营独资企业	Private-funded Enterprises	175177	123099	36650	37325	9324
私营合伙企业	Private Partnership Enterprises	15257	12728	792	1571	812
私营有限责任公司	Private Limited Liability Corporations	2189913	1555135	403504	408290	105289
私营股份有限公司	Private Share-holding Corporations Ltd.	324755	216067	66814	71699	22569
其他企业	Other Enterprises	67437	50480	10624	14642	4535
港、澳、台商投资企业	Enterprises with Funds from Hong Kong, Macao and Taiwan	1546	1152	340	990	649
合资经营企业(港或澳、台资)	Joint-venture Enterprises	1546	1152	340	990	649
外商投资企业	Foreign-invested enterprise	8966	7606	645	986	509
外资企业	Overseas-funded enterprise	6414	5468	250	250	167
其他外商投资	Other Foreign Investment	2552	2138	395	736	341
按国民经济行业分	**By Sector**					
房屋建筑业	Building	10217662	7749270	1658137	1767133	482841
土木工程建筑业	Building and Civil Engineering	15493349	12479246	1178989	2147216	1105846
铁路、道路、隧道和桥梁工程建筑	Railway Road Tunnel and Bridge Engineering Construction	13101257	10631573	907349	1655731	860447
铁路工程建筑	Railway Engineering Construction	6785714	5763578	419851	906537	509206
公路工程建筑	Highway Engineering Construction	3886001	2856314	283200	439707	203865
市政道路工程建筑	Municipal Road Engineering Construction	750158	630460	77595	77440	33199
其他道路、隧道和桥梁工程建筑	Other Road Tunnel and Bridge Engineering and Construction	1679383	1381221	126703	232047	114177
水利和内河港口工程建筑	Water Conservancy and Inland Port Engineering Construction	904206	671167	125464	258958	143476
水源及供水设施工程建筑	Water Supply and Water Supply Facilities Engineering Construction	882569	659854	115554	246562	139537
河湖治理及防洪设施工程建筑	Governance of Lakes, and Flood Control Facilities Engineering	21637	11313	9911	12396	3940
工矿工程建筑	Industrial and Mining Engineering	707428	515343	78761	125588	50791
架线和管道工程建筑	Wiring and Piping Engineering	637094	571163	39948	72433	36112
架线及设备工程建筑	Wiring and Equipment Engineering	554390	499634	32959	58838	29452
管道工程建筑	Pipeline Project Construction	82705	71529	6989	13596	6660
其他土木工程建筑	Other Civil Engineering Construction	143364	89999	27467	34506	15021

Main Financial Indicators of General Contracting and Professional Contracting in Construction Enterprise(2012)

(10 000 yuan)

# 本年折旧 Depreciation of Fixed Assets	负债合计 Total Liabilities	#流动负债 Liquid Liabilities	所有者权益合计 Owners' Equity	#实收资本 Paid-in Capitals	营业收入 Business Income	营业成本 Cost In Business	营业税金及附加 Business Tax And Surcharges	管理费用 Management Expenses	# 税金 Tax	营业利润 Operating Profit	利润总额 Total Profits	应付职工薪酬 Accrued Employee Payroll
339240	**19951766**	**18422770**	**7753327**	**5586522**	**33697896**	**30307326**	**1062841**	**1146711**	**56121**	**999178**	**1003211**	**2992440**
234921	14792168	14125781	3425348	2394833	22524745	20744743	679628	695006	27049	402350	404908	1703278
339027	19944154	18415158	7750428	5583644	33688533	30299276	1062547	1145788	56104	999107	1003141	2991974
130891	6496131	6301900	1819000	1275655	10871947	9919812	332459	355956	21380	209328	212100	1184573
14133	357038	303513	550604	431985	1788957	1496684	70645	76481	5721	118665	118328	251735
574	49808	46740	28921	11593	82960	69218	2862	4470	243	3731	3684	14868
1007	75159	72534	44511	35880	43029	25064	797	880	245	15766	15766	2366
271	13905	11281	3561	160	41620	24192	750	150	142	16428	16428	2124
736	61254	61254	40950	35720	1409	872	47	730	103	-662	-662	243
150053	10778004	9783556	3530292	2498210	16886090	15328111	514961	568981	16263	441450	441355	1081697
2753	412529	402968	164093	78982	713156	645793	23475	25979	408	14725	15394	37666
147299	10365475	9380589	3366199	2419227	16172934	14682318	491486	543002	15855	426724	425961	1044031
8909	851392	710303	341185	244660	1216264	1078671	42119	32665	2320	45586	45584	97151
32564	1306550	1169538	1398553	1054944	2698412	2291462	94980	103579	9803	161744	163507	347080
2197	90096	64354	85081	68658	107461	90857	4116	3927	464	4831	4698	14523
43	8042	8042	7215	6910	45744	42830	1529	423	22	771	771	9765
24175	1047457	943905	1142456	859348	2234579	1886795	77717	90366	8824	142895	144587	290436
6149	160954	153238	163801	120028	310627	270980	11617	8864	493	13247	13451	32358
896	30074	27074	37363	30718	100875	90255	3724	2776	128	2838	2818	12504
31	439	439	1106	1868	1009	753	35	265	8	-45	-45	219
31	439	439	1106	1868	1009	753	35	265	8	-45	-45	219
183	7173	7173	1793	1010	8355	7297	259	659	9	116	115	247
43	5468	5468	946	498	8060	7290	254	373	5	147	146	157
140	1705	1705	847	512	295	7	5	286	3	-31	-31	89
110101	6102446	5654533	4115216	2909485	15860026	14086351	529639	484482	37325	583324	584556	1874838
207594	12366041	11586464	3127440	2303848	15252063	13920612	461407	557418	16177	315539	318217	932189
167659	10641207	9916921	2460183	1809291	12608511	11589955	382792	401910	12720	252655	253239	642843
97961	5808338	5524328	977376	681475	7152814	6630968	214802	232457	7975	120528	118374	324617
45144	2973848	2592375	912153	689205	2758439	2491139	88121	92714	2655	81977	84490	153057
4946	554674	542965	195616	139449	396832	337857	13855	28872	1069	13536	13292	36556
19608	1304346	1257252	375037	299162	2300427	2129991	66014	47867	1021	36615	37084	128613
19596	646937	605143	257269	190800	1407060	1270400	38666	52595	1165	33580	34402	127345
19215	639582	599485	242987	181219	1367370	1237140	37021	50043	625	32321	33293	120465
382	7355	5658	14282	9581	39690	33260	1645	2552	539	1258	1109	6880
14290	490116	482235	217312	177894	612521	546701	19679	36911	646	14851	15991	107896
4271	515322	514611	121772	93178	470346	382414	14625	59405	1290	6516	6630	41792
3401	459052	458373	95337	73527	409357	331668	12893	53098	1037	4030	3998	36016
869	56270	56238	26435	19652	60989	50746	1732	6308	253	2486	2633	5776
1779	72459	67554	70905	32686	153624	131143	5645	6597	356	7937	7954	12314

14-4 续表

单位：万元

指 标	Item	资产总计 Total Assets	#流动资产 Circulating Funds	#固定资产 Fixed Assets	固定资产原价 Original Value of Fixed Assets	累计折旧 Total Depreciation
建筑安装业	Construction Installation	1501683	1243537	124746	160430	62085
电气安装	Electrical Installation	452541	386535	12560	14292	5823
管道和设备安装	Piping and Equipment Installation	116179	89194	18975	22657	10503
其他建筑安装业	Other Construction and Installation Industry	932963	767808	93211	123481	45759
建筑装饰和其他建筑业	Building Decoration and Other Construction	501509	390395	73754	87948	35733
建筑装饰业	Construction Decoration	285022	211167	49994	55852	24337
工程准备活动	Engineering Preparation	136453	117949	9848	12774	5506
建筑物拆除活动	Building Demolition Activities	116	34	82	119	37
其他工程准备活动	Other Engineering Preparation Activities	136337	117915	9766	12655	5469
提供施工设备服务	Construction Equipment Services	2426	1577	715	1795	1133
其他未列明的建筑活动	Other Construction Activities Unlisted	77607	59702	13198	17527	4758
按隶属关系分	**By Jurisdiction of Management**					
中 央	Central	12229662	10119437	761924	1616878	885715
省	Provincial	4136158	3398535	342029	446051	172246
市	Municipal	2911425	2313374	413091	449668	146772
县及县以下	County and County under	2173204	1412407	596061	639077	163321
其 他	Others	6263753	4618694	922522	1011052	318451
按企业资质等级分	**By Qualification Grade**					
施工总承包	The General Contractor	25620771	20226048	2845917	3926986	1587026
特 级	Special Grade	5582264	4275346	209344	440684	249460
一 级	First Grade	13128633	11295868	1110845	1870008	891776
二 级	Second Grade	5617947	3881885	1178781	1267774	354696
三级以下	Third Grade and Below	1291927	772948	346948	348520	91094
专业承包	The Specialized Contractor	2093431	1636400	189709	235741	99479
一 级	First Grade	840852	677645	92934	135996	63386
二 级	Second Grade	685090	554138	56673	58996	23971
三级以下	Third Grade and Below	567489	404616	40103	40749	12122
按营业状态分	**By Business State**					
营 业	Operating	27363551	21558853	3018314	4141028	1681921
停业(歇业)	Suspension	73169	39557	12446	14793	2496
筹 建	In Construction	1573	753	520	696	176
当年关闭	Closure in This Year	274972	262747	3948	5811	1913
其 他	Others	936	537	399	399	
按控股情况分	**By Holding Situation**					
国有控股	State-holding	18217384	14975627	1347008	2382719	1164173
集体控股	Group Holdings	2082329	1570270	375855	454594	168490
私人控股	Private Holdings	6445278	4595714	1189503	1195929	319081
港澳台商控股	Holdings Hong Kong, Macao,Taiwan	7095	6520	174	459	286
外商控股	Foreign Holdings	1333	1262	38	78	40
其 他	Others	960783	713054	123047	128948	34435

continued

(10 000 yuan)

# 本年折旧 Depreciation of Fixed Assets	负债合计 Total Liabilities	# 流动负债 Liquid Liabilities	所有者权益合计 Owners' Equity	# 实收资本 Paid-in Capitals	营业收入 Business Income	营业成本 Cost In Business	营业税金及附加 Business Tax And Surcharges	管理费用 Management Expenses	# 税金 Tax	营业利润 Operating Profit	利润总额 Total Profits	应付职工薪酬 Accrued Employee Payroll
13452	1147930	875621	344513	248120	1775975	1571553	46961	83624	1983	69794	70067	132664
1029	350498	98831	92802	60603	345128	290567	5202	24886	378	21449	21298	20767
2026	82794	79531	33386	26742	178560	162418	5166	8121	511	3114	3086	17138
10397	714638	697259	218325	160776	1252287	1118568	36593	50618	1094	45232	45684	94759
8093	335350	306152	166158	125069	809833	728811	24834	21188	636	30521	30371	52750
5595	182000	154993	103022	66445	266462	229567	6647	9583	338	17496	17744	27912
1155	93037	92836	43417	43033	462390	430355	15392	6472	124	9826	9390	18597
4	23	23	93	100	2366	2282	80	5	0	0	0	617
1151	93013	92812	43324	42933	460023	428072	15313	6467	124	9826	9391	17980
26	1919	1801	507	896	7405	6509	258	345	8	101	118	329
1317	58394	56523	19212	14695	73576	62381	2536	4788	166	3097	3120	5911
170844	10238316	9681224	1989687	1427288	13322243	12250583	394728	445318	11023	260278	262616	869581
33012	3271647	3183172	864511	637888	6573190	6121111	188684	156532	4672	101161	101233	590459
24335	2039706	1722322	864137	548280	3102714	2787629	103200	118793	4956	71437	71355	283151
47661	740822	619317	1432515	1098396	3967084	3293011	151024	171967	19125	270018	269383	527996
63388	3661275	3216736	2602478	1874670	6732664	5854993	225205	254101	16344	296285	298623	721254
323134	18462063	17323499	7157181	5176827	31386932	28279257	1010570	1033056	53379	898990	902837	2846861
42585	4543352	4165909	1038913	695332	4810243	4503990	134836	131522	1100	126568	126223	236306
175151	10592888	10279978	2535745	1940223	17992649	16529304	562160	532234	17180	257020	259419	1554328
85374	2685997	2311023	2930292	2050868	6759220	5700136	245674	292765	26789	408529	411914	810207
20024	639827	566590	652232	490403	1824820	1545827	67899	76536	8310	106873	105281	246020
16106	1489703	1099271	596146	409695	2310964	2028070	52271	113655	2742	100188	100374	145579
9629	610575	570378	230277	186948	1250239	1134294	26627	46079	853	36520	36179	65454
4575	468031	440686	217058	136775	714897	605061	18052	44400	1353	42755	43025	56562
1902	411097	88206	148811	85972	345828	288715	7592	23177	536	20913	21170	23563
338206	19669822	18373398	7692202	5527311	33561600	30195642	1056945	1129707	55817	998894	1002990	2976421
647	24150	18794	49019	48552	33115	28519	2552	2063	108	-301	-304	2828
50	257	257	1316	1202	2304	1826	97	101	25	151	151	101
337	257200	29985	10190	8858	100483	80988	3234	14839	170	408	350	13045
	336	336	600	600	393	352	13	0		25	25	45
234921	14792168	14125781	3425348	2394833	22524745	20744743	679628	695006	27049	402350	404908	1703278
28993	1283192	1157271	797478	619218	3211017	2776991	114234	128611	7780	150108	149222	366127
69185	3157289	2777192	3287990	2417681	7433740	6344067	250671	282439	20512	425715	427587	866226
14	5604	5604	1491	2161	46610	36975	1012	7289	55	421	417	5722
6	407	407	926	503	1470	1083	49	98	10	264	264	210
6121	713107	356515	240094	152127	480315	403467	17247	33269	716	20321	20814	50877

14-5 劳务分包建筑业企业主要生产指标(2012年)

单位：万元

指 标	Item	企业数(个) Number of Enterprises (unit)	建筑业总产值 Total Output Value	直接从事生产经营活动平均人数(人) Number of Engaged Persons (person)	#工程技术人员 Engineer	#现场施工人员 Site Construction Personnel	固定资产原价 Original Value of Fixed Assets
总 计	**Total**	**18**	**113623**	**6257**	**689**	**3108**	**2561**
按登记注册类型分	**By Status of Registration**						
内资企业	Domestic Funded	18	113623	6257	689	3108	2561
有限责任公司	Limited Liability Corporations	3	5638	61	5	60	220
其他有限责任公司	Other Limited Liability Corporations	3	5638	61	5	60	220
私营企业	Private Enterprises	13	107692	6088	599	3012	2338
私营独资企业	Private-funded Enterprises	3	6126	1716	506	1514	392
私营有限责任公司	Private Limited Liability Corporations	7	4730	218	56	199	1855
私营股份有限公司	Private Share-holding Corporations Ltd.	3	96836	4154	37	1299	91
其他企业	Other Enterprises	2	293	108	85	36	3
按国民经济行业分	**By Sector**						
房屋建筑业	Building	9	12917	1809	534	1589	1797
土木工程建筑业	Building and Civil Engineering	4	96838	4162	39	1305	92
铁路、道路、隧道和桥梁工程建筑	Railway Road Tunnel and Bridge Enginee Construction	2	63371	2904	21	5	65
市政道路工程建筑	Municipal Road Engineering Constructio	1	31025	1484	5		38
其他道路、隧道和桥梁工程建筑	Other Road Tunnel and Bridge Engineeri and Construction	1	32345	1420	16	5	27
其他土木工程建筑	Construction Installation	2	33468	1258	18	1300	27
建筑安装业	Construction Installation	1	3449	160	26	164	501
管道和设备安装	Piping and Equipment Installation	1	3449	160	26	164	501
建筑装饰和其他建筑业	Building Decoration and Other Constructi	4	419	126	90	50	172
建筑装饰业	Construction Decoration	3	409	96	77	20	169
其他未列明的建筑活动	Other Construction Activities Unlisted	1	10	30	13	30	3
按隶属关系分	**By Jurisdiction of Management**						
市	Municipal	2	10	31	14	30	3
县及县以下	County and County under	1	283	78	72	6	
其 他	Others	15	113330	6148	603	3072	2558
按企业资质等级分	**By Qualification Grade**						
一 级	First Grade	11	11023	2025	643	1735	2082
二 级	Second Grade	4	96902	4168	40	1313	211
三级及以下	Third Grade and Below	3	5698	64	6	60	269
按营业状态分	**By Business State**						
营 业	Operating	16	110174	6095	661	2944	2001
停业(歇业)	Suspension	2	3449	162	28	164	561
按控股情况分	**By Holding Situation**						
私人控股	Private Holdings	18	113623	6257	689	3108	2561

Main Production Indicators of Labor Subcontracting in Construction Enterprises (2012)

(10 000 yuan)

本年折旧 Depreciation of Fixed Assets	资产总计 Total Assets	负债合计 Total Liabilities	实收资本 Paid-in Capitals	主营业务收入 Revenue from Principal Business	主营业务成本 Cost of Principal Business	主营业务税金及附加 Taxes and Other Charges on Principal Business	管理费用 Administration Expense	营业利润 Operating Profit	利润总额 Total Profits	从业人员工资总额 Total Wages of Employees
165	**7496**	**2181**	**1093**	**108604**	**92110**	**3408**	**1670**	**11876**	**11772**	**18283**
165	7496	2181	1093	108604	92110	3408	1670	11876	11772	18283
11	272	156	96	612	278	45	43	203	203	147
11	272	156	96	612	278	45	43	203	203	147
154	6519	1948	403	107690	91552	3353	1612	11676	11572	17746
21	521	10	163	6126	4879	211	960	53	53	5059
42	5998	1938	240	4728	3852	167	430	73	73	957
91				96836	82821	2976	222	11550	11446	11730
	706	78	594	302	280	10	15	-3	-3	391
41	1748	856	409	7891	6195	300	1032	297	297	5343
91	41	20	20	96836	82821	2976	224	11550	11446	11790
65				63371	55297	1241	129	6546	6546	8114
38				31025	26874	257	46	3790	3790	4195
27				32345	28423	984	83	2755	2755	3919
26	41	20	20	33466	27523	1735	95	5004	4900	3676
25	4803	1217		3449	2731	117	384	12	12	697
25	4803	1217		3449	2731	117	384	12	12	697
8	904	88	664	427	363	16	30	17	17	453
8	692	10	564	417	363	16	21	17	17	345
	212	78	100	10			10	1	1	108
	214	80	100	10			20	-10	-10	114
	494	0	494	292	280	10	5	-4	-4	282
165	6789	2102	499	108302	91830	3398	1645	11890	11785	17887
55	7028	2017	927	11030	8928	381	1400	93	93	6350
95	119	10	30	96902	82859	2978	236	11560	11456	11773
15	349	154	136	672	323	50	34	224	224	160
133	2591	914	1043	105155	89378	3292	1286	11864	11760	17578
32	4905	1267	50	3449	2731	117	384	12	12	705
165	7496	2181	1093	108604	92110	3408	1670	11876	11772	18283

14-6 各市(区)建筑业企业个数(2012年)
Number of Construction Enterprises by City(District) (2012)

单位：个 (unit)

地 区	Region	企 业 个 数 Number of Enterprises			施 工 总承包 General Contracting	专 业 承 包 Professional Contracting	国有及国有控股企业 State-owned and State-holding	集体企业 Collective Owned
			中央企业 Central	地方企业 Local				
全 省	**Shaanxi**	**1325**	**61**	**1264**	**1107**	**218**	**216**	**205**
西 安 市	Xi'an	390	46	344	266	124	97	67
铜 川 市	Tongchuan	29		29	26	3	11	10
宝 鸡 市	Baoji	119	1	118	89	30	15	23
咸 阳 市	Xianyang	84	7	77	71	13	20	18
渭 南 市	Weinan	88	4	84	86	2	21	15
# 韩城市	Hancheng	16		16	16		1	2
延 安 市	Yan'an	111		111	109	2	15	15
汉 中 市	Hanzhong	105	1	104	88	17	15	14
榆 林 市	Yulin	248	1	247	236	12	3	16
安 康 市	Ankang	78	1	77	68	10	11	14
商 洛 市	Shangluo	54		54	54		6	13
杨凌示范区	Yangling	19		19	14	5	2	

注：本表资料不含劳务分包企业，下表同。

a) Data in the table do not include the subcontractor of labour services. The same applies to the table following.

14-7 各市(区)建筑业企业直接从事生产经营活动平均人数(2012年)
Number of Employed Persons at Year-end of Construction Enterprises by City(District)(2012)

单位：人 (person)

地 区	Region	直接从事生产经营活动平均人数 Number of Employed Persons at Year-end			施 工 总承包 General Contracting	专 业 承 包 Professional Contracting	国有及国有控股企业 State-owned and State-holding	集体企业 Collective Owned
			中央企业 Central	地方企业 Local				
全 省	**Shaanxi**	**753488**	**152733**	**600755**	**712619**	**40869**	**327608**	**123327**
西 安 市	Xi'an	394977	130568	264409	370756	24221	247314	59892
铜 川 市	Tongchuan	5199		5199	4946	253	1638	2320
宝 鸡 市	Baoji	47439	2257	45182	44984	2455	8452	9974
咸 阳 市	Xianyang	84039	12323	71716	73669	10370	32973	19043
渭 南 市	Weinan	45463	5241	40222	45039	424	14195	6098
# 韩城市	Hancheng	7680		7680	7680		1792	801
延 安 市	Yan'an	23570		23570	23395	175	4825	3485
汉 中 市	Hanzhong	33650	750	32900	32457	1193	5360	2838
榆 林 市	Yulin	53130	93	53037	52687	443	223	7820
安 康 市	Ankang	22049	1501	20548	20920	1129	3434	6737
商 洛 市	Shangluo	32497		32497	32497		5022	5120
杨凌示范区	Yangling	11475		11475	11269	206	4172	

14-8 各市(区)建筑业企业年末从业人数(2012年)
Annual Average Persons of Construction Enterprises by City(District)(2012)

单位：人 (person)

地区	Region	年末从业人数 Annual Average Persons	中央企业 Central	地方企业 Local	施工总承包 General Contracting	专业承包 Professional Contracting	国有及国有控股企业 State-owned and State-holding	集体企业 Collective Owned
全省	**Shaanxi**	**791020**	**165040**	**625980**	**750968**	**40052**	**333609**	**120398**
西安市	Xi'an	391199	134868	256331	369968	21231	245390	49261
铜川市	Tongchuan	6729		6729	6420	309	1819	3209
宝鸡市	Baoji	54997	2302	52695	52217	2780	10601	13566
咸阳市	Xianyang	95017	19873	75144	83799	11218	36360	21924
渭南市	Weinan	51563	5391	46172	50507	1056	14948	6218
#韩城市	Hancheng	9620		9620	9620		905	702
延安市	Yan'an	23734		23734	23517	217	3097	4429
汉中市	Hanzhong	43274	903	42371	42084	1190	5952	3728
榆林市	Yulin	44063	173	43890	43530	533	227	5446
安康市	Ankang	28575	1530	27045	27322	1253	3498	6956
商洛市	Shangluo	35960		35960	35960		5183	5661
杨凌示范区	Yangling	15909		15909	15644	265	6534	

注：本表资料不含劳务分包企业，下表同。

a) Data in the table do not include the subcontractor of labour services. The same applies to the table following.

14-9 各市(区)建筑业企业总产值(2012年)
Gross Output Value of Construction Enterprises by City(District)(2012)

单位：万元 (10 000 yuan)

地区	Region	总产值 Gross Output Value	中央企业 Central	地方企业 Local	施工总承包 General Contracting	专业承包 Professional Contracting	国有及国有控股企业 State-owned and State-holding	集体企业 Collective Owned
全省	**Shaanxi**	**35293886**	**11253119**	**24040767**	**33190430**	**2103455**	**22000114**	**3849886**
西安市	Xi'an	18742273	7847996	10894277	17227973	1514300	13647046	1702685
铜川市	Tongchuan	297372		297372	290027	7345	156888	87413
宝鸡市	Baoji	2777032	552291	2224740	2651748	125283	1319041	565553
咸阳市	Xianyang	4573784	1482502	3091282	4226950	346834	2901088	497255
渭南市	Weinan	3286045	1327639	1958406	3259254	26791	2637695	125315
#韩城市	Hancheng	237401		237401	237401		87656	22389
延安市	Yan'an	841039		841039	837328	3712	193512	109178
汉中市	Hanzhong	876810	15382	861428	856703	20107	298378	66799
榆林市	Yulin	1566314	2727	1563587	1540978	25335	26584	245575
安康市	Ankang	552764	24582	528182	529452	23312	63595	207088
商洛市	Shangluo	1125548		1125548	1125548		277280	243023
杨凌示范区	Yangling	654905		654905	644469	10436	479006	

14-10 各市(区)建筑业企业劳动生产率(2012年)
Labor Productivity of Construction Enterprises by City(District)(2012)

单位：元/人 (yuan/person)

地区	Region	劳动生产率 Overall Labor Productivity	中央企业 Central	地方企业 Local	施工总承包 General Contracting	专业承包 Professional Contracting	国有及国有控股企业 State-owned and State-holding	集体企业 Collective Owned
全　省	**Shaanxi**	**468407**	**736784**	**400176**	**465753**	**514682**	**671538**	**312169**
西安市	Xi'an	474516	601066	412024	464671	625201	551810	284293
铜川市	Tongchuan	571978		571978	586386	290312	957803	376781
宝鸡市	Baoji	585390	2447015	492395	589487	510319	1560626	567028
咸阳市	Xianyang	544245	1203037	431045	573776	334459	879837	261122
渭南市	Weinan	722795	2533179	486899	723652	631858	1858186	205502
# 韩城市	Hancheng	309115		309115	309115		489151	279513
延安市	Yan'an	356826		356826	357909	212103	401061	313281
汉中市	Hanzhong	260568	205091	261832	263950	168544	556675	235375
榆林市	Yulin	294808	293226	294811	292478	571905	1192108	314035
安康市	Ankang	250698	163771	257048	253084	206483	185193	307389
商洛市	Shangluo	346354		346354	346354		552131	474654
杨凌示范区	Yangling	570723		570723	571895	506602	1148146	

注：本表资料不含劳务分包企业，下表同。
a) Data in the table do not include the subcontractor of labour services. The same applies to the table following.

14-11 各市(区)建筑业企业竣工产值(2012年)
Output Value of Buildings Completed in Construction Enterprises by City(District)(2012)

单位：万元 (10 000 yuan)

地区	Region	竣工产值 Output Value of Buildings Completed	中央企业 Central	地方企业 Local	施工总承包 General Contracting	专业承包 Professional Contracting	国有及国有控股企业 State-owned and State-holding	集体企业 Collective Owned
全　省	**Shaanxi**	**13689846**	**2695724**	**10994121**	**12892118**	**797728**	**7204695**	**1859110**
西安市	Xi'an	7001902	2319684	4682218	6441448	560454	4774836	770122
铜川市	Tongchuan	102930		102930	98384	4546	32638	38820
宝鸡市	Baoji	808731		808731	785561	23171	290904	187022
咸阳市	Xianyang	1973462	329991	1643471	1840888	132574	987919	334199
渭南市	Weinan	895754	34253	861501	870229	25525	454127	89574
# 韩城市	Hancheng	126768		126768	126768		16478	21550
延安市	Yan'an	341816		341816	341816		121050	50582
汉中市	Hanzhong	546540	5797	540743	538037	8503	219964	33225
榆林市	Yulin	957739		957739	933932	23807	21384	161630
安康市	Ankang	360160	6000	354160	343250	16911	31711	117478
商洛市	Shangluo	591038		591038	591038		227172	76459
杨凌示范区	Yangling	109774		109774	107536	2238	42991	

14-12 各市(区)建筑业企业房屋建筑施工面积(2012年)
Floor Space of Building under Construction in Construction Enterprises by City(District)(2012)

单位：万平方米 (10 000 sq.m)

地区	Region	房屋建筑施工面积 Floor Space of Building under Construction	中央企业 Central	地方企业 Local	施工总承包 General Contracting	专业承包 Professional Contracting	国有及国有控股企业 State-owned and State-holding	集体企业 Collective Owned
全 省	**Shaanxi**	**17065.69**	**1558.37**	**15507.33**	**16682.27**	**383.42**	**8820.12**	**2589.56**
西安市	Xi'an	7531.07	1495.52	6035.55	7366.95	164.12	5025.21	983.12
铜川市	Tongchuan	326.58		326.58	326.58		183.95	103.85
宝鸡市	Baoji	1757.00		1757.00	1725.45	31.54	783.50	507.05
咸阳市	Xianyang	2310.56	0.17	2310.39	2153.59	156.98	1293.08	328.87
渭南市	Weinan	1396.69	7.30	1389.39	1396.67	0.02	911.60	117.95
# 韩城市	Hancheng	202.75		202.75	202.75		74.21	20.63
延安市	Yan'an	503.40		503.40	503.40		76.78	42.46
汉中市	Hanzhong	991.16	24.22	966.94	974.25	16.91	323.21	71.55
榆林市	Yulin	931.63		931.63	928.87	2.76		143.77
安康市	Ankang	599.75	31.16	568.59	592.16	7.59	65.73	191.51
商洛市	Shangluo	588.42		588.42	588.42		133.45	99.43
杨凌示范区	Yangling	129.44		129.44	125.93	3.50	23.62	

注：本表资料不含劳务分包企业，下表同。

a) Data in the table do not include the subcontractor of labour services. The same applies to the table following.

14-13 各市(区)建筑业企业房屋建筑竣工面积(2012年)
Floor Space of Building Completed in Construction Enterprises by City(District)(2012)

单位：万平方米 (10 000 sq.m)

地区	Region	房屋建筑竣工面积 Floor Space of Building Completed	中央企业 Central	地方企业 Local	施工总承包 General Contracting	专业承包 Professional Contracting	国有及国有控股企业 State-owned and State-holding	集体企业 Collective Owned
全 省	**Shaanxi**	**5386.66**	**291.95**	**5094.71**	**5268.66**	**118.00**	**2026.75**	**1078.29**
西安市	Xi'an	1985.31	282.38	1702.93	1955.75	29.56	1137.74	333.19
铜川市	Tongchuan	63.36		63.36	63.36		15.72	31.09
宝鸡市	Baoji	583.68		583.68	574.71	8.97	175.57	181.02
咸阳市	Xianyang	838.91		838.91	770.63	68.28	277.74	203.40
渭南市	Weinan	472.54	4.54	468.01	472.52	0.02	192.52	68.55
# 韩城市	Hancheng	82.31		82.31	82.31		1.81	17.95
延安市	Yan'an	118.47		118.47	118.47		21.67	31.61
汉中市	Hanzhong	337.04	3.78	333.26	332.19	4.85	101.47	28.67
榆林市	Yulin	423.05		423.05	420.35	2.70		84.37
安康市	Ankang	211.33	1.26	210.07	207.71	3.62	5.10	89.55
商洛市	Shangluo	315.77		315.77	315.77		99.22	26.84
杨凌示范区	Yangling	37.20		37.20	37.20			

14-14 各市(区)建筑业企业竣工房屋价值(2012年)
Valuation of Building Completed in Construction Enterprises by City(District)(2012)

单位：万元　　(10 000 yuan)

地区	Region	竣工房屋价值 Valuation of Building Completed	中央企业 Central	地方企业 Local	施工总承包 General Contracting	专业承包 Professional Contracting	国有及国有控股企业 State-owned and State-holding	集体企业 Collective Owned
全　省	**Shaanxi**	**8083441**	**662737**	**7420704**	**7889752**	**193688**	**3451629**	**1368904**
西安市	Xi'an	3316048	647978	2668070	3274706	41342	2081373	432631
铜川市	Tongchuan	78847		78847	78847		22192	32440
宝鸡市	Baoji	687069		687069	670735	16334	224142	178528
咸阳市	Xianyang	1323605		1323605	1198468	125137	446586	295806
渭南市	Weinan	654286	7805	646480	654262	24	315294	85644
#韩城市	Hancheng	89789		89789	89789		1344	21550
延安市	Yan'an	180723		180723	180723		41522	40942
汉中市	Hanzhong	492728	4332	488396	486890	5839	209834	30957
榆林市	Yulin	640762		640762	639103	1658		135625
安康市	Ankang	275033	2621	272412	271679	3354	6565	106935
商洛市	Shangluo	374974		374974	374974		104121	29398
杨凌示范区	Yangling	59367		59367	59367			

注：本表资料不含劳务分包企业，下表同。
a) Data in the table do not include the subcontractor of labour services. The same applies to the table following.

14-15 各市(区)建筑业企业自有施工机械设备净值(2012年)
Net Value of Machinery and Equipment Owned in Construction Enterprises by City(District)(2012)

单位：万元　　(10 000 yuan)

地区	Region	自有机械设备年末净值 Net Value of Machinery and Equipment Owned	中央企业 Central	地方企业 Local	施工总承包 General Contracting	专业承包 Professional Contracting	国有及国有控股企业 State-owned and State-holding	集体企业 Collective Owned
全　省	**Shaanxi**	**1091359**	**381610**	**709750**	**1032611**	**58748**	**547669**	**148101**
西安市	Xi'an	477885	281328	196557	433733	44152	347838	45477
铜川市	Tongchuan	5108		5108	5108		1485	3044
宝鸡市	Baoji	59869	1033	58836	56377	3492	4681	18158
咸阳市	Xianyang	184153	70190	113963	178042	6111	109596	44579
渭南市	Weinan	66621	28708	37913	65424	1197	39692	3934
#韩城市	Hancheng	8177		8177	8177		530	997
延安市	Yan'an	58275		58275	58000	275	8978	1901
汉中市	Hanzhong	36966	22	36944	35960	1006	2728	1168
榆林市	Yulin	100718		100718	100408	310	9	6991
安康市	Ankang	32165	329	31836	29964	2201	4297	7972
商洛市	Shangluo	40087		40087	40087		4383	14878
杨凌示范区	Yangling	29514		29514	29509	5	23983	

14-16 各市(区)建筑业企业自有施工机械设备总台数(2012年)
Total Number of Machinery and Equipment Owned in Construction Enterprises by City(District)(2012)

单位：台 (unit)

地 区	Region	自有施工机械设备年末总台数 Total Number of Machinery and Equipment Owned	中央企业 Central	地方企业 Local	施工总承包 General Contracting	专业承包 Professional Contracting	国有及国有控股企业 State-owned and State-holding	集体企业 Collective Owned
全 省	**Shaanxi**	**221015**	**30336**	**190679**	**212334**	**8681**	**65107**	**49197**
西安市	Xi'an	104074	25270	78804	98562	5512	47664	16944
铜川市	Tongchuan	2280		2280	2280		786	1411
宝鸡市	Baoji	24696	393	24303	24077	619	1899	11146
咸阳市	Xianyang	16227	1864	14363	14943	1284	3253	6515
渭南市	Weinan	14084	2685	11399	13803	281	3595	2625
#韩城市	Hancheng	2985		2985	2985		220	458
延安市	Yan'an	5976		5976	5731	245	1324	460
汉中市	Hanzhong	20090	21	20069	19744	346	423	1416
榆林市	Yulin	11423		11423	11392	31	3	2502
安康市	Ankang	4420	103	4317	4068	352	349	1429
商洛市	Shangluo	11050		11050	11050		861	4749
杨凌示范区	Yangling	6695		6695	6684	11	4950	

注：本表资料不含劳务分包企业，下表同。

a) Data in the table do not include the subcontractor of labour services. The same applies to the table following.

14-17 各市(区)建筑业企业自有施工机械设备总功率(2012年)
Total Power of Machinery and Equipment Owned in Construction Enterprises by City(District)(2012)

单位：千瓦 (kw)

地 区	Region	自有施工机械设备年末总功率 Total Power of Machinery and Equipment Owned	中央企业 Central	地方企业 Local	施工总承包 General Contracting	专业承包 Professional Contracting	国有及国有控股企业 State-owned and State-holding	集体企业 Collective Owned
全 省	**Shaanxi**	**4921149**	**1783473**	**3137676**	**4445067**	**476082**	**2699603**	**675091**
西安市	Xi'an	3013865	1430256	1583609	2583966	429899	2087803	313547
铜川市	Tongchuan	34176		34176	34176		16079	17611
宝鸡市	Baoji	241105	64035	177070	235677	5428	95072	46599
咸阳市	Xianyang	413111	178814	234297	386602	26509	218952	73096
渭南市	Weinan	325350	109934	215416	321288	4062	191850	34174
#韩城市	Hancheng	46823		46823	46823		2895	8550
延安市	Yan'an	70838		70838	67197	3641	13630	9681
汉中市	Hanzhong	133842	175	133667	130680	3162	6603	8886
榆林市	Yulin	310996		310996	309974	1022	256	34811
安康市	Ankang	69146	259	68887	67107	2039	4080	22830
商洛市	Shangluo	210909		210909	210909		7624	113856
杨凌示范区	Yangling	97811		97811	97491	320	57654	

14-18 各市(区)建筑业企业钢材消耗量(2012年)
Rolled Steel Consumption in Construction Enterprises by City(District)(2012)

单位：吨 (ton)

地区	Region	钢材消耗量 Rolled Steel Consumption	中央企业 Central	地方企业 Local	施工总承包 General Contracting	专业承包 Professional Contracting	国有及国有控股企业 State-owned and State-holding	集体企业 Collective Owned
全省	**Shaanxi**	**14217981**	**3422545**	**10795436**	**13863537**	**354444**	**9008349**	**1715650**
西安市	Xi'an	6400302	2688386	3711916	6241748	158554	4901902	657048
铜川市	Tongchuan	382841		382841	382841		31678	330533
宝鸡市	Baoji	837294		837294	794016	43278	326615	200717
咸阳市	Xianyang	3706256	495585	3210671	3585165	121091	3110915	122355
渭南市	Weinan	708713	214667	494046	707101	1612	409693	36589
# 韩城市	Hancheng	72109		72109	72109		27890	2765
延安市	Yan'an	137936		137936	137936		26722	49036
汉中市	Hanzhong	464440	12478	451962	454109	10331	112425	39353
榆林市	Yulin	927176		927176	926394	782	488	67911
安康市	Ankang	249011	11429	237582	230215	18796	16056	123578
商洛市	Shangluo	348025		348025	348025		54143	88530
杨凌示范区	Yangling	55987		55987	55987		17712	

注：本表资料不含劳务分包企业，下表同。
a) Data in the table do not include the subcontractor of labour services. The same applies to the table following.

14-19 各市(区)建筑业企业木材消耗量(2012年)
Timber Consumption in Construction Enterprises by City(District)(2012)

单位：立方米 (cu.m)

地区	Region	木材消耗量 Timber Consumption	中央企业 Central	地方企业 Local	施工总承包 General Contracting	专业承包 Professional Contracting	国有及国有控股企业 State-owned and State-holding	集体企业 Collective Owned
全省	**Shaanxi**	**6635206**	**745048**	**5890158**	**6586191**	**49015**	**2546289**	**808525**
西安市	Xi'an	3432167	116398	3315769	3419814	12353	1153697	407141
铜川市	Tongchuan	48630		48630	48630		6422	26295
宝鸡市	Baoji	172814		172814	161050	11764	12740	60395
咸阳市	Xianyang	915465	26273	889192	897960	17505	639949	48070
渭南市	Weinan	702491	594711	107780	702364	127	636328	22062
# 韩城市	Hancheng	24409		24409	24409		4975	940
延安市	Yan'an	87605		87605	87605		7062	20612
汉中市	Hanzhong	281239	6046	275193	278215	3024	67913	43990
榆林市	Yulin	426631		426631	426615	16	118	31920
安康市	Ankang	177650	1620	176030	173424	4226	1938	67209
商洛市	Shangluo	362681		362681	362681		16580	80831
杨凌示范区	Yangling	27833		27833	27833		3542	

14-20 各市(区)建筑业企业水泥消耗量(2012年)
Cement Consumption in Construction Enterprises by City(District)(2012)

单位：吨 (ton)

地区	Region	水泥消耗量 Cement Consumption	中央企业 Central	地方企业 Local	施工总承包 General Contracting	专业承包 Professional Contracting	国有及国有控股企业 State-owned and State-holding	集体企业 Collective Owned
全省	**Shaanxi**	**43944344**	**13337067**	**30607277**	**43407852**	**536492**	**24663416**	**4839009**
西安市	Xi'an	21410300	11219536	10190764	21078744	331556	16716966	2393638
铜川市	Tongchuan	269009		269009	269009		44959	187847
宝鸡市	Baoji	1604945		1604945	1587260	17685	489071	482620
咸阳市	Xianyang	9553891	1548163	8005728	9447845	106046	5530059	418601
渭南市	Weinan	2188688	536627	1652061	2151806	36882	1086005	177554
# 韩城市	Hancheng	283946		283946	283946		46876	25580
延安市	Yan'an	651565		651565	651565		61994	148951
汉中市	Hanzhong	2218138	23848	2194290	2204812	13326	426476	165461
榆林市	Yulin	3501144		3501144	3498134	3010	28139	253810
安康市	Ankang	875116	8893	866223	847129	27987	41791	452706
商洛市	Shangluo	1389562		1389562	1389562		171830	157821
杨凌示范区	Yangling	281986		281986	281986		66126	

注：本表资料不含劳务分包企业，下表同。
a) Data in the table do not include the subcontractor of labour services. The same applies to the table following.

14-21 各市(区)建筑业企业资产合计(2012年)
Total Assets of Construction Enterprises by City(District)(2012)

单位：万元 (10 000 yuan)

地区	Region	资产合计 Total Assets	中央企业 Central	地方企业 Local	施工总承包 General Contracting	专业承包 Professional Contracting	国有及国有控股企业 State-owned and State-holding	集体企业 Collective Owned
全省	**Shaanxi**	**27714202**	**12229662**	**15484540**	**25620771**	**2093431**	**18217384**	**2082329**
西安市	Xi'an	18553266	10407366	8145900	16722691	1830575	14146733	1208454
铜川市	Tongchuan	196885		196885	193473	3412	111330	56873
宝鸡市	Baoji	1126902	218555	908348	1052813	74090	542328	246972
咸阳市	Xianyang	2148198	1046354	1101844	2086613	61586	1599140	153745
渭南市	Weinan	1014465	518269	496196	1009640	4825	709970	32724
# 韩城市	Hancheng	118572		118572	118572		40071	3475
延安市	Yan'an	730354		730354	723709	6645	101114	80147
汉中市	Hanzhong	484396	20508	463888	465450	18946	125638	36567
榆林市	Yulin	2006912	5600	2001313	1952949	53964	116204	104946
安康市	Ankang	433731	13010	420721	400515	33215	53953	76753
商洛市	Shangluo	542079		542079	542079		332086	85148
杨凌示范区	Yangling	477013		477013	470839	6174	378888	

14-22 各市(区)建筑业企业负债合计(2012年)
Total Liability of Construction Enterprises by City(District)(2012)

单位：万元 (10 000 yuan)

地 区	Reion	负债合计 Total Liability	中央企业 Central	地方企业 Local	施工总承包 General Contracting	专业承包 Professional Contracting	国有及国有控股企业 State-owned and State-holding	集体企业 Collective Owned
全 省	**Shaanxi**	**19951766**	**10238316**	**9713450**	**18462063**	**1489703**	**14792168**	**1283192**
西安市	Xi'an	14487472	8670051	5817420	13120373	1367098	11616229	806247
铜川市	Tongchuan	132423		132423	130649	1775	78361	38755
宝鸡市	Baoji	855725	207666	648059	803136	52589	493361	188090
咸阳市	Xianyang	1610711	938148	672563	1596693	14018	1383695	71694
渭南市	Weinan	638532	387471	251062	637690	842	530987	9136
# 韩城市	Hancheng	64405		64405	64405		39727	838
延安市	Yan'an	376647		376647	374265	2382	78636	38293
汉中市	Hanzhong	264093	19402	244691	255114	8979	103034	11596
榆林市	Yulin	865316	3600	861716	842472	22844	77300	36338
安康市	Ankang	217340	11978	205363	201081	16259	43409	47198
商洛市	Shangluo	176500		176500	176500		104794	35844
杨凌示范区	Yangling	327007		327007	324090	2917	282362	

注：本表资料不含劳务分包企业，下表同。

a) Data in the table do not include the subcontractor of labour services. The same applies to the table following.

14-23 各市(区)建筑业企业固定资产(2012年)
Fixed Assets of Construction Enterprises by City(District)(2012)

单位：万元 (10 000 yuan)

地 区	Region	固定资产合计 Total Fixed Assets	中央企业 Central	地方企业 Local	施工总承包 General Contracting	专业承包 Professional Contracting	国有及国有控股企业 State-owned and State-holding	集体企业 Collective Owned
全 省	**Shaanxi**	**3035626**	**761924**	**2273702**	**2845917**	**189709**	**1347008**	**375855**
西安市	Xi'an	1293197	588850	704347	1158396	134800	793397	150760
铜川市	Tongchuan	23835		23835	21987	1848	8418	9303
宝鸡市	Baoji	188675	12504	176171	173280	15395	47778	52119
咸阳市	Xianyang	338195	123440	214755	324912	13282	197520	49646
渭南市	Weinan	129878	35365	94513	127179	2699	60722	9686
# 韩城市	Hancheng	18513		18513	18513		604	1187
延安市	Yan'an	179875		179875	176358	3517	15086	15814
汉中市	Hanzhong	92140	146	91995	88539	3601	10157	5820
榆林市	Yulin	402562	600	401962	397176	5386	1239	34243
安康市	Ankang	108991	1020	107972	101425	7566	7378	27600
商洛市	Shangluo	211918		211918	211918		156626	20864
杨凌示范区	Yangling	66362		66362	64748	1614	48687	

14-24 各市(区)建筑业企业流动资产(2012年)
Circulating Assets of Construction Enterprises by City(District)(2012)

单位：万元 (10 000 yuan)

地 区	Region	流动资产合计 Circulating Assets	中央企业 Central	地方企业 Local	施工总承包 General Contracting	专业承包 Professional Contracting	国有及国有控股企业 State-owned and State-holding	集体企业 Collective Owned
全 省	**Shaanxi**	**21862448**	**10119437**	**11743011**	**20226048**	**1636400**	**14975627**	**1570270**
西安市	Xi'an	15158761	8500161	6658600	13684307	1474454	11636878	1016324
铜川市	Tongchuan	154370		154370	152839	1531	88810	47068
宝鸡市	Baoji	856649	203557	653093	809957	46693	476561	166333
咸阳市	Xianyang	1669440	899364	770077	1626735	42706	1353793	78430
渭南市	Weinan	844281	479182	365098	842155	2126	628029	18973
# 韩城市	Hancheng	97615		97615	97615		39334	2207
延安市	Yan'an	515839		515839	512711	3128	83560	55073
汉中市	Hanzhong	364830	20349	344481	351410	13421	105938	27937
榆林市	Yulin	1335594	4836	1330758	1306991	28603	78816	65991
安康市	Ankang	268760	11988	256771	249485	19275	43583	36922
商洛市	Shangluo	312282		312282	312282		173309	57219
杨凌示范区	Yangling	381641		381641	377178	4463	306349	

注：本表资料不含劳务分包企业，下表同。
a) Data in the table do not include the subcontractor of labour services. The same applies to the table following.

14-25 各市(区)建筑业企业实收资本(2012年)
Contributed Capital of Construction Enterprises by City(District)(2012)

单位：万元 (10 000 yuan)

地 区	Region	实收资本 Contributed Capital	中央企业 Central	地方企业 Local	施工总承包 General Contracting	专业承包 Professional Contracting	国有及国有控股企业 State-owned and State-holding	集体企业 Collective Owned
全 省	**Shaanxi**	**5586522**	**1427288**	**4159234**	**5176827**	**409695**	**2394833**	**619218**
西安市	Xi'an	2953811	1201930	1751881	2625966	327845	1748572	340946
铜川市	Tongchuan	39314		39314	38498	816	13609	14297
宝鸡市	Baoji	203465	20000	183465	184723	18742	46073	37498
咸阳市	Xianyang	350320	74445	275875	324139	26181	142423	43331
渭南市	Weinan	300124	127301	172823	297814	2310	166480	18665
# 韩城市	Hancheng	38902		38902	38902		300	2600
延安市	Yan'an	254363		254363	251472	2891	20042	42205
汉中市	Hanzhong	184387	971	183416	175149	9238	16200	23989
榆林市	Yulin	861572	2000	859572	849547	12026	37207	50896
安康市	Ankang	115127	642	114486	108499	6628	9229	17380
商洛市	Shangluo	211977		211977	211977		124000	30012
杨凌示范区	Yangling	112063		112063	109043	3020	71000	

14-26 各市(区)建筑业企业营业收入(2012年)
Revenue of Settlement of Projects of Construction Enterprises by City(District)(2012)

单位：万元 (10 000 yuan)

地区	Region	营业收入 Revenue of Settlement of Projects	中央企业 Central	地方企业 Local	施工总承包 General Contracting	专业承包 Professional Contracting	国有及国有控股企业 State-owned and State-holding	集体企业 Collective Owned
全省	**Shaanxi**	**33697896**	**13322243**	**20375653**	**31386932**	**2310964**	**22524745**	**3211017**
西安市	Xi'an	20890636	10963440	9927196	19107197	1783440	16104213	1554814
铜川市	Tongchuan	265193		265193	259566	5628	161900	66582
宝鸡市	Baoji	1974619	319430	1655189	1906226	68392	1122506	350356
咸阳市	Xianyang	4144931	1394749	2750182	3807432	337499	2659555	483924
渭南市	Weinan	1878612	602231	1276381	1851951	26661	1327888	75870
#韩城市	Hancheng	209030		209030	209030		86791	22389
延安市	Yan'an	565595		565595	561883	3712	142936	57038
汉中市	Hanzhong	714176	16004	698172	694130	20046	238254	59910
榆林市	Yulin	1345466	1733	1343733	1320439	25028	21932	229551
安康市	Ankang	539078	24656	514422	504552	34525	90467	174714
商洛市	Shangluo	863941		863941	863941		262867	158256
杨凌示范区	Yangling	515649		515649	509615	6035	392226	

注：本表资料不含劳务分包企业，下表同。
a) Data in the table do not include the subcontractor of labour services. The same applies to the table following.

14-27 各市(区)建筑业企业税金总额(2012年)
Total Tax of Construction Enterprises by City(District)(2012)

单位：万元 (10 000 yuan)

地区	Region	税金总额 Total Tax	中央企业 Central	地方企业 Local	施工总承包 General Contracting	专业承包 Professional Contracting	国有及国有控股企业 State-owned and State-holding	集体企业 Collective Owned
全省	**Shaanxi**	**1118962**	**405751**	**713211**	**1063949**	**55013**	**706677**	**122014**
西安市	Xi'an	648911	327904	321008	611533	37378	495013	54703
铜川市	Tongchuan	7717		7717	7539	178	4394	2177
宝鸡市	Baoji	61531	10699	50832	59210	2320	30349	12150
咸阳市	Xianyang	151301	45480	105821	140244	11057	87741	22910
渭南市	Weinan	65992	20084	45909	64974	1019	44789	4567
#韩城市	Hancheng	8607		8607	8607		2892	1971
延安市	Yan'an	19471		19471	19387	85	4472	1656
汉中市	Hanzhong	26383	655	25728	25645	738	8396	2077
榆林市	Yulin	61114	76	61037	60330	784	561	9780
安康市	Ankang	20010	854	19156	18774	1236	3094	5701
商洛市	Shangluo	42215		42215	42215		17963	6293
杨凌示范区	Yangling	14316		14316	14098	218	9905	

14-28 各市(区)建筑业企业利润总额(2012年)
Total Profits of Construction Enterprises by City(District)(2012)

单位：万元 (10 000 yuan)

地区	Region	利润总额 Total Profits	中央企业 Central	地方企业 Local	施工总承包 General Contracting	专业承包 Professional Contracting	国有及国有控股企业 State-owned and State-holding	集体企业 Collective Owned
全 省	**Shaanxi**	**1003211**	**262616**	**740595**	**902837**	**100374**	**404908**	**149222**
西安市	Xi'an	517408	241261	276148	433924	83485	319106	44411
铜川市	Tongchuan	4128		4128	4205	-77	2870	64
宝鸡市	Baoji	45617	1085	44532	44702	915	4517	7867
咸阳市	Xianyang	154892	17111	137781	144421	10471	35766	37919
渭南市	Weinan	36893	2530	34364	36056	837	7096	3043
# 韩城市	Hancheng	6757		6757	6757		248	1579
延安市	Yan'an	34972		34972	34778	194	1777	6973
汉中市	Hanzhong	21089	342	20747	20007	1082	1761	2617
榆林市	Yulin	84961	234	84727	83709	1252	652	18927
安康市	Ankang	37845	54	37791	35714	2131	991	20704
商洛市	Shangluo	42330		42330	42330		12663	6699
杨凌示范区	Yangling	23076		23076	22992	84	17709	

注：本表资料不含劳务分包企业，下表同。

a) Data in the table do not include the subcontractor of labour services. The same applies to the table following.

14-29 各市(区)建筑业企业年末应收工程款(2012年)
Account Receivable of Projects at Year-end of Construction Enterprises by City(District)(2012)

单位：万元 (10 000 yuan)

地区	Region	年末应收工程款 Account Receivable of Projects at Year-end	中央企业 Central	地方企业 Local	施工总承包 General Contracting	专业承包 Professional Contracting	国有及国有控股企业 State-owned and State-holding	集体企业 Collective Owned
全 省	**Shaanxi**	**6005987**	**2433531**	**3572455**	**5644854**	**361132**	**4262548**	**481780**
西安市	Xi'an	4056471	2075348	1981123	3738643	317829	3223527	255797
铜川市	Tongchuan	47261		47261	46670	591	27464	16997
宝鸡市	Baoji	340006	48386	291620	321772	18234	181951	71051
咸阳市	Xianyang	551962	193652	358311	541251	10711	446137	32269
渭南市	Weinan	222706	107928	114778	221911	796	155841	4660
# 韩城市	Hancheng	35358		35358	35358		23633	1345
延安市	Yan'an	171378		171378	170238	1140	31913	24068
汉中市	Hanzhong	99696	762	98935	98578	1118	33908	4800
榆林市	Yulin	244215	3103	241112	239942	4274	2791	37033
安康市	Ankang	53969	4353	49617	50026	3943	5049	12317
商洛市	Shangluo	55424		55424	55424		5244	22788
杨凌示范区	Yangling	162898		162898	160401	2496	148722	

14-30 各市(区)建筑业企业主要经济效益指标(2012年)
Main Indicators on Economic Efficiency of Construction Enterprises by City(District)(2012)

地 区	Region	人均利润(元/人) Per Capita Profits (yuan/person)	人均利税(元/人) Per Capita Pre-tax Profit (yuan/person)	人均竣工产值(元/人) Per Capita Output Value of Completed Construction (yuan/person)	人均施工面积(平方米/人) Per Capita Floor Space of Buildings under Construction (sq.m/person)	人均竣工面积(平方米/人) Per Capita Floor Space of Buildings Completed (sq.m/person)
全 省	**Shaanxi**	**12682**	**14146**	**173066**	**215.7**	**68.1**
西安市	Xi'an	13226	16588	178986	192.5	50.7
铜川市	Tongchuan	6134	11468	152964	485.3	94.2
宝鸡市	Baoji	8295	11188	147050	319.5	106.1
咸阳市	Xianyang	16302	15924	207696	243.2	88.3
渭南市	Weinan	7155	12798	173720	270.9	91.6
# 韩城市	Hancheng	7023	8947	131775	210.8	85.6
延安市	Yan'an	14735	8204	144020	212.1	49.9
汉中市	Hanzhong	4873	6097	126297	229.0	77.9
榆林市	Yulin	19282	13870	217357	211.4	96.0
安康市	Ankang	13244	7003	126040	209.9	74.0
商洛市	Shangluo	11771	11739	164360	163.6	87.8
杨凌示范区	Yangling	14505	8999	69001	81.4	23.4

注：本表资料不含劳务分包企业。
a) Data in the table do not include the subcontractor of labour services. The same applies to the table following.

14-30 续表 continued

地 区	Region	产值利润率(%) Ratio of Profits to Output Value (%)	产值利税率(%) Ratio of Pre-tax Profit to Gross Output Value (%)	资本利润率(%) Ratio of Profits to Captitals (%)	资本利税率(%) Ratio of Pre-tax Profits to Captitals (%)	资产负债率(%) Assets-Liability Ratio (%)
全 省	**Shaanxi**	**2.8**	**3.2**	**5.6**	**5.0**	**72.0**
西安市	Xi'an	2.8	3.5	5.7	4.6	78.1
铜川市	Tongchuan	1.4	2.6	9.5	5.1	67.3
宝鸡市	Baoji	1.6	2.2	4.5	3.3	75.9
咸阳市	Xianyang	3.4	3.3	2.3	2.3	75.0
渭南市	Weinan	1.1	2.0	8.1	4.5	62.9
# 韩城市	Hancheng	2.8	3.6	5.8	4.5	54.3
延安市	Yan'an	4.2	2.3	7.3	13.1	51.6
汉中市	Hanzhong	2.4	3.0	8.7	7.0	54.5
榆林市	Yulin	5.4	3.9	10.1	14.1	43.1
安康市	Ankang	6.8	3.6	3.0	5.8	50.1
商洛市	Shangluo	3.8	3.8	5.0	5.0	32.6
杨凌示范区	Yangling	3.5	2.2	4.9	7.8	68.6

14-31 勘察设计企业数(2012年)
Number of Prospecting and Designing Enterprises (2012)

单位：个 (unit)

地区	Region	企业数 Number of Enterprises	国有企业 State-owned Enterprises	集体企业 Collective-owned Enterprises	股份合作企业 Cooperative Enterprises	有限责任公司 Limited Liability Corporations
全省	**Shaanxi**	**674**	**198**	**24**	**3**	**268**
西安市	Xi'an	472	83	16	1	221
铜川市	Tongchuan	11	7	2		
宝鸡市	Baoji	25	16	1		5
咸阳市	Xianyang	19	11			6
渭南市	Weinan	20	11	2		6
延安市	Yan'an	16	9	1		2
汉中市	Hanzhong	29	18	2		7
榆林市	Yulin	34	9		2	12
安康市	Ankang	21	16			4
商洛市	Shangluo	18	16			1
杨凌示范区	Yangling	4	1			2

14-31 续表 continued

单位：个 (unit)

地区	Region	股份有限公司 Share-holding Corporations Limited	私营企业 Private Enterprises	其他企业 Others Enterprises	港、澳、台商投资企业 Enterprises with Funds from HongKong,Macao and Taiwan	外商投资企业 Enterprises with Funds from Foreigner
全省	**Shaanxi**	**38**	**117**	**21**	**3**	**2**
西安市	Xi'an	28	102	16	3	2
铜川市	Tongchuan	1	1			
宝鸡市	Baoji		2	1		
咸阳市	Xianyang	1	1			
渭南市	Weinan	1				
延安市	Yan'an		3	1		
汉中市	Hanzhong	1	1			
榆林市	Yulin	5	5	1		
安康市	Ankang			1		
商洛市	Shangluo			1		
杨凌示范区	Yangling		1			

14-32 勘察设计企业资质情况(2012年)
Qualification of Prospecting and Designing Enterprises(2012)

单位：个 (unit)

地　区	Region	企业数 Number of Enterprises	# 工程勘察 Projects Prospecting			# 工程设计 Projects Designing			# 建筑装饰 Architectural Decoration	
			甲级 A Grade	乙级 B Grade	丙级 C Grade	甲级 A Grade	乙级 B Grade	丙级 C Grade	甲级 A Grade	乙级 B Grade
全　省	**Shaanxi**	**674**	**35**	**39**	**2**	**73**	**170**	**150**	**19**	**51**
西安市	Xi'an	472	29	21		67	113	43	19	50
铜川市	Tongchuan	11					3	8		
宝鸡市	Baoji	25	2		1	2	11	9		
咸阳市	Xianyang	19	1	1		2	10	5		
渭南市	Weinan	20		1		1	3	15		
延安市	Yan'an	16		5			5	6		
汉中市	Hanzhong	29	1	1	1	1	4	20		1
榆林市	Yulin	34	2	5			11	14		
安康市	Ankang	21		2			3	15		
商洛市	Shangluo	18		2			2	14		
杨凌示范区	Yangling	4					3	1		

14-32 续表 continued

单位：个 (unit)

地　区	Region	# 环境工程 Environmental Engineering		# 风景园林 Scenery and Gardening		# 消防工程 Fire Engineering		# 建筑幕墙 Architectural curtain wall	
		甲级 A Grade	乙级 B Grade	甲级 A Grade	乙级 B Grade	甲级 A Grade	乙级 B Grade	甲级 A Grade	乙级 B Grade
全　省	**Shaanxi**	**2**	**23**	**4**	**35**	**17**	**13**	**8**	**7**
西安市	Xi'an	2	22	4	32	17	13	8	7
铜川市	Tongchuan								
宝鸡市	Baoji								
咸阳市	Xianyang								
渭南市	Weinan								
延安市	Yan'an								
汉中市	Hanzhong								
榆林市	Yulin		1		1				
安康市	Ankang								
商洛市	Shangluo								
杨凌示范区	Yangling								

14-33 勘察设计企业年末从业人员(2012年)
Number of Employed Persons at Year-end of Prospecting and Designing Enterprises(2012)

地 区	Region	年末从业人员(人) Number of Employed Persons at the Year-end (person)	# 专业技术人员 Technical Personnel	高级职称 Senior Title	中级职称 Middle Title	初级职称 Junior Title	年末注册执业人次(人) Registered Professionals at Year End(person)
全 省	**Shaanxi**	**73875**	**45912**	**13404**	**18019**	**14489**	**11323**
西安市	Xi'an	66062	40069	11877	15382	12810	9917
铜川市	Tongchuan	380	308	58	175	75	31
宝鸡市	Baoji	941	787	217	359	211	181
咸阳市	Xianyang	815	665	233	263	169	137
渭南市	Weinan	520	445	118	214	113	68
延安市	Yan'an	671	468	115	225	128	140
汉中市	Hanzhong	1033	798	172	361	265	210
安康市	Yulin	1316	961	207	443	311	237
商洛市	Ankang	878	603	157	274	172	123
榆林市	Shangluo	534	457	124	212	121	141
杨凌示范区	Yangling	289	206	100	61	45	91

14-34 勘察设计企业科技活动情况(2012年)
Basic Statistics on Scientific and Technological Activities of Prospecting and Designing Enterprises(2012)

地 区	Region	科技活动费用支出(万元) Expenditures on Scientific and Technological Activities (10 000 yuan)	科技成果转让收入(万元) Transfer Income from Scientific and Technological Achievements (10 000 yuan)	累计拥有专利(项) Accumulative Number of Patent (unit)	累计拥有专有技术(项) Accumulative Number of Proprietary Technology (unit)
全 省	**Shaanxi**	**102108**	**225502**	**1379**	**548**
西安市	Xi'an	101603	225373	1361	543
铜川市	Tongchuan				
宝鸡市	Baoji	66			
咸阳市	Xianyang	149	12	5	5
渭南市	Weinan	38			
延安市	Yan'an	6			
汉中市	Hanzhong	115	15		
安康市	Yulin	61			
商洛市	Ankang	15			
榆林市	Shangluo	27	102		
杨凌示范区	Yangling	2			

14-35 勘察设计企业业务完成情况

Statistics on Operation Effected of Prospecting and Designing Enterprises

单位：万元 (10 000 yuan)

指　　标	Item	2011	2012
完成合同额	**Total Value of Contracts**	**3812006**	**4128703**
工程勘察	Project Prospecting	396183	403195
工程设计	Project Designing	929647	1070483
工程技术管理服务	Project Tech Management Service	168218	176149
工程承包	Contracted Projects	2171227	2302089
境外工程	Overseas Projects	146731	176787
营业收入	**Business Revenue**	**3523218**	**3855693**
工程勘察收入	Revenue from Project Prospecting	498203	352324
# 境外工程	Overseas Projects	12557	12192
工程设计收入	Revenue from Project Designing	979209	931676
# 境外工程	Overseas Projects	60386	18419
工程技术管理服务收入	Revenue from Project Tech Management Service	147788	142990
# 境外工程	Overseas Projects	3018	975
工程承包收入	Revenue from Contracted Projects	1635857	2128301
# 境外工程	Overseas Projects	65594	58209
其他收入	Other Revenue	261989	300402
# 境外工程	Overseas Projects	5808	2158

主要统计指标解释

建筑业统计单位 指从事房屋、构筑物建造和设备安装活动的法人企业。建筑业法人企业应具有建筑业资质并能够独立核算，同时其应具备以下条件：①依法成立，有自己的名称、组织机构和场所，能够承担民事责任；②独立拥有和使用资产，承担负债，有权与其他单位签订合同；③独立核算盈亏，能够编制资产负债表。

建筑业总产值 是以货币形式表现的建筑业企业在一定时期内生产的建筑业产品和提供的服务的总和。建筑业总产值包括：

⑴建筑工程产值：指列入建筑工程预算内的各种工程价值。

⑵安装工程产值：指设备安装工程价值，不包括被安装设备本身的价值。

⑶其他产值：建筑业总产值中除建筑工程、安装工程以外的产值。包括房屋构筑物修理产值、非标准设备制造产值、总包企业向分包企业收取的管理费以及不能明确划分的施工活动所完成的产值。

a.房屋构筑物修理产值：指房屋和构筑物修理所完成的产值，但不包括被修理房屋、构筑物本身价值和生产设备的修理价值。

b.非标准设备制造产值：指加工制造没有定型的非标准生产设备的加工费和原材料价值(如化工厂、炼油厂用的各种罐、槽，矿井生产统一使用的各种漏斗、三角槽、阀门等)以及附属加工厂为本企业承建工程制作的非标准设备的价值。

建筑业增加值 指建筑业企业在报告期内以货币形式表现的建筑业生产经营活动的最终成果。

从 2004 年第一次全国经济普查开始，建筑业现价增加值按生产法和分配法(收入法)两种方法计算，以收入法的计算结果为准，即从收入的角度出发，根据生产要素在生产过程中应得的收入份额计算。具体计算方法：经济普查年度建筑业增加值按照《经济普查年度 GDP 核算方案》计算，非经济普查年度建筑业增加值按照《非经济普查年度 GDP 核算方案》计算。

房屋建筑施工面积 指在报告期内施过工的全部房屋建筑面积，包括本期新开工的房屋面积、上期施工跨入本期继续施工的房屋面积、上期停缓建在本期恢复施工的房屋面积、本期竣工的房屋面积及本期施工后又停缓建的房屋面积。

房屋建筑竣工面积 指在报告期内房屋建筑按照设计要求全部完工，达到了使用条件，经验收鉴定合格，正式移交使用单位的房屋建筑面积。

Explanatory Notes on Main Statistical Indicators

Statistical Unit in the Construction Industry refers to a corporate enterprise engaged in the construction of buildings and structures and in the installation of equipment. A corporate construction enterprise should have qualification certificates with independent accounting system, and should meet the following 3 requirements: a) being set up in line with relevant legal basis, having its full name, organization and location, and capable of taking civil liabilities; b) independently possessing and using its assets and assuming its liabilities, and entitled to sign contracts with other institutions; and c) making independent accounts of its profits and losses, and capable of compiling its own balance sheet.

Gross Output Value of Construction refers to total of construction products and services, expressed in money terms, produced or rendered by construction and installation enterprises during a given period of time. It includes:

(1) Output value of construction projects: the value of projects covered by the project budgets;

(2) Output value of installation projects: the value of the installation of equipment, (excluding the value of the equipment to be installed);

(3) Other output values: the output value of construction industry apart from that of construction projects and installation projects. It includes: output value of repair of buildings and structures; output value of non-standard equipment manufacturing; overhead expenses received by contracted enterprises from the sub-contracted enterprises and the completed output value of construction activities for which there is no clear definition.

a. Output value of repair of buildings and structures: the value created through the repairs of buildings or structures. It does not include the value of buildings or structures being repaired and the value of the repair of production equipment;

b. Output value of manufactured non-standard equipment: the value of non-standard production equipment, including raw materials and manufacturing cost, made for the construction project (i.e., chemical plant; kettles or tanks used by refineries; various fillers, triangle tanks, valves used by mines). It also includes the output value of equipment manufactured by subsidiary workshops.

Value-added of Construction refers to the final result of the activities of production and operation of enterprises of the construction industry in monetary terms during the reference period.

Starting from the 2004 economic census, value-added of construction is calculated by both production approach and income approach, with the figures from the income approach as the final figures. Under the income approach, calculation starts from the perspective of income and is based on the share of income derived from the production process by the relevant factors of production. Specifically, value-added of construction for the Census years is calculated in accordance with the *Programme of Compilation of GDP and National Accounts for the Year of Economic Census*, and value-added of construction for other years is calculated in accordance with the *Programme of Compilation of GDP and National Accounts for the Non Economic Census Years.*

Floor Space of Buildings Under Construction refers to floor space of buildings under construction during the reference period, including the floor space of buildings for which construction has newly started; buildings for which construction has started earlier and is continuing during the reference period; and buildings for which construction has been suspended earlier but has restarted during the reference period; buildings completed during the reference period; and buildings under construction but construction has subsequently been during the reference period.

Floor Space of Buildings Completed refers to the floor space of buildings that are completed in the reference period in accordance with the requirements of the design, up to the standard for being put into use, and having been checked and accepted by departments concerned as qualified ones.

十五、运输和邮电

Transport, Post and Telecommunication Services

资料整理：张西莉　巨振强　王晓飞

简 要 说 明

一、本篇资料反映陕西交通运输业和邮政、通信业发展的基本状况。

交通运输业资料主要包括：各种运输方式的线路里程、运输设备拥有量、各种运输方式完成的货物运输量和旅客运输量，城市公共交通情况等资料。

邮电通信业资料主要包括：邮电业务完成情况，邮电通信发展水平等资料。

二、本篇的资料来源：

交通运输资料分别来源于西安铁路局、西延铁路公司、神华神朔铁路公司、省交通运输厅、东方航空公司西北分公司、长安航空有限责任公司、省公安厅车管所等。

邮电通信业资料来源于省通信管理局、省电信公司、省移动通信公司、省联通公司、省邮政管理局、省邮政公司等。

Brief Introduction

I. This chapter reflects the basic conditions of transportation industry, post and communication industry of Shaanxi Province.

Data on transportation industry mainly include: routes of various transport modes, quantity of transportation equipment, freight and passenger traffic volume of various transport modes, urban public transport situation, etc.

Data on post and telecommunication mainly include: completion of post and telephone service and development of posts and telecommunications, etc.

II. Sources of Data:

Data on transportation industry are obtained from Xi'an Railway Bureau, Xi Yan Railway Company, Shenhua Shenshuo Railway Company, the Ministry of Transport of Shaanxi Province, Northwest Branch of China Eastern Airlines, Chang'an Airlines and the DMV (deportment of motor vehicles) of Public Security Department of Shaanxi Province, etc.

Data on post and telecommunication are obtained from Shaanxi Communications Administration, Shaanxi Telecommunication Company, Shaanxi Mobile Communication Company, Shaanxi Unicom Company, Shanxi Provincial Postal Administration and Shaanxi Post, etc.

15.运输和邮电

2012年全省		
客运量	112570	万　人
旅客周转量	1004.53	亿人公里
货运量	136734	万　吨
货物周转量	3193.12	亿吨公里
邮电业务总量	385.54	亿　元
每百人拥有固定电话	20.6	部
每百人拥有移动电话	87.0	部

高速公路里程(公里)

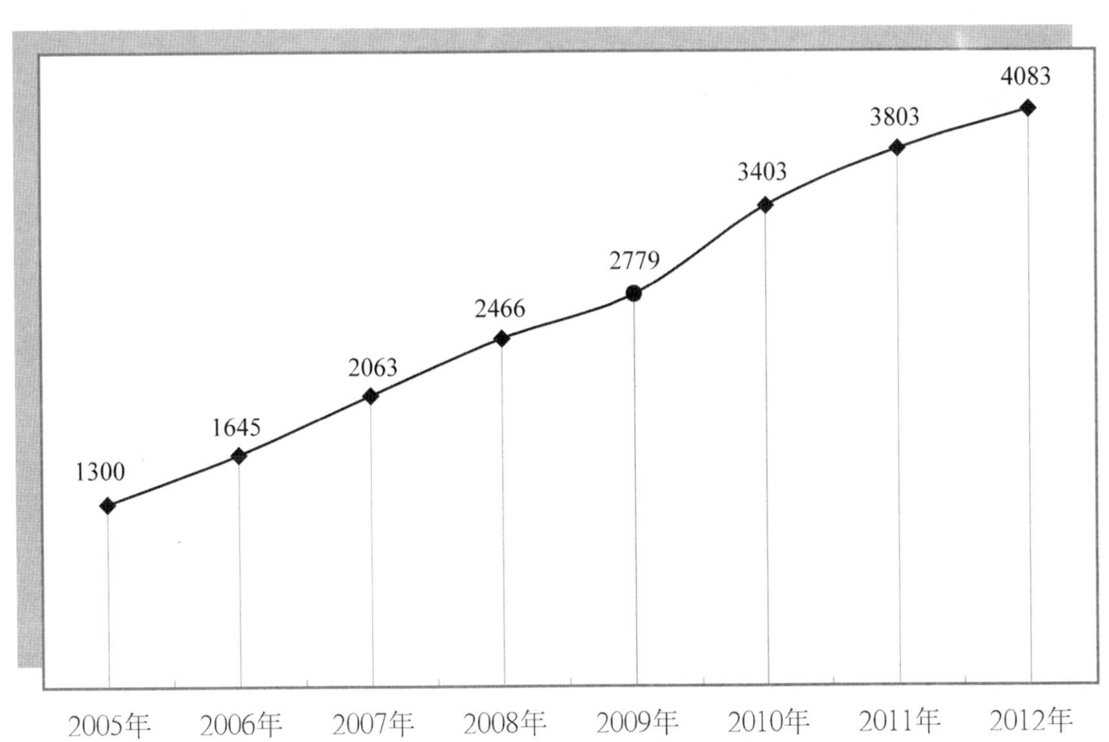

15-1 运输线路里程、质量和运输网密度
Length, Quality and Density of Transportation Routes

指　　标	Item	2010	2011	2012
一、运输线路里程	**Length of Transport Routes**			
铁路正线延展里程 (公里)	Extension Length of the Trunk Lines (km)	8783	8792	8804
# 营业里程	Railways in Operation	4445	4449	4464
公路通车里程 (公里)	Total Length of Highways (km)	147461	151986	161411
内河航道里程 (公里)	Navigable Inland Waterways (km)	1066	1066	1066
# 机动船航道	Motor Vessels	558	558	558
民航通航里程 (公里)	Total Civil Aviation Routes (km)	742375	898628	981450
# 不重复里程	Unique Mileage	632458	774473	833752
二、运输线路质量	**Quality of Transport Routes**			
铁路营业里程 (公里)	Length of Railways in Operation (km)	4445	4449	4464
# 复线里程	Double-Tracking Length	2427	2438	2453
复线里程比重 (%)	Proportion (%)	54.6	54.8	55.0
公路线路里程 (公里)	Length of Highways (km)	147461	151986	161411
# 等级公路	Expressway and Class I to IV Highways	134498	139453	146290
等级公路比重 (%)	Proportion (%)	91.2	91.8	90.6
内河航道里程 (公里)	Length of Navigable Inland Waterways (km)	1066	1066	1066
# 水深一米以上	Depth of Water Above 1 m	558	558	558
水深一米以上比重 (%)	Proportion (%)	50.7	50.7	50.7
三、运输网密度	**Transport Density**			
1.铁　路	Railways			
省内营业里程 (公里)	Length of Province Railways in Operation(km)	3966	3970	4094
密　度 (公里/平方公里)	Density (km/sq.km)	0.019	0.019	0.020
2.公　路	Highways			
线路长度 (公里)	Length of Routes (km)	147461	151986	161411
密　度 (公里/平方公里)	Density (km/sq.km)	0.717	0.739	0.785
3.水　路	Waterways			
通航里程 (公里)	Length of Waterways in Operation (km)	1066	1066	1066
密　度 (公里/平方公里)	Density (km/sq.km)	0.005	0.005	0.005
4.民　航	Civil Aviation			
通航里程 (公里)	Length of Civil Aviation in Operation (km)	742375	898628	981450
密　度 (公里/平方公里)	Density (km/sq.km)	3.607	4.367	4.774

注：1.铁路线路为中央在陕铁路局管线路；民航通航里程为陕西民航飞机飞行航线里程。
2.铁路线路里程含神华神朔铁路有限责任公司专用铁路线路。
3.公路通车里程和公路线路里程从2006年起按新口径统计。

a) The transport routes are managed by the railway bureau in Shaanxi; Total civil aviation routes is the Shaanxi civil aviation's routes.
b) Length of railways includes dedicated railway line in Shenhuashenshuo Railway Co., Ltd.
c) Length of Highways are compiled under a new system since 2006.

15-2 铁路、公路线路长度及民航航线
Length of Railways, Highways and Civil Aviation

指 标	Item	2010	2011	2012
一、铁路线路长度	**Railways**			
正线延展里程 (公里)	Extension Length (km)	8783	8792	8804
# 省境内	In Shaanxi	5894	5921	5948
营业里程 (公里)	Length of Railways in operation (km)	4445	4449	4464
# 省境内	In Shaanxi	3966	3970	4094
电气化里程(省境内)(公里)	Provincal Electrified Railways (km)	3168	3181	3192
省内复线里程 (公里)	Provincal Double-Tracking Length (km)	2032	2043	2054
二、公路线路长度	**Highways**			
公路线路里程 (公里)	Length of Highways (km)	147461	151986	161411
# 高级及次高级路面	High Class and Sub-senior Class Pavement	76296	81627	88628
等级公路 (公里)	Expressway and Class Ⅰ to Ⅳ Highways (km)	134498	139453	146290
# 高速公路	Expressway	3403	3803	4083
一级公路	Class Ⅰ Highway	787	839	974
二级公路	Class Ⅱ Highway	7235	7610	8377
三级公路	Class Ⅲ Highway	14791	14752	14795
四级公路	Class Ⅳ Highway	108282	112449	118061
三、民用航空	**Civil Aviation**			
航线里程 (公里)	Length of Civil Aviation Routes (km)	742375	898628	981450
# 国际航线	International Routes	155032	149628	119303
港澳航线	Regional Routes	16468	18631	23390
航线条数 (条)	Numbers of Routes (line)	358	373	564
# 国际航线	International Routes	47	44	58
港澳航线	Regional Routes	9	8	12
通航城市 (个)	Number of Cities (unit)	120	165	150
# 国 际	International Routes	43	44	31
港 澳	Regional Routes	3	5	3

注：1.铁路线路长度含神华神朔铁路有限责任公司专用铁路线路。
2.公路线路有路面里程仅指高级路面。

a) Length of railways includes dedicated railway line in Shenhuashenshuo Railway Co., Ltd.

b) Length of highways with pavement only includes high class pavement.

15-3 运 输 工 具
Transportation

指 标	Item	2010	2011	2012
一、铁路运输工具	**Means of Railway Transportations**			
机 车 (台)	Locomotives (unit)	951	1030	1101
# 蒸 汽	Steam Locomotives			
内 燃	Diesel Locomotives	255	243	253
电 力	Electric Locomotives	696	787	848
客 车 (辆)	Passenger Coaches (coach)	2424	2327	2494
二、公路运输工具	**Means of Highway Transportations**			
民用汽车 (辆)	Civil Vehicles (coach)	2310407	2741214	3188389
# 新注册	New Registrations	530129	515763	556934
载客汽车 (辆)	Passenger Vehicles (coach)	1510407	1915548	2356141
载货汽车 (辆)	Trucks (coach)	363184	417405	455418
特种车 (辆)	Special Vehicle (coach)			
汽车挂车 (辆)	Trailer Trucks (coach)	29476	31880	34330
拖拉机 (辆)	Tractors (coach)	263357	268831	278901
三、水运运输工具	**Means of Waterway Transportations**			
机动船 (艘)	Motor Vessels (unit)	1208	1236	1210
客船载客量 (客位)	Passenger Capacity of Passenger Ships (seat)	15152	18321	18180
货船净载重量 (吨)	Dead Weight Tonnage of Cargo Ships (ton)	20192	21384	21384
拖轮功率 (千瓦)	Drawing Power (kw)	282	282	282
驳 船 (艘)	Barges (unit)	118	180	249
四、民航运输工具	**Means of Civil Aviation Transportations**			
民航飞机 (架)	Civil Aircraft (unit)	45	34	39

注：铁路运输工具含神华神朔铁路有限责任公司机车数。
a) Means of railway transportations includes locomotives in Shenhuashenshuo Railway Co., Ltd.

15-4 各市(区)公路里程(2012年末)
Length of Highways by City(District)(2012)

单位：公里 (km)

地 区	Region	公路里程 Length of Highways	# 等级公路 Expressway and Class I to IV Highways	# 高速公路 Expressway	# 一级公路 Class I Highway	# 二级公路 Class II Highway	# 三级公路 Class III Highway
全 省	**Shaanxi**	**161411**	**146290**	**4083**	**974**	**8377**	**14795**
西安市	Xi'an	13127	12587	465	295	1496	1186
铜川市	Tongchuan	3707	3248	104	2	325	307
宝鸡市	Baoji	15003	14507	231	84	813	1552
咸阳市	Xianyang	15403	13547	355	203	656	1887
渭南市	Weinan	18073	15066	324	76	800	1283
延安市	Yan'an	16756	15950	427		1525	2701
汉中市	Hanzhong	17935	15598	428	66	769	762
榆林市	Yulin	25869	25066	857	227	1197	3080
安康市	Ankang	22182	18417	516		421	904
商洛市	Shangluo	12988	11944	364	10	316	1041
杨凌示范区	Yangling	370	360	12	9	59	92

15-5 客运量、旅客周转量及构成

Passenger Traffic, Passenger-Kilometers and Composition

指　　标	Item	2010	2011	2012
一、客运量　　（万人）	**Passenger Traffic　(10 000 persons)**	**93954**	**107809**	**112570**
铁　路	Railways	5411	5614	5757
公　路	Highways	87457	101062	105647
水　运	Waterways	303	356	369
民用航空	Civil Aviation	783	777	797
二、旅客周转量（百万人公里）	**Passenger-Kilometers (million passenger-km)**	**85145**	**98941**	**100453**
铁　路	Railways	36260	40537	40884
公　路	Highways	38399	46289	48855
水　运	Waterways	43	54	58
民用航空	Civil Aviation	10443	12061	10655
三、客运量构成　　(%)	**Composition of Passenger Traffic(%)**	**100.00**	**100.00**	**100.00**
铁　路	Railways	5.76	5.21	5.11
公　路	Highways	93.08	93.74	93.85
水　运	Waterways	0.32	0.33	0.33
民用航空	Civil Aviation	0.83	0.72	0.71
四、旅客周转量构成　　(%)	**Composition of passenger-Kilometers (%)**	**100.00**	**100.00**	**100.00**
铁　路	Railways	42.59	40.97	40.70
公　路	Highways	45.10	46.78	48.64
水　运	Waterways	0.05	0.05	0.06
民用航空	Civil Aviation	12.26	12.19	10.61

注：本表资料为全社会口径。中央铁路部分为国家返馈陕西省境数。

a) Data in this table refer to those of the whole society system. Data of national railways refer to those responsed to Shaanxi.

15-6 货运量、货物周转量及构成

Freight Traffic, Freight Ton-Kilometers and Composition

指　　标	Item	2010	2011	2012
一、货运量　　（万吨）	**Freight Traffic　　(10 000 tons)**	**104423**	**120916**	**136734**
铁　路	Railways	27121	30299	31942
公　路	Highways	77123	90419	104593
水　运	Waterways	170	190	192
民用航空	Civil Aviation	9	8	7
二、货物周转量（百万吨公里）	**Freight Ton-Kilometers (million ton-km)**	**246599**	**282583**	**319312**
铁　路	Railways	126790	135425	144675
公　路	Highways	119591	146968	174465
水　运	Waterways	79	74	74
民用航空	Civil Aviation	139	116	98
三、货运量构成　　（%）	**Composition of Freight Traffic (%)**	**100.00**	**100.00**	**100.00**
铁　路	Railways	25.97	25.06	23.36
公　路	Highways	73.86	74.78	76.49
水　运	Waterways	0.16	0.16	0.14
民用航空	Civil Aviation	0.01	0.01	0.00
四、货物周转量构成　　（%）	**Composition of Freight Ton-Kilometers　　(%)**	**100.00**	**100.00**	**100.00**
铁　路	Railways	51.42	47.92	45.31
公　路	Highways	48.50	52.01	54.64
水　运	Waterways	0.03	0.03	0.02
民用航空	Civil Aviation	0.06	0.04	0.03

注：1.本表资料为全社会口径。中央铁路部分为国家返馈陕西省境数。
2.铁路货运量和货物周转量含神华神朔铁路有限责任公司专用铁路货运量和货物周转量。

a) Data in this table refer to those of the whole society system. Data of national railways refer to those responsed to Shaanxi.

b) Freight traffic and freight ton-Kilometers includes dedicated railway line in Shenhuashenshuo Railway co., ltd.

15-7 民用汽车拥有量(2012年末)
Possession of Civil Vehicles(2012)

单位：辆 (unit)

地区	Region	民用汽车总计 Total	#新注册 New Registrations	载客汽车 Passenger Vehicles	载货汽车 Trucks	其他汽车 Others	摩托车 Motorcycles	#普通 Normal Motorcycles
全省	**Shaanxi**	**3188389**	**556934**	**2356141**	**455418**	**376830**	**2450297**	**2366089**
西安市	Xi'an	1380125	251901	1123105	186412	70608	224279	216873
铜川市	Tongchuan	56114	9032	36421	10424	9269	48216	47458
宝鸡市	Baoji	170043	25954	129012	23228	17803	329603	301154
咸阳市	Xianyang	217558	38793	160670	32575	24313	248186	244272
渭南市	Weinan	361235	63549	218813	55343	87079	393561	388048
延安市	Yan'an	215297	30052	135558	34263	45476	129380	126264
汉中市	Hanzhong	131267	21570	91192	16825	23250	358264	340913
榆林市	Yulin	448015	84781	320783	72563	54669	227127	222246
安康市	Ankang	84763	14236	51769	14416	18578	307768	296118
商洛市	Shangluo	60107	7938	31176	6194	22737	165804	164974
杨凌示范区	Yangling	40531	7304	36569	2985	977	15073	14733

15-8 私人汽车拥有量(2012年末)
Possession of Private Vehicles(2012)

单位：辆 (unit)

地区	Region	汽车总计 Total	#载客汽车 Passenger Vehicles	#载货汽车 Trucks	摩托车 Motorcycles	#普通 Normal Motorcycles
全省	**Shaanxi**	**2615290**	**1983504**	**314797**	**2427683**	**2343830**
西安市	Xi'an	1174425	967141	150461	223351	215966
铜川市	Tongchuan	41521	27292	5441	48023	47279
宝鸡市	Baoji	127477	97918	14648	328636	300222
咸阳市	Xianyang	173279	136066	17833	246825	242939
渭南市	Weinan	277933	187078	28132	383135	377701
延安市	Yan'an	176661	114035	21843	128598	125485
汉中市	Hanzhong	107585	72347	13205	357533	340254
榆林市	Yulin	385680	287541	46030	225104	220252
安康市	Ankang	67123	38228	11795	306333	294748
商洛市	Shangluo	49911	23323	4640	165132	164306
杨凌示范区	Yangling	33695	32535	769	15013	14678

15-9 公路部门营运载客车拥有量(2012年末)
Possession of Vehicles in Operation for Highway Transportation(2012)

地区	Region	载客汽车合计(辆) Total (unit)	班车客运车辆 Scheduled Coach 辆数 (unit)	客位 (seat)	# 高级 Senior 辆数 (unit)	客位 (seat)	# 中级 Medium 辆数 (unit)	客位 (seat)
全省	**Shaanxi**	**75465**	**20378**	**481002**	**4116**	**140505**	**8343**	**202991**
西安市	Xi'an	32063	2998	99283	1048	43786	1172	26538
铜川市	Tongchuan	1859	585	12289	105	3868	94	2029
宝鸡市	Baoji	6977	2656	58311	250	7875	768	20500
咸阳市	Xianyang	5504	2114	50845	281	9423	1451	35830
渭南市	Weinan	6780	2348	56813	433	16639	639	16048
延安市	Yan'an	4536	1681	39571	137	4487	1269	29956
汉中市	Hanzhong	3946	1532	37420	736	20746	700	15081
榆林市	Yulin	5994	1941	49902	574	14924	930	27112
安康市	Ankang	4804	3109	40815	219	7930	500	10294
商洛市	Shangluo	2657	1295	32402	316	10283	753	17760
杨凌示范区	Yangling	345	119	3351	17	544	67	1843

15-9 续表 continued

地区	Region	# 普通 Ordinary 辆数 (unit)	客位 (seat)	旅游客车 Tourist Bus 辆数 (unit)	客位 (seat)	其它客车 Others 辆数 (unit)	客位 (seat)	公共汽车(辆) Bus (unit)	出租客车(辆) Taxi (unit)
全省	**Shaanxi**	**7919**	**137506**	**1850**	**63188**	**7177**	**40906**	**12086**	**33974**
西安市	Xi'an	778	28959	1647	57130	5694	32969	7685	14039
铜川市	Tongchuan	386	6392					284	990
宝鸡市	Baoji	1638	29936	81	1557	268	1349	803	3169
咸阳市	Xianyang	382	5592	9	289	63	320	576	2742
渭南市	Weinan	1276	24126	22	769	770	3850	548	3092
延安市	Yan'an	275	5128	7	249	53	265	576	2219
汉中市	Hanzhong	96	1593	37	1609	34	549	539	1804
榆林市	Yulin	437	7866	24	720	26	144	723	3280
安康市	Ankang	2390	22591	10	454	24	120	161	1500
商洛市	Shangluo	226	4359	13	411	245	1340	165	939
杨凌示范区	Yangling	35	964					26	200

注：本表数字为在运管部门注册登记的全社会载客汽车数。

a) Data in this table refers to the whole society's for-hire vehicles registered in operation administration departments.

15-10 公路部门营运载货车拥有量(2012年末)
Possession of Vehicles in Operation for Highway Transportation(2012)

地 区	Region	载货汽车合计 Total		普通载货车辆 Ordinary Trucks		# 大 型 Heavy		# 重 型 Heavy		# 中 型 Medium	
		辆 数 (unit)	吨 位 (ton)	辆 数 (unit)	吨 位 (ton)	辆 数 (unit)	吨 位 (ton)	辆 数 (unit)	吨 位 (ton)	辆 数 (unit)	吨 位 (ton)
全 省	**Shaanxi**	**327931**	**1958003**	**315904**	**1811506**	**106997**	**1504699**	**72945**	**1281892**	**23748**	**79651**
西 安 市	Xi'an	172353	561829	167761	523370	29701	352496	20547	302025	4200	14019
铜 川 市	Tongchuan	8068	71589	7344	59843	4150	54671	3463	49940	266	911
宝 鸡 市	Baoji	17657	86825	17387	84530	6365	67423	3997	53258	809	2631
咸 阳 市	Xianyang	19486	193947	18896	183110	13132	168824	6576	125587	2866	9786
渭 南 市	Weinan	32049	354056	30604	335120	18309	311286	14252	279548	2018	6921
延 安 市	Yan'an	8947	72839	6864	38051	3285	31784	1653	19686	835	2576
汉 中 市	Hanzhong	14619	48613	14422	47217	4586	37677	1678	20915	2049	4941
榆 林 市	Yulin	35420	424038	33666	399516	22718	371675	17147	329467	4938	19427
安 康 市	Ankang	11696	31042	11559	30198	1007	9240	412	5927	3794	10791
商 洛 市	Shangluo	6534	107767	6346	105701	3518	96969	3032	93189	1704	6572
杨凌示范区	Yangling	1102	5458	1055	4850	226	2654	188	2350	269	1076

15-10 续表 continued

地 区	Region	专用载货车辆 Dedicated Trucks		# 集装箱 Container		其他机动车 Others		轮胎式拖拉机 Wheeled Tractor	
		辆 数 (unit)	吨 位 (ton)	辆 数 (unit)	TEU (ton)	辆 数 (unit)	吨 位 (ton)	辆 数 (unit)	吨 位 (ton)
全 省	**Shaanxi**	**12027**	**146497**	**86**	**124**	**106517**	**119655**	**6767**	**10354**
西 安 市	Xi'an	4592	38459	86	124	6343	5342	575	1266
铜 川 市	Tongchuan	724	11746			1460	1102		
宝 鸡 市	Baoji	270	2295			1263	852	441	951
咸 阳 市	Xianyang	590	10837			11791	8972	1259	2204
渭 南 市	Weinan	1445	18936			48856	48862	2846	3028
延 安 市	Yan'an	2083	34788			7504	4742	120	120
汉 中 市	Hanzhong	197	1396			8038	11968	969	2225
榆 林 市	Yulin	1754	24522					150	225
安 康 市	Ankang	137	844			6560	10205	215	221
商 洛 市	Shangluo	188	2066			14380	27456		
杨凌示范区	Yangling	47	608			322	154	192	114

注：本表数字为在运管部门注册登记的全社会营运载货车数。

a) Data in this table refers to the whole society's for-hire vehicles registered in operation administration departments.

15-11 城市公共汽车情况(2012年)
Basic Statistics on Bus in Cities (2012)

地 区	Region	运营车数 (辆) Number of Operations (unit)	汽油车 Gasoline	柴油车 Diesel Cars	天然气车 Natural Gas Vehicles	双燃料车 Dual-fuel Vehicles	标准运营车数 (标台) Number of Standard Operations (unit)	运营线路总长度 (公里) Network Length (km)	客运量 (万人次) Passengers Transported (10 000 person-times)	运营里程 (万公里) Operating Distance (10 000 km)
全 省	**Shaanxi**	**12086**	**205**	**1973**	**4435**	**5469**	**13618**	**12367**	**265364**	**87088**
西安市	Xi'an	7685		258	3768	3655	8914	5797	174575	49876
铜川市	Tongchuan	284		75	30	179	272	664	4060	2077
宝鸡市	Baoji	803	112	60	77	554	989	664	20601	6571
咸阳市	Xianyang	576		93	33	450	767	595	13121	5528
渭南市	Weinan	548	30	309		209	506	779	8289	4429
延安市	Yan'an	576	56	174	194	152	621	882	14669	5180
汉中市	Hanzhong	539		539			490	999	7349	4887
榆林市	Yulin	723	7	137	333	246	725	1170	16790	5407
安康市	Ankang	161		161			154	364	2958	1374
商洛市	Shangluo	165		165			162	333	2883	1616
杨凌示范区	Yangling	26		2		24	18	120	70	143

15-12 城市出租汽车情况(2012年)
Basic Statistics on Taxi in Cities (2012)

地 区	Region	运营车数 (辆) Number of Operations (unit)	客运量 (万人次) Passengers Transported (10 000 person-times)	运营里程 (万公里) Operating Distance (10 000 km)	载客里程 (万公里) Passenger Milesdistance (10 000 km)
全 省	**Shaanxi**	**33974**	**127157**	**469987**	**332866**
西安市	Xi'an	14039	50437	213327	149055
铜川市	Tongchuan	990	5574	13808	9996
宝鸡市	Baoji	3169	13390	40326	25298
咸阳市	Xianyang	2742	10351	38383	24946
渭南市	Weinan	3092	13169	44120	31401
延安市	Yan'an	2219	9875	34219	26280
汉中市	Hanzhong	1804	2504	19522	12857
榆林市	Yulin	3280	12210	38566	33103
安康市	Ankang	1500	5381	14011	11466
商洛市	Shangluo	939	3475	10075	7283
杨凌示范区	Yangling	200	792	3630	1179

15-13 铁路客货运输量
Passenger and Freight Traffic of Railways

指 标	Item	2010	2011	2012
一、路局范围	**Railways Bureau**			
客运量 (万人)	Passenger Traffic (10 000 persons)	5579	5732	5852
旅客周转量(百万人公里)	passenger-Kilometers(million passenger-km)	41928	46478	46860
货运量 (万吨)	Freight Traffic (10 000 tons)	10086	11761	11786
货物周转量(百万吨公里)	Freight Ton-Kilometers (million ton-km)	119538	139376	148036
二、省境内	**In Shaanxi Province**			
客运量 (万人)	Passenger Traffic (10 000 persons)	5411	5614	5757
旅客周转量(百万人公里)	Passenger-Kilometers(million passenger-km)	36256	40537	40884
货运量 (万吨)	Freight Traffic (10 000 tons)	27121	30299	31942
货物周转量(百万吨公里)	Freight Ton-Kilometers (million ton-km)	126786	135425	144675

注：本表路局范围为西安铁路局数字，省境内为国家反馈数。
a) Bureau means jointly owned railway bureau of Xi'an. The data in Shaanxi province refer to the number responsed from nation.

15-14 全省公路运输部门客货运输量(2012年末)
Passenger and Freight Traffic of Highway Departments(2012)

地 区	Region	客运量 (万人) Passenger Traffic (10 000 persons)	客运周转量 (万人公里) passenger-Kilometers (10 000 passenger-km)	货运量 (万吨) Freight Traffic (10 000 tons)	货运周转量 (万吨公里) Freight Ton-Kilometers (10 000 ton-km)
全 省	Shaanxi	**105647**	**4885548**	**104593**	**17446452**
西安市	Xi'an	30889	1708347	44082	3728976
铜川市	Tongchuan	1667	63574	3590	426918
宝鸡市	Baoji	9999	266961	8933	958806
咸阳市	Xianyang	13356	425924	7192	1858379
渭南市	Weinan	12745	730519	12326	3573223
延安市	Yan'an	7969	308725	5711	738647
汉中市	Hanzhong	9294	361434	5637	773260
榆林市	Yulin	7533	481816	9595	4935622
安康市	Ankang	7924	299353	6820	365735
商洛市	Shangluo	3815	229948	639	71321
杨凌示范区	Yangling	456	8947	68	15565

15-15 铁路运输主要经济技术指标
Principal Economic and Technical Indicators of Railway Transport

指标	Item	2010	2011	2012
货车平均静载重 (吨)	Average Static Load of Freight Cars (ton)	64.1	63.1	63.4
货车周转时间 (天)	Turning Around Time of Freight Cars (day)	2	2.1	2.24
货运机车日产量 (万吨公里)	Average Daily Ton-kilometers of Freight Locomotives (10 000 ton-km)	91.9	94.1	92.5
内燃机车耗油 (公斤/万吨公里)	Oil Consumption of Diesel Locomotives (kg/10 000 ton-km)	47.1	46.5	47.2
电力机车耗电 (千瓦小时/万吨公里)	Electricity Consumption of Electric Locomotives (kwh/10 000 ton-km)	144.7	141.6	142.8
货物列车出发正点率 (%)	Punctuality Rate of Freight Trains at Departure (%)	98.6	99	98.9
货物列车运行正点率 (%)	Punctuality Rate of Freight Trains in Running (%)	98.8	99.5	99.8
旅客列车出发正点率 (%)	Punctuality Rate of Passenger Trains at Departure(%)	99.6	99.4	99.8
旅客列车运行正点率 (%)	Punctuality Rate of Passenger Trains in Running (%)	99.2	99.5	99.6
客运密度 (万人公里/公里)	Density of Passenger Traffic (10 000 person-km/km)	1004.4	1112.1	1118.5
每万名旅客拥有座卧车数 (辆)	Number of Seat Trains and Sleeping Trains Per 10 000 Passengers (unit)	5.4	6.1	5.7
每百万旅客人公里拥有座卧车数 (辆)	Number of Seat Trains and Sleeping Trains Per million Passenger-km (unit)	17.3	20	18.8
货物列车旅行速度 (公里/小时)	Running Speed of Freight Trains (km/hr)	29.1	30.7	29.7
货运密度 (万吨公里/公里)	Density of Freight Traffic (10 000 ton-km/km)	2863.5	3334.9	3533.6
一次货物作业时间 (小时)	Handling Time of Freigh (hour)	16.3	15.9	15.9

15-16 铁路分品类货物发送量及装车数
Volume of Freight Dispatched and Loaded Cars of Railways by Category of Cargo

品种	Item	货物发送量(万吨) Volume of Freight Dispatched (10000 tons)			装车数(车) Car Loadings (unit)		
		2010	2011	2012	2010	2011	2012
合计	**Total**	**28373.9**	**31511.3**	**32478.0**	**4478084**	**4945634**	**4864921**
煤	Coal	24981	27822	28593.1	3852777	4280882	4174485
焦炭	Coke	377.2	495.0	635.8	59911	78171	99093
石油	Petroleum	1138.0	1008.9	1054.8	228382	200065	205569
钢铁及有色金属	Steel and Iron, and Non-Ferrous Metal	320.1	429.2	380.9	62771	81009	75373
金属矿石	Metal Ores	163.1	186.6	170.5	25104	28713	25930
非金属矿石	Non-metal Ores	138.3	169.2	167.8	21973	26722	26309
矿建材料	Mineral Building Materials	316.0	277.3	266.8	53259	43062	40899
水泥	Cement	17.4	17.0	0.1	2681	2599	
木材	Timber	20.8	15.1	9.9	3442	2495	1644
化肥及农药	Chemical Fertilizers and Pesticides	162.3	162.4	173.2	26576	26565	28122
粮食	Grain	104.9	202.5	228.1	17298	33254	37078
棉花	Cotton	0.2			28	3	
其他	Others	634.6	726.1	797.1	123882	142094	150419

注：本表含神华神朔铁路有限责任公司。

a) Data in this table includes those of Shenhuashenshuo Railway co., ltd.

15-17 邮电业务总量
Total Business Volume of Post and Telecommunication Services

年 份 Year	邮电业务总量 (万元) Business Volume of Postal and Telecommunication Services (10 000 yuan)	函 件 (万件) Number of Letters (10 000 pcs)	报刊期发数 (万份) Number of Newspapers and Magazines Issued (10 000 copies)	快 递 (万件) Pieces of Express Mail Services (10 000 pcs)	移动电话 (户) Number of Subscribers of Mobile Telephones (subscriber)	城市电话 (户) Number of Urban Fixed Telephone Subscribers (subscriber)	乡村电话 (户) Number of Rural Fixed Telephone Subscribers (subscriber)	互联网宽带用户 (户) Number of Internet Users (subscriber)
1978	5025	9188	319			32356	14100	
1980	5595	10386	494			36521	14668	
1985	7871	13275	869			53828	15978	
1990	16936	15955	506			96573	21184	
1995	145408	24277	1017			601136	78244	
1996	206467	26456	1122			882485	153767	
1997	278942	15787	888			1174607	237720	
1998	395410	14281	1335			1507041	311724	
1999	538640	15678	521		601260	1822476	499096	
2000	850392	17444	454	227	1516687	2528584	923865	198744
2001	945861	18518	386	285	2917135	2905202	1285409	697869
2002	1331745	20323	347	298	4813341	3444609	1798321	1106756
2003	1741428	20307	312	335	6110004	4577207	2147725	1687600
2004	2447665	19915	283	366	7886903	5412164	2507240	1946200
2005	3311322	15119	286	397	9381001	5618420	2974747	2369000
2006	4242336	16072	276	489	11835813	5805703	3339014	1613600
2007	5294031	11677	279	607	16126583	5834313	3422573	1936310
2008	6287289	11219	301	767	19122464	5647062	3165318	2351717
2009	7455960	8690	365	883	23373712	5257253	2892457	2550542
2010	9028500	9734	517	2600	25182317	5195501	2623352	3688265
2011	3482544	5877	335	3942	29071848	5190462	2564357	3890780
2012	3855369	6061	337	5085	32647663	5413043	2307643	4395866

注：邮电业务总量按不变价格计算,2011年按2010年不变价格计算。

a) Business volume of post and telecommunication services are calculated at constant prices.2011 are calculated at constant prices in 2010.

15-18 邮电通信水平
Level of Post and Telecommunication Services

指 标	Item	2010	2011	2012
邮政通信水平	**Postal Services Available**			
平均每一营业网点服务面积(平方公里)	Average Area Served by Every Postal Office (sq.km)	138.38	145.44	144.79
平均每一营业网点服务人口 (万人)	Average People Served by Every Postal Office (10 000 persons)	2.57	2.64	2.64
平均每人每年发函件数 (件)	Annual Number of Letters Mailed per Capita (piece)	2.61	1.57	1.61
平均每百人订有报刊数 (份)	Number of Newspaper and Magazine Subscribed per 100 Persons(copy)	13.85	9.00	9.00
电信通信水平	**Telecommunication Services Available**			
电话普及率(包括移动电话)(部/百人)	Popularization Rate of Telephone (sets/100 persons)	88.36	98.39	107.56
固定电话普及率 (部/百人)	Popularization Rate of Fixed Telephone (sets/100 persons)	20.93	20.72	20.57
城 市	City	30.44	29.32	28.84
乡 村	Rural Area	12.94	13.00	12.30
移动电话数普及率 (部/百人)	Popularization Rate of Mobile Telephone (sets/100 persons)	67.42	77.67	86.99

15-19 各市(区)邮政业务量(2012年)
Total Business Volume of Postal Services by City(District)(2012)

地区	Region	邮政业务总量(万元) Business Volume of Postal Services (10 000 yuan)	函件(万件) Number of Letters (10 000 pcs)	包裹(万件) Package (10 000 pcs)	快递(万件) Pieces of Express Mail Services (10 000 pcs)	报刊累计数(万份) Number of Total Newspapers and Magazines (10 000 copies)
全省	**Shaanxi**	**313413**	**6061**	**199**	**5085**	**45412**
西安市	Xi'an	143961	2769	92	4684	15524
铜川市	Tongchuan	7603	60	2	11	1626
宝鸡市	Baoji	24475	417	19	82	3820
咸阳市	Xianyang	27810	1753	23	121	3115
渭南市	Weinan	25617	292	18	55	6718
延安市	Yan'an	10289	102	6	15	2699
汉中市	Hanzhong	32178	283	14	58	2923
榆林市	Yulin	14698	161	10	19	4001
安康市	Ankang	14994	105	10	6	1865
商洛市	Shangluo	11787	118	5	8	3121

15-20 各市(区)电信业务量(2012年)
Total Business Volume of Telecommunication Services by City(District)(2012)

地区	Region	电信业务总量(万元) Business Volume of Telecommunication Services (10 000 yuan)	移动电话用户(户) Number of Subscribers of Mobile Telephones (subscriber)	固定电话用户(户) Number of Subscribers of Fixed Telephones (subscriber)	城市电话 Number of Urban Fixed Telephone Subscribers	乡村电话 Number of Rural Fixed Telephone Subscribers	# 小灵通 Handphone	互联网宽带用户(户) Number of Subscribers of Internet Services (subscriber)
全省	**Shaanxi**	**3541957**	**32647663**	**7720686**	**5413043**	**2307643**	**240820**	**4395866**
西安市	Xi'an	1529534	13225007	3138181	2713134	425047	132024	1893919
铜川市	Tongchuan	64671	560095	136191	86767	49424	8160	72817
宝鸡市	Baoji	248129	2423366	709583	441153	268430	16230	344475
咸阳市	Xianyang	302845	3344832	637275	414430	222845	7317	424053
渭南市	Weinan	324899	3149547	858333	415058	443275	8162	505825
延安市	Yan'an	220914	2164600	385906	283095	102811	20673	208735
汉中市	Hanzhong	198336	1999412	570819	281999	288820	3945	296362
榆林市	Yulin	403472	3195060	582730	404059	178671	23227	286097
安康市	Ankang	151506	1521662	390900	229686	161214	12214	228046
商洛市	Shangluo	97651	1064082	310768	143662	167106	8868	135537

15-21 各市(区)邮电局所及邮递线路(2012年)
Postal and Telecommunication Offices and Postal Routes by City(District)(2012)

地区	Region	邮电局所 总计(个) Total Number of Postal and Telecommunication Offices(unit)	邮政自办局(所) Number of Self-postal Offices	邮政代办所 Number of Sub-postal Offices	电信自办局(所) Number of Self-Telecommunication Offices	电信代办所 Number of Sub-Telecommunication Offices	邮路长度(公里) Length of Postal Routes (km)	农村投递线路总长度(公里) Total Length of Rural Delivery Routes(km)
全省	**Shaanxi**	**57426**	**1171**	**249**	**1318**	**54688**	**356406**	**127543**
西安市	Xi'an	16926	257	22	228	16419	302726	12951
铜川市	Tongchuan	1438	25	14	25	1374	1293	3211
宝鸡市	Baoji	12391	119	30	120	12122	7184	10025
咸阳市	Xianyang	6529	137	7	167	6218	5043	14175
渭南市	Weinan	6766	130	14	176	6446	6026	15659
延安市	Yan'an	4038	107	28	87	3816	5930	10714
汉中市	Hanzhong	5310	134	18	107	5051	7821	15682
榆林市	Yulin	13032	93	85	147	12707	10331	22192
安康市	Ankang	3351	96	16	136	3103	5160	11423
商洛市	Shangluo	2856	73	15	125	2643	4893	11510

15-22 邮电通信企业主要财务指标
Principal Financial Indicators of Postal and Telecommunication Services Enterprises

单位：万元 (10 000 yuan)

指标	Item	2010	2011	2012
邮电业务收入总计	Total Revenue from Postal and Telecommunication Services	2658269	2892266	3476266
# 主营业务收入	Revenue from Principal Business	2630424	2783026	3262603
业务支出	Business Expenditure	1578748	1591948	1907738
营业外损益净额	Net Amount of Non Operating Profit and Loss	1639	7006	25265
税金	Tax	168950	201271	208751
教育附加费	Extra Charges for Education	875	3358	4114
收支差额	Balance of Revenue and Expenditure	946125	1157767	12527
年末固定资产原值	Original Value of Fixed Assets at Year-end	6135103	6417838	7601562

主要统计指标解释

铁路营业里程　又称营业长度(包括正式营业和临时营业里程)，指办理客货运输业务的铁路正线总长度。凡是全线或部分建成双线及以上的线路，以第一线的实际长度计算；复线、站线、段管线、岔线和特殊用途线以及不计算运费的联络线都不计算营业里程。该指标可以反映铁路运输业基础设施的发展水平，也是计算客货周转量、运输密度和机车车辆运用效率等指标的基础资料。

铁路电气化里程　指在全部铁路营业里程中已安装了供电线路及设备，可以供电力机车牵引列车运行的区段的总里程。

公路里程　指在一定时期内实际达到《公路工程[WTBZ]技术标准 JTJ01-88》规定的等级公路，并经公路主管部门正式验收交付使用的公路里程数。包括大中城市的郊区公路以及通过小城镇街道部分的公路里程和桥梁、渡口的长度，不包括大中城市的街道、厂矿、林区生产用道和农业生产用道的里程。两条或多条公路共同经由同一路段，只计算一次，不得重复计算里程长度。该指标可以反映公路建设的发展规模，也是计算运输网密度等指标的基础资料。

内河航道里程　也称内河通航里程，指在一定时期内，能通航运输船舶及排筏的天然河流、湖泊水库、运河及通航渠道的长度。包括全年季节性通航累计三个月以上的航道，不包括仅供零散流放竹、木排的河道。该指标可以反映内河水运网的规模、水平和发展情况。

民用航空航线里程　指统计期间内全部民用航空航线的航线总长度。航线长度指民用航空航线的计费距离。计算航线里程可按重复和不重复两种方法，前者是指各航线长度相加的总和；后者则要扣除各航线之间相同航段重复计算的部分。

货(客)运量　指在一定时期内，各种运输工具实际运送的货物(旅客)数量。该指标是反映运输业为国民经济和人民生活服务的数量指标，也是制定和检查运输生产计划、研究运输发展规模和速度的重要指标。货运按吨计算，客运按人计算。货物不论运输距离长短、货物类别，均按实际重量统计。旅客不论行程远近或票价多少，均按一人一次客运量统计；半价票、小孩票也按一人统计。

货物(旅客)周转量　指在一定时期内，由各种运输工具运送的货物(旅客)数量与其相应运输距离的乘积之总和。该指标可以反映运输业生产的总成果，也是编制和检查运输生产计划，计算运输效率、劳动生产率以及核算运输单位成本的主要基础资料。计算货物周转量通常按发出站与到达站之间的最短距离，也就是计费距离计算。计算公式为：

$$货物（旅客）周转量=\Sigma（货物（旅客）运输量 \times 运输距离）$$

铁路货车平均静载重　指铁路货车在始发站静止状态下平均每车装载的货物重量，用以分析货车完成装车时车辆载重力的利用情况。计算公式为：

$$货车平均静载量=\frac{货物发送吨数}{装车数}$$

静载重的多少取决于运送货物的性质、种类、车辆的类型和装载技术的高低。根据货车的平均标记载重与静载重进行对比，可以反映货车载重能力的利用程度。计算公式为：

$$货车载重力利用率(\%)=\frac{货车平均静载重}{货车平均标记载重}\times100\%$$

铁路货运机车日产量　指在一定时期内，平均每台货运机车在一昼夜内所完成的总重吨公里数，包括载运货物的重量和车辆本身的自重。该指标从时间和牵引能力两方面反映了机车运用效率。计算公式为：

$$货运机车平均日产量=\frac{货运总重吨公里数}{货运机车台日数}$$

民用汽车拥有量　指报告期末，在公安交通管理部门按照《机动车注册登记工作规范》，已注册登记领有民用车辆牌照的全部汽车数量。汽车拥有量统计的主要分类：根据汽车结构分为载客汽车、载货汽车及其他汽车；根据汽车所有者不同分为个人(私人)汽车、单位汽车；根据汽车的使用性质分为营运汽车、非营运汽车；根据汽车大小规格不同载客汽车分为大型、中型、小型和微型，载货汽车分为重型、中型、轻型和微型。

邮电业务总量　指以货币形式表示的邮电企业为社会提供各类邮电服务的总数量，是用于观察邮电业务发展变化总趋势的综合性总量指标。分别按邮政业务总量和电信业务总量统计。邮电业务总量是以各类业务的实物量分别乘以相应的不变单价，得出各类业务的货币量再加总求得。

移动电话用户　指在电信运营企业营业网点办理开户登记手续，通过移动电话交换机进入移动电话网，占用移动电话号码的各类电话用户。包括 GSM 数字移动电话用户、CDMA 数字移动电话用户和电信运营企业发行的报告期末已激活充值的能异地漫游的各种智能卡用户。

固定电话用户　指在电信运营企业营业网点办理开户登记手续并已接入固定电话网上的全部电话用户。包括普通电话用户、公用电话用户、窄带综合业务数字网(N—ISDN)用户、智能网专用接入终端用户等。按行政区划分为城市电话用户和农村电话用户。

城市电话用户　指直辖市、省辖市、地级市、县级市的市区、市郊区及县城范围内接入局用交换机的电话用户。包括分布在农村地区县团级以上建制的独立工矿区、林区、驻军等电话用户。

农村电话用户　指县城关镇以下的集镇和农村接入局用交换机的电话用户。

Explanatory Notes on Main Statistical Indicators

Length of Railways in Operation refers to the total length of the trunk line for passenger and freight transportation (including both full operation and temporary operation). The calculation is based on the actual length of the first line if this line has a full or partial double (or more). Not included are double tracks, station sidings, tracks under the charge of stations, branch lines, special-purpose lines and non-payable connecting lines. The length of railways in operation is an important indicator to show the development of the infrastructure of railway transport. It is also essential data to calculate volume of passenger freight transport, traffic density and utilization efficiency of locomotives and carriages.

Length of Electrified Railways refers to the length of the section of railways in operation in which the power supply lines and other equipment are installed for the running of electrified locomotives. The proportion of the length of electrified railways to the total length of railways in operation is an important indicator to show the modernization of railways.

Length of Highways refers to the length of highways which are built in conformity with the grades specified by the highway engineering standard [Highways WTBZ-Technical Standard JTJ01-88] formulated by the Ministry of Transport, and have been formally checked and accepted by the departments of highways and put into use. The length of highways includes that of the suburb highways at large and medium-sized cities, highways passing through streets at small cities and towns, and also the length of bridges and ferry piers. It does not include the length of streets in big and medium-sized cities and highways built for the production purpose at factories, mines, forest areas and agricultural areas. If two or more highways go the same section of the way, the length of the section is only calculated for once and no duplication is allowed. The length of highways is an indicator to show the development of the scale of highway construction and to provide essential information to calculate the transport network density.

Length of Navigable Inland Waterways is an indicator reflecting the size and development of inland water network. It refers to the length of the natural rivers, lakes, reservoirs, canals, and ditches open to navigation during a given period, which enables transportation by ships and rafts. It includes the channels open to navigation for over an accumulated period of 3 months in a year, yet this does not include the river courses which are only used to float odd logs and bamboo rafts. This indicator can reflect the scale, level and development situation of the inland waterway network.

Length of Civil Aviation Routes refers to the length of all routes for civil aviation flights, which is used to account the freight, during the period of statistics.. There are usually two ways to calculate the route length: duplicated calculation and non-duplicated calculation, the former is the sum of length of all civil aviation routes, and the latter should deduct the duplication length of same route among all routes.

Freight (Passenger) Traffic refers to the volume of freight (passenger) transported with various means within a specific period of time. This indicator reflects the service of the transport industry towards the national economy and people's living conditions, as well as an important indicator used in formulating and monitoring transport production plans and research into the scale and pace of transport development. Freight transport is calculated in tons and passenger traffic is calculated in terms of number of persons. Freight transport is calculated in terms of the actual weight of the goods and takes no account of the type of freight and distance of travel. Passenger traffic is calculated by the principle that one person can be counted only once in one trip and takes no account of the travelling distance and ticket price. The passengers who travel with a half price ticket or a child's ticket is also calculated as one person.

Freight Ton-kilometres (Passenger-kilometres) refers to the sum of the product of the volume of transported cargo (passengers) multiplied by the transport distance. It is an important indicator to reflect the achievement of the transportation industry. This is an important indicator to show the total results of the transport industry; to prepare and examine the transport plan; and to serve as the main basic data for calculating the efficiency, labour productivity and unit cost of transport. Normally, the shortest distance between the departure station and the destination station (i.e., the payable distance) is the basis in calculating the freight ton-kilometres. The formula is as follows:

$$\frac{\text{Freight ton-kilometres}}{\text{(passenger-kilometres)}} = \Sigma \frac{\text{freight}}{\text{(passenger) traffic}} \times \frac{\text{distance of}}{\text{transportation}}$$

Average Static Load of Freight Cars refers to the average cargo weight as loaded by each freight car under the static condition at the departure station. It is used to show the utilization extent of the loading capacity of the freight cars. The formula is:

$$\begin{matrix}\text{Static load (ton)} \\ \text{of freight car}\end{matrix} = \frac{\text{tonnage of goods dispatched}}{\text{number of freight cars loaded}}$$

The static load of freight cars is determined by the nature and type of goods loaded the type of vehicles, and the technique of loading. Comparison of the average marked load with the static load of freight cars provides indication on the degree of utilization of loading capacity of freight cars. For its calculation the following formula is applied:

$$\begin{matrix}\text{Utilization rate of} \\ \text{capacity of freight cars (\%)}\end{matrix} = \frac{\text{Average static load}}{\text{Average marked load}} \times 100\%$$

Average Daily Haul of Freight Locomotives refers to the average total ton-kilometres accomplished by each freight transport locomotive over one day and night during a given period of time. It includes both the weight of the goods carried and the dead weight of the train itself. It is a comprehensive indicator reflecting the locomotive efficiency in terms of both time and the pulling force.

$$\begin{array}{c}\text{Average daily haul of}\\ \text{freight transport locomotive}\\ \text{(ton - kilometre)}\end{array} = \frac{\begin{array}{c}\text{Total ton - kilometres}\\ \text{of freight}\end{array}}{\begin{array}{c}\text{Daily number of freight}\\ \text{transport locomotive}\end{array}}$$

Possession of Civil Motor Vehicles refer to the total numbers of vehicles that are registered and received vehicles license tags according to the *Work Standard for Motor Vehicles Registration* formulated by the Transport Management Office under the department of public security at the end of the reference period. They are divided into categories. According to the structure of motor vehicles, they are divided into passenger vehicles, trucks and others; according to ownership into private vehicles and vehicles for the unit's use; according to kind of usage into working vehicles and non-working vehicles; and according to size of vehicles into large passenger vehicles, medium-sized passenger vehicles, small passenger vehicles and mini passenger vehicles, heavy trucks, light-heavy trucks, light trucks and mini-trucks.

Business Volume of Post and Telecommunications refers to the total amount of postal and telecommunication services, expressed in value terms, provided by the post and telecommunications departments for society. This indicator reflects the overall results of development of postal and telecommunication services. It can be classificated as postal services and telecommunication services. Business volume of post and telecommunications is the sum of all services in kind multiplying with the unit price (constant price) to get the total business value.

Mobile Telephone Subscribers refer to persons who have gone through registration procedures in the operation points of enterprises engaged in telecommunications and are hence connected with the mobile telephone communication network through the mobile telephone switchboards and occupy mobile phone numbers. Included are GSM digital mobile phone subscribers, CDMA digital mobile phone subscribers and subscribers to intelligent phone cards with roaming facility issued by telecommunications enterprises and which have been subscribed to and activated at the end of the reference period.

Local Telephone Subscribers refer to all subscribers who have gone through registration procedures in the operation points of enterprises engaged in telecommunications and are hence connected to the local telecommunications service provider through fixed line network. Included are general subscribers, public telephones subscribers, N-ISDN subscribers and intelligent network terminal subscribers. They are also classified in terms of administrative districts as urban telephone subscribers and rural telephone subscribers according to location.

Urban Telephone Subscribers refer to the number of telephone subscribers, located at the different administrative districts of municipalities directly under the Central Government, cities under the jurisdiction of province, cities at prefecture level, downtown and suburb of city at county level town and county towns, that are connected to the public line telephone network, including rural mineral area, forest area, military area.

Rural Telephone Subscribers refer to telephone subscribers, located at the towns below the level of county town and villages, that are connected to the public line telephone network.

十六、国内贸易

Domestic Trade

资料整理：解俊峰

简 要 说 明

一、本篇资料反映陕西国内市场发展情况，主要内容包括：限额以上批发和零售业、住宿和餐饮业基本情况、财务状况，连锁经营情况，社会消费品零售总额，成品油购进、销售与库存情况等。

二、限额以上企业指年主营业务收入2000万元及以上的批发企业（单位）；500万元及以上的零售业企业（单位）；200万元及以上的住宿和餐饮业企业（单位）。

三、批发业、零售业、住宿业、餐饮业大中小微型划分标准按照 2011 年《统计上大中小微型企业划分办法》标准执行。

Brief Introduction

I. This chapter reflects the development of domestic markets in Shaanxi, mainly including: enterprises above designated size of wholesale and retail trades of commodity circulation, the basic conditions of the wholesale and retail trades above designated size, financial status, development of chain stores of retail trades, total retail sales of consumer goods, purchase, sale and stock of refined oil product, etc.

II. Enterprises above designated size cover wholesale enterprises with revenue from principal business over 20 million yuan, retail enterprises with revenue from principal business over 5 million yuan, wholesale and retail enterprises with revenue from principal business over 2 million yuan.

III. The division standard of large/medium/small/mini sized enterprises of wholesale, retail trades,hotels and catering services is based on *the Division Standard of Large/Medium/Small/Mini Sized Enterprises* in 2011.

16.国内贸易

2012年全省			
批发业网点	7.70	万个	
零售业网点	54.73	万个	
餐饮业网点	13.09	万个	
社会消费品零售总额	4383.75	亿元	比上年增长 15.7%
餐饮收入	481.68	亿元	比上年增长 15.6%
商品零售	3902.08	亿元	比上年增长 15.7%

社会消费品零售总额（亿元）

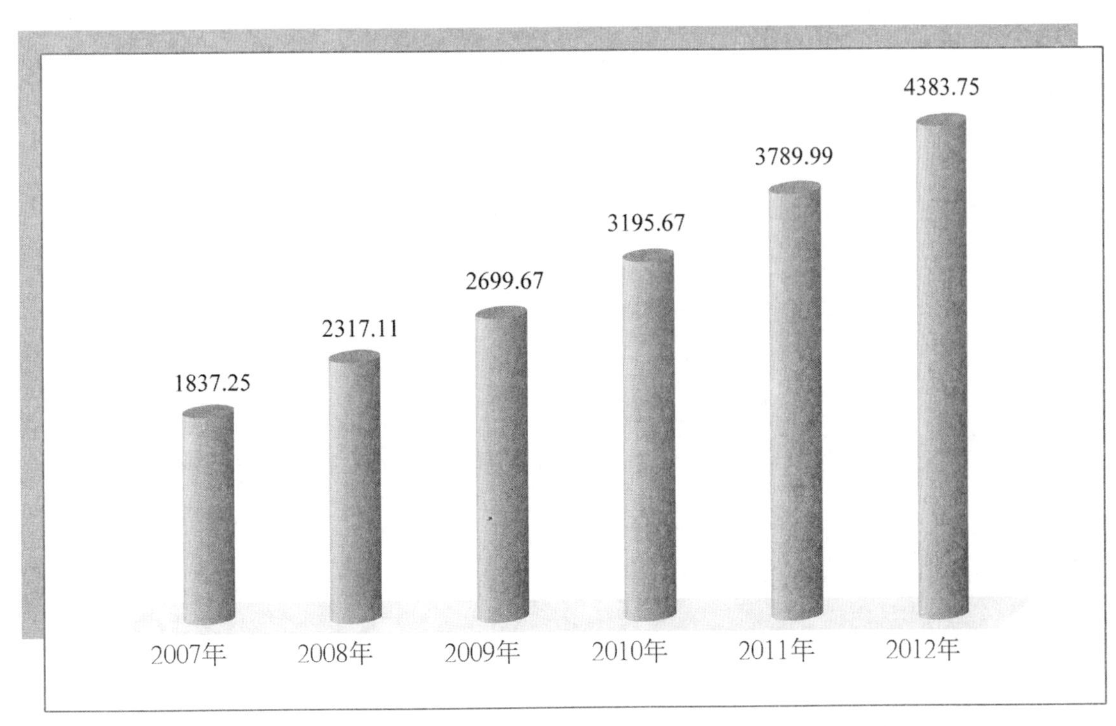

16-1 批发业网点数(2012年)
Number of Networks in Wholesale Trades(2012)

单位：个 (unit)

指　　标	Item	合计 Total	城镇 Urban Areas	#城区 Urban District	乡村 Rural Areas
总　计	**Total**	**77023**	**64515**	**43657**	**12508**
按登记注册类型分	**By Status of Registration**				
内资企业	Domestic Funded Enterprises	32828	28717	19202	4111
国有企业	State-owned Enterprises	2452	2007	1217	445
集体企业	Collective-owned Enterprises	1927	1596	969	331
股份合作企业	Cooperative Enterprises	596	440	299	156
联营企业	State Joint Ownership Enterprises	340	175	39	165
有限责任公司	Limited Liability Corporations	7648	7238	5497	410
股份有限公司	Share-holding Corporations Ltd.	2227	2005	1500	222
私营企业	Private Enterprises	12990	11801	8714	1189
其他企业	Other Enterprises	4648	3455	967	1193
港澳台商投资企业	Enterprises with Funds from Hong Kong, Macao & Taiwan	266	266	263	
外商投资企业	Enterprises with Foreign Investment	90	90	87	
个体经济	Individual Economy	43839	35442	24105	8397
按国民经济行业分	**By Sector**				
农畜产品批发	Wholesale of Farm Produce and Livestock Products	6153	4648	2713	1505
食品、饮料及烟草制品批发	Wholesale of Food, Beverages and Tobaccos	15348	13005	9068	2343
纺织、服装及日用品批发	Wholesale of Textiles, Garments and Daily Consumer Articles	9387	7591	5049	1796
文化、体育用品及器材批发	Wholesale of Culture, Sports Appliances and Equipment	4477	3967	3332	510
医药及医疗器材批发	Wholesale of Medicines and Medical Appliances	2860	2512	1824	348
矿产品、建材及化工产品批发	Wholesale of Mineral Products, Building Materials and Chemical Products	12837	11293	8216	1544
机械设备、五金交电及电子产品批发	Wholesale of Machinery, Hardware and Electronic Equipment	11535	65571	5424	6018
贸易经纪与代理	Trade Broker and Agency	1013	13106	591	667
其他批发	Other Wholesale not Classified Elsewhere	13413	46298	2140	2321

16-2 批发业从业人员(2012年)
Number of Employed Persons in Wholesale Trades(2012)

单位：人 (Person)

指 标	Item	合计 Total	城镇 Urban Areas	#城区 Urban District	乡村 Rural Areas
总 计	**Total**	**475714**	**436187**	**335733**	**39527**
按登记注册类型分	**By Status of Registration**				
内资企业	Domestic Funded Enterprises	335893	316134	248331	19759
国有企业	State-owned Enterprises	46672	41989	29884	4683
集体企业	Collective-owned Enterprises	15537	12854	6401	2683
股份合作企业	Cooperative Enterprises	12395	11956	9674	439
联营企业	State Joint Ownership Enterprises	1540	1407	497	133
有限责任公司	Limited Liability Corporations	107148	104409	88120	2739
股份有限公司	Share-holding Corporations Ltd.	41698	40291	37235	1407
私营企业	Private Enterprises	101487	94803	70878	6684
其他企业	Other Enterprises	9416	8425	5642	991
港澳台商投资企业	Enterprises with Funds from Hong Kong, Macao & Taiwan	7373	7373	7262	
外商投资企业	Enterprises with Foreign Investment	2914	2914	2714	
个体经济	Individual Economy	129534	109766	77426	19768
按国民经济行业分	**By Sector**				
农畜产品批发	Wholesale of Farm Produce and Livestock Products	35492	28966	18323	6526
食品、饮料及烟草制品批发	Wholesale of Food, Beverages and Tobaccos	80611	70784	48188	9827
纺织、服装及日用品批发	Wholesale of Textiles, Garments and Daily Consumer Articles	72854	67227	53906	5627
文化、体育用品及器材批发	Wholesale of Culture, Sports Appliances and Equipment	45057	43660	39870	1397
医药及医疗器材批发	Wholesale of Medicines and Medical Appliances	28338	26835	20768	1503
矿产品、建材及化工产品批发	Wholesale of Mineral Products, Building Materials and Chemical Products	88387	82978	65847	5409
机械设备、五金交电及电子产品批发	Wholesale of Machinery, Hardware and Electronic Equipment	65571	64235	54436	1336
贸易经纪与代理	Trade Broker and Agency	13106	12529	10717	577
其他批发	Other Wholesale not Classified Elsewhere	46298	38973	23678	7325

16-3 零售业网点数(2012年)
Number of Networks in Retail Trades(2012)

单位：个 (unit)

指标	Item	合计 Total	城镇 Urban Areas	#城区 Urban District	乡村 Rural Areas
总计	**Total**	**547283**	**400105**	**253900**	**147178**
按登记注册类型分	**By Status of Registration**				
内资企业	Domestic Funded Enterprises	48766	37066	19842	11700
国有企业	State-owned Enterprises	4165	3175	1311	990
集体企业	Collective-owned Enterprises	3621	2238	1096	1383
股份合作企业	Cooperative Enterprises	1387	996	404	391
联营企业	State Joint Ownership Enterprises	537	341	82	196
有限责任公司	Limited Liability Corporations	8012	7409	5355	603
股份有限公司	Share-holding Corporations Ltd.	2133	1229	644	904
私营企业	Private Enterprises	19577	15841	10441	3736
其他企业	Other Enterprises	9334	5837	509	3497
港澳台商投资企业	Enterprises with Funds from Hong Kong, Macao & Taiwan	70	70	70	
外商投资企业	Enterprises with Foreign Investment	123	122	120	1
个体经济	Individual Economy	498324	362847	233868	135477
按国民经济行业分	**By Sector**				
综合零售	Integrated Retail	119778	73818	39366	45960
食品、饮料及烟草制品专门零售	Special Retail of Food, Beverages and Tobaccos	104739	75768	48215	28971
纺织、服装及日用品专门零售	Special Retail of Textiles, Garments and Daily Consumer Articles	111577	86082	56940	25495
文化、体育用品及器材专门零售	Special Retail of Culture, Sports Appliances and Equipments	25698	20064	14273	5634
医药及医疗器材专门零售	Special Retail of Medicines and Medical Appliances	35810	26149	19743	9661
汽车、摩托车、燃料及零配件专门零售	Special Retail of Motor Vehicles, Motorcycles, Fuel and Parts	30336	23807	15078	6529
家用电器及电子产品专门零售	Special Retail of Household Appliances and Electronic Products	32395	26532	19654	5863
五金、家具及室内装修材料专门零售	Special Retail of Hardware, Furniture and Decoration Materials	38355	32488	25760	5867
无店铺及其他零售	Non-shop and Other Retails	48595	35397	14871	13198

16-4 零售业从业人员(2012年)
Number of Employed Persons in Retail Trades(2012)

单位：人 (Person)

指标	Item	合计 Total	城镇 Urban Areas	#城区 Urban District	乡村 Rural Areas
总计	**Total**	**1438112**	**1147682**	**789299**	**290430**
按登记注册类型分	**By Status of Registration**				
内资企业	Domestic Funded Enterprises	386731	343731	229052	43000
国有企业	State-owned Enterprises	41243	35106	22114	6137
集体企业	Collective-owned Enterprises	23313	17963	10028	5350
股份合作企业	Cooperative Enterprises	12202	11033	8797	1169
联营企业	State Joint Ownership Enterprises	3066	2699	895	367
有限责任公司	Limited Liability Corporations	112151	107158	87447	4993
股份有限公司	Share-holding Corporations Ltd.	14570	11187	7747	3383
私营企业	Private Enterprises	149726	132361	88224	17365
其他企业	Other Enterprises	30460	26224	3800	4236
港澳台商投资企业	Enterprises with Funds from Hong Kong, Macao & Taiwan	7173	7173	7173	
外商投资企业	Enterprises with Foreign Investment	8084	8068	7978	16
个体经济	Individual Economy	1036124	788710	545096	247414
按国民经济行业分	**By Sector**				
综合零售	Integrated Retail	318581	230107	130686	88474
食品、饮料及烟草制品专门零售	Special Retail of Food, Beverages and Tobaccos	248619	195963	134694	52656
纺织、服装及日用品专门零售	Special Retail of Textiles, Garments and Daily Consumer Articles	290243	242566	180615	47677
文化、体育用品及器材专门零售	Special Retail of Culture, Sports Appliances and Equipments	78622	66110	45666	12512
医药及医疗器材专门零售	Special Retail of Medicines and Medical Appliances	107051	86307	68822	20744
汽车、摩托车、燃料及零配件专门零售	Special Retail of Motor Vehicles, Motorcycles, Fuel and Parts	109499	94329	70823	15170
家用电器及电子产品专门零售	Special Retail of Household Appliances and Electronic Products	92834	78521	59866	14313
五金、家具及室内装修材料专门零售	Special Retail of Hardware, Furniture and Decoration Materials	91289	78422	60952	12867
无店铺及其他零售	Non-shop and Other Retails	101374	75357	37175	26017

16-5 餐饮业网点数(2012年)
Number of Networks in Catering Services(2012)

单位：个 (unit)

指 标	Item	合计 Total	城镇 Urban Areas	#城区 Urban District	乡村 Rural Areas
总 计	**Total**	**130900**	**102669**	**66980**	**28231**
按登记注册类型分	**By Status of Registration**				
内资企业	Domestic Funded Enterprises	10884	8883	3668	2001
国有企业	State-owned Enterprises	1611	1207	170	404
集体企业	Collective-owned Enterprises	1794	1294	92	500
股份合作企业	Cooperative Enterprises	143	106	33	37
联营企业	State Joint Ownership Enterprises	102	63	31	39
有限责任公司	Limited Liability Corporations	1103	1043	803	60
股份有限公司	Share-holding Corporations Ltd.	317	214	154	103
私营企业	Private Enterprises	5028	4265	2275	763
其他企业	Other Enterprises	786	691	110	95
港澳台商投资企业	Enterprises with Funds from Hong Kong, Macao & Taiwan	123	123	123	
外商投资企业	Enterprises with Foreign Investment	1150	1149	1148	1
个体经济	Individual Economy	118743	92514	62041	26229
按国民经济行业分	**By Sector**				
正餐服务	Restaurant	64564	54117	37073	10447
快餐服务	Fast Food	13935	11075	6540	2860
饮料及冷饮服务	Beverages and Cold Drinks	3010	2944	2281	66
其他餐饮服务	Others	49391	34533	21086	14858

16-6 餐饮业从业人员(2012年)
Number of Employed Persons in Catering Services(2012)

单位：人 (person)

指 标	Item	合计 Total	城镇 Urban Areas	#城区 Urban District	乡村 Rural Areas
总 计	**Total**	**593544**	**499674**	**341398**	**93870**
按登记注册类型分	**By Status of Registration**				
内资企业	Domestic Funded Enterprises	179760	165184	112154	14576
国有企业	State-owned Enterprises	18092	15795	5629	2297
集体企业	Collective-owned Enterprises	5095	4530	2349	565
股份合作企业	Cooperative Enterprises	1767	1641	512	126
联营企业	State Joint Ownership Enterprises	1463	1071	769	392
有限责任公司	Limited Liability Corporations	45762	44869	38459	893
股份有限公司	Share-holding Corporations Ltd.	5619	4929	4486	690
私营企业	Private Enterprises	97267	88121	58217	9146
其他企业	Other Enterprises	4695	4228	1733	467
港澳台商投资企业	Enterprises with Funds from Hong Kong, Macao & Taiwan	7110	7110	7090	
外商投资企业	Enterprises with Foreign Investment	6834	6748	6736	86
个体经济	Individual Economy	399840	320632	215418	79208
按国民经济行业分	**By Sector**				
正餐服务	Restaurant	362370	316625	222261	45745
快餐服务	Fast Food	56823	48324	26960	8499
饮料及冷饮服务	Beverages and Cold Drinks	9616	9396	7800	220
其他餐饮服务	Others	164735	125329	84377	39406

16-7 各市(区)批发和零售业、餐饮业网点数(2012年)
Networks in Wholesale, Retail Trades and Catering Services by City(District)(2012)

单位：个 (unit)

地 区	Region	合 计 Total	城 镇 Urban Areas	# 城 区 Urban District	乡 村 Rural Areas
一、批 发 业	**Wholesale Trade**				
全 省	**Shaanxi**	**77023**	**64515**	**43657**	**12508**
西 安 市	Xi'an	34165	32300	30355	1865
铜 川 市	Tongchuan	284	271	146	13
宝 鸡 市	Baoji	4516	4030	2788	486
咸 阳 市	Xianyang	6136	4878	2181	1258
渭 南 市	Weinan	11788	7962	2129	3826
# 韩城市	Hancheng	940	770	770	170
延 安 市	Yan'an	3097	2367	681	730
汉 中 市	Hanzhong	4819	3140	1742	1679
榆 林 市	Yulin	4867	4086	2394	781
安 康 市	Ankang	4398	3194	168	1204
商 洛 市	Shangluo	2066	1429	254	637
杨凌示范区	Yangling	887	858	819	29
二、零 售 业	**Retail Trade**				
全 省	**Shaanxi**	**547283**	**400105**	**253900**	**147178**
西 安 市	Xi'an	187466	159888	136689	27578
铜 川 市	Tongchuan	10728	5896	3010	4832
宝 鸡 市	Baoji	40809	31835	17813	8974
咸 阳 市	Xianyang	69797	48296	21370	21501
渭 南 市	Weinan	49153	30788	15086	18365
# 韩城市	Hancheng	5284	3485	3485	1799
延 安 市	Yan'an	27627	21287	9222	6340
汉 中 市	Hanzhong	52705	28271	11087	24434
榆 林 市	Yulin	50367	40066	28107	10301
安 康 市	Ankang	30639	16396	2541	14243
商 洛 市	Shangluo	24239	13983	5650	10256
杨凌示范区	Yangling	3753	3399	3325	354
三、餐 饮 业	**Catering Service**				
全 省	**Shaanxi**	**130900**	**102669**	**66980**	**28231**
西 安 市	Xi'an	45667	40405	35664	5262
铜 川 市	Tongchuan	2631	2033	1446	598
宝 鸡 市	Baoji	10432	8147	4548	2285
咸 阳 市	Xianyang	17043	13761	8243	3282
渭 南 市	Weinan	13395	10017	4110	3378
# 韩城市	Hancheng	962	606	606	356
延 安 市	Yan'an	8469	6804	2293	1665
汉 中 市	Hanzhong	10012	5548	2565	4464
榆 林 市	Yulin	10535	7716	5490	2819
安 康 市	Ankang	6283	3498	427	2785
商 洛 市	Shangluo	5454	3796	1288	1658
杨凌示范区	Yangling	979	944	906	35

16-8 各市(区)批发和零售业、餐饮业从业人员(2012年)
Personnel in Wholesale, Retail Trades and Catering Services by City(District)(2012)

单位：人 (person)

地 区	Region	合 计 Total	城 镇 Urban Areas	# 城 区 Urban District	乡 村 Rural Areas
一、批 发 业	**Wholesale Trade**				
全 省	**Shaanxi**	**475714**	**436187**	**335733**	**39527**
西 安 市	Xi'an	280672	273360	265939	7312
铜 川 市	Tongchuan	1837	1806	1169	31
宝 鸡 市	Baoji	25686	24245	12567	1441
咸 阳 市	Xianyang	32323	28309	12773	4014
渭 南 市	Weinan	38843	29888	8337	8955
# 韩城市	Hancheng	2182	1703	1703	425
延 安 市	Yan'an	14743	12538	3480	2205
汉 中 市	Hanzhong	24170	18244	11199	5926
榆 林 市	Yulin	23276	20431	13102	2845
安 康 市	Ankang	20290	15674	1292	4616
商 洛 市	Shangluo	10133	8053	2548	2080
杨凌示范区	Yangling	3741	3639	3327	102
二、零 售 业	**Retail Trade**				
全 省	**Shaanxi**	**1438112**	**1147682**	**789299**	**290430**
西 安 市	Xi'an	611561	554930	502187	56631
铜 川 市	Tongchuan	14684	9316	4866	5368
宝 鸡 市	Baoji	90878	74871	45063	16007
咸 阳 市	Xianyang	151188	110252	52313	40936
渭 南 市	Weinan	147397	104451	35676	42946
# 韩城市	Hancheng	11266	7423	7423	3843
延 安 市	Yan'an	54898	45397	17935	9501
汉 中 市	Hanzhong	111344	61581	26132	49763
榆 林 市	Yulin	132794	108180	75726	24614
安 康 市	Ankang	67213	40172	5559	27041
商 洛 市	Shangluo	44194	27653	13247	16541
杨凌示范区	Yangling	11961	10879	10595	1082
三、餐 饮 业	**Catering Service**				
全 省	**Shaanxi**	**593544**	**499674**	**341398**	**93870**
西 安 市	Xi'an	241390	222518	203658	18872
铜 川 市	Tongchuan	6559	5223	3205	1336
宝 鸡 市	Baoji	40673	33550	20908	7123
咸 阳 市	Xianyang	58683	47077	26243	11606
渭 南 市	Weinan	61872	49179	19065	12693
# 韩城市	Hancheng	5270	3770	3770	1500
延 安 市	Yan'an	30227	25508	7636	4719
汉 中 市	Hanzhong	35580	22416	10923	13164
榆 林 市	Yulin	78520	65265	39683	13255
安 康 市	Ankang	19544	12542	2414	7002
商 洛 市	Shangluo	17152	13157	4722	3995
杨凌示范区	Yangling	3344	3239	2941	105

16-9 限额以上批发和零售业、住宿和餐饮业法人企业数和从业人员数(2012年) Number of Corporation Enterprises above Designated Size in Wholesale and Retail Trades, Hotels and Catering Services and Employed Persons(2012)

地　区	Region	法人企业数(个) Number of Corporation Enterprises (unit)	批发业 Wholesale Trade	零售业 Retail Trade	住宿业 Hotels	餐饮业 Catering Service
全　省	**Shaanxi**	**3782**	**571**	**1754**	**605**	**852**
西安市	Xi'an	1080	240	335	203	302
铜川市	Tongchuan	107	8	61	18	20
宝鸡市	Baoji	327	34	162	47	84
咸阳市	Xianyang	434	37	220	59	118
渭南市	Weinan	433	31	256	47	99
#韩城市	Hancheng	36	5	16	5	10
延安市	Yan'an	194	22	95	42	35
汉中市	Hanzhong	294	35	162	57	40
榆林市	Yulin	505	106	257	62	80
安康市	Ankang	288	41	149	40	58
商洛市	Shangluo	97	15	45	26	11
杨凌示范区	Yangling	23	2	12	4	5

16-9 续表 continued

地　区	Region	从业人员数(人) Number of Employed Persons (person)	批发业 Wholesale Trade	零售业 Retail Trade	住宿业 Hotels	餐饮业 Catering Service
全　省	**Shaanxi**	**406992**	**69059**	**169503**	**76310**	**92120**
西安市	Xi'an	205977	39040	80298	37491	49148
铜川市	Tongchuan	7721	1404	3588	1576	1153
宝鸡市	Baoji	28389	3524	14735	3672	6458
咸阳市	Xianyang	31711	3767	14571	5845	7528
渭南市	Weinan	34973	4518	17648	4391	8416
#韩城市	Hancheng	2680	93	1509	529	549
延安市	Yan'an	16495	2203	6846	4661	2785
汉中市	Hanzhong	20039	2696	9325	5746	2272
榆林市	Yulin	37133	7932	13903	7016	8282
安康市	Ankang	15408	1982	6542	2315	4569
商洛市	Shangluo	7545	1914	1586	3038	1007
杨凌示范区	Yangling	1601	79	461	559	502

16-10 社会消费品零售总额

Total Retail Sales of Consumer Goods in the Whole Province

单位：亿元 (100 million yuan)

年份 Year	社会消费品零售总额 Total Retail Sales of Consumer Goods	按地区分 By Region 市的零售额 City	县的零售额 County	县以下的零售额 Under County Level	按行业分 By Sector # 批发和零售业 Wholesale and Retail TradesTrades	# 住宿和餐饮业 Hotels and Catering Services
1978	33.37	11.93	9.79	11.65	28.29	1.32
1980	43.38	17.47	12.18	13.73	35.86	1.78
1985	80.01	39.83	19.45	20.73	61.23	3.84
1990	159.67	91.21	34.29	34.17	118.55	7.99
1991	176.60	102.21	36.98	37.41	126.83	9.29
1992	227.53	132.25	47.31	47.97	156.17	16.22
1993	259.87	154.35	52.41	53.12	172.50	19.63
1994	318.70	192.44	62.69	63.58	203.73	24.57
1995	398.87	242.85	80.30	75.73	253.42	31.22
1996	474.87	289.83	93.90	91.14	308.35	39.50
1997	552.37	344.26	104.09	104.03	358.21	50.15
1998	601.89	371.47	114.28	116.14	386.19	62.37
1999	657.80	407.97	124.74	125.08	427.36	69.88
2000	725.64	454.84	135.78	135.02	476.18	81.27
2001	809.31	514.23	147.77	147.31	536.74	95.08
2002	907.64	585.01	162.28	160.36	616.17	105.10
2003	1010.95	649.27	183.56	178.12	878.03	113.87
2004	1162.80	756.54	206.49	199.77	1012.57	126.59
2005	1331.35	874.47	232.07	224.81	1162.77	141.93
2006	1542.37	1006.11	275.80	260.46	1344.44	167.76
2007	1837.25	1221.28	311.78	304.20	1598.15	204.31
2008	2317.11	1542.33	401.04	373.74	2013.65	262.94
2009	2699.67	1787.18	467.96	444.52	2353.72	300.38

年份 Year	社会消费品零售总额 Total Retail Sales of Consumer Goods	按销售单位所在地分By Location of Establishments 城镇 Urban Areas	# 城区 Urban District	乡村 Rural Areas	按消费形态分By Consumption Patterns 餐饮收入 Catering income	商品零售 Retail Sales
2009	2699.67	2344.67	1573.00	354.99	310.56	2389.11
2010	3195.67	2777.85	1896.69	417.82	363.98	2831.70
2011	3789.99	3345.17	2421.45	444.82	416.80	3373.18
2012	4383.75	3862.90	2953.37	520.85	481.68	3902.08

16-11 各市(区)社会消费品零售总额
Total Retail Sales of Consumer Goods by City(District)

单位：亿元 (100 million yuan)

年 份 Year	全 省 Shaanxi	西安市 Xi'an	铜川市 Tongchuan	宝鸡市 Baoji	咸阳市 Xianyang	渭南市 Weinan
1992	227.53	100.84	5.89	25.87	24.49	21.36
1993	259.87	116.73	6.43	30.58	25.75	23.61
1994	318.70	148.03	7.44	33.48	31.53	26.18
1995	398.87	186.60	9.06	42.04	40.49	33.87
1996	474.87	222.94	10.53	49.21	48.68	41.41
1997	552.37	264.47	11.90	55.60	55.54	48.04
1998	601.89	291.45	12.31	59.76	58.21	52.79
1999	657.80	323.37	12.95	65.01	63.78	55.15
2000	725.64	360.42	13.79	71.89	70.35	58.53
2001	809.31	406.21	14.64	80.61	79.16	62.37
2002	907.64	459.76	15.96	91.19	88.83	66.68
2003	1010.95	502.65	17.73	105.06	101.56	73.21
2004	1162.80	578.60	19.94	122.91	119.07	81.58
2005	1331.35	670.56	21.76	137.48	133.03	93.02
2006	1542.37	784.95	24.12	155.23	148.88	108.65
2007	1837.25	936.21	27.58	179.81	173.11	131.96
2008	2317.11	1176.58	33.54	220.90	212.67	175.03
2009	2699.67	1381.12	39.48	260.10	250.59	201.58
2010	3195.67	1637.04	46.58	307.52	296.35	237.87
2011	3789.99	1965.98	54.56	358.23	345.10	278.96
2012	4383.75	2263.86	63.86	412.83	401.08	326.32

16-11 续表 continued

单位：亿元 (100 million yuan)

年 份 Year	延安市 Yan'an	汉中市 Hanzhong	榆林市 Yulin	安康市 Ankang	商洛市 Shangluo	杨凌示范区 Yangling
1992	6.65	17.92	8.68	8.93	6.19	0.72
1993	7.99	20.96	9.63	10.33	7.06	0.80
1994	10.33	27.06	13.03	12.31	8.42	0.89
1995	12.13	31.19	16.17	15.50	10.66	1.15
1996	14.02	34.97	20.59	18.54	12.63	1.37
1997	15.99	36.95	26.25	22.24	13.96	1.43
1998	17.79	38.82	29.18	24.55	15.59	1.42
1999	20.36	40.50	31.85	25.76	17.50	1.55
2000	22.63	42.91	35.77	27.68	19.91	1.77
2001	26.22	45.22	40.40	29.88	22.59	2.01
2002	30.78	48.31	46.02	32.36	25.40	2.35
2003	34.99	52.69	55.55	36.06	28.65	2.79
2004	41.10	57.23	65.08	41.19	32.71	3.38
2005	47.53	65.30	76.33	46.75	35.97	3.62
2006	54.70	76.10	91.98	53.83	40.01	3.92
2007	65.85	91.80	116.02	64.12	46.22	4.57
2008	84.80	116.66	154.11	80.72	56.70	5.40
2009	94.66	133.02	172.48	93.56	66.79	6.29
2010	111.81	157.50	203.51	110.78	79.19	7.51
2011	131.14	184.44	240.95	129.72	92.18	8.71
2012	151.74	216.05	279.22	151.49	107.28	10.03

16-12 各市(区)按销售单位所在地和消费形态分的社会消费品零售总额(2012年)

Total Retail Sales of Consumer Goods by Location of Establishments and Consumption Patterns by City(District)(2012)

单位：万元 (10 000 yuan)

地区	Region	社会消费品零售总额 Total Retail Sales of Consumer Goods	按销售单位所在地分 By Location of Establishments 城镇 Urban Areas	# 城区 Urban District	乡村 Rural Areas	按消费形态分 By Consumption Patterns 商品零售 Retail Sales	餐饮收入 Catering Income
全省	**Shaanxi**	**43837517**	**38628977**	**29533709**	**5208540**	**39020751**	**4816767**
西安市	Xi'an	22638601	21951807	18509916	686794	20393355	2245246
铜川市	Tongchuan	638562	489881	351956	148681	542793	95768
宝鸡市	Baoji	4128347	3717264	3399780	411083	3655221	473126
咸阳市	Xianyang	4010799	3006430	1563804	1004369	3497944	512855
渭南市	Weinan	3263238	2410986	2047342	852252	2880577	382661
# 韩城市	Hancheng	289210	197745	167919	91465	259453	29757
延安市	Yan'an	1517367	1196396	618565	320972	1325095	192272
汉中市	Hanzhong	2160451	1772092	825075	388359	1879663	280788
榆林市	Yulin	2792171	1921132	1207571	871039	2502795	289376
安康市	Ankang	1514906	1254421	695602	260486	1313084	201822
商洛市	Shangluo	1072819	831371	236898	241448	946922	125897
杨凌示范区	Yangling	100258	77200	77200	23058	83303	16955

16-13 各市、县(市、区)社会消费品零售总额
Total Retail Sales of Consumer Goods by City and County(City and District)

单位：万元 (10 000 yuan)

地 区	Region	2011	2012	2012年比2011年增长% Growth Rate in 2012 over 2011(%)
全 省	**Shaanxi**	**37899852**	**43837517**	**15.7**
西安市	**Xi'an**	**19659774**	**22638601**	**15.2**
新城区	Xincheng	3419069	3929603	14.9
碑林区	Beilin	3420722	3923160	14.7
莲湖区	Lianhu	2816163	3232072	14.8
灞桥区	Baqiao	464033	550069	18.5
未央区	Weiyang	2782585	3185694	14.5
雁塔区	Yanta	3800048	4395194	20.3
阎良区	Yanliang	232089	267835	15.4
临潼区	Lintong	485405	559276	15.2
长安区	Chang'an	1100538	1278552	16.2
蓝田县	Lantian	354500	408863	15.3
周至县	Zhouzhi	237439	274902	15.8
户 县	Huxian	388564	446716	15.0
高陵县	Gaoling	158619	186665	17.7
铜川市	**Tongchuan**	**545624**	**638562**	**17.0**
王益区	Wangyi	246028	286885	16.6
印台区	Yintai	114579	132913	16.0
耀州区	Yaozhou	152302	179266	17.7
宜君县	Yijun	32715	39497	20.7
宝鸡市	**Baoji**	**3582322**	**4128347**	**15.2**
渭滨区	Weibin	1189056	1181110	-0.7
金台区	Jintai	736301	1200700	63.1
陈仓区	Chencang	334243	351735	5.2
凤翔县	Fengxiang	289659	311754	7.6
岐山县	Qishan	315208	342059	8.5
扶风县	Fufeng	183076	183923	0.5
眉 县	Meixian	155928	164607	5.6
陇 县	Longxian	128266	139101	8.4
千阳县	Qianyang	54367	45211	-16.8
麟游县	Linyou	50967	60733	19.2
凤 县	Fengxian	111132	123077	10.7
太白县	Taibai	34119	24337	-28.7
咸阳市	**Xianyang**	**3451008**	**4010799**	**16.2**
秦都区	Qindu	669184	805056	20.3
渭城区	Weicheng	563381	660602	17.3
三原县	Sanyuan	251479	284712	13.2
泾阳县	Jingyang	250432	285777	14.1
乾 县	Qianxian	352532	404720	14.8

16-13 续表 1 continued

单位：万元 (10 000 yuan)

地 区	Region	2011	2012	2012年比2011年增长% Growth Rate in 2012 over 2011(%)
礼泉县	Liquan	277258	312932	12.9
永寿县	Yongshou	94170	107899	14.6
彬 县	Binxian	161143	187883	16.6
长武县	Changwu	85114	99383	16.8
旬邑县	Xunyi	110746	127688	15.3
淳化县	Chunhua	87260	100652	15.3
武功县	Wugong	224978	259003	15.1
兴平市	Xingping	323331	374490	15.8
渭南市	**Weinan**	**2789626**	**3263238**	**17.0**
临渭区	Linwei	685314	808830	18.0
华 县	Huaxian	110894	130094	17.3
潼关县	Tongguan	70911	83002	17.1
大荔县	Dali	351977	412646	17.2
合阳县	Heyang	187354	218052	16.4
澄城县	Chengcheng	174517	203271	16.5
蒲城县	Pucheng	346303	403465	16.5
白水县	Baishui	128897	150523	16.8
富平县	Fuping	335864	390653	16.3
韩城市	Hancheng	248757	289210	16.3
华阴市	Huayin	148839	173492	16.6
延安市	**Yan'an**	**1311432**	**1517367**	**15.7**
宝塔区	Baota	601629	697014	15.9
延长县	Yanchang	46899	54168	15.5
延川县	Yanchuan	58047	66966	15.4
子长县	Zichang	85016	98050	15.3
安塞县	Ansai	65646	76279	16.2
志丹县	Zhidan	67009	77914	16.3
吴起县	Wuqi	46024	53167	15.5
甘泉县	Ganquan	31329	36218	15.6
富 县	Fuxian	59021	68223	15.6
洛川县	Luochuan	111348	128415	15.3
宜川县	Yichuan	34621	40079	15.8
黄龙县	Huanglong	14689	16915	15.2
黄陵县	Huangling	90154	103960	15.3
汉中市	**Hanzhong**	**1844406**	**2160451**	**17.1**
汉台区	Hantai	736933	862409	17.0
南郑县	Nanzheng	176908	206638	16.8
城固县	Chenggu	207887	243754	17.3
洋 县	Yangxian	100588	118068	17.4
西乡县	Xixiang	97476	114828	17.8

16-13 续表 2 continued

单位：万元 (10 000 yuan)

地 区	Region	2011	2012	2012年比2011年增长% Growth Rate in 2012 over 2011(%)
勉 县	Mianxian	180447	211579	17.3
宁强县	Ningqiang	109121	127535	16.9
略阳县	Lueyang	104460	122063	16.9
镇巴县	Zhenba	94917	111814	17.8
留坝县	Liuba	21711	25418	17.1
佛坪县	Foping	13958	16346	17.1
榆林市	**Yulin**	**2409538**	**2792171**	**15.9**
榆阳区	Yuyang	425407	515710	21.2
神木县	Shenmu	307048	327491	6.7
府谷县	Fugu	271584	323501	19.1
横山县	Hengshan	201568	250192	24.1
靖边县	Jingbian	335724	394872	17.6
定边县	Dingbian	161555	184564	14.2
绥德县	Suide	322475	388231	20.4
米脂县	Mizhi	112935	90731	-19.7
佳 县	Jiaxian	57140	65140	14.0
吴堡县	Wubu	55267	63297	14.5
清涧县	Qingjian	59544	70039	17.6
子洲县	Zizhou	99289	118403	19.3
安康市	**Ankang**	**1297216**	**1514906**	**16.8**
汉滨区	Hanbin	618102	721536	16.7
汉阴县	Hanyin	86042	100579	16.9
石泉县	Shiquan	62751	72349	15.3
宁陕县	Ningshan	29747	34815	17.0
紫阳县	Ziyang	113902	133907	17.6
岚皋县	Langao	55067	64049	16.3
平利县	Pingli	70063	81643	16.5
镇坪县	Zhenping	19999	23296	16.5
旬阳县	Xunyang	174526	203948	16.9
白河县	Baihe	67017	78783	17.6
商洛市	**Shangluo**	**921838**	**1072819**	**16.4**
商州区	Shangzhou	227298	264163	16.2
洛南县	Luonan	166401	193224	16.1
丹凤县	Danfeng	125382	146310	16.7
商南县	Shangnan	82533	96067	16.4
山阳县	Shanyang	145438	169619	16.6
镇安县	Zhen'an	114747	133653	16.5
柞水县	Zhashui	60039	69784	16.2
杨凌示范区	**Yangling**	**87068**	**100258**	**15.1**

16-14 限额以上批发业商品购进、销售、库存总额(2012年)
Total Purchases, Sales and Inventory of Enterprises above Designated Size in Wholesale Trades(2012)

单位：万元 (10 000 yuan)

指标	Item	商品购进总额 Total Purchases Value	#进口 Imports	商品销售总额 Total Sales	#批发 Wholesale Trades	#出口 Exports	年末库存 Stock at Year-end
总计	**Total**	**44852269**	**189565**	**48099764**	**42122792**	**922286**	**2084284**
按批发行业分	**By Wholesale Trade Sector**						
农、林、牧产品批发	Wholesale of Farming, Forestry, Animal Husbandry Products	164436		193371	181896	15733	36048
谷物、豆及薯类批发	Wholesale of Cereals, Beans and Tubers	134351		158505	152079	15733	32227
种子批发	Wholesale of Seeds and Forages	8699		13001	13001		2086
棉、麻批发	Wholesale of Cotton and Hemp	1868		2009	2009		1555
牲畜批发	Wholesale of Livestock	10345		10295	5247		50
其他农牧产品批发	Others	9174		9560	9560		130
食品、饮料及烟草制品批发	Wholesale of Food, Beverages and Tobaccos	3490056	2704	4476327	4281442	4615	192129
米、面制品及食用油批发	Wholesale of Rice, Flour and Edible Oil	73119		67086	46110		13591
糕点、糖果及糖批发	Wholesale of Cake and Sugar	42589		41270	35182		4822
果品、蔬菜批发	Wholesale of Vegetables and Fruits	278859	2704	299172	240297	4615	9315
肉禽蛋奶及水产品批发	Wholesale of Poultry, Egg and Milk & Marine Products	22502		26877	26367		648
盐及调味品批发	Wholesale of Salt and Condiments	57052		67738	64738		5308
酒、饮料及茶叶批发	Wholesale of Wines, Beverages and Tea	582357		613786	510226		26888
烟草制品批发	Wholesale of Tobaccos	2415080		3343538	3341662		128738
其他食品批发	Others	18499		16860	16860		2819
纺织服装及家庭用品批发	Wholesale of Textiles, Garments and Daily Consumer Articles	2135968		2155892	1485533	3029	78969
纺织品、针织品及原料批发	Wholesale of Textiles, Knitwear and Textile Materials	58872		61111	57659		3750
服装批发	Wholesale of Garments	1388166		1391298	772127	3029	1460
鞋帽批发	Wholesale of Shoes and Hats	39972		58128	33102		23739
化妆品及卫生用品批发	Wholesale of Cosmetics and Health Consumer Articles	123853		132505	132458		11997
厨房、卫生间用具及日用杂货批发	Wholesale of Kitchen and Washroom Appliance and Various Household Supplies	81035		84652	62692		11677
家用电器批发	Wholesale of Domestic Appliances	444069		428199	427496		26346
文化、体育用品及器材批发	Wholesale of Culture, Sports Appliances and Equipment	161104		177416	176254	6420	14298
文具用品批发	Wholesale of Stationary	55497		58041	57945	2420	5246
体育用品及器材批发	Wholesale of Sports Goods and Equipments	13573		14435	14435		12
图书批发	Wholesale of Books	88859		100940	99873		9039
首饰、工艺品及收藏品批发	Wholesale of Jewelry, Artwork and Collections	3176		4001	4001	4001	0
医药及医疗器材批发	Wholesale of Medicines and Medical Appliances	1079063		1262322	1110886		107237
西药批发	Wholesale of Western Medicine	811491		988584	854496		92128
中药批发	Wholesale of Traditional Chinese Medicinal	255223		260157	242810		13757
医疗用品及器材批发	Wholesale of Medical Treatment and Equipment	12348		13581	13581		1351
矿产品、建材及化工产品批发	Wholesale of Mineral Products, Building Materials and Chemical Products	35704335	152278	37586408	33047619	336580	1494575
煤炭及制品批发	Wholesale of Coal and Related Products	9379427		10793199	10174686	138711	398727
石油及制品批发	Wholesale of Petroleum and Related Products	16603686	25509	17455611	14064348		398346
非金属矿及制品批发	Wholesale of Metal Materials	44291	57	43271	43271	22891	4214
金属及金属矿批发	Wholesale of Metal Mine and Its Manufacture	8174391	126712	7740940	7363323	160897	637043
建材批发	Wholesale of Building Materials	1240382		1254471	1120633	5127	13594
化肥批发	Wholesale of Garments	86334		108239	93963		40699
农药批发	Wholesale of Pesticides	6985		7029	7029		380
其他化工产品批发	Others	168839		183648	180366	8953	1573
机械设备、五金交电及电子产品批发	Wholesale of Machinery, Hardware and Electronic Equipment	1995314	33188	2120134	1727131	534841	154442
农业机械批发	Wholesale of Agricultural Machinery	58047		59058	44390		6965
汽车批发	Wholesale of Vehicles	1046555		1101660	857805	453004	67276

16-14 续表 continued

单位：万元 (10 000 yuan)

指标	Item	商品购进总额 Total Purchases Value	#进口 Imports	商品销售总额 Total Sales	#批发 Wholesale Trades	#出口 Exports	年末库存 Stock at Year-end
汽车零配件批发	Wholesale of Vehicle Parts	47152		47358	42164		10036
摩托车及零配件批发	Wholesale of Motorcycles and Motorcycle Parts	1754		1567	1411		1784
五金产品批发	Wholesale of Hardware Products	137126	33188	146755	139539	72738	14058
电气设备批发	Wholesale of Electrical Equipments	31903		62606	62606		6552
计算机、软件及辅助设备批发	Wholesale of Computer, Software and Peripherals	406521		416051	312996		290
通讯及广播电视设备批发	Wholesale of Communications and Broadcast and Television Equipments	33131		34602	34602		3217
其他机械设备及电子产品批发	Others	233127		250477	231619	9099	44264
贸易经纪与代理	Trade Broker and Agency	34108	1395	30664	30664	21067	3452
贸易代理	Trade Agency	34108	1395	30664	30664	21067	3452
其他批发	Others	87885		97230	81366		3135
再生物资回收与批发	Recovery and Wholesale of Regeneration Material	34113		34029	24001		425
其他未列明的批发	Any Other Wholesale	53773		63200	57365		2711
按登记注册类型分	**By Status of Registration**						
内资企业	Domestic Funded Enterprises	41557146	189565	44778595	38915329	922286	2051024
国有企业	State-owned Enterprises	15486587	44960	18377076	16470463	829301	850000
集体企业	Collective-owned Enterprises	169696		170410	141362		4613
股份合作企业	Cooperative Enterprises	24983		24896	22914		551
联营企业	State Joint Ownership Enterprises	52776		52776	52776		0
国有联营企业	State Joint Ownership Enterprises	52776		52776	52776		0
有限责任公司	Limited Liability Corporations	12579398	113557	13002827	11129996	77619	446042
国有独资公司	State Sole Funded Corporations	485402		502540	334965		12571
其他有限责任公司	Other Limited Liability Corporations	12093996	113557	12500287	10795031	77619	433471
股份有限公司	Share-holding Corporations Ltd.	10728531		10578836	8703446		543592
私营企业	Private Enterprises	2394073	31048	2451522	2287378	15192	200554
私营独资企业	Private-funded Enterprises	167669		168236	150717		7213
私营合伙企业	Private Partnership Enterprises	4436		4396			81
私营有限责任公司	Private Limited Liability Corporations	2120878	31048	2160040	2040903	15192	190402
私营股份有限公司	Private Share-holding Corporations Ltd.	101090		118851	95759		2859
其他企业	Other Enterprises	121101		120252	106994	175	5673
港、澳、台商投资企业	Enterprises with Funds from Hong Kong, Macao & Taiwan	385865		413842	300135		23739
合资经营企业(港或澳、台资)	Joint-venture Enterprises	289644		299464	210784		0
港、澳、台商独资经营企业	Enterprises with Sole Investment	96222		114379	89352		23739
外商投资企业	Enterprises with Foreign Investment	2909258		2907328	2907328		9521
中外合资经营企业	Joint Venture Enterprises with Foreign Investment	2904378		2901006	2901006		9284
外资企业	Enterprises with Sole(exclusive) Foreign Investment	4880		6322	6322		236
按控股情况分	**By Status of Share Holding**						
国有控股	State-holding	26533792	133800	29990042	26301980	838255	1022367
集体控股	Collective-holding	300886		324540	285462	15559	19166
私人控股	Private-holding	6686057	52606	6842953	5638679	66158	436146
港澳台商控股	Hong Kong, Macao & Taiwan-holding	385865		413842	300135		23739
外商控股	Foreign-holding	2904378		2901006	2901006		9284
其　他	Others	8041291	3159	7627382	6695530	2315	573580
按经营形式分	**By Form of Management**						
独立门店	Independent Stores	33598162	161227	35797269	31371839	441148	1301400
连锁总店	General Chain Stores	1639892		2229946	1908638		73708
连锁门店	Branch Chain Stores	40588		40864	24820		2067
其　他	Others	9573627	28338	10031686	8817496	481137	707109
按单位规模分	**By scale**						
大　型	Large	15746575	29856	18022571	13352259	611466	610831
中　型	Medium	25677682	50045	26540191	25392139	269971	1167953
小　型	Small	3367644	109664	3476784	3322239	40849	301850
微　型	Mini	60368		60219	56155		3651

16-15 限额以上零售业商品购进、销售、库存总额(2012年)

Total Purchases, Sales and Inventory of Enterprises above Designated Size in Retail Trades (2012)

单位：万元 (10 000 yuan)

指标	Item	商品购进总额 Total Purchases Value	#进口 Imports	商品销售总额 Total Sales	#批发 Wholesale Trades	#出口 Exports	年末库存 Stock at year-end
总计	**Total**	**17404274**	**282090**	**18874723**	**880376**	**792**	**1546109**
按零售行业分	**By Retail Trades Sector**						
综合零售	Integrated Retail	4517769	67856	5079309	71618	700	381132
百货零售	Retail of General Merchandise	2325901	13548	2531256	50348		168553
超级市场零售	Retail of Supermarkets	2051409	52863	2324897	11698		202107
其他综合零售	Others	140459	1445	223157	9572	700	10472
食品、饮料及烟草制品专门零售	Special Retail of Food, Beverages and Tobaccos	395150	1359	445149	40112		71749
粮油零售	Retail of Grain and Oil	28946		27502	6116		4353
糕点、面包零售	Retail of Cake and Bread	793		846			200
果品、蔬菜零售	Retail of Melons and Fruits,Vegetables	42805		41868	656		4913
肉、禽、蛋及水产品零售	Retail of Meat, Poultry, Eggs and Aquatic Products	31787		32776	13620		654
酒、饮料及茶叶零售	Retail of Beverages and Tea	210321		275585	9296		45761
烟草制品零售	Retail of Tobaccos	43523		32371			12213
其他食品零售	Others	36975	1359	34202	10424		3654
纺织、服装及日用品专门零售	Special Retail of Textiles, Garments and Daily Consumer Articles	1514839	716	1579948	120421	42	88447
纺织品及针织品零售	Retail of Textiles and Knitwear	30137		28494			2127
服装零售	Retail of Garments	1379955	216	1387846	113453	42	45062
鞋帽零售	Retail of Shoes and Hats	4574		4445			308
化妆品及卫生用品零售	Retail of Cosmetics and Health Consumer Articles	57347		69008	535		1530
钟表、眼镜零售	Retail of Clocks and Watches,Spectacles	16066	500	58294	4513		25725
其他日用品零售	Others	26760		31862	1921		13695
文化、体育用品及器材专门零售	Special Retail of Culture, Sports Appliances and Equipments	484322		467964	25515		109844
体育用品零售	Retail of Sports Goods	81707		89239	23325		32864
图书、报刊零售	Retail of Books	278770		259679	2190		63704
珠宝首饰零售	Retail of Jewelry	115173		109210			11830
工艺美术品及收藏品零售	Retail of Artwork and Collections	5841		6353			407
乐器零售	Retail of Musical Instrument	2832		3483			1039
医药及医疗器材专门零售	Special Retail of Medicines and Medical Appliances	425897		461021	56734		52640
药品零售	Retail of Medicines	423319		457914	55498		52455
医疗用品及器材零售	Retail of Medical Supplies and Appliances	2578		3107	1236		185
汽车、摩托车、燃料及零配件专门零售	Special Retail of Motor Vehicles, Motorcycles, Fuel and Parts	7087869	211838	7316018	360191		673378
汽车零售	Retail of Motor Vehicles	5682976	211838	5793085	66321		622740
汽车零配件零售	Retail of Motor Vehicles and Parts	49640		52218	597		6661
摩托车及零配件零售	Retail of Motorcycles and Parts	38296		36052	221		3745
机动车燃料零售	Retail of Fuel of Motor Vehicles	1316957		1434663	293053		40232

16-15 续表 1 continued

单位：万元 (10 000 yuan)

指标	Item	商品购进总额 Total Purchases Value	#进口 Imports	商品销售总额 Total Sales	#批发 Wholesale Trades	#出口 Exports	年末库存 Stock at Year-end
家用电器及电子产品专门零售	Special Retail of Household Appliances and Electronic Products	1554849		1893682	191018		127133
家用视听设备零售	Retail of Home Audio-visual Equipment	44903		44489			2878
日用家电设备零售	Retail of Household Appliances	1283076		1624782	163455		93557
计算机、软件及辅助设备零售	Retail of Computer, Software and Peripherals	149475		151429	9473		8413
通信设备零售	Retail of Communication Equipment	68337		64352	17841		21093
其他电子产品零售	Others	9058		8630	250		1192
五金、家具及室内装修材料	Special Retail of Hardware, Furniture and Decoration Materials	1292044	320	1498737	12255	50	35219
五金零售	Retail of Hardware	70083	20	75246	280		5683
灯具零售	Retail of Light Fittings	85097		84819			492
家具零售	Retail of Furniture	851651		976726	5181		18636
涂料零售	Retail of Dope	825		800			25
卫生洁具零售	Retail of Sanitary	664		612			52
木质装饰材料零售	Retail of Wooden Decorating Materials	1642		1686			310
陶瓷、石材装饰材料零售	Retail of Porcelainou Sand Stone Finishing Decorating Materials	12426		13063			3080
其他室内装修材料零售	Other Domestic Decorating Materials	269655	300	345785	6793	50	6939
货摊无店铺及其他零售业	Non-shop and Other non-mentiones-above Retails	131536		132895	2512		6567
互联网零售	E-commerce Retails	17521		18543			1673
邮购及电视电话零售	Mail-order & Phone-order Retails	66049		65827	185		870
生活用燃料零售	Retail of Life Fuels	22012		22546	2327		1072
其他未列明的零售	Other Retail Not Classified Elsewhere	25954		25980			2953
按登记注册类型分	**By Status of Registration**						
内资企业	Domestic Funded Enterprises	14592332	199060	15835958	852962	792	1336980
国有企业	State-owned Enterprises	810914		762415	28119		124634
集体企业	Collective-owned Enterprises	424829		421835	21668		19782
股份合作企业	Cooperative Enterprises	56142		56767	2105		2877
联营企业	Joint Ownership Enterprises	17374		17601			238
集体联营企业	Collective Joint Ownership Enterprises	6663		6902			162
其他联营企业	Other Joint Ownership Enterprises	10710		10699			76
有限责任公司	Limited Liability Corporations	7771721	88663	8577444	476830	742	813665
国有独资公司	State Sole Funded Corporations	96718		95830	327		21136
其他有限责任公司	Other Limited Liability Corporations	7675004	88663	8481614	476503	742	792529
股份有限公司	Share-holding Corporations Ltd.	1629972	43225	1758650	217855		100712
私营企业	Private Enterprises	3008192	10490	3359325	45974	50	245038
私营独资企业	Private-funded Enterprises	327220	300	399490	9198	50	23471
私营合伙企业	Private Partnership Enterprises	131083		130859			11424
私营有限责任公司	Private Limited Liability Corporations	2355141	10190	2635663	36040		187568
私营股份有限公司	Private Share-holding Corporations Ltd.	194748		193313	735		22575
其他企业	Other Enterprises	873189	56682	881921	60413		30033
港、澳、台商投资企业	Enterprises with Funds from Hong Kong, Macao & Taiwan	1535649	29215	1689818	25513		144151
合资经营企业(港或澳、台资)	Joint-venture Enterprises	547565		532911	11993		69978
港、澳、台商独资经营企业	Enterprises with Sole Investment	988084	29215	1156907	13520		74174

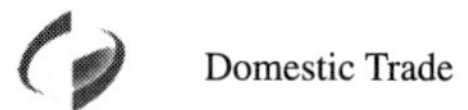

16-15 续表 2 continued

单位：万元 (10 000 yuan)

指　　标	Item	商品购进总额 Total Purchases Value	#进口 Imports	商品销售总额 Total Sales	#批发 Wholesale Trades	#出口 Exports	年末库存 Stock at Year-end
外商投资企业	Enterprises with Foreign Investment	1276293	53815	1348947	1901		64978
中外合资经营企业	Joint Venture Enterprises with Foreign Investment	721776		781110			24374
外资企业	Enterprises with Sole(exclusive) Foreign Investment	554516	53815	567837	1901		40604
按控股情况分	**By Status of Share Holding**						
国有控股	State-holding	2011867		2057756	227550		212183
集体控股	Collective-holding	777491	51053	786258	27310		49336
私人控股	Private-holding	8966344	94841	9535080	328136	792	774119
港澳台商控股	Hong Kong, Macao & Taiwan-holding	1553058	29215	1690331	13520		138025
外商控股	Foreign-holding	729226	53815	763597	13894		59784
其　　他	Others	3366289	53166	4041701	269966		312661
按经营形式分	**By Form of Management**						
独立门店	Independent Stores	13878122	230536	14829108	632394	792	1173854
连锁总店	General Chain Stores	1148287	51553	1232065	44046		104766
连锁门店	Branch Chain Stores	697534		998416	55384		95828
其　　他	Others	1680331		1815135	148551		171662
按单位规模分	**By Scale**						
大　型	Large	6046606	51053	6817200	451723		400777
中　型	Medium	8602686	218258	9166517	246108		873284
小　型	Small	2325719	7779	2342038	167252	792	222360
微　型	Mini	429263	5000	548969	15293		49689
按零售业态分	**By Business Categories**						
有店铺零售	Shop Retails	17317585	282090	18787235	880191	792	1543537
食杂店	Grocery Store	8759		9399			496
便利店	Convenience Store	106256	1445	105882	10801	700	5153
超　市	Supermarket	660743	3336	637578	4243		86125
大型超市	Hypermarket	1549773	51053	1832651	11975		156617
仓储会员店	Warehouse Club	9453		10946			821
百货店	Department Store	2652819	12238	2944141	59764	42	205721
专业店	Specialty Store	4773864	90761	5234997	435352	50	461182
专卖店	Franchised Store	4393995	123256	4548045	106131		528196
家居建材商店	Building Material Store	957619		1158484	750		17240
购物中心	Shopping Center	1768511		1853289	217121		42244
厂家直销中心	Factory Outlets Center	435792		451824	34055		39743
无店铺零售	Non-shop Retails	86688		87488	185		2572
电视购物	TV Shopping	66049		65827	185		870
网上商店	Web Storefronts	17521		18543			1673
自动售货亭	Automated Kiosks	3118		3118			30

16-16 各市(区)限额以上批发业商品购进总额(2012年)

Total Purchases of Enterprises above Designated Size in Wholesale Trades by City(District)(2012)

单位：亿元 (100 million yuan)

地区	Region	合计 Total	#国有控股 State-holding	内资企业 Domestic Funded Enterprises	国有企业 State-owned Enterprises	集体企业 Collective-owned Enterprises	股份合作企业 Cooperative Enterprises
全省	**Shaanxi**	**4485.23**	**2653.38**	**4155.71**	**1548.66**	**16.97**	**2.50**
西安市	Xi'an	2249.90	1002.61	1920.88	545.13	0.54	
铜川市	Tongchuan	14.11	7.62	14.11	7.62		0.33
宝鸡市	Baoji	448.93	101.58	448.93	12.47		
咸阳市	Xianyang	499.11	479.08	499.11	38.99	3.41	
渭南市	Weinan	103.34	88.90	103.34	82.68	2.49	
#韩城市	Hancheng	1.88	0.25	1.88			
延安市	Yan'an	82.78	70.49	82.78	26.26		
汉中市	Hanzhong	101.72	61.92	101.72	28.29	9.03	
榆林市	Yulin	876.76	755.16	876.28	748.31	0.59	1.72
安康市	Ankang	73.86	55.90	73.86	28.99	0.92	
商洛市	Shangluo	33.26	28.87	33.26	28.68		0.44
杨凌示范区	Yangling	1.43	1.24	1.43	1.24		

16-16 续表 continued

单位：亿元 (100 million yuan)

地区	Region	联营企业 State Joint Ownership Enterprises	有限责任公司 Limited Liability Corporations	股份有限公司 Share-holding Corporations Ltd.	私营企业 Private Enterprises	港、澳、台商投资企业 Enterprises with Funds from Hong Kong, Macao & Taiwan	外商投资企业 Enterprises with Foreign Investment
全省	**Shaanxi**	**5.28**	**1257.94**	**1072.85**	**239.41**	**38.59**	**290.93**
西安市	Xi'an	0.00	994.85	174.60	200.30	38.59	290.44
铜川市	Tongchuan		6.17				
宝鸡市	Baoji		39.51	394.58	2.37		
咸阳市	Xianyang		14.83	439.36	0.56		
渭南市	Weinan		11.19		6.54		
#韩城市	Hancheng		1.53				
延安市	Yan'an		11.37	37.98	4.52		
汉中市	Hanzhong		61.68		2.51		
榆林市	Yulin	5.28	97.92	3.40	17.69		0.49
安康市	Ankang		18.36	22.93	2.65		
商洛市	Shangluo		1.87		2.26		
杨凌示范区	Yangling		0.19				

16-17　各市(区)限额以上零售业商品购进总额(2012年)
Total Purchases of Enterprises above Designated Size in Retail Trades by City(District)(2012)

单位：亿元　　(100 million yuan)

地　区	Region	合　计 Total	# 国有控股 State-holding	内资企业 Domestic Funded Enterprises	国有企业 State-owned Enterprises	集体企业 Collective-owned Enterprises	股份合作企业 Cooperative Enterprises
全　省	**Shaanxi**	**1740.43**	**201.19**	**1459.23**	**81.09**	**42.48**	**5.61**
西安市	Xi'an	1144.75	107.65	869.77	40.74	17.16	
铜川市	Tongchuan	13.21	2.94	13.21	0.53	0.94	
宝鸡市	Baoji	82.34	10.08	79.34	2.08	3.65	0.12
咸阳市	Xianyang	95.59	16.71	94.11	9.86	4.43	3.70
渭南市	Weinan	106.36	14.82	106.36	12.50	6.85	0.78
# 韩城市	Hancheng	8.06	0.51	8.06	0.51		
延安市	Yan'an	40.74	1.15	40.74	0.99	0.85	0.05
汉中市	Hanzhong	58.56	15.01	57.32	7.89	7.68	
榆林市	Yulin	152.88	29.47	152.88	4.88	0.20	0.69
安康市	Ankang	38.83	1.87	38.83	1.15	0.63	0.28
商洛市	Shangluo	5.97	1.27	5.47	0.37	0.09	
杨凌示范区	Yangling	1.21	0.22	1.21	0.10		

16-17　续表　continued

单位：亿元　　(100 million yuan)

地　区	Region	联营企业 State Joint Ownership Enterprises	有限责任公司 Limited Liability Corporations	股份有限公司 Share-holding Corporations Ltd.	私营企业 Private Enterprises	港、澳、台商投资企业 Enterprises with Funds from Hong Kong, Macao & Taiwan	外商投资企业 Enterprises with Foreign Investment
全　省	**Shaanxi**	**1.74**	**777.17**	**163.00**	**300.82**	**153.56**	**127.63**
西安市	Xi'an	0.32	479.31	100.75	183.61	152.19	122.79
铜川市	Tongchuan		6.12	0.45	2.27		
宝鸡市	Baoji		62.27	5.61	3.88		3.00
咸阳市	Xianyang	0.35	46.61	4.11	21.13	0.14	1.34
渭南市	Weinan	1.07	23.33	23.56	21.66		
# 韩城市	Hancheng		2.49	0.76			
延安市	Yan'an		35.85		2.82		
汉中市	Hanzhong		32.60		8.74	1.24	
榆林市	Yulin		70.08	27.76	38.44		
安康市	Ankang		17.51	0.77	16.56		
商洛市	Shangluo		2.59		1.50		0.50
杨凌示范区	Yangling		0.90		0.21		

16-18 各市(区)限额以上批发业商品销售总额(2012年)
Total Sales of Enterprises above Designated Size in Wholesale Trades by City(District)(2012)

单位：亿元 (100 million yuan)

地　区	Region	合　计 Total	# 国有控股 State-holding	内资企业 Domestic Funded Enterprises	国有企业 State-owned Enterprises	集体企业 Collective-owned Enterprises	股份合作企业 Cooperative Enterprises
全　省	**Shaanxi**	**4809.98**	**2999.00**	**4477.86**	**1837.71**	**17.04**	**2.49**
西 安 市	Xi'an	2346.12	1084.96	2014.64	595.99	0.59	
铜 川 市	Tongchuan	35.66	28.87	35.66	28.87		0.34
宝 鸡 市	Baoji	430.82	133.20	430.82	38.83		
咸 阳 市	Xianyang	517.39	496.80	517.39	47.96	3.46	
渭 南 市	Weinan	120.36	106.00	120.36	99.74	2.44	
# 韩城市	Hancheng	1.80	0.20	1.80			
延 安 市	Yan'an	91.23	78.07	91.23	26.04		
汉 中 市	Hanzhong	114.44	73.04	114.44	38.00	9.00	
榆 林 市	Yulin	1027.36	895.15	1026.73	888.37	0.59	1.71
安 康 市	Ankang	81.73	62.78	81.73	34.04	0.96	
商 洛 市	Shangluo	42.75	38.33	42.75	38.07		0.44
杨凌示范区	Yangling	2.10	1.80	2.10	1.80		

16-18 续表 continued

单位：亿元 (100 million yuan)

地　区	Region	联营企业 State Joint Ownership Enterprises	有限责任公司 Limited Liability Corporations	股份有限公司 Share-holding Corporations Ltd.	私营企业 Private Enterprises	港、澳、台商投资企业 Enterprises with Funds from Hong Kong, Macao & Taiwan	外商投资企业 Enterprises with Foreign Investment
全　省	**Shaanxi**	**5.28**	**1300.28**	**1057.88**	**245.15**	**41.38**	**290.73**
西 安 市	Xi'an		1020.33	186.80	205.59	41.38	290.10
铜 川 市	Tongchuan		6.45				
宝 鸡 市	Baoji		41.83	347.92	2.24		
咸 阳 市	Xianyang		15.39	448.12	0.49		
渭 南 市	Weinan		11.18		6.59		
# 韩城市	Hancheng		1.46		0.33		
延 安 市	Yan'an		12.12	45.51	4.81		
汉 中 市	Hanzhong		64.80		2.44		
榆 林 市	Yulin	5.28	107.97	3.36	18.07		0.63
安 康 市	Ankang		17.88	26.17	2.69		
商 洛 市	Shangluo		2.03		2.22		
杨凌示范区	Yangling		0.29				

16-19 各市(区)限额以上零售业商品销售总额 (2012年)
Total Sales of Enterprises above Designated Size in Retail Trades by City(District)(2012)

单位：亿元 (100 million yuan)

地区	Region	合计 Total	# 国有控股 State-holding	内资企业 Domestic Funded Enterprises	国有企业 State-owned Enterprises	集体企业 Collective-owned Enterprises	股份合作企业 Cooperative Enterprises
全省	**Shaanxi**	**1887.47**	**205.78**	**1583.60**	**76.24**	**42.18**	**5.68**
西安市	Xi'an	1264.16	106.39	966.05	35.42	16.81	
铜川市	Tongchuan	13.78	2.84	13.78	0.45	0.90	
宝鸡市	Baoji	83.32	10.99	80.80	2.13	3.74	0.12
咸阳市	Xianyang	96.56	16.71	94.97	9.78	4.34	3.60
渭南市	Weinan	118.04	15.15	118.04	12.83	6.98	0.83
# 韩城市	Hancheng	7.60	0.47	7.60	0.47		
延安市	Yan'an	40.69	1.14	40.69	0.99	0.85	0.09
汉中市	Hanzhong	63.01	15.26	61.88	8.37	7.62	
榆林市	Yulin	161.75	34.04	161.75	4.67	0.20	0.76
安康市	Ankang	38.53	1.85	38.53	1.12	0.66	0.28
商洛市	Shangluo	5.94	1.18	5.40	0.37	0.09	
杨凌示范区	Yangling	1.71	0.22	1.71	0.11		

16-19 续表 continued

单位：亿元 (100 million yuan)

地区	Region	联营企业 State Joint Ownership Enterprises	有限责任公司 Limited Liability Corporations	股份有限公司 Share-holding Corporations Ltd.	私营企业 Private Enterprises	港、澳、台商投资企业 Enterprises with Funds from Hong Kong, Macao & Taiwan	外商投资企业 Enterprises with Foreign Investment
全省	**Shaanxi**	**1.76**	**857.74**	**175.87**	**335.93**	**168.98**	**134.89**
西安市	Xi'an	0.35	551.77	109.44	204.27	167.67	130.44
铜川市	Tongchuan		6.60	0.41	2.34		
宝鸡市	Baoji		64.12	5.33	3.63		2.52
咸阳市	Xianyang	0.34	48.11	4.10	20.71	0.19	1.40
渭南市	Weinan	1.07	24.00	23.34	32.08		
# 韩城市	Hancheng		2.37	0.74			
延安市	Yan'an		35.57		2.94		
汉中市	Hanzhong		36.33		9.18	1.12	
榆林市	Yulin		69.60	32.70	42.78		
安康市	Ankang		17.76	0.55	16.26		
商洛市	Shangluo		2.49		1.54		0.53
杨凌示范区	Yangling		1.38		0.21		

16-20 各市(区)限额以上批发业商品库存总额(2012年)
Total Inventory of Enterprises above Designated Size in Wholesale Trades by City(District)(2012)

单位：亿元 (100 million yuan)

地 区	Region	合 计 Total	# 国有控股 State-holding	内资企业 Domestic Funded Enterprises	国有企业 State-owned Enterprises	集体企业 Collective-owned Enterprises	股份合作企业 Cooperative Enterprises
全 省	**Shaanxi**	**208.43**	**102.24**	**205.10**	**85.00**	**0.46**	**0.06**
西 安 市	Xi'an	73.60	33.98	70.30	21.49	0.21	
铜 川 市	Tongchuan	1.13	0.96	1.13	0.96		0.04
宝 鸡 市	Baoji	53.82	3.21	53.82	1.83		
咸 阳 市	Xianyang	3.45	2.78	3.45	1.86	0.02	
渭 南 市	Weinan	19.01	18.61	19.01	18.14	0.16	
# 韩城市	Hancheng	0.08	0.04	0.08			
延 安 市	Yan'an	3.67	2.76	3.67	2.18		
汉 中 市	Hanzhong	4.17	2.27	4.17	1.36	0.04	
榆 林 市	Yulin	43.10	33.62	43.08	33.35	0.01	0.01
安 康 市	Ankang	4.39	2.49	4.388	2.32	0.01	
商 洛 市	Shangluo	1.99	1.48	1.99	1.42		0.01
杨凌示范区	Yangling	0.12	0.07	0.12	0.07		

16-20 续表 continued

单位：亿元 (100 million yuan)

地 区	Region	联营企业 State Joint Ownership Enterprises	有限责任公司 Limited Liability Corporations	股份有限公司 Share-holding Corporations Ltd.	私营企业 Private Enterprises	港、澳、台商投资企业 Enterprises with Funds from Hong Kong, Macao & Taiwan	外商投资企业 Enterprises with Foreign Investment
全 省	**Shaanxi**		**44.60**	**54.36**	**20.06**	**2.37**	**0.95**
西 安 市	Xi'an		28.38	1.77	18.00	2.37	0.93
铜 川 市	Tongchuan		0.13				
宝 鸡 市	Baoji		1.09	50.64	0.26		
咸 阳 市	Xianyang		0.77	0.68	0.07		
渭 南 市	Weinan		0.54		0.14		
# 韩城市	Hancheng		0.06		0.02		
延 安 市	Yan'an		0.86	0.57	0.01		
汉 中 市	Hanzhong		2.69		0.07		
榆 林 市	Yulin		8.64	0.07	0.99		0.02
安 康 市	Ankang		1.21	0.63	0.21		
商 洛 市	Shangluo		0.25		0.31		
杨凌示范区	Yangling		0.04				

16-21 各市(区)限额以上零售业商品库存总额(2012年)

Total Inventory of Enterprises above Designated Size in Retail Trades by City(District)(2012)

单位：亿元 (100 million yuan)

地区	Region	合计 Total	# 国有控股 State-holding	内资企业 Domestic Funded Enterprises	国有企业 State-owned Enterprises	集体企业 Collective-owned Enterprises	股份合作企业 Cooperative Enterprises
全省	**Shaanxi**	**154.61**	**21.22**	**133.70**	**12.46**	**1.98**	**0.29**
西安市	Xi'an	95.33	11.44	75.22	7.80	0.54	
铜川市	Tongchuan	1.65	0.20	1.65	0.15	0.06	
宝鸡市	Baoji	8.61	0.89	8.13	0.38	0.20	0.02
咸阳市	Xianyang	7.09	2.30	6.95	1.52	0.10	0.10
渭南市	Weinan	7.84	1.32	7.84	1.26	0.47	0.04
# 韩城市	Hancheng	0.47	0.05	0.47	0.05		
延安市	Yan'an	4.53	0.17	4.53	0.17	0.01	0.04
汉中市	Hanzhong	8.05	3.62	7.93	0.63	0.48	
榆林市	Yulin	15.63	0.84	15.63	0.36	0.00	0.05
安康市	Ankang	4.82	0.20	4.82	0.13	0.09	0.03
商洛市	Shangluo	0.95	0.21	0.88	0.07	0.02	
杨凌示范区	Yangling	0.11	0.03	0.11	0.00		

16-21 续表 continued

单位：亿元 (100 million yuan)

地区	Region	联营企业 State Joint Ownership Enterprises	有限责任公司 Limited Liability Corporations	股份有限公司 Share-holding Corporations Ltd.	私营企业 Private Enterprises	港、澳、台商投资企业 Enterprises with Funds from Hong Kong, Macao & Taiwan	外商投资企业 Enterprises with Foreign Investment
全省	**Shaanxi**	**0.02**	**81.37**	**10.07**	**24.50**	**14.42**	**6.50**
西安市	Xi'an	0.01	47.84	7.30	11.51	14.29	5.82
铜川市	Tongchuan		0.72	0.03	0.33		
宝鸡市	Baoji		5.74	0.62	0.99		0.47
咸阳市	Xianyang	0.00	4.06	0.06	0.98	0.01	0.14
渭南市	Weinan	0.01	2.59	1.36	1.17		
# 韩城市	Hancheng		0.13	0.02			
延安市	Yan'an		4.02		0.28		
汉中市	Hanzhong		5.69		1.11	0.12	
榆林市	Yulin		7.88	0.47	6.07		
安康市	Ankang		2.21	0.24	1.87		
商洛市	Shangluo		0.51		0.18		0.06
杨凌示范区	Yangling		0.10		0.01		

16-22 限额以上批发和零售企业(单位)商品零售类值
Total Sales of Enterprises above Designated Size in Retail Trades by Category of Commodities

单位：万元 (10 000 yuan)

类 别	Item	2011	2012
合 计	**Total**	**20057601**	**49868576**
1.食品、饮料、烟酒类	Food, Beverages, Tobacco and Liquor	1826987	4927778
(1)食品类	Food	1116619	2961940
# 粮油类	Grain and Oil	442715	1160255
肉禽蛋类	Meat, Poultry and Eggs	128291	354627
水产品类	Aquatic Products	99575	275047
蔬菜类	Vegetables	89812	285735
干鲜果品类	Dried and Fresh Melons and Fruits	108469	309452
(2)饮料类	Beverages	301276	932548
(3)烟酒类	Tobacco and Liquor	409093	1033290
2.服装、鞋帽、针纺织品类	Garments, Shoes and Hats, Knitwear and Textiles	3197993	7877979
(1)服装类	Garments	2555560	6235979
(2)鞋帽类	Shoes and Hats	438020	1033079
(3)针、纺织品类	Knitwear and Textiles	204412	608921
3.化妆品类	Cosmetics	286977	718971
4.金银珠宝类	Gold, Silver and Jewellery	483025	1100982
5.日用品类	Daily Consumer Articles	588585	1496263
# 洗涤用品类	Washing Articles	161176	393462
儿童玩具类	Children Toys	74382	169226
6.五金、电料类	Hardware	203290	542580
7.体育、娱乐用品类	Sports and Recreation Articles	185138	402476
8.书报杂志类	Newspapers and Magazines	249344	523185
9.电子出版物及音像制品类	E-journals and Video Products	9627	40635
10.家用电器和音像器材类	Household Appliances and Audio/Video Equipments	1227644	2794622
11.中西药品类	Traditional Chinese and Western Medicines	415072	1133111
# 西药类	Western Medicine	310045	885779
中草药及中成药类	Traditional Chinese Medicines	56888	175036
12.文化办公用品类	Cultural and Office Appliances	322734	720115
13.家具类	Furniture	598984	1481577
14.通讯器材类	Communication Appliances	242108	579683
15.煤炭及制品类	Coal and Related Products	746093	2029187
16.木材及制品类	Wood and Wooden Products		
17.石油及制品类	Petroleum and Related Products	3341184	8750568
18.化工材料及制品类	Chemical Materials and Related Products		
# 化肥类	Fertilizers		
19.金属材料类	Metal Materials		
20.建筑及装潢材料类	Building and Decoration Materials	678778	1782959
21.机电产品及设备类	Mechanical and Electrical Products	52717	143174
# 农机类	Agricultural Machinery	1031	1382
22.汽车类	Automobiles	5190002	12209454
23.种子饲料类	Seeds and Feedstuff		
24.棉麻类	Cotton and Hemp	44	90
25.其他类	Others	211276	613189

16-23 限额以上住宿业经营情况(2012年)

Management of Enterprises above Designated Size of Hotels(2012)

指标	Item	企业数(个) Number of Enterprises (unit)	营业额(万元) Business Value (10 000 yuan)	#客房收入 From Hotel Rooms	#餐费收入 From Meals	#商品销售收入 From Commodities
总计	**Total**	**605**	**986561**	**424526**	**464678**	**36585**
按住宿行业分	**By Hotels**					
旅游饭店	Tour Restaurant	410	781084	343447	361716	28151
一般旅馆	General Restaurant	174	173337	70360	92208	5764
其他住宿服务	Other Hotel Services	21	32140	10719	10755	2670
按登记注册类型分	**By Status of Registration**					
内资企业	Domestic Funded Enterprises	587	865253	368144	419852	31200
国有企业	State-owned Enterprises	97	175576	69605	84378	8740
集体企业	Collective-owned Enterprises	17	17643	6927	8540	966
股份合作企业	Cooperative Enterprises	3	3199	829	2370	
有限责任公司	Limited Liability Corporations	217	357383	172815	157739	10243
国有独资公司	State Sole Funded Corporations	2	629	151	201	
其他有限责任公司	Other Limited Liability Corporations	215	356754	172664	157538	10243
股份有限公司	Share-holding Corporations Ltd.	18	18732	7972	8086	404
私营企业	Private Enterprises	196	248724	91693	137350	9336
私营独资企业	Private-funded Enterprises	44	52972	16557	32383	3029
私营合伙企业	Private Partnership Enterprises	14	12219	5466	3840	525
私营有限责任公司	Private Limited Liability Corporations	124	162935	65651	86459	5106
私营股份有限公司	Private Share-holding Corporations Ltd.	14	20597	4019	14668	675
其他企业	Other Enterprises	39	43996	18302	21389	1512
港、澳、台商投资企业	Enterprises with Funds from Hong Kong, Macao & Taiwan	8	52802	19046	17137	3927
合资经营企业(港或澳、台资)	Joint-venture Enterprises	5	33901	7889	10385	3771
合作经营企业(港或澳、台资)	Cooperative Enterprises	1	6304	3426	2387	157
港、澳、台商独资经营企业	Enterprises with Sole Investment	2	12597	7732	4366	
外商投资企业	Enterprises with Foreign Investment	10	68506	37336	27690	1458
中外合资经营企业	Joint Venture Enterprises with Foreign Investment	3	17330	11967	4593	454
中外合作经营企业	Cooperative Enterprises with Foreign Investment	3	10704	4845	5590	4
外资企业	Enterprises with Sole(exclusive) Foreign Investment	4	40472	20524	17507	1000
按控股情况分	**By Status of Share Holding**					
国有控股	State-holding	119	225256	90759	104442	11277
集体控股	Collective-holding	28	31575	11294	15784	2031
私人控股	Private-holding	357	429119	185143	213442	14001
港澳台商控股	Hong Kong, Macao & Taiwan-holding	8	52890	19127	17137	3927
外商控股	Foreign-holding	8	66037	36096	26785	1143
其他	Others	84	180971	81862	86704	4134
按经营形式分	**By Form of Management**					
独立门店	Independent Stores	585	945229	405122	445263	35468
连锁总店(总部)	General Chain Stores	2	1204	374	681	144
连锁门店	Branch Chain Stores	6	11911	10231	1057	173
其他	Others	12	28218	8798	17677	802
按单位规模分	**By Scale**					
大型	Large	7	113594	46728	54080	4159
中型	Medium	103	447041	179752	218832	16619
小型	Small	476	415783	193131	186995	15524
微型	Mini	19	10143	4915	4771	284
按星级分	**By Star Rating**					
五星	Five-star Level	12	119764	56465	56373	2362
四星	Four-star Level	61	188759	85895	87656	5024
三星	Three-star Level	160	228647	83219	119026	9584
二星	Two-star Level	59	41462	15959	22296	2387
一星	One-star Level	3	1452	1264	82	93
其他	Others	310	406478	181726	179245	17135

16-23 续表 continued

指 标	Item	客房间数(间) Number of Hotel Rooms (unit)	床位数(个) Number of Beds (unit)	餐位数(位) Number of Dining-seats (seat)	餐饮营业面积(平方米) Operating Area (sq.m)
总 计	**Total**	**91123**	**155634**	**222559**	**1356878**
按住宿行业分	**By Hotels**				
旅游饭店	Tour Restaurant	73261	124383	168446	955538
一般旅馆	General Restaurant	15938	27823	47718	344920
其他住宿服务	Other Hotel Services	1924	3428	6395	56420
按登记注册类型分	**By Status of Registration**				
内资企业	Domestic Funded Enterprises	85497	146794	212123	1318185
国有企业	State-owned Enterprises	14300	26374	46424	242472
集体企业	Collective-owned Enterprises	1447	2780	5645	27850
股份合作企业	Cooperative Enterprises	265	504	672	4300
有限责任公司	Limited Liability Corporations	29753	52096	73901	515285
国有独资公司	State Sole Funded Corporations	129	240	420	1120
其他有限责任公司	Other Limited Liability Corporations	29624	51856	73481	514165
股份有限公司	Share-holding Corporations Ltd.	2208	4109	6510	27040
私营企业	Private Enterprises	33552	53707	64491	401243
私营独资企业	Private-funded Enterprises	3405	5789	12312	72373
私营合伙企业	Private Partnership Enterprises	1124	2183	3600	30821
私营有限责任公司	Private Limited Liability Corporations	27732	43370	44614	266754
私营股份有限公司	Private Share-holding Corporations Ltd.	1291	2365	3965	31295
其他企业	Other Enterprises	3972	7224	14480	99995
港、澳、台商投资企业	Enterprises with Funds from Hong Kong, Macao & Taiwan	2293	3825	5223	15412
合资经营企业(港或澳、台资)	Joint-venture Enterprises	1124	1965	2818	7620
合作经营企业(港或澳、台资)	Cooperative Enterprises	416	677	180	3265
港、澳、台商独资经营企业	Enterprises with Sole Investment	753	1183	2225	4527
外商投资企业	Enterprises with Foreign Investment	3333	5015	5213	23281
中外合资经营企业	Joint Venture Enterprises with Foreign Investment	1218	1664	2800	4400
中外合作经营企业	Cooperative Enterprises with Foreign Investment	949	1643	1035	10665
外资企业	Enterprises with Sole(exclusive) Foreign Investment	1166	1708	1378	8216
按控股情况分	**By Status of Share Holding**				
国有控股	State-holding	17903	32850	56409	291464
集体控股	Collective-holding	2898	5504	10006	65090
私人控股	Private-holding	52586	87323	110064	731947
港澳台商控股	Hong Kong, Macao & Taiwan-holding	2305	3755	5013	14278
外商控股	Foreign-holding	3011	4511	4143	21615
其 他	Others	12320	21491	36724	232112
按经营形式分	**By Form of Management**				
独立门店	Independent Stores	87734	150103	216654	1309961
连锁总店(总部)	General Chain Stores	207	395	840	6500
连锁门店	Branch Chain Stores	1637	2420	745	9610
其 他	Others	1545	2716	4320	30807
按单位规模分	**By scale**				
大 型	Large	2737	4549	6585	33843
中 型	Medium	25564	44315	68069	312322
小 型	Small	61244	103955	144109	979284
微 型	Mini	1578	2815	3796	31429
按星级分	**by Star Rating**				
五 星	Five-star Level	19231	27701	13568	48939
四 星	Four-star Level	12541	21766	33742	189754
三 星	Three-star Level	20245	37788	67321	397999
二 星	Two-star Level	4502	8607	19727	96588
一 星	One-star Level	237	372	100	2200
其 他	Others	34367	59400	88101	621398

16-24 限额以上餐饮业经营情况(2012年)
Management of Enterprises above Designated Size of Catering Services(2012)

指标	Item	企业数(个) Number of Enterprises (unit)	营业额(万元) Business Revenue (10 000 yuan)	#客房收入 From Hotel Rooms	#餐费收入 From Meals	#商品销售收入 From Commodities
总计	**Total**	**852**	**1317074**	**114751**	**1081288**	**84184**
按餐饮行业分	**By Catering Services**					
正餐服务	Restaurant	828	1209978	113989	982802	84097
快餐服务	Fast Food	16	101911	715	93380	55
其他餐饮服务	Others	8	5186	48	5106	32
小吃服务	Snack	6	4513	48	4465	
其他未列明餐饮业	Other Catering Service not Classified	2	673		641	32
按登记注册类型分	**By Status of Registration**					
内资企业	Domestic Funded Enterprises	828	1108361	113350	884708	81892
国有企业	State-owned Enterprises	27	39249	9327	22948	4779
集体企业	Collective-owned Enterprises	11	10275	1424	8122	729
股份合作企业	Cooperative Enterprises	6	5972	1587	3797	561
联营企业	State Joint Ownership Enterprises	1	720		720	
集体联营企业	Collective State Joint Ownership Enterprises	1	720		720	
有限责任公司	Limited Liability Corporations	313	492000	49468	395970	37128
国有独资公司	State Sole Funded Corporations	3	5552	1382	3297	357
其他有限责任公司	Other Limited Liability Corporations	310	486448	48086	392673	36771
股份有限公司	Share-holding Corporations Ltd.	28	74089	3879	54626	7137
私营企业	Private Enterprises	362	367410	29272	308303	26017
私营独资企业	Private-funded Enterprises	120	90449	10853	70265	7775
私营合伙企业	Private Partnership Enterprises	14	18520	1989	15817	641
私营有限责任公司	Private Limited Liability Corporations	205	241803	14549	209219	16518
私营股份有限公司	Private Share-holding Corporations Ltd.	23	16638	1881	13003	1083
其他企业	Other Enterprises	80	118646	18393	90222	5541
港、澳、台商投资企业	Enterprises with Funds from Hong Kong, Macao & Taiwan	11	92746	1136	88506	2266
合资经营企业(港或澳、台资)	Joint-venture Enterprises	4	19667	357	16643	1836
合作经营企业(港或澳、台资)	Cooperative Enterprises	1	15504		15504	
港、澳、台商独资经营企业	Enterprises with Sole Investment	6	57575	779	56359	430
外商投资企业	Enterprises with Foreign Investment	13	115968	265	108075	26
中外合资经营企业	Joint Venture Enterprises with Foreign Investment	3	1353	133	1220	
外资企业	Enterprises with Sole(exclusive) Foreign Investment	9	110297	132	102538	26
外商投资股份有限公司	Share-holding Corporations Ltd.	1	4317		4317	
按控股情况分	**By Status of Share Holding**					
国有控股	State-holding	40	123595	12424	84674	11888
集体控股	Collective-holding	23	28987	5386	20088	2679
私人控股	Private-holding	664	790931	74104	661755	43277
港澳台商控股	Hong Kong, Macao & Taiwan-holding	7	73079	779	71863	430
外商控股	Foreign-holding	11	111278	132	103518	26
其他	Others	107	189205	21925	139391	25884
按经营形式分	**By Form of Management**					
独立门店	Independent Stores	813	1074912	112094	854117	82181
连锁总店	General Chain Stores	10	129249	209	128132	909
连锁门店	Branch Chain Stores	11	82368	997	73219	499
其他	Others	18	30545	1451	25821	596
按单位规模分	**By Scale**					
大型	Large	10	289880	10782	239046	27743
中型	Medium	110	441049	34885	361840	27436
小型	Small	701	563722	66058	461481	28539
微型	Mini	31	22424	3026	18921	467

16-24 续表 continued

指标	Item	客房间数(间) Number of Hotel Rooms (unit)	床位数(个) Number of Beds (unit)	餐位数(位) Number of Dining-seats (seat)	餐饮营业面积(平方米) Operating Area (sq.m)
总计	**Total**	**23421**	**42656**	**357174**	**1747542**
按餐饮行业分	**By Catering Services**				
正餐服务	Restaurant	23281	42398	335630	1683289
快餐服务	Fast Food	110	200	18897	55093
其他餐饮服务	Others	30	58	2647	9160
# 小吃服务	Snack	30	58	2207	7360
按登记注册类型分	**By Status of Registration**				
内资企业	Domestic Funded Enterprises	23000	41893	324992	1623540
国有企业	State-owned Enterprises	1473	2713	9067	40777
集体企业	Collective-owned Enterprises	451	869	4526	25540
股份合作企业	Cooperative Enterprises	277	497	2151	16640
联营企业	State Joint Ownership Enterprises			200	3000
集体联营企业	Collective State Joint Ownership Enterprises			200	3000
有限责任公司	Limited Liability Corporations	9338	16811	123898	668615
国有独资公司	State Sole Funded Corporations	300	367	1620	1745
其他有限责任公司	Other Limited Liability Corporations	9038	16444	122278	666870
股份有限公司	Share-holding Corporations Ltd.	1052	1991	22101	140360
私营企业	Private Enterprises	7462	13632	133243	602448
私营独资企业	Private-funded Enterprises	2417	4457	40809	161981
私营合伙企业	Private Partnership Enterprises	332	603	3939	21570
私营有限责任公司	Private Limited Liability Corporations	4287	7809	80912	387866
私营股份有限公司	Private Share-holding Corporations Ltd.	426	763	7583	31031
其他企业	Other Enterprises	2947	5380	29806	126160
港、澳、台商投资企业	Enterprises with Funds from Hong Kong, Macao & Taiwan	248	457	19024	75863
合资经营企业(港或澳、台资)	Joint-venture Enterprises	133	250	5128	31915
合作经营企业(港或澳、台资)	Cooperative Enterprises			600	6745
港、澳、台商独资经营企业	Enterprises with Sole Investment	115	207	13296	37203
外商投资企业	Enterprises with Foreign Investment	173	306	13158	48139
中外合资经营企业	Joint Venture Enterprises with Foreign Investment	70	100	650	2400
外资企业	Enterprises with Sole(exclusive) Foreign Investment	103	206	12120	40339
外商投资股份有限公司	Share-holding Corporations Ltd.			388	5400
按控股情况分	**By Status of Share Holding**				
国有控股	State-holding	2181	3864	28586	159311
集体控股	Collective-holding	1455	2810	10994	71440
私人控股	Private-holding	16156	29270	245461	1176535
港澳台商控股	Hong Kong, Macao & Taiwan-holding	115	207	13896	43948
外商控股	Foreign-holding	103	206	12620	41539
其他	Others	3411	6299	45617	254769
按经营形式分	**By Form of Management**				
独立门店	Independent Stores	22769	41448	313283	1595946
连锁总店	General Chain Stores	62	109	24767	72676
连锁门店	Branch Chain Stores	195	338	12975	46470
其他	Others	395	761	6149	32450
按单位规模分	**By scale**				
大型	Large	920	1635	42524	206731
中型	Medium	5102	9437	77082	400030
小型	Small	17023	30884	229924	1102130
微型	Mini	376	700	7644	38651

16-25 各市(区)限额以上住宿业和餐饮业经营情况(2012年)

Management of Enterprises above Designated Size in Hotels and Catering Services by City(District)(2012)

地 区	Region	企业数(个) Number of Enterprises (unit)	营业额(万元) Business Revenue (10 000 yuan)	#客房收入 From Hotel Rooms	#餐费收入 From Meals	#商品销售收入 From Commodities	客房间数(间) Number of Hotel Rooms (unit)	床位数(个) Number of Beds (unit)	餐位数(位) Number of Dining-seats (seat)	餐饮营业面积(平方米) Operating Area (sq.m)
一、住 宿 业	**Hotels**									
全 省	**Shaanxi**	**605**	**986561**	**424526**	**464678**	**36585**	**91123**	**155634**	**222559**	**1356878**
西 安 市	Xi'an	203	537250	260142	222980	17617	37835	65708	78350	409788
铜 川 市	Tongchuan	18	16968	6177	9039	203	1540	2832	6158	54700
宝 鸡 市	Baoji	47	39659	15266	20264	2348	19531	29297	19213	128439
咸 阳 市	Xianyang	59	70324	25948	36513	2838	5321	9261	21216	118255
渭 南 市	Weinan	47	98433	21001	67734	5180	4904	9323	19150	112015
#韩城市	Hancheng	5	5119	2440	2679		589	1122	2038	10740
延 安 市	Yan'an	42	38140	18980	17622	518	4666	8736	13894	139817
汉 中 市	Hanzhong	57	50965	17651	29203	1424	4992	8618	26884	137638
榆 林 市	Yulin	62	77843	33950	35499	3310	5974	10608	17614	134637
安 康 市	Ankang	40	25268	12948	9407	1630	2997	5332	9563	58445
商 洛 市	Shangluo	26	25514	10435	12853	1464	2755	4786	8547	53251
杨凌示范区	Yangling	4	6199	2028	3564	52	608	1133	1970	9893
二、餐 饮 业	**Catering Services**									
全 省	**Shaanxi**	**852**	**1317074**	**114751**	**1081288**	**84184**	**23421**	**42656**	**357174**	**1747542**
西 安 市	Xi'an	302	764057	21887	669614	46379	3798	6899	160721	805998
铜 川 市	Tongchuan	20	13512	1505	11550	446	773	984	6338	30990
宝 鸡 市	Baoji	84	81298	13168	63872	2884	3455	6283	31282	134085
咸 阳 市	Xianyang	118	105759	12014	86138	6912	2993	5277	39745	172887
渭 南 市	Weinan	99	116967	16623	83649	14449	2830	5437	36426	158055
#韩城市	Hancheng	10	7255	476	6780		133	250	2300	11200
延 安 市	Yan'an	35	27624	5726	21216	347	1367	2486	10670	60565
汉 中 市	Hanzhong	40	29961	5281	22884	1607	565	1011	15038	69414
榆 林 市	Yulin	80	108842	24742	74775	5714	4909	9291	31373	172522
安 康 市	Ankang	58	56897	11090	40292	4911	1915	3377	20704	102244
商 洛 市	Shangluo	11	8223	2080	4090	518	587	1161	2615	19602
杨凌示范区	Yangling	5	3935	635	3207	17	229	450	2262	21180

16-26 批发和零售业、住宿和餐饮业连锁经营情况(2012年)
Chain Management of Enterprises of Wholesale, Retail Trades, Hotels and and Catering Services(2012)

类　别	Item	合　计 Total	直营店 Regular Chain	加盟店 Franchise Chain
批发和零售业	**Wholesale and Retail Trades**			
门店总数(个)	Number of Stores(unit)	659	513	146
年末零售营业面积(平方米)	Retail Operating Area at year-end(sq.m)	689339	518519	170820
年末从业人员数(人)	Number of Employed Persons at year-end(person)	19293	17268	2025
连锁门店商品购进总额(万元)	Total Purchases Value of General Chain Stores	2170841	2048644	122197
# 统一配送商品购进额	Centralized Purchase and Delivery	1299642	1279827	19815
# 自有配送商品购进额	Self Centralized Purchase and Delivery	1104552	1091014	13538
非自有配送商品购进额	Non-self Centralized Purchase and Delivery	19765	19765	
连锁门店商品销售额	Total Sale of General Chain Stores	2795666	2615588	180079
# 零售额	Retail Value	972495	792416	180079
住宿和餐饮业	**Hotels and Catering Services**			
门店总数(个)	Number of Stores(unit)	162	162	
年末从业人员数(人)	Number of Employed Persons at year-end(person)	11002	11002	
连锁门店商品购进总额(万元)	Total Purchases Value of General Chain Stores	86311	86311	
# 统一配送商品购进额	Centralized Purchase and Delivery	80808	80808	
自有配送商品购进额	Self Centralized Purchase and Delivery	78722	78722	
年末餐饮营业面积(平方米)	Retail Operating Area at year-end(sq.m)	66877	66877	
餐位数(位)	Number of Dining-seats(seat)	24562	24562	
连锁门店营业额	Business Revenue of General Chain Stores	126651	126651	
# 餐费收入	Revenue From Meals	126055	126055	
商品销售额	Total Sales of Commodities	596	596	

16-27 限额以上批发业主要财务指标(2012年)

单位：万元

指　标	Item	企业数（个） Number of Enterprises (unit)
总　计	**Total**	**571**
按批发行业小类分	**By Subitem of Wholesale Trade**	
农、林、牧产品批发	Wholesale of Farm Produce and Livestock Products	24
谷物、豆及薯类批发	Wholesale of Cereals,Beans and Tubers	16
种子批发	Wholesale of Seeds and Forages	4
棉、麻批发	Wholesale of Cotton and Hemp	1
牲畜批发	Wholesale of Livestock	1
其他农牧产品批发	Others	2
食品、饮料及烟草制品批发	Wholesale of Food, Beverages and Tobaccos	78
米、面制品及食用油批发	Wholesale of Rice, Flour and Edible Oil	13
糕点、糖果及糖批发	Wholesale of Cake and Sugar	6
果品、蔬菜批发	Wholesale of Vegetables and Fruits	19
肉、禽、蛋、奶及水产品批发	Wholesale of Meat, Poultry, Eggs and Aquatic Products	3
盐及调味品批发	Wholesale of Salt and Condiments	8
酒、饮料及茶叶批发	Wholesale of Beverages and Tea	14
烟草制品批发	Wholesale of Tobaccos	13
其他食品批发	Others	2
纺织、服装及日用品批发	Wholesale of Textiles, Garments and Daily Consumer Articles	24
纺织品、针织品及原料批发	Wholesale of Textiles, Knitwear and Textile Materials	5
服装批发	Wholesale of Garments	3
鞋帽批发	Wholesale of Shoes and hats	1
化妆品及卫生用品批发	Wholesale of Cosmetics and Health Consumer Articles	6
厨房、卫生间用具及日用杂货批发	Wholesale of Livestock Kitchen, Bathroom Appliances and Groceries	2
家用电器批发	Wholesale of Household Appliances	7
文化、体育用品及器材批发	Wholesale of Culture, Sports Appliances and Equipment	10
文具用品批发	Wholesale of Stationary	4
体育用品及器材批发	Wholesale of Sports Goods	1
图书批发	Wholesale of Books	4
首饰、工艺品及收藏品批发	Wholesale of Jewelry, Artwork and Collections	1
医药及医疗器材批发	Wholesale of Medicines and Medical Appliances	49
西药批发	Wholesale of Western Medicine	32
中药批发	Wholesale of Traditional Chinese Medicinal Materials and Medicines	14
医疗用品及器材批发	Wholesale of Medical Materials and Medical Instruments	3
矿产品、建材及化工产品批发	Wholesale of Mineral Products, Building Materials and Chemical Products	294
煤炭及制品批发	Wholesale of Coal and Related Products	102
石油及制品批发	Wholesale of Petroleum and Related Products	59
非金属矿及制品批发	Wholesale of Metal Materials	4
金属及金属矿批发	Wholesale of Metal Materials	73
建材批发	Wholesale of Building Materials	22
化肥批发	Wholesale of Garments	14
农药批发	Wholesale of Pesticides	1
其他化工产品批发	Others	19
机械设备、五金交电及电子产品批发	Wholesale of Machinery, Hardware and Electronic Equipment	79
农业机械批发	Wholesale of Agricultural Machinery	8
汽车批发	Wholesale of Motor Vehicles	25
汽车零配件批发	Wholesale of Motor Parts	5

Main Financial Indicators of Enterprises above Designated Size in Wholesale Trades(2012)

(10 000 yuan)

资产合计 Total Assets	# 流动资产 Working Capital	# 固定资产 Fixed Assets	负债合计 Total Liabilities	主营业务收入 Business Revenue	主营业务成本 Cost of Principal Business	销售费用 Business Expenditure	营业利润 Profits from Principal Business	利润总额 Total Profits
13820913	**10047832**	**912012**	**9682386**	**43577975**	**40466716**	**866223**	**1784181**	**1476173**
206547	131486	30604	165596	185867	172207	4437	1473	2999
117187	92769	20816	95134	151294	144394	2194	268	1129
17107	8678	3968	5296	13001	10596	1342	149	578
69054	29043	5023	64455	1717	1114	311	-182	53
1579	20	210	180	10295	7425	265	1223	1223
1621	977	588	531	9560	8679	326	16	16
1471855	1101859	232081	488958	4024170	3096525	220425	388039	397676
48064	23673	6183	17847	70620	59704	3765	3276	3153
12504	8156	3826	7659	40447	38399	785	356	386
91624	48880	22807	57327	297319	272184	2808	15285	15683
6241	4655	1205	3008	25400	22033	1778	356	359
67429	45122	7227	30729	72388	49053	3442	13749	16298
285597	249336	17155	202032	581228	402460	111131	52245	35575
939250	712129	169711	157283	2917125	2246134	95930	302090	325541
21146	9908	3968	13073	19643	6558	785	682	682
406524	360271	24433	349882	1875007	1621983	53276	147113	124833
20876	17498	2950	15425	60025	58180	1013	176	161
19283	450	17351	5779	1198221	1000380	23671	131225	108904
25495	23733	1646	17191	49680	33592	7621	5037	5067
33260	28196	865	27502	113857	105900	8415	971	995
27570	12811	1133	8948	79249	66319	3784	4996	4995
280040	277584	487	275038	373976	357612	8772	4708	4712
149650	82335	8456	78342	160165	145036	7581	2502	1872
26399	21986	576	15862	51325	48858	1610	-227	-171
6091	6007	84	5412	14435	13562	536	90	90
116161	53386	7752	56096	90404	79440	4682	2628	1941
999	956	44	973	4001	3176	754	11	11
535309	485442	11964	476656	1128345	1048361	30818	8705	9146
446578	402560	9654	401258	890683	822594	25942	7154	7560
78797	73140	2119	66166	224292	214124	3712	1461	1452
9934	9742	192	9232	13369	11643	1165	90	133
10177926	7096553	574092	7354080	34148052	32469211	475450	1208124	928229
4100507	2892885	116283	2541150	10685275	9672554	193271	758711	761292
2456433	1159466	377609	1863016	15269017	14766638	224615	201638	120964
26420	26181	238	20839	47010	43867	3106	-1114	-1077
3185987	2714270	22906	2625408	6987109	6896013	41350	12189	13629
281074	197583	46870	220114	874657	839107	3044	229165	19903
69419	60864	4056	56107	104898	98224	4248	-4074	626
806	611	195	406	7029	6404	95	478	478
57281	44693	5937	27039	173058	146404	5721	11131	12415
841106	766183	26291	747661	1928185	1799973	67362	25820	9497
20306	14898	1517	10590	57929	51335	1882	2065	2606
430510	399183	13811	399460	1005014	962386	32336	-2742	148
22032	17848	918	13999	38846	36633	790	701	699

16-27 续表

单位：万元

指　　标	Item	企业数（个）Number of Enterprises (unit)
摩托车及零配件批发	Hardware	1
五金产品批发	Wholesale of Household Appliances	9
电气设备批发	Wholesale of Electrical Appliance	1
计算机、软件及辅助设备批发	Wholesale of Computer, Software and Peripherals	5
通讯及广播电视设备批发	Wholesale of Communications and Broadcast and Television Equipments	3
其他机械设备及电子产品批发	Others	22
贸易经纪与代理	Trade Broker and Agency	2
贸易代理	Trade Agency	2
其他批发	Others	11
再生物资回收与批发	Recovery and Wholesale of Regeneration Material	2
其他未列明的批发	Any other Wholesale	9
按登记注册类型分	**By Status of Registration**	
内资企业	Domestic Funded Enterprises	564
国有企业	State-owned Enterprises	94
集体企业	Collective-owned Enterprises	17
股份合作企业	Cooperative Enterprises	3
联营企业	State Joint Ownership Enterprises	1
国有联营企业	Collective Joint Ownership Enterprises	1
有限责任公司	Limited Liability Corporations	299
国有独资公司	State Sole Funded Corporations	8
其他有限责任公司	Other Limited Liability Corporations	291
股份有限公司	Share-holding Corporations Ltd.	21
私营企业	Private Enterprises	116
私营独资企业	Private-funded Enterprises	12
私营合伙企业	Private Partnership Enterprises	2
私营有限责任公司	Private Limited Liability Corporations	97
私营股份有限公司	Private Share-holding Corporations Ltd.	5
其他企业	Other Enterprises	13
港、澳、台商投资企业	Enterprises with Funds from Hong Kong, Macao & Taiwan	3
合资经营企业(港或澳、台资)	Joint-venture Enterprises	1
港、澳、台商独资经营企业	Enterprises with Sole Investment	2
外商投资企业	Enterprises with Foreign Investment	4
中外合资经营企业	Joint Venture Enterprises with Foreign Investment	3
外资企业	Enterprises with Sole(exclusive) Foreign Investment	1
按控股情况分	**By Status of Share Holding**	
国有控股	State-holding	139
集体控股	Collective-holding	31
私人控股	Private-holding	311
港澳台商控股	Hong Kong, Macao & Taiwan-holding	3
外商控股	Foreign-holding	3
其　　他	Others	84
按经营形式分	**By Form of Management**	
独立门店	Independent Stores	442
连锁总店	General Chain Stores	8
连锁门店	Branch Chain Stores	4
其　　他	Others	117
按单位规模分	**By Scale**	
大　型	Large	46
中　型	Medium	218
小　型	Small	289
微　型	Mini	18

continued

(10 000 yuan)

资产合计 Total Assets	# 流动资产 Working Capital	# 固定资产 Fixed Assets	负债合计 Total Liabilities	主营业务收入 Business Revenue	主营业务成本 Cost of Principal Business	销售费用 Business Expenditure	营业利润 Profits from Principal Business	利润总额 Total Profits
2979	2946	34	2550	1567	1508	93	-87	-87
59283	54056	849	42289	137122	128482	3167	2306	2309
23609	21844	1457	23321	51963	46617	1365	1235	1164
118186	110630	323	113517	368013	334811	10064	21794	1791
8942	8400	532	6927	30177	28780	788	113	113
155259	136380	6850	135008	237554	209420	16876	437	757
11289	10586	360	10099	34454	30348	3090	439	439
11289	10586	360	10099	34454	30348	3090	439	439
20709	13119	3730	11113	93731	83073	3786	1965	1481
5965	2683	213	2912	34029	30871	329	1187	1187
14744	10436	3516	8202	59702	52202	3457	778	295
12488955	9069788	902916	8545920	40384727	37302073	845937	1771833	1463445
5553990	3658641	480482	3122225	17373746	15517236	294756	1189534	1142525
104087	53414	14732	85940	168722	156216	2671	5437	5661
8878	8603	120	6118	24896	22671	43	1190	1190
23277	18819	3975	9915	56259	49387	1977	2048	2073
23277	18819	3975	9915	56259	49387	1977	2048	2073
4029792	3397752	211457	3243813	11270179	10438207	373762	467424	228096
66051	32523	17271	47656	452953	427340	11358	9221	8746
3963740	3365229	194186	3196157	10817226	10010867	362404	458203	219350
1832259	1175091	137345	1351094	9064517	8819804	120508	80845	78822
907030	733783	49486	703426	2309745	2199490	43719	24832	6372
36407	35047	1036	28121	164629	135062	5415	21744	501
628	589	33	46	4396	3396	636	336	336
834265	665368	47869	654804	2022767	1952495	36354	-2880	-96
35730	32779	549	20455	117953	108537	1314	5631	5631
29643	23685	5319	23389	116664	99062	8501	524	-1294
63859	61562	1885	52512	361228	333465	16919	6420	6447
28452	28299	54	26405	255952	247559	6348	1364	1363
35407	33264	1831	26106	105276	85906	10572	5056	5084
1268100	916482	7211	1083955	2832020	2831179	3367	5928	6280
1267414	915971	7135	1083320	2826617	2826965	2762	5412	5708
686	511	76	636	5403	4214	605	517	573
7195882	4650871	641350	4432287	27340105	25061241	526742	1330427	1262741
213988	139299	29774	172987	319031	287809	5619	6128	7434
2498280	1914420	185787	1850968	6055484	5481891	208115	408179	160552
63859	61562	1885	52512	361228	333465	16919	6420	6447
1267414	915971	7135	1083320	2826617	2826965	2762	5412	5708
2581492	2365709	46081	2090313	6675511	6475346	106065	27615	33291
9930096	7133963	590363	7070356	32877149	30808524	615600	1114027	1014154
612569	391939	123011	201358	1903406	1599255	57061	170641	183140
14985	7227	656	12037	35214	31535	1682	1172	1300
3263264	2514703	197982	2398635	8762206	8027402	191879	498341	277578
5274655	3371761	564770	3417305	16196147	14363621	524782	858622	766445
7023690	5382217	264700	5099789	24201580	23071873	260948	907933	693428
1487708	1261906	81255	1143907	3140919	2986963	79124	17451	16086
34861	31948	1287	21385	39329	44259	1370	174	215

16-28 限额以上零售业主要财务指标(2012年)

单位：万元

指　　标	Item	企业数(个) Number of Enterprises (unit)
总　计	**Total**	**1754**
按零售行业小类分	**By Retail Trades**	
综合零售	Integrated Retail	457
百货零售	Retail of General Merchandise	216
超级市场零售	Retail of Supermarkets	187
其他综合零售	Others	54
食品、饮料及烟草制品专门零售	Special Retail of Food, Beverages and Tobaccos	105
粮油零售	Retail of Grain and Oil	15
糕点、面包零售	Retail of Cake and Bread	1
果品、蔬菜零售	Retail of Melons and Fruits, Vegetables	22
肉、禽、蛋及水产品零售	Retail of Meat, Poultry, Eggs and Aquatic Products	12
酒、饮料及茶叶零售	Retail of Beverages and Tea	35
烟草制品零售	Retail of Tobaccos	7
其他食品零售	Others	13
纺织、服装及日用品专门零售	Special Retail of Textiles, Garments and Daily Consumer Articles	74
纺织品及针织品零售	Retail of Textiles and Knitwear	2
服装零售	Retail of Garments	54
鞋帽零售	Retail of Shoes and Hats	3
化妆品及卫生用品零售	Retail of Cosmetics and Health Consumer Articles	5
钟表、眼镜零售	Retail of Clocks and Watches,Spectacles	4
其他日用品零售	Others	6
文化、体育用品及器材专门零售	Special Retail of Culture, Sports Appliances and Equipments	102
体育用品及器材零售	Retail of Sports Goods	4
图书、报刊零售	Retail of Books	73
珠宝首饰零售	Retail of Jewelry	19
工艺美术品及收藏品零售	Retail of Artwork and Collections	4
乐器零售	Retail of Musical Instrument	2
医药及医疗器材专门零售	Special Retail of Medicines and Medical Appliances	86
药品零售	Retail of Medicines	85
医疗用品及器材零售	Retail of Medical Supplies and Appliances	1
汽车、摩托车、燃料及零配件专门零售	Special Retail of Motor Vehicles, Motorcycles, Fuel and Parts	575
汽车零售	Retail of Motor Vehicles	367
汽车零配件零售	Retail of Motor Vehicles and Parts	11
摩托车及零配件零售	Retail of Motorcycles and Parts	21
机动车燃料零售	Retail of Fuel of Motor Vehicles	176
家用电器及电子产品专门零售	Special Retail of Household Appliances and Electronic Products	204
家用视听设备零售	Retail of Home Audio-visual Equipment	14
日用家电设备零售	Retail of Household Appliances	152
计算机、软件及辅助设备零售	Retail of Computer, Software and Peripherals	25
通信设备零售	Retail of Communication Equipment	9
其他电子产品零售	Others	4
五金、家具及室内装修材料专门零售	Special Retail of Hardware, Furniture and Decoration Materials	122
五金零售	Retail of Hardware	35
灯具零售	Retail of Light Fittings	2
家具零售	Retail of Furniture	57
涂料零售	Retail of Dope	1
卫生洁具零售	Retail of Sanitary	1
木质装饰材料零售	Retail of Dooden Decorating Materials	3
陶瓷、石材装饰材料零售	Retail of Porcelainous, Stone Finishing Decorating Materials	3
其他室内装修材料零售	Others	20
货摊、无店铺及其他零售	Non-shop and Other Retails	29
互联网零售	E-commerce Retails	1
邮购及电视、电话零售	Mail-order & Phone-order Retails	2
生活用燃料零售	Retail of Life Fuels	17
其他未列明的零售	Other Retail not Classified Elsewhere	9
按登记注册类型分	**By Status of Registration**	
内资企业	Domestic Funded Enterprises	1715
国有企业	State-owned Enterprises	124
集体企业	Collective-owned Enterprises	95

Main Financial Indicators of Enterprises above Designated Size in Retail Trades(2012)

(10 000 yuan)

资产合计 Total Assets	# 流动资产 Working Capital	# 固定资产 Fixed Assets	负债合计 Total Liabilities	主营业务收入 Business Revenue	主营业务成本 Cost of Principal Business	销售费用 Business Expenditure	营业利润 Profits from Principal Business	利润总额 Total Profits
9742755	**6668130**	**1546377**	**6499357**	**17141646**	**14726121**	**870944**	**879233**	**695554**
3150439	1978991	600244	2149270	4546657	3735147	375393	286730	193285
2016077	1159220	465184	1337885	2218531	1815189	140051	97107	94783
1095491	793861	125478	789627	2104700	1803559	229492	99010	94870
38871	25911	9583	21758	223427	116400	5851	90613	3631
705012	438417	190010	551913	434140	360606	27369	7659	6936
19590	13356	4848	14368	26919	24455	1147	-10	694
1114	719	364	268	846	684	38	30	60
39873	18382	18107	10802	37544	26833	3208	4722	3570
51859	34970	11158	38678	31388	31379	2259	-4305	-2420
559947	347147	151761	466628	272695	223409	15949	4088	2154
15433	12818	879	12290	30651	27906	1055	756	658
17197	11026	2893	8880	34097	25941	3715	2377	2220
333567	153190	91430	167456	1396997	1083509	75503	159558	140441
7167	6128	950	3731	28494	23588	1209	420	420
275445	107097	86413	135151	1221084	939863	61598	148621	129226
599	317	267	425	4541	3635	235	455	379
5114	4194	735	3162	61462	50664	5031	4954	5400
29186	24831	1217	14474	49930	40052	2704	5097	4949
16056	10623	1848	10512	31487	25707	4725	11	67
348233	279162	44148	230039	421138	349131	36644	6627	6170
115169	112701	414	80675	76137	64065	9060	-5040	-3844
203916	140924	40958	133720	236371	185398	25981	7031	5673
23700	20338	2624	11532	98769	93240	1051	2389	2093
4244	4043	103	3264	6635	3616	316	2212	2212
1205	1156	48	849	3226	2813	236	34	36
219973	184522	18948	183190	402074	336168	30105	17762	9432
218527	183102	18922	181870	399177	333657	29889	17766	9435
1446	1420	26	1320	2897	2511	216	-3	-3
3782311	2830083	380367	2545413	6829356	6330727	195046	127238	108472
2318884	1843307	238628	1829564	5350091	4988440	139322	95223	85527
25066	17275	4780	16914	46509	42181	1253	1231	1248
40913	27778	2767	24200	35707	27236	2740	2314	1083
1397448	941723	134193	674735	1397049	1272870	51732	28471	20615
697325	522887	91863	353819	1729865	1469153	96336	81379	63363
11708	7137	1972	6866	46706	41373	2130	1843	1156
530634	409203	65911	270879	1478467	1244685	84775	74655	57352
101104	65204	22379	37610	137628	121513	4680	5245	5406
39039	33678	458	26424	58644	54903	4466	-1001	-931
14840	7666	1144	12040	8419	6678	285	637	381
438541	227071	120888	274991	1253693	951179	26879	191614	165536
53693	33061	11285	24011	75030	65316	1169	3304	2418
5720	1383	4336	5359	72555	38622	97	32792	32792
322229	168356	83824	223183	786009	589597	18999	112762	96440
447	268	178	121			40	136	4
127	126	2	74	612	451	58	73	4
1265	424	289	363	1572	1199	20	-2	-2
5758	5559	199	2042	12609	11120	844	224	223
49302	17893	20774	19839	305306	244874	5652	42326	33657
67354	53807	8479	43268	127726	110501	7670	666	1919
480	67	9	240	15848	15720	139	-342	-313
21955	20012	1007	14785	65827	54197	4888	1940	2095
22703	13033	6507	14677	20510	16919	1069	131	-125
22216	20695	957	13567	25541	23665	1574	-1063	263
8295803	5635114	1404529	5521259	14396641	12307538	699594	781347	588063
376304	280782	69342	259499	709005	584978	43490	26795	16756
92018	57870	22521	75225	396331	315862	10843	37933	35475

16-28 续表

单位：万元

指　　标	Item	企业数（个）Number of Enterprises (unit)
股份合作企业	Cooperative Enterprises	23
联营企业	Joint Ownership Enterprises	5
集体联营企业	Collective Joint Ownership Enterprises	2
其他联营企业	Other Joint Ownership Enterprises	3
有限责任公司	Limited Liability Corporations	790
国有独资公司	State Sole Funded Corporations	20
其他有限责任公司	Other Limited Liability Corporations	770
股份有限公司	Share-holding Corporations Ltd.	51
私营企业	Private Enterprises	531
私营独资企业	Private-funded Enterprises	145
私营合伙企业	Private Partnership Enterprises	33
私营有限责任公司	Private Limited Liability Corporations	315
私营股份有限公司	Private Share-holding Corporations Ltd.	38
其他企业	Other Enterprises	96
港、澳、台商投资企业	Enterprises with Funds from Hong Kong, Macao & Taiwan	17
合资经营企业(港或澳、台资)	Joint-venture Enterprises	4
港、澳、台商独资经营企业	Enterprises with Sole Investment	13
外商投资企业	Enterprises with Foreign Investment	22
中外合资经营企业	Joint Venture Enterprises with Foreign Investment	7
外资企业	Enterprises with Sole(exclusive) Foreign Investment	15
按控股情况分	**By Status of Share Holding**	
国有控股	State-holding	177
集体控股	Collective-holding	131
私人控股	Private-holding	1186
港澳台商控股	Hong Kong, Macao & Taiwan-holding	16
外商控股	Foreign-holding	18
其　他	Others	226
按经营形式分	**By Form of Management**	
独立门店	Independent Stores	1592
连锁总店	General Chain Stores	44
连锁门店	Branch Chain Stores	40
其　他	Others	78
按单位规模分	**By Scale**	
大　型	Large	46
中　型	Medium	597
小　型	Small	885
微　型	Mini	226
按零售业态分	**By Business Categories**	
有店铺零售	Shop Retails	1750
食杂店	Grocery Store	7
便利店	Convenience Store	15
超　市	Supermarket	240
大型超市	Hypermarket	49
仓储会员店	Warehouse Club	4
百货店	Department Store	248
专业店	Specialty Store	594
专卖店	Franchised Store	493
家居建材商店	Building Material Store	49
购物中心	Shopping Center	23
厂家直销中心	Factory Outlets Center	28
无店铺零售	Non-shop Retails	4
电视购物	TV shopping	2
网上商店	Web Storefronts	1
自动售货亭	Automated kiosks	1

continued

(10 000 yuan)

资产合计 Total Assets	# 流动资产 Working Capital	# 固定资产 Fixed Assets	负债合计 Total Liabilities	主营业务收入 Business Revenue	主营业务成本 Cost of Principal Business	销售费用 Business Expenditure	营业利润 Profits from Principal Business	利润总额 Total Profits
19095	10915	7110	6066	56601	41480	4613	4949	5051
2079	1175	518	1263	17601	16060	326	682	232
417	178	186	203	6902	5866	217	439	-1
1662	998	333	1059	10699	10194	109	243	233
4878068	3465356	706644	3135015	7661644	6678056	408727	338507	290037
77346	41648	23237	49406	80697	64930	10149	1108	1200
4800722	3423709	683407	3085609	7580946	6613127	398578	337400	288836
1453444	850729	340946	1107205	1680554	1443264	68171	62980	46520
1267428	845674	214221	810254	3065347	2559755	137055	244268	136315
93789	55787	22282	45257	381740	328641	13458	22538	13853
43271	30815	9731	26301	131198	116181	5330	2266	2355
1038715	694937	168215	680621	2376681	1953298	111925	216317	116785
91652	64136	13994	58075	175728	161637	6342	3148	3321
207367	122614	43228	126732	809558	668083	26370	65233	57677
953553	752088	66769	655865	1572679	1371176	104961	76971	79686
352849	315368	21828	222610	448061	380102	33533	21657	23482
600704	436719	44941	433255	1124619	991074	71428	55314	56204
493399	280928	75078	322234	1172326	1047406	66390	20915	27805
317874	140437	50923	185241	667184	608269	32183	11118	11155
175525	140490	24155	136993	505142	439137	34206	9797	16650
934372	484011	186642	651856	1855098	1614275	105520	43949	19272
257965	166494	72625	200585	705907	575793	27983	54125	50738
3688101	2499882	645504	2525496	8761567	7494277	359375	553067	413654
878847	675098	69642	607308	1576295	1371240	107267	83876	85763
361794	299861	46496	243781	670837	579305	42332	24971	34273
3621676	2542784	525469	2270332	3571943	3091229	228467	119246	91854
7211126	4756140	1168157	4662787	13517364	11588675	596155	764260	580622
1018928	716247	154012	746213	1030329	878085	101910	22426	21903
514517	459901	33712	381075	882263	766652	89104	43340	44473
998184	735842	190497	709282	1711690	1492709	83775	49207	48555
3253230	2050837	600248	2268721	5941722	5061484	418113	323064	321014
4386070	3038459	663681	3176288	8472744	7366116	354722	329281	272153
1946150	1471583	254033	964167	2280794	1974707	82839	94276	67354
157305	107252	28415	90182	446386	323813	15270	132612	35033
9719603	6647389	1545307	6484166	17057072	14653429	865820	877619	693756
3598	2528	939	933	9399	7670	285	647	676
49367	30828	5977	43759	149115	136860	4038	3287	1389
258798	172354	56377	151321	610566	506203	44131	27821	21861
880003	634908	91196	666698	1653914	1426906	204124	68671	68336
15686	14987	699	2659	9510	8305	218	720	874
2248035	1265908	494017	1437461	2591331	2034682	142752	224222	119649
3677103	2608864	515394	2304274	4786867	4270524	224142	93815	82899
1892326	1513713	191614	1422023	4225234	3832305	145148	141513	118791
311679	157774	84817	216244	943261	710633	13061	166683	146625
202486	96229	88673	96413	1680125	1343820	75885	150976	134015
180522	149296	15605	142382	397750	375522	12036	-736	-1360
23153	20741	1070	15191	84574	72691	5124	1615	1798
21955	20012	1007	14785	65827	54197	4888	1940	2095
480	67	9	240	15848	15720	139	-342	-313
718	662	54	167	2898	2774	97	17	17

16-29 限额以上餐饮业主要财务指标(2012年)

单位：万元

指 标	Item	企业数（个） Number of Enterprises (unit)
总 计	**Total**	**852**
按餐饮行业小类分	**By Catering Services**	
正餐服务	Restaurant	828
快餐服务	Fast Food	16
其他餐饮服务	Others	8
小吃服务	Snack	6
其他未列明餐饮业	Other Catering Service not Classified	2
按登记注册类型分	**By Status of Registration**	
内资企业	Domestic Funded Enterprises	828
国有企业	State-owned Enterprises	27
集体企业	Collective-owned Enterprises	11
股份合作企业	Cooperative Enterprises	6
联营企业	Joint Ownership Enterprises	1
集体联营企业	Collective Joint Ownership Enterprises	1
有限责任公司	Limited Liability Corporations	313
国有独资公司	State Sole Funded Corporations	3
其他有限责任公司	Other Limited Liability Corporations	310
股份有限公司	Share-holding Corporations Ltd.	28
私营企业	Private Enterprises	362
私营独资企业	Private-funded Enterprises	120
私营合伙企业	Private Partnership Enterprises	14
私营有限责任公司	Private Limited Liability Corporations	205
私营股份有限公司	Private Share-holding Corporations Ltd.	23
其他企业	Other Enterprises	80
港、澳、台商投资企业	Enterprises with Funds from Hong Kong, Macao & Taiwan	11
合资经营企业(港或澳、台资)	Cooperative Enterprises	4
合作经营企业(港或澳、台资)	Cooperative Enterprises	1
港、澳、台商独资经营企业	Enterprises with Sole Investment	6
外商投资企业	Enterprises with Foreign Investment	13
中外合资经营企业	Joint Venture Enterprises with Foreign Investment	3
外资企业	Enterprises with Sole(exclusive) Foreign Investment	9
其他外商投资企业	Other Enterprises with Foreign Investment	1
按控股情况分	**By Status of Share Holding**	
国有控股	State-holding	40
集体控股	Collective-holding	23
私人控股	Private-holding	664
港澳台商控股	Hong Kong, Macao & Taiwan-holding	7
外商控股	Foreign-holding	11
其 他	Others	107
按经营形式分	**By Form of Management**	
独立门店	Independent Stores	813
连锁总店	General Chain Stores	10
连锁门店	Branch Chain Stores	11
其 他	Others	18
按单位规模分	**By Scale**	
大 型	Large	10
中 型	Medium	110
小 型	Small	701
微 型	Mini	31

Main Financial Indicators of Enterprises above Designated Size in Catering Services(2012)

(10 000 yuan)

资产合计 Total Assets	# 流动资产 Working Capital	# 固定资产 Fixed Assets	负债合计 Total Liabilities	主营业务收入 Business Revenue	主营业务成本 Cost of Principal Business	销售费用 Business Expenditure	营业利润 Profits from Principal Business	利润总额 Total Profits
1257876	**518233**	**442564**	**755393**	**1290949**	**648558**	**346756**	**63834**	**52868**
1154676	476675	418220	707386	1191478	603766	308768	56721	46261
100928	40593	23407	46982	94317	42772	37226	6746	6480
2272	965	936	1025	5154	2020	762	367	127
1411	615	425	715	4481	1582	732	371	131
861	350	511	310	673	438	30	-4	-4
1107358	468653	400805	679595	1095216	561291	281333	46956	35937
33026	9878	18331	19338	39395	24037	6833	1874	1918
9826	1922	2469	3244	9395	7177	986	772	602
8000	4085	3646	5450	5944	3505	453	42	43
45	25	8	5	720	540		168	168
45	25	8	5	720	540		168	168
530956	256903	170699	334722	486593	232628	143324	12000	11026
13536	2871	5787	10608	5001	3703	561	-915	-910
517421	254032	164912	324114	481592	228925	142763	12915	11936
90616	19786	32852	36235	72778	33327	25788	5418	5085
291774	119330	106949	175562	364131	200096	80856	20607	11910
66863	24442	30871	34801	88846	53616	13372	9137	7065
14104	7155	5832	4720	18520	13605	3513	-1457	-1697
200738	83386	66453	130213	240363	124215	59483	12375	6000
10070	4347	3793	5828	16403	8660	4488	553	541
143115	56725	65851	105039	116260	59981	23093	6075	5186
92782	32587	24896	49622	92737	40029	38141	492	1304
20616	10146	7413	14660	19658	8255	7714	-347	-143
10672	1208	4265	6732	15504	5324	7831	390	390
61495	21233	13218	28231	57575	26450	22596	450	1056
57736	16993	16863	26175	102996	47238	27282	16386	15627
212	152	57	611	1055	460	702	-189	-193
54691	15492	16426	23630	97624	45476	25841	15833	15078
2833	1350	380	1934	4317	1302	739	742	742
141657	40007	55925	65762	123193	62491	36553	3816	4530
65048	18367	32770	45539	27425	17129	6109	1126	1001
747090	323156	281104	490140	782203	409431	191736	33308	22274
72167	22441	17483	34963	73079	31774	30427	839	1446
54804	15568	16462	24176	98306	45796	26347	15656	14898
177111	98693	38820	94814	186743	81936	55585	9088	8719
1083222	449317	402109	659804	1057393	541648	264355	48355	37469
57231	20666	12064	36361	129359	63725	37748	8658	8552
90989	33549	19919	49079	74694	27979	33969	6723	6616
26435	14701	8472	10149	29502	15206	10683	97	231
281533	106995	67106	160155	289811	114117	108110	22601	23229
421464	199939	150876	265776	430274	217541	110729	17168	14354
539891	205914	220675	323275	561141	310281	125791	22687	14073
14988	5384	3907	6186	9723	6619	2126	1378	1213

16-30 限额以上住宿业主要财务指标(2012年)

单位：万元

指　　标	Item	企业数(个) Number of Enterprises (unit)
总　　计	**Total**	**605**
按住宿行业小类分	**By Subitem of Hotels**	
旅游饭店	Tour Restaurant	410
一般旅馆	General Restaurant	174
其他住宿服务	Other Hotel Services	21
按登记注册类型分	**By Status of Registration**	
内资企业	Domestic Funded Enterprises	587
国有企业	State-owned Enterprises	97
集体企业	Collective-owned Enterprises	17
股份合作企业	Cooperative Enterprises	3
有限责任公司	Limited Liability Corporations	217
国有独资公司	State Sole Funded Corporations	2
其他有限责任公司	Other Limited Liability Corporations	215
股份有限公司	Share-holding Corporations Ltd.	18
私营企业	Private Enterprises	196
私营独资企业	Private-funded Enterprises	44
私营合伙企业	Private Partnership Enterprises	14
私营有限责任公司	Private Limited Liability Corporations	124
私营股份有限公司	Private Share-holding Corporations Ltd.	14
其他企业	Other Enterprises	39
港、澳、台商投资企业	Enterprises with Funds from Hong Kong, Macao & Taiwan	8
合资经营企业(港或澳、台资)	Cooperative Enterprises	5
合作经营企业(港或澳、台资)	Joint-venture Enterprises	1
港、澳、台商独资经营企业	Enterprises with Sole Investment	2
外商投资企业	Enterprises with Foreign Investment	10
中外合资经营企业	Joint Venture Enterprises with Foreign Investment	3
中外合作经营企业	Cooperative Enterprises with Foreign Investment	3
外资企业	Enterprises with Sole(exclusive) Foreign Investment	4
按控股情况分	**By Status of Share Holding**	
国有控股	State-holding	119
集体控股	Collective-holding	28
私人控股	Private-holding	357
港澳台商控股	Hong Kong, Macao & Taiwan-holding	8
外商控股	Foreign-holding	8
其　他	Others	84
按经营形式分	**By Form of Management**	
独立门店	Independent Stores	585
连锁总店(总部)	General Chain Stores	2
连锁门店	Branch Chain Stores	6
其　他	Others	12
按单位规模分	**By Scale**	
大　型	Large	7
中　型	Medium	103
小　型	Small	476
微　型	Mini	19
按星级分	**By Star Rating**	
五　星	Five-star Level	12
四　星	Four-star Level	61
三　星	Three-star Level	160
二　星	Two-star Level	59
一　星	One-star Level	3
其　他	Others	310

Main Financial Indicators in Hotels above Designated Size(2012)

(10 000 yuan)

资产合计 Total Assets	# 流动资产 Working Capital	# 固定资产 Fixed Assets	负债合计 Total Liabilities	主营业务收入 Business Revenue	主营业务成本 Cost of Principal Business	销售费用 Business Expenditure	营业利润 Profits from Principal Business	利润总额 Total Profits
2577225	**666942**	**1382709**	**1978393**	**963278**	**367922**	**282347**	**-25125**	**-32870**
2279304	556072	1264995	1821721	763284	278947	235745	-37446	-37468
223876	84385	92974	136117	168935	78139	40125	7495	1815
74045	26485	24739	20556	31059	10836	6478	4826	2784
2253181	589929	1184949	1677301	844715	329803	253945	-29202	-36559
394447	74121	209873	306103	172143	60326	52622	-8486	-7528
36501	15172	17636	37091	15057	6455	3936	290	-19
2429	389	1193	1023	3196	659	700	1171	-133
1304454	317687	725031	1012757	353112	122077	121720	-31806	-31143
2983	378	2574	242	629	364	133	-6	-6
1301471	317309	722457	1012515	352483	121714	121587	-31800	-31137
41248	7373	30376	34555	18325	5661	7183	722	542
402052	154770	164864	242575	242635	119642	54076	8301	2537
45649	18306	21466	23670	50984	27678	7333	3162	1849
14867	4032	7619	4832	12069	5012	2021	1701	794
317161	121514	130740	199828	158990	72598	430[illegible]8	2094	-1414
24375	10919	5040	14245	20593	14354	1633	1344	1308
72050	20418	35977	43198	40247	14985	13709	607	-815
186933	37279	112370	115930	52457	19539	11412	-3206	-3145
133912	28432	72098	65419	33901	15553	6391	-1985	-1882
19271	2833	16438	13742	5969	2675	1748	-1520	-1521
33750	6015	23834	36769	12587	1312	3273	299	258
137110	39734	85390	185162	66106	18579	16991	7284	6834
18814	4954	9700	53795	16526	4575	4244	1528	199
14201	6714	6186	84858	10617	2320	5093	-848	-66
104095	28066	69504	46509	38964	11685	7654	6603	6700
493874	99436	274402	369388	220547	78672	67325	-10992	-9475
64891	19967	38109	66338	28986	13227	6985	-36	-334
800525	312946	346752	472371	419012	179606	116910	1756	-5834
190165	36657	112901	117351	52545	19300	11277	-3039	-3039
126251	38920	79065	178749	63637	17531	16508	7399	6916
900989	158701	531389	773976	177835	59375	63343	-20661	-21105
2526719	654426	1362035	1960216	925181	348673	270884	-26521	-33747
1054	98	921	357	1204	609	418	-73	-76
18786	3919	6687	3813	10820	2032	5212	1187	1081
30666	8499	13066	14008	26073	16608	5834	282	-127
661945	126594	435036	425355	111932	24723	42534	2096	2184
1148482	269003	611401	1020643	441414	159598	116148	-20541	-22041
748544	264939	327657	525474	407149	181187	121587	-6368	-12774
18253	6407	8615	6921	2783	2414	2078	-312	-238
384408	106539	218030	326646	117238	33449	28473	2437	1159
391303	122648	184345	377068	186385	53083	60451	-14509	-14367
438385	139578	237501	363775	224697	100959	66637	-6164	-6944
58867	19643	29119	31677	39359	17974	8539	2526	1276
2537	290	1894	957	1453	561	515	28	28
1301725	278244	711820	878271	394148	161897	117732	-9443	-14022

16-31 限额以上产业活动单位和个体户批发业商品购、销、存总额
Total Purchases, Sales and Inventory of Industrial Activity Units and Individuals above Designated Size in Wholesale Trades

单位：万元 (10 000 yuan)

指标	Item	2011			2012		
		商品购进总额 Total Purchases Value	商品销售总额 Total Sales	年末库存 Stock at Year-end	商品购进总额 Total Purchases Value	商品销售总额 Total Sales	年末库存 Stock at Year-end
总计	**Total**	**64191**	**74074**	**4141**	**123195**	**134231**	**7688**
按批发行业分	**By Wholesale Trade Sector**						
食品、饮料及烟草制品批发	Wholesale of Food, Beverages and Tobaccos	15783	21782	391	18179	27523	288
米、面制品及食用油批发	Wholesale of Rice, Flour and Edible Oil				2778	2811	235
酒、饮料及茶叶批发	Wholesale of Beverages and Tea	13016	18843	176	15401	24712	53
其他食品批发	Others	2767	2939	215			
纺织服装及家庭用品批发	Wholesale of Textiles, Garments and Daily	12254	12256	9	13440	13438	12
厨房、卫生间用具及日用杂货批发	Wholesale of Kitchen and Washroom Appliance and Various Household Supplies	12254	12256	9	13440	13438	12
医药及医疗器材批发	Wholesale of Medicines and Medical Appliances	2124	2358	188	2421	2630	20
西药批发	Wholesale of Western Medicine	2124	2358	188	2421	2630	20
矿产品、建材及化工产品批发	Wholesale of Mineral Products, Building Materials and Chemical Products	2751	2668	254	2711	2663	281
建材批发	Wholesale of Building Materials	2063	2150	84	2051	2011	141
化肥批发	Wholesale of Garments	688	518	170	660	652	140
机械设备、五金交电及电子产品批发	Wholesale of Machinery, Hardware and Electronic Equipment	4351	4351	0	31882	33480	
农业机械批发	Wholesale of Agricultural Machinery	4351	4351	0	5161	5161	
其他机械设备及电子产品批发	Others				26721	28319	
贸易经纪与代理	Trade Broker and Agency	21309	28160	179	48840	48777	87
贸易代理	Trade Agency				48840	48777	87
其他批发	Others	5621	2500	3121	5722	5722	7001
其他未列明的批发	Any Other Wholesale	5621	2500	3121	5722	5722	7001
按登记注册类型分	**By Status of Registration**						
内资企业	Domestic Funded Enterprises	17293	17124	179	45322	46917	12
有限责任公司	Limited Liability Corporations				26721	28319	
其他有限责任公司	Other Limited Liability Corporations				26721	28319	
股份有限公司	Share-holding Corporations Ltd.	16605	16607	9	18601	18598	12
其他企业	Other Enterprises	688	518	170			
港、澳、台商投资企业	Enterprises with Funds from Hong Kong, Macao & Taiwan	13016	18843	176	15401	24712	53
港、澳、台商独资经营企业	Enterprises with Sole Investment	13016	18843	176	15401	24712	53
个体经营	Individual Business	33882	38107	3786	62472	62603	7623
个体户	Individual	33882	38107	3786	62472	62603	7623
按经营形式分	**By Form of Management**						
独立门店	Independent Stores	64191	74074	4141	123195	134231	7688

16-32 限额以上产业活动单位和个体户零售业商品购、销、存总额
Total Purchases, Sales and Inventory of Industrial Activity Units and Individuals above Designated Size in Retail Trades

单位：万元 (10 000 yuan)

指标	Item	2011			2012		
		商品购进总额 Total Purchases Value	商品销售总额 Total Sales	年末库存 Stock at year-end	商品购进总额 Total Purchases Value	商品销售总额 Total Sales	年末库存 Stock at year-end
总　计	**Total**	**538832**	**655703**	**56055**	**1197165**	**1184993**	**72193**
按零售行业分	**By Retail Trades Sector**						
综合零售	Integrated Retail	135983	141428	17948	320853	335226	20524
百货零售	Retail of General Merchandise	29905	29864	4705	80274	78671	9510
超级市场零售	Retail of Supermarkets	55703	56430	8889	101074	97528	9666
其他综合零售	Others	50375	55134	4354	139505	159028	1349
食品、饮料及烟草制品专门零售	Special Retail of Food, Beverages and Tobaccos	83829	80877	4596	190062	185282	6725
粮油零售	Retail of Grain and Oil	46408	46102	306	55402	54517	1462
糕点、面包零售	Retail of Cake and Bread	1200	1100	120	688	577	111
果品、蔬菜零售	Retail of Melons and Fruits,Vegetables	2098	1469	697	4281	3957	324
肉、禽、蛋及水产品零售	Retail of Meat, Poultry, Eggs and Aquatic Products	13839	12238	1601	96414	94718	1696
酒、饮料及茶叶零售	Retail of Beverages and Tea	17174	17327	1371	31031	29337	2989
烟草制品零售	Retail of Tobaccos	556	500	56	577	575	21
其他食品零售	Others	2555	2142	445	1670	1602	121
纺织、服装及日用品专门零售	Special Retail of Textiles, Garments and Daily Consumer Articles	60970	68138	3752	106017	103069	4763
纺织品及针织品零售	Retail of Textiles and Knitwear	678	554	124	2152	1989	168
服装零售	Retail of Garments	37293	35219	2833	64527	62133	4096
鞋帽零售	Retail of Shoes and Hats	846	10916	40	19323	19279	84
化妆品及卫生用品零售	Retail of Cosmetics and Health Consumer Articles	710	560	150	2114	1960	153
钟表、眼镜零售	Retail of Clocks and Watches, Spectacles	1205	1143	67	473	498	10
自行车零售	Retail of Bicycle				1347	1329	18
其他日用品零售	Others	20238	19746	539	16081	15880	233
文化、体育用品及器材专门零售	Special Retail of Culture, Sports Appliances and Equipments	21482	29636	2088	52019	51687	1922
文具用品零售	Retail of Stationary	1798	1846	92	2329	2311	71
体育用品及器材零售	Retail of Sports Goods	1800	1900	17	3423	3144	279
图书、报刊零售	Retail of Books	557	553	35	813	811	37
珠宝首饰零售	Retail of Jewelry	15296	15420	1747	32639	32789	1254
工艺美术品及收藏品零售	Retail of Artwork and Collections	710	8676	116	10993	10909	181
照相器材零售	Retail of Photographic Apparatus	1321	1241	80			
乐器零售	Retail of Musical Instrument				1823	1723	100
医药及医疗器材专门零售	Special Retail of Medicines and Medical Appliances	11100	10385	2019	19909	19249	2898
药品零售	Retail of Medicines	11100	10385	2019	19909	19249	2898
汽车、摩托车、燃料及零配件专门零售	Special Retail of Motor Vehicles, Motorcycles, Fuel and Parts	38873	70910	3886	92968	94686	3175
汽车零售	Retail of Motor Vehicles	12554	12760	760	16479	16016	698
摩托车及零配件零售	Retail of Motor Vehicles and Parts	2967	2972	659	6001	5530	592
机动车燃料零售	Retail of Fuel of Motor Vehicles	23352	55178	2468	70489	73139	1885
家用电器及电子产品专门零售	Special Retail of Household Appliances and Electronic Products	131108	128202	16204	263028	251640	19128
家用视听设备零售	Retail of Home Audio-visual Equipment				28528	27463	1598
日用家电设备零售	Retail of Household Appliances	64481	66219	6945	89427	88674	7873
计算机、软件及辅助设备零售	Retail of Computer, Software and Peripherals	6922	6537	861	11136	10237	987

16-32 续表 continued

单位：万元 (10 000 yuan)

指标	Item	2011 商品购进总额 Total Purchases Value	2011 商品销售总额 Total Sales	2011 年末库存 Stock at year-end	2012 商品购进总额 Total Purchases Value	2012 商品销售总额 Total Sales	2012 年末库存 Stock at year-end
通信设备零售	Retail of Communication Equipment	58453	54249	8142	132272	123621	8651
其他电子产品零售	Others	1252	1197	256	1664	1645	19
五金、家具及室内装修材料	Special Retail of Hardware, Furniture and Decoration Materials	43329	111947	5210	144410	136931	12161
五金零售	Retail of Hardware	4400	4123	650	6620	6188	604
灯具零售	Retail of Light Fittings				6770	6709	61
家具零售	Retail of Furniture	7707	10148	1585	20698	19642	1563
卫生洁具零售	Retail of Sanitary				643	633	11
木质装饰材料零售	Retail of Dooden Decorating Materials				1852	1895	661
陶瓷、石材装饰材料零售	Retail of Porcelainous, Stone Finishing Decorating Materials				10233	9076	1156
其他室内装修材料零售	Others	31222	97677	2975	97594	92788	8105
货摊无店铺及其他零售业	Non-shop and Other Retails	12159	14181	351	7900	7224	898
生活用燃料零售	Retail of Life Fuels	503	500	2	552	548	5
其他未列明的零售	Other Retail Not Classified Elsewhere	11656	13681	349	7348	6676	893
按登记注册类型分	**By Status of Registration**						
内资企业	Domestic Funded Enterprises	126461	124022	8492	25366	24831	1048
国有企业	State-owned Enterprises	14867	17022	1471	19646	19234	526
集体企业	Collective-owned Enterprises				2466	2594	57
有限责任公司	Limited Liability Corporations	833	989	50			
其他有限责任公司	Other Limited Liability Corporations	833	989	50			
私营企业	Private Enterprises	46905	44372	2981	3253	3003	466
私营独资企业	Private-funded Enterprises	37032	35383	2096	2284	2040	389
私营合伙企业	Private Partnership Enterprises	4136	4038	98			
私营有限责任公司	Private Limited Liability Corporations	4803	4087	716			
私营股份有限公司	Private Share-holding Corporations Ltd.	935	864	71	969	963	77
其他企业	Other Enterprises	63855	61639	3989			
外商投资企业	Enterprises with Foreign Investment		10071	0	17598	17596	1
外商投资股份有限公司	Joint Venture Enterprises with Foreign Investment		10071	0	17598	17596	1
个体经营	Individual Business	412371	521610	47563	1154202	1142566	71143
个体户	Individual	388727	498334	43932	1123645	1111434	70613
个人合伙	Individual Partnership	23644	23275	3631	30557	31132	531
按经营形式分	**By Form of Management**						
独立门店	Independent Stores	521288	639309	54093	1133162	1121718	69795
连锁总店	General Chain Stores				90	86	16
连锁门店	Branch Chain Stores	11873	11702	983	45005	43923	1082
其　他	Others	5671	4692	979	18908	19266	1300
按零售业态分	**By Business Categories**						
有店铺零售	Shop Retails	538832	655703	56055	1197165	1184993	72193
食杂店	Grocery Store	1780	1600	213	3060	2917	240
便利店	Convenience Store	12992	10840	2865	39091	34971	4292
超　市	Supermarket	71888	67630	11641	129021	126994	14095
大型超市	Hypermarket	15143	18060	2473	33100	31590	2776
百货店	Department Store	62165	67334	5885	160208	180793	2579
专业店	Specialty Store	228561	267930	21882	523095	508829	25332
专卖店	Franchised Store	137553	146830	9305	239058	235204	15332
家居建材商店	Building Material Store	5978	72914	1298	67705	61097	7181
购物中心	Shopping Center	1571	1464	373	2057	1832	226
厂家直销中心	Factory Outlets Center	1200	1100	120	770	767	140

16-33 限额以上产业活动单位和个体户住宿业经营情况

Management of Industrial Activity Units and Individuals above Designated Size of Hotels

单位：万元 (10 000 yuan)

指标	Item	2011				2012			
		营业额 (万元) Business Value (10 000 yuan)	#客房收入 From Hotel Rooms	#餐费收入 From Meals	#商品销售收入 From Commodities	营业额 (万元) Business Value (10 000 yuan)	#客房收入 From Hotel Rooms	#餐费收入 From Meals	#商品销售收入 From Commodities
总计	**Total**	**80093**	**29254**	**36436**	**9280**	**123976**	**47227**	**54666**	**15272**
按住宿行业分	**By Hotels**								
旅游饭店	Tour Restaurant	64029	21045	30808	8278	100100	34650	47096	11965
一般旅馆	General Restaurant	15869	8015	5628	1002	23020	12051	7284	3263
其他住宿服务	Other Hotel Services	195	195			856	526	286	44
按登记注册类型分	**By Status of Registration**								
内资企业	Domestic Funded Enterprises	63299	20407	30331	8298	92288	29985	44902	11803
国有企业	State-owned Enterprises	33830	6338	16446	7757	41920	6857	20531	11105
有限责任公司	Limited Liability Corporations	24089	11442	11504	188	46514	21427	22301	616
其他有限责任公司	Other Limited Liability Corporations	24089	11442	11504	188	46514	21427	22301	616
股份有限公司	Share-holding Corporations Ltd.	485	210	252	22				
私营企业	Private Enterprises	2533	970	1360	204	1364	259	1022	82
私营合伙企业	Private Partnership Enterprises					773	184	507	82
私营有限责任公司	Private Limited Liability Corporations	2533	970	1360	204	590	76	515	
其他企业	Other Enterprises	2361	1448	769	127	2490	1441	1048	
港澳台商投资企业	Enterprises with Funds from Hong Kong, Macao & Taiwan					3520	1804	1523	
港澳台商独资企业	Enterprises with Sole Investment					3520	1804	1523	
个体经营	Individual Business	16794	8847	6105	981	28168	15438	8241	3469
个体户	Individual	16794	8847	6105	981	28168	15438	8241	3469
按经营形式分	**By Form of Management**								
独立门店	Independent Stores	80093	29254	36436	9280	123428	46829	54656	15214
其他	Others					548	398	10	58
按星级分	**By Star Rating**								
五星	Five-star Level	2943	1539	1325		24003	12505	10726	14
四星	Four-star Level					1378	608	754	
三星	Three-star Level	23723	3639	12447	7393	31687	4113	16991	10403
二星	Two-star Level	4003	1130	2696	34	1596	479	906	39
一星	One-star Level					1528	629	651	248
其他	Others	49424	22947	19968	1853	63786	28893	24639	4567

16-34 限额以上产业活动单位和个体户餐饮业经营情况
Management of Industrial Activity Units and Individuals above Designated Size of Catering Services

单位：万元 (10 000 yuan)

指 标	Item	2011 营业额(万元) Business Revenue (10 000 yuan)	2011 #客房收入 From Hotel Rooms	2011 #餐费收入 From Meals	2011 #商品销售收入 From Commodities	2012 营业额(万元) Business Revenue (10 000 yuan)	2012 #客房收入 From Hotel Rooms	2012 #餐费收入 From Meals	2012 #商品销售收入 From Commodities
总 计	**Total**	**219668**	**11183**	**182946**	**21880**	**366017**	**16059**	**314814**	**31685**
按餐饮行业分	**By Catering Services**								
正餐服务	Restaurant	207544	11076	171021	21788	343042	15781	292652	31209
快餐服务	Fast Food	3957		3917	40	5961		5897	63
其他餐饮服务	Others	8167	107	8008	53	17015	278	16265	413
小吃服务	Snack					7354	22	7113	209
其他未列明餐饮业	Other Catering Service not Classified					9661	256	9152	204
按登记注册类型分	**By Status of Registration**								
内资企业	Domestic Funded Enterprises	61285	4998	45472	9299	41622	4029	27338	9411
国有企业	State-owned Enterprises	11913	1730	6915	3268	13585	1954	7765	3867
集体企业	Collective-owned Enterprises	664	148	506	11	807	258	546	3
有限责任公司	Limited Liability Corporations					22840	1145	15759	5093
其他有限责任公司	Other Limited Liability Corporations					22840	1145	15759	5093
私营企业	Private Enterprises					3948	595	3029	324
私营独资企业	Private-funded Enterprises					2433	430	1864	139
私营有限责任公司	Private Limited Liability Corporations					820		688	132
私营股份有限公司	Private Share-holding Corporations Ltd.					696	166	476	54
其他企业	Other Enterprises					441	77	240	124
外商投资企业	Enterprises with Foreign Investment	1824		1824		2328		2328	
外商投资股份有限公司	Share-holding Corporations Ltd.	1824		1824		2328		2328	
个体经营	Individual Business	156558	6185	135649	12582	322067	12030	285147	22274
个体户	Individual	156290	6185	135381	12582	322067	12030	285147	22274
按经营形式分	**By Form of Management**								
独立门店	Independent Stores	215424	10775	179750	21364	358811	15668	309145	30550
连锁门店	Branch Chain Stores	504		465	40	2714		2110	604
其 他	Others	3739	408	2731	476	4493	392	3559	531

16-35 重点交易市场情况(2012年)
Focus on Transaction Markets(2012)

分　类	Item	市场数(个) Number of Markets (unit)	摊位数(个) Number of Booths (unit)	年末出租摊位数(个) Number of Rented Stall(unit)	营业面积(平方米) Operating Area (sq.m)	成交额(万元) Turnover (10 000 yuan)
总　计	**Total**	**44**	**30460**	**28967**	**1636473**	**3600629**
按市场类别分	**By Type of Markets**					
1.综合市场	Integrated Markets	5	4109	3939	136200	99111
工业消费品综合市场	Industrial Consumable Comprehensive Markets	1	980	980	30000	23790
农产品综合市场	Farm Produce Comprehensive Markets	2	2190	2030	57000	29380
其他综合市场	Other Comprehensive Markets	2	939	929	49200	45941
2.专业市场	Special Markets	39	26351	25028	1500273	3501518
生产资料市场	Production Markets	5	2185	2145	290500	700796
建材市场	Building Material Markets	2	770	770	80000	31340
农产品市场	Farm Produce Markets	12	6450	6175	333284	1417621
粮油市场	Grain and Oil Markets	1	230	230	5500	260000
蔬菜市场	Vegetables Markets	7	3710	3435	225994	1054826
干鲜果品市场	Dried and Fresh Melons and Fruits Markets	2	730	730	47260	63123
食品、饮料及烟酒市场	Food, Beverages, Tobacco and Liquor Markets	1	1610	1610	51000	70970
茶叶市场	Tea Markets	1	1610	1610	51000	70970
纺织、服装、鞋帽市场	Textiles, Clothing, Shoes and Hats Markets	9	9047	8300	354827	383182
布料及纺织品市场	Cloth and Textiles Markets	1	1000	700	20000	50000
服装市场	Clothing Markets	6	6370	6059	163200	199159
鞋帽市场	Shoes and Hats Markets	1	1270	1134	161627	125000
其他纺织服装鞋帽市场	Others	1	407	407	10000	9023
电器、通讯器材、电子设备市场	Electrical Appliances, Communication Appliances and Electronical Appliances Markets	5	3950	3739	203350	288183
家电市场	Household Appliances Markets	2	1970	1770	97350	67383
计算机及辅助设备市场	Computer and Auxillary Equipments Markets	3	1980	1969	106000	220800
医药、医疗用品及器材市场	Medicine, Medical Materials and Medical Instruments Markets	2	490	440	14000	46376
中药材市场	Chinese Medicine Markets	2	490	440	14000	46376
家具、五金及装饰材料市场	Furniture, Hardware and Decoration Materials Markets	3	1239	1239	216772	49500
装饰材料市场	Decoration Materials Markets	2	789	789	156772	38500
汽车、摩托车及零配件市场	Cars, Motorcycles and Spare Parts Markets	2	1380	1380	36540	544890
汽车市场	Cars Markets	1	960	960	35140	491620
机动车零配件市场	Motor Vehicle Spare Parts Markets	1	420	420	1400	53270
按营业状态分	**By Operating Status**					
常年营业	Perennial Operating	44	30460	28967	1636473	3600629
其　他	Others					
按经营方式分	**By Mode of Management**					
以批发为主	Wholesale Trade	29	19552	18401	1151261	2393064
以零售为主	Retail Trade	15	10908	10566	485212	1207565
按经营环境分	**By Environment of Management**					
露天式	Open air	7	4472	4432	221330	660622
封闭式	Closed	28	20350	19057	1135199	2265061
其　他	Others	9	5638	5478	279944	674946

16-36 重点交易市场商品销售类值(2012年)
Total Sales at Main Trade Markets by Category of Commodities(2012)

类别	Item	摊位数 (个) Number of Booths (unit)	成交额 (万元) Turnover (10 000 yuan)
总计	**Total**	**28967**	**3600629**
食品、饮料、烟酒类	Food, Beverages, Tobacco and Liquor	10232	1539100
粮油、食品类	Food	8120	1448295
# 粮油类	Grain and Oil	584	294565
肉禽蛋类	Meat, Poultry and Eggs	1461	128448
水产品类	Aquatic Products	921	42000
蔬菜类	Vegetables	3835	901123
干鲜果品类	Dried and Fresh Melons and Fruits	1272	78164
饮料类	Beverages	2012	86709
烟酒类	Tobacco and Liquor	100	4096
服装、鞋帽、针纺织品类	Garments, Shoes and Hats, Knitwear and Textiles	9576	399875
服装类	Garments	7584	250830
鞋帽类	Shoes and Hats	861	90318
针纺织品类	Knitwear and Textiles	1131	58727
化妆品类	Cosmetics	110	4019
日用品类	Daily Consumer Articles	800	23864
# 洗涤用品类	Washing Articles	389	14451
儿童玩具类	Children Toys	399	9063
五金、电料类	Hardware	629	27790
体育、娱乐用品类	Sports and Recreation Articles	64	2197
书报杂志类	Newspapers and Magazines	7	86
电子出版物及音像制品类	E-journals and Video Products	15	305
家用电器和音像器材类	Household Appliances and Audio/Video Equipments	405	45100
中西药品类	Traditional Chinese and Western Medicines	440	46376
# 中草药及中成药类	Traditional Chinese Medicines	440	46376
文化办公用品类	Cultural and Office Appliances	1919	215859
家具类	Furniture	70	3563
通讯器材类	Communication Appliances	230	9715
木材及制品类	Wood and Wooden Products	174	6800
化工材料及制品类	Chemical Materials and Products	54	175274
金属材料类	Metal Materials	52	325302
建筑及装潢材料类	Building and Decoration Materials	1214	52520
机电产品及设备类	Mechanical and Electrical Products and Equipments	1410	174500
汽车类	Automobiles	1380	544890
种子饲料类	Seeds and Feedstuff	5	108
其他类	Others	181	3386

16-37 重点交易市场成交情况(2012年)

Turnover of Main Commodity Transaction Markets(2012)

市　场 Market	摊位数(个) Number of Booths (unit)	成交额(万元) Turnover (10 000 yuan)	市　场 Market	摊位数(个) Number of Booths (unit)	成交额(万元) Turnover (10 000 yuan)
陕西义乌商城物业管理有限公司	980	23790	西安国亨市场	1060	18974
西安金康茶文化传播有限公司	1610	70970	陕西省生产资料第一交易市场	75	497456
西安胡家庙蔬菜批发市场	400	49700	西安万寿路中药材批发市场北二区实业有限公司	230	26720
西安胡家庙果品批发市场	330	33199	西安市万寿路中药材批发市场南二区实业有限公司	210	19656
西安和信实业开发有限责任公司	170	28595	西安大明宫建材实业(集团)有限公司	153	7200
西安粮油批发交易市场	230	260000	西安大明宫物流有限责任公司	350	10000
陕西丹尼尔交易广场	1850	59600	西安大明宫五金机电灯饰城	450	11000
昌安商贸服装批发市场	179	10800	西安朱宏路机电市场	500	20000
陕西时丹达服装城管理有限公司	410	17350	西安朱雀农产品交易中心	840	219748
陕西丹尼尔商贸城有限公司	1300	54559	宝鸡市恒丰园农产品发展有限公司	482	52600
陕西多彩企业集团有限公司	1470	29200	宝鸡市冠森大世界现代家居建材(城)有限公司	420	21340
锦绣国际商贸城有限公司	1134	125000	咸阳新阳光农副产品有限公司	700	500000
西安交大电脑城	105	5750	咸阳市秦都区嘉惠商业区	850	27650
西安铁路局西铁大市场	280	15380	大荔县同州农副产品批发市场	1750	14000
西安赛博数码广场有限公司	219	10800	汉中皇冠过街楼蔬菜批发市场	385	161520
西安赛格商贸有限公司	1050	120000	陕西省汉中市汽车运输总公司运达批发市场	1600	38788
西安市文艺南路纺织品批发市场	700	50000	城固县蔬菜瓜果批发市场	210	60931
西安东新科技贸易中心	700	90000	陕西城固经贸市场	721	19450
西安市干鲜果副食公司	400	29924	绥德县五一商城综合批发市场	208	26491
西安市玉林汽配批发市场有限责任公司	420	53270	安康市满意建材市场有限公司	439	21000
西安海纳汽车服务有限公司西安汽配市场	960	491620	安康市汉滨区兴安副食品批发市场	418	10327
西安盛秦胡家庙海鲜副食品批发市场 新土门蔬菜批发市场	350	7619	安康市安运运输集团汽车运输有限公司批发市场	407	9023
西安蔚蓝机电市场有限公司	800	152000	安康市长兴建筑集团物业管理有限公司长兴建材市场	102	4500
西安市方欣冷冻市场	720	20698	陕西省安康市兴华建设集团有限公司综合批发市场	350	17500

16-38 成品油批发企业能源购进、销售与库存(2012年)

Total Purchases, Sales and Inventory of Energy of Petroleum Products Enterprises in Wholesale Trades in the Whole Province(2012)

单位：吨 (ton)

能源品种	Type of Energy	年初库存量 Stock at the Beginning of the Year	本年购进量 Purchases (This Year)	# 购自省外 Purchases outside the Province	本年销售量 Sales (This Year)	# 销往省外 Sales outside the Province	# 售予省内批发和零售企业 Sale to Wholesale and Retail Enterprises in the Province	年末库存量 Stock at Year-end
汽　油	Gasoline	151952	7640753	194631	7628413	2079108	4611797	335492
# 93"	# 93"	71515	6084640	131469	5972816	1753520	3482627	77961
柴　油	Diesel Oil	230758	13708823	2943656	13741713	3639421	8424801	149302
# 0"	# 0"	110941	11005065	990295	11063178	1710366	7938091	87460
煤　油	Kerosene	28020	927691	236787	934771	241112	209370	17562
燃料油	Fuel Oil		253890	253890	253890	253890		
润滑油	Lubricant oil	1432	28368	17244	27227	6400	19484	1806

16-39 成品油零售企业(单位)能源销售与库存(2012年)

Total Sales and Inventory of Energy of Petroleum Products Enterprises (Units) in Retail Trades in the Whole Province(2012)

单位：吨 (ton)

能源品种	Type of Energy	年初库存量 Stock at the Beginning of the Year	本年销售量 Sales (This Year)	年末库存量 Stock at Year-end
汽　油	Gasoline	56650	2084511	84873
# 93"	# 93"	40690	1611180	52569
柴　油	Diesel Oil	76498	3674802	84017
# 0"	# 0"	48822	3180916	46675
煤　油	Kerosene	463	2684	16
燃料油	Fuel Oil		1	
润滑油	Lubricant Oil	550	35758	240

16-40 各市(区)成品油批发企业能源购进量(2012年)

Total Purchases of Energy of Petroleum Products Enterprises in Wholesale Trades by City(District)(2012)

单位：吨 (ton)

地　区	Region	企业数(个) Number of Enterprises (unit)	汽　油 Gasoline	# 93"	柴　油 Diesel Oil	# 0"	煤　油 Kerosene	燃料油 Fuel Oil	润滑油 Lubricant Oil
全　省	**Shaanxi**	**78**	**7640753**	**6084640**	**13708823**	**11005065**	**927691**	**253890**	**28369**
西安市	Xi'an	22	4346559	3348427	7885345	5520046	747483	253890	20439
铜川市	Tongchuan	1	37140	30735	108212	95661			313
宝鸡市	Baoji	4	136567	121061	426944	410537			6563
咸阳市	Xianyang	9	2251694	1879233	3037934	2944435	180208		
渭南市	Weinan	15	4331		42271				
# 韩城市	Hancheng	2	4331.0		3117.0				
延安市	Yan'an	6	279765	235802	881280	856324			
汉中市	Hanzhong	7	89726	89726	11672	11672			
榆林市	Yulin	4	301108	201268	796657	664571			541
安康市	Ankang	7	128571	119334	252474	252025			194
商洛市	Shangluo	3	65292	59054	266034	249794			319
杨凌示范区	Yangling								

16-41 各市(区)成品油批发企业能源销售量(2012年)
Total Sales of Energy of Petroleum Products Enterprises in Wholesale Trades by City(District)(2012)

单位：吨 (ton)

地区	Region	企业数(个) Number of Enterprises (unit)	汽油 Gasoline	#93"	柴油 Diesel Oil	#0"	煤油 Kerosene	燃料油 Fuel Oil	润滑油 Lubricant Oil
全省	**Shaanxi**	**78**	**7628413**	**5972816**	**13741714**	**11063178**	**934771**	**253890**	**27227**
西安市	Xi'an	22	4310973	3211579	7874689	5523078	754563	253890	19441
铜川市	Tongchuan	1	35300	29022	99537	93325			299
宝鸡市	Baoji	4	128679	114934	427990	412881			6456
咸阳市	Xianyang	9	2295644	1922169	3097878	3003790	180208		
渭南市	Weinan	15	4328		41672				
#韩城市	Hancheng	2	4328		3105				
延安市	Yan'an	6	279765	235802	881280	856324			
汉中市	Hanzhong	7	87652	87652	11028	11028			
榆林市	Yulin	4	296562	197207	794210	666413			558
安康市	Ankang	7	126438	117498	246803	245223			169
商洛市	Shangluo	3	63072	56953	266627	251116			304
杨凌示范区	Yangling								

16-42 各市(区)成品油批发企业能源年末库存量(2012年)
Inventory of Energy of Petroleum Products Enterprises in Wholesale Trades by City(District) at Year-end(2012)

单位：吨 (ton)

地区	Region	企业数(个) Number of Enterprises (unit)	汽油 Gasoline	#93"	柴油 Diesel Oil	#0"	煤油 Kerosene	燃料油 Fuel Oil	润滑油 Lubricant Oil
全省	**Shaanxi**	**78**	**147133**	**98453**	**193012**	**129723**	**28020**		**1315**
西安市	Xi'an	22	71560	33512	95938	49324	28010		224
铜川市	Tongchuan	1	3500	2478	6469	4084			144
宝鸡市	Baoji	4	8831	6815	24918	22713			378
咸阳市	Xianyang	9	28355	24412	24861	21960			
渭南市	Weinan	15	8		612				
#韩城市	Hancheng	2	12		13				
延安市	Yan'an	6							
汉中市	Hanzhong	7	22232	22232	23624	23624			
榆林市	Yulin	4	4175	2685	6648	1431			235
安康市	Ankang	7	6699	4840	5693	3040	10		171
商洛市	Shangluo	3	1773	1479	4248	3548			163
杨凌示范区	Yangling								

16-43 各市(区)成品油零售企业(单位)能源销售量(2012年)
Total Sales of Energy of Petroleum Products Enterprises (Units) in Retail Trades by City(District)(2012)

单位：吨 (ton)

地区	Region	企业数(个) Number of Enterprises (unit)	汽油 Gasoline	#93"	柴油 Diesel Oil	#0"	煤油 Kerosene	燃料油 Fuel Oil	润滑油 Lubricant Oil
全省	**Shaanxi**	**2353**	**2084510**	**1611179**	**3674802**	**3180918**	**2684**	**1**	**35758**
西安市	Xi'an	347	722840	558455	771243	688607	246		2306
铜川市	Tongchuan	64	54265	40443	141424	137714			11
宝鸡市	Baoji	239	133731	117481	327522	320063			591
咸阳市	Xianyang	228	167206	123979	288130	258925	3	1	94
渭南市	Weinan	409	214414	144448	397939	260751			120
#韩城市	Hancheng	36	31422.1		88402.7				
延安市	Yan'an	216	155539	126519	275378	198951			77
汉中市	Hanzhong	230	167559	151387	507176	499552	1868		32426
榆林市	Yulin	387	275882	187487	541891	427402	235		
安康市	Ankang	125	106230	97191	215859	213972			133
商洛市	Shangluo	105	74102	52830	197804	164867	332		
杨凌示范区	Yangling	3	12742	10959	10436	10114			

16-44 各市(区)成品油零售企业(单位)能源年末库存量(2012年)
Inventory of Energy of Petroleum Products Enterprises (Units) in Retail Trades by City(District) at Year-end(2012)

单位：吨 (ton)

地区	Region	企业数(个) Number of Enterprises (unit)	汽油 Gasoline	#93"	柴油 Diesel Oil	#0"	煤油 Kerosene	燃料油 Fuel Oil	润滑油 Lubricant Oil
全省	**Shaanxi**	**2353**	**84872**	**52568**	**84017**	**46674**	**16**		**240**
西安市	Xi'an	347	16719	14686	12220	10720			28
铜川市	Tongchuan	64	1509	1271	2825	2523			12
宝鸡市	Baoji	239	3696	3075	5490	5097	13		64
咸阳市	Xianyang	228	4828	3193	6082	4633			8
渭南市	Weinan	409	5836	3844	5970	3464			
#韩城市	Hancheng	36	590.9		635.3				
延安市	Yan'an	216	4440	3328	6088	3050			26
汉中市	Hanzhong	230	4984	4202	7261	6846	3		40
榆林市	Yulin	387	38785	16103	32382	5816			33
安康市	Ankang	125	1628	1458	2244	2216			29
商洛市	Shangluo	105	2327	1300	3327	2211			
杨凌示范区	Yangling	3	120	108	128	98			

主要统计指标解释

批发业 指批发商向批发、零售单位及其他企事业、机关单位批量销售生活用品和生产资料的活动，以及从事进出口贸易和贸易经纪与代理的活动。批发商可以对所批发的货物拥有所有权，并以本单位、公司的名义进行交易活动；也可以不拥有货物的所有权，而以中介身份做代理销售商。还包括各类商品批发市场中固定摊位的批发活动。

零售业 指百货商店、超级市场、专门零售商店、品牌专卖店、售货摊等主要面向最终消费者（如居民等）的销售活动。包括以互联网、邮政、电话、售货机等方式的销售活动，还包括在同地点，后面加工生产，前面销售的店铺（如前店后厂的面包房）。不包括：谷物、种子、饲料、牲畜、矿产品、生产用原料、化工原料、农用化工产品、机械设备（用车、计算机及通信设备等除外）等生产资料的销售（批发业）；非零售单位附带的零售活动（如汽车修理单位销售汽车零件）；商业零售单位所在商厦的物业管理(物业管理)；商业零售单位所在的商品市场、商业大厦的市场管理活动（市场管理）。

住宿业 指有偿为顾客提供临时住宿的服务活动，不包括提供长期住宿场所的活动（如出租房屋、公寓等）。

餐饮业 指在一定场所，对食物进行现场烹饪、调制，并出售给顾客主要供现场消费的服务活动。

社会消费品零售总额 指批发和零售业、餐饮业、新闻出版业、邮政业和其他服务业等，售予城乡居民用于生活消费的商品和社会集团用于公共消费的商品之总量。社会消费品零售总额包括：

一、批发和零售业企业（单位）售予城乡居民用于生活消费和社会集团用于公共消费的商品。包括：

1.售予城乡居民的各种生活消费品；

2.售予入境旅游的外国人、华侨、港澳台同胞的各类商品；

3.售予行政事业单位、社会团体、军队和武警等机构的商品，以及以零售方式售予各类企业的商品。具体包括：用于非生产和社会交往的办公用品，如通讯设备、计算器具和设备、电讯网络设备、文印设备、音像视听器材和设备、纸张、本册、文具及装订文印材料、家具、日用电器、针纺织品、清洁卫生用品、文体用品、奖品、纪念品、礼品等；供内部人员乘坐的交通工具和燃料；用于办公设施修缮的各类配件、材料、工具等；用于取暖和防暑降温的设备、燃料、材料及食品等；专用于教学的用品和设备；非营利医疗机构的中、西药品、中药材和医疗设备器材；非专用的劳动保护用品；不对外营业的内部食堂用的餐具、炊具、设备、清洁卫生工具和食品、燃料等；军队、武警用于其人员生活的衣着品和个人用品；其他各类非生产性设备和用品。

二、餐饮业出售的主食、菜肴、烟酒饮料和其他商品。

三、新闻出版业、邮政业售予城乡居民、企事业单位、军队和武警等机构的书报杂志、音像制品、邮品等。

四、其他服务业出售的食品、烟酒饮料、服装鞋帽、日常生活用品、医药保健用品、艺术品、工艺美术品、玩具、殡葬用品以及其他消费品。

批发和零售业商品购进、销售、库存总额 指各种登记注册类型的批发和零售业企业(单位)以本企业(单位)为总体的，从国内、国外市场购进的商品总量，销售和出口的商品总量、库存的商品总量等情况。该指标可以反映商品流转过程中商品的购进、销售、库存之间的比例关系和存在的问题。

购进总额 指从本企业(单位)以外的单位和个人购进(包括从境外直接进口)作为转卖或加工后转卖的商品总额。它反映批发和零售业从国内、国外市场上购进商品的总量。商品购进包括：(1)从工农业生产者购进的商品；(2)从出版社、报社的出版发行部门购进的图书、杂志和报纸；(3)从各种登记注册类型的批发和零售业企业(单位)购进的商品；(4)从其他单位购进的商品，如从机关、团体、企业等单位购进的剩余物资，从住宿和餐饮业、其他服务业购进的商品，从海关、市场管理部门购进的缉私和没收的商品，从居民手中收购的废旧商品等；(5)从国(境)外直接进口的商品。不包括企业(单位)为自身经营用和未通过买卖行为而收入的商品以及销售退回、商品升溢等。

销售总额 指对本企业(单位)以外的单位和个人出售(包括对境外直接出口)的商品总额。它反映批发和零售业在国内市场上销售商品以及出口商品的总量。商品销售包括：(1)售给城乡居民和社会集团消费用的商品；(2)售给工业、农业、建筑业、运输邮电业、批发和零售业、住宿和餐饮业、其他服务业等作为生产、经营使用的商品；(3)售给批发和零售业作为转卖或加工后转卖的商品；(4)对国(境)外直接出口的商品。不包括出售本企业(单位)自用的废旧包装用品，未通过买卖行为付出的商品，经本单位介绍、由买卖双方直接结算、本单位只收取手续费的业务，购货退出的商品以及商品损耗和损失等。

库存总额 指报告期末各种登记注册类型的批发和零售业企业(单位)已取得所有权的商品。它反映批发和零售业企业(单位)的商品库存情况和对市场商品供应的保证程度。商品库存包括：(1)存放在批发和零售业经营单位(如门市部、批发站、经营处)仓库、货场、货柜和货架中的商品；(2)挑选、整理、包装中的商品；(3)已记入购进而尚未运到本单位的商品，即发货单或银行承兑凭证已到而货未到的商品；(4)寄放他处的商品，如因购货方拒绝承付而暂时存放在购货方的商品和已办完加工成品收回手续而未提回的商品；(5)委托其他单位代销(未作销售或调出)尚未售出的商品；(6)代其他单位购进尚未交付的商品。不包括所有权不属于本单位的商品、委托外单位加工生产尚未收回成品的商品、外贸企业代理其他单位从国外进口尚未付给订货单位的商品、代国家物资储备部门保管的商品等。

住宿和餐饮业营业额 指住宿和餐饮业法人企业（单位）在经营活动中因提供服务或销售商品等取得的收入。包括：客房收入、餐费收入、商品销售额和其他收入。客房收入指住宿和餐饮业法人企业（单位）在经营活动中因提供住宿服务取得的收入。餐费收入指住宿和餐饮业法人企业、(单位）因为顾客提供就餐服务取得的收入，包括经烹饪、调制加工后出售的各种食品，如主食、炒菜、凉拌菜等的收入。商品销售额指住宿和餐饮业法人企业（单位）伴随服务而出售商品所取得的收入（含增值税）。其他收入指营业收入中除客房收入、餐费收入、商品销售额以外的其他收入，包括娱乐、健身和商务服务等。

连锁企业（或称连锁店、连锁公司） 指在核心企业或总店的领导下，由分散的、经营同类商品或服务的企业或活动单位，采取共同方针，实行集中采购和分散销售的有机结合，通过规范化经营，实现规模效益的经济联合组织形式。一般连锁店应由若干个分店组成。其经营特征：(1)经营同类商品；(2)使用统一商号；(3)统一采购配送，采购与销售相分离（部分商品可根据物流合理和保质保鲜原则，由供应商直接送货到门店，其余均由总部统一配送）。

连锁门店的形式分为直营连锁和加盟连锁。

直营连锁也叫正规连锁。指连锁门店均由总部独资或控股开设，在总部的直接领导下统一经营。总部采取纵深似的管理方式，直接下令掌管所有的零售门店，零售门店也必须完全接受总部指挥。这是大型垄断商业资本通过吞并、兼并或独资、控股等途径，发展壮大自身实力和规模的一种形式。

加盟连锁包括特许连锁和自由连锁两种形式。

特许连锁指各连锁门店（被特许人）通过合同形式，取得使用总部（特许人）商标、商号、经营技术和销售总部开发的商品的特许权，各加盟连锁门店为独立法人，在总部指导下统一经营。

自由连锁也称自愿连锁。指连锁公司的门店均为独立法人，各自的资产所有权关系不变，在公司总部的指导下共同经营。各成员店使用共同的店名，与总部订阅有关购、销、宣传等方面的合同，并按合同开展经营活动。在合同规定的范围之外，各成员店可以自由活动。根据自愿原则，各成员店可自由加入连锁体系，也可自由退出。

Explanatory Notes on Main Statistical Indicators

Wholesale Trade refers to the activities of wholesaler selling at wholesale commodities for daily use and capital goods to enterprises of wholesale and retail trades and other enterprises, institutions and government offices, including the activities of wholesaler engaged in import and export and acting as a trade agent. The wholesaler may have the right of ownership over the commodities of wholesale and trade in the name of its own or a company, the wholesaler may not have the right of ownership, only acts an agent. The wholesale trade also include the activities of wholesaler at the fixed stalls of the wholesale market of different commodities.

Retail Trade refers to the activities of department store, supermarket, franchised store, brand store, retail stall and on-the-spot-making-selling store selling commodities to the final consumers (citizens) by any means including internet, post, telephone, sales machine. Retail trade excludes the activities of sales of capital goods such a grain, seed, feed, livestock, mineral products, raw material for production, industrial chemicals, chemical products for farm, machine and equipment (vehicle, computer and communication equipment), and the activities of supplementary sales of non-retailer such as the sales of spare parts of car repair business

Hotel Services refer to the activities of enterprises providing paid services of lodging to the customer, excluding the activities of providing long period of services of lodging (such as leased house and apartments).

Catering Services refer to the activities of enterprises providing on-the-spot services of selling food cooked and prepared to the customer in certain sites

Total Retail Sales of Consumer Goods refer to the sum of retail sales of commodities sold by wholesale and retail trades, catering services, publishing, post and telecommunications and other service industries to urban and rural households for household consumption and to social institutions for public consumption. Retail sales of consumer goods include:

1) Sales sold by wholesale and retail trades to urban and rural households for household consumption and to social institutions for public consumption.

a) of commodities to urban and rural households;

b) of commodities to foreigners, overseas Chinese and Chinese compatriots from Hong Kong, Macao and Taiwan visiting China;

c) of commodities to government agencies, institutions, social organizations, military and armed police units, and commodities to enterprises in the form of retail sales. More specifically, they include: office facilities and articles for non-production purposes such as communications equipment, computing equipment and instruments, TV and network equipment, printing and copying equipment, audio-visual equipment and instruments, paper, notebooks, stationeries, furniture, electric appliances, knitwear, sanitation and cleaning articles, cultural and sport articles, articles for prizes, souvenirs, etc.; transport vehicles and fuels for employees; materials, spare parts and tools for the maintenance of office facilities; equipment, fuels, materials and food for winter heating or summer cooling purposes; articles and equipment for teaching purpose; Chinese and western medicines and medical equipment and facilities purchased by non profit-making medical institutes; non-specialized work safety articles; cooking utensils, tableware, equipment, cleaning articles, food and fuels purchased by in-house cafeterias; clothes and personal articles purchased by military or armed police units for their officials and soldiers; and other equipment and articles for non-production purposes.

2) Sales of stable food, cooked dishes, beverages, tobaccos and other articles by catering units.

3) Sales of books, newspapers, magazines, audio-visual products and post products by publishing, post and telecommunications departments to urban and rural households and to enterprises, institutions, military and armed police units.

4) Sales of food, beverages, tobaccos, clothing, hats, footwear, articles for daily use, medicines, medical and health articles, work of art, handicrafts, toys, funeral articles and other articles by other service industries.

Purchase, Sales and Stock of Commodities by Wholesale and Retail Trades refer to the total volume of commodities purchased, total volume of sales and exports, and the stock of commodities by wholesale and retail enterprises (establishments) of different status of registration from domestic and overseas markets. This indicator reflects the relationship among purchase, sales and stock of commodities in the circulation of goods and reveals the existing problems.

Total Purchases of Commodities refer to the total value of purchases of commodities by enterprises (establishments) from other establishments or individuals (including direct import from abroad) for the purpose of re-selling, either with or without further processing of the commodities purchased. The commodities include: (1) commodities purchased from agricultural and industrial producer, wholesaler, retailer, publishing house and other service business; (2) commodities purchased from institutions and government departments; (3) confiscated goods purchased from the customs authorities or market management agencies; (4) second-hand goods and wastes purchased from residents; The commodities exclude 1 commodities purchased by enterprises (establishments) for use in their own business operation, commodities obtained without buying or selling procedures such as materials, consumable goods of low value, office appliances, etc. 2 received goods without trading, such as goods handed over from others, borrowed goods, preserved goods for others, donated goods from others, processed and retrieved goods, etc. 3. goods of direct settlement between buyer and seller with handling fees introduced by others, 4. goods returned or refused to pay by the buyer, 5. excessive goods.

Total Sales of Commodities refer to value of commodities sold by the establishments to other establishments and individuals (including goods sold for self consumption, including the value-added tax). The commodities include: (1) commodities sold to urban and rural residents and social groups for their consumption; (2) commodities sold to establishments in all industries for their production and operation, including agriculture, industry, construction, transportation, post and telecommunications, catering services, and public utility including commodities sold to wholesale and retail establishments for re-selling, with or without further processing; and (3) commodities for direct export to abroad. Excluded are (1) extended commodities without trading, such as goods handed over to other enterprises and institutions because of the change of organizations, lent goods, returned goods preserved for others, extended processing materials and samples donated to others, (2) goods of direct settlement between buyer and seller with handling fees introduced by others, 3. goods returned after purchase, (4) damaged and spoiled goods, (5) waste and used goods of self use,

Total Stock of Commodities refers to total commodities possessed by wholesaler and retailer of various types of registration status at the end of the reference period, reflecting the commodity stock level of various wholesaler and retailer and the potential for market supply. It includes: (1) commodities located in storage, garages, counters, and shelves of operating places (such as sale stores, wholesale centres, and operating offices); (2) commodities in the process of being selected, sorted, and packed; (3) commodities not arrived but recorded as purchase in the account, i.e. commodities not arrived but payment receipts for the commodities from the sellers or the banks arrived; (4) commodities deposited in other places rather than places mentioned above, for instance: commodities in the hold of purchasers temporarily due to the refusal of payment and commodities not taken back after going through the formalities; (5) commodities entrusted to other units to sell but not sold yet; (6) commodities purchased for other units but not delivered yet. Commodities not included as stock are those not owned by the enterprises (units), commodities on commission for processing but not yet delivered, imported commodities of agency of foreign trade enterprise but not yet delivered to ordering units and finally those put in stock on behalf of the state material reserves units.

Business Revenue of Hotels and Catering Services refers to revenue received from providing services or selling commodities by corporate enterprises and establishments engaged in hotels and catering services, including income from hotels, from catering services, from selling of commodities and from other services. Income from hotels refers to income of corporate enterprises and establishments engaged in hotels and catering services by providing lodging services. Income from catering services refers to income of corporate enterprises and establishments engaged in hotels and catering services by providing catering services, including selling of cooked or prepared foods such as staple food, cooked dishes or cold dishes. Income from selling of commodities refers to income of corporate enterprises and establishments engaged in hotels and catering services by selling commodities (including value-added tax) that accompany the services they provide. Income from other activities refers to income received other than income from hotels, catering services or selling of commodities, such as income from providing recreation, fitness or business services.

Chain Head Stores (headquarter) refer to the core leading stores responsible for development, allocation, administration and utilization of resources (name of stores, brand of stores, operation model, service standard, management way, ect.) of chain stores. Chain stores refers to the stores engaged in providing homogeneous commodities or services, with the central leadership of head store and guided by common policies, conduct centralized purchase and distributed selling of commodities, in order to gain better efficiency through standardized operation. The chain stores include regular chain stores, franchise chain stores and voluntary chain stores.

Regular Chain store refers to chain stores that are invested or controlled by the headquarters. They operate under direct and unified management from the headquarters.

Franchise chain store refers to the chain stores (franchisees) which are franchised with operation resources such as trade marks, names, patent and operation know-how by the franchisors in form of contract and pay the operation fees to the franchisors

Voluntary chain store refers the stores operate jointly on the voluntary bases while maintaining their status of independent legal entities with full ownership of their assets. They sell goods of same brand from same channel of resource to the consumers.

十七、对外经济贸易和旅游

Foreign Trade and Tourism

资料整理：赵芳莉

简 要 说 明

一、本篇资料反映陕西对外贸易和旅游业发展状况，内容包括进出口总值，进出口货物的品种、数(重)量、金额，利用外资、旅游人数和旅游收入，星级饭店基本情况等。

二、进出口商品总值按经营单位所在地统计。经营单位所在地是指境内进出口企业报关注册的登记地。

三、本篇资料由西安海关、省商务厅、省旅游局提供。

Brief Introduction

I. This chapter reflects development of international trades and tourism of Shaanxi, including kind, quantity(weight) and value of imported and exported products, utilization of foreign funds, tourist number and tourism revenue, basic conditions of star hotels, etc.

II. Total value of imported and exported commodities are calculated according to the location of operating units. The location of operating units is the place of registration where the resident imported and exported enterprises declare and register at customs.

III. The data sources are provided by Xi'an Customs District, the Department of Commerce Shaanxi Province and Tourism Administration of Shaanxi Province.

17.对外经济贸易和旅游

2012年全省				
进出口总额	147.99	亿美元	比上年增长	1.2%
#出口	86.52	亿美元	比上年增长	23.0%
实际利用外商直接投资额	29.36	亿美元	比上年增长	24.7%
国际旅游人数	335.24	万人	比上年增长	24.0%
国际旅游收入	15.97	亿美元	比上年增长	23.4%

进出口总额（亿美元）

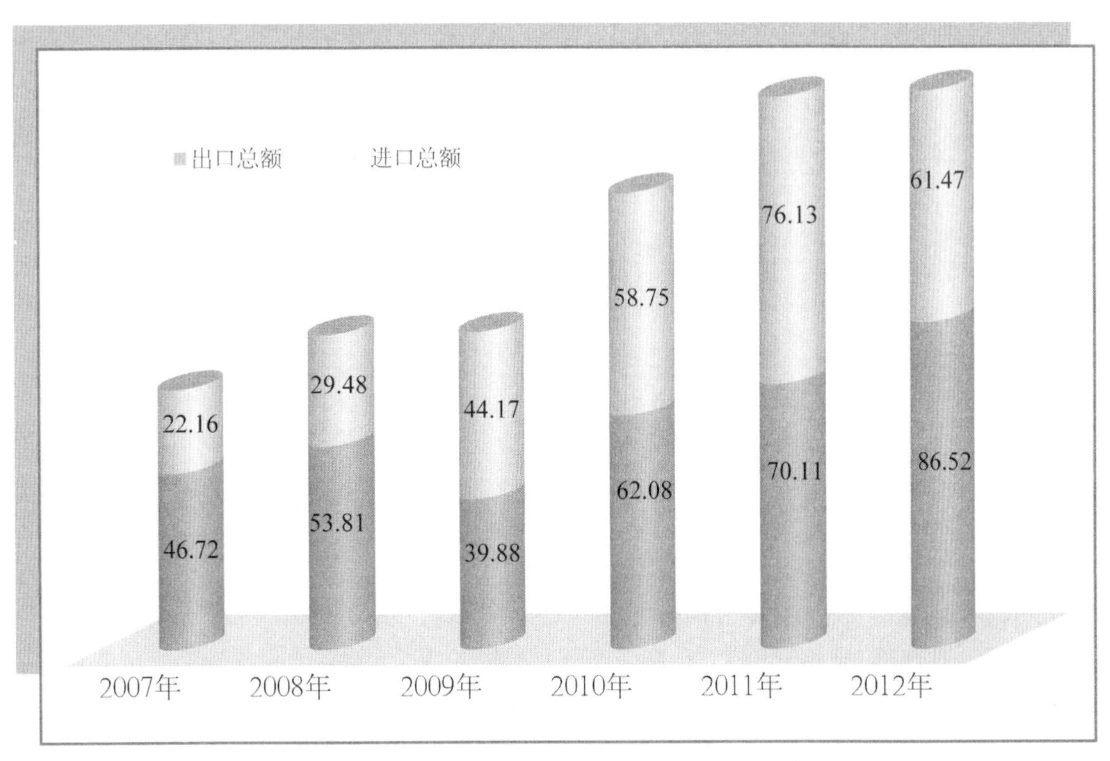

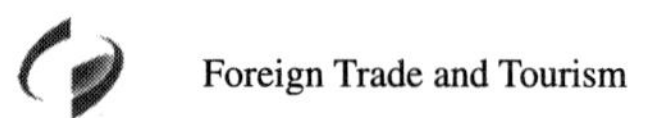

17-1 外贸进出口总值
Total Value of Imports and Exports in Foreign Trade

单位：万美元 (USD 10 000)

年 份 Year	进出口总值 Total Value of Imports and Exports	出 口 Exports	进 口 Imports
1978		1190	
1980		973	
1985	15712	10359	5353
1990	57728	46059	11669
1991	81359	60502	20857
1992	111885	76531	35354
1993	149599	99347	50252
1994	160061	121615	38446
1995	173323	128261	45062
1996	178406	126922	51484
1997	173413	123120	50293
1998	205148	117668	87480
1999	200834	115225	85609
2000	214009	131003	83006
2001	206444	111044	95400
2002	222517	137717	84800
2003	278371	173523	104848
2004	364238	239658	124580
2005	457684	307581	150103
2006	536025	362960	173065
2007	688804	467244	221560
2008	832867	538066	294801
2009	840539	398815	441724
2010	1208283	620773	587510
2011	1462344	701085	761258
2012	1479854	865178	614677

17-2 按贸易方式分外贸进口总值
Total Value of Imports in Foreign Trade by Type of Trade

单位：万美元 (USD 10 000)

贸易方式类别	Type of Trade	2011	2012	2012年比2011年增长(%) Growth Rate in 2012over 2011(%)
进口总值	**Total Imports**	**761258**	**614677**	**-19.3**
1.一般贸易	General Trade	480578	286209	-40.5
2.国家间、国际组织无偿援助和赠送的物资	Between Countries, International Organizations Aid and Donated Materials	2		
3.华侨、港澳台同胞、外籍华人捐赠物资	The overseas Chinese, Hong Kong, Macao, Taiwan,Chinese of foreign Donated Materials	12	1	-90.0
4.来料加工装配贸易	Assembly Processing Trade	4932	7077	43.5
5.进料加工贸易	Processing With Imported Trade	225567	245779	9.0
6.来料加工装配进口的设备	Assembly Processing Trade Equipment	271	247	-8.8
7.租赁贸易	Lease Trade	5	704	15525.7
8.外商投资企业作为投资进口的设备、物品	Foreign-invested Enterprises as the Import Investment of Equipment, Goods	3489	3819	9.5
9.出料加工贸易	Material Processing			
10.易货贸易	Barter			
11.保税监管场所进出境货物(保税仓库进出境货物)	Inward and Outward Goods of Free Trade Storehouse	15928	19871	24.8
12.海关特殊监管区域物流货物(保税区仓储转口货物)	Re-export Goods of Free Trade Zone Re-exports	12256	26327	116.2
13.海关特殊监管区域进口设备(出口加工区进口设备)	Export Processing Zones Imported Equipment	16993	23163	36.4
14.其　他	Other	1227	1480	20.6

17-3 按贸易方式分外贸出口总值
Total Value of Exports in Foreign Trade by Type of Trade

单位：万美元 (USD 10 000)

贸易方式类别	Type of Trade	2011	2012	2012年比2011年增长(%) Growth Rate in 2012over 2011(%)
出口总值	**Total Exports**	**701085**	**865178**	**23.0**
1.一般贸易	General Trade	432703	542450	25.3
2.国家间、国际组织无偿援助和赠送的物资	Between Countries, International Organizations Aid and Donated Materials	488	5519	1031.3
3.来料加工装配贸易	Assembly Processing Trade	6066	8206	35.2
4.进料加工贸易	Processing With Imported Trade	170480	177779	3.7
5.对外承包工程出口货物	Exports Contracted Projects	18877	12005	-36.4
6.租赁贸易	Lease Trade	133	190	43.0
7.易货贸易	Barter			
8.出料加工贸易	Material Processing			
9.保税监管场所进出境货物(保税仓库进出境货物)	Inward and Outward Goods of Free Trade Storehouse	2685	4288	59.7
10.海关特殊监管区域物流货物	Re-export Goods of Free Trade Zone	65916	112209	67.5
11.其　他	Others	3738	2532	-32.3

17-4 按国别(地区)分外贸进出口总值
Total Value of Imports and Exports in Foreign Trade by Country (Region)

单位：千美元 (USD 1 000)

国别(地区)	Country(Region)	2011			2012		
		进出口 Total	出口 Exports	进口 Imports	进出口 Total	出口 Exports	进口 Imports
总值	**Total**	**14623437**	**7010854**	**7612581**	**14798544**	**8651779**	**6146766**
阿富汗	Afghanistan	105	105		697	697	
巴林	Bahrain	6508	5748	760	10536	10349	187
孟加拉国	Bangladesh	22199	22179	19	29196	29149	47
不丹	Bhutan	2754	2754		164	164	
文莱	Brunei	1899	1899		9106	9106	
缅甸	Myanmar	8134	8106	28	27126	23155	3971
柬埔寨	Cambodia	8682	8682		32562	32558	3
塞浦路斯	Cyprus	65303	65303		1328	1322	6
朝鲜	Korea DPR	3799	3799		2718	2655	62
中国香港	Hong Kong, China	673681	626980	46701	1019417	1008013	11404
印度	India	359199	147295	211905	209615	189894	19721
印尼	Indonesia	304315	230858	73457	279284	212306	66978
伊朗	Iran	65162	64842	320	39371	39365	6
伊拉克	Iraq	33838	33838		105305	105305	
以色列	Israel	40288	15155	25134	45405	23674	21732
日本	Japan	958135	439219	518916	937106	504896	432210
约旦	Jordan	6183	5259	924	14823	14327	496
科威特	Kuwait	1721	1721		5152	5147	5
老挝	Laos	2794	2794		58707	58707	
黎巴嫩	Lebanon	1545	1545		3208	3208	
中国澳门	Macao, China	653	652	1	12428	12428	
马来西亚	Malaysia	107182	74163	33019	234070	199726	34344
马尔代夫	Maldives	41	41		24	24	
蒙古	Mongolia	18707	18707		19150	19150	
尼泊尔联邦民主共和国	Nepal	712	694	18	810	810	
阿曼	Oman	5332	5211	121	12156	12156	
巴基斯坦	Pakistan	14876	14474	401	30605	30564	41
巴勒斯坦	Palestine	25	25		28	28	
菲律宾	Philippines	113175	45474	67702	78784	38564	40221
卡塔尔	Qatar	11983	11983		6208	6208	
沙特阿拉伯	Saudi Arabia	26929	26929		75364	75363	1
新加坡	Singapore	785040	284420	500620	873009	324354	548655
韩国	Korea Rep.	582221	348062	234160	563122	317544	245578
斯里兰卡	Sri Lanka	9985	9880	105	12313	12310	3
叙利亚	Syria	22134	22134		2417	2417	
泰国	Thailand	125965	115505	10461	179946	171321	8625
土耳其	Turkey	71620	58901	12719	65273	53521	11753
阿拉伯联合酋长国	United Arab Emirates	140012	140007	5	92182	89856	2325
也门	Republic of Yemen	2284	2284		5755	5755	
越南	Vietnam	48890	41291	7600	66536	58586	7949
中国	P. R. China	39519		39519	29563		29563
中国台湾	Taiwan, China	948539	152589	795950	946331	282081	664250
东帝汶	Timor Leste	13	13		13	13	
哈萨克斯坦	Kazakhstan	43619	43619		31868	31658	210
吉尔吉斯	Kirghizia	401	401		3731	3731	
塔吉克斯坦	Tadzhikistan	5933	5933		25451	25451	
土库曼斯坦	Turkmenistan	232	232		814	814	

17-4 续表 1 continued

单位：千美元 (USD 1 000)

国别(地区)	Country(Region)	2011 进出口 Total	2011 出口 Exports	2011 进口 Imports	2012 进出口 Total	2012 出口 Exports	2012 进口 Imports
乌兹别克斯坦	Uzbekistan	14519	14519		36527	36527	
阿尔及利亚	Algeria	87952	87952		92784	92784	
安哥拉	Angola	194963	194963		101770	101770	
贝 宁	Benin	8785	8785		11479	10828	650
博茨瓦纳	Botswana	510	510		183	181	2
布隆迪	Burundi	66	66		417	417	
喀麦隆	Cameroon	17698	5119	12579	21356	15053	6303
佛得角	Cape Verde	3216	3216		2465	2465	
中 非	Central Africa				21	21	
乍 得	Chad	43	43		1073	105	967
科摩罗	Comoros	100	100		108	108	
刚 果	Congo	1802	1802		3541	3541	
吉布提	Djibouti	1744	1744		10142	10142	
埃 及	Egypt	74913	74025	887	68457	67755	703
赤道几内亚	Eq. Guinea	3589	3589		1690	1690	
埃塞俄比亚	Ethiopia	8905	8571	334	5667	5517	149
加 蓬	Gabon	130	130		2829	2829	
冈比亚	Gambia				103	103	
加 纳	Gambia	10436	6433	4003	17702	16561	1141
几内亚	Guinea	385	373	11	1978	1978	
可特迪瓦	Cote d'lvoire	395	395		1245	1245	
肯尼亚	Kenya	6005	5996	9	8268	8268	
利比里亚	Liberia	193704	193704		38306	38306	
利比亚	Libya	636	636		3207	3027	181
马达加斯加	Madagascar	666	666		794	794	
马拉维	Malawi				5058	5058	
马 里	Mali	938	938		2172	2172	
毛里塔尼亚	Mauritania	154	154		17894	490	17405
毛里求斯	Mauritius	913	913		1235	1235	
摩洛哥	Morocco	10372	7403	2969	18761	18007	754
莫桑比克	Mozambique	3594	2801	793	1815	1815	
纳米比亚	Namibia	370	97	274	12196	745	11451
尼日尔	Niger	191	191		51	51	
尼日利亚	Nigeria	27086	27086		36220	35952	268
留尼汪	Reunion	41	41		176	176	
卢旺达	Rwanda	269	269		389	389	
塞内加尔	Senegal	1067	1006	61	1725	1725	
塞舌尔	Seychelles	15	15		15	15	
塞拉利昂	Sierra Leone	95	95		39	39	
索马里	Somalia				198	198	
南 非	South Africa	92368	86196	6172	109370	100737	8633
西撒哈拉	Western Sahara	7		7			
苏 丹	Sudan	10125	9955	170	23563	23280	282
坦桑尼亚	Tanzania	4364	4364		1549	1549	
多 哥	Togo	15673	15673		55855	55855	
突尼斯	Tunisia	5198	4938	260	6533	6508	26
乌干达	Uganda	1402	1402		1812	1812	
布基纳法索	Burkina Faso				1	1	
扎伊尔	Zaire	4717	4717		3607	3607	
赞比亚	Zambia	7872	713	7159	22013	2548	19465
津巴布韦	Zimbabwe	869	868		1409	1196	213
莱索托	Lesotho	48	48		43	43	
斯威士兰	Swaziland	62	62		70	69	
厄立特里亚	Eritrea				2195	2195	

17-4 续表 2 continued

单位：千美元 (USD 1 000)

国别(地区)	Country(Region)	2011			2012		
		进出口 Total	出口 Exports	进口 Imports	进出口 Total	出口 Exports	进口 Imports
巴林	Bahrain				102	102	
柬埔寨	Cambodia				107	107	
比利时	Belgium	273574	81045	192529	252176	91184	160991
丹麦	Denmark	34131	4657	29475	35886	5881	30005
英国	United Kingdom	283623	160959	122665	346941	253742	93198
德国	Germany	1031053	221913	809141	996677	395874	600803
法国	France	237254	113478	123777	242737	134585	108151
爱尔兰	Ireland	86545	4121	82423	72727	10926	61801
意大利	Italy	247650	88870	158781	179149	82818	96331
卢森堡	Luxembourg	994	910	84	2162	2041	122
荷兰	Netherlands	358964	273147	85817	246376	193614	52762
希腊	Greece	5850	5843	7	10549	10548	1
葡萄牙	Portugal	6043	4211	1832	3839	3590	249
西班牙	Spain	57368	39711	17657	48345	40581	7763
阿尔巴尼亚	Albania	633	286	347	557	544	13
奥地利	Austria	25799	5458	20341	43209	2736	40473
保加利亚	Bulgaria	10095	10028	67	4958	4863	95
芬兰	Finland	22892	9290	13602	33148	16679	16469
匈牙利	Hungary	7702	1924	5778	22078	10691	11387
冰岛	Iceland	183	113	70	184	27	157
列支敦士登	Liechtenstein	166		166	3		3
马耳他	Malta	82502	82502		8603	8602	1
摩纳哥	Monaco	303	303		701	701	
挪威	Norway	22753	16806	5947	20796	17491	3305
波兰	Poland	69146	19156	49990	36896	31632	5264
罗马尼亚	Romania	17779	12268	5511	31934	25858	6076
瑞典	Sweden	108203	21478	86725	82757	18043	64715
瑞士	Switzerland	176547	3459	173089	106238	6005	100233
爱沙尼亚	Estonia	1430	1362	68	3136	3086	50
拉脱维亚	Latvia	11613	11613		7548	7518	30
立陶宛	Lithuania	7800	3000	4800	6446	2734	3712
格鲁吉亚	Georgia	2393	2337	56	3463	3463	
亚美尼亚	Armenia	1895	1895		1759	1759	
阿塞拜疆	Azerbaijan	17115	17115		45368	45368	
白俄罗斯	Byelorussia	9419	9015	404	12225	12225	
摩尔多瓦	Moldavia	288	288		152	152	
俄罗斯	Russia	209989	187268	22720	271030	249184	21846
乌克兰	Ukraine	59762	12170	47591	56931	20727	36204
斯洛文尼亚共和国	Slovenia	6895	6520	375	3109	2738	371
克罗地亚共和国	Croatia	4606	4597	8	3918	3917	2
捷克	Czech	14760	4530	10230	11100	5924	5176
斯洛伐克	Slovak	24952	12221	12731	16847	11925	4922
前南斯拉夫马其顿	Macedonia	119	119		211	211	
波斯尼亚-黑塞哥维那	Bosnia & Herzegovina	5956	86	5870	107	107	
塞尔维亚	Serbia	874	874		1002	1002	
黑山	Montenegro	119	119		100	100	
阿根廷	Argentina	35195	34762	433	17604	16753	851
阿鲁巴岛	Aruba	1210	1210		481	481	
巴哈马	Bahamas				706	706	
巴巴多斯	Barbados	173	173		291	291	
伯利兹	Belize	9	9		245	245	
玻利维亚	Bolivia	1481	781	700	3011	1320	1690

17-4 续表 3 continued

单位：千美元 (USD 1 000)

国别(地区)	Country(Region)	2011 进出口 Total	2011 出口 Exports	2011 进口 Imports	2012 进出口 Total	2012 出口 Exports	2012 进口 Imports
巴 西	Brazil	186168	47389	138779	225218	89667	135551
智 利	Chile	340306	21344	318962	63961	36373	27588
哥伦比亚	Colombia	40939	40939		20629	20611	18
哥斯达黎加	Costa Rica	2170	2170		1715	1713	2
古 巴	Cuba	10413	10413		476	470	5
库腊索岛	Curacao	100	100		30	30	
多米尼加	Dominica Rep.	4887	4882	4	3258	3251	7
厄瓜多尔	Ecuador	12269	12262	7	16670	16670	
格林纳达	Grenada				598	598	
瓜德罗普	Guadeloupe	22	22		48	48	
危地马拉	Guatemala	7962	7962		4313	4313	
圭亚那	Guyana	1	1		565	565	
海 地	Haiti	171	171		348	348	
洪都拉斯	Honduras	491	311	180	7280	7028	252
牙买加	Jamaica	549	549		6265	6265	
墨西哥	Mexico	44657	34777	9880	62499	43403	19095
尼加拉瓜	Nicaragua	1242	1242		1411	1411	
巴拿马	Panama	9353	9353		36517	36517	
巴拉圭	Paraguay	4695	4695		2990	2990	
秘 鲁	Peru	173856	13467	160389	63806	19802	44004
波多黎各	Puerto Rico	2838	1003	1834	14465	920	13545
圣卢西亚	Saint Lucia	136	136		552	552	
萨尔瓦多	El Salvador	2297	2297		564	564	
苏里南	Surinam	437	437		737	737	
特立尼达和多巴哥	Trinidad and Tobago	2300	2300		693	693	
特克斯和凯科斯群岛	Turks & Caicos Is.	10	10				
乌拉圭	Uruguay	6825	6825		10172	10172	
委内瑞拉	Venezuela	10330	10330		27342	27342	
英属维尔京群岛	Virgin Is. (E)	3	3				
荷属安地列斯群岛	Andreas Is. (N)	887	887		161	161	
加拿大	Canada	173931	56782	117150	174189	114245	59943
美 国	United States	2834157	1236723	1597434	3347706	1550439	1797268
澳大利亚	Australia	637357	80171	557187	423353	131228	292125
斐 济	Fiji	3577	3577		8338	8338	
新喀里多尼亚	New Caledonia (Fr)	282	282		991	991	
瓦努阿图	Vanuatu	59		59			
新西兰	New Zealand	9132	6487	2645	13141	9996	3145
巴布亚新几内亚	Papua New Guinea	1071	1071		2423	2423	
所罗门群岛	Solomon Is.	60	60		372	372	
汤 加	Tonga	12	12		99	99	
萨摩亚	Samoa	365	365		82	82	
基里巴斯	Kiribati	22	22		4	4	
图瓦卢	Tuvalu				998	998	
贝劳共和国	The Republic of Palau				9	9	
法属波利尼西亚	Polynesia (F)	48	48		25	25	
国(地)别不详	Others	11		11	58		58

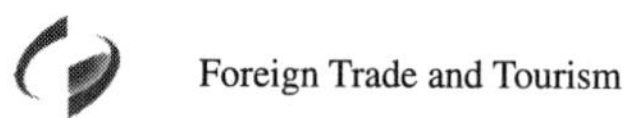

17-5 进出口商品分类金额
Value of Imports and Exports by HS Section and Division

单位：千美元 (USD 1 000)

商品分类	HS Section and Division	2011 出口 Exports	2011 进口 Imports	2012 出口 Exports	2012 进口 Imports
总值	**Total**	**7010854**	**7612581**	**8651779**	**6146766**
第一类 活动物；动物产品	**Live Animals; Animal Products**				
第1章 活动物	Live Animals	1732		542	4249
第2章 肉及食用杂碎	Meat and Edible Meat Offal				
第3章 鱼、甲壳动物、软体动物及其他水生无脊椎动物	Fish and Crustaceans Molluscs and Other Aquatic Invertebrates		1891		4798
第4章 乳品；蛋品；天然蜂蜜；其他食用动物产品	Dairy Produce; Birds' Eggs; Natural Honey; Edible Products of Animal Origin, not ElsewhereSpecified or Included	5974	731	7827	687
第5章 其他动物产品	Products of Animal Origin, not Elsewhere Specified or Included	380	65	599	58
第二类 植物产品	**Vegetable Products**				
第6章 活树及其他活植物；鳞茎、根及类似品；插花及装饰用簇叶	Live Tree and Other Plants; Bulbs, Roots and the Like; Cut Flowers and Ornamental Foliage	361	704	207	2705
第7章 食用蔬菜、根及块茎	Edible Vegetables and Certain Roots and Tubers	46500	27	35734	4762
第8章 食用水果及坚果；甜瓜或柑桔属水果的果皮	Edible Fruit and Nuts; Peel of Citrus Fruit or Melons	27416	6377	39835	3399
第9章 咖啡、茶、马黛茶及调味香料	Coffee, Tea, Mate and Spices	10406	99	4235	23
第10章 谷物	Cereals	3214		2115	
第11章 制粉工业产品；麦芽；淀粉；菊粉；面筋	Products of The Milling Industry; Malt; Starches;Inulin; Wheat Gluten	3854	28	1281	80
第12章 含油子仁及果实；杂项子仁及果实；工业用或药用植物；稻草、秸秆及饲料	Oil Seeds and Oleaginous Fruits; Miscellaneous Grains, Seeds and Fruit; Industrial or Medicinal Plants; Straw and Fodder	46504	100421	59362	29585
第13章 虫胶；树胶、树脂及其他	Lac; Gums, Resins And Other Vegetable Saps and Extracts	11947	548	22958	319
第14章 编结用植物材料；其他植物产品	Vegetable Plaiting Materials; Vegetable Products Not Elsewhere Specified or Included	26	1	72	95
第三类 动、植物油、脂及其分解产品；精制的食用油脂	**Animal or Vegetable Fats and Oils and their Cleavage Products; Prepared**				
第15章 动、植物油、脂及其分解产品；精制的食用油脂；动、植物蜡	Animal or Vegetable Fats and Oils and Their Products; Prepared Edible Fats; Animal or Vegetable Waxes	2200	5552	292	200
第四类 食品；饮料、酒及醋；烟草、烟草及烟草代用品的制品	**Prepared Foodstuffs; Beverages, Spirits And Vinegar; Tobacco and Manufactured Tobacco Substitutes**				
第16章 肉、鱼、甲壳动物、软体动物及其他水生无脊椎动物的制品	Preparations of Meat, of Fish or of Crustaceans, Molluscs or other Aquatic Invertebrates	3	32		
第17章 糖及糖食	Sugars and Sugar Confectionery	11193	8	9370	12
第18章 可可及可可制品	Cocoa and Cocoa Preparations		5		5
第19章 谷物、粮食粉、淀粉或乳的制品；糕饼点心	Preparations of Cereals, Flour, Starch or Milk; Pastry-Cooks' Products	50	250	24	668
第20章 蔬菜、水果、坚果或植物其他部分的制品	Preparations of Vegetables, Fruit, Nuts or Other Parts of Plants	503536	350	608570	282
第21章 杂项食品	Miscellaneous Edible Preparations	968	1115	1148	1304
第22章 饮料、酒及醋	Beverages, Spirits and Vinegar	104	2239	369	3471
第23章 食品工业的残渣及废料；配制的动物饲料	Residues and Waste from The Food Industries; Prepared Animal Fodder		13951	33	1155
第24章 烟草、烟草及烟草代用品的制品	Tobacco and Manufactured Tobacco Substitutes	13491		11849	

17-5 续表 1 continued

单位：千美元 (USD 1 000)

商品分类	HS Section and Division	2011 出口 Exports	2011 进口 Imports	2012 出口 Exports	2012 进口 Imports
第五类 矿产品	**Mineral Products**				
第25章 盐；硫磺；泥土及石料；石膏料、石灰及水泥	Salt; Sulphur; Earths and Stone; Plastering Materials, Lime and Cement	26441	622	31056	1612
第26章 矿砂、矿渣及矿灰	Ores, Slag and Ash	46359	1012343	16955	650657
第27章 矿物燃料、矿物油及其蒸馏产品；沥青物质；矿物蜡	Mineral Fuels, Mineral Oils and Products of Their Distillation; Bituminous Substances; Mineral Waxes	3064	40638	3100	29128
第六类 化学工业及其相关工业的产品	**Products of The Chemical or Industries Allied**				
第28章 无机化学品；贵金属、稀土金属、放射性元素及其同位素的有机及无机化合物	Inorganic Chemicals; Organic or Inorganic Compounds of Precious Metals, of Rare-Earth Metals, of Radioactive Elements or of Isotopes	151097	235427	117641	141650
第29章 有机化学品	Organic Chemicals	314743	182646	326709	124932
第30章 药品	Pharmaceutical Products	12537	144966	14035	146537
第31章 肥料	Fertilizers	26254		59315	
第32章 鞣料浸膏及染料浸膏；鞣酸及其衍生物；染料、颜料及其他着色料；油漆及清漆；油灰及其他类似胶粘剂；墨水、油墨	Tanning or Dyeing Extracts; Tannins and Their Derivatives; Dyes, Pigments and Other Colouring Matter;Paints and Varnishes; Putty and Other Mastics; Inks	59762	6100	23168	6217
第33章 精油及香膏；芳香料制品及化妆盥洗品	Essential Oils and Retinoid; Perfumery, Cosmetic or Toilet Preparations	5994	304	3920	557
第34章 肥皂、有机表面活性剂、洗涤剂、润滑剂、人造蜡、调制蜡、光洁剂、蜡烛及类似品、塑型用膏、“牙科 用蜡”及牙科用熟石膏制剂	Soap,Organic Surface-Active Agents,Washing Preparations,Lubricating Preparations, Waxes, Polishing or Scouring Preparations, Candles and Similar Articles, Modelling Pastes, "Dental Waxes" And Dental Preparations With a Basis of Plast	2786	4287	4469	5961
第35章 蛋白类物质；改性淀粉；胶；酶	Albuminoidal Substances; Modified Starches; Glues; Enzymes	1586	3910	3306	2585
第36章 炸药；烟火制品；火柴；引火合金；易燃材料制品	Explosives; Pyrotechnic Products; Matches; Pyrophoric Alloys; Certain Combustible Preparations	111	589	167	1953
第37章 照相及电影用品	Photographic or Cinematographic Goods	2834	321	2087	762
第38章 杂项化学产品	Miscellaneous Chemical Products	83208	29327	101775	18490
第七类 塑料及其制品；橡胶及其制品	**Plastics and Articles Thereof Rubber and Articles Thereof**				
第39章 塑料及其制品	Plastics and Articles Thereof	37695	37695	140543	34058
第40章 橡胶及其制品	Rubber and Articles Thereof	10267	8169	17247	8581
第八类 生皮、皮革、毛皮及其制品；鞍具及挽具；旅行用品、手提包及类似品；动物肠线（蚕胶丝除外）制品	**Raw Hides and Skins, Leather, Fur Skins and Thereof; Saddlery and Harness; Travel Goods,Articles Handbags and Similar Containers; Articles of Animal Gut (Other Than Silk- Worm Gut)**			104	1
第41章 生皮(毛皮除外)及皮革	Raw Hides and Skins(Other Than Fur Skins) and Leather				
第42章 皮革制品；鞍具及挽具；旅行用品、手提包及类似容器；动物肠线(蚕胶丝除外)制品	Articles of Leather; Saddlery and Harness; Travel Goods, Handbags and Similar Containers; Articles of Animal Gut(Other Than Silk-Worm Gut)	12433	244	110356	93
第43章 毛皮、人造毛皮及其制品	Fur Skins and Artificial Fur; Manufactures Thereof	195	5	73	

17-5 续表 2 continued

单位：千美元 (USD 1 000)

商品分类	HS Section and Division	2011		2012	
		出口 Exports	进口 Imports	出口 Exports	进口 Imports
第九类 木及木制品；木炭；软木及软木制品；稻草、秸秆、针茅或其他编结材料制品；篮筐及柳条编结品	**Wood and Articles of Wood; Wood Charcoal; Cork and Articles of Cork; Manufactures of Straw, of Esparto or of Other Plaiting Materials; Basket Ware and Wickerwork**				
第44章 木及木制品；木炭	Wood and Articles of Wood; Wood Charcoal	6316	1085	7301	894
第45章 软木及软木制品	Cork and Articles of Cork	4583	257	3460	256
第46章 稻草、秸秆、针茅或其他编结材料制品；篮筐及柳条编结品	Manufactures of Straw, of Esparto or of Other Plaiting Materials; Basket Ware and Wickerwork	994	1	492	
第十类 木浆及其他纤维状纤维素浆；纸及纸板的废碎品；纸、纸板及其制品	**Pulp of Wood or of Other Fibrous Cellulosic Material; Waste and Scrap of Paper or Paperboard; Paper and Paperboard and Articles Thereof**				
第47章 木浆及其他纤维状纤维素浆；回收(废碎)纸或纸板	Pulp of Wood or of Other Fibrous Cellulosic Material; Waste and Scrap of Paper or Paperboard	13888	110	6864	
第48章 纸及纸板；纸浆、纸或纸板制品	Paper and Paperboard; Articles of Paper Pulp, of Paper or Paperboard	11563	8744	38452	11845
第49章 书籍、报纸、印刷图画及其他印刷品；手稿、打字稿及设计图纸	Printed Books, Newspapers, Pictures and Other Products of The Printing Industry; Manuscripts, Typescripts and Plans	4215	4450	10031	4533
第十一类 纺织原料及纺织制品	**Textiles and Textile Articles**				
第50章 蚕丝	Silk	3177	281	6914	251
第51章 羊毛、动物细毛或粗毛；马毛纱线及其机织物	Wool, Fine or Coarse Animal Hair; Horsehair Yarn and Woven Fabric	9479		10632	
第52章 棉花	Cotton	95127	17200	66357	13494
第53章 其他植物纺织纤维；纸纱线及其机织物	Other Vegetable Textile Fibres; Paper Yarn and Woven Fabrics of Paper Yarn	2775		3065	
第54章 化学纤维长丝	Man-Made Filaments	5937	221	10530	245
第55章 化学纤维短纤	Man-Made Short Fibres	84978	716	79805	625
第56章 絮胎、毡呢及无纺织物；特种纱线；线、绳、索、缆及其制品	Wadding, Felt and Nonwoven; Special Yarns; Twine, Cordage, Ropes and Cables and Articles Thereof	5418	949	6121	1683
第57章 地毯及纺织材料的其他铺地制品	Carpets and Other Textile Floor Coverings	2226	197	3606	1
第58章 特种机织物；簇绒织物；花边；装饰毯；装饰带；刺绣品	Special Woven Fabrics; Tufted Textile Fabrics; Lace; Tapestries; Trimmings; Embroidery	1603	368	3164	414
第59章 浸渍、涂布、包覆或层压的纺织物；工业用纺织制品	Impregnated, Coated, Covered or Laminated Textile Fabrics; Textile Articles of a Kind Suitable for Industrial Use	2606	1425	2307	2247
第60章 针织物及钩编织物	Knitted or Crocheted Fabrics	6730	10	15963	12
第61章 针织或钩编的服装及衣着附件	Articles of Apparel and Clothing Accessories, Knitted or Crocheted	41691	72	151317	88
第62章 非针织或非钩编的服装及衣着附件	Articles of Apparel and Clothing Accessories, not Knitted or Crocheted	36463	104	83965	176
第63章 其他纺织制成品；成套物品；旧衣着及旧纺织品；碎织物	Other Made Up Textile Articles; Sets; Worn Clothing And Worn Textile Articles; Rags Articles; Rags	33080		50750	225

17-5 续表 3 continued

单位：千美元 (USD 1 000)

商品分类	HS Section and Division	2011		2012	
		出口 Exports	进口 Imports	出口 Exports	进口 Imports
第十二类 鞋、帽、伞、杖、鞭及其零件；已加工的羽毛及其制品；人造花；人发制品	**Footwear, Headgear, Umbrellas, Sun Umbrellas, Walking-Sticks, Seat-Sticks, Whips, Riding-Crops and Parts Thereof; Prepared Feathers and Articles Made Therewith; Artificial Flowers; Articles of Human Hair**				
第64章 鞋靴、护腿和类似品及其零件	Footwear, Gaiters and The Like; Parts of Such Articles	10099	7	60424	7
第65章 帽类及其零件	Headgear and Parts Thereof	2348	6	6310	12
第66章 雨伞、阳伞、手杖、鞭子、马鞭及其零件	Umbrellas, Sun Umbrellas, Walking-Sticks, Seat-Sticks, Whips, Riding-Crops And Parts Thereof	1072	181	2505	221
第67章 已加工羽毛、羽绒及其制品；人造花；人发制品	Prepared Feathers and Down and Articles Made of Feathers or of Down; Artificial Flowers; Articles of Human Hair	1886	6146	15450	86
第十三类 石料、石膏、水泥、石棉、云母及类似材料的制品；陶瓷产品；玻璃及其制品	**Articles of Stone, Plaster, Cement, Asbestos, Mica or Similar Materials; Ceramic Products; Glass and Glassware**				
第68章 石料、石膏、水泥、石棉、云母及类似材料的制品	Articles of Stone, Plaster, Cement, Asbestos, Mica or Similar Materials; Ceramic Products; Glass and Glassware	12117	6024	31382	5789
第69章 陶瓷产品	Ceramic Products	7232	12567	70270	5824
第70章 玻璃及其制品	Glass and Glassware	98974	18531	129617	16746
第十四类 天然或养殖珍珠、宝石或半宝石、贵金属、包贵金属及其制品；仿首饰；硬币	**Natural or Cultured Pearls, Precious or Semi-Precious Stones, Precious Metals, Metals Clad With Precious Metal and Stones, Precious Metals, Metals Clad With Precious Metal and Articles Thereof; Imitation Jewellery; Coin**				
第71章 天然或养殖珍珠、宝石或半宝石、贵金属、包贵金属及其制品；仿首饰；硬币	Natural or Cultured Pearls, Precious or Semi-Precious Stones, Precious Metals, Metals Clad With Precious Metal and Articles Thereof; Imitation Jewellery; Coin	12565	149000	8673	24160
第十五类 贱金属及其制品	**Base Metals and Articles of Base Metal**				
第72章 钢铁	Iron and Steel	168756	33630	86957	66241
第73章 钢铁制品	Articles of Iron or Steel	314257	800415	310677	35986
第74章 铜及其制品	Copper and Articles Thereof	74830	53747	75799	140099
第75章 镍及其制品	Nickel and Articles Thereof	1482	60337	889	58108
第76章 铝及其制品	Aluminium and Articles Thereof	19836	445	51107	86646
第78章 铅及其制品	Lead and Articles Thereof	18	34		189
第79章 锌及其制品	Zinc and Articles Thereof	99	267	242	6
第80章 锡及其制品	Tin and Articles Thereof	32	41089	5	122
第81章 其他贱金属、金属陶瓷及其制品	Other Base Metals; Cermets; Articles Thereof	404242	13773	312718	50147
第82章 贱金属工具、器具、利口器、餐匙、餐叉及其零件	Tools, Implements, Cutlery, Spoons and Forks, of Base Metal; Parts Thereof of Base Metal	40367		58810	14159
第83章 贱金属杂项制品	Miscellaneous Articles of Base Metal	32481	4259	65767	3677
第十六类 机器、机械器具、电气设备及其零件；录音机及放声机、电视图像	**Machinery and Mechanical Appliances; Electrical Equipment; Parts Thereof; Sound Recorders and Reproducers, Television Image and Sound Recorders and Reproducers; and and Accessories of Recorders and Reproducers; and Parts and Accessories of Such Artic**				
第84章 核反应堆、锅炉、机器、机械器具及其零件	Nuclear Reactors, Boilers, Machinery and Mechanical Appliances; Parts Thereof	1177437	1660192	1369149	1105247

17-5 续表 4 continued

单位：千美元 (USD 1 000)

商品分类	HS Section and Division	2011 出口 Exports	2011 进口 Imports	2012 出口 Exports	2012 进口 Imports
第85章 电机、电气设备及其零件；录音机及放声机、电视图像、声音的录制和重放设备及其零件、附件	Electrical Machinery and Equipment and Parts Thereof; Sound Recorders and Reproducers, Television Image and Sound Recorders and Reproducers, and Parts and Accessories of Such Articles	1433548	2357708	1955411	2627358
第十七类 车辆、航空器、船舶及有关运输设备	**Vehicles, Aircraft, Vessels and Associated Transport Equipment**				
第86章 铁道及电车道机车、车辆及其零件；铁道及电车轨道固定装置及其零件、附件；各种机械(包括电动机械)交通信号设备	Railway or Tramway Locomotives, Rolling-Stock and Parts Thereof; Railway or Tramway Track Fixtures And Fittings and Parts Thereof; Mechanical(Including Electro-Mechanical) Traffic Signalling Equipment of All Kinds	7597	16992	4778	6772
第87章 车辆及其零件、附件，但铁道及电车道车辆除外	Vehicles Other Than Railway or Tramway Rolling-Associated Stock, and Parts and Accessories Thereof	515479	15257	727307	22221
第88章 航空器、航天器及其零件	Aircraft, Spacecraft, and Parts Thereof	133441	46539	122868	85160
第89章 船舶及浮动结构体	Ships, Boats and Floating Structures	446950	172	302245	4
第十八类 光学、照相、电影、计量、检验、医疗或外科用仪器及设备、精密仪器及设备；钟表；乐器；上述物品的零件、附件	**Optical, Photographic, Cinematographic, Measuring, Checking, Precision, Medical or Surgical Instruments and Apparatus; Clocks And Watches; Musical Instruments; Parts and Accessories Thereof**				
第90章 光学、照相、电影、计量、检验、医疗或外科用仪器及设备、精密仪器及设备；上述物品的零件、附件	Optical, Photographic, Cinematographic, Measuring, Checking, Precision Medical or Surgical Instruments and Apparatus; Parts and Accessories Thereof	123372	430757	163206	510129
第91章 钟表及其零件	Clocks and Watches and Parts Thereof	3543	383	14286	443
第92章 乐器及其零件、附件	Musical Instruments; Parts and Accessories of Such Articles	353	9	2671	
第十九类 武器、弹药及其零件、附件	**Arms and Ammunition; Parts and Accessories Thereof**				
第93章 武器、弹药及其零件、附件	Arms and Ammunition; Parts and Accessories Thereof				16
第二十类 杂项制品	**Miscellaneous Manufactured Articles**				
第94章 家具；寝具、褥垫、弹簧床垫、软坐垫及类似的填充制品；未列名灯具及照明装置；发光标志、发光名牌及类似品；活动房屋	Furniture; Bedding, Mattresses, Mattress Supports, Cushions and Similar Stuffed Furnishings; Lamps and Lighting Fittings, not Elsewhere Specified or Included; Illuminated Signs, Illuminated	50575	2876	299401	3987
第95章 玩具、游戏品、运动用品及其零件、附件	Toys, Games and Sports Requisites; Parts and Accessories Thereof	11240	918	29394	1988
第96章 杂项制品	Miscellaneous Manufactured Articles	14261	366	27710	540
第二十一类 艺术品、收藏品及古物	**Works of Art, Collectors' Pieces and Antiques**				
第97章 艺术品、收藏品及古物	Works of Art, Collectors' Pieces and Antiques	61	89	2205	26
第二十二类 特殊交易品及未分类商品	**Commodities and Transactions not Classified According to Kind**				
第98章 特殊交易品及未分类商品	Commodities and Transactions not Classified According to Kind	30231	1615		6029

17-6 主要出口商品数量、金额(2012年)

Main Export Commodities in Volume and Value(2012)

商品名称	Item		数量 Volume	金额（千美元） Value (USD 1 000)
鲜　蛋	(个) Fresh Eggs	(unit)	5424914	2258
谷物及谷物粉	(千克) Cereals and Cereals Flour	(kg)	126000	115
# 稻谷和大米	Rice		3181328	5189
蔬　菜	(千克) Vegetable	(kg)	1675608	1485
# 鲜或冷冻蔬菜	Fresh Vegetables		7575	101
干的食用菌类	Dry Edible Fungus		30711225	32055
干　豆	(千克) Dried Beans	(kg)	37750102	39296
鲜的、干水果及坚果	(千克) Fresh, Dried Fruits and Nuts	(kg)	1353611	1696
# 橘、橙	Mandarins and Oranges		25990730	25180
鲜苹果	Apples		61888665	48038
食用油籽	(千克) Edible Oil Seeds	(kg)	61813735	47913
# 大　豆	Soybean		18800	39
花生、花生仁	Peanuts		98206	271
食用植物油(包括棕榈油)	(千克) Edible Vegetable Oil	(kg)	51000	121
# 豆　油	Soybean Oil		3050	9
烘焙花生	(千克) Roasted Peanut	(kg)	3760635	7599
天然蜂蜜	(千克) Natural Honey	(kg)	29282	89
猪肉罐头	(千克) Canned Pork	(kg)	28500	33
植物榨油后的剩余物	(千克) Residues from oil extraction	(kg)	6025	116
猪　鬃	(千克) Bristles	(kg)	626930	4924
药　材	(千克) Medical Materials	(kg)	2187670	7193
烤　烟	(千克) Flue-cured Tobacco	(kg)	583	594
锯　材	(立方米) Wood Sawn	(cu.m)	107190	6460
生　丝	(千克) Raw Silk	(kg)	75379	9105
山羊绒	(千克) Cashmere	(kg)	808536	357
黏土及其他耐火矿物	(千克) Clay and Other Refractory Minerals	(kg)	247001	230
# 天然石墨	Natural Graphite		27075	8
天然碳酸镁；氧化镁	Natural Magnesium Carbonate		20000	14
萤石(氟石)	(千克) Fluorite	(kg)	5814000	1233
天然硫酸钡(重晶石)	(千克) Barite	(kg)	35900	3
滑石	(千克) Aluminum Oxide	(kg)	5319420	2695
焦炭、半焦炭	(千克) Coke and Semi-coke	(kg)	51530	139
成品油	(千克) Petroleum Products Refined	(kg)	42000	62
氧化锌及过氧化锌	(千克) Zinc Oxide and Zinc Peroxide	(kg)	1239	814
放射性元素、同位素及化合物	(克) Radioactive Elements, Isotope and Compounds	(g)	6452000	9860
糠　醛	(千克) Furfural	(kg)	65212	369
合成有机染料	(千克) Synthetic Organic Dyestuffs	(kg)	866288	46366
医药品	(千克) Medical and Pharmaceutical Products	(kg)	315379	9100
# 抗菌素(制剂除外)	Antibiotics(Except Preparations)		41456	1532
中式成药	Medicaments of Chinese Type		116951	900
医用敷料	Pharmaceutical Goods		6192	17
美容化妆品及护肤品	(千克) Cosmetic and Skin Care Products	(kg)	370	5

17-6 续表 1 continued

商品名称	Item	数 量 Volume	金 额（千美元） Value (USD 1 000)
口腔及牙齿清洁剂 （千克）	Oral and Teeth Cleaning Agent (kg)	370	5
洗衣粉 （千克）	Washing Powder (kg)	48596	107
松香及树脂酸 （千克）	Rosin and Resin Acids (kg)	648000	1366
初级形状的聚氯乙烯 （千克）	The Primary PVC (kg)	170715	190
新的充气橡胶轮胎 （条）	Rubber Tyres (unit)	1530804	7616
家用或装饰用木制品 （千克）	Wood Articles for Household or Decoration Use (kg)	173554	1129
纸及纸板(未切成型的) （千克）	Paper and Paperboard in Rolls (kg)	1845744	8630
纺织纱线、织物及制品	Textiles		250170
# 棉纱线 （千克）	Cotton Yarn (kg)	288309	1214
含合成短纤85%及以上的纱线 （千克）	Containing 85% or More by Synthetic Staple Fibers of Yarn (kg)	717511	2883
合成短纤与棉混纺纱线 （千克）	Synthetic Staple Fibers and Cotton Blended Yarn (kg)	74625	205
棉机织物 （米）	Cotton Cloth (m)	71000059	65312
亚麻及苎麻机织物 （米）	Flax or Ramie Woven Fabric (m)	1342813	3050
合成短纤与棉混纺机织物 （米）	Synthetic Short Fibre and Cotton-fibre Mixture Woven Fabric (m)	42594498	30071
人造纤维短纤机织物 （米）	Man-made Short Fibre Fabric (m)	10921348	9242
地　毯 （米）	Carpets (m)	740832	3606
棉浴巾 （米）	Cotton Towel (m)	898100	2313
针织或钩编台布、盘垫 （件）	Tablecloth and Plate Pad,Knitted or Crocheted (unit)	753627	2429
塑料编织带(周转带除外) （条）	Bags of PP or PE Strip (Except Turnover Bags) (unit)	12699055	3209
水　泥 （千克）	Cement (kg)	64061930	5832
花岗岩石材及制品 （千克）	Granite Material and Products (kg)	190617	387
平板玻璃 （平方米）	Plate Glass (sq.m)	507049	501
玻璃制品	Glass Products		98589
家用陶瓷器皿 （千克）	Porcelain and Pottery Wares for Household Use (kg)	445879	352
装饰用陶瓷制品 （千克）	Porcelain and Pottery Wares for Decoration Use (kg)	2488893	23671
珍珠、宝石及半宝石 （千克）	Pearls、Gems and Semi-gems (kg)	603353	7384
硅　铁 （千克）	Ferrosilicon (kg)	9130950	14963
钢坯及粗锻件 （千克）	Billet and Crude Forgings (kg)	29410	67
钢　材 （千克）	Rolled Steel (kg)	164642574	239010
# 钢铁棒材	Steel Bar	1520013	2753
角钢及型钢	Angle Iron and Steel	8450214	9769
钢铁板材	Steel Plate	25573400	48862
钢铁线材	Steel Wire	15630663	15828
钢铁管配件	Steel Tube Accessories	29914129	64179
未锻造的铜及铜材 （千克）	Unwrought Copper and its Alloys (kg)	12590331	73743
未锻造的铜(包括铜合金)	Unwrought Copper	208	6
铜　材	Rolled Copper	12590123	73737
未锻造的铝及铝材 （千克）	Unwrought Aluminum and its Alloys (kg)	2951827	11654
未锻造的铝(包括铝合金)	Unwrought Aluminum	1360	9
铝　材	Rolled Aluminum	2950467	11645
钢铁或铜制标准紧固件 （千克）	Iron or Copper Nails, Bolts, etc. (kg)	5121257	12484
不锈钢厨具、餐具等家用器具 （千克）	Stainless Steel Kitchenware, Tableware and Other Household Appliances (kg)	244245	1390

17-6 续表 2 continued

商品名称	Item	数 量 Volume	金 额（千美元） Value (USD 1 000)
餐桌、厨房及其他家用搪瓷器 (千克)	Table, Enamel Kitchen and other Household Devices (kg)	158281	490
手用或机用工具 (千克)	Hand Tools and Tools for Machines (kg)	9943779	39653
锁 (千克)	Lock (kg)	1295094	7837
电 扇 (台)	Fans (unit)	189615	2210
纺织机械及零件	Textile Machinery		5295
普通缝纫机 (台)	Sewing Machines (unit)	2638	236
工业用缝纫机 (台)	Industrial Use Sewing Machines (unit)	231315	83817
金属加工机床 (台)	Machine Tools (unit)	39046	31627
# 车 床	Lathes	1980	17613
铣 床	Milling Machines	115	442
电子计算器(包括具有计算功能) (台)	Electric Calculator (unit)	361277	957
自动数据处理设备及其部件 (台)	Automatic Data Processing Machines and Components (unit)	3114061	236382
# 数字式自动数据处理设备	Digital Automatic Processing Equipments	11064	1445
数字式中央处理部件	Digital Central Processing Unit	77	8
输入或输出部件	Input or Output Components	902444	4035
键盘、鼠标器	Keyboard, Mouse	816177	3391
自动数据处理设备零件	Parts for Auto Data Processing Equipment		395176
轴 承 (套)	Bearings (unit)	46154654	40320
电动机及发电机 (台)	Electric Motors and Generators (unit)	1101762	10873
变压器 (个)	Transformers (unit)	499105	55042
静止式变流气 (个)	Static Converters (unit)	4250544	28940
原电池 (个)	Primary Cells and Batteries (unit)	3702544	409
蓄电池 (个)	Electric Accumulators (unit)	18585	1508
手电筒 (个)	Flashlights (unit)	3639115	3892
有线电话机(包括无绳电话机) (台)	Wireless Telephone Sets (unit)	16134	526
扬声器 (个)	Loudspeakers (unit)	2014525	8200
录、放像机 (台)	VCR and videoplayers (unit)	999474	30530
录音机及收录(放)音组合机 (台)	Sound Recording Apparatus (unit)	66502	1375
收音机 (台)	Radio Sets (unit)	190196	2273
录放音、像机及唱机的零附件 (千克)	Parts of Sound Recorders, Video Tape Recorders and Phonographs (kg)	122707	1283
电视、收音机及无线电讯设备的零件附件 (千克)	Parts of Television, Radio and Wireless Telecommunication Equipment (kg)	1525984	25901
电容器 (千克)	Electrical Capacitors (kg)	1909502	18531
印刷电路 (块)	Printed Circuit (unit)	3396562	3756
通断保护电路装置及零件	Electrical Apparatus for Swithing or Protecting Electrical Circuit		114510
二极管及类似半导体器件 (个)	Diode and Semi Conductors (unit)	308773933	147583
电线和电缆 (千克)	Insulated Wire or Cable (kg)	3226843	23384
汽 车 (辆)	Motor Vehicles (unit)	31512	519910
汽车零件	Parts of Motor Vehicles		120839

17-6 续表 3 continued

商品名称	Item		数 量 Volume	金 额（千美元） Value (USD 1 000)
摩托车	(辆) Motorcycle	(unit)	350	375
自行车	(辆) Bicycles	(unit)	4196	138
摩托车及自行车的零件	Parts of Motorcycles and Bicycles			9826
船 舶	(艘) Ships	(unit)	539	302242
照相机	(架) Camera	(unit)	1	11
医疗仪器和器械	Medical Instruments and Appliances			16657
手 表	(只) Wrist Watches	(set)	1182442	3247
电动手表	Electric Watches		1182442	3247
已组装的完整表芯	(只) Assembled Complete Watch Movement	(set)	50400	31
日用钟	(只) Clocks	(set)	586992	2171
家具及其零件	Furniture			181958
床垫、寝具及类似品	Mattresses and Bedding Articles			13804
灯具、照明装置及类似品	Lights and Lighting Apparatus			99905
旅行用品及箱包	Boxes,Bags and Travel Goods			107201
服装及衣着附件	Garments and Clothing Accessories			247461
# 织物制服装	Textile Garments			207765
非针织钩编织物服装	Garments(Excluding Knitwear and Crochet)			68571
针织或钩编的服装	Garments, Knitted or Crocheted			139195
皮革服装	(件) Leather Garment	(unit)	55	1
皮革手套	(双) Leather Gloves	(pair)	886672	1440
织物制手套	(双) Textiles Gloves	(pair)	17800830	11356
织物制袜子	(双) Textiles Socks	(pair)	3000409	1411
手 帕	(条) Handkerchieves	(unit)	728055	229
帽 类	(个) Hats	(unit)	4053682	5907
鞋 类	Footwear			60424
鞋	(双) Shoes	(pair)	4011060	57869
鞋靴零件；护腿及类似品	(千克) Shose Accessories, Leg Guards and Analogs	(kg)	269038	2555
塑料制品	(千克) Plastic Articles	(kg)	17255743	111187
玩 具	Toys			2889
游戏机	(台) Play Station	(unit)	151181	3047
圣诞用品	(千克) Articles for Christmas	(kg)	641928	6758
足球、篮球、排球	(个) Football,Basketball,Volleyball	(unit)	159079	740
铅 笔	(吨) Penciles	(ton)	878	3992
艺术品、收藏品及古董	Artwork, Collections and Antiques			2205
贵金属或包贵金属的首饰	Precious Metal or Jewelry Clad with Precious Metal			182
伞	(把) Umbrellas	(unit)	209089	1417
鬃 刷	(把) Bristles Brushes	(unit)	2002999	471
人造花	(千克) Artificial Flowers	(kg)	725986	15033
热水瓶	(个) Thermos	(unit)	216530	1104
机电产品	Machanical and Electrical Products			5245282
金属制品	Metal Products			407100
机械设备	Machinery and Equipments			1369149
电器及电子产品	Electric and Electronic Products			1955411
运输工具	Transport Equipments			1157198
仪器仪表	Instruments and Meters			163206
其 他	Others			193217

17-6 续表 4 continued

商品名称	Item	数 量 Volume	金 额（千美元） Value (USD 1 000)
高新技术产品	High and New-tech Products		2635033
生物技术	Biotechnology		20733
生命科学技术	Life Sciences Technology		136025
光电技术	Photoelectric Technology		7597
计算机与通信技术	Computer and Communication Technology		738064
电子技术	Electronic Technology		1256345
计算机集成制造技术	Computer Integrated Manufacturing		44645
材料技术	Material Technology		81031
航空航天技术	Aerospace Technology		347916
其他技术	Others		2792
钼矿砂及其精矿 (千克)	Molybdenum Ore (kg)	938000	16693
粮 食 (千克)	Grain (kg)	98253966	82300
# 淀粉块茎及薯类	Tubers	304092	74
豆 类	Beans	92524960	79967
苹 果 (千克)	Apples (kg)	25990730	25180
乳 品 (千克)	Milk and Dairy Products (kg)	19000	122
果蔬汁 (千克)	Vegetable and Fruit Juice (kg)	319430514	597202
# 苹果汁	Apple Juice	296748407	562177
番茄酱 (千克)	Ketchup (kg)	152123	100
钨 品 (千克)	Tungsten Products (kg)	99307	8521
钨及其制品	Tungsten and its Products	99307	8521
维生素C (千克)	Vitamin C (kg)	40	7
农 药 (千克)	Pesticide (kg)	391572	1780
初级形状的聚氯乙烯 (千克)	The Primary PVC (kg)	170715	190
牛皮纸 (千克)	Kraft Paper (kg)	47601	374
铁合金 (千克)	Ferroalloy (kg)	9994032	18520
冰 箱 (台)	Refrigerator (unit)	11697	795
洗衣机 (台)	Washing Machine (unit)	12484	640
打印机(包括多功能一体机) (台)	Printer(Including Multi-function Printer) (unit)	32	44
液晶显示板 (个)	Liquid Crystal Display (unit)	275	16
节能灯 (只)	Energy-saving Lamps (unit)	988218	1050
处理器及控制器 (个)	Processor and controller (unit)	5160262	2695
存储器 (个)	Memorizer (unit)	711626961	1051326
放大器 (个)	Amplifier (unit)	1075	4
装有引擎的汽车底盘 (台)	Chassis with Engines (unit)	126	5784
箱包及类似容器	Suitcases,Bags and Similar Containers		107201
小轿车(包括整套散件) (辆)	Cars(including a Complete Set of Spare Parts) (unit)	22865	161099
小客车(9座及以下) (辆)	Small Passenger Cars (9 and under) (unit)	649	3151
货车(包括整套散件) (辆)	Trucks(including a Complete Set of Spare Parts) (unit)	7388	319764

17-7 主要进口商品数量、金额(2012年)
Main Import Commodities in Volume and Value(2012)

商品名称	Item		数量 Volume	金额（千美元） Value (USD 1 000)
冻 鱼	(千克) Frozen Chicken	(kg)	1731902	2524
鲜、干水果及坚果	(千克) Fresh, Dried Fruits and Nuts	(kg)	6200	74
大 豆	(千克) Soybean	(kg)	50740584	26434
食用植物油	(千克) Edible Vegetable Oil	(kg)	102431	183
# 菜子油及芥子油	Seeds and Mustard Oil		42620	48
饲料用鱼粉	(千克) Fish Meal Feed	(kg)	818960	1155
天然橡胶(包括胶乳)	(千克) Natural Rubber (including Latex)	(kg)	211200	617
合成橡胶(包括胶乳)	(千克) Synthetic Rubber (including Latex)	(kg)	193	5
原 木	(立方米) Logs	(cu.m)	1114	409
锯 材	(立方米) Wood Sawn	(cu.m)	253	211
棉 花	(千克) Cotton	(kg)	5316722	12815
纺织用合成纤维	(千克) Synthetic Fibers Suitable for Spinning	(kg)	2235	58
# 聚丙烯腈纤维	Polyacryolnitr Fibers		239	3
铁矿砂及其精矿	(千克) Iron Ore	(kg)	2599400545	384731
铜矿砂及其精矿	(千克) Copper Ores	(kg)	543757	351
铬矿砂及其精矿	(千克) Chromium Ores	(kg)	1740097	684
氧化铝	(千克) Aluminum Oxide	(kg)	18528	180
成品油	(千克) Petroleum Products Refined	(kg)	1168253	737
医药品	(千克) Pharmaceutical Products	(kg)	201403	146846
合成有机染料	(千克) Synthetic Organic Dyestuffs	(kg)	150	1
聚合物油漆及清漆	(千克) Polymer Paint	(kg)	198627	3002
感光材料	Photosensitive Materials			425
初级形状的塑料	(千克) Plastic in primary Forms	(kg)	1302914	5176
# 初级形状的聚乙烯	Polyethylene in primary Forms		3221	7
初级形状的聚丙烯	Polypropylene in Primary Forms		5789	33
初级形状的聚氯乙烯	The Primary PVC		85423	197
其他初级形状的聚酯	Polyethylene in primary Forms		85423	197
非泡沫塑料的板、片、膜、箔	(千克) Non-Form-Plastic Plates,Sheets,Films and Foils	(kg)	1280126	11971
农 药	(千克) Pesticides	(kg)	9	1
牛皮革及马皮革	(千克) Cow Leather and Horse Leather	(kg)	1	1
胶合板及类似多层板	(立方米) Plywood and Similiar Boards	(cu.m)	192	93
纸及纸板(未切成型的)	(千克) Paper and Paperboard (Unchopped in Shape)	(kg)	7438116	10069
# 牛皮纸	Kraft Papers		2585892	2566
无机物涂布纸	Inorganic Coated Papers		3832577	4583
合成纤维纱线	(千克) Fiber Yarns	(kg)	4050	163
# 聚酰胺纤维长丝	Long Polyamide Fiber		3149	139
聚酯纤维长丝(缝纫线除外)	Polyester Filament(Excluding Sewing Threads)		230	5
丝织物	(米) Silk	(m)	271713	251
棉机织物	(米) Cotton Cloth	(m)	135459	679
合成纤维长丝机织物	(米) Synthetic Fibers Long Silk Woven Fabric	(m)	31310	51
合成短纤与棉混纺机织物	(米) Synthetic Short Fibre and Cotton-fibre Mixture Woven Fabric	(m)	73120	471
化纤起绒、绳绒及毛圈机织物	(米) Chemical Fibre Napping、Chenille and Terry Woven Fabric	(m)	16	1
涂覆浸渍塑料的织物	(千克) Fabric with Plastic Soakage	(kg)	18009	260
针织或钩编织物	(千克) Knitwear or Woven	(kg)	1052	12

17-7 续表 1 continued

商品名称	Item	数量 Volume	金额（千美元） Value (USD 1 000)
玻璃纤维及其制品 （千克）	Glass Fibers and Relative Products (kg)	796000	5889
钻 石 （克）	Diamonds (g)	23536	9812
其他宝石及半宝石 （千克）	Other Precious and Semi-Precious Stones (kg)	2095	3
钢坯及粗锻件 （千克）	Billet and Crude Fougings (kg)	15442202	45172
钢 材 （千克）	Rolled Steel (kg)	5197216	28937
# 钢铁棒材	Steel Bar	1214455	9151
角钢及型钢	Angle Iron and Steel	13093	131
钢铁板材	Steel Plate	2746964	10231
钢铁管材及空心异型材	Steel Tube Accessories	1115062	4627
钢铁制标准坚固件 （千克）	Standard Fastener Made of Steel (kg)	190695	14089
未锻造的铜及铜材 （千克）	Unforged Copper and Rolled Copper (kg)	16566797	139328
未锻造的铜（包括铜合金）	Unforged Copper (Including Copper Alloys)	14407443	108607
铜 材	Rolled Copper	2159354	30721
未锻造的铝及铝材 （千克）	Unforged Aluminum (kg)	9870170	80538
铝 材	Rolled Aluminum	9870170	80538
钢铁或铝制结构体及其部件 （千克）	Structure and Relative Parts Made of Steel or Aluminum (kg)	122977	4210
钢铁或铝制绞股线及类似品 （千克）	Wires and Relative Products Made of Steel or Aluminum (kg)	110648	775
蒸汽锅炉及过热水锅炉 （台）	Steam Boilers and Hot Water Boilers (unit)	4	2991
蒸汽及过热水锅炉的辅助设备 （台）	The Auxiliary Equipment of Steam Boilers and Hot Water Boilers (unit)	53	3
蒸汽及过热水锅炉的辅助设备 （吨）	The Auxiliary Equipment of Steam Boilers and Hot Water Boilers (ton)	3847	71
汽轮机零件 （千克）	Steam-turbine Parts (kg)	34205	1796
活塞式内燃机的零件 （千克）	Parts of Piston Combustion Engines (kg)	238897	16388
涡轮喷气发动机 （台）	Turbojet EngineS (unit)	12	2179
液泵及液体提升机 （台）	Liquid Pumps and Elevators (unit)	7211	18412
制冷设备用压缩机 （台）	Compressors for Refrigerating Equipment (unit)	734	10080
空气调节器 （台）	Air Conditioning (unit)	149	1090
冷冻机和制冷设备	Refrigerators and Refrigerating Equipment		2591
非家用型水的过滤、净化机器 （台）	Non-family Machinery for Filtering and Purifing (unit)	293	973
饮料及液体食品灌装设备 （台）	Canned Equipment for Beverage and Liquid Food (unit)	2	580
机械提升搬运装卸设备及零件	Mechanical Elevators for Transport and Relative Parts		36703
建筑及采矿用机械及零件	Machinery and parts for Construction and Mining		32600
食品加工机械及零件	Machinery and parts for Food Processing		513
制造纸及纸制品用机械及零件	Machinery for Paper and Paper Products Manufacturing and Relative Parts		1444
印刷、装订机械及零件	Machinery and parts for Printing and Binding		22074
纺织机械及零件	Textile Machinery and Relative Parts		7003
# 纺织纱线生产及预处理机 （台）	Textile Yarn and Pre-production Machines (unit)	22	4772
针织机及缝编机 （台）	Knitting and Sewing Machines (unit)	24	926
纱线织物等后整理机器 （台）	Yarn, Fabric and other Finishing Machines (unit)	44	1049
工业用缝纫机 （台）	Industrial Use Sewing Machines (unit)	1113	6800
金属加工机床 （台）	Machine Tools (unit)	339	139290

17-7 续表 2 continued

商品名称	Item	数 量 Volume	金 额（千美元） Value (USD 1 000)
金属冶炼铸造设备及零件	Metal Smelting and Forging Equipment and Relative Parts		11761
金属轧机及零件	Metal Mills and Relative Parts		1087
玻璃热加工机械及零件	Machinery and parts for Glass Hot Processing		3258
橡胶或塑料加工机械及零件	Machinery and for Rubber or Plastic Processing		59166
型模及金属铸造用型箱	Casting Molds for Metal Forging		3327
阀 门 (套)	Valves (unit)	159120	45513
自动数据处理设备及其部件 (台)	Automatic Data Processing Machines and Components (unit)	43052	8824
# 数字式自动数据处理设备	Automatic Data Processing Equipments	159	3062
数字式中央处理部件	Digital Central Processing Unit	362	1604
输入或输出部件	Input and Output Operations	2240	471
自动数据处理设备的零件 (千克)	Parts of Data Processing Machines (kg)	16083	3995
电动机及发电机 (台)	Electric Motors and Generators (unit)	8017	20736
发电机组及旋转式变流机 (台)	Dynamo Units and Rotated Converters (unit)	248	6957
旋转式电力设备的零件 (千克)	Parts of Rotated Electric Equipment (kg)	239471	2804
变压、整流、电感器及零件	Transformers, Rectifiers, Inductancers and Relative Parts		120797
电 池 (个)	Batteries (unit)	1320	163
焊接机器及零件	Welders and Relative Parts		3061
未录的磁带及类似品	Unrecorded Tapes and The Analogs		17063
无线电导航雷达及遥控设备 (台)	Radar for Radio Navigationequipment and Control Equipment (unit)	382	1408
录放音、像机及唱机的零附件 (千克)	Parts of Sound Recorders, Video Tape Recorders and Phonographs (kg)	5	10
电视、收音机及无线电讯设备的零附件 (千克)	Parts of Television, Radio and Wireless Telecommunication Equipment (kg)	7786	3201
电容器 (千克)	Electrical Capacitors (kg)	132665	20837
电阻器 (千克)	Resistor (kg)	63754	9073
印刷电路 (块)	Printed Circuit (unit)	21488196	33965
断路保护电路装置及零件	Breaking-off and Safety CircuitSets and Parts		80489
二极管及类似半导体器件 (个)	Diodes Transistors and Semiconductor Devices(unit)	478848843	74966
电线和电缆 (千克)	Insulated Wire or Cable (kg)	236813	13249
汽车和汽车底盘 (辆)	Motor Vehicles and Chassis (unit)	5	2459
小客车（九座及以下的）	Passenger Cars（Nine Seats and Below)	1	10
货车(包括整套散件)	Trucks (including a Complete Set of Spare Parts)	2	1681
专用汽车	Special Purpose Motor Vehicles	2	768

17-7 续表 3 continued

商品名称		Item		数量 Volume	金额（千美元） Value (USD 1 000)
飞 机	(架)	Airplanes	(unit)	22	24836
航空器零件	(千克)	Parts of Air Craft	(kg)	128940	44744
照相机零附件	(千克)	Camera Accessories	(kg)	12	3
医疗仪器及器械		Medical Instruments and Appliances			61632
计量检测分析自控仪器及器具		Measuring, Checking and Analyzing Auto-controlling Apparatus			394003
计钟表机芯及钟表零件		Design Watch Movement and Watch Parts			282
印刷品	(千克)	Presswork	(kg)	70675	4533
塑料制品	(千克)	Plastic Articles	(kg)	3137838	10965
玩 具		Toys			1883
纽扣及其零件	(千克)	Buckles and Relative Parts	(kg)	173	14
拉链及其零件	(千克)	Zippers and Relative Parts	(kg)	129971	66
机电产品		Machanical and Electrical Products			4438548
# 金属制品		Metal Products			75977
机械设备		Machinery and Equipments			1105247
电器及电子产品		Electric and Electronic Products			2627358
运输工具		Transport Equipments			114158
仪器仪表		Instruments and Meters			510129
其 他		Others			5678
高新技术产品		High and New-tech Products			3289624
生物技术		Biotechnology			20
生命科学技术		Life Sciences Technology			323478
光电技术		Photoelectric Technology			199227
计算机与通信技术		Computer and Communication Technology			104983
电子技术		Electronic Technology			2196385
计算机集成制造技术		Computer Integrated Manufacturing Technology			262311
材料技术		Material Technology			14344
航空航天技术		Aerospace Technology			179985
其他技术		0thers			8891
其他燃料油	(千克)	Other Fuel Oil	(kg)	1164463	660
# 橄榄油		Olive Oil		22683	110
酒 类		Liquor			3433
# 葡萄酒		Wine			3354
初级形状的线型低密度聚乙烯		The Primary Shape of Linear Low Density Polyethylene			621
聚酰胺切片		Polyamide Slice			26
涂布纸		Coated Papers			4882
加工中心		Machining Center			38853
数控铣床		NC Milling Machine			79265
制造单晶柱或晶圆用的机器及装置		Boules or Wafers of a Single Plant and Equipment			8778
制造半导体器件或集成电路用的机器及装置		Semiconductor Devices or Integrated Circuits Used in Machinery and Equipment			17040
制造平板显示器用的机器及装置		Flat Panel Display Manufacturing Machines and Equipment			3
蓄电池		Electric Accumulators			69

17-8 利用外资情况
Utilization of Foreign Capital

单位：万美元 (USD 10 000)

年 份 Year	签订合同项目 (个) Number of Signed Projects (unit)	签订外商直接投资合同 Contracts of Direct Foreign Investments		实际利用外商直接投资 Amount of FDI Actually Utilized	
		金 额 Value	比上年增长% Growth Rate as Preceding Year(%)	金 额 Value	比上年增长% Growth Rate as Preceding Year(%)
1983	2	823		25	
1984	7	154	-81.3	129	416.0
1985	50	42848	27723.4	818	534.1
1986	34	34786	-18.8	942	15.2
1987	18	17381	-50.0	2890	206.8
1988	14	2096	-87.9	18007	523.1
1989	22	2650	26.4	9679	-46.2
1990	24	1134	-57.2	4191	-56.7
1991	54	2068	82.4	3159	-24.6
1992	424	52290	2428.5	4583	45.1
1993	790	92204	76.3	23432	411.3
1994	444	41142	-55.4	23809	1.6
1995	272	41518	0.9	32407	36.1
1996	280	60054	44.6	33008	1.9
1997	182	64954	8.2	61016	84.9
1998	196	37582	-42.1	30010	-50.8
1999	157	42693	13.6	24197	-19.4
2000	215	49931	17.0	28842	19.2
2001	223	73009	46.2	36455	26.4
2002	203	84060	15.1	41064	12.6
2003	229	83428	-0.8	46602	13.5
2004	271	104877	25.7	52664	13.0
2005	256	158237	50.9	62839	19.3
2006	255	203530	28.6	92489	47.2
2007	184	197311	-3.1	119516	29.2
2008	156	181781	-7.9	136954	14.6
2009	101	140117	-22.9	151053	10.3
2010	139	221030	57.8	182006	20.5
2011	138	254910	15.3	235483	29.4
2012	144	515036	102	293609	24.7

17-9 外商投资情况
Foreign Investment

单位：万美元 (USD 10 000)

分组	Groups	项目数(个) Number of Projects (unit)		合同外资 Contracted Foreign Investments		实际外资 Actually Utilized Foreign Investments	
		2011	2012	2011	2012	2011	2012
总　计	**Total**	**138**	**144**	**254910**	**515036**	**235483**	**293609**
按投资方式分	**By Investment Form**						
中外合资企业	Equity Joint Venture	44	65	99647	141704	89111	116624
中外合作企业	Contractural Joint Venture	4	3	1794	4089	105	3090
外资企业	Wholly Foreign-owned Enterprise	89	76	143331	369152	136647	173524
外商投资股份制	FDI Shareholding Inc.	1		10138	91	9620	371
按国民经济行业分	**By Sector**						
农、林、牧、渔业	Agriculture, Forestry, Animal Husbandry and Fishery	4	8	6571	5588	2121	1668
采矿业	Mining	2	1	10812	-283	2420	6218
制造业	Mining	56	58	153741	392570	140455	179236
电力、燃气及水的生产和	Production and Supply of Electricity,	3	1	2028	11587	2903	9772
建筑业	Construction		1		57	8	
交通运输、仓储和邮政业	Transport, Storage and Post	1	2	10886	3238	9886	4234
信息传输、计算机服务和软件业	Information Transmission, Computer Services and Software	9	13	1912	7953	1291	7307
批发和零售业	Wholesale and Retail Trades	26	17	30941	27746	29562	24578
住宿和餐饮业	Hotels and Catering Services	6	5	6260	1013	6323	822
金融业	Financial Intermediation	1		2500		1587	2946
房地产业	Real Estate	4	7	18220	51154	34247	49808
租赁和商务服务业	Leasing and Business Services	16	16	4493	6620	1569	1618
科学研究、技术服务和	Scientific Research, Technical Service	5	1	888	-609	826	781
水利、环境和公共设施	Management of Water Conservancy,Environment	1	2	4988	4597	371	352
居民服务和其他服务业	Services to Households and Other Services	1	1	6	10		
教　育	Education			35			35
卫生、社会保障和社会福利	Health, Social Security and Social Welfare			240	3604	1512	4234
文化、体育和娱乐业	Culture, Sports and Entertainment	3	11	235	191	248	

17-9 续表 continued

单位：万美元 (USD 10 000)

分组	Groups	项目数(个) Number of Projects (unit)		合同外资 Contracted Foreign Investments		实际外资 Actually Utilized Foreign Investments	
		2011	2012	2011	2012	2011	2012
按国别(地区)分	**By Country(Region)**						
香港	Hong Kong, China	55	72	123920	183991	121092	142621
印度	India		1				
伊朗	Iran	2		16			
日本	Japan	5	8	3280	1963	2265	3860
澳门	Macao, China	1		3041	24	3085	371
马来西亚	Malaysia	3	1	1040	1325	301	590
巴基斯坦	Pakistan						
新加坡	Singapore	7	7	3742	12759	4082	15886
韩国	Korea Rep.	6	17	104	238401	29	36760
泰国	Thailand	1		500			
台湾省	Taiwan, China	7	4	313	1131	122	1127
哈萨克斯坦	Kazakhstan						
加纳	Ghana		1				
毛里求斯	Mauritius			16067	15653	16067	15653
塞舌尔	Seychelles		1		215		
英国	United Kingdom	5	1	659	2990	411	3486
德国	Germany	4	1	4594	706	4980	648
法国	France	1		879	-7723	692	746
意大利	Italy	3		640		251	184
荷兰	Netherlands			3437	1044	3437	1044
西班牙	Spain					76	
奥地利	Austria	1		683	388		373
芬兰	Finland				-67	98	
冰岛	Iceland				1921		882
挪威	Norway			-58			
瑞典	Sweden	1		50			50
巴西	Brazil			-612			
开曼群岛	Cayman Islands	1		7088	9616	11132	10586
巴拿马	Panama	1		4	-2		
英属维尔京群岛	Virgin Is. (E)	5	11	39560	32327	39485	29332
加拿大	Canada	3	4	-46	41	80	15
美国	United States	10	10	15453	6294	11967	5079
百慕大	Bermuda				2385	1371	3500
澳大利亚	Australia	2		390	469	19	261
瓦努阿图	Vanuatu				-6254		
新西兰	New Zealand			1390	418	641	1000
萨摩亚	Samoa	2	1	519	161	330	561
国(地)别不详的	Others			100			100
创业投资公司投资	Investment Investments Limited						817
投资性公司投资	Investment Companies	7	7	28157	14859	13470	18075

17-10 旅游总收入和总人数
Total Income and Number of Visitors

年 份 Year	总收入 (亿元) Total Income (100 million yuan)	国内旅游收入 (亿元) Domestic Tourism (100 million yuan)	国际旅游收入 (万美元) International Tourism (USD 10 000)	总人数 (万人) Total Number (10 000 persons)	国内游客 Domestic Vistiors	国际游客 International Vistiors
1991	27	23	5482	1532	1500	32
1992	31	25	7505	1594	1550	44
1993	35	28	8900	1746	1700	46
1994	39	30	11279	1794	1750	44
1995	54	42	14090	2144	2100	44
1996	77	61	19820	2350	2300	50
1997	86	67	22464	2554	2500	54
1998	95	74	24717	2604	2550	54
1999	111	88	27189	2663	2600	63
2000	150	127	28000	3131	3060	71
2001	168	142	30871	3436	3360	76
2002	187	158	35097	3818	3733	85
2003	160	144	19800	3347	3300	47
2004	301	271	36136	5312	5232	80
2005	353	316	44625	6081	5988	93
2006	418	378	51000	7056	6950	106
2007	504	458	61200	8138	8015	123
2008	607	561	66011	9182	9056	126
2009	767	715	77107	11555	11410	145
2010	984	916	101596	14566	14354	212
2011	1324	1240	129505	18406	18135	270
2012	1713	1610	159747	23276	22941	335

17-11 旅游业发展情况
Development of Tourism

指标	Item	2010	2011	2012
入境旅游人数 (万人次)	Number of Overseas Visitor Arrivals (10 000 person-times)	212.17	270.41	335.24
1.港澳同胞	Chinese Compatriots From Hong Kong and Macao	32.90	46.96	60.34
2.台湾同胞	Chinese Compatriots From Taiwan Province	24.04	33.54	41.23
3.外国人	Foreigners	155.24	189.91	233.66
国际旅游外汇收入 (万美元)	Foreign Exchange Earnings from International Tourism (USD 10 000)	101596	129505	159747
1.长途交通	Long Distance Transportation	36879	52838	57349
飞机	Civil Aviation	29260	40017	44569
火车	Railway	5588	5439	7189
汽车	Highway	2032	7382	5591
2.景区游览	Sightseeing	6502	7770	9904
3.住宿	Accommodation	12496	13857	19968
4.餐饮	Food and Beverage	9448	4921	7348
5.购物	Shopping	19405	23829	30512
6.娱乐	Entertainment	3962	7123	11182
7.邮电通讯	Postal and Communication Services	2438	2979	3385
8.市内交通	Local Transportation	4165	5180	5911
9.其他服务	Other Service	6299	11008	14217
入境游客在陕人均天花费 (美元/人天)	Per Capita Days Spent of Visitors in Shaanxi (USD/per-day)	186	188	188
国内旅游人数 (万人次)	Number of Domestic Visitors (10 000 person-times)	14354	18135	22941
国内旅游收入 (亿元)	Earnings from Domestic Tourism (100 million yuan)	916	1240	1610
旅行社数 (个)	Number of Travel Agencies (unit)	615	660	716

17-12 分国别入境旅游人数
Number of Oversea Visitor Arrivals by Country/Region

单位：人 (person)

国别和地区	Country and Region	2010	2011	2012
总计	**Total**	**2121721**	**2704071**	**3352365**
港澳同胞	Chinese Compatriots From Hong Kong and Macao	328951	469588	603423
台湾同胞	Chinese Compatriots From Taiwan Province	240414	335390	412320
日本	Japan	183516	186715	183751
韩国	Korea Rep.	161262	169337	226323
蒙古	Mongolia		30472	35649
菲律宾	Philippines		18543	22923
印度	India		25488	28763
越南	Vietnam		2892	8071
缅甸	Myanmar		1030	
朝鲜	Korea DPR		384	
巴基斯坦	Pakistan		3112	
英国	United Kingdom	88275	91032	101833
法国	France	83549	82170	101525
德国	Germany	80517	83101	98644
意大利	Italy	32781	39122	44622
瑞士	Switzerland	14447	14511	18574
瑞典	Sweden	13187	16310	17590
俄罗斯	Russia	26015	33933	47328
西班牙	Spain	30619	38955	40709
美国	United States	211869	231349	261415
加拿大	Canada	72192	88490	90882
澳大利亚	Australia	55577	63355	78231
新西兰	New Zealand		14477	18036
泰国	Thailand	19647	20585	29224
新加坡	Singapore	39486	48552	52001
印度尼西亚	Indonesia	26020	31064	37139
马来西亚	Malaysia	31183	39264	45979
其他	Others	382214	524850	747410

17-13 各市(区)对外经济和国际旅游情况(2012年)
Foreign Economy Trade and International Tourism by City(District)(2012)

地区	Region	进出口总值(万美元) Total Value of Imports and Exports (USD 10 000)	#出口 Exports	外商投资 Foreign Capital: 项目数(个) Number of Projects (unit)	外商投资 Foreign Capital: 合同外资(万美元) Contracts of Foreign Investments (USD 10 000)	外商投资 Foreign Capital: 实际外资(万美元) Actually Utilized Foreign Investments (USD 10 000)	星级饭店数(个) Number of Star-rated Hotel (unit)
全省	**Shaanxi**	**1479854**	**865178**	**144**	**515036**	**293609**	**376**
西安市	Xi'an	1301433	729865	80	460470	247856	116
铜川市	Tongchuan	1242	985	1	2631	3000	13
宝鸡市	Baoji	74527	55235	10	17279	6015	36
咸阳市	Xianyang	43299	37359	6	10912	7080	25
渭南市	Weinan	23329	14434	3	3300	6183	33
延安市	Yan'an	6623	6623	3	1317	2000	42
汉中市	Hanzhong	5426	5256	2	871	3014	29
榆林市	Yulin	4619	4141	3	4945	3000	32
安康市	Ankang	2384	2384	2	441	3000	25
商洛市	Shangluo	7728	646	2	7279	8461	19
杨凌示范区	Yangling	9265	8281		4413	4000	6
其他	Others			32	1178		

17-14 主要星级饭店基本情况(2012年)
Basic Conditions of Main Star-Degree-Hotels(2012)

饭店名称	Name of Hotel	地址	Address
五星级	**Five Star**		
维景(阿房宫)饭店	Hyatt Regency Hotel	西安市东大街158号	No.158 East Street,Xi'an
西安喜来登大酒店	Sharaton Hotel	西安市沣镐东路262号	No.262 East Fenghao Avenue,Xi'an
西安金花大酒店	Golden Flower Hotel,Xi'an	西安市长乐西路8号	No.8 West Changle Avenue,Xi'an
西安君樂城堡酒店	Grand Park Hotel,Xi'an	西安市环城南路西段12号	No.12 West Section ,South City Ring Road,Xi'an
索菲特人民大厦	Sofitel,Renmin Square, Xi'an	西安市东新街319号	No.319 East New Street,Xi'an
西安香格里拉大酒店	Shangri-la Hotel,Xi'an	西安市科技路38号乙	No.38 Keji Road,Xi'an
陕西世纪金源大饭店	Empark Grand Hotel	新城区建功路19号	No.19jiangong Road, Xincheng Zone
天域凯莱大酒店	Tian-yu Gloria Plaza Hotel	西安市雁塔北路15号	No.15 north Yanta Road,Xi'an
建国饭店	Jianguo Hotel	西安市互助路2号	No.2 Huzhu Road,Xi'an
榆林永昌国际大酒店	Yongchang International Hotel,Yulin	榆林市高新技术产业园朝阳路	Zhaoyang Road,High Technology Industry Park,Yulin
四星级	**Four Star**		
唐华宾馆	Xi'an Garden Hotel	西安市大雁塔东雁引路40号	No.40 East Yanyin Road,Xi'an
古都新世界大酒店	Grand New World Hotel	西安市莲湖路172号	No.48 Lianhu Road,Xi'an
西安宾馆	Xi'an Hotel	西安市长安北路58号	No.58 North Chang'an Road,Xi'an
西安骊苑大酒店	Le Garden Hotel,xian	西安市劳动南路8号	No.8 South Laodong Road,Xi'an
唐城宾馆	Tangcheng Hotel	西安市含光路南段	South Hanguang Road,Xi'an
恒佳好世界大酒店	The Good World Hotel,Xi'an	西安市莲湖路28号	No.28 Lianhu Road,Xi'an
西安钟楼饭店	Bell Tower Hotel,Xian	西安市南大街110号	No.110 South Street,Xi'an
皇城豪门酒店	Imperial City Haomen Hotel	西安市东大街334号	No.334 East Street,Xi'an
东方大酒店	East Hotel	西安市朱雀大街393号	No.393 Zhuque Street,Xi'an
润天宾馆	Runtian Hotel	西安市阎良区润天大道15号	No.15 Runtian Road,Yanlian District, Xi'an
高速神州酒店	Sino Pearl Hotel	西安市环城东路9号	No.9 East City Ring Road,Xi'an
陕西奥罗大酒店	Aurum International Hotel	西安市南新街30号	No.30 South New Street,Xi'an
西京国际饭店	West Capital International Hotel	西安市西大街241号	No.241 West Street,Xi'an
西安天翼新商务酒店	Tianyi Commercial Hotel,Xi'an	西安市西二环南段281号	No.281 South Section ,West Second Ring Road ,Xi'an
西安美居人民大厦	Mercure on Renmin Square,Xi'an	西安市东新街319号	No.319 East New Street,Xi'an
西安富凯酒店	Fukai Hotel,Xi'an	西安市南新街27号	No.27 South New Street,Xi'an
西安志诚丽柏酒店	Ziction Liberal Hotel,Xi'an	西安市高新路46号	No.46 Gaoxin Road,Xi'an
万年饭店	Eternity Hotel,Xi'an	西安市长乐中路副11号	No.11 Changle Road,Xi'an
陕西中江之旅时代大酒店	ZhongJiang Journey Time Hotel, Shaanxi	西安市未央区文景路18号	No.18 Weiyang District,Wenjing Road,Xi'an
西安皇后大酒店	Xi'an Empress Hotel	西安市兴庆路45号	No.45 Xingqing Road,Xi'an
西安美华金唐国际酒店	Meihua Jintang International Hotel,Xi'an	西安市西大街79号	No.79 West Street,Xi'an
唐朝酒店	The Tang Dynasty Hotel	经济技术开发区凤城三路198号	No.198 Fengcheng3 Road,Jingkai Zone
西安军安王朝大酒店	King Dynasty Hotel,Xi'an	西安市大庆路1号	No.1 Daqing Road,Xi'an
西安绿地假日酒店	Green Holiday Hotel,Xi'an	西安市锦业路5号	No.5 Jinye Road, Xi'an
陕西海景国际酒店	Heizee Hotel	西安市兴庆北路219号	No.219 North Xingqing Road, Xi'an
西安雁塔国际大酒店	Yanta International Hotel, Xi'an	西安市西影路西段609号	No.609 West of Xiying Road, Xi'an
陕西华山国际酒店	Huashan International Hotel,Shaanxi	西安市北大街199号	No.199 South Street,Xi'an
怡和酒店	Jardine Matheson Hotel	宝鸡市火炬路中段	Middle Section ,Huoju Road,Baoji
高新君悦国际酒店	Gaoxin Junyue International Hotel	宝鸡市高新区高新大道69号	No.69,New&Hi Avenue,New&Hi-tech Industrial Development Zone,Baoji
红螺湾假日酒店	Red screw holiday Hotel	咸阳市渭阳西路中段	Middle Section ,West Weiyang Road,
咸阳国贸大酒店	World Trade Hotel, Xianyang	渭阳西路中段	Middle of West Weiyang Road
光明大酒店	GuangMing Hotel	渭南市朝阳大街82号	No.82 Zhaoyang Street,Weinan
正阳国际酒店	Zhengyang International Hotel	铜川新区正阳路16号	No.16 Zhengyang Road, New Zone of Tongchuan
延安旅游大厦	Yan'an Tourism Hotel	延安市中心街	Central Street,Yanan
延安丽森酒店	Lisen Hotel,Yan'an	延安市双拥大道	Double Support Avenue,Yanan
黄陵桥山滨湖酒店	Huangling Bridge Lake Hotel	黄陵县黄帝陵西侧	West Tomb of Huangdi,Huangling
邮政大酒店	Post Hotel	汉中市天汉大道中段	Middle Section,Tianhan Avenue, Hanzhong
红叶大酒店	Red Leaf Hotel	汉中市劳动东路中段33号	Middle Section,East Laodong Road, Hanzhong
亚华商务酒店	Yahua Business Hotel	神木县东新街南端	South Section, East New Street,Shenmu
天峰国际酒店	Tianfeng International Hotel	神木县中兴街东段	East Section,Zhongxing Street,Shenmu
五洲国际大饭店	Wuzhou International Hotel	神木县东兴街北段	Nouth Section,Dongxing Street,Shenmu
安康明江国际酒店	MingJiang International Hotel	安康市滨江大道4号	No.4 Binjiang Avenue,AnKang
杨凌国际会展中心	International Exhibition Centers	杨凌示范区区新桥北路1号	No.1 North New Bridge Road,Yang Ling

主要统计指标解释

进出口总额 指实际进出我国国境的货物总金额。包括对外贸易实际进出口货物，来料加工装配进出口货物，国家间、联合国及国际组织无偿援助物资和赠送品，华侨、港澳台同胞和外籍华人捐赠品，租赁期满归承租人所有的租赁货物，进料加工进出口货物，边境地方贸易及边境地区小额贸易进出口货物(边民互市贸易除外)，中外合资企业、中外合作经营企业、外商独资经营企业进出口货物和公用物品，到、离岸价格在规定限额以上的进出口货样和广告品(无商业价值、无使用价值和免费提供出口的除外)，从保税仓库提取在中国境内销售的进口货物，以及其他进出口货物。该指标可以观察一个国家在对外贸易方面的总规模。我国规定出口货物按离岸价格统计，进口货物按到岸价格统计。

商品经营单位所在地进、出口额 指在所在地海关注册登记的有进出口经营权的企业实际进、出口额。

商品目的地进口额和商品货源地出口额 目的地进口额指进口货物的消费、使用或最终抵运地的实际进口额；货源地出口额指出口货物的产地或原始发货地的实际出口额。

利用外资 指我国各级政府、部门、企业和其他经济组织通过对外借款、吸收外商直接投资以及用其他方式筹措的境外现汇、设备、技术等。

外商直接投资 指外国企业和经济组织或个人(包括华侨、港澳台胞以及我国在境外注册的企业)按我国有关政策、法规，用现汇、实物、技术等在我国境内开办外商独资企业、与我国境内的企业或经济组织共同举办中外合资经营企业、合作经营企业或合作开发资源的投资(包括外商投资收益的再投资)，以及经政府有关部门批准的项目投资总额内企业从境外借入的资金。

旅游人数

(1)入境旅游人数：指报告期内来我国观光、度假、探亲访友、就医疗养、购物、参加会议或从事经济、文化、体育、宗教活动的外国人、港澳台同胞等入境游客。统计时，外国人、港澳台同胞每入境一次统计 1 人次。

(2)出境人数：指中国（大陆）居民因公或因私出境前往其他国家、中国香港特别行政区、澳门特别行政区和台湾省观光、度假、探亲访友、就医疗养、购物、参加会议或从事经济、文化、体育、宗教活动的人数，即出境游客。统计时，按每出境一次统计 1 人次。

(3)国内旅游人数：指在报告期内在中国（大陆）观光游览、度假、探亲访友、就医疗养、购物、参加会议或从事经济、文化、体育、宗教活动的中国（大陆）居民人数，其出游的目的不是通过所从事的活动谋取报酬。统计时，国内游客按每出游一次统计 1 人次。

国际旅游(外汇)收入 指入境游客在中国（大陆）境内旅行、游览过程中用于交通、参观游览、住宿、餐饮、购物、娱乐等全部花费。

国内旅游收入 又称旅游总花费指国内游客在国内旅行、游览过程中用于交通、参观游览、住宿、餐饮、购物、娱乐等全部花费。

国际旅行社 指经营业务范围包括入境旅游业务、出境旅游业务和国内旅游业务的旅行社。

国内旅行社 指经营范围仅限于国内旅游业务的旅行社。

星级饭店 指设备、设施、服务符合《旅游饭店星级的划分与评定》(GB/T14308-2003)，通过相关旅游管理部门评定，并取得星级饭店称号的饭店（含预备星级饭店）。

Explanatory Notes on Main Statistical Indicators

Total Imports and Exports at Customs refer to the real value of commodities imported and exported across the border of China. They include the actual imports and exports through foreign trade, imported and exported goods under the processing and assembling trades and materials, supplies and gifts as aid given gratis between governments and by the United Nations and other international organizations, and contributions donated by overseas Chinese, compatriots in Hong Kong and Macao and Chinese with foreign citizenship, leasing commodities owned by tenant at the expiration of leasing period, the imported and exported commodities processed with imported materials, commodities trading in border areas (excluding mutual exchange goods), the imported and exported commodities and articles for public use of the Sino-foreign joint ventures, cooperative enterprises and ventures with sole foreign investment. Also included is import or export of samples and advertising goods for which CIF or FOB value are beyond the permitted ceiling (excluding goods of no trading or use value and free commodities for export), imported goods sold in China from bonded warehouses and other imported or exported goods. The indicator of the total imports and exports at customs can be used to observe the total size of external trade in a country. In accordance with the stipulation of the Chinese government, imports are calculated at CIF, while exports are calculated at FOB.

Import Export Value by Location of China's Foreign Trade Managing Units refers to actual value of imports and exports carried out by corporations which have been registered by the local Customs house and are vested with right to run import export business.

Import Value of Commodities by Place of Destination and Export Value of Commodities by Place of Origin in China The former indicator refers to the value of import commodities of the places of their consumption, utilization or the places of their final destination. The latter indicator refers to the value of export commodities of the places of their origin or the places of the commodities dispatched.

Utilization of Foreign Capitals refers to remittance, equipment and technology financed from abroad, by loans, foreign direct investment and other forms undertaken by the Chinese governments at all levels, by various departments, enterprises and other economic units.

Foreign Borrowings refer to funds borrowed from abroad through formal signing of borrowing agreements with foreign institutions, including loans of foreign governments, loans of international financial institutions, commercial loans of foreign banks, export credit, and funds raised by Chinese bonds (and shares before 1996) issued abroad. It is an important part of China's utilization of foreign capitals.

Foreign Direct Investment refers to the investments inside China by foreign enterprises and economic organizations or individuals (including overseas Chinese, compatriots from Hong Kong, Macao and Taiwan, and Chinese enterprises registered abroad), following the relevant policies and laws of China, for the establishment of ventures exclusively with foreign own investment, Sino-foreign joint ventures and cooperative enterprises or for co-operative exploration of resources with enterprises or economic organizations in China.

Number of Tourists

(1) Visitor arrivals refer to the number of foreigners, Chinese compatriots from Hong Kong, Macao and Taiwan Chinese (mainland) who come to China (mainland) for sight-seeing, vacation, visiting relatives, medical treatment, shopping, attending conference, or to engage in economic, cultural, sports and religious activities. In compiling statistics, each time of entering China is counted as one person-time.

(2) Number of Chinese residents going abroad refer to the number of Chinese (mainland) residents going to other countries, Hong Kong Special Administrative region, Macao Special Administrative region and Taiwan for on official or private purposes, for sight-seeing, vacation, visiting relatives, medical treatment, shopping, attending conference, or to engage in economic, cultural, sports and religious activities. In compiling statistics, each time of leaving is counted as one person-time.

(3) Number of domestic tourists refers to the number of Chinese (mainland) residents who travel within China (mainland) for sight-seeing, vacation, visiting relatives, medical treatment, shopping, attending conference, or to engage in economic, cultural, sports and religious activities. In compiling statistics, each time of travelling is counted as one person-time.

Foreign Exchange Earnings from International Tourism refer to the total expenditure of foreigners, overseas Chinese, Chinese compatriots from Hong Kong, Macao and Taiwan during their stay in the mainland of China on transportation, sighting, accommodation, food, shopping and entertainment.

Income from Domestic Tourism refer to expenditure of domestic tourists on transportation, sighting, accommodation, food, shopping and entertainment while they travel.

International Travel Agencies refer to travel agencies engaged in tourism entering China, Chinese residents going abroad and domestic tourism.

Domestic Travel Agencies refer to travel agencies only engaged in domestic tourism.

Star-rated Hotels refer to hotels rated with stars as assessed by the relevant tourism authorities according to GB/T14308-2003 standard with reference to their infrastructure, facilities and service levels.

十八、金融和保险

Banking and Insurance

资料整理：张应剑

简 要 说 明

一、本篇资料反映陕西金融、证券、保险业务发展情况。

二、资料来源:

金融、证券、保险资料分别由中国人民银行西安分行、中国证券监督管理委员会陕西监管局、中国保险监督管理委员会陕西监管局提供。

Brief Introduction

I. This chapter reflects the development of banking, bond and insurance of Shaanxi Province.

II. The data sources:

The data on banking, bond and insurance are provided by Xi'an Branch of the People's Bank of China, Shaanxi Bureau of China Securities Regulatory Commission and Shaanxi Bureau of China Insurance Regulatory Commission.

18.金融和保险

2012年底全省		
金融机构(含外资)人民币存款余额	22657.74	亿元
# 个人储蓄存款	10770.05	亿元
金融机构(含外资)人民币贷款余额	13865.61	亿元
保险业保费收入		
财 产 险	115.78	亿元
人 身 险	249.55	亿元

金融机构（含外资）人民币年底存贷款余额（亿元）

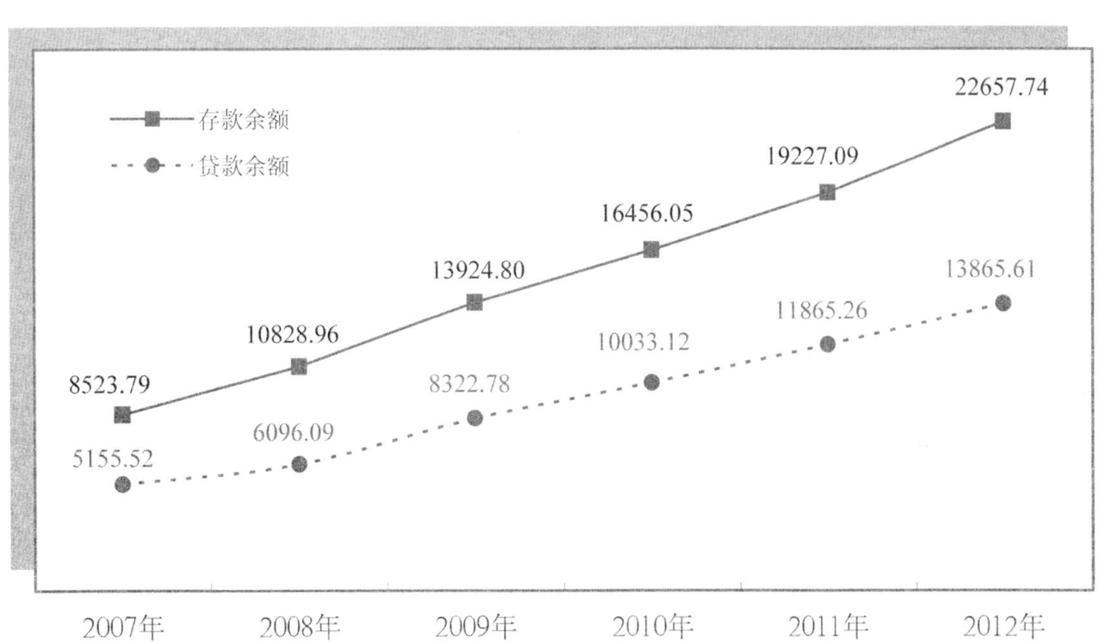

18-1 金融机构(含外资)人民币信贷收支(年底余额)
Summary of Sources & Uses of Funds of Financial Institutions in RMB (Uncluding Foreign Currency at Year-end)

单位：亿元

项　　目	Item	2011	2012
资金来源总计	**Total Funds Sources**	**18571.47**	**21627.24**
一、各项存款合计	Total Deposits	19227.09	22657.74
1.单位存款	Corporate Deposits	9542.04	11103.19
2.个人存款	Personal Deposits	9214.27	10934.76
# 储蓄存款	Savings Deposits	9172.09	10770.05
3.财政性存款	Fiscal Deposits	267.20	344.42
4.临时性存款	Temporary Deposits	24.30	38.30
5.委托存款	Entrusted Deposits	41.87	25.72
6.其他存款	Other Deposits	137.40	211.36
二、金融债券	Financial Bond		
三、中长期借款	Medium & Long-term Loans	0.83	0.89
四、应付及暂收款	Accounts Payable and Temporary	331.26	424.40
五、同业往来	Business with Counterpart	95.75	90.85
六、系统内资金往来	Funds Transactions in the System		
七、外汇买卖	Foreign Exchange Trading	165.28	55.00
八、各项准备	All Provisions	324.91	368.60
九、所有者权益	Owner's Equity	443.60	636.91
十、其他	Others	-2017.25	-2607.16
资金运用总计	**Total Use of Funds**	**18571.47**	**21627.24**
一、各项贷款合计	Total Loans	11865.26	13865.61
1.境内贷款	Domestic Loans	11864.82	13863.99
短期贷款	Short-term Loans	3057.02	3964.40
中长期贷款	Medium & Long-term Loans	8327.56	9385.20
融资租赁	Financial Lease	1.85	1.08
票据融资	Bill Financing	478.21	512.80
各项垫款	Miscellaneous Advances	0.19	0.51
2.境外贷款	Overseas Loans	0.43	1.63
二、有价证券	Portfolio Investments	227.66	299.38
三、股权及其他投资	Shares and Other Investments	83.65	184.85
四、应收及预付款	Receivables and Prepayments	98.77	117.08
五、同业往来	Business with Counterpart	35.38	117.98
六、系统内资金往来	Funds Transactions in the System	5791.05	6630.12
七、金银占款	Position for Bullion and Silver Purchase		
八、外汇买卖	Foreign Exchange Trading	165.58	55.43
九、固定资产	Fixed Assets	181.06	208.80
十、库存现金	Cash in Vault	122.67	147.59
十一、投资性房地产	Investment Real Estates	0.40	0.40

18-2 证券业主要情况
General Statistics on Securities Markets

指 标		Item		2011	2012
上市公司情况		**Listed Companies**			
上市公司	(户)	Number of Listed Companies	(accounts)	38	39
# A 股	(只)	A Shares	(number)	38	39
上市公司总股本	(亿股)	Total Issued Capital of Listed Companies	(100 million shares)	229.58	258.06
# 流通股本		Negotiable Shares		170.383	180.7
上市公司股票市价总值	(亿元)	Total Market Capitalization of Listed Companies	(100 million yuan)	1884.7	2118.74
# 股票流通市值		Negotiable Market Capitalization		1460.97	1529.91
证券公司及交易情况		**Securities Companies and Trading**			
证券公司	(个)	Number of Securities Companies	(number)	3	3
证券营业部	(个)	Security Exchange	(number)	105	119
(含外地公司在陕营业部)		(include Nonlocal Exchange in Shaanxi)			
证券交易开户数	(万户)	Total Stock Investors	(10 000 accounts)	218	227
证券交易额	(亿元)	Trading Volume	(100 million yuan)	11895.32	10458.98
# 股票、基金		Stocks and Funds		10540.63	7680.38
期货交易情况		**Futures Trading**			
期货代理交易额	(亿元)	Agent's Turnover of Futures	(100 million yuan)	18547.26	32548.74

18-3 保险业保费收入(2012年)
Premium of Insurance Transactions (2012)

单位：万元 (10 000 yuan)

地 区	Region	保费收入 Premium		赔款与给付 Payment	
		人身险 Life Insurance	财产险 Property Insurance	人身险 Life Insurance	财产险 Property Insurance
全 省	**Shaanxi**	**2495463**	**1157810**	**412905**	**631136**
省本级	The Same Level	307	35401	97	20572
西安市	Xi'an	1210469	521620	201198	274285
铜川市	Tongchuan	36270	20684	5282	13269
宝鸡市	Baoji	247288	73445	43624	39276
咸阳市	Xianyang	297814	91018	48725	46133
渭南市	Weinan	242783	94960	43359	52002
延安市	Yan'an	64726	64225	10391	36907
汉中市	Hanzhong	165467	45869	22836	25019
榆林市	Yulin	89796	157307	13193	92357
安康市	Ankang	80599	32493	10895	19114
商洛市	Shangluo	59944	20788	13305	12202

主要统计指标解释

信贷资金 指金融机构以信用方式积聚和分配的货币资金。金融机构信贷资金的来源有各项存款、金融债券、对国际金融机构负债、流通中现金、其他项目等；信贷资金的运用有各项贷款、有价证券及投资、金银占款、外汇占款、财政借款及在国际金融机构中的资产等。

存款 指企业、机关、团体或居民根据资金必须收回的原则，把货币资金存入银行或其他信贷机构保管并取得一定利息的一种信用活动形式。根据存款对象或性质的不同可划分为单位存款、个人存款、财政性存款、临时性存款、委托存款、其他存款等科目。它是银行信贷资金的主要来源。

贷款 指银行或其他信贷机构根据资金必须归还的原则，按一定利率，为企业、个人等提供资金的一种信用活动形式。银行贷款分为境内贷款和境外贷款，境内贷款有短期贷款、中长期贷款、融资租赁、票据融资等。

保险公司 在中国境内的、经过保险监督管理部门批准设立，并依法登记注册的各类商业保险公司。

保险金额 指保险人承担赔偿或者给付保险金责任的最高限额。

保费 指投保人为取得保险人在约定范围内所承担赔偿责任而支付给保险人的费用。

赔款 指保险人根据保险合同的规定，向被保险人支付的赔偿保险责任损失的金额。

给付 包括死伤医疗给付和满期给付。死伤医疗给付是指保险人根据人寿保险及长期健康保险合同的规定，因被保险人在保险期内发生保险责任范围内的保险事故支付给被保险人(或受益人)的金额。满期给付是指被保险人生存期满，保险人按人寿保险合同规定支付给被保险人的满期保险金额。

Explanatory Notes on Main Statistical Indicators

Credit Funds refer to the monetary funds accumulated and distributed in the means of credit by the financial institutions. The sources of credit funds include various deposits, financial bonds, liabilities to international financial institutions, currency in circulation, other items. The uses of credit funds include loans, securities and investment, position for bullion and silver purchase, position for foreign exchange purchase, advances to treasury, and assets with international financial institutions.

Deposit is a form of credit by which enterprises, institutions, organizations or households can put money into banks and other credit institutions for safekeeping and interest earning under the principle of free withdrawal. According to different depositors, deposits are divided into corporate deposits, personal deposits, fiscal deposits, temporary deposits, entrusted deposits, other deposits and etc. Deposits are major sources of the credit funds of banks.

Loan is a form of credit by which banks and other credit institutions provide funds at certain interest rate to enterprises and individuals in the light of the principle of unconditional repayment. Loans from Chinese banks include short-term loan, medium- term and long-term loans, entrusted loans, and other loans.The bank loans are divided into domestic loans and overseas loans. The domestic loans include short-term loans, medium & long-term loans, financial lease, bill financing and etc.

Insurance Companies refer to commercial insurance companies of various forms registered by law and established in China with the approval of insurance regulatory agencies.

Amount Insured refers to the maximum that the insurant will get for the claim of the case insured.

Premium is the fee paid by the insurant to the insurer to obtain the obligation of compensation from the insurance within the agreed terms.

Settled Claim is the compensation paid by the insurer to the insurant in accordance with the insurance contract.

Payment includes payment for death, injury or medical treatment and payment at maturity. Payment for death, injury or medical treatment refers to the money paid to the insurant (or the beneficiary) in accordance with the life or health insurance contract when the insurant encounters accidents within the insured period covered in the contract. Payment at maturity refers to the payment to the insurant in accordance with the life insurance contract at the end of the insured period.

十九、教育、科技和文化

Education, Science, Technology and Culture

资料整理：杨小侠　杨 毅　董清刚

简 要 说 明

一、本篇资料反映陕西教育、科学技术活动和文化事业的基本情况。

二、本篇资料主要包括:

1. 各级各类教育基本情况，指标主要包括各级各类的学校数、在校生数、招生数、毕业生数、教职工数和专任教师数等。

2. 科技活动情况，科技成果及科技人员情况，专利申请和授权，规模以上工业企业研究与试验发展（R&D）活动发展情况等。

3. 文化艺术、文物、图书馆、新闻出版、广播、电影、电视等文化事业的机构、人员及业务活动开展情况等。

三、本篇资料来源:

教育统计资料由省教育厅提供。

科技统计资料由省科技厅、省人力资源和社会保障厅提供（其中规模以上工业企业科技活动由统计局根据统计年报整理）。

文化统计资料由省文化厅、省新闻出版局、省广播电影电视局、省文物局等有关部门提供。

Brief Introduction

Ⅰ. This chapter reflects the basic conditions on the development Shaanxi' s education, science and technology.

Ⅱ. The data in this chapter mainly include:

1. The data on tertiary, secondary, primary, and kindergarten education and various types of adult education at all levels, including the number of schools, the number of students enrolled, the number of new enrollments, the number of graduates, the number of staff and workers, and the number of full-time teachers of various levels and categories.

2. The data on scientific and technological, including personnel, achievements and prizes of scientific and technical, numbers of patent applications accepted and granted, R&D activities development of industrial enterprises above designated size, etc.

3. The data on institutions, personnel and business activities of culture and arts, cultural relics, libraries, news and publication, radio, film and television, etc.

III. Data sources:

Data on education are provided by Shaanxi Provincial Department of Education.

Data on science and technology are provided by Shaanxi Provincial Department of Science and Technology, Shaanxi Provincial Department of Human Resources and Social Security. (Science and technology activities of industrial enterprises above designated size are processed and prepared in accordance with the annual statistical reports provided by Shaanxi Provincial Bureau of Statistics.

Data on culture are provided by Shaanxi Provincial Department of Culture, Shaanxi Provincial Administration of Press and Publication, Shaanxi Provincial Administration of Radio, Film and Television, Shaanxi Provincial Cultural Heritage Bureau and the related departments.

19.教育、科技和文化

2012年全省		
普通高等学校在校学生	102.63	万人
普通高等学校毕业生	26.53	万人
从事科技活动人员	22.03	万人
图书出版量	19640	万册
杂志出版量	6708	万份
报纸出版量	70922	万份

高等学校毕业生数(万人)

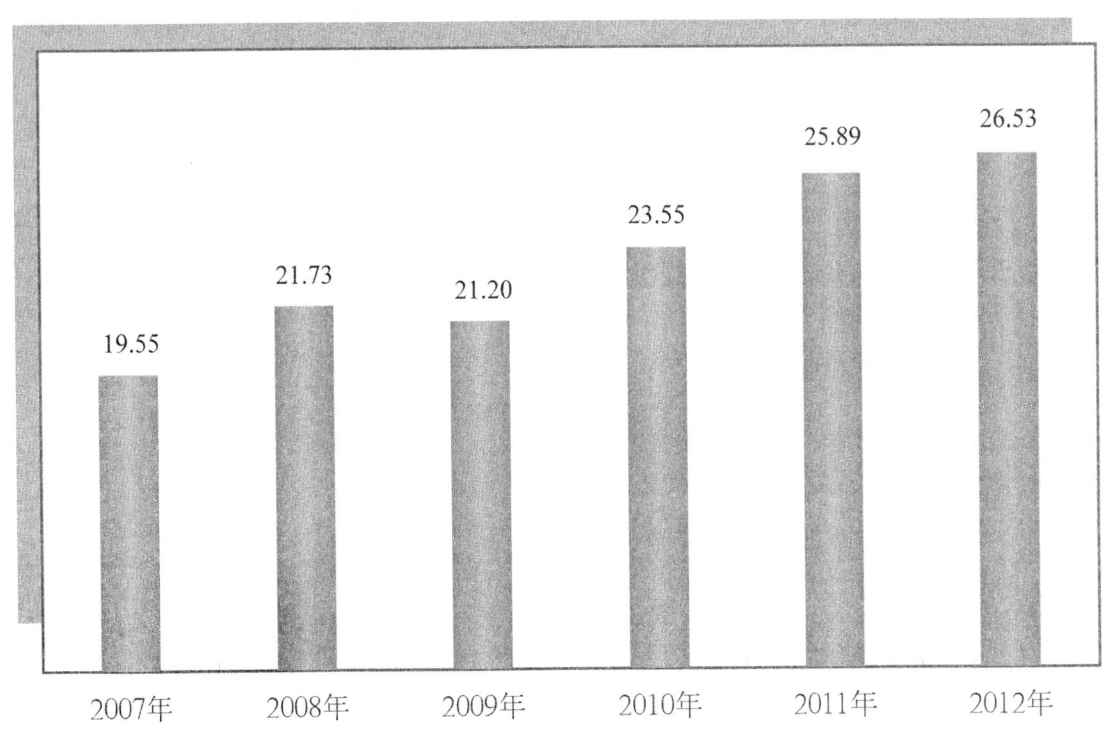

19-1 各级各类教育基本情况(2012年)
Basic Statistics on Schools by Level and Type of School(2012)

指　　标	Item	学校数(所) Number of Schools (unit)	毕业生数(人) Graduates (person)	招生数(人) New Enrollment (person)	在校学生数(人) Total Enrollment (person)	教职工数(人) Teachers and Staff (person)	# 专任教师 Full-time Teachers
一、高等教育	Higher Education	132	397071	470038	1441813	103760	63235
1.研究生(含科研机构)	Institutions Providing Postgraduate Programs (Include Research Institutions)	52	25561	31378	94294		13517
# 普通高校	Regular Institutions of Higher Education	26	25138	30873	92703		12636
2.普通高等教育	Regular Higher Education	79	265279	324494	1026254	100881	61500
# 地方院校	Local Universities	73	234279	295808	904119	77841	49761
(1)本　科	Enrolled in Full Undergraduate Courses		132983	191110	651629		
# 地方院校	Local Universities		105113	162424	536562		
(2)专　科	Enrolled in Specialized Courses		132296	133384	374625		
# 地方院校	Local Universities		129166	133384	374623		
3.成人高等教育	Higher Education for Adult	18	64249	58087	198854	2879	1735
# 成人高等学校	Institutions of Higher Education for Adult		7214	6904	21587		
4.网络本专科	Students Enrolled in Internet-based Courses		41952	56079	121585		
# 本　科	Enrolled in Full Undergraduate Courses		21099	23693	50552		
5.自考助学班	Students Taking Unified Exams after Completing Self-learning Programs		30		826		
# 民办的其它高等教育机构	Other Private Institutions of Higher Education	9					
二、中等职业教育学校	Vocational Secondary Education	564	290852	249782	733068	44041	30063
普通中等专业学校	Regular Specialized Secondary Schools	47	47453	36120	126733	5900	3661
成人中等专业学校	Adult Specialized Secondary Schools	8	2898	3230	15182	1415	783
职业高中学校	Vocational Senior Secondary Schools	287	151396	156820	384739	20800	15044
技工学校	Technical Schools	222	89105	53612	206414	15926	10575
三、普通中学	Regular Secondary Schools	2295	838587	730239	2256992	207578	168822
高　中	Senior Secondary Schools	530	317300	318788	941528		56218
初　中	Junior Secondary Schools	1765	521287	411451	1315464		112604
四、小　学	Primary Schools	7994	448555	378875	2346152	169723	166822
五、幼儿园(含学前班)	Kindergartens(include Pre-schools)	5784	400421	674346	1174619	85327	49462
六、特殊教育学校	Special Education	46	420	806	3528	1147	904
七、工读学校	Schools for Juvenile Delinquents	1	12	35	68	43	38
八、成人中、小学	Adult High and Primary Schools	2861	138388		116149	4717	2512
九、职业技术培训机构	Vocational and Technical Training Institution	9824	1436157		1491036	23907	12725

注：1.研究生培养机构中所含24所普通高等学校的教职工数已计入高等学校教职工总数中。
2.12所独立学院未计入普通高等学校数中，其学生及教职工数等已分别计入高等教育相应指标总数中。

a) Teachers and staff of regular institutions of higher education include the 24 regular institutions of higher education in institutions providing postgraduate programs.

b) 12 non-university tertiary don't count the number of regular institutions of higher education schools. But its students and teachers count corresponding item of regular institutions of higher education respectively.

19-2 普通高等学校基本情况
Basic Statistics on Regular Institutions of Higher Education

年 份 Year	学校数 (所) Number of Schools (unit)	招生数 (万人) New Enrollment (10 000 persons)	在校学生数 (万人) Total Enrollment (10 000 persons)	毕业生数 (万人) Graduates (10 000 persons)	教职工数 (人) Teachers and Staff (person)	# 专任教师 Full-time Teachers
1978	30	1.37	3.44	0.82	27210	10699
1980	34	1.44	5.39	0.38	31694	12066
1985	45	2.86	8.21	1.47	43210	16516
1990	47	2.62	9.54	2.81	51130	19558
1991	47	2.72	9.43	2.69	51284	19434
1992	45	3.29	10.07	2.61	50948	19384
1993	45	4.16	11.73	2.49	51084	19373
1994	47	3.87	12.69	2.82	52218	20148
1995	46	4.07	12.83	3.75	52440	20200
1996	43	4.28	13.56	3.71	50981	19730
1997	43	4.30	14.10	3.52	50400	19302
1998	42	4.53	15.09	3.44	49279	19250
1999	43	6.90	18.19	3.68	50819	19750
2000	39	9.52	24.17	3.51	52220	20723
2001	47	11.55	31.74	4.35	58846	23613
2002	52	14.70	41.16	5.16	63412	27637
2003	57	16.84	49.97	7.98	67405	35716
2004	62	19.98	58.39	11.10	74607	37145
2005	72	20.89	66.69	14.06	82317	42864
2006	76	21.91	72.62	16.23	87981	47549
2007	76	24.36	77.65	19.55	90306	50741
2008	76	27.64	83.97	21.73	94196	53740
2009	77	27.30	89.37	21.20	96485	56171
2010	78	27.44	92.78	23.55	98536	58288
2011	78	29.69	96.48	25.89	99010	59171
2012	79	32.45	102.63	26.53	100881	61500

19-3 中等职业学校基本情况
Basic Statistics on Vocational Secondary Schools

年 份 Year	学校数 (所) Number of Schools (unit)	招生数 (万人) New Enrollment (10 000 persons)	在校学生数 (万人) Total Enrollment (10 000 persons)	毕业生数 (万人) Graduates (10 000 persons)	教职工数 (人) Teachers and Staff (person)	# 专任教师 Full-time Teachers
1978	89	1.77	2.93	0.45	10401	3297
1980	162	2.54	6.55	0.92	15246	5699
1985	382	5.54	11.92	3.14	29279	11893
1990	499	7.48	17.99	5.89	39880	17960
1991	520	8.28	19.49	6.53	40804	18524
1992	524	9.18	21.20	6.43	40731	18500
1993	519	9.16	21.91	6.46	41620	18883
1994	521	9.22	23.08	7.11	41111	19067
1995	569	11.64	27.01	8.39	41736	20926
1996	591	13.08	29.56	8.76	43031	21689
1997	588	13.96	32.54	9.02	40318	21095
1998	652	14.23	34.70	10.24	42719	22628
1999	658	14.90	37.37	10.72	41037	21606
2000	648	13.66	36.37	11.38	40692	21693
2001	535	13.07	34.43	11.49	38050	20746
2002	533	17.26	38.54	10.80	37540	22760
2003	607	20.12	45.57	12.14	41265	25043
2004	588	22.61	50.88	13.33	41817	23868
2005	563	25.43	55.84	15.92	40698	28525
2006	573	28.78	63.55	18.12	40347	25902
2007	691	37.18	76.44	23.09	31986	20916
2008	676	37.19	84.99	25.41	49713	35742
2009	680	35.23	89.91	25.98	52727	36834
2010	663	35.20	89.93	27.35	51534	34619
2011	616	31.45	84.67	30.59	48923	33274
2012	564	24.98	73.31	29.09	44041	30063

19-4 普通中学基本情况
Basic Statistics on Regular Secondary Schools

年 份 Year	学校数 (所) Number of Schools (unit)	招生数 (万人) New Enrollment (10 000 persons)	在校学生数 (万人) Total Enrollment (10 000 persons)	毕业生数 (万人) Graduates (10 000 persons)	教职工数 (人) Teachers and Staff (person)	# 专任教师 Full-time Teachers
1978	7558	90.52	193.47	73.47	116097	91701
1980	5838	52.56	180.85	31.21	127056	97643
1985	3103	56.24	170.33	41.32	122187	93102
1990	3041	47.18	132.64	45.95	127861	98272
1991	2974	48.79	135.07	41.64	128134	98641
1992	2900	47.66	137.33	36.31	130290	99841
1993	2843	47.02	129.62	39.64	128103	98672
1994	2829	51.23	134.24	37.75	128118	99166
1995	2788	55.71	145.07	37.48	129046	100084
1996	2697	56.16	157.21	39.74	131298	102723
1997	2645	65.12	169.01	44.03	134072	105457
1998	2614	70.11	183.60	47.78	137332	109569
1999	2586	78.84	204.41	51.28	142131	115007
2000	2599	88.94	230.52	56.25	149267	122279
2001	2680	97.02	254.75	63.42	160109	131183
2002	2699	103.01	278.26	72.35	169628	140192
2003	2714	104.15	295.41	80.51	178330	148437
2004	2719	103.73	302.56	90.27	185508	154242
2005	2727	102.44	304.56	97.20	191041	159138
2006	2688	102.32	307.93	97.72	193560	162876
2007	2637	96.95	300.09	101.67	195705	166340
2008	2583	93.73	288.87	101.84	198259	169126
2009	2509	88.08	274.68	98.86	198656	170177
2010	2436	83.18	259.91	93.76	198543	170482
2011	2363	79.47	246.80	89.61	210135	170878
2012	2295	73.02	225.70	83.86	207578	168822

19-5 普通小学基本情况
Basic Statistics on Regular Primary Schools

年 份 Year	学校数 (所) Number of Schools (unit)	招生数 (万人) New Enrollment (10 000 persons)	在校学生数 (万人) Total Enrollment (10 000 persons)	毕业生数 (万人) Graduates (10 000 persons)	教职工数 (人) Teachers and Staff (person)	# 专任教师 Full-time Teachers
1978	39747	117.01	450.51	67.91	180682	173003
1980	40800	87.10	452.14	58.76	198082	187394
1985	38815	59.93	367.87	61.41	186208	169225
1990	37155	58.42	353.75	42.74	193292	176756
1991	36963	66.03	363.99	44.84	194719	177956
1992	36693	71.85	379.08	45.04	195881	178648
1993	36578	76.15	397.78	44.82	198194	180592
1994	36456	82.89	425.00	46.64	201217	184164
1995	36471	86.30	451.58	50.12	200359	183152
1996	36201	85.97	474.27	53.79	198460	181326
1997	36025	83.05	489.93	59.33	199093	180704
1998	34634	77.31	496.58	66.00	193177	175173
1999	34336	71.57	492.18	71.73	196011	178655
2000	33336	68.22	480.93	77.00	199395	182297
2001	29359	66.87	461.57	81.32	200185	183464
2002	26989	59.51	433.22	83.04	203733	188394
2003	24922	53.01	401.48	80.62	206447	190964
2004	22988	48.16	370.97	76.57	204007	188062
2005	20711	43.59	340.09	72.46	203262	186644
2006	18590	48.52	325.11	67.98	200256	184573
2007	16316	45.43	305.53	65.26	198058	182940
2008	14185	43.18	286.48	61.79	196323	180898
2009	11583	40.99	271.44	55.56	193530	178320
2010	9710	40.86	261.04	50.59	190545	175184
2011	8867	40.77	253.60	46.46	173769	171011
2012	7994	37.89	234.62	44.86	169723	166822

19-6 技工学校基本情况(2012年)
Basic Statistics on Technical Schools(2012)

指标	Item	学校数 (所) Number of Schools (unit)	招生数 (人) New Enrollment (person)	在校学生数 (人) Total Enrollment (person)	毕业生数 (人) Graduates (person)	教职工数 (人) Teachers and Staff (person)	# 专任教师 Full-time Teachers
总计	**Total**	**222**	**53612**	**206414**	**89105**	**15926**	**10575**
一、劳动部门办校	Run by Labour Department	17	3389	10231	4728	1330	826
二、国有经济单位办校	Run by State-owned Unit	68	18019	58139	25067	4990	3482
行业办校	Run by Sector	31	8241	26188	11574	2660	1892
企业办校	Run by Enterprise	37	9778	31951	13493	2330	1590
三、国家各部委办校	Run by National Various Ministries and Commissions	3	1472	5598	1945	702	449
四、民办	Run by Private	134	30732	132446	57365	8904	5818

19-7 全省科技活动情况
Scientific and Technological Activities in the Whole Province

指标	Item	2010	2011	2012
一、从事科技活动人员 (人)	Personnel Engaged in S&T Activities (person)	206929	205401	220279
中央	Central		108074	113611
地方	Local		97327	106668
二、机构数 (个)	Number of Institutions (unit)			
1.科研院所	Research Institutions	116	114	111
2.高等院校	Regular Institutions of Higher Education	293	297	316
3.规模以上工业企业	Large and Medium-sized Industrial Enterprises		358	453
4.其他	Others	192	102	102
三、R&D经费内部支出 (万元)	Internal Expenditure on R&D (10 000 yuan)	2175042	2505787	2872035
1.按来源构成分	By Composition of Source			
政府资金	Government Funds	1309954	1418770	1618303
企业资金	Self-raised Funds by Enterprises	767315	985592	1145198
境外资金	Foreign capital	1257	3871	964
其他资金	Others	96516	97556	107571
2.按隶属关系分	By Jurisdiction of Management			
中央	Central	1775143	2004601	2234057
地方	Local	399899	501187	637979
四、科技成果与著作情况	Achievements and Books in S&T			
1.科技论文 (篇)	Technical and Scientific Papers (piece)	60690	67118	64336
2.出版科技著作 (种)	Kinds of Published Scientific Books (unit)	1417	1385	1516

19-8 全省地方登记的科技成果
Achievements in Science and Technology in the Whole Province

单位：项 (unit)

行　　业	Sector	2010	2011	2012
总　　计	**Total**	**688**	**851**	**3281**
农、林、牧、渔业	Agriculture, Forestry, Animal Husbandry and Fishery	79	163	635
采矿业	Mining	51	71	95
制造业	Manufacturing	151	161	454
电力、燃气及水的生产和供应业	Production and Distribution of Electricity,Gas and Water	61	68	158
建筑业	Construction	18	23	52
交通运输、仓储及邮电通讯业	Traffic, Transport, Storage and Post	50	64	127
信息传输、计算机服务和软件业	Information Transmission, Computer Services and Software	26	60	347
科学研究、技术服务业和地质勘探业	Scientific Research, Technical Service and Geologic Prospecting	37	49	159
水利.环境和公共设施管理业	Management of Water Conservancy, Environment and Public Facilities	12	23	84
教　育	Education	1	7	65
卫生、社会保障和社会福利业	Health, Social Security and Social Welfare	65	115	781
公共管理和社会组织	Public Management and Social Organization		13	229
国际组织	International Organizations			4
其　他	Others	137	34	91

注：2012年数据包括省级和西安登记成果数。
a) Total of 2012 includes that of provincial level and of Xi'an City.

19-9 地方国有企业单位各类专业技术人员(2012年)
Number of Professional and Technical Personnel in Provincial State-owned Enterprises and Institutions(2012)

单位：人 (person)

行　　业	Sector	总计 Total	#工程技术人员 Engi-neering	#农业技术人员 Agri-culture	#科学研究人员 Scientific Research	#卫生技术人员 Health Care	#教学人员 Teaching
总　　计	**Total**	**150776**	**81040**	**1159**	**1241**	**7950**	**2260**
农、林、牧、渔业	Agriculture, Forestry, Animal Husbandry and Fishery	3123	803	866	46	265	38
采矿业	Mining	42155	25474	120	21	2463	577
制造业	Manufacturing	44145	22962	33	972	2736	881
电力、燃气及水的生产和供应业	Production and Distribution of Electricity, Gas and Water	8174	5499	4		7	43
建筑业	Construction	20732	16197	16	7	171	27
批发和零售业	Wholesale and Retail Trades	3747	211	23		699	3
交通运输、仓储及邮电通讯业	Traffic, Transport, Storage and Post	7827	4104	14	16	136	61
住宿和餐饮业	Hotels and Catering Services	1546	150			27	7
信息传输、软件和信息技术服务业	Information Transmission, Software and Information Services	444	82	1		6	8
金融业	Financial Intermediation	3791	225			11	7
房地产业	Real Estate	1079	558	4			1
租赁和商务服务业	Leasing and Business Services	462	88	1		3	
科学研究和技术服务业	Scientific Research, Technology Services	4408	3617	1	136	34	17
水利.环境和公共设施管理业	Management of Water Conservancy, Environment and Public Facilities	857	572	13		7	1
居民服务、修理和其他服务业	Residents Service, Repair and other Services	2484	330	1		144	22
教　育	Education	793	6				381
卫生和社会工作	Health, Social Work	1318	4			1236	
文化、体育和娱乐业	Culture, Sports and Entertainment	2967	156	2	43	3	18
公共管理、社会保障和社会组织	Public Management, Social Security and Social Organization	724	2	60		2	168

19-10 规模以上工业企业研究与试验发展(R&D)人员和经费支出情况(2012年)
R&D Personnel and Expenditure of Industrial Enterprises above Designated (2012)

分组	Item	R&D人员(人) R&D Personnel (person)	# 研究人员 Research Personnel	R&D经费内部支出(万元) R&D Internal Expenditure (10 000 yuan)	# 政府资金 Government Funds	# 企业资金 Enterprises Funds	# 境外资金 Foreign Funds
总计	**Total**	**55794**	**28033**	**1192770**	**242923**	**938971**	**5**
按企业规模分	**Grouped by Size of Enterprises**						
大型	Large Enterprises	41220	22068	984853	218752	757499	
中型	Medium-sized Enterprises	8959	3801	110013	10446	97659	
小型	Small Enterprises	5055	1928	78879	9595	68919	5
微型	Micro Enterprises	560	236	19026	4131	14895	
按登记注册类型分	**By Status of Registration**						
内资企业	Domestic Funded	54564	27673	1166073	242848	912349	5
国有企业	State-owned Enterprises	16498	10095	353887	70597	276606	
集体企业	Collective-owned Enterprises	41	11	317		317	
有限责任公司	Limited Liability Corporations	31203	14317	682779	160294	518737	5
国有独资公司	State Sole Funded Corporations	12861	6172	217931	54783	161383	
其他有限责任公司	Other Limited Liability Corporations	18342	8145	464848	105510	357354	5
股份有限公司	Share-holding Corporations Limited	5863	2900	116650	10090	106133	
私营企业	Private Enterprises	946	341	12379	1858	10521	
私营独资企业	Private-funded Enterprises	85	48	828		828	
私营有限责任公司	Private Limited Liability Corporations	775	276	10171	1648	8524	
私营股份有限公司	Private Share-holding Corporations Ltd.	86	17	1380	211	1169	
其他企业	Other Enterprises	13	9	60	10	34	
港、澳、台商投资企业	Enterprises with Funds from Hong Kong, Macao and Taiwan	279	41	7608	49	7559	
合资经营企业(港或澳、台资)	Joint-venture Enterprises	81	21	1108	49	1059	
港、澳、台商独资经营企业	Enterprises with Sole Investment	198	20	6499		6499	
外商投资企业	Foreign Funded Enterprises	951	319	19090	27	19063	
中外合资经营企业	Joint-venture Enterprises	417	124	8055	27	8028	
外资企业	Enterprises with Sole Funds	519	185	6118		6118	
外商投资股份有限公司	Share-holding Corporations Ltd.	15	10	4917		4917	
按国民经济行业分	**By Sector**						
采矿业	Mining	2412	1459	71819	5674	65992	
煤炭开采和洗选业	Mining and Washing of Coal	749	347	15849	301	15548	
石油和天然气开采业	Extraction of Petroleum and Natural Gas	1533	1075	53415	5278	47984	
黑色金属矿采选业	Mining and Processing of Ferrous Metal Ores	79	26	2167	95	2072	
有色金属矿采选业	Mining and Processing of Non-Ferrous Metal Ores	41	7	310		310	
开采辅助活动	Mining Supporting Activities	10	4	78		78	
制造业	Manufacturing	52961	26175	1118927	237249	870955	5
农副食品加工业	Processing of Food from Agricultural Products	139	55	7832	46	7786	
食品制造业	Manufacture of Foods	208	45	5856	32	5812	
酒、饮料和精制茶制造业	Manufacture of Wine,Beverages and Refined Tea	290	133	10488	102	10362	
烟草制品业	Manufacture of Tobacco	43	25	434		434	
纺织业	Manufacture of Textile	463	196	6320	30	6290	
纺织服装、服饰业	Manufacture of Textile and Clothing	12	9	181		181	
造纸和纸制品业	Manufacture of Paper and Paper Products	46	21	1328		1328	
印刷和记录媒介复制业	Printing, Reproduction of Recording Media	109	34	2610		2610	
石油加工、炼焦和核燃料加工业	Processing of Petroleum, Coking, Processing Nuclear Fuel	340	207	7736	2068	5668	
化学原料和化学制品制造业	Manufacture of Chemical Raw Material and Chemical Products	2954	1048	40073	7185	32868	
医药制造业	Manufacture of Medicines	1420	751	20334	826	19507	
化学纤维制造业	Manufacture of Chemical Fibers	6	5	228	23	204	
橡胶和塑料制品业	Manufacture of Rubber and Plastics	167	79	3347	266	3081	
非金属矿物制品业	Manufacture of Non-metallic Mineral Products	123	31	1793	111	1681	
黑色金属冶炼和压延加工业	Smelting and Pressing of Ferrous Metals	556	160	72955	1204	71751	
有色金属冶炼和压延加工业	Smelting and Pressing of Non-ferrous Metals	2371	1674	54851	6527	48182	
金属制品业	Manufacture of Metal Products	2279	1980	48201	11063	37138	
通用设备制造业	Manufacture of General Purpose Machinery	2193	823	30967	2924	28012	
专用设备制造业	Manufacture of Special Purpose Machinery	5205	2427	53875	8973	44620	
汽车制造业	Automotive Industry	3479	952	54604	948	53656	
铁路、船舶、航空航天和其他运输设备制造业	Manufacture of Railway,Shipping,Aerospace and Other Transport Equipments	15767	8607	438037	173427	256984	
电气机械和器材制造业	Manufacture of Electrical Machinery and Equipment	5786	2688	140140	11849	127773	5
计算机、通信和其他电子设备制造业	Manufacture of Computers,Communication and Other Electronic Equipment	2870	1407	52979	3671	49186	
仪器仪表制造业	Manufacture of Measuring Instrument and Machinery	5969	2668	63230	5975	55312	
其他制造业	Other Manufacturing	58	42	446		446	
金属制品、机械和设备修理业	Industry of Metalwork,Machinery, and Equipment Repair	108	108	86		86	
电力、热力、燃气及水生产和供应业	Production and Distribution of Electricity, Gas and Water	421	399	2024		2024	
电力、热力生产和供应业	Production and Supply of Electric Power and Heat Power	420	398	2020		2020	
燃气生产和供应业	Production and Supply of Gas	1	1	4.2		4.2	

19-11 规模以上工业企业研究与试验发展(R&D)项目情况(2012年)
The Situation of Industrial Enterprises above Designated Projects (2012)

分组	Item	项目数 (项) Number of R&D Projects (item)	参加项目人员 (人) R&D Personnel (person)	项目人员全时当量 (人年) Full-time Equivalent of R&D Personnel (man-year)	项目经费内部支出 (万元) Expenditure on R&D Projects (10 000 yuan)
总计	**Total**	**5164**	**48202**	**31737**	**794257**
按企业规模分	**Grouped by Size of Enterprises**				
大型	Large Enterprises	3412	35161	23932	629948
中型	Medium-sized Enterprises	1127	8012	4985	88930
小型	Small Enterprises	606	4535	2340	65152
微型	Micro Enterprises	19	494	480	10227
按登记注册类型分	**By Status of Registration**				
内资企业	Domestic Funded	5038	47096	31104	768460
国有企业	State-owned Enterprises	1836	13858	10215	280119
集体企业	Collective-owned Enterprises	2	33	18	314
有限责任公司	Limited Liability Corporations	2338	27171	17109	405722
国有独资公司	State Sole Funded Corporations	857	10836	6651	152543
其他有限责任公司	Other Limited Liability Corporations	1481	16335	10458	253179
股份有限公司	Share-holding Corporations Limited	770	5150	3373	73138
私营企业	Private Enterprises	89	871	381	9117
私营独资企业	Private-funded Enterprises	9	72	40	709
私营有限责任公司	Private Limited Liability Corporations	69	717	301	7223
私营股份有限公司	Private Share-holding Corporations Ltd.	11	82	40	1184
其他企业	Other Enterprises	3	13	8	50
港、澳、台商投资企业	Enterprises with Funds from Hong Kong, Macao and Taiwan	23	261	129	7496
合资经营企业(港或澳、台资)	Joint-venture Enterprises	19	76	48	1075
港、澳、台商独资经营企业	Enterprises with Sole Investment	4	185	81	6420
外商投资企业	Foreign Funded Enterprises	103	845	504	18301
中外合资经营企业	Joint-venture Enterprises	61	360	221	7805
外资企业	Enterprises with Sole Funds	41	471	271	5615
外商投资股份有限公司	Share-holding Corporations Ltd.	1	14	13	4881
按国民经济行业分	**By Sector**				
采矿业	Mining	268	2195	1184	38657
煤炭开采和洗选业	Mining and Washing of Coal	65	698	212	14173
石油和天然气开采业	Extraction of Petroleum and Natural Gas	188	1380	917	23188
黑色金属矿采选业	Mining and Processing of Ferrous Metal Ores	7	68	37	948
有色金属矿采选业	Mining and Processing of Non-Ferrous Metal Ores	6	39	8	270
开采辅助活动	Mining Supporting Activities	2	10	9	78
制造业	Manufacturing	4845	45624	30449	753599
农副食品加工业	Processing of Food from Agricultural Products	12	115	35	7608
食品制造业	Manufacture of Foods	8	196	79	5628
酒、饮料和精制茶制造业	Manufacture of Wine,Beverages and Refined Tea	37	257	144	9294
烟草制品业	Manufacture of Tobacco	8	31	9	277
纺织业	Manufacture of Textile	26	346	184	6179
纺织服装、服饰业	Manufacture of Textile and Clothing	3	10	6	86
造纸和纸制品业	Manufacture of Paper and Paper Products	2	41	10	1304
印刷和记录媒介复制业	Printing, Reproduction of Recording Media	36	97	37	1451
石油加工、炼焦和核燃料加工业	Processing of Petroleum, Coking, Processing Nuclear Fuel	39	306	270	7203
化学原料和化学制品制造业	Manufacture of Chemical Raw Material and Chemical Products	464	2661	1951	28195
医药制造业	Manufacture of Medicines	198	1219	836	19809
化学纤维制造业	Manufacture of Chemical Fibers	1	5	1	168
橡胶和塑料制品业	Manufacture of Rubber and Plastics	58	155	79	2438
非金属矿物制品业	Manufacture of Non-metallic Mineral Products	17	98	23	1299
黑色金属冶炼和压延加工业	Smelting and Pressing of Ferrous Metals	26	536	428	72900
有色金属冶炼和压延加工业	Smelting and Pressing of Non-ferrous Metals	202	1936	1465	43167
金属制品业	Manufacture of Metal Products	201	1653	1470	37972
通用设备制造业	Manufacture of General Purpose Machinery	349	1953	1102	21146
专用设备制造业	Manufacture of Special Purpose Machinery	433	4564	2633	46680
汽车制造业	Automotive Industry	257	3084	1628	41322
铁路、船舶、航空航天和其他运输设备制造业	Manufacture of Railway,Shipping,Aerospace and Other Transport Equipments	606	13500	11129	210407
电气机械和器材制造业	Manufacture of Electrical Machinery and Equipment	917	4826	2908	105828
计算机、通信和其他电子设备制造业	Manufacture of Computers,Communication and Other Electronic Equipment	507	2608	2126	39304
仪器仪表制造业	Manufacture of Measuring Instrument and Machinery	434	5351	1838	43412
其他制造业	Other Manufacturing	3	50	40	446
金属制品、机械和设备修理业	Industry of Metalwork,Machinery, and Equipment Repair	1	26	19	75
电力、热力、燃气及水生产和供应业	Production and Distribution of Electricity, Gas and Water	51	383	104	2001
电力、热力生产和供应业	Production and Supply of Electric Power and Heat Power	50	382	103	1997
燃气生产和供应业	Production and Supply of Gas	1	1	0	4

19-12 规模以上工业企业新产品开发、生产及销售情况(2012年)
Developing, Producing and Sales of Industrial Enterprises above Designated (2012)

分组	Item	新产品开发项目数(项) Number of New products Development Project (item)	新产品开发经费支出(万元) New products Development Expenditure (10 000 yuan)	新产品产值(万元) New products Output Value (10 000 yuan)	新产品销售收入(万元) New products Sales Income (10 000 yuan)
总　计	**Total**	**6052**	**1285251**	**9234949**	**8715851**
按企业规模分	**Grouped by Size of Enterprises**				
大　型	Large Enterprises	3456	989260	7450289	7044386
中　型	Medium-sized Enterprises	1635	165554	1229566	1150920
小　型	Small Enterprises	920	111032	553731	519212
微　型	Micro Enterprises	41	19405	1363	1333
按登记注册类型分	**By Status of Registration**				
内资企业	Domestic Funded	5833	1196952	8299135	7915083
国有企业	State-owned Enterprises	1966	361027	2192619	2081266
集体企业	Collective-owned Enterprises	5	1636	300	230
股份合作企业	Cooperative Enterprises	1	266		
有限责任公司	Limited Liability Corporations	2837	707035	5125127	4837369
国有独资公司	State Sole Funded Corporations	975	362115	1723409	1947908
其他有限责任公司	Other Limited Liability Corporations	1862	344920	3401718	2889462
股份有限公司	Share-holding Corporations Limited	800	108530	779041	798946
私营企业	Private Enterprises	221	18252	202048	197272
私营独资企业	Private-funded Enterprises	11	1185	14915	12924
私营有限责任公司	Private Limited Liability Corporations	183	13978	149876	153152
私营股份有限公司	Private Share-holding Corporations Ltd.	27	3088	37257	31196
其他企业	Other Enterprises	3	206		
港、澳、台商投资企业	Enterprises with Funds from Hong Kong, Macao and Taiwan	41	11454	16237	16088
合资经营企业(港或澳、台资)	Joint-venture Enterprises	32	4455	16237	16088
港、澳、台商独资经营企业	Enterprises with Sole Investment	4	5585		
港、澳、台商投资股份有限公司	Share-holding Corporations Ltd.	5	1414		
外商投资企业	Foreign Funded Enterprises	178	76845	919577	784680
中外合资经营企业	Joint-venture Enterprises	106	61663	814306	695935
外资企业	Enterprises with Sole Funds	66	9991	104538	88028
外商投资股份有限公司	Share-holding Corporations Ltd.	6	5191	733	718
按国民经济行业分	**By Sector**				
采矿业	Mining	88	25428	25767	23824
煤炭开采和洗选业	Mining and Washing of Coal	34	13702	46	42
石油和天然气开采业	Extraction of Petroleum and Natural Gas	41	11394	25722	23782
黑色金属矿采选业	Mining and Processing of Ferrous Metal Ores	2	152		
有色金属矿采选业	Mining and Processing of Non-Ferrous Metal Ores	4	35		
非金属矿采选业	Mining and Processing of Nonmetal Ores	4	37		
开采辅助活动	Mining Supporting Activities	3	108		
制造业	Manufacturing	5941	1257181	9205072	8687917
农副食品加工业	Processing of Food from Agricultural Products	23	5100	36499	34165
食品制造业	Manufacture of Foods	32	9951	70626	69973
酒、饮料和精制茶制造业	Manufacture of Wine,Beverages and Refined Tea	19	5595	147863	157370
烟草制品业	Manufacture of Tobacco	15	3658	326014	320221
纺织业	Manufacture of Textile	27	7924	54612	52686
纺织服装、服饰业	Manufacture of Textile and Clothing	7	389	5553	5553
家具制造业	Manufacture of Furniture	10	125	43	38
造纸和纸制品业	Manufacture of Paper and Paper Products	1	229	3091	2680
印刷和记录媒介复制业	Printing, Reproduction of Recording Media	41	4284	11410	9119
石油加工、炼焦和核燃料加工业	Processing of Petroleum, Coking, Processing Nuclear Fuel	26	3128	35290	35133
化学原料和化学制品制造业	Manufacture of Chemical Raw Material and Chemical Products	526	44277	252592	245871
医药制造业	Manufacture of Medicines	204	37487	260569	231345
化学纤维制造业	Manufacture of Chemical Fibers	1	152	2100	1560
橡胶和塑料制品业	Manufacture of Rubber and Plastics	96	5647	33639	25180
非金属矿物制品业	Manufacture of Non-metallic Mineral Products	18	5145	47924	44644
黑色金属冶炼和压延加工业	Smelting and Pressing of Ferrous Metals	30	28421	550260	542940
有色金属冶炼和压延加工业	Smelting and Pressing of Non-ferrous Metals	207	27707	388438	320878
金属制品业	Manufacture of Metal Products	237	51268	223132	197084
通用设备制造业	Manufacture of General Purpose Machinery	534	111382	678248	640830
专用设备制造业	Manufacture of Special Purpose Machinery	589	66146	520692	530147
汽车制造业	Automotive Industry	314	130941	2582277	2114861
铁路、船舶、航空航天和其他运输设备制造业	Manufacture of Railway,Shipping,Aerospace and Other Transport Equipments	588	386612	1307440	1187820
电气机械和器材制造业	Manufacture of Electrical Machinery and Equipment	1018	151981	878560	815640
计算机、通信和其他电子设备制造业	Manufacture of Computers,Communication and Other Electronic Equipment	908	106480	432081	492727
仪器仪表制造业	Manufacture of Measuring Instrument and Machinery	444	61430	318631	577983
其他制造业	Other Manufacturing	3	446	5	5
金属制品、机械和设备修理业	Industry of Metalwork,Machinery, and Equipment Repair	23	1277	37484	31465
电力、热力、燃气及水生产和供应业	Production and Distribution of Electricity, Gas and Water	23	2642	4110	4110
电力、热力生产和供应业	Production and Supply of Electric Power and Heat Power	23	2642	4110	4110

19-13 规模以上工业企业自主知识产权情况(2012年)

分组	Item	专利申请数 (件) Number of Patent Application (piece)	# 发明专利 Patent of Invention
总计	**Total**	**5467**	**2170**
按企业规模分	**Grouped by Size of Enterprises**		
大型	Large Enterprises	2867	1082
中型	Medium-sized Enterprises	1382	570
小型	Small Enterprises	1202	516
微型	Micro Enterprises	16	2
按登记注册类型分	**By Status of Registration**		
内资企业	Domestic Funded	5356	2130
国有企业	State-owned Enterprises	1000	301
集体企业	Collective-owned Enterprises	19	3
股份合作企业	Cooperative Enterprises		
有限责任公司	Limited Liability Corporations	2693	1168
国有独资公司	State Sole Funded Corporations	672	319
其他有限责任公司	Other Limited Liability Corporations	2021	849
股份有限公司	Share-holding Corporations Limited	1245	503
私营企业	Private Enterprises	399	155
私营独资企业	Private-funded Enterprises	15	10
私营有限责任公司	Private Limited Liability Corporations	271	93
私营股份有限公司	Private Share-holding Corporations Ltd.	113	52
港、澳、台商投资企业	Enterprises with Funds from Hong Kong, Macao and Taiwan	16	9
合资经营企业(港或澳、台资)	Joint-venture Enterprises	10	9
港、澳、台商独资经营企业	Enterprises with Sole Investment	6	
港、澳、台商投资股份有限公司	Share-holding Corporations Ltd.		
外商投资企业	Foreign Funded Enterprises	95	31
中外合资经营企业	Joint-venture Enterprises	57	22
外资企业	Enterprises with Sole Funds	37	9
外商投资股份有限公司	Share-holding Corporations Ltd.	1	
按国民经济行业分	**By Sector**		
采矿业	Mining	451	158
煤炭开采和洗选业	Mining and Washing of Coal	129	33
石油和天然气开采业	Extraction of Petroleum and Natural Gas	322	125
黑色金属矿采选业	Mining and Processing of Ferrous Metal Ores		
非金属矿采选业	Mining and Processing of Nonmetal Ores		
制造业	Manufacturing	4907	1984
农副食品加工业	Processing of Food from Agricultural Products	24	7
食品制造业	Manufacture of Foods	13	8
酒、饮料和精制茶制造业	Manufacture of Wine,Beverages and Refined Tea	87	22
烟草制品业	Manufacture of Tobacco	8	2
纺织业	Manufacture of Textile	14	
纺织服装、服饰业	Manufacture of Textile and Clothing	7	5
造纸和纸制品业	Manufacture of Paper and Paper Products		
印刷和记录媒介复制业	Printing, Reproduction of Recording Media	5	5
石油加工、炼焦和核燃料加工业	Processing of Petroleum, Coking, Processing Nuclear Fuel	45	28
化学原料和化学制品制造业	Manufacture of Chemical Raw Material and Chemical Products	325	142
医药制造业	Manufacture of Medicines	166	108
化学纤维制造业	Manufacture of Chemical Fibers	10	10
橡胶和塑料制品业	Manufacture of Rubber and Plastics	12	2
非金属矿物制品业	Manufacture of Non-metallic Mineral Products	19	10
黑色金属冶炼和压延加工业	Smelting and Pressing of Ferrous Metals	16	8
有色金属冶炼和压延加工业	Smelting and Pressing of Non-ferrous Metals	184	123
金属制品业	Manufacture of Metal Products	176	110
通用设备制造业	Manufacture of General Purpose Machinery	275	85
专用设备制造业	Manufacture of Special Purpose Machinery	930	355
汽车制造业	Automotive Industry	541	73
铁路、船舶、航空航天和其他运输设备制造业	Manufacture of Railway,Shipping,Aerospace and Other Transport Equipments	632	311
电气机械和器材制造业	Manufacture of Electrical Machinery and Equipment	541	156
计算机、通信和其他电子设备制造业	Manufacture of Computers,Communication and Other Electronic Equipment	543	265
仪器仪表制造业	Manufacture of Measuring Instrument and Machinery	277	105
其他制造业	Other Manufacturing	14	3
金属制品、机械和设备修理业	Industry of Metalwork,Machinery, and Equipment Repair	43	41
电力、热力、燃气及水生产和供应业	Production and Distribution of Electricity, Gas and Water	109	28
电力、热力生产和供应业	Production and Supply of Electric Power and Heat Power	109	28

Proprietary Intellectual Property Rights of Industrial Enterprises above Designated (2012)

有效发明专利数(件) Number of Effective Patent Invention (piece)	# 境外授权 Abroad Authorization	专利所有权转让及许可数(项) Number of Patent Ownership Transfer and Permission (item)	专利所有权转让与许可收入(万元) Income of Patent Ownership Transfer and Permission (10 000 yuan)	发表科技论文(篇) Pulish Technical Thesis (piece)	拥有注册商标数(件) Number of Registered Trademark (piece)	# 境外注册 Abroad Register	形成国家或行业标准数(项) Number of National and Trade Standards (item)
4752	**175**	**130**	**814**	**4793**	**4578**	**555**	**493**
2720	156	70		3650	2364	522	309
995	17	24	789	805	1114	26	97
1014	2	36	25	332	1071	7	87
23				6	29		
4604	172	130	814	4784	4278	547	492
1598	136	47	755	1765	405	18	186
3		14					
8							
1874	17	28	34	1716	2460	328	201
565	14	16		695	694	143	83
1309	3	12	34	1021	1766	185	118
836	9	25		1188	1091	181	71
285	10	16	25	115	322	20	34
1				7	25	15	4
177	1	13	25	16	235	5	21
107	9	3		92	62		9
40	2			2	3		
3				2	3		
8							
29	2						
108	1			7	297	8	1
88	1			7	61		1
20					235	8	
					1		
276				1173	8		3
11				385	3		
265				785	3		3
				3			
					2		
4442	175	130	814	3190	4543	555	477
8		1	25	6	36		4
9				1	13		1
47				51	168	11	17
10				56	154		2
2				45	6	1	3
3	1				3		2
							1
52	2			3			5
24				196	18		
129		12	755	284	570	164	32
200		6		55	1048	7	33
1				27	1		2
7				17	12		12
6				2	6		1
8				55	5		26
188		2	30	292	330	51	62
221	9	3		162	57		18
206		8		154	216	40	8
504	9	19		269	198	24	38
258	14	30		206	738	231	33
590	3	40		518	248	1	43
1308	136	6		210	138	16	77
339		3	4	390	537	9	33
310	1			168	30		19
3				5	9		3
9				18	2		2
34				430	27		13
34				430	27		13

19-14 专 利 项 目

Patent Items

单位:件 (piece)

指 标	Item	2010	2011	2012
一、申请量总计	**Patents Application Accepted**	**22949**	**32227**	**43608**
发明专利	Inventions	8138	13037	17043
实用新型专利	Utility Models	7939	11643	16392
外观设计专利	Designs	6872	7547	10173
二、授权量总计	**Patents Application Granted**	**10034**	**11662**	**14908**
发明专利	Inventions	1887	3139	4018
实用新型专利	Utility Models	6093	6958	9158
外观设计专利	Designs	2054	1565	1732

19-15 各类技术合同签定情况

Statistics on Technical Contracts Signed by Type

指 标	Item	合同数(项) Number of Contracts (unit)		成交金额(亿元) Turnover Fulfilled (100 million yuan)	
		2011	2012	2011	2012
合 计	**Total**	**11125**	**17596**	**215.37**	**334.82**
技术开发合同	Technical Development Contracts	6017	8690	147.48	176.53
技术转让合同	Technology Transfer Contracts	569	503	17.67	24.31
技术咨询合同	Technical Consultation Contracts	655	1032	2.62	10.05
技术服务合同	Technical Service Contracts	3884	7371	47.60	123.93

19-16 文化事业
Development of Culture Industry

指　　标	Item	2010	2011	2012
艺术表演团体演出场次(万场次)	Number of Performance of Art Troupes (10 000 shows)	1.8	1.9	2.3
观众人次 (万人次)	Number of Spectators (10 000 person-times)	3093	1822	2418
图书馆藏书数 (万册)	Total Collections in Public Libraries (10 000 volumes)	1127	1223	1400
书刊文献外借人次 (万人次)	Number of Books Borrowed by the Readers (10 000 person-times)	196	216	299
书刊文献外借册数 (万册次)	Number of Books and Magazines Lent to Readers (10 000 volume-times)	305	372	497

19-17 文化事业机构和人员
Number of Institution and Personnel in Cultural Industry

指　　标	Item	2010		2011		2012	
		机构数 (个) Number of Institutions (unit)	人　数 (人) Number of Persons (person)	机构数 (个) Number of Institutions (unit)	人　数 (人) Number of Persons (person)	机构数 (个) Number of Institutions (unit)	人　数 (人) Number of Persons (person)
总　　计	**Total**	**2306**	**18454**	**2244**	**20962**	**2340**	**21478**
# 一、艺术事业	Arts	196	7566	155	6333	136	3030
# 表演团体	Arts Performance Troupes	107	6515	80	4780	64	4151
表演场所	Arts Performance Places	89	1051	75	1553	72	755
二、图书馆事业	Public Libraries	112	1988	112	2007	112	2163
三、群众文化事业	Mass Culture	1827	5807	1761	6604	1772	7375
四、艺术教育事业	Culture and Education	7	383	5	221	5	224

19-18 群众艺术馆、文化馆(站)活动情况
Activities Statistics on Mass Art Centers and Cultural Centers(Stations)

指标	Item	2010	2011	2012
机构数 (个)	Number of Institutions (unit)	1827	1761	1772
举办展览次数 (次)	Number of Exhibitions (unit)	4583	4222	4571
组织文艺活动次数 (次)	Art Performances and Story-telling Sessions (time)	13306	17317	16961
举办训练班班次 (次)	Number of Training Courses (time)	9665	8718	8985
举办训练班结业人数(万人次)	Number of Training Course Completers (10 000 person-times)	53	57	70
藏 书 (万册)	Books Collected (10 000 volumes)	213	347	378
总收入 (万元)	Total Income (10 000 yuan)	24822	37277	49504
总支出 (万元)	Total Expenditure (10 000 yuan)	26052	40583	47509

注：本表含乡镇文化站的活动情况。
a) Data in this table include those of township cultural stations.

19-19 文 物 事 业
Development of Cultural Relics

指标	Item	2010	2011	2012
文物机构	**Cultural Relics Institutions**			
机构数 (个)	Number of Institutions (unit)	349	363	458
人员数 (人)	Number of Persons (person)	8467	8707	10141
藏品件数 (件)	Number of Collections (piece)	945903	976671	1212481
# 一级品	Grade One	7020	7020	8009
二级品	Grade Two	13705	13929	15839
三级品	Grade Three	76403	77789	82427
参观人次 (万人次)	Number of Spectators (10 000 person-times)	2169.0	3109.2	3476.1
# **博物馆**	**Museums**			
机构数 (个)	Number of Institutions (unit)	109	122	210
人员数 (人)	Number of Persons (person)	4373	4229	5519
藏品件数 (件)	Number of Collections (piece)	767086	797613	1028725
# 一级品	Grade One	6449	6471	7462
二级品	Grade Two	12189	12425	14395
三级品	Grade Three	66093	67462	71328
参观人次 (万人次)	Number of Spectators (10 000 person-times)	1498	2202	2565
基本陈列 (个)	Permanent Exhibition (unit)	300	333	492
举办展览 (个)	Exhibition Hold (unit)	193	258	406

注：2012年博物馆含民营博物馆、行业博物馆。
a) Museums of 2012 include those run by private institutions and Industry museums.

19-20 图 书 出 版

Number of Books Published

类　别	Category	图书种数(种) Number of Publications (kind)		总印数(万册) Printed Copies (10 000 copies)	
		2011	2012	2011	2012
图书总计	**Total**	**6636**	**8674**	**16502**	**19640**
一、使用"中国标准书号"部分合计	Publications with "China International Standard Book Number"	6630	8671	16385	19623
A.马列主义、毛泽东思想	Marxism-Leninism, Mao Zedong Thought	16	17	22	25
B.哲　学	Philosophy	120	155	152	116
C.社会科学总论	General Social Sciences	54	97	43	756
D.政治、法律	Politics and Law	132	157	228	362
E.军　事	Military Affairs	27	51	26	38
F.经　济	Economics	242	240	111	96
G.文化、科学、教育、体育	Culture, Science, Education and Sports	2962	4585	13064	15794
H.语言、文字	Languages	407	492	403	540
I.文　学	Literature	558	654	811	587
J.艺　术	Arts	240	216	165	137
K.历史、地理	History and Geography	347	332	365	292
N.自然科学总论	General Natural Sciences	16	28	13	13
O.数理科学、化学	Mathematics and Chemistry	171	183	96	127
P.天文学、地球科学	Astronomy and Geology	22	38	11	33
Q.生物科学	Biology	57	57	41	36
R.医药、卫生	Medicine and Health Care	336	430	310	241
S.农业科学	Agricultural Science	109	93	121	71
T.工业技术	Industrial Technology	703	714	339	278
U.交通运输	Transportation	26	32	18	20
Y.航空、航天	Aeronautics and Aerospace	14	30	7	11
X.环境科学	Environmental Science	16	18	4	9
Z.综合性图书	General Books	55	52	36	41
二、不使用"中国标准书号"部分合计	Publications without "China International Standard Book Number"	6	3	117	17

19-21 杂志、报纸出版

Number of Magazines and Newspapers Published

类　别	Category	种　数(种) Number of Publications (kind)		总印数(万份) Printed Copies (10 000 copies)		总印张(千印张) Printed Sheets (1 000 sheets)	
		2011	2012	2011	2012	2011	2012
一、杂　志	**Magazines**	**268**	**267**	**7622**	**6708**	**517952**	**452605**
1.综　合	Synthesis	7	5	87	7	5122	416
2.哲学、社会科学	Philosophy and Social Science	50	49	1786	1814	134688	116692
3.自然科学技术	Natural Science and Technology	156	159	1605	656	57380	59043
4.文化教育	Culture and Education	34	37	1735	2176	243093	200122
5.文学、艺术	Literature and Arts	16	12	542	349	13197	18810
6.少年儿童	Children's Books	4	3	1804	1692	64037	56356
7.画　刊	Pictorials	1	2	8	14	435	1166
二、报　纸	**Newspapers**	**44**	**44**	**66883**	**70922**	**4344729**	**4538895**
1.省　级	Provincial-level Newspapers	29	29	41049	43527	3398802	3550694
2.市　级	City-level Newspapers	15	15	25833	27395	945927	988201

19-22 广播电视基本情况

Basic Statistics on Radio and Television

指标	Item	2010	2011	2012
一、无线广播宣传基本情况	Radio			
广播电台 (座)	Number of Broadcasting Stations (set)	11	11	10
调频广播发射台 (座)	Relaying Stations of Frequency Modulation Broadcasting (unit)	165	172	172
调频广播发射机部数和功率 (部/千瓦)	Stations and Power of Frequency Modulation Broadcasting (unit/kw)	244/277	314/326	383/446.65
节目套数 (套)	Number of Radio Programs (set)	101	104	107
全年播出时间(时: 分)	Length of Public Radio Programs Broadcasted(hour:minute)	405854:32	410455:38	417565:53
广播人口覆盖率 (%)	Radio Coverage of Population (%)	96.71	97.02	97.15
全年制作广播节目(时)	Length of Radio Programs Produced (hour)	197299	196433	229064
新闻节目	News Programs	39349	44781	43355
专题节目	Special Subject Programs	53143	50360	57197
文艺节目	General Entertainment Programs	55637	50967	52632
其他类	Others	49170	50324	75880
二、电视宣传基本情况	Television			
电视台 (座)	Number of TV Stations (set)	11	11	10
发射台及转播台 (座)	TV Transmission and Relaying Stations (unit)	123	123	123
发射机功率(部/千瓦)	Power of Transmision (unit/kw)	251/526.33	251/503.52	273/644.20
节目套数 (套)	Number of TV Programs (set)	123	123	123
全年播出时间(时: 分)	Length of Public TV Programs Broadcasted (hour:minute)	577862:01	586010:14	597998:33
电视人口覆盖率 (%)	TV Coverage of Population (%)	97.70	97.87	98.12
制作电视节目 (时)	Length of TV Programs Produced (hour)	83275	107375	102136
新闻节目	News Programs	24251	28867	30512
专题节目	Special Subject Programs	20054	34302	25247
文艺节目	General Entertainment Programs	11520	13277	16446
影视剧节目	TV Play Programs	1729	3782	2124
其他节目	Others	25721	27155	27807
三、县广播电视台 (个)	Number of Broadcasting Stations (unit)	88	88	88

注：2012年省广播电台电视台合并，广播电台和电视台中均未包括。

a) In 2012, radio station and TV station of province are merged, which are not included in the data of radio station and TV station.

19-23 各市(区)文化事业情况(2012年)

Basic Statistics on Cultural Industry by City(District)(2012)

地区	Region	公共图书馆 (个) Public Libraries (unit)	公共图书馆藏书量 (千册) Total Collections (1000 volumes)	群众艺术馆文化馆 (个) Art Centers Cultural Centers (unit)	文化站 (个) Cultural Stations (unit)	广播人口覆盖率 (%) Radio Coverage of Population (%)	电视人口覆盖率 (%) TV Coverage of Population (%)
全省	**Shaanxi**	**112**	**13997**	**122**	**1650**	**97.15**	**98.12**
西安市	Xi'an	14	1382	15	181	99.45	98.83
铜川市	Tongchuan	5	696	5	42	99.34	99.87
宝鸡市	Baoji	13	1311	14	123	99.59	99.56
咸阳市	Xianyang	12	1240	14	171	99.27	99.59
渭南市	Weinan	11	842	12	193	94.90	96.64
# 韩城市	Hancheng	1	113	1	16	99.50	99.90
延安市	Yan'an	13	680	15	176	99.40	99.85
汉中市	Hanzhong	11	792	13	207	97.31	98.78
榆林市	Yulin	12	1069	13	226	96.47	96.33
安康市	Ankang	11	709	11	200	89.43	93.91
商洛市	Shangluo	8	530	8	126	93.87	98.45
杨凌示范区	Yangling	1	4	1	5	100.00	100.00
省直单位	Others	1	4741	1			

主要统计指标解释

普通高等学校 指按国家规定的设置标准和审批程序批准举办的，通过全国普通高等学校统一招生考试，招收高中毕业生为主要培养对象，实施高等学历教育的全日制大学、独立设置的学院和高等专科学校、高等职业学校及其他机构（独立学院和分校、大专班）。

大学、独立设置的学院主要实施本科层次以上教育。高等专科学校、高等职业学校实施专科层次教育。其他机构是承担国家普通招生计划任务不计校数的机构，包括独立学院、普通高等学校分校、大专班和批准筹建的普通高等学校等。独立学院指由普通本科高校按新机制、新模式举办的本科层次的二级学院，一些普通本科高校按公办机制和模式建立的二级学院，“分校”或其他类似的二级办学机构不属此范畴。

成人高等学校 指按照国家规定的设置标准和审批程序批准举办的，通过全国成人高等教育统一招生考试，招收具有高中毕业或同等学历的人员为主要培养对象，利用函授、业余、脱产等多种形式对其实施高等学历教育的学校。包括职工高等学校、农民高等学校、管理干部学院、教育学院、独立函授学院、广播电视大学、其他机构等。其他机构是承担国家成人招生计划任务不计校数的机构。

小学学龄儿童净入学率 指调查范围内已入小学学习的学龄儿童占校内外学龄儿童总数(包括弱智儿童，不包括盲聋哑儿童)的比重。计算公式为：

$$\text{小学学龄儿童净入学率}=\frac{\text{已入学的小学学龄儿童数}}{\text{校内外小学学龄儿童总数}}\times 100\%$$

专业技术人员 指从事专业技术工作和专业技术管理工作的人员，即企事业单位中已经聘任专业技术职务从事专业技术工作和专业技术管理工作的人员，以及未聘任专业技术职务，现在专业技术岗位上工作的人员。包括工程技术人员，农业技术人员，科学研究人员，卫生技术人员，教学人员，经济人员，会计人员，统计人员，翻译人员，图书资料、档案、文博人员，新闻出版人员，律师、公证人员，广播电视播音人员，工艺美术人员，体育人员，艺术人员及企业政治思想工作人员，共十七个专业技术职务类别。用来反映科技人力资源情况。

专利 是专利权的简称，是对发明人的发明创造经审查合格后，由专利局依据专利法授予发明人和设计人对该项发明创造享有的专有权。包括发明、实用新型和外观设计。反映拥有自主知识产权的科技和设计成果情况。

发明（专利） 指对产品、方法或者其改进所提出的新的技术方案。是国际通行的反映拥有自主知识产权技术的核心指标。

实用新型（专利） 指对产品的形状、构造或者其结合所提出的适于实用的新的技术方案。反映具有一定技术含量的技术成果情况。

外观设计（专利） 指对产品的形状、图案、色彩或者其结合所作出的富有美感并适于工业上应用的新设计。反映拥有自主知识产权的外观设计成果情况。

艺术表演团体 指由文化部门主办或实行行业管理(经文化市场行政部门审批或已申报登记并领取相关许可证)，专门从事表演艺术等活动的各类专业艺术表演团体，含民间职业剧团。如话剧团、方言话剧团、滑稽剧团、儿童剧团、歌剧团、木偶团、皮影团等以及由若干剧种组成的综合性专业艺术表演团体。不包括群众业余文艺表演团体。

艺术表演场馆 指由文化部门主办或实行行业管理(经文化市场行政部门审批或已申报登记并领取相关许可证)，有观众席、舞台、灯光设备，公开售票、专供文艺团体演出的文化活动场所。附属于文化部门机构内非独立核算的剧场、排演场，公开营业的也应单独统计。

广播节目综合人口覆盖率 指根据国家广电总局制定的《广播电视人口覆盖率统计技术标准和方法》进行统计调查的，在对象区内采用无线、有线、卫星等技术手段能够收听到包括中央、省、地市、县广播节目其中任意一套的人口数占总人口数的百分比。

电视节目综合人口覆盖率 指根据国家广电总局制定的《广播电视人口覆盖率统计技术标准和方法》进行统计调查的，在对象区内采用无线、有线、卫星等技术手段能够看到包括中央、省、地市、县级电视节目中任意一套的人口数占总人口数的百分比。

有线电视入户率 通过广播电视有线传输网收看电视节目的用户数占总户数的百分比。

Explanatory Notes on Main Statistical Indicators

Regular Institutions of Higher Education refer to educational establishments set up according to the government evaluation and approval procedures, recruiting graduates from senior secondary schools as the main target by National Matriculation TEST. They include full-time universities, colleges, institutions of higher professional education, institutions of higher vocational education, institutions of higher vocational education and others (non-university tertiary, branch schools and undergraduate classes).

Universities and colleges primarily provide undergraduate courses; institutions of higher professional education and institutions of higher vocational education primarily provide professional trainings; and others refer to educational establishments, which are responsible for enrolling higher education students under the State Plan but not enumerated in the total number of schools, including: branch schools of universities and colleges, and universities and colleges that have been approved and under plan for construction. Non-university tertiary refers to the regular undergraduate branch college which is running in new mechanism and mode, excluding the branch schools and other similar branches of educational institutions.

Institutions of Higher Education for Adults refer to educational establishments, set up in line with relevant rules approved by the government, enrolling staff and workers with senior secondary school or equivalent education, and providing higher education courses in many forms of correspondence, spare time, or full time for adults. Professionals thus trained receive a qualification equivalent to graduates studying regular courses at regular universities, colleges and professional colleges. Institutions of higher learning for adults include schools of higher education for staff and workers, schools of higher education for peasants, colleges for management cadres, pedagogical colleges, independent correspondence colleges, Radio and TV universities and other educational establishments. Other educational establishments have undertakings to enrol adult students but not enumerated in the schools under the State Plan.

Net Enrolment Ratio of Primary Schools refers to the proportion of school age children enrolled at schools to the total number of school age children both in and outside schools (including retarded children, but excluding blind, deaf and mute children). The formula is:

$$\text{Net Enrolment Ratio of Primary Schools} = \frac{\text{Total Primary School-age Children at Schools}}{\text{Total Primary School-age Children Whether or Not Attending School}} \times 100\%$$

Professional and Technical Personnel refer to persons engaged in professional and technical work or in the management of professional and technical activities, i.e., people with professional or technical positions who are engaged in professional and technical work or in the management of professional and technical activities, and people without professional or technical positions but are working on professional or technical posts. They include professionals and technicians working in 17 categories of technical occupations including engineering, agriculture, scientific researches, medical service, teaching, economic research and application, accounting, statistics, translation, libraries, archives, cultural and museum service, journalism and publication, lawyers, notarization service, radio and television broadcasting, handicraft and fine arts, sports, performing art, and political workers in enterprises. This indicator reflects the condition of human resources in S&T.

Patent is an abbreviation for the patent right and refers to the exclusive right of ownership by the inventors or designers for the creation or inventions, given from the patent offices after due process of assessment and approval in accordance with the Patent Law. Patents are granted for inventions, utility models and designs. This indicator reflects the achievements of S&T and design with independent intellectual property.

Patented Inventions refer to new technical proposals to the products or methods or their modifications. This is universal core indicator reflecting the technologies with independent intellectual property.

Patented Utility Models refer to the practical and new technical proposals on the shape and structure of the product or the combination of both. This indicator reflects the condition of technological results with certain technical content.

Designs refer to the aesthetics and industrially applicable new designs for the shape, pattern and colour of the product, or their combinations. This indicator reflects the appearance design achievements with independent intellectual property.

Arts Performance Troupes refer to the various professional performing arts groups, which sponsored by the cultural sectors or guided by the cultural society (approved by the cultural market administration, or registered and permitted with the relative certificate), including non-governmental troupes, such as drama troupes, dialect troupes, comedy troupes, children troupes, Opera troupes, puppetry troupes, Shadowgraph troupes, etc., comprehensive professional arts performance troupes. The mass sparetime arts performance troupes are not included.

Arts Performance Places refer to the various sites for cultural activities, which sponsored by the cultural sectors or guided by the cultural society (approved by the cultural market administration, or registered and permitted with the relative certificate), with the facility of auditorium, stage, and lighting, and selling tickets in public, including the opera halls and rehearse sites, etc. which are affiliated to the culture sectors without independent financial accounts and open to the public.

Radio Coverage of Population refers to the percentage of population, which can listen to one of central, provincial, city, prefecture, and county radio programs by wireless, cable, satellite and other technical means, in the surveying area, to total population, according to Statistical Standard and Method on Television and Radio Coverage of Population established by the State Administration of Broadcasting, Film and Television.

Television Coverage of Population refers to the percentage of population, which can watch one of central, provincial, city, prefecture, and county television programs by wireless, cable, satellite and other technical means, in the surveying area, to total population, according to Statistical Standard and Method on Television and Radio Coverage of Population established by the State Administration of Broadcasting, Film and Television.

Cable Television Coverage of Household refers to the percentage of household, which can watch television by cable of radio and television network, to total household.

二十、体育、卫生和其他

Sports, Public Health and Others

资料整理：杨小侠

简 要 说 明

一、本篇资料反映陕西体育、卫生、社会福利、安全生产等情况。

二、本篇资料主要内容及资料来源:

体育部分主要包括体育系统职工人数、群众体育活动开展情况及运动竞技成绩等，资料由省体育局提供。

卫生部分主要包括卫生机构、床位及人员数，农村合作医疗情况等，资料由省卫生厅提供。

社会福利部分主要包括各种社会福利事业的机构数、收养救济人数、婚姻登记状况等，资料由省民政厅提供。

交通、火灾、伤亡事故情况由省公安厅、省安全生产监督管理局提供。

工会、妇联、律师、公证及人民调解工作等资料由省工会、省妇联、省司法厅提供。

Brief Introduction

Ⅰ. This chapter reflects the development of Shaanxi's sports, public health, social welfare, safe production and other undertakings.

Ⅱ. Primary coverage and data sources:

The data on sports mainly include the number of staff and workers in sports departments, mass sports and athletics sports, etc. The data are provided by Shaanxi Provincial Bureau of Sports.

The data on public health mainly include the number of health institutions, hospital beds and personnel, situation of rural cooperative medical service and etc. The data are provided by Shaanxi Provincial Department of Public Health.

The data on social welfare mainly include the number of institutions, the number of persons receiving social welfare relief funds and marriage registration status, etc. The data are provided by Shaanxi Provincial Department of Civil Affairs.

The data on traffic, fire and casualties accident are provided by Shaanxi Provincial Department of Public Security and Shaanxi Provincial Bureau of Work Safety.

The data on labor union, the women's federation, lawyer, notarization and the people's mediation work are provided by Shaanxi Province Federation of Trade Unions, Shaanxi Women's Federation and Shaanxi Provincial Department of Justice.

20.体育、卫生和其他

2012年全省		
等级运动员发展人数	496	人
等级裁判员发展人数	965	人
卫生机构数	4684	个
# 医 院	2603	个
卫生技术人员	21.63	万人
# 执业(助理)医师	6.95	万人

卫生技术人员和医生数(万人)

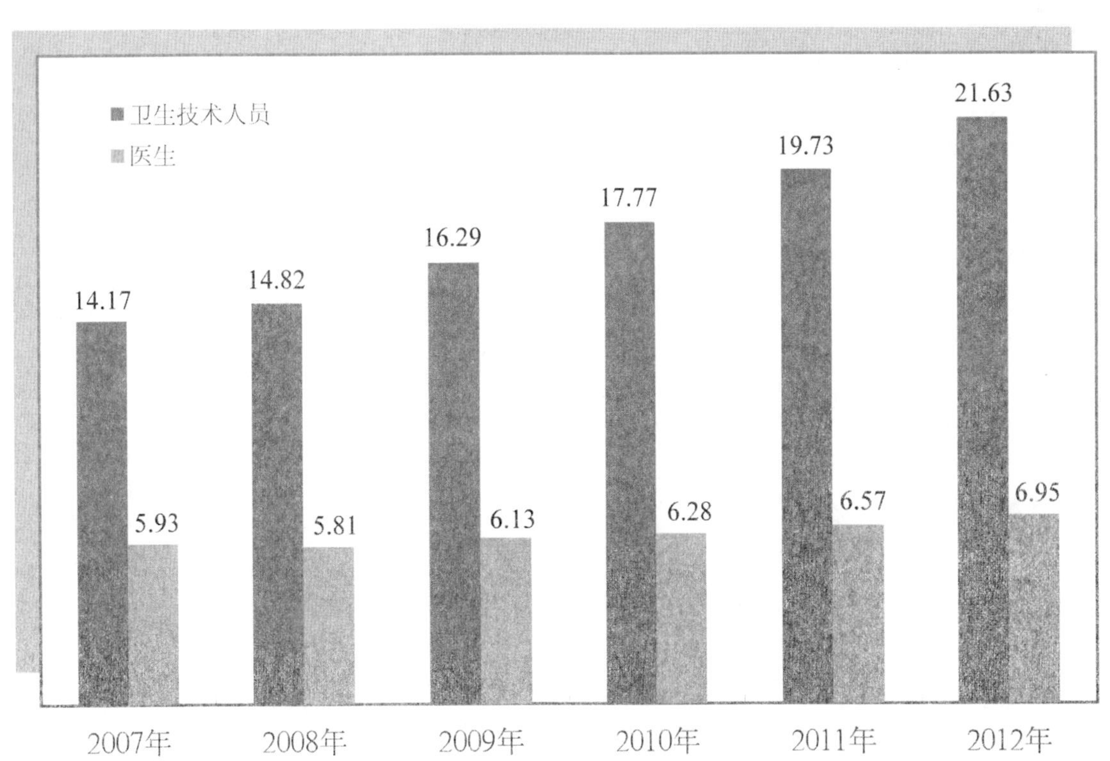

20-1 体 育 事 业
Statistics on Sports Industry

指 标	Item	2010	2011	2012
一、体育系统职工人数 (人)	Employees Sports System (person)	5572	5393	5770
二、等级运动员发展人数 (人)	Number of Class Athlete Development (person)	794	466	496
# 女运动员	Female Athletes	312	180	152
# 国际健将	International Masters Sports	3	4	5
运动健将	Masters of Sports	14	35	21
三、等级裁判员发展人数 (人)	Number of Graded Referees (person)	1110	519	965
# 女裁判员	Female Referees	278	135	255
# 国家级	National Referees		16	
四、少年儿童业余体校 (所)	Spare-time Sports School (unit)	66	66	82
# 重点体校	Key Sports School	26	26	8
在校学生(人)	Number of Students in School (person)	7626	8967	9822
五、各级各系统举办县级以上运动会次数 (次)	Number of Games Held at All Levels of the System above the County Level (time)	157	171	
六、取得冠军次数 (次)	Number of Champions (time)	33	41	26
世界冠军	International Champion	10	16	10
亚洲冠军	Asian Champions	7		2
全国冠军	National Champion	16	25	14

20-2 等级运动员发展人数（2012年）
Number of Athletes in Grades by Type of Sports (2012)

单位：人 (person)

地　区	Region	等级运动员 Number of Athletesin Grades	# 女 Women	# 国际级健将 International Masters Sports	# 运动健将 Masters of Sports	# 一级 First Grade	# 二级 Second Grade
全　省	**Shaanxi**	**496**	**152**	**5**	**21**	**110**	**360**
省级直属	Directly under the Provincial	141	49	5	21	110	5
西安市	Xi'an	181	34				181
铜川市	Tongchuan	13	3				13
宝鸡市	Baoji	50	18				50
咸阳市	Xianyang						
渭南市	Weinan						
延安市	Yan'an	22	11				22
汉中市	Hanzhong	32	18				32
榆林市	Yulin	36	9				36
安康市	Ankang	21	10				21
商洛市	Shangluo						

20-3 体育活动情况（2012年）
Basic Statistics on Sports (2012)

地　区	Region	举办全民健身活动情况 Activities That the Whole Nation in Health Conducted		国际体育活动情况 International Sports Activities		电脑体育彩票销售量（万元） Computer Sports Lottery Sales (10 000 yuan)	电脑体育彩票应分配公益金（万元） Computer Sports Lottery Should Be Allocated for the Community Chest (10 000 yuan)
		举办全民健身活动(次) Times of Activities That the Whole Nation in Health Conducted (time)	参加活动人数(万人) Number of People Participate in Activities (10 000 persons)	出访起数(起) The Number of Visits (time)	出访人次(人次) The Number of Visits (person/time)		
全　省	**Shaanxi**	**548**	**115**	**11**	**35**	**181356**	**10893**
省级直属	Directly under the Provincial	23	6	7	19		
西安市	Xi'an	35	11	4	16	60894	3590
铜川市	Tongchuan	20	15			2969	181
宝鸡市	Baoji	240	50			13378	815
咸阳市	Xianyang	15	3			13952	845
渭南市	Weinan	10	0			15479	948
延安市	Yan'an	120	8			16465	1007
汉中市	Hanzhong	16	6			9372	594
榆林市	Yulin	22	3			30467	1799
安康市	Ankang	23	10			13329	795
商洛市	Shangluo	12	2			4470	286
杨凌示范区	Yangling	12	1			580	33

20-4 卫生机构、床位及人员数
Number of Health Units, Beds and Staff

年 份 Year	卫生机构(个) Health Institutions (unit)	# 医院 Hospitals	卫生机构床位(万张) Number of Hospital Beds (10 000 beds)	# 医院 Hospitals	卫生技术人员(万人) Medical Technical Personnel (10 000 persons)	# 医生 Doctors	# 护士(师) Nurses
1978	5598	3064	5.39	4.99	7.12	3.43	1.11
1979	5780	3078	5.78	5.32	7.58	3.60	1.17
1980	5845	3095	6.08	5.52	8.05	3.72	1.19
1981	6158	3109	6.37	5.72	8.84	4.07	1.40
1982	6369	3113	6.51	5.92	9.23	4.20	1.57
1983	6280	3106	6.66	6.06	9.57	4.38	1.73
1984	6251	3119	6.87	6.23	10.01	4.63	1.81
1985	6346	2218	7.20	6.46	10.61	4.97	1.88
1986	6309	2439	7.45	6.70	10.89	5.12	1.93
1987	6293	2559	7.68	6.95	11.22	5.29	2.04
1988	6248	2502	8.03	7.22	11.48	5.70	2.41
1989	6312	2515	8.29	7.47	11.63	5.84	2.64
1990	6416	2521	8.55	7.80	11.82	5.91	2.72
1991	6433	2577	9.02	8.22	11.99	5.87	2.81
1992	6404	2604	9.29	8.51	12.33	5.97	2.87
1993	6215	2389	9.56	8.81	12.28	5.89	2.91
1994	6227	3040	9.84	9.07	12.60	6.20	3.03
1995	6215	3313	9.88	9.05	12.80	6.28	3.10
1996	6033	3315	9.59	9.05	12.82	6.30	3.10
1997	5947	3217	9.48	9.04	12.99	6.23	3.25
1998	5639	2779	9.48	9.09	13.03	6.17	3.37
1999	5493	2753	9.68	9.22	13.28	6.37	3.48
2000	5572	2779	9.69	9.26	13.34	6.43	3.56
2001	5563	2780	9.91	9.43	13.53	6.60	3.62
2002	5240	2748	10.00	9.53	13.53	5.95	3.65
2003	5039	2740	10.27	9.89	13.47	6.03	3.72
2004	5138	2710	10.31	9.97	13.46	5.97	3.75
2005	5366	2674	10.67	10.34	13.66	6.03	3.85
2006	5385	2672	11.12	10.90	13.91	6.06	4.07
2007	4753	2645	11.78	11.42	14.17	5.93	4.25
2008	4429	2629	12.52	12.31	14.82	5.81	4.69
2009	4421	2660	13.45	13.05	16.29	6.13	5.44
2010	4638	2639	14.24	13.72	17.77	6.28	6.13
2011	4669	2611	15.38	14.69	19.73	6.57	7.02
2012	4684	2603	16.92	16.31	21.63	6.95	7.94

注：1.本表卫生机构不含个体诊所，医院、医院床位数含卫生院、妇幼保健院和专科疾病防治院。
2.2002年起医生为执业医师和执业助理医师，护士(师)为注册护师。

a) The health institutions in the table does not include private clinics.Hospitals and hospital beds include health center, women and children care agencies and specialized disease prevention &treatment institutes.

b) Since 2002, doctors refer to practicing physicians, practicing physician assistants, nurses (division) refer to registered nurses.

20-5 各类卫生机构、床位及人员数（2012年）
Number of Various Health Units, Beds and Staff (2012)

指　　标	Item	机构数（个） Health Institutions (unit)	床位数（张） Beds (bed)	人员合计（人） Persons Engaged (person)	卫生技术人员 Medical Technical Personnel	其他技术人员 Other Technical Personnel	管理人员 Management	工勤人员 Support Staff
总　　计	**Total**	**36270**	**169230**	**293907**	**216304**	**3797**	**18149**	**18411**
一、医院	Hospitals	888	126889	164288	136553	2122	12677	12936
综合医院	Comprehensive Hospitals	628	96257	127833	106837	1574	9570	9852
中医医院	Hospitals of Traditional Chinese Medicine	140	19380	23814	19877	404	1745	1788
中西医结合医院	Hospitals Combined by Medium Doctors	6	1288	1883	1565	13	211	94
专科医院	Specialized Hospitals	112	9929	10736	8261	130	1144	1201
二、基层医疗卫生机构	Basic Medical and Health Institutions	34889	33677	105178	61026	662	2999	3245
社区卫生服务中心(站)	Community Health Service Center (station)	552	4257	9635	8108	56	809	662
社区卫生服务中心	Community Health Service Center	236	3028	6746	5582	32	539	593
社区卫生服务站	Community Health Service station	316	1229	2889	2526	24	270	69
卫生院	Commune Hospitals	1632	29177	37585	32799	606	2190	1990
街道卫生院	Hospitals in the Streets	2	15	34	29		3	2
乡镇卫生院	Township Hospitals	1630	29162	37551	32770	606	2187	1988
中心卫生院	Center Hospital	643	17262	21241	18823	320	996	1102
乡卫生院	Rural Hospitals	987	11900	16310	13947	286	1191	886
村卫生室	Village Clinic	26883		41181	3935			
门诊部	Outpatient Departments	227	243	2715	2398			317
综合门诊部	Comprehensive Outpatient Departments	177	201	2176	1950			226
中医门诊部	Chinese Medical Outpatient Department	20	6	220	190			30
中西医结合门诊部	Combination of Traditional Chinese and Western Medicine Outpatient Department	3	6	36	31			5
专科门诊部	Specialist OutPatient Department	27	30	283	227			56
诊所、卫生所、医务室	Clinics, Health Institute, Medical Office	5595		14062	13786			276
诊　所	Clinics	4703		11245	11089			156
卫生所、医务室	Health Institute, Medical Office	892		2817	2697			120
三、专业公共卫生机构	Specialty Public Health Agency	387	7262	21693	17170	622	1966	1935
疾病预防控制中心	Disease Prevention and Controlling Center	122		6042	4508	267	655	612
专科疾病防治院(所、站)	Specialized Disease Prevention and Treatment Centers (stations)	6	830	459	311	4	90	54
健康教育所(站、中心)	Health Education Offices (stations or centers)	4		102	56	20	20	6
妇幼保健院(所、站)	Maternity and Child Care Centers (stations)	117	6432	10956	8986	173	895	902
急救中心(站)	First-aid Center (station)	4		169	73	15	40	41
采供血机构	Blood Collecting and Supply Organizations	10		758	489	31	114	124
卫生监督所(中心)	Health Supervision Centers	118		3011	2590	102	134	185
计划生育技术服务机构	Family Planning Technical Service Institutions	6		196	157	10	18	11
四、其他卫生机构	Other Health Institutions	106	1402	2748	1555	391	507	295
疗养院	Sanatoriums	4	1402	386	250	15	72	49
医学科学研究机构	Research Institutes of Medical Science	11		306	181	32	52	41
医学在职培训机构	Medical On-the-job Training Organizations	47		1428	728	302	256	142
临床检验中心(所、站)	The Center Laboratory Medicine (stations)	1		45	39		1	5
其　他	Others	43		583	357	42	126	58

20-6 传染病发病率和死亡率（2012年）
The Incidence and Death of Infectious Diseases(2012)

病 名	Diseases	发病率 (1/10万) Incidence (1/100 000)	死亡率 (1/10万) Death Rate (1/100 000)	病死率 (%) Mortality Rate (%)
合 计	**Total**	**225.39**	**0.53**	**0.24**
鼠 疫	The Plague			
霍 乱	Cholera			
肝 炎	Hepatitis	95.04	0.04	0.04
痢 疾	Dysentery	26.65	0.003	0.01
伤寒+副伤寒	Typhoid and Paratyphoid Fever	0.07		
艾滋病	AIDS	0.91	0.22	24.71
淋 病	Gonorrhea	4.22		
梅 毒	Syphilis	18.48	0.008	0.04
脊 灰	Poliomyelitis			
麻 疹	Measles	0.06		
百日咳	Pertussis	0.21		
白 喉	Diphtheria			
流 脑	Epidemic Encephalitis	0.01		
猩红热	Scarlet Fever	3.84		
出血热	Hemorrhagic Fever	9.59	0.06	0.61
狂犬病	Hydrophobia	0.12	0.12	97.78
血吸虫病	Schistosomiasis	0.003		
布 病	Brucellosis	1.59		
炭 疽	Anthrax	0.011		
斑疹伤寒	Typhus	0.04		
乙 脑	JE	0.17	0.01	6.25
黑热病	Black Fever	0.02		
疟 疾	Malaria	0.08		
新生儿破伤风	Newborn Tetanus	0.006		
登革热	Dengue Fever	0.003		
肺结核	Pulmonary Tuberculosis	64.25	0.07	0.11
非 典	SARS			

20-7　出院病人前十位疾病构成（2012年）
Discharged Patients Diseases of the Top Ten (2012)

序号 NO.	城市 Urban		
	疾　病	Disease	构成(%) Constitute
1	呼吸系统疾病	Respiratory System Diseases	18.30
2	循环系统疾病	Circulatory System Diseases	18.14
3	妊娠、分娩和产褥期	Pregnancy, Childbirth and the Puerperium	13.34
4	损伤、中毒和外因的某些其他后果	Injury, Poisoning and Certain Consequences Caused by the External	11.19
5	消化系统疾病	Digestive Disease	10.54
6	泌尿生殖系统疾病	Genitourinary System Diseases	3.88
7	肌肉骨骼系统和结缔组织疾病	Musculoskeletal System and Connective Ttssue Diseases	3.08
8	某些传染病和寄生虫病	Certain Infectious and Parasitic Diseases	2.96
9	肿　瘤	Cancer	2.58
10	影响健康状态和与保健机构接触因素	Influencing Health Status and Factors Access to Health Care Institutions	2.46
	构成合计	Total of the Constitute	86.46

20-7　续表 continued

序号 NO.	农村 Rural		
	疾　病	Disease	构成(%) Constitute
1	循环系统疾病	Circulatory System Diseases	15.86
2	呼吸系统疾病	Respiratory System Diseases	11.68
3	妊娠、分娩和产褥期	Pregnancy, Childbirth and the Puerperium	11.51
4	损伤、中毒和外因的某些其他后果	Injury, Poisoning and Certain Consequences Caused by the External	9.45
5	消化系统疾病	Digestive Disease	8.69
6	肿　瘤	Cancer	6.08
7	影响健康状态和与保健机构接触因素	Influencing Health Status and Factors Access to Health Care Institutions	5.68
8	肌肉骨骼系统和结缔组织疾病	Musculoskeletal System and Connective Ttssue Diseases	4.23
9	泌尿生殖系统疾病	Genitourinary System Diseases	3.94
10	某些传染病和寄生虫病	Certain Infectious and Parasitic Diseases	3.88
	构成合计	Total of the Constitute	81.01

20-8 各市（区）卫生机构、床位及人员数（2012年）
Number of Health Institutions, Beds and Persons Engaged by City(District) (2012)

地区	Region	机构数 (个) Health Institutions (unit)	床位数 (张) Beds Total (bed)	人员数 (人) Total Staff (person)	卫生技术人员 (人) Medical Technical Personnel (person)	# 执业(助理)医师 Lecensed (Assistant) Doctors	# 注册护士 Registered Nurses
全　省	**Shaanxi**	**36270**	**169230**	**293907**	**216304**	**69484**	**79390**
西安市	Xi'an	5576	44239	86096	66899	23051	27837
铜川市	Tongchuan	1001	4621	7989	6401	2155	2515
宝鸡市	Baoji	2816	18498	26646	19583	6911	6796
咸阳市	Xianyang	4657	21517	40061	31914	8566	11202
渭南市	Weinan	3882	18147	31309	21270	5980	6792
延安市	Yan'an	3447	10119	18061	12171	3989	4384
汉中市	Hanzhong	3897	16332	24662	17619	5901	5786
榆林市	Yulin	4993	15762	26409	17791	5230	6918
安康市	Ankang	3173	9968	16098	11754	4088	3747
商洛市	Shangluo	2662	9060	15176	9879	3278	2972
杨凌示范区	Yangling	166	967	1400	1023	335	441

20-9 农村村级卫生组织情况（2012年）
Situations of Health Institutions in Rural Village (2012)

地区	Region	村卫生室 (个) Village Health Room (unit)	乡村医生和卫生员 (人) Rural Doctors and Health Workers (person)	乡村医生 Rural Doctors	卫生员 Health Workers
全　省	**Shaanxi**	**26883**	**37246**	**34307**	**2939**
西安市	Xi'an	3085	4070	3611	459
铜川市	Tongchuan	658	710	687	23
宝鸡市	Baoji	1833	3380	3074	306
咸阳市	Xianyang	3437	4127	4002	125
渭南市	Weinan	3223	6281	5992	289
延安市	Yan'an	2881	3080	2862	218
汉中市	Hanzhong	2877	3956	3742	214
榆林市	Yulin	4202	5022	4134	888
安康市	Ankang	2454	2861	2690	171
商洛市	Shangluo	2119	3578	3356	222
杨凌示范区	Yangling	114	181	157	24

20-10 社区卫生服务中心(站)情况（2012年）

Statistics on Community Health Service Centers (Stations) (2012)

地区	Region	社区卫生服务中心(站)(个) Community Health Service Center(station) (unit)	床位数(张) Beds (bed)	人员数(人) Persons Engaged (person)	卫生技术人员(人) Medical Technical Personnel (person)	# 执业(助理)医师 Lecensed (Assistant) Doctors	# 注册护士 Registered Nurses
全　省	**Shaanxi**	**552**	**4257**	**9635**	**8108**	**2906**	**2617**
西安市	Xi'an	201	1799	5067	4137	1445	1305
铜川市	Tongchuan	40	107	260	214	82	77
宝鸡市	Baoji	76	1083	1242	1046	451	333
咸阳市	Xianyang	99	598	1343	1214	385	459
渭南市	Weinan	39	268	383	338	138	86
延安市	Yan'an	24	57	248	210	102	68
汉中市	Hanzhong	16	48	218	175	64	56
榆林市	Yulin	37	237	552	476	109	139
安康市	Ankang	16	24	239	222	95	74
商洛市	Shangluo	4	36	83	76	35	20
杨凌示范区	Yangling						

20-11 新型农村合作医疗情况

Statistics on New Cooperative Medical System

年份 Years	实行新型农村合作医疗县(区)(个) Number of Counties Implementing NCMS (unit)	参加新农合人数(万人) Number of Enrollees (10 000 persons)	参合率(%) Rate of Enrollees (%)
2007	104	2434.95	90.05
2008	104	2495.47	91.58
2009	104	2566.11	92.97
2010	104	2581.38	95.00
2011	104	2631.66	97.10
2012	104	2649.65	98.70

20-12 社会福利事业、企业单位机构和人员
Social Welfare, Business Unit Organizations and Personnel

指标	Item	机构（个） Institutions (unit)		工作人员（人） Staff (person)	
		2011	2012	2011	2012
总计	**Total**	**1423**	**1401**	**24766**	**24913**
一、收养性社会福利事业单位	Adopting Social Welfare Institutions	931	923	6002	6155
二、社会福利企业单位	Social Welfare Enterprises	269	251	15257	15101
(工商部门登记)	(the business sector registered)				
福利工厂	Welfare Factories	210	204	12576	12668
假肢厂	Artificial Limb Factory	1	1	106	97
安置农场	Placement Farms	1	1	34	34
其他福利企业	Other Welfare Enterprises	57	45	2541	2302
三、烈士纪念建筑物管理单位	Martyrs Memorial Building Management Unit	37	37	344	355
四、救助站	Relief Stations	89	89	885	899
五、殡葬事业单位	Funeral Institutions	97	101	2278	2403

20-13 社会福利事业单位基本情况（2012年）
Basic Statistics on Social Welfare Institutions (2012)

指标	Item	院数（个） Number of Homes (unit)	工作人员（人） Number of Staff and Workers (person)	床位（张） Number of Beds (bed)	年在院总人数（万人） Number of Persons Housed (10 000 persons)
一、民政部门办收养性社会福利事业单位	Adopting Social Welfare Institutions Established by the Home Department	548	2625	42806	840.5
# 优抚休、疗养院	Convalescent Homes Founded by the Home Department	30	802	2167	43.0
城市福利院	Urban Welfare	46	1129	9198	224.2
二、老年收养性机构	Adoption of the Old Institutions	846	4076	65734	1323.0

注：1.优抚休、疗养院包括荣誉军人康复医院、复退军人慢性疗养院、复退军人精神病院和国家办光荣院。
2.城市福利院包括社会福利院、社会儿童福利院、社会精神病人福利院。
3.老年收养性机构包括城镇、农村的敬老院、养老院、老年性公寓。

a) Convalescent Homes include the honor military rehabilitation hospital, Futuijunren chronic nursing homes, psychiatric hospitals and the state office of honor Futuijunren hospital.

b) Urban welfare include social welfare, social welfare homes, social welfare of mental patients.

c) Old adoption of institutions include urban and rural areas of the nursing home, nursing homes, senile apartment.

20-14 社会福利企业基本情况（2012年）
Basic Statistics on Social Welfare Enterprises (2012)

地 区	Region	单位数（个）Number of Homes (unit)	年末职工人数（人）Number of Workers (person)	# 残疾职工 Disabled Employees	# 女 性 Female
全 省	**Shaanxi**	**251**	**15101**	**5335**	**2014**
西 安 市	Xi'an	99	6331	2437	968
铜 川 市	Tongchuan	3	70	47	13
宝 鸡 市	Baoji	56	2925	741	226
咸 阳 市	Xianyang	22	1613	645	220
渭 南 市	Weinan	19	1867	763	304
延 安 市	Yan'an	8	622	144	71
汉 中 市	Hanzhong	20	622	269	95
榆 林 市	Yulin	13	774	213	81
安 康 市	Ankang	2	48	21	16
商 洛 市	Shangluo	7	115	41	14
杨凌示范区	Yangling				
厅级小计	Others	2	114	14	6

20-15 城镇社区服务设施（2012年）
Urban Welfare Facilities (2012)

地 区	Region	城镇社区服务设施数（个）Urban Welfare Facilities (unit)	便民利民服务网点（个）Convenience Services (unit)
全 省	**Shaanxi**	**2472**	**3192**
西 安 市	Xi'an	772	1007
铜 川 市	Tongchuan	94	277
宝 鸡 市	Baoji	175	1018
咸 阳 市	Xianyang	331	185
渭 南 市	Weinan	287	228
延 安 市	Yan'an	125	10
汉 中 市	Hanzhong	158	96
榆 林 市	Yulin	145	71
安 康 市	Ankang	309	269
商 洛 市	Shangluo	76	31
杨凌示范区	Yangling		

20-16 工 会 工 作(2012年)
Basic Statistics on Trade Unions (2012)

项 目	Item	实有数 Number
一、全省工会组织概况	Trade Union Situation in the Province	
基层工会	Basic Trade Unions	
1.基层工会组织(个)	Basic Trade Unions (unit)	87665
2.工会会员(万人)	Union Members (10 000 persons)	671
# 女 性	Women	239
3.专职工会工作人员(人)	Full-time Union Staff (person)	21297
# 女 性	Women	7900
4.工会女职工组织(个)	Women Workers Organization (unit)	83170
5.工会经费审查组织(个)	Review Organization of Trade Union Funds (unit)	41044
基层以上工会	More Basic Trade Union	
1.工会组织(个)	Trade Unions (unit)	3243
专职工会干部(人)	Full-time Trade Union Cadres (person)	5744
2.工会女职工组织(个)	Women Workers Organization (unit)	2767
专职女职工干部(人)	Full-time Female Workers and Cadres (unit)	790
3.工会经费审查组织(个)	Review Organization of Trade Union Funds (unit)	1303
4.工会资产管理机构(个)	Union Asset Managers (unit)	517
二、工会民主管理工作	Management of Trade Union Democracy	
基层工会	Basic Trade Unions	
1.建立职代会制度的工会(个)	Union System Workers'Congress(unit)	63700
职代会职工代表(人)	Employee Congress, Representatives of the Employees (person)	627234
# 女 性	Women	168298
2.本年召开职代会的工会(个)	Union Employee Congress Held this Year(unit)	54320
3.实行厂务公开的工会(个)	The Union Of factory Affairs(unit)	62939
实行厂务公开工会覆盖职工(万人)	The Implementation of Workers Covered by Union Factory Affairs (10 000 persons)	523
4.建立董事会的工会(个)	Establishment of the Union Board of Directors(unit)	2402
董事会中的职工董事(人)	The Staff Director of the Board of Directors (person)	1363
5.建立监事会的工会(个)	The Trade Union Which Established Board of Supervisors(unit)	2043
监事会中的职工监事(人)	Worker Supervisors in Board of Supervisors (person)	1488
基层以上工会	More Basic Trade Union	
1.半年与同级政府召开联席会的工会(个)	Six Months and the Government Held a Joint Meeting at the Same Level of Trade Unions (unit)	143
2.建立三方协调机制的工会(个)	The Trade Union which Establishment a Tripartite Coordination Mechanism (unit)	794

20-16 续表 continued

项 目	Item	实有数 Number
三、工会保障工作	Union Security Work	
基层工会	Basic Trade Unions	
1.参加联系困难职工活动的领导干部(人)	The Leading Cadres Contact to Union Hard Workers Activities (person)	39889
联系的困难职工家庭(户)	Difficult Family Workers Contacted (household)	51919
2.建立送温暖基(资)金的工会(个)	Create Warmth Base (capital) Payments Union (unit)	3682
基层以上工会	More Basic Trade Union	
1.建立困难职工档案的工会(个)	Union Create Difficulties Workers File (unit)	1444
2.参加联系困难职工活动的领导干部(人)	The Leading Cadres Contact to Union Hard Workers Activities (person)	19366
联系的困难职工家庭(户)	Difficult Family Workers Contacted (household)	25604
3.建立送温暖基(资)金的工会(个)	Create Warmth Base (capital) Payments Union (unit)	293
四、工会经济技术工作	Economic and Technical Workers of Union	
1.职工提出合理化建议(件)	Employees to Make Reasonable Suggestions (unit)	182337
# 已实施合理化建议(件)	Rationalization Proposals have Been Implemented(unit)	59877
2.开展劳动竞赛的工会(个)	Union Labor Competition(unit)	16618
# 参加劳动竞赛的职工(万人次)	Workers Participate in Labor Competition(10 000person-times)	194
3.荣获国家专利项目(件)	Won the National Patents(unit)	2437
五、工会劳动保护工作	Union Labor Protection	
基层工会	Basic Trade Unions	
1.劳动保护监督检查组织(个)	Labor Protection Supervision and Inspection Organizations(unit)	17921
2.参加安全生产检查(次)	Participate in Safety Checks(time)	146183
基层以上工会	More Basic Trade Union	
1.建立劳动保护监督检查组织(个)	Established Labor Protection Supervision and Inspection Organizations(unit)	1199
2. 参加安全生产检查(次)	Participate in Safety Checks(time)	15198
六、工会法律工作	Union Legal Work	
基层工会	Basic Trade Unions	
1.工会劳动法律监督组织(个)	Supervision Organizations of Trade Union Labor Law(unit)	12561
2.劳动争议调解委员会(个)	Labor Dispute Mediation Committee(unit)	19869
受理的劳动争议件数(件)	Number of Labor Disputes Accepted(unit)	3277
调解成功的劳动争议件数(件)	The Success of the Labor Dispute Mediation Number(unit)	643
基层以上工会	More Basic Trade Union	
1.工会劳动法律监督组织(个)	Unions Labor Law Watchdog(unit)	460
2.工会法律援助机构(个)	Unions Legal Aid Agencies(unit)	215

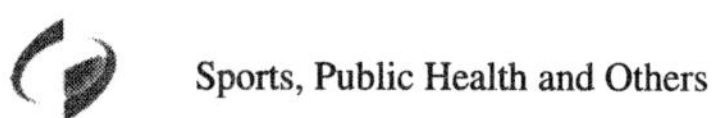

20-17 妇 女 工 作(2012年)
Women's Work (2012)

项　　目	Item	合　计 Total	省　级 Provincial	地、市级 Municipal	县、区级 County, District	乡、镇级 Township Level
一、组织状况	Organization					
妇女联合会(个)	Women's Associations (unit)	1442	1	11	107	1323
妇委会(个)	Women's Committee (unit)	4220	122	707	3391	
村级妇代会(个)	The Village Women's Committee (unit)	26286			26286	
二、妇联干部(人)	Women Cadres (person)	3088	56	145	761	2126
三、妇联杂志	Women's Magazine					
内部发行(种)	Internal Distribution (unit)	4	2	2		
期发行量(万份)	Circulation (10 000 units)	3.50	2.30	1.20		
四、维护妇女合法权益工作	Safeguard the Legitimate Rights of Women					
提供法律援助案件数(件)	Provide Legal Aid Cases (case)	972	191	157	624	
妇联干部担任人民陪审员人数(人)	Women's Federation Cadres as People's Assessors (person)	159		2	157	
接受普法宣传教育人次(次)	Receive Legal publicity and education (time)	391684	10360	16920	364404	
受救助(庇护)的妇女儿童人数(人)	Number of Salvation (shelter) of Women and Children (person) (person)	1815	227	1107	481	
五、培训、教育妇女情况	Women's Training and Education					
农村妇女劳动力转移培训人数(人)	Training of Rural Women Labor Transference (person)	40848			40848	
创业培训人数(人)	Number of Entrepreneurship Training (people)	10290	50	418	9822	
妇女小额担保贷款发放金额(万元)	Women's Small Guarantee Loan Amount (10 000 yuan)	341700		159904	181796	
六、其他工作情况	Other work					
三八红旗手(人)	March 8th Red Banner Winners (person)	886	173	217	496	
三八红旗集体(个)	March 8th Red Banner Groups (unit)	312	50	70	192	
五好文明家庭(户)	"Five Good" Civilized Families (household)	4486	139	169	4178	
巾帼文明岗(个)	Excellent Women's Groups (unit)	767	243	170	354	
巾帼志愿者累计注册人数(人)	Cumulative Number of Registered Women Volunteers (person)	67847	450	33889	33508	
“妇女之家”累计创建数(个)	Total Number of Women's home (unit)	28043			28043	

20-18 律师、公证及人民调解工作（2012年）
Lawyers, Notarization and Mediation of Civil Disputes (2012)

项　　目	Item	实有数 Number
一、律师工作	**Lawyers**	
律师人员(人)	Number of Lawyers(person)	5452
# 专　职	Full-time Lawyers	4897
兼　职	Part-time Lawyers	442
刑事诉讼辩护及代理(件)	Agent of Criminal Defense(case)	22740
民事诉讼代理(件)	Agent of Civil Case(case)	34965
行政诉讼代理(件)	Agent of Administrative Action (case)	3465
担任法律顾问(家)	As Legal Advisers(unit)	6097
代写法律文书(件)	Legal Document Written on Behalf of Clients(case)	19873
律师事务所(个)	Number of Law Offices(unit)	420
二、公证工作	**Notarial Personnel**	
公证处(个)	Number of Notary Offices(unit)	117
# 涉外公证处	Foreign-related Notary Offices	24
公证人员(人)	Notarial Personnel(person)	997
办理公证文书(件)	Notarized Documents (case)	227291
三、人民调解工作	**Number of People's Mediation**	
人民调解委员会(个)	Number of People's Mediation Committees(unit)	31469
调解委员(人)	Member of a Mediation Committee(person)	124311
调解民间纠纷(件)	Number of Civil Disputes Mediated(case)	163724

20-19 国内公证文书分类(2012年)
Domestic Notarized Documents by Type (2012)

分 类	Type	办证件数(件) Number of Notarial Documents Issued (case)
合 计	**Total**	**157057**
合同(协议)	Contracts	65721
买卖合同	Sale and Purchase Contracts	1459
借款合同	Loan Contracts	37517
租赁合同	Lease Contracts	395
建设工程合同	Engineering and Construction Contracts	847
委托合同	Application Contracts	6795
土地使用权合同	Land Use Rights Contracts	635
承包合同	Contracts	596
企业经营合同	Operation Enterprises Contracts	48
劳动(劳务)合同	Labor contracts	1320
其他合同	Other contracts	6769
合伙协议	Partnership Agreements	57
财产约定协议	Property Agreements	613
扶养协议	Legacy-support Agreements	248
出国留学协议	Foreign Study Agreements	51
拆迁安置协议	Compensation and Resettlement Agreements	1890
赔偿协议	Indemity Agreements	48
还款协议	Payment Contracts	3848
其 他	Others	2585
继 承	Inheritances	6219
单方法律行为	Unilateral Legal Act	42850
委 托	Proxy	23005
声 明	Announcement	9064
赠 与	Presentation Documents	1613
遗 嘱	Testaments	1983
购销合同	Purchase and Sales Contracts	245
保证(担保)	Guarantees	7185
承诺(要约)	Offer(Acceptance)	
其 他	Others	
现场监督	Field Supervision	8750
招标投标	Bidding	6391
拍 卖	Auctions	1229
开奖、评选	Lottery	850
抽签(摇号)	Draw Lots	280
保全证据	Evidence Preservation	7665
公司章程	Corporation Constitutions	77
组织资格	Organization Qualification	691
财产权	Property Right	644
身 份	Status	691
收养关系	Adoption Relationship	822
亲属关系	Kindred Relationship	2639
其他有法律意义事实	Other Facts of Legal Significance	12
死 亡	Death Certificates	12
签名(印鉴)	Signatures and Seals	6124
文本相符	Text Conformity	2116
执行证书	Execution Certificate	449
抵押登记	Mortgage Registration	2622
提 存	Drawing	49
其 他	Others	8916

20-20 婚姻登记情况
Registered Marriages

指　　标	Item	2010	2011	2012
一、登记结婚数(对)	**Number of Registered Marriages(couples)**	**346645**	**369318**	**374046**
1.内地居民登记结婚数(对)	Registered Marriages in the Mainland(couples)	346218	368963	373626
初婚数(人)	Number of First Marriages(person)	618251	656231	656169
再婚数(人)	Number of Re-marriages(person)	75039	82405	91083
# 恢复结婚数	Restoration of Marriages	808	665	800
2.涉外婚姻数(对)	Number of Marriages with Foreigner(couples)	427	355	420
二、登记离婚数(对)	**Number of Registered Divorces (couples)**	**44402**	**50780**	**55006**
1.内地居民登记离婚数(对)	Registered Divorces in the Mainland(couples)	44356	50730	54928
2.涉外婚姻数(对)	Number of Divorces with Foreigner(couples)	46	50	78

20-21 各市（区）婚姻登记情况（2012年）
Registered Marriages by City(District) (2012)

地　区	Region	准予登记结婚数(对) Number of Marriages Registered (couples)	初婚数(人) Number of First Marriages (person)	再婚数(人) Number of Re-marriages (person)	# 恢复结婚数 Restoration of Marriages	登记离婚数(对) Number of Divorces Registered (couples)	# 港澳台华侨离婚数 Number of Divorces with Overseas Chinese
全　省	**Shaanxi**	**373626**	**656169**	**91083**	**800**	**55006**	**78**
西 安 市	Xi'an	89877	155624	24130	145	15127	
铜 川 市	Tongchuan	6345	10579	2111	4	1306	
宝 鸡 市	Baoji	28182	48885	7479	18	3742	
咸 阳 市	Xianyang	58827	104209	13445	44	7134	
渭 南 市	Weinan	56164	98104	14224	112	7939	
延 安 市	Yan'an	22729	41471	3987	69	2925	
汉 中 市	Hanzhong	27897	46342	9452	287	5086	
榆 林 市	Yulin	36448	67050	5846	58	5577	20
安 康 市	Ankang	25395	44851	5939	52	3866	
商 洛 市	Shangluo	21342	38474	4210	9	2246	
杨凌示范区	Yangling						
厅级小计	Others	420	580	260	2	58	58

20-22 交通事故情况
Basic Statistics on Traffic Accidents

地 区	Region	事故次数(起) Number of Accidents (case)		死亡人数(人) Number of Deaths (person)		受伤人数(人) Number of Injuries (person)		损失折款(万元) Converted into Cash Losses (10 000 yuan)	
		2010	2011	2010	2011	2010	2011	2010	2011
全 省	**Shaanxi**	**6362**	**5989**	**1893**	**1804**	**6087**	**5497**	**3332**	**4004**
西安市	Xi'an	2264	2446	531	516	2260	2486	612	1011
铜川市	Tongchuan	185	216	44	40	229	271	140	191
宝鸡市	Baoji	1127	948	171	166	1038	739	442	857
咸阳市	Xianyang	228	212	128	125	236	187	107	68
渭南市	Weinan	574	445	180	173	544	344	448	259
延安市	Yan'an	294	281	195	220	245	209	221	266
汉中市	Hanzhong	507	495	165	160	530	500	114	171
榆林市	Yulin	482	364	234	94	338	327	656	525
安康市	Ankang	358	208	100	103	328	159	408	570
商洛市	Shangluo	277	347	107	203	270	239	83	76
杨凌示范区	Yangling	27	27	3	4	33	36	6	10
高交路	Others	39		35		36		98	

20-23 火灾事故情况
Basic Statistics on Fires

地 区	Region	事故次数(起) Number of Accidents (case)		死亡人数(人) Number of Deaths (person)		受伤人数(人) Number of Injuries (person)		损失折款(万元) Losses Converted into Cash (10 000 yuan)	
		2011	2012	2011	2012	2011	2012	2011	2012
全 省	**Shaanxi**	**5006**	**7857**	**22**	**29**	**6**	**8**	**9418**	**16172**
西安市	Xi'an	1921	2605	8	16	3	4	2107	2831
铜川市	Tongchuan	115	254	1				224	129
宝鸡市	Baoji	340	573	1				570	653
咸阳市	Xianyang	310	1167	1				413	739
渭南市	Weinan	640	909	1	1			963	1140
延安市	Yan'an	267	361	1	3	1		924	5762
汉中市	Hanzhong	505	457	7	1			616	720
榆林市	Yulin	622	1183	2	1			2964	2811
安康市	Ankang	60	80		3	2	4	75	228
商洛市	Shangluo	135	223					194	971
杨凌示范区	Yangling	91	45		1			369	188

20-24 各类伤亡事故情况（2012年）
Statistics on Various Fatal Accident (2012)

类 别	Type	总 计 Total 起数(起) Times (time)	总 计 Total 死亡(人) Deaths (person)	一次死亡3-9人 Number of Deaths each Time(3-9 people) 起数(起) Times (time)	一次死亡3-9人 死亡(人) Deaths (person)	一次死亡10-29人 Number of Deaths each Time(10-29 people) 起数(起) Times (time)	一次死亡10-29人 死亡(人) Deaths (person)
全 省	**Shaanxi**	**11519**	**2102**	**27**	**122**	**1**	**13**
# 工矿商贸	Industry, Mining, Commerce	143	201	9	50	1	13
1.煤 矿	Coal Mine	33	49	2	13		
2.金属与非金属矿	Metallic and Nonmetallic Mine	24	35	2	11		
3.建筑施工业	Construction Industry	37	60	3	15	1	13
4.危险化学品	Hazardous Chemicals						
5.烟花爆竹	Fireworks	4	6				
6.工商贸其它	Others	45	51	2	11		
铁路交通	Rail Transport	4984	29	1	3		
农业机械	Agricultural Machinery	5989	1804	17	69		
水上交通	Waterborne Traffic	73	51				

20-25 社会捐赠和收养登记情况（2012年）
Statistics on Social Donation and Adopting Registration (2012)

地 区	Region	捐赠款数额(万元) Donated Fund (10 000yuan)	捐赠其他物资价值(万元) Value of Other Donated Materials (10 000yuan)	接收捐赠衣被件数(万件) Donated Clothes and Quilts (10 000unit)	# 棉衣被 Cotton Clothes and Quilts	收养登记合计(人) Number of Registered Adoption (person)	中国公民 Adoption by Chinese	外国人 Adoption by Foreigners
全 省	**Shaanxi**	**594**	**30**	**168**	**168**	**362**	**200**	**162**
西 安 市	Xi'an					84	84	
铜 川 市	Tongchuan							
宝 鸡 市	Baoji	7				10	10	
咸 阳 市	Xianyang	241				10	10	
渭 南 市	Weinan		30			3	3	
延 安 市	Yan'an							
汉 中 市	Hanzhong	69				22	22	
榆 林 市	Yulin	35				7	7	
安 康 市	Ankang	162		168	168	57	57	
商 洛 市	Shangluo					7	7	
杨凌示范区	Yangling							
厅级小计	Others	80				162		162

主要统计指标解释

卫生机构 指从卫生行政部门取得《医疗机构执业许可证》，或从民政、工商行政、机构编制管理部门取得法人单位登记证书，为社会提供医疗保健、疾病控制、卫生监督服务或从事医学科研和教育等工作的单位。卫生机构包括医院、疗养院、社区卫生服务中心(站)、卫生院、门诊部、诊所(卫生所、医务室)、急救中心(站)、采供血机构、妇幼保健院(所、站)、专科疾病防治院(所、站)、疾病预防控制中心(防疫站)、卫生监督所、卫生监督检验(监测、检测)机构、医学科研机构、医学在职培训机构、健康教育所(站)等其他卫生机构。

卫生技术人员 包括执业(助理)医师、注册护士、药剂人员、检验和影像人员等卫生专业人员。不包括从事管理工作的卫生技术人员(一律计入管理人员)。

执业医师 指具有《医师执业证》及其“级别”为“执业医师”且实际从事医疗、预防保健工作的人员，不包括实际从事管理工作的执业医师。执业医师类别分为临床、中医、口腔和公共卫生。

执业助理医师 指具有《医师执业证》及其“级别”为“执业助理医师”且实际从事医疗、预防保健工作的人员，不包括实际从事管理工作的执业助理医师。执业助理医师类别同样分为临床、中医、口腔和公共卫生四类。

社区卫生服务中心(站) 指为本社区居民提供预防、医疗、保健、康复、健康教育、计划生育技术服务等的基层卫生机构。包括社区卫生服务中心和社区卫生服务站。

社会福利企业 指以集中安置有一定劳动能力的残疾人员就业为目（残疾职工占生产人员 10%以上）、带有社会福利性质的企业总称。主要包括福利工厂、假肢厂和其他福利企业。

城镇社区服务设施数 指报告期末城镇（街道办事处、居委会）设立的以非盈利为目的，为本社区居民服务，特别是为老年人、残疾人、儿童服务的社区服务中心、活动站、服务站、养老院、老年公寓（托老所），残疾人工疗站、残疾儿童日托所、家务服务站、婚姻介绍所等福利性设施以及职工社会保险管理服务的机构数。几种不同类型的社区服务单位，共用一个场所的，只能统计为一个社区服务设施。成为社区服务设施的条件:（1）是独立核算单位;（2）有固定的从业人员;（3）有一定的服务项目;（4）有一定的场所。

公证人员 指在公证处工作的人员总称，包括公证处主任、副主任、公证员、公证员助理(助理公证员)和其他从事辅助性工作的人员。

公证文书 指公证处根据当事人申请，依照事实和法律，按照法定程序制作的，具有法律效力的司法证明文书。

受理劳动争议案件数 指劳动争议仲裁委员会根据国家有关规定，对劳动争议当事人的申请予以审查，符合受理条件而正式立案、准备处理的劳动争议案件数。

Explanatory Notes on Main Statistical Indicators

Health Care Institutions refer to the units which have been qualified the Certification of Health Care Institution by the administration of public health, or qualified the Certification of Corporate Unit by the civil affairs, administration for industry and commerce, commission office for public sector reform, and engaging in medical care, disease prevention and control, health supervision and inspection, medicine research and health education, etc., including: hospitals, sanatoriums, community health service centers (stations), health centers, clinics (health stations and infirmaries), first-aid centres (stations), blood gathering and supplying institutions, women and children care agencies (centres and stations), special disease prevention and curing agencies (centres and stations), disease prevention and control centres (epidemic prevention stations), health supervision and inspection agencies, sanitary inspection institutions, medicinal scientific research and on-job training institutions, health education centres and so on.

Medical Technical Personnel refer to the professional staff engaged in health care, including licensed (assistant) doctors, registered nurse, pharmacists, laboratory technician, and imaging staff, excluding the medical technical personnel engaged in management job (included as the management staff).

Licensed Doctors refer to the medical workers who have obtained the licenses of qualified doctors and are employed in medical treatment, disease prevention or healthcare institutions, excluding the licensed doctors engaged in management job. The classification of licensed doctors is clinician, Chinese medicine, dentist and public health.

Licensed Assistant Doctors refer to the medical workers who have obtained the licenses of qualified assistant doctors and are employed in medical treatment, disease prevention or healthcare institutions, excluding the licensed assistant doctors engaged in management job. The classification of licensed assistant doctors is clinician, Chinese medicine, dentist and public health.

Community Health Service Centres (stations) refer to the primary units that provide the health care for community residents, such as disease prevention and control, medical treatment, health care, rehabilitation, health education, family planning technical services, including community health service centres and community health service stations.

Social Welfare Enterprises refers to those welfare-oriented enterprises employing a significant number of handicapped people with certain labour ability (handicapped employees shall exceed 10% of the production staff), including welfare factories, artificial limb plants as well as other welfare enterprises.

Number of Service Facilities in Urban Communities refers to the number non-profit welfare facilities set up by urban communities (community offices and residents' committees) to serve the community residents, including, among others, community-based centers that serve senior citizens, the handicapped or children, recreational centers, service centers, nursing homes, apartments for the elderly (nursery for the aged), work and treatment stations for the handicapped, day-care centers for handicapped children, domestic help agencies and dating services, as well as social insurance management agencies for the employees. Different types of community service providers that share the same premise are regarded as one community service facility. The requirements for a social service facility of communities include: (1) independent accounting; (2) fixed employees; (3) provision of services; and (4) premises.

Notary Personnel refers to people working for notary offices including: directors, deputy directors, notaries, assistant notaries and other people providing assistance.

Notary Documents refer to the judicial notary documents drawn up at the request of the interested party and are in accordance with facts and the law and following certain legal proceedings.

Number of Labour Disputes Cases Accepted refers to the number of cases of labour disputes submitted that, after being reviewed by the labour dispute arbitration committees in line with the relevant national regulations, are accepted and registered for treatment.

二十一、水　利

Irrigation

资料整理：王小莉　郭力涛　陈　艳

简 要 说 明

一、本篇资料反映陕西水利建设基本情况。主要内容包括水利建设投资，水利工程供水，水库，灌区，灌溉面积，水土保持，农村饮水等情况。

二、本篇资料由省水利厅提供。

Brief Introduction

Ⅰ. This chapter reflects the basic conditions of Shaanxi's water conservancy, mainly including investment in water conservancy projects, water supply of water conservancy projects, reservoir, irrigated area, water and soil conservation, drinking water in rural areas and etc.

Ⅱ. The data are provided by Shaanxi Province Department of Water Resources.

21.水 利

2012年全省		
有效灌溉面积	1277.18	千 公 顷
解决农村饮水安全人口	290.10	万 人
水利工程供水量	88.04	亿立方米

水利建设投资（亿元）

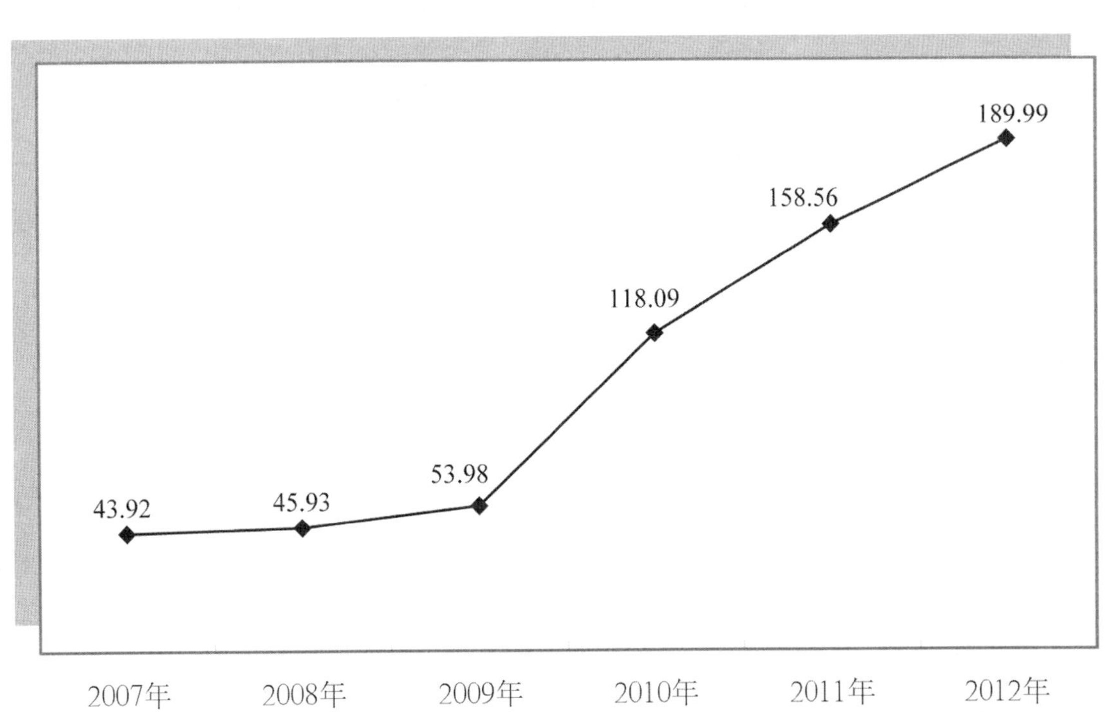

21-1 水利建设投资情况(2012年)
Construction Investment Situation of Hydroproject(2012)

单位：万元 (10 000 yuan)

地区	Region	水利建设投资总计 Total	中央 Central Level	省级 Provincial Level	市级 City Level	县及县以下 at and below County Level	民间投资 Nongovernment Investment
全省	**Shaanxi**	**1899890**	**679556**	**464741**	**424481**	**162695**	**168417**
省属	Provincial	185283	51641	133642			
西安市	Xi'an	311513	48904	50815	175794	26000	10000
铜川市	Tongchuan	18929	8498	4655	3865	1055	857
宝鸡市	Baoji	174900	68628	49348	29458	11533	15934
咸阳市	Xianyang	201766	70404	25133	10797	52557	42875
渭南市	Weinan	216962	110156	69894	33700	3211	
#韩城市	Hancheng	8299	5345	2231	723		
延安市	Yan'an	132234	53861	28099	40683	9591	
汉中市	Hanzhong	166752	86089	31899	2755	2489	43520
榆林市	Yulin	255698	55403	27426	114526	48723	9620
安康市	Ankang	138157	71096	29519		4523	33019
商洛市	Shangluo	83699	54306	13083	847	2870	12593
杨凌示范区	Yangling	13998	570	1228	12056	144	

注：水利建设投资主要包括：防洪、险库、重点水源及枢纽、灌排、饮水、水土保持、农村小水电、渔业等。

a) Construction investment of hydroproject mainly includes flood protection, dangerous reservoir, key water source and key position, irrigation and drainage, potable water, water and soil conservation, rual small hydropower, fishery industry etc.

21-2 灌溉面积(2012年)
Irrigated Areas(2012)

单位：千公顷 (1 000 hectares)

地区	Region	设施灌溉面积 Irrigated Areas by Facilities	本年灌溉面积 Irrigated Areas This Year	有效灌溉 Effective Irrigated Areas	林地灌溉 Irrigated Wooded-land Areas	园地灌溉 Garden Plot Irrigated Areas	牧草地灌溉 Irrigated Pasture	其他灌溉 Others
全省	**Shaanxi**	**1624.70**	**1417.50**	**1277.18**	**8.06**	**117.30**	**3.32**	**11.64**
西安市	Xi'an	245.46	193.25	173.68	3.11	14.75		1.71
铜川市	Tongchuan	18.08	19.21	15.76		3.07		0.38
宝鸡市	Baoji	213.20	186.93	161.33	0.49	25.04	0.01	0.06
咸阳市	Xianyang	301.15	251.53	227.50	0.45	21.52	0.67	1.39
渭南市	Weinan	396.80	356.07	318.13	1.58	33.43		2.93
#韩城市	Hancheng		15.00	11.70		3.00		0.30
延安市	Yan'an	46.76	38.78	32.23	0.09	6.42		0.04
汉中市	Hanzhong	146.87	129.92	124.81	0.08	4.94		0.09
榆林市	Yulin	129.79	121.98	111.54	1.07	5.07	2.63	1.67
安康市	Ankang	73.23	67.18	60.62	1.15	2.14		3.27
商洛市	Shangluo	42.33	39.69	39.61		0.06		0.02
杨凌示范区	Yangling	6.09	5.68	5.39	0.03	0.26		
省监管局	Shaanxi Administration	0.56	0.56	0.56				
省农垦处	Shaanxi Agricultural Reclamation Office	4.38	6.72	6.02	0.01	0.60	0.01	0.08

21-2 续表 Continued

单位：千公顷 (1 000 hectares)

地区	Region	节水灌溉面积 Water Saving Irrigation Areas	喷灌 Spray Irrigation	微灌 Micro Irrigation	低压管灌 Low Pressure Pipe Irrigation	渠道防渗 Canal Seepage Control	其他工程 Others	有效实灌面积 Effectively Irrigated Areas	旱涝保收面积 Stable-harvest Farming Areas
全　省	**Shaanxi**	**881.60**	**51.93**	**24.14**	**224.55**	**510.37**	**67.45**	**1053.89**	**814.24**
西安市	Xi'an	165.54	9.34	3.41	75.88	76.91		142.31	140.87
铜川市	Tongchuan	16.60	0.53	2.54	8.08	4.01	1.44	7.51	5.58
宝鸡市	Baoji	132.55	6.22	1.43	36.15	87.08	1.67	129.90	115.18
咸阳市	Xianyang	149.04	2.05	2.83	49.87	87.88	6.41	186.67	149.85
渭南市	Weinan	215.90	1.30	5.54	30.83	165.60	12.63	280.61	170.84
#韩城市	Hancheng	14.71	0.10	0.90	2.15	10.15	1.41	10.70	8.50
延安市	Yan'an	32.42	7.23	5.15	8.58	4.41	7.05	26.37	19.94
汉中市	Hanzhong	61.92	19.68	0.28	0.32	37.18	4.46	109.32	85.12
榆林市	Yulin	41.19	1.59	0.41	7.82	23.22	8.15	94.97	66.14
安康市	Ankang	43.62	0.21	1.38	2.04	16.05	23.94	43.28	31.77
商洛市	Shangluo	15.86	3.75	0.24	3.69	6.48	1.70	21.30	18.20
杨凌示范区	Yangling	3.80	0.03	0.93	1.29	1.55		5.27	4.32
省监管局	Shaanxi Administration							0.36	0.43
省农垦处	Shaanxi Agricultural Reclamation Office	3.16						6.02	6.00

21-3 机电灌溉面积(2012年)
Machine-irrigated Areas(2012)

单位：千公顷 (1 000 hectares)

地区	Region	机电排灌面积 Mechanical Pumping Drainage and Irrigation Areas	机电提灌面积 Mechanical Pump Irrigation Areas	机电井灌溉 Electrical and Mechanical Well Irrigation	固定站灌溉 Fixed Stations Irrigation	流动机灌溉 Mobile Stations Irrigation	喷滴灌灌溉 Sprinkling and Drip Irrigation	纯排面积 Draining Areas
全　省	**Shaanxi**	**829.39**	**825.98**	**450.62**	**332.64**	**30.05**	**12.67**	**3.41**
西安市	Xi'an	132.44	132.44	116.23	13.17	0.32	2.72	
铜川市	Tongchuan	9.52	9.52	6.11	3.18		0.23	
宝鸡市	Baoji	116.84	116.84	59.67	47.10	8.16	1.91	
咸阳市	Xianyang	170.35	170.35	83.30	65.89	20.36	0.80	
渭南市	Weinan	252.60	249.25	92.08	154.03		3.14	3.35
#韩城市	Hancheng	6.30	6.30	2.40	3.90			
延安市	Yan'an	26.43	26.43	14.80	10.56		1.07	
汉中市	Hanzhong	27.67	27.67	12.25	14.55		0.87	
榆林市	Yulin	67.94	67.94	49.98	17.74	0.22		
安康市	Ankang	7.20	7.20	2.22	3.87	0.99	0.12	
商洛市	Shangluo	8.89	8.83	6.93	1.28		0.62	0.06
杨凌示范区	Yangling	4.98	4.98	3.75	0.27		0.96	
省监管局	Shaanxi Administration	0.30	0.30	0.30				
省农垦处	Shaanxi Agricultural Reclamation Office	4.23	4.23	3.00	1.00		0.23	

21-4 易涝耕地面积治理情况(2012年)
Management Situation of Areas of Floating Plowland (2012)

单位：千公顷 (1 000 hectares)

地区	Region	易涝耕地面积 Areas of Floating Plowland	除涝面积 Area of Waterlogging Control	# 本年新增 New-added in This Year	# 本年减少 Decrease in This Year
全省	**Shaanxi**	**155.79**	**132.37**	**1.46**	**1.03**
西安市	Xi'an	50.81	45.46	0.74	0.50
铜川市	Tongchuan				
宝鸡市	Baoji	3.91	2.83	0.49	0.51
咸阳市	Xianyang	28.09	24.24		
渭南市	Weinan	34.85	28.99	0.2	
# 韩城市	Hancheng	0.40	0.36		
延安市	Yan'an	0.02			0.02
汉中市	Hanzhong	13.35	9.57		
榆林市	Yulin	22.8	19.4	0.03	
安康市	Ankang				
商洛市	Shangluo	1.73	1.65		
杨凌示范区	Yangling	0.23	0.23		

21-5 用水总量(2012年)
Water Use (2012)

单位：万立方米 (10 000 cu.m)

地区	Region	用水总量 Water Use	农田灌溉用水量 Farmland Irrigation Water	林牧渔畜用水量 Water Consumption of Forestry, Animal Husbandry, Fishery and Livestock	工业用水量 Consumption of Industry Water	城镇公共用水 Consumption of Town Public Water	居民生活用水量 Residents Living Water	生态环境用水量 Ecological Environment Water
全省	**Shaanxi**	**880397**	**495852**	**86087**	**133499**	**25355**	**122181**	**17424**
西安市	Xi'an	164559	53809	10440	36522	12129	41036	10623
铜川市	Tongchuan	9099	1937	1185	3324	294	2194	165
宝鸡市	Baoji	71333	39448	8840	8483	1343	12359	860
咸阳市	Xianyang	113523	64964	13030	18660	2716	12902	1251
渭南市	Weinan	154783	101728	18531	17123	2667	13508	1226
# 韩城市	Hancheng	8514	2590	738	3472	165	1298	251
延安市	Yan'an	24252	5487	4251	8270	1119	4653	472
汉中市	Hanzhong	163721	129973	10818	9929	1775	10239	987
榆林市	Yulin	75330	44958	4460	17550	1077	6805	480
安康市	Ankang	71359	40609	10590	7733	1324	10752	351
商洛市	Shangluo	28681	10925	3603	5743	703	6873	834
杨凌示范区	Yangling	3758	2014	339	162	208	860	175

21-6　水利工程供水总量(2012年)
Water Supply by Water Projects(2012)

单位：万立方米　(10 000 cu.m)

地　区	Region	供水总量 Water Supply	地表水源 供水量 Surface Water Supply	蓄　水 Reserve Water	引　水 Channel Water	提　水 Draw Water	人工载运 Artificial Ferried
全　省	**Shaanxi**	**880397**	**540105**	**192927**	**237166**	**109708**	**304**
西安市	Xi'an	164559	72452	47569	22315	2568	
铜川市	Tongchuan	9099	5504	3270	1143	1071	20
宝鸡市	Baoji	71333	32402	16822	12586	2984	10
咸阳市	Xianyang	113523	50656	7671	31901	11083	2
渭南市	Weinan	154783	91607	19508	14437	57642	20
# 韩城市	Hancheng	8514	3018	2658	119	241	
延安市	Yan'an	24252	15190	4961	5015	5185	29
汉中市	Hanzhong	163721	142237	56653	72712	12851	21
榆林市	Yulin	75330	43624	8588	25737	9284	15
安康市	Ankang	71359	65555	20380	39131	5927	117
商洛市	Shangluo	28680	20418	7506	11839	1003	70
杨凌示范区	Yangling	3758	460		350	110	

21-6　续表　continued

单位：万立方米　(10 000 cu.m)

地　区	Region	地下水源 供水量 Groundwater Supply	深层水 Deep Water	浅层水 Shallow Water	微咸水 A Little Salty Water	其他水源 供水量 Other Walter Supply	污水处理回用 Waste Water reuse	雨水利用 Rain Use
全　省	**Shaanxi**	**334152**	**63987**	**267371**	**2794**	**6140**	**4454**	**1686**
西安市	Xi'an	90791	30860	58916	1015	1316	1256	60
铜川市	Tongchuan	3354	189	3165		241	5	236
宝鸡市	Baoji	37904	1904	36000		1027	789	238
咸阳市	Xianyang	60990	4451	56537	2	1877	1817	60
渭南市	Weinan	63032	12328	49652	1052	144		144
# 韩城市	Hancheng	5370	340	5030		126		126
延安市	Yan'an	8535	2310	6225		527	448	79
汉中市	Hanzhong	21265		21265		219		219
榆林市	Yulin	31614	11945	18944	725	92		92
安康市	Ankang	5296		5296		508		508
商洛市	Shangluo	8073		8073		189	139	50
杨凌示范区	Yangling	3298		3298				

21-7 堤防情况(2012年) Dikes Situation(2012)

地 区	Region	堤防总长度(公里) Dikes Total Length (km)	1级堤防 Level 1 Dikes	2级堤防 Level 2 Dikes	3级堤防 Level 3 Dikes	其它等级堤防 Other Grades Dikes	达标堤防长度(公里) Length of Standard Dikes (km)	1级堤防 Level 1 Dikes	2级堤防 Level 2 Dikes
全 省	**Shaanxi**	**6641.30**	**217.02**	**312.39**	**556.55**	**5555.27**	**2106.22**	**207.41**	**228.22**
西 安 市	Xi'an	887.32	111.60	12.00	25.67	738.05	246.76	101.99	27.36
铜 川 市	Tongchuan	89.13		2.00	36.30	50.83	77.13		2.00
宝 鸡 市	Baoji	539.99	66.81	16.48	93.57	363.13	336.65	66.81	16.08
咸 阳 市	Xianyang	198.22	31.76	9.00	29.44	128.02	165.84	31.76	9.00
渭 南 市	Weinan	493.23		110.72		382.51	214.91		110.72
# 韩城市	Hancheng	18.72		3.00		15.72	3.00		3.00
延 安 市	Yan'an	221.11			216.99	4.12	221.11		
汉 中 市	Hanzhong	928.41	6.85	57.08	30.44	834.04	297.65	6.85	10.28
榆 林 市	Yulin	455.28		89.05	82.55	283.61	178.72		36.72
安 康 市	Ankang	1411.60		4.24	25.50	1381.86	192.03		4.24
商 洛 市	Shangluo	1404.10			15.00	1389.10	163.60		
杨凌示范区	Yangling	12.91		11.82	1.09		11.82		11.82

21-7 续表 continued

地 区	Region	3级堤防 Level 3 Dikes	其它等级堤防 Other Grades Dikes	本年新增堤防达标长度(公里) Newly Increased Standard Dikes Length This Year(km)	本年减少达标堤防长度(公里) Newly Reduced This Year Standard Dikes Length	全部堤防保护人口(万人) All the Dikes Protected the Population (10 000 persons)	# 本年新增 Newly Increased This Year	全部堤防保护耕地(千公顷) All the Dikes Protected the Farmland (1 000 hectares)	# 本年新增 Newly Increased This Year
全 省	**Shaanxi**	**520.10**	**1150.49**	**332.03**	**101.61**	**1029.96**	**76.98**	**546.33**	**24.37**
西 安 市	Xi'an	25.20	92.21	47.36	3.00	215.09	26.20	86.48	4.49
铜 川 市	Tongchuan	35.30	39.83	5.38		33.08		1.45	0.05
宝 鸡 市	Baoji	93.67	160.09	31.50	1.02	130.94	10.64	59.53	10.68
咸 阳 市	Xianyang	45.20	79.88	6.67		88.45	3.22	28.17	0.21
渭 南 市	Weinan		104.19	13.25		67.27	1.00	76.90	0.57
# 韩城市	Hancheng			0.30		2.20		1.50	
延 安 市	Yan'an	221.11		29.96	0.80	93.60	16.57	144.73	1.29
汉 中 市	Hanzhong	29.54	250.98	71.66	5.77	132.60	4.08	63.89	1.84
榆 林 市	Yulin	35.00	107.00	16.72		87.01	0.51	30.60	0.85
安 康 市	Ankang	9.50	178.29	52.03	91.02	45.48	9.22	25.28	2.26
商 洛 市	Shangluo	25.58	138.02	57.50		131.40	5.50	27.30	2.13
杨凌示范区	Yangling					5.04	0.04	2.00	

21-8　水库情况(2012年)
Situation of Reservoir (2012)

地　区	Region	水库数量(座) Reservoir Volume (block)	水库库容(万立方米) Reservoir Storage Capacity (10 000cu.m)	# 兴利库容 Hennessy Capacity	# 防洪库容 flood control Storage	已淤积库容(万立方米) Storage Capacity Sedimented (10 000cu.m)	灌溉面积(万亩) Irrigated Area (10 000acres) 设　计 Design Irrigation	本年实灌 Actual Irrigation This Year
全　省	**Shaanxi**	**1045**	**774043**	**241178**	**134192**	**149935**	**1226**	**627**
省　属	Directly under the provincial	16	53213	49697	22481	29156	454	280
西安市	Xi'an	92	38468	23338	15175	4385	92	13
铜川市	Tongchuan	29	4072	1635	1144	1350	9	2
宝鸡市	Baoji	105	58690	37908	16426	12899	321	194
咸阳市	Xianyang	66	31143	10967	12272	7375	87	29
渭南市	Weinan	111	32694	19804	8343	4621	98	37
延安市	Yan'an	28	53742	10427	14883	27289	16	2
汉中市	Hanzhong	332	44679	28033	10218	9409	99	52
榆林市	Yulin	95	120650	46584	27849	48678	23	10
安康市	Ankang	119	322400	5082	1032	2373	15	7
商洛市	Shangluo	52	14293	7701	4369	2400	12	2

21-8　续表　continued

地　区	Region	水力发电 Hydropower 实际装机(千瓦) Actual Installed Capacity (kw)	本年发电量(万度) Generating Capacity This Year (10 000 kwh)	入库水量(万立方米) Storage of Water (10 000cu.m)	出库水量(万立方米) A Library of Water (10 000cu.m)	年末蓄水量(万立方米) Water Storage Capacity at Year-end (10 000cu.m)
全　省	**Shaanxi**	**323760**	**107082**	**1560148**	**1557080**	**143081**
省　属	Directly under the provincial	225019	80180	1082427	1091516	43592
西安市	Xi'an	22785	6800	110026	99159	17389
铜川市	Tongchuan			3068	2327	689
宝鸡市	Baoji	16025	5341	46365	62102	24838
咸阳市	Xianyang			10738	8389	4474
渭南市	Weinan	640		20252	20581	12403
延安市	Yan'an	1	150	9296	6790	4149
汉中市	Hanzhong	50461	13144	166602	164147	17564
榆林市	Yulin	800	135	50944	42414	8449
安康市	Ankang	1020	80	15964	14071	1207
商洛市	Shangluo	7010	1252	44465	45584	8329

21-9 万亩以上灌区基本情况(2012年)

Basic Irrigated Area above 10 000Acres (2012)

地区	Region	灌区数(处) Irrigated Areas (unit)	设施灌溉面积(千公顷) Facilities Irrigation (1 000 hectares)	农田灌溉面积(千公顷) Farmland Irrigation Facilities (1 000hectares)	渠道长度(公里) Channel Length (km) 干渠 Trunk	支渠 Branch Canal	斗渠 Douqu	实际灌溉面积(千公顷) Actual Irrigated Area (1 000 hectares)	节水灌溉面积(千公顷) Water-saving Irrigation Area (1 000 hectares)
全　省	**Shaanxi**	**190**	**1205**	**999**	**5072**	**8193**	**24884**	**611**	**249**
省　属	Directly under the provincial	5	427	393	752	1580	5523	279	125
西安市	Xi'an	34	89	61	444	675	1534	23	4
铜川市	Tongchuan	3	4	3	33	38	65	1	
宝鸡市	Baoji	19	130	113	528	956	2498	18	10
咸阳市	Xianyang	21	71	48	242	576	1441	29	5
渭南市	Weinan	55	338	269	1223	2220	8982	164	84
#韩城市	Hancheng	3	16	11	86	186	297	6	4
延安市	Yan'an	8	13	7	241	192	258	5	2
汉中市	Hanzhong	18	94	75	641	658	2499	70	13
榆林市	Yulin	11	15	12	391	161	733	11	4
安康市	Ankang	5	11	6	227	377	587	6	1
商洛市	Shangluo	11	13	13	349	762	766	6	3

21-10 30万亩以上灌区基本情况(2012年)

Basic Statistics on Irrigation Area above 300 Thousand Acres (2012)

灌区名称 Irrigation District Name	设施灌溉面积(千公顷) Facilities Irrigation (1 000 hectares)	农田灌溉面积(千公顷) Farmland Irrigation Facilities (1 000 hectares)	渠道长度(公里) Channel Length (km) 干渠 Trunk	支渠 Branch Canal	斗渠 Douqu	实际灌溉面积(千公顷) Actual Irrigated Area (1 000 hectares)	节水灌溉面积(千公顷) Water-saving Irrigation Area (1 000 hectares)	灌区灌溉水利用系数(%) Irrigation Water Use Factor (%)
合　计	**801.0**	**723.3**	**1545.9**	**3355.0**	**13916.2**	**450.5**	**198.9**	**0.54**
陕西省宝鸡峡灌区	194.1	194.1	412.6	699.9	2235.6	124.6	69.3	0.54
陕西省泾惠渠灌区	96.9	90.5	89.3	327.2	1481.0	65.0	1.4	0.54
陕西省交口抽渭灌区	84.1	75.3	93.5	251.0	935.0	57.7	38.0	0.55
陕西省桃曲坡灌区	26.7	19.6	94.7	171.8	455.9	19.6	7.0	0.53
陕西省石头河灌区	24.7	19.3	61.6	129.7	415.0	12.3	8.8	0.52
宝鸡市冯家山灌区	90.9	83.2	120.0	543.0	1443.0	5.9	4.5	0.50
咸阳市羊毛湾灌区	21.8	16.0	52.8	106.3	338.0	12.1	0.2	0.53
渭南市东雷一期抽黄灌区	64.7	44.0	162.0	225.0	662.0	34.9	5.2	0.49
渭南市洛惠渠灌区	51.7	49.5	104.4	131.1	1105.0	33.7	13.4	0.51
渭南市石堡川灌区	26.7	20.7	38.7	180.6	486.5	13.6		0.48
渭南市东雷二期抽黄灌区	84.3	84.3	227.0	427.7	3684.0	46.7	45.3	0.53
汉中市石门灌区	34.3	26.8	89.3	161.7	675.2	24.5	5.8	0.53

21-11 农村饮水安全达标情况(2012年)
Basic Statistics on Rural Drinking Water Safety Standards(2012)

单位：万人 (10 000 persons)

地 区 Region	饮水安全达标人口 Population by Drinking Water Safety Standards	集中式供水 Centralized Water Supply	联户供水 Joint Household Water Supply	单户供水 Single-family Water Supply	饮水安全达标当年新增人口 Newly Increased Population by Drinking Water Safety Standards in this year	饮水安全达标当年减少人口 Reduce Population by Drinking Water Safety Standards in this year	“十二五”初期饮水安全未达标人口 Population by Drinking Water Safety Below Standards at the early stage of the 12th Five-year Plan Period	“十二五”累计饮水安全达标人口 Population by Drinking Water Safety Standards in the 12th Five-year Plan
全 省 Shaanxi	**2181.93**	**2088.85**	**23.50**	**69.58**	**290.10**	**29.95**	**1069.18**	**500.13**
西安市 Xi'an	336.59	330.29	6.30		31.70	1.46	134.54	66.59
铜川市 Tongchuan	41.78	38.84		2.94	3.49	0.10	9.50	7.62
宝鸡市 Baoji	239.06	235.17	2.06	1.83	23.62	7.12	81.27	47.45
咸阳市 Xianyang	305.45	304.07	1.20	0.18	62.80		191.61	115.87
渭南市 Weinan	361.63	356.23		5.40	49.51	11.25	177.71	91.29
# 韩城市 Hancheng	20.31	18.81		1.50	2.41		11.67	6.84
延安市 Yan'an	125.74	89.36	5.47	30.91	10.44	0.36	43.55	14.33
汉中市 Hanzhong	202.28	197.56	4.72		27.76		130.03	35.93
榆林市 Yulin	228.46	201.80		26.66	20.75		93.80	25.09
安康市 Ankang	173.29	173.29			31.78	4.90	112.18	44.54
商洛市 Shangluo	155.98	150.57	3.75	1.66	27.74	4.76	93.84	50.97
杨凌示范区 Yangling	11.67	11.67			0.51		1.15	0.45

21-12 水土保持情况(2012年)
Basic Statistics on Soil and Water Conservation(2012)

单位：千公顷 (1 000 hectares)

地 区 Region	水土流失面积 Area of Soil Erosion	累计水土流失治理面积 Total Area of Soil Erosion under Control	# 小流域治理面积 Area of Small Watershed under Control	本年新增治理面积 Area of Newly Increased Soil Erosion under Control This Year	# 小流域治理面积 Area of Small Watershed under Control	本年减少水土流失面积 Area of Decreased Soil Erosion This Year	# 因植被死亡或破坏 For Death or Destruction of Vegetation	# 因开发建设或开荒、过牧 For Development and Construction or Land Clearing and Overgrazing
全 省 Shaanxi	**13756.1**	**9512.3**	**3494.0**	**663.9**	**232.0**	**558.6**	**247.8**	**150.2**
西安市 Xi'an	385.1	267.3	78.1	25.1	7.9	24.7	11.2	8.3
铜川市 Tongchuan	338.6	211.7	60.2	16.2	5.0	11.7	4.4	4.9
宝鸡市 Baoji	1206.0	792.5	193.1	32.1	2.8	31.9	12.7	13.1
咸阳市 Xianyang	799.3	538.0	181.1	42.5	15.8	36.6	15.7	12.4
渭南市 Weinan	861.2	602.0	209.6	35.1	20.7	29.5		10.0
# 韩城市 Hancheng	133.7	83.0	20.9	3.5	2.3	3.4		0.5
延安市 Yan'an	2877.3	1971.9	595.3	110.0	12.4	109.9	62.2	20.5
汉中市 Hanzhong	1297.6	1008.2	320.9	96.8	30.2	65.3	19.1	20.2
榆林市 Yulin	3690.0	2184.8	1169.8	124.1	55.3	121.9	84.1	14.0
安康市 Ankang	1040.0	817.1	325.1	100.5	43.5	73.8	17.9	29.3
商洛市 Shangluo	1252.0	1112.2	354.2	81.0	38.0	52.5	20.5	17.1
杨凌示范区 Yangling	9.0	6.7	6.7	0.5	0.5	0.7		0.4

21-13 农村水电装机情况(2012年)

Basic Statistics on Rural Hydropower Installed Capacity(2012)

地区	Region	处数(处) Number (unit)	容量(千瓦) Capacity (kw)	1(含)~5万千瓦(含) 10 000 kw (inclusive) - 50 000 kw (inclusive) 处数(处) Number (unit)	容量(千瓦) Capacity (kw)	0.1(含)~1万千瓦 1 000 kw (inclusive) - 10 000 kw 处数(处) Number (unit)	容量(千瓦) Capacity (kw)
全省	**Shaanxi**	**617**	**1086697**	**20**	**388400**	**179**	**576850**
省属	Directly under the Provincial Government	10	67050	2	37400	7	29150
西安市	Xi'an	46	80098	1	20000	16	50320
铜川市	Tongchuan	1	4200			1	4200
宝鸡市	Baoji	108	120560	1	26000	27	62070
咸阳市	Xianyang	8	86300	1	48000	7	38300
渭南市	Weinan	7	29100			6	28850
延安市	Yan'an	9	4805			1	1500
汉中市	Hanzhong	185	324632	9	156000	45	133820
榆林市	Yulin	4	13000			3	12100
安康市	Ankang	157	311160	6	101000	52	185570
商洛市	Shangluo	82	45792			14	30970

21-13 续表 continued

地区	Region	0.1万千瓦以下 Under 1 000 kw 处数(处) Number (unit)	容量(千瓦) Capacity (kw)	本年新增装机 Newly Increased Hydropower Installed Capacity This Year 处数(处) Number (unit)	容量(千瓦) Capacity (kw)	全年发电量(万千瓦时) Annual Electricity Generation (10 000 kwh)	年利用小时(小时) Annual Use Hours (hour)
全省	**Shaanxi**	**418**	**121447**	**7**	**75070**	**359297**	**3306**
省属	Directly under the Provincial Government	1	500		340	30383	4531
西安市	Xi'an	29	9778		1250	26447	3302
铜川市	Tongchuan					1176	2800
宝鸡市	Baoji	80	32490	1	3620	37614	3120
咸阳市	Xianyang				16800	23145	2682
渭南市	Weinan	1	250			9262	3183
延安市	Yan'an	8	3305		500	1184	2465
汉中市	Hanzhong	131	34812	3	19930	103506	3188
榆林市	Yulin	1	900		200	6076	4674
安康市	Ankang	99	24590	2	27600	107839	3466
商洛市	Shangluo	68	14822	1	4830	12665	2766

主要统计指标解释

灌溉面积　指一个地区当年农、林、牧等灌溉面积的总和。总灌溉面积=有效灌溉面积（耕地）+林地灌溉面积+园地灌溉面积+牧草灌溉面积+其他灌溉面积。

有效灌溉面积（农田或耕地灌溉面积）　指灌溉工程或设备已基本配套，有一定水源，土地比较平整，在一般年景可以进行正常灌溉的农田或耕地灌溉面积。

有效实灌面积　指利用灌溉工程和设施，在有效灌溉面积中当年实际已进行正常（灌水一次以上）灌溉的耕地面积。在同一亩耕地上，报告期内无论灌水几次，都应按一亩计算，而不应按灌溉亩次计算。凡是肩挑、人抬、马拉抗旱点种的面积，一律不算实灌面积。

旱涝保收面积　指有效灌溉面积中，遇旱能灌，遇涝能排的面积。灌溉设施的抗旱能力，按各地不同情况，应达到三十天到五十天，适宜发展双季稻的地方，应达到五十到七十天，除涝达到五年一遇以上标准，防洪一般达到二十年一遇标准的有效灌溉面积。

机电排灌面积　是指由固定站、流动站、机电井、喷灌机械等所有机械、电动力设备进行排水、灌溉的耕地面积。其中，只要有固定的机械排灌的设施，能够进行正常排灌，不论当年是否进行排灌，都应统计为机电排灌面积（含灌排结合面积）。

纯排面积　指在机电排灌面积中，机电设备只单纯用于排水（不需灌溉）的耕地面积。一般地，这部分面积的灌溉往往通过自流方式灌溉，不需要机电灌溉设备来完成。

节水灌溉面积　是指在给农作物进行灌溉时采用先进的设备和手段，在满足农作物需要用水的同时减少了用水。一般要有水源保证，利用渠道防渗、管灌、喷滴灌等工程节水措施，当年已进行正常灌溉的农田、果园、林地、牧草等面积，不包括农作物种植方式、种植品种改变等非工程节水措施的灌溉面积。节水灌溉面积包括渠道防渗面积、低压管道输水灌溉面积、喷灌面积、微灌面积和其他工程节水灌溉面积。在同一灌溉面积上，采用多种节水灌溉工程措施时，只能依主要工程或措施统计一种，不得重复计算。

易涝面积　一些地区由于地势低洼，降雨径流不能及时排走，田间积水超过农作物的耐淹能力，造成农业损失，即为涝。形成的受淹农田面积称为易涝面积，易涝耕地面积是指抗涝能力标准低的低洼涝耕地面积。

除涝面积　通过水利工程如围埝、抽水等对易涝面积进行治理，使易涝耕地免除淹涝称除涝面积。按除涝的标准分为3－5年、5－10年和10年以上。易涝面积虽经过治理，但标准尚未达到三年一遇标准的，不作为除涝面积统计。

水土流失　是由于水力、重力、风力等外力引起的水土资源和土地生产力遭到破坏和损失的现象。造成水土流失的原因可分为自然原因和人类活动原因两类。遭到水土流失侵害和损失的土地面积称水土流失面积。

水土流失治理面积（又称水土保持面积）　是指在水土流失面积上，按照综合治理的原则，采取各种治理措施如：坡改梯、淤地坝、谷坊、造林、种草、封山育林育草（指有种林、种草补植任务的）等，以及按小流域综合治理措施所治理的水土流失面积总和。

农村饮水安全标准　农村饮用水安全卫生评价指标体系分安全和基本安全两个档次，由水质、水量、方便程度和保证率四项指标组成。四项指标中只要有一项低于安全或基本安全最低值，就不能定为饮用水安全或基本安全。水质：符合国家《生活饮用水卫生标准》要求的为安全；符合《农村实施〈生活饮用水卫生标准〉准则》要求的为基本安全。水量：每人每天可获得的水量不低于40～60升为安全；不低于20～40升为基本安全。方便程度：人力取水往返时间不超过10分钟为安全；取水往返时间不超过20分钟为基本安全。保证率：供水保证率不低于95%为安全；不低于90%为基本安全。

农村饮水安全达标人口　是指满足农村饮水基本安全标准的农村地区（即城市及县城关镇以外地区）年末常住人口。农村饮水包括农村居民餐饮、洗涤以及散养畜禽等日常生活用水。

灌区　是指在蓄水灌溉工程、引水灌溉工程、提水灌溉工程等灌溉工程中，灌溉设备齐全、渠系配套完整，自成灌溉体系，有统一管理，设计灌溉面积为万亩及以上和有效灌溉面积达到万亩及以上的灌溉区域。灌区由各省水利厅审定、备案。

堤防　是指修筑在江、河、湖、海岸适用于防止洪水的工程。堤防工程按防洪标准分为五个级别：防洪标准[重现期(年)] >=100为1级，100-50为2级，50-30为3级，30-20为4级，20-10为5级。

供水量　指各种水利供水工程为农业灌溉、工业生产、城镇生活、乡村生活、生态环境等方面的实际供水量，它包括输水损失的毛水量，按供水对象所在区域进行统计。供水量来源包括地表水供水量（蓄水、引水、提水、调水）、地下水供水量和其他水源供水量。

农业灌溉供水量　是指水利工程为农田、林地、果园、牧草灌溉实际毛供水量的总和。

工业生产供水量　是指水利工程为城市及县以下乡镇工业的供水。1991年以前乡镇工业供水统计在农业供水中，从1992年开始统计在工业供水中。乡镇企业供水指水利工程为乡镇工业及农副产品加工实际毛供水量。

城镇生活供水量　是指水利工程对城镇居民生活供水，

还包括用于餐饮、服务以及市政环卫等公共服务方面的供水。生活供水主要统计各类水利工程向自来水厂或城镇居民供应的原水量，即未经任何处理的水量。

乡村生活供水量 除居民生活用水外，还包括牲畜用水。

生态环境供水 主要指通过水利工程设施向城镇、乡村生态脆弱地区或恶化地区以及其他地区补水，以维持、控制、恢复、改善原有的生态环境状态，如为了避免湿地萎缩、维持地下水位、防止海水入侵、维持河川基流、恢复原有湖泊、保护植被等目的，以及为了维持人类居住地的生态环境需要所进行的补水。

水利发电供水量 指水利工程为水电站的供水，全国水电供水量 2400 亿立方米/年，但它基本不消耗水量，如果和工业、农业供水等并列计入供水总量，将影响水资源的平衡核算研究。现行水利统计报表制度规定、水电供水量单独进行统计，不计入供水量总计。

水库 在江河上筑坝（闸）所形成的拦洪蓄水和调节水流的水利工程建筑物，可以用来灌溉、发电、防洪和养鱼。总库容在 1 亿立方米及以上为大型水库，1000（含 1000）万立方米至 1 亿立方米为中型水库，10 万立方米至 1000 万立方米为小型水库。

水库库容 校核洪水位以下的水库容积，包括死库容、兴利库容、调洪库容（减掉和兴利库容重复部分）之总和，称为总库容。它是一项表示水库工程规模的代表性指标，是划分水库等级、确定工程安全标准的重要依据。

兴利库容 水库在正常运用情况下，为满足兴利要求在开始供水时应蓄到的水位，称正常蓄水位，又称正常高水位、兴利水位，或设计蓄水位。正常蓄水位至死水位之间的水库容就是兴利库容，即调节库容。它主要用以调节径流，提供水库的供水量。

死库容 水库死水位以下的水库容积。除特殊情况外，死库容不参与径流调节，即不动用这部分库容内的水量。

Explanatory Notes on Main Statistical Indicators

Irrigated Area The sum of irrigated areas for agricultural, forest, pasture and grazing areas in a particular region. The total irrigation area is equal to the sum of effective irrigated areas (arable land), forest irrigated areas, orchard irrigated areas, grazing irrigated areas and other irrigated areas.

Effective Irrigated Areas (irrigated areas of farmland or cultivated land) The effective irrigated area refers to farmland or cultivated land with irrigation in normal years, equipped with installed irrigation facilities, water source and relatively leveled land.

Actual Effective Irrigated Area The area of effective irrigated land has been applied irrigation (once or more than once) in the current year, taking the advantage of irrigation works or facilities. No matter how many times irrigation is made in the same area of land within report period, it is all counted as one mu, but not be counted according to the irrigation times. All non-mechanized irrigated areas such as irrigated area with drought-relief measures of people or animal carrying water for irrigation are not included.

Farmlands with Stable Yields Despite of Drought or Waterlogging Farmlands, within effective irrigation areas, can irrigate in drought season and drain in flood season. According to drought-resistant capacity of irrigation facilities under varied conditions of different regions, irrigation may last for 30 days to 50 days, and may last for 50 days to 70 days in the regions suitable for double cropping rice. Waterlogging control in the effective irrigated areas should reach the standard of once in five years return period and flood control should reach the standard of once in twenty years return period.

Electromechanical Irrigation and Drainage Areas The areas are drainage or irrigated by electromechanical facilities, such as fixed and movable irrigation and drainage facilities, electromechanical wells and sprinklers. No matter whether farmlands were irrigated in the current year, whenever fixed irrigation facilities are placed, the area is included in electromechanical irrigation and drainage areas.

Pure Drainage Areas It refers to the area of cultivated land that the electromechanical equipment is used only for drainage in Electromechanical irrigation and drainage areas. Generally speaking, the irrigation of this part is self irrigation, with no need of electromechanical equipment.

Water-saving Irrigated Areas It refers to reducing water consumption by advanced equipment and measures when irrigating, which also meeting the need of plants. Generally, there are actual water resources, and taking measures of leakage free channel, pipe irrigation, jetting and dropping irrigation to save water. The normal irrigation area of arable land, forest areas, orchard areas, grazing areas etc., which do not take water saving measures, such as non engineering measures of planting manner and planting variety in the current year are not included in this indicator. It includes leakage free channel, jetting and dropping irrigation, tiny irrigation, and others. In the same area, with more than two water saving measures taken, only one main project can be counted.

Prone-waterlogging Farmland In some area, for low lying, rain can not be drained in time, plants submerged into water are over endurance, leading to agricultural losses. Farmland of waterlogging are called prone- waterlogging farmland, which refers to low lying farmland with low standard of preventing waterlogging.

Waterlogging Control Areas The controlled area of prone-waterlogging farmland by waterworks such as cofferdams and water pump. The standard of waterlogging control can be divided into 3-5 years, 5-10 years and above 10 years. The arca of waterlogging farmland with control measures but has not reached to the standard of once in three years return period, are excluded from waterlogging control areas.

Soil Erosion Damage or losses of water resources and land productivity caused by external forces, such as water power, gravity and wind etc. Soil erosion is usually caused by two reasons of nature or human activities. The damaged or lost farmland areas caused by soil erosion are termed as soil erosion areas.

Improved Eroded Area (also named soil and water conservation area) The sum of improved eroded areas in Mountinous or hilly areas, has implemented comprehensive control measures, including terraced fields, silt retention dam, check dam, reforestation, grass plantation, enclosed reforestation and grass planting (refers to the area with tasks of planting forest and grass) and small watershed comprehensive management, in line with the principle of integrated management.

Standard of Safe Drinking Water in Rural Areas The evaluation index system of drinking water safety in rural areas divides the water into two levels of safe and generally safe, which is formed by four elements of water quality, water quantity, convenience of access to water and guarantee rate. If the value of one of the four indices is lower than the minimum level of safety or generally safety, the drinking water can not be deemed as safe or generally safe. Water quality: water quality that meets the "National Sanitary Standards for Drinking Water" is deemed as safe; water quality that meets the "Implementing Rules of National Sanitary Standards for Drinking Water in Rural Areas" is deemed as generally safe. Water quantity: each person can get 40-60 L water per day or above is deemed as safe; each person get no less than 20-40 L water per day is deemed as generally safe. Convenience of access to water: manpower getting water with no more than 10 minutes is deemed as safe and no more than 20 minutes as generally safe. Guarantee rate: 95% of water supply or more than 95% of water supply is guaranteed is deemed as safe; the guarantee rate is not lower than 90% is deemed as generally safe.

Rural Population with Safe Drinking Water Permanent residential population in the rural areas (outside of urban areas and counties) where drinking water safety standard has been met at the end of the year. Rural drinking water includes daily water use of rural residents for cooking, washing and raising livestock etc.

Irrigation District Irrigation area has above 10,000 mu of designed and effective irrigated area, with complete irrigation facilities, sub-canal system, self-established irrigation system and unified management system, under water storage irrigation project, water diversion irrigation project or pumping irrigation projects. Irrigation districts are approved and recorded by provincial departments of water resources.

Embankment Embankment project is constructed along the banks of river, lake or coast to prevent flood disasters. Embankment project can divided into five classes according to the standard of preventing flood disasters. Class 1: with reappear year over 100 years, class 2: 100-50, class 3: 50-30; class 4: 30-20, class 5: 20-10.

Quantity of Water Supply Actual quantity of water supply provided by all kinds of water supply projects for irrigation, industrial, domestic water use in urban and rural areas and ecological environment etc, including gross water loss in water transportation and data are sorted according to water consumption region for statistics. The quantity of water supply consists of quantity of surface water (water storage, water diversion, pumping and water transfer), groundwater and quantity of water supply of other water sources.

Quantity of Water Supply for Irrigation The sum of actual gross water provided by water projects for farmlands, forests, orchards and grazing irrigation.

Quantity of Water Supply for Industries Water supply provided by water projects for industrial water use in urban and rural areas. Before 1991, the quantity of water supply for township industries is included in agricultural water supply, but from 1992 it began to be counted in industrial water supply. Water supply for township enterprise means actual gross quantity of water supply provided by water projects for township industries and processing of agricultural products and by-products.

Quantity of Urban Water Supply Water supply for urban residents, including restaurants, service industry, municipal environment, sanitation and other public utilities. The quantity of urban water supply is the original quantity of water provided by all kinds of water projects to water plants or urban residents, i.e. quantity of untreated water.

Quantity of Rural Water Supply Quantity of water supply for both rural residents and livestock or big animals.

Water Supply for Ecological Environment. Refers to water recharged to ecological frailty area or ecological deterioration area through water projects, in order to sustain, control, restore and improve the original ecosystem and environment, such as prevent wetlands shrinking, sustain groundwater level, prevent seawater intrusion, keep base-flow of rivers, restore original lake and vegetations, and consider the needs of sustaining ecological environment of living places of human being.

Water Supply for Hydropower Generation Water supply provided by water projects for hydropower generation. In China, the annual water supply for hydropower generation is 2.4×10^{11} m^3, but power generation does not consume water resources. If it is included in the total quantity of water supply as industrial and agricultural water supply, it shall exert impact on water balance calculation. According to the current statistic regulation of water resources, water supply for hydropower generation is calculated independently and excluded from the total quantity of water supply.

Reservoir Storage area that is formed by constructing dams (gates) to detain and store water resources and regulate water flow. Large reservoir: the total storage capacity is over 100 million m^3.Medium reservoir: the total storage capacity is between 10 million m^3 (including 10 million m^3) to 100 million m^3.Small reservoir: the total storage capacity is between 0.1 million m^3 to 10 million m^3.

Storage Capacity of Reservoir It is also called total storage capacity. It refers to storage capacity above the check water level, including dead storage capacity, usable storage capacity, and flood control storage capacity (deducting the repeating part of usable storage). It is a key index for the total scale of a reservoir, and is a key index for dividing the class of reservoir and deciding standard of project safety.

Usable Storage Capacity of Reservoir refers to the water level which called normal water level, that should be reached for providing water in normal conditions. Storage capacity of reservoir between normal water level and dead storage capacity level are called usable storage capacity, which also called adjusting capacity. It is used for adjusting runoff, providing quantity of reservoir.

Dead Storage Capacity of Reservoir It refers to storage below the dead storage water level. It does not take part in adjusting of runoff, it can't be moved.

二十二、全国各省、市、自治区主要指标

Main Indicators of National Economy by Countrywide, Province, Municipality and Autonomous Region

资料整理：孙士梅

简 要 说 明

一、本篇资料反映全国各省、市、自治区经济发展情况，包括生产总值、人口、固定资产投资、居民消费价格指数、城乡居民收入及消费支出、主要产品产量、社会消费品零售总额、进出口总额、旅游人数及旅游收入等指标。

二、本篇资料主要来源于《中国统计摘要-2013》。

Brief Introduction

Ⅰ. This chapter reflects economic development of China's provinces, cities and autonomous region, including gross domestic product, population, investment in fixed assets, consumer price indices, incomes and consumptions of both rural and urban residents, output of major products, total retail sales of consumer goods, total export import volume, tourist number and tourism revenue, etc.

Ⅱ. The data sources are obtained from "Chinese statistical abstract-2013".

22-1 生产总值(2012年)
Gross Domestic Product(2012)

地区	Region	生产总值(亿元) Gross Domestic Product (100 million yuan)	第一产业 Primary Industry	第二产业 Secondary Industry	#工业 Industry	第三产业 Tertiary Industry	生产总值比上年增长% GDP Growth over the Previous Year (%)
全国	**National Total**	**519322.1**	**52377.0**	**235318.6**	**199859.6**	**231626.5**	**7.8**
北京	Beijing	17801.0	150.3	4058.3	3294.3	13592.5	7.7
天津	Tianjin	12885.2	171.5	6663.7	6122.9	6050.0	13.8
河北	Hebei	26575.0	3186.7	14001.0	12511.6	9387.3	9.6
山西	Shanxi	12112.8	697.9	7009.1	6302.7	4405.9	10.1
内蒙古	Inner Mongolia	15988.3	1447.4	9032.5	7966.6	5508.4	11.7
辽宁	Liaoning	24801.3	2155.8	13338.7	11712.7	9306.8	9.5
吉林	Jilin	11937.8	1412.1	6374.5	5582.5	4151.3	12.0
黑龙江	Heilongjiang	13691.6	2113.7	6456.4	5659.3	5121.4	10.0
上海	Shanghai	20101.3	127.8	7912.8	7159.4	12060.8	7.5
江苏	Jiangsu	54058.2	3418.3	27121.9	23908.4	23518.0	10.1
浙江	Zhejiang	34606.3	1669.5	17312.4	15336.3	15624.4	8.0
安徽	Anhui	17212.1	2178.7	9404.0	8025.8	5629.3	12.1
福建	Fujian	19701.8	1776.5	10288.6	8644.2	7636.7	11.4
江西	Jiangxi	12948.5	1520.2	6967.5	5854.6	4460.8	11.0
山东	Shandong	50013.2	4281.7	25735.7	22798.3	19995.8	9.8
河南	Henan	29810.1	3772.3	17020.2	15357.4	9017.6	10.1
湖北	Hubei	22250.2	2848.8	11190.5	9735.2	8210.9	11.3
湖南	Hunan	22154.2	3004.2	10506.4	9140.0	8643.6	11.3
广东	Guangdong	57067.9	2848.9	27825.3	25937.2	26393.7	8.2
广西	Guangxi	13031.0	2172.4	6333.1	5364.9	4525.6	11.3
海南	Hainan	2855.3	711.5	803.7	521.2	1340.1	9.1
重庆	Chongqing	11459.0	940.0	6172.3	5181.0	4346.7	13.6
四川	Sichuan	23849.8	3297.2	12587.8	10800.5	7964.8	12.6
贵州	Guizhou	6802.2	890.0	2655.4	2196.1	3256.8	13.6
云南	Yunnan	10309.8	1654.6	4419.1	3450.7	4236.1	13.0
西藏	Tibet	695.6	80.4	241.7	55.1	373.5	11.8
陕西	**Shaanxi**	**14453.7**	**1370.2**	**8073.9**	**6847.4**	**5009.7**	**12.9**
甘肃	Gansu	5650.2	780.4	2600.6	2074.2	2269.2	12.6
青海	Qinghai	1884.5	176.8	1092.0	895.9	615.8	12.3
宁夏	Ningxia	2326.6	200.2	1158.6	878.6	967.9	11.5
新疆	Xinjiang	7466.3	1320.6	3560.8	2929.9	2585.0	12.0

注：本表绝对数按当年价格计算，增长速度按可比价格计算。

a) Level data in this table are calculated at current prices, while the growth rate are at constant prices.

22-2 年末常住人口和人均生产总值
Resident Population and Per Capita GDP

地区	Region	年末常住人口(万人) Resident Population at year-end (10 000 persons)		人均生产总值(元) Per Capita GDP (yuan)	
		2011	2012	2011	2012
全国	**National Total**	**134735**	**135404**	**35198**	**38449**
北京	Beijing	2019	2069	81658	87091
天津	Tianjin	1355	1413	85213	93110
河北	Hebei	7241	7288	33969	36584
山西	Shanxi	3593	3611	31357	33628
内蒙古	Inner Mongolia	2482	2490	57974	64319
辽宁	Liaoning	4383	4389	50760	56547
吉林	Jilin	2749	2750	38460	43412
黑龙江	Heilongjiang	3834	3834	32819	35711
上海	Shanghai	2347	2380	82560	85033
江苏	Jiangsu	7899	7920	62290	68347
浙江	Zhejiang	5463	5477	59249	63266
安徽	Anhui	5968	5988	25659	28792
福建	Fujian	3720	3748	47377	52763
江西	Jiangxi	4488	4504	26150	28799
山东	Shandong	9637	9685	47335	51768
河南	Henan	9388	9406	28661	31723
湖北	Hubei	5758	5779	34197	38572
湖南	Hunan	6596	6639	29880	33480
广东	Guangdong	10505	10594	50807	54095
广西	Guangxi	4645	4682	25326	27943
海南	Hainan	877	887	28898	32374
重庆	Chongqing	2919	2945	34500	39083
四川	Sichuan	8050	8076	26133	29579
贵州	Guizhou	3469	3484	16413	19566
云南	Yunnan	4631	4659	19265	22195
西藏	Tibet	303	308	20077	22757
陕西	**Shaanxi**	**3743**	**3753**	**33464**	**38564**
甘肃	Gansu	2564	2578	19595	21978
青海	Qinghai	568	573	29522	33023
宁夏	Ningxia	639	647	33043	36166
新疆	Xinjiang	2209	2233	30087	33621

22-3 固定资产投资
Investment in Fixed Assets

单位：亿元 (100 million yuan)

地 区	Region	全社会固定资产投资 Total Investment in Fixed Assets in the Whole Province		固定资产投资(不含农户) Investment in Fixed Assets (Excluding Rural Households)	
		2011	2012	2011	2012
全 国	**National Total**	**311485.1**	**374675.7**	**302396.1**	**364835.1**
北 京	Beijing	5578.9	6111.7	5519.8	6064.1
天 津	Tianjin	7067.7	7934.8	7040.7	7913.3
河 北	Hebei	16389.3	19661.3	15780.3	19104.6
山 西	Shanxi	7073.1	8863.3	6837.7	8584.9
内蒙古	Inner Mongolia	10365.2	11858.2	10253.0	11732.2
辽 宁	Liaoning	17726.3	21836.3	17431.5	21535.4
吉 林	Jilin	7441.7	9711.4	7226.6	9462.1
黑龙江	Heilongjiang	7475.4	9695.4	7157.9	9376.1
上 海	Shanghai	4962.1	5117.6	4959.9	5114.6
江 苏	Jiangsu	26692.6	30807.7	26313.5	30427.2
浙 江	Zhejiang	14185.3	17554.4	13651.7	17001.0
安 徽	Anhui	12455.7	15384.3	12007.9	14902.3
福 建	Fujian	9910.9	12423.1	9677.1	12165.6
江 西	Jiangxi	9087.6	11784.7	8753.9	11388.9
山 东	Shandong	26749.7	31256.0	25907.4	30319.8
河 南	Henan	17769.0	21761.5	16934.3	20870.2
湖 北	Hubei	12557.3	15591.8	12195.4	15162.2
湖 南	Hunan	11880.9	14523.2	11407.7	13966.3
广 东	Guangdong	17069.2	18749.4	16599.2	18248.0
广 西	Guangxi	7990.7	9808.6	7580.9	9345.2
海 南	Hainan	1657.2	2126.3	1599.1	2045.4
重 庆	Chongqing	7473.4	8732.3	7367.0	8606.5
四 川	Sichuan	14222.2	17036.5	13687.7	16526.9
贵 州	Guizhou	4235.9	5517.8	4026.5	5304.9
云 南	Yunnan	6191.0	7831.1	5932.7	7553.5
西 藏	Tibet	516.3	670.5	516.3	670.5
		(10023.5)	**(12840.2)**	**(9701.4)**	**(12501.4)**
陕 西	**Shaanxi**	**9431.1**	**12044.5**	**9109.0**	**11705.8**
甘 肃	Gansu	3965.8	5145.5	3870.1	5040.5
青 海	Qinghai	1435.6	1848.4	1365.9	1773.7
宁 夏	Ningxia	1644.7	2096.9	1589.1	2033.0
新 疆	Xinjiang	4632.1	6158.4	4445.0	5857.6

注：本表各地区固定资产投资不含跨省项目，括号内数据为陕西含跨省项目投资额。

a) This table, investment in fixed assets by region do not include inter-provincial projects, data in the brackets are investment of Shaanxi that include inter-provincial projects.

22-4 房地产开发企业(单位)投资和商品房销售额
Total Investment in Real Estate Development and Total Sale of Commercialized Buildings

单位：亿元 (100 million yuan)

地区	Region	房地产开发投资额 Total Investment in Real Estate Development		商品房销售额 Total Sale of Commercialized Buildings		# 住宅 Residential Buildings	
		2011	2012	2011	2012	2011	2012
全国	**National Total**	**61796.9**	**71803.8**	**58588.9**	**64455.8**	**48198.3**	**53467.2**
北京	Beijing	3036.3	3153.4	2425.3	3308.6	1606.0	2455.5
天津	Tianjin	1080.2	1260.0	1394.4	1365.5	1167.4	1210.6
河北	Hebei	3054.6	3086.5	2345.2	2303.9	1993.8	1914.6
山西	Shanxi	790.2	1010.5	441.0	579.9	378.4	513.2
内蒙古	Inner Mongolia	1591.2	1291.4	1327.5	1022.8	972.5	769.4
辽宁	Liaoning	4487.6	5455.8	3569.1	4362.8	3009.2	3611.2
吉林	Jilin	1195.4	1310.0	1061.6	1016.9	883.2	836.8
黑龙江	Heilongjiang	1227.6	1535.8	1361.6	1548.3	1085.6	1201.9
上海	Shanghai	2253.8	2381.4	2615.2	2669.5	2034.9	2209.0
江苏	Jiangsu	5567.9	6206.1	5224.2	6067.0	4158.6	5089.1
浙江	Zhejiang	4137.3	5226.3	3474.2	4262.7	2702.4	3541.6
安徽	Anhui	2611.5	3151.6	2199.7	2329.9	1745.0	1921.9
福建	Fujian	2406.3	2824.1	2101.6	2817.7	1649.3	2293.9
江西	Jiangxi	867.0	969.6	1002.4	1137.3	824.3	931.4
山东	Shandong	4106.8	4708.3	4259.1	4111.8	3757.6	3529.5
河南	Henan	2626.5	3035.3	2196.8	2286.7	1788.0	1915.6
湖北	Hubei	2066.5	2539.5	1878.7	2036.2	1569.3	1689.9
湖南	Hunan	1943.8	2210.5	1857.4	2085.2	1570.0	1711.5
广东	Guangdong	4809.9	5352.8	5852.5	6407.8	5070.8	5488.4
广西	Guangxi	1517.5	1554.9	1118.2	1159.8	977.1	995.8
海南	Hainan	650.8	886.6	774.3	735.6	743.9	701.7
重庆	Chongqing	2015.1	2508.4	2146.1	2297.3	1825.4	1972.4
四川	Sichuan	2819.2	3266.4	3218.0	3517.7	2677.4	2816.5
贵州	Guizhou	873.5	1467.6	731.9	900.1	592.7	740.0
云南	Yunnan	1280.1	1782.1	1171.6	1362.8	958.8	1077.1
西藏	Tibet	5.1	6.9	6.3	7.4	5.7	6.2
陕西	**Shaanxi**	**1410.9**	**1835.9**	**1510.4**	**1420.7**	**1352.5**	**1215.6**
甘肃	Gansu	367.0	561.0	278.3	349.3	237.3	301.6
青海	Qinghai	144.7	189.7	116.8	106.5	105.9	91.1
宁夏	Ningxia	336.2	429.2	315.9	317.6	239.0	256.2
新疆	Xinjiang	516.4	606.1	613.3	560.5	516.2	458.1

22-5 居民消费价格分类指数(2012年)
Consumer Price Index by Category(2012)

(上年=100) (preceding year=100)

地区	Region	居民消费价格指数 Consumer Price Index	食品 Food	烟酒及用品 Tobacco and Liquor	衣着 Clothes	家庭设备用品及服务 Household Facilities and Services	医疗保健和个人用品 Health Care and Personal Products	交通和通信 Transportation and Communication	娱乐教育文化 Recreational, Education, Culture	居住 Living
全国	**National Total**	**102.6**	**104.8**	**102.9**	**103.1**	**101.9**	**102.0**	**99.9**	**100.5**	**102.1**
北京	Beijing	103.3	106.6	102.2	100.9	102.8	101.5	99.1	102.3	103.9
天津	Tianjin	102.7	106.4	104.9	107.0	101.6	102.2	97.6	99.3	100.9
河北	Hebei	102.6	103.8	104.7	104.7	102.8	102.4	100.3	100.6	101.7
山西	Shanxi	102.5	104.2	103.1	102.1	101.7	101.9	99.7	101.0	102.7
内蒙古	Inner Mongolia	103.1	105.8	102.8	103.8	101.4	102.1	99.7	100.8	102.4
辽宁	Liaoning	102.8	104.9	102.3	102.3	102.9	101.9	100.1	101.1	102.8
吉林	Jilin	102.5	104.9	102.1	101.2	100.7	102.2	100.2	101.0	101.8
黑龙江	Heilongjiang	103.2	105.5	103.0	102.8	101.7	102.5	99.5	99.9	103.9
上海	Shanghai	102.8	105.8	101.4	103.0	103.5	100.6	100.8	99.3	102.8
江苏	Jiangsu	102.6	104.7	103.9	103.6	103.6	101.3	99.8	99.9	102.4
浙江	Zhejiang	102.2	105.3	101.5	101.3	102.5	101.3	99.7	99.4	101.6
安徽	Anhui	102.3	103.8	103.3	102.5	101.6	101.5	100.7	101.7	101.0
福建	Fujian	102.4	104.6	102.4	105.0	101.7	102.3	100.1	98.8	101.6
江西	Jiangxi	102.7	105.2	102.2	100.2	101.7	102.2	100.1	100.9	102.7
山东	Shandong	102.1	103.5	102.8	103.3	101.2	102.1	100.2	100.3	101.8
河南	Henan	102.5	103.6	103.4	103.2	102.8	101.9	100.7	101.2	102.5
湖北	Hubei	102.9	105.4	103.0	102.5	102.2	102.8	99.8	100.6	102.3
湖南	Hunan	102.0	103.3	102.0	101.1	101.4	102.7	99.9	101.2	101.7
广东	Guangdong	102.8	105.6	102.6	104.0	101.9	101.9	99.2	100.7	101.8
广西	Guangxi	103.2	105.2	103.1	103.6	101.1	102.0	100.2	101.5	103.7
海南	Hainan	103.2	105.2	101.2	102.8	103.5	102.0	101.6	102.1	101.7
重庆	Chongqing	102.6	104.7	107.1	102.2	100.9	101.9	98.3	100.9	102.5
四川	Sichuan	102.5	104.2	102.7	109.7	99.6	101.7	100.3	99.5	100.8
贵州	Guizhou	102.7	104.7	102.8	103.8	101.1	102.5	99.6	101.2	101.4
云南	Yunnan	102.7	106.2	100.6	98.7	101.4	101.6	100.2	101.2	102.2
西藏	Tibet	103.5	106.9	101.5	104.3	101.5	100.9	101.2	100.3	101.4
陕西	**Shaanxi**	**102.8**	**104.8**	**103.0**	**102.7**	**102.4**	**103.9**	**99.1**	**100.6**	**102.2**
甘肃	Gansu	102.7	104.1	103.0	102.6	101.1	103.8	100.4	101.0	101.8
青海	Qinghai	103.1	106.6	102.8	98.4	99.3	100.9	99.4	100.8	105.0
宁夏	Ningxia	102.0	104.5	101.5	103.0	100.2	101.6	99.5	98.6	100.8
新疆	Xinjiang	103.8	107.6	105.6	101.9	101.9	102.9	99.5	100.1	102.8

22-6 城乡居民人均收入
Per Capita Income of Urban and Rural Residents

单位：元 (yuan)

地区	Region	城镇居民人均可支配收入 Per Capita Disposable Income of Urban Residents		农村居民人均纯收入 Per Capita Net Income of Rural Residents	
		2011	2012	2011	2012
全国	**National Total**	**21810**	**24565**	**6977**	**7917**
北京	Beijing	32903	36469	14736	16476
天津	Tianjin	26921	29626	12321	14026
河北	Hebei	18292	20543	7120	8081
山西	Shanxi	18124	20412	5601	6357
内蒙古	Inner Mongolia	20408	23150	6642	7611
辽宁	Liaoning	20467	23223	8297	9384
吉林	Jilin	17797	20208	7510	8598
黑龙江	Heilongjiang	15696	17760	7591	8604
上海	Shanghai	36230	40188	16054	17804
江苏	Jiangsu	26341	29677	10805	12202
浙江	Zhejiang	30971	34550	13071	14552
安徽	Anhui	18606	21024	6232	7160
福建	Fujian	24907	28055	8779	9967
江西	Jiangxi	17495	19860	6892	7829
山东	Shandong	22792	25755	8342	9447
河南	Henan	18195	20443	6604	7525
湖北	Hubei	18374	20840	6898	7852
湖南	Hunan	18844	21319	6567	7440
广东	Guangdong	26897	30227	9372	10543
广西	Guangxi	18854	21243	5231	6008
海南	Hainan	18369	20918	6446	7408
重庆	Chongqing	20250	22968	6480	7383
四川	Sichuan	17899	20307	6129	7001
贵州	Guizhou	16495	18701	4145	4753
云南	Yunnan	18576	21075	4722	5417
西藏	Tibet	16196	18028	4904	5719
陕西	**Shaanxi**	**18245**	**20734**	**5028**	**5763**
甘肃	Gansu	14989	17157	3909	4507
青海	Qinghai	15603	17566	4608	5364
宁夏	Ningxia	17579	19831	5410	6180
新疆	Xinjiang	15514	17921	5442	6394

22-7 城乡居民人均消费支出
Per Capita Consumption Expenditure of Urban and Rural Residents

地区	Region	城镇居民家庭人均消费支出(元) Capita Consumption Expendi of Urban Residents(yuan)		城镇居民家庭恩格尔系数(%) Engel Coefficient of Urban Households(%)		农村居民家庭人均生活消费支出(元) Capita Consumption Expendi of Rural Residents(yuan)		农村居民家庭恩格尔系数(%) Engel Coefficient of Rural Households(%)	
		2011	2012	2011	2012	2011	2012	2011	2012
全　国	**National Total**	**15161**	**16674**	**36.3**	**36.2**	**5221**	**5908**	**40.4**	**39.3**
北　京	Beijing	21984	24046	31.4	31.3	11078	11879	32.4	33.2
天　津	Tianjin	18424	20024	36.2	36.7	6725	8337	35.3	36.2
河　北	Hebei	11609	12531	33.8	33.6	4711	5364	33.5	33.9
山　西	Shanxi	11354	12212	31.3	31.6	4587	5566	37.7	33.4
内蒙古	Inner Mongolia	15878	17717	31.3	30.8	5508	6382	37.5	37.3
辽　宁	Liaoning	14790	16594	35.5	35.0	5406	5998	39.1	38.3
吉　林	Jilin	13011	14614	32.7	31.7	5306	6186	35.3	36.7
黑龙江	Heilongjiang	12054	12984	36.1	36.1	5334	5718	38.9	37.9
上　海	Shanghai	25102	26253	35.5	36.8	11049	11971	40.9	40.5
江　苏	Jiangsu	16782	18825	36.1	35.4	8095	9138	35.1	33.4
浙　江	Zhejiang	20437	21545	34.6	35.1	9965	10653	37.3	37.1
安　徽	Anhui	13181	15012	39.8	38.7	4957	5556	41.5	39.3
福　建	Fujian	16661	18593	39.2	39.4	6541	7402	46.4	46.0
江　西	Jiangxi	11747	12776	39.8	39.7	4660	5129	45.2	43.5
山　东	Shandong	14561	15778	33.2	33.0	5901	6776	35.7	34.3
河　南	Henan	12336	13733	34.1	33.6	4320	5032	36.1	33.8
湖　北	Hubei	13164	14496	40.7	40.3	5011	5727	39.0	37.6
湖　南	Hunan	13403	14609	36.9	37.2	5179	5870	45.2	43.9
广　东	Guangdong	20252	22396	36.9	36.9	6726	7459	49.1	49.1
广　西	Guangxi	12848	14244	39.5	39.0	4211	4934	43.8	42.3
海　南	Hainan	12643	14457	44.9	45.4	4166	4776	51.3	50.5
重　庆	Chongqing	14974	16573	39.1	41.5	4502	5019	46.8	44.2
四　川	Sichuan	13696	15050	40.7	40.4	4675	5367	46.2	46.8
贵　州	Guizhou	11353	12586	40.2	39.7	3456	3902	47.6	44.6
云　南	Yunnan	12248	13884	39.2	39.4	4000	4561	47.1	45.6
西　藏	Tibet	10399	11184	49.9	49.3	2742	2968	50.5	53.6
陕　西	**Shaanxi**	**13783**	**15333**	**36.6**	**36.2**	**4496**	**5115**	**30.0**	**29.7**
甘　肃	Gansu	11189	12847	37.4	35.8	3665	4146	42.2	39.8
青　海	Qinghai	10955	12346	38.9	37.8	4537	5339	37.8	34.8
宁　夏	Ningxia	12896	14067	34.8	33.9	4727	5351	37.3	35.3
新　疆	Xinjiang	11839	13892	38.3	37.7	4398	5301	36.1	35.7

22-8 农林牧渔业总产值(2012年)
Gross Output Value of Farming, Forestry, Animal Husbandry and Fishery (2012)

地区	Region	农林牧渔业总产值(亿元) Total Gross Output Value (100 million yuan)	#农业 Farming	#林业 Forestry	#牧业 Animal Husbandry	#渔业 Fishery	农林牧渔业总产值比上年增长(%) Total Gross Output Value Over the Previous Year (%)
全国	**National Total**	**89453.0**	**46940.5**	**3447.1**	**27189.4**	**8706.0**	**4.9**
北京	Beijing	395.7	166.3	54.8	154.2	13.0	2.9
天津	Tianjin	375.6	196.0	2.8	105.0	61.7	3.2
河北	Hebei	5340.1	3095.3	77.9	1747.7	177.7	4.0
山西	Shanxi	1304.3	847.4	79.1	298.8	8.4	5.6
内蒙古	Inner Mongolia	2449.3	1172.0	97.8	1118.9	26.1	5.7
辽宁	Liaoning	4062.4	1539.6	128.7	1621.2	618.7	4.9
吉林	Jilin	2502.0	1166.6	98.1	1130.4	34.1	5.9
黑龙江	Heilongjiang	3952.3	2315.6	134.5	1350.7	77.9	6.7
上海	Shanghai	321.7	171.5	9.5	72.6	57.5	0.5
江苏	Jiangsu	5808.8	2966.7	99.7	1226.2	1235.4	4.8
浙江	Zhejiang	2658.7	1229.4	142.1	549.0	687.0	1.8
安徽	Anhui	3728.3	1867.6	209.5	1119.7	384.4	5.6
福建	Fujian	3007.4	1263.7	256.5	481.3	903.4	4.3
江西	Jiangxi	2399.3	1003.2	228.9	752.7	333.1	4.6
山东	Shandong	7945.8	3960.6	107.0	2285.9	1267.1	4.5
河南	Henan	6679.0	3958.9	140.9	2255.6	86.4	4.5
湖北	Hubei	4732.1	2488.1	100.1	1334.0	626.2	5.6
湖南	Hunan	4904.1	2651.7	260.0	1488.6	279.9	3.0
广东	Guangdong	4656.8	2229.3	222.7	1134.1	914.0	3.7
广西	Guangxi	3490.7	1724.0	245.3	1072.8	331.7	5.7
海南	Hainan	1082.1	460.7	137.9	214.1	236.3	6.3
重庆	Chongqing	1402.0	841.8	43.5	453.9	45.0	5.1
四川	Sichuan	5433.1	2764.9	151.5	2269.9	163.8	4.5
贵州	Guizhou	1436.6	864.9	54.2	421.5	28.2	9.3
云南	Yunnan	2680.2	1398.2	225.8	913.0	63.1	7.0
西藏	Tibet	118.3	53.4	2.6	59.0	0.2	3.6
陕西	**Shaanxi**	**2303.2**	**1526.3**	**58.4**	**598.7**	**14.6**	**6.0**
甘肃	Gansu	1358.2	984.2	20.1	231.7	1.8	6.4
青海	Qinghai	263.9	117.1	4.6	137.1	0.6	5.4
宁夏	Ningxia	385.1	240.5	9.8	105.7	13.4	6.0
新疆	Xinjiang	2275.7	1675.0	43.0	485.4	15.3	7.4

注：本表绝对数按当年价格计算，增长速度按可比价格计算。

a) Level data in this table are calculated at current prices, while the growth rate are at constant prices.

22-9 主要农产品产量(2012年)
Output of Major Farm Crops (2012)

单位：万吨 (10 000 tons)

地区	Region	粮食 Grain	油料 Oil-bearing Crops	棉花 Cotton	蔬菜 Vegetables	水果 Fruit	肉类 Meat	奶类 Milk
全国	**National Total**	**58958.0**	**3436.8**	**683.6**	**70883.1**	**24056.8**	**8387.2**	**3868.6**
北京	Beijing	113.8	1.3		279.9	113.6	43.2	65.1
天津	Tianjin	161.8	0.6	5.8	447.7	58.2	45.8	68.2
河北	Hebei	3246.6	142.8	56.4	7695.1	1814.9	442.9	479.0
山西	Shanxi	1274.1	19.6	4.7	1073.3	677.3	77.4	81.0
内蒙古	Inner Mongolia	2528.5	145.1	0.2	1476.3	283.5	245.8	930.7
辽宁	Liaoning	2070.5	120.9	0.1	2977.6	894.3	418.7	130.2
吉林	Jilin	3343.0	80.7	0.8	957.5	217.5	260.0	49.1
黑龙江	Heilongjiang	5761.5	22.5		866.4	268.6	216.2	565.0
上海	Shanghai	122.4	1.7	0.4	406.9	87.2	25.8	30.2
江苏	Jiangsu	3372.5	146.9	22.0	4984.6	796.0	396.5	61.3
浙江	Zhejiang	769.8	38.3	3.0	1819.8	703.8	180.8	19.3
安徽	Anhui	3289.1	227.7	29.4	2327.5	885.4	397.7	24.1
福建	Fujian	659.3	28.1	0.01	1673.9	708.8	200.8	15.4
江西	Jiangxi	2084.8	117.1	15.2	1213.1	571.3	311.1	12.6
山东	Shandong	4511.4	351.0	69.8	9386.0	2924.5	764.2	294.1
河南	Henan	5638.6	569.5	25.7	7011.7	2535.0	677.4	330.4
湖北	Hubei	2441.8	319.7	54.5	3506.4	885.7	412.3	15.7
湖南	Hunan	3006.5	207.8	25.1	3480.9	909.2	515.3	8.5
广东	Guangdong	1396.3	96.6		2982.7	1390.1	443.2	13.9
广西	Guangxi	1484.9	54.5	0.2	2356.7	1325.0	411.0	9.4
海南	Hainan	199.5	10.4		499.0	428.7	79.5	0.2
重庆	Chongqing	1138.5	50.1		1509.3	291.2	201.2	7.7
四川	Sichuan	3315.0	287.8	1.3	3764.7	821.6	670.2	72.2
贵州	Guizhou	1079.5	87.4	0.1	1375.6	147.7	190.3	5.1
云南	Yunnan	1749.1	62.8		1472.7	581.1	348.7	58.0
西藏	Tibet	94.9	6.3		65.6	1.4	25.2	25.6
陕西	**Shaanxi**	**1245.1**	**60.3**	**6.7**	**1525.6**	**1693.8**	**107.1**	**189.1**
甘肃	Gansu	1109.7	67.0	8.1	1460.4	565.0	87.8	38.6
青海	Qinghai	101.5	35.2		158.7	3.7	30.5	29.4
宁夏	Ningxia	375.0	18.0		471.1	250.5	26.5	103.5
新疆	Xinjiang	1273.0	59.0	353.9	1656.0	1222.1	134.2	136.3

注：水果产量含果用瓜。
a) The fruit production includes melons for fruits use.

22-10 主要工业产品产量(2012年)
Output of Major Industrial Products(2012)

地区	Region	原油(万吨) Crude oil (10 000 tons)	天然气(亿立方米) Natural Gas (100 million sq.m)	发电量(亿千瓦小时) Electricity (100 million kwh)	生铁(万吨) Pig Iron (10 000 tons)	粗钢(万吨) Crude Steel (10 000 tons)	钢材(万吨) Steel Products (10 000 tons)	水泥(万吨) Cement (10 000 tons)	汽车(万辆) Automotive (10 000 units)
全国	**National Total**	**20747.8**	**1072.2**	**49377.7**	**65790.5**	**71716.0**	**95317.6**	**221000.0**	**1927.7**
北京	Beijing			290.9		2.6	253.8	874.5	166.2
天津	Tianjin	3098.3	18.7	589.7	1974.6	2124.2	5708.6	784.3	63.8
河北	Hebei	584.0	13.4	2372.9	16350.2	18048.4	20995.2	12809.8	82.5
山西	Shanxi			2534.9	3996.5	3950.1	3797.6	4720.4	0.7
内蒙古	Inner Mongolia			3116.9	1326.4	1734.1	1661.8	5872.1	2.1
辽宁	Liaoning	1000.0	7.2	1420.0	5311.2	5177.0	5916.1	5557.7	83.6
吉林	Jilin	810.4	22.2	691.6	1000.8	1174.2	1229.5	3242.0	156.5
黑龙江	Heilongjiang	4001.5	33.7	846.8	674.7	697.6	610.2	3872.9	9.8
上海	Shanghai	5.3	2.9	886.2	1800.4	1970.9	2340.8	794.7	202.4
江苏	Jiangsu	194.5	0.6	3928.5	5871.9	7419.7	10989.2	16775.5	88.7
浙江	Zhejiang			2773.9	1006.1	1305.2	3361.3	11539.6	32.7
安徽	Anhui			1767.5	1926.6	2147.0	2765.4	10869.8	104.2
福建	Fujian			1622.6	725.3	1318.6	2034.4	7197.6	18.3
江西	Jiangxi			728.2	2027.0	2140.9	2368.9	7420.9	34.4
山东	Shandong	2774.7	6.0	3195.2	6013.1	5957.0	7817.9	15386.0	90.3
河南	Henan	476.6	5.0	2643.0	2116.0	2215.8	3481.4	14805.1	37.6
湖北	Hubei	78.9	1.7	2204.1	2407.1	2806.7	3558.4	10255.5	118.9
湖南	Hunan			1318.7	1706.4	1679.7	1847.5	10445.4	17.3
广东	Guangdong	1209.3	83.5	3753.7	842.0	1228.5	2993.0	11384.3	138.5
广西	Guangxi	2.3		1187.8	1298.1	1338.1	2142.4	9864.1	167.3
海南	Hainan	19.0	1.8	198.5			20.9	1672.4	12.9
重庆	Chongqing		0.4	597.7	517.3	545.6	1150.2	5499.6	191.0
四川	Sichuan	17.5	242.1	2152.4	1670.2	1674.3	2281.6	13342.1	39.7
贵州	Guizhou			1607.8	552.9	531.3	560.2	6100.5	0.5
云南	Yunnan			1745.5	1582.8	1526.7	1600.0	7793.7	10.9
西藏	Tibet			26.2				286.7	
陕西	**Shaanxi**	**3527.6**	**309.6**	**1330.5**	**803.1**	**828.7**	**1283.6**	**7552.7**	**54.5**
甘肃	Gansu	69.9	0.2	1103.0	746.6	810.2	883.0	3615.1	2.4
青海	Qinghai	205.0	63.5	589.2	150.8	141.2	139.5	1371.0	
宁夏	Ningxia	2.3	1.5	1007.6	80.7	21.7	109.1	1605.3	
新疆	Xinjiang	2670.7	251.3	1135.5	1311.7	1138.2	1284.6	4025.8	0.2

22-11 社会消费品零售总额和进出口总额
Total Retail Sales of Consumer Goods and Total Import and Export

地 区	Region	社会消费品零售总额(亿元) Total Retail Sales of Consumer Goods(100 million yuan)		进出口总额(亿美元) Total Import and Export (100 million USD)		出口总额(亿美元) Total Exports (100 million USD)	
		2011	2012	2011	2012	2011	2012
全 国	**National Total**	**183918.6**	**210307.0**	**36418.6**	**38667.6**	**18983.8**	**20489.3**
北 京	Beijing	6900.3	7702.8	3895.6	4079.2	590.0	596.5
天 津	Tianjin	3395.1	3921.4	1033.8	1156.2	444.8	483.1
河 北	Hebei	8035.5	9254.0	536.0	505.5	285.7	296.0
山 西	Shanxi	3903.4	4506.8	147.4	150.4	54.3	70.2
内蒙古	Inner Mongolia	3991.7	4572.5	119.3	112.6	46.9	39.7
辽 宁	Liaoning	8095.3	9346.6	960.4	1039.9	510.4	579.5
吉 林	Jilin	4119.8	4772.9	220.6	245.7	50.0	59.8
黑龙江	Heilongjiang	4750.1	5491.0	385.2	378.2	176.7	144.4
上 海	Shanghai	6814.8	7412.3	4375.5	4365.4	2096.7	2067.4
江 苏	Jiangsu	15988.4	18331.3	5395.8	5480.9	3125.9	3285.4
浙 江	Zhejiang	12028.0	13588.3	3093.8	3122.3	2163.5	2245.7
安 徽	Anhui	4955.1	5736.6	313.1	393.3	170.8	267.5
福 建	Fujian	6276.2	7256.5	1435.2	1559.3	928.4	978.4
江 西	Jiangxi	3485.1	4027.2	314.7	334.1	218.8	251.1
山 东	Shandong	17155.5	19651.9	2358.9	2455.4	1257.1	1287.3
河 南	Henan	9453.6	10915.6	326.2	517.5	192.4	296.8
湖 北	Hubei	8275.2	9562.5	335.9	319.6	195.3	194.0
湖 南	Hunan	6884.7	7921.9	189.4	219.4	99.0	126.0
广 东	Guangdong	20297.5	22677.1	9134.7	9838.2	5319.3	5741.4
广 西	Guangxi	3908.2	4516.6	233.6	294.7	124.6	154.7
海 南	Hainan	759.5	870.8	127.6	143.3	25.4	31.4
重 庆	Chongqing	3487.8	4033.7	292.1	532.0	198.3	385.7
四 川	Sichuan	8044.6	9268.6	477.2	591.3	290.3	384.6
贵 州	Guizhou	1751.6	2027.6	48.9	66.3	29.9	49.5
云 南	Yunnan	3000.1	3511.6	160.3	210.0	94.7	100.2
西 藏	Tibet	219.0	254.6	13.6	34.2	11.8	33.6
陕 西	**Shaanxi**	**3790.0**	**4383.8**	**146.2**	**148.0**	**70.1**	**86.5**
甘 肃	Gansu	1648.0	1906.5	87.3	89.0	21.6	35.7
青 海	Qinghai	410.5	476.0	9.2	11.6	6.6	7.3
宁 夏	Ningxia	477.6	548.8	22.9	22.2	16.0	16.4
新 疆	Xinjiang	1616.3	1858.6	228.2	251.7	168.3	193.5

22-12 国际旅游情况
International Tourism

地 区	Region	2011 旅游人数(万人次) Tourists (10 000 person-times)	2011 #外国人 Foreigners	2011 旅游外汇收入(亿美元) Foreign Exchange Earnings from International Tourism (100 million USD)	2012 旅游人数(万人次) Tourists (10 000 person-times)	2012 #外国人 Foreigners	2012 旅游外汇收入(亿美元) Foreign Exchange Earnings from International Tourism (100 million USD)
全 国	**National Total**	**13542.4**	**2711.2**	**484.6**	**13240.5**	**2719.2**	**500.3**
北 京	Beijing	520.4	447.4	54.2	500.9	434.4	51.5
天 津	Tianjin	73.1	63.6	17.6	73.7	63.7	22.3
河 北	Hebei	114.1	98.3	4.5	129.3	106.7	5.4
山 西	Shanxi	155.3	98.3	5.7	189.2	120.4	7.2
内蒙古	Inner Mongolia	151.5	147.6	6.7	159.2	151.5	7.7
辽 宁	Liaoning	405.3	339.4	27.1	473.1	388.6	32.6
吉 林	Jilin	99.3	85.5	3.9	118.3	100.9	4.9
黑龙江	Heilongjiang	206.5	197.8	9.2	207.6	194.7	8.4
上 海	Shanghai	668.6	555.0	57.5	651.2	539.6	54.9
江 苏	Jiangsu	737.3	537.9	56.5	791.5	575.2	63.0
浙 江	Zhejiang	773.7	515.0	45.4	865.9	570.5	51.5
安 徽	Anhui	262.9	151.7	11.8	331.5	190.4	15.6
福 建	Fujian	427.4	140.0	36.3	493.7	167.0	42.3
江 西	Jiangxi	135.8	44.0	4.2	156.2	50.4	4.8
山 东	Shandong	424.2	312.3	25.5	469.9	342.2	29.2
河 南	Henan	168.3	104.3	5.5	190.8	118.7	6.1
湖 北	Hubei	213.5	160.1	9.4	264.7	193.0	12.0
湖 南	Hunan	227.6	119.8	10.1	224.6	90.6	9.3
广 东	Guangdong	3331.6	749.3	139.1	3489.4	773.0	156.1
广 西	Guangxi	302.8	171.5	10.5	350.3	192.7	12.8
海 南	Hainan	81.4	56.2	3.8	81.6	52.0	3.5
重 庆	Chongqing	186.4	132.6	9.7	224.3	152.6	11.7
四 川	Sichuan	164.0	113.7	5.9	227.3	151.3	8.0
贵 州	Guizhou	58.5	23.6	1.4	70.5	30.4	1.7
云 南	Yunnan	395.4	281.0	16.1	457.8	329.8	19.5
西 藏	Tibet	27.1	24.9	1.3	19.5	17.5	1.1
陕 西	**Shaanxi**	**270.4**	**189.9**	**13.0**	**335.2**	**233.7**	**16.0**
甘 肃	Gansu	9.1	5.5	0.2	10.2	6.7	0.2
青 海	Qinghai	5.2	4.1	0.3	4.7	3.8	0.2
宁 夏	Ningxia	1.9	1.4	0.1	1.9	1.4	0.1
新 疆	Xinjiang	56.4	48.8	4.7	62.5	49.0	5.5

2012年陕西统计大事记

1月8日，赵正永省长在秦正秘书长的陪同下到省统计局社情民意调查中心视察工作。赵正永省长现场接听了电话，了解群众在新的一年新的愿望和期盼。听取了丁云祥局长关于统计工作情况汇报。赵正永省长在讲话中对统计工作给予充分肯定，他指出，近年来，省统计局及时反映科学发展情况，及时提出进一步推动科学发展的建议和要求，已经成为参与经济社会发展决策不可或缺的重要部门，省委、省政府对省统计局的工作是满意的。

1月12－17日，省统计局开展了“两会”统计咨询服务工作。2012年“两会”统计咨询服务工作首次开通了网络咨询服务平台。在“两会”服务现场，通过现场咨询、数字化查询、发放统计资料册等多种形式，为人大代表、政协委员参政议政提供统计咨询服务，获得了各位代表、委员的广泛好评。

1月17日，省人民政府办公厅印发《关于进一步加强和完善我省服务业统计工作的通知》（陕政办发〔2012〕6号），要求各地、各部门从加快转变经济发展方式、服务西部强省建设的高度，充分认识加强服务业统计工作的重要意义，增强责任感和使命感，加强服务业统计工作。

1月18日，省统计局印发《2011年度目标责任考核优秀单位和个人的通报以及文明处室考评结果的通报》（陕统办发〔2012〕6号），对10个目标责任考核先进单位、36名目标责任考核先进个人、10个文明处室进行了表彰。

1月19日，陕西省人民政府新闻办公室举行新闻发布会，发布2011年全省国民经济运行情况。省统计局新闻发言人、副局长张晓光发布了2011年全省国民经济运行情况，并回答了记者提问。

2月7日，省统计局召开会议部署全年各项工作任务，全体局领导和各单位主要负责人参加了会议。会上，局党组集中听取了局机关各单位2012年工作思路、具体安排和保障措施的汇报，丁云祥局长对进一步落实好2012年全省重点统计工作提出目标要求。

2月17日，中共陕西省委办公厅、陕西省人民政府办公厅印发《关于2011年度人口计生工作目标责任书执行情况和稳定低生育水平考核结果的通报》（陕办字〔2012〕13号），通报表扬了省统计局等15个部门，这是省统计局2009年以来连续三年获此殊荣。近年来，省统计局不断统筹协调、提高数据质量、加强分析研究，为省委省政府统筹解决人口问题、保持低生育水平、实现人口均衡发展提供了良好的统计服务。

2月23日，省统计局印发《陕西省统计局“十二五”保密事业发展规划》（陕统办发〔2012〕16号），要求今后五年统计保密事业认真贯彻积极防范、突出重点、依法管理的方针，紧紧围绕推动科学发展、建设西部强省这个主题，全面提高统计保密工作水平。

2月24日，陕西省《统计志》办公室在西安召开了第三次工作会议，要求各单位提高认识、加强领导，认真学习陕西省第二轮志书行文规范，加大协调力度，促进修志工作按计划推进。

2 月 24 日，按照省委的统一部署，省统计局发出《关于成立陕西省统计局“三问三解”活动领导小组的通知》(陕统办发〔2012〕18 号)。3 月 7 日，印发《关于开展“三问三解”活动的意见》(陕统党发〔2012〕3 号)。全年，省统计局认真开展“三问三解”活动，共计 175 人次分批深入到全省 11 个市区、24 个县（市、区）和 102 户企业开展“三问三解”，为基层解决统计工作难题，为群众解困除忧做实事。

3 月 9 日，省统计局召开 2012 年度目标责任考核动员大会，安排部署 2012 年度目标责任考核工作。局领导和全局干部职工 180 余人参加会议。丁云祥局长做了重要讲话，总结了省统计局 2011 年度目标责任考核中的经验教训，对 2012 年度目标责任考核工作提出了新的要求。会上，各位局领导与分管各处室签订了 2012 年度目标考核责任书。

3 月 21 日，省直机关工委召开党的建设工作会议，会议命名表彰了 2010－2011 年度省直机关文明机关和文明处（室)，省统计局荣获“省直文明机关”， 省统计局综合处荣获“省直机关文明处室”荣誉称号。

3 月 30 日，省统计局印发《关于认真贯彻落实马建堂局长在全国实施“企业一套表”视频会议重要讲话精神的通知》(陕统发〔2012〕30 号)，要求全省统计系统认真贯彻落实国家统计局马建堂局长讲话精神、依法推进“企业一套表”实施工作。全省统计系统上下协同配合、全力推进，“企业一套表”制度在我省“三上”企业和房地产开发经营企业成功实施。6 月 29 日，省统计局召开了全局“企业一套表”并轨工作会议，对全省“企业一套表”并轨工作做出了统一安排，7 月实现并轨。

3 月 30 日至 4 月 1 日，国家统计局局长马建堂在陕西西安、铜川调研。调研期间，省委书记赵乐际、省长赵正永、省委常委魏民洲会见了马建堂局长一行，双方就陕西经济发展及统计工作进行了深入交流。在西安调研期间，省委常委、西安市委书记孙清云与马建堂局长就西安经济发展及统计工作进行了座谈。

4 月 19 日，中共陕西省委组织部发出《关于杨志俊同志任职的通知》(陕组干任〔2012〕91 号)，任命杨志俊同志任陕西省社会经济调查中心主任（副厅级)。

4 月 19－20 日，中国共产党陕西省直属机关代表会议在西安召开，会议根据《中共陕西省委关于省第十二次党代表大会代表选举工作的通知》，差额选举产生了 97 名出席中国共产党陕西省第十二次代表大会代表。省统计局党组书记、局长丁云祥当选省第十二次党员代表大会代表。

4 月 23 日，省人民政府办公厅印发了《关于认真做好 2012 年投入产出调查工作的通知》(陕政办发〔2012〕46 号)，对全省 2012 年投入产出调查工作进行动员部署。《通知》成立了由省政府副秘书长陈国强担任领导小组组长，省统计局局长丁云祥担任副组长，各有关部门及直属机构业务负责领导任成员的 2012 年投入产出调查工作领导小组。《通知》明确了本次调查的目的和意义、调查对象和范围、调查内容和时间、调查组织和实施、调查经费等。

4 月 24 日，局机关青年工作委员会委员竞选大会暨成立大会召开，通过直选的方式产生了局机关首届青年工作委员会。2012 年，省统计局组织青年参加了 “首届陕西省青年公文写作大赛”，开展了“五四”青年节环保志愿活动，举办了两期青年沙龙活动，参加了 2012 年陕西省青年职业技能大赛，充分展现了局机关青年干部勤奋好学、积极向上的精神风貌。

4 月 27 日，省统计局进行了中央事业单位副处级领导职位及参照公务员法管理事业单位副调研员职位竞争上岗的面试答辩工作。2012 年，省统计局干部队伍建设得到进一步加强，4 名处长被任命为副厅级干部，考察提拔转任 23 名处级干部。通过采用竞争上岗方式，选拔了 6 名副处长、4 名副调研员，这些同志经过民主推荐，廉政考试、面试、近三年目标考核、单位领导考核等环节，最后脱颖而出。整个选拔任用程序规范，公开透明，结果公平、公正，群众满意度高。

4 月 28 日，陕西省人民政府召开 2011 年度全省县域经济社会发展表彰电视电话会。大会对 2011 年度“陕西省县域经济社会发展十强县”、“陕西省城区经济社会发展五强区”、陕西省县域经济社会发展“争先进位”前 10 名县、前 5 名区、“工业增长速度前十名县”和“县域工业集中区发展先进单位”进行了表彰奖励。陕西省委常委、常务副省长娄勤俭出席会议并作重要讲话。

5 月 7-11 日，中国共产党陕西省第十二次代表大会在西安举行。省统计局党组书记、局长丁云祥当选中国共产党陕西省第十二届委员会候补委员。

5 月 8 日，省统计局印发《陕西省统计局廉洁自律和厉行节约规定》(陕统办发〔2012〕39 号)，对厉行节约，制止奢侈浪费做出具体规定。2012 年，省统计局以服务统计工作为目标，以保持党的先进性和纯洁性为重点，以宣传教育和监督检查为抓手，扎实开展党风廉政专项治理工作，加强风险防范，切实加强反腐倡廉制度建设，切实加强系统行业作风建设，营造了统计系统廉洁自律、风清气正的内部环境。

5 月 27 日，省人民政府发出《关于王琦同志任职的通知》(陕政任字〔2012〕53 号)，任命王琦同志为陕西省统计局总经济师。同日，省政府发出《关于刘松年同志任职的通知》(陕政任字〔2012〕64 号)，任命刘松年同志为陕西省统计局副巡视员。

6 月 29 日，中共陕西省委召开陕西省纪念建党 91 周年暨创先争优活动表彰大会。省委书记赵乐际、省委副书记、省长赵正永出席会议，省委书记赵乐际发表了重要讲话。大会表彰了全省创先争优先进基层党组织优秀共产党员和先进县（市、区）党委。省统计局机关党委荣获“全省创先争优先进基层党组织”荣誉称号。

6 月 29 日，省统计局召开庆祝中国共产党成立 91 周年暨创先争优活动表彰大会，对 4 个先进党支部，6 名优秀党务工作者和 15 名优秀共产党员进行了表彰。局党组书记、局长丁云祥以“保持党的纯洁性”为主题，为全体党员干部讲党课。2012 年，省统计局深入开展“创先争优”活动，党建活动丰富多彩，形成推进统计科学发展的强大动力，为统计事业围绕“三个提高”、建设“四大工程”提供了有力的思想和组织保证。

7 月 19 日，陕西省人民政府新闻办公室举行新闻发布会，省统计局新闻发言人、副局长张晓光发布了上半年全省国民经济运行情况，并就工业运行态势、投资结构调整、房地产调控效应等社会关注的热点问题回答了记者提问。

7 月 20 日，陕西省人力资源和社会保障厅、省统计局联合印发《关于表彰全省统计系统先进集体和先进工作者的决定》（陕人社发〔2012〕72 号）。2012 年，是政府统计机构成立 60 周年，为了树立典型，学习先进，推动统计工作和创先争优活动开展，省统计局按照人社部和国家统计局的文件要求，推选全国统计系统先进集体 2 个，先进工作者 1 名，先进个人 5 名，受到国家人社部、统计局表彰。同时，省统计局与人社厅联合发文，开展了陕西省统计先进集体和个人评选工作，在全省统计系统评选出了 40 个先进集体，80 名先进工作者。

7 月 30 日，省统计局印发《关于省统计局领导工作分工调整情况的通知》（陕统办发〔2012〕46 号），根据 2012 年 7 月 27 日局党组会议决定，对局领导工作分工作出调整。

8 月 1 日，省统计局印发《关于成立陕西省统计局新闻宣传工作领导小组及办公室的通知》（陕统办发〔2012〕47 号），省统计局首次成立了统计新闻宣传工作专门机构。2012 年，统计新闻宣传工作不断加强，通过举办新闻媒体研讨班，建立服务“两代表、一委员”联络员制度，系统展示十六大以来社会经济发展的成就，精心组织纪念政府统计机构成立 60 周年、第三届中国统计开放日等活动，在社会上产生广泛影响，为推进统计政务公开、加大统计工作透明度、提高政府统计公信力发挥了积极作用。

9 月 4 日，省统计局牵头在扶风县召开“两联一包”扶贫联席会议。帮扶团成员单位以及省统计局机关有关处室负责同志参加会议。会议就新时期扶贫团的工作进行了深入讨论。省扶贫办、省发改委、省财政厅有关处室负责同志应邀出席会议。省统计局丁云祥局长出席会议并作讲话。

9 月 5 日，省统计局印发《陕西省统计系统统计专业领军人才培养管理办法（试行）》（陕统办发〔2012〕52 号），对统计系统统计专业领军人才的选拔、职责与权利、管理作出规定和要求。

9 月 20 日，省人民政府发出《关于徐菊梅同志任职的通知》（陕政任字〔2012〕143 号），任命徐菊梅同志为陕西省统计局副巡视员。

9 月 21 日，为期一周的第三届全国统计建模大赛圆满结束，省统计局代表队以全国第一名的成绩获得一等奖。在本届建模大赛中，省统计局代表队经过认真培训、周密准备，从各省（直辖市、自治区）统计局、国家局各调查总队及国家局机关共 66 支代表队中脱颖而出，以第一名的成绩获得一等奖，为我省争得了荣誉。

9 月 26 日，省统计局印发《陕西省县级统计机构工作规范（试行）》（陕统发〔2012〕64 号），从统计管理、统计调查、统计服务、统计法制、统计保障五个方面对县级政府统计机构工作任务、标准及要求进行了全面规范。10 月 9 日，印发了《陕西省县级统计局考核办法（试行）》（陕统办发〔2012〕57 号），进一步规范了县级政府统计工作考核办法。今年，省统计局将县级统计规范化建设列为全省统计系统重点工作之一，通过建章立制、考核引导、完善硬件和强化培训等多项措施，全省县级统计机构向规范、统一迈进了实质性的一大步，统计工作基础更加牢靠。

10 月 15 日，省统计局印发《开展西咸新区统计监测工作的通知》（陕统发〔2012〕68 号），要求按照省委省政府的布置，认真开展西咸新区统计监测,推动西咸新区建设，加快西咸一体化，实现城乡一体化。

10月20日，《关中天水经济区统计年鉴》编印完成。为了及时反映关中-天水经济区成立以来的经济社会发展情况，省统计局加工整理了2008年以来关中-天水经济区主要统计数据，首次编印了《关中天水经济区统计年鉴》，全面完整地反映了关天经济区的主要经济发展指标，成为社会各界了解关中-天水经济区经济社会发展的重要窗口。

10月24日，按照中央保密办统一部署，省国家保密局工作检查组在省国家保密局副局长赵端瑞的带领下，来省统计局检查保密工作。检查组检查后评价：陕西省统计局保密工作重视、制度健全、组织得力、保密宣传教育深入开展，保密工作责任落实到位，保密工作重点突出、扎实有效。

11月1日，省统计局印发《陕西省统计数据质量管理办法（试行)》(陕统发〔2012〕70号），该办法的实施为建立责任明确、专业衔接、数据匹配、规范科学的统计数据质量管理体系提供了制度保证。

11月8日，省统计局组织干部党员集中收看了党的十八大开幕盛况。11月28日，省统计局召开局党组（扩大）会议，对局机关学习贯彻十八大精神作出部署，之后，省统计局开展了一系列丰富多彩的活动，掀起了学习十八大精神的热潮。

11月16日，省统计局召开贯彻落实目标责任考核“一规定两办法”辅导报告会，邀请省考核办副主任郭志英同志对省委省政府下发的“一规定两办法”进行了全面辅导解读。

11月20-21日，第三届关中-天水经济区统计局长联席会议在商洛市召开。省统计局张晓光副局长、甘肃省统计局陈波副局长出席了会议。关中-天水经济区内七市一区统计局局长应邀参加会议。参会代表就如何更好地为经济区发展提供统计咨询服务进行了交流，并对关中-天水经济区统计信息交流和资源共享提出了具体意见和建议。

11月27日，省直机关工委召开提炼和践行机关精神表彰大会，省统计局荣获先进单位。从2011年起，省直机关工委开展了总结提炼和弘扬践行机关精神活动,省统计局紧紧围绕提高党员干部素质、繁荣发展统计文化、树立统计良好形象、促进统计事业发展的目的，在全省统计系统广泛发动,采取领导引领、群众参与、研讨交流、征集意见等方式，凝练形成了体现统计工作要求、符合统计特色的“严谨、求实、卓越、奉献”的陕西统计人精神。

11月28-30日，第三次全国经济普查普查区图电子化专项试点培训会议在西安市阎良区召开，标志着第三次全国经济普查陕西专项试点工作全面启动。今年，按照国家统计局的统一安排，省统计局积极做好第三次经济普查的前期准备工作，编制了省级普查经费预算，发文督促各地做好同级普查经费预算，承担了国家统计局布置的专项试点工作，经济普查各项准备工作有序推进。

12月4日，省统计局以“深入宣传统计法律知识，积极推动统计中心工作”为主题，开展了“全国法制宣传日”的统计法制宣传活动。今年，省统计局加大统计法律法规宣传力度，通过各类媒体宣传报道《统计法》、《统计违法违纪处分规定》等法律法规500余次，印刷法律法规宣传资料5万余份；各级统计机构共组织各类法制培训 300 余次，培训 2 万余人次。

12 月 20 日，省统计局宏观经济数据库（一期）系统应用平台搭建圆满完成。今年，省统计局根据全省宏观经济数据库系统程序开发功能需求，确定了宏观库系统程序开发的框架和原则，并进行了系统程序的部署和调试工作，完成了宏观库和局统计数据库之间的转接工作，目前，宏观经济数据库（一期）系统应用平台进入后期测试和系统优化阶段。

12 月 29 日，省统计局召开 2012 年度全省经济形势分析会。会议对 2012 年全省经济形势作出判断，并对年末的统计工作提出要求。会议还对 2012 年度各市（区）优秀统计分析报告进行了表彰。2012 年，面对复杂严峻的国内外经济形势，省统计局从多方面努力扎实做好统计预警监测和分析工作，为省委、省政府科学决策和宏观调控提供优质咨询服务。全年，共撰写各类统计分析材料 112 篇，多篇分析报告被陕西省人民政府门户网站、《陕西日报》等主要新闻媒体采用。

（苏　明）

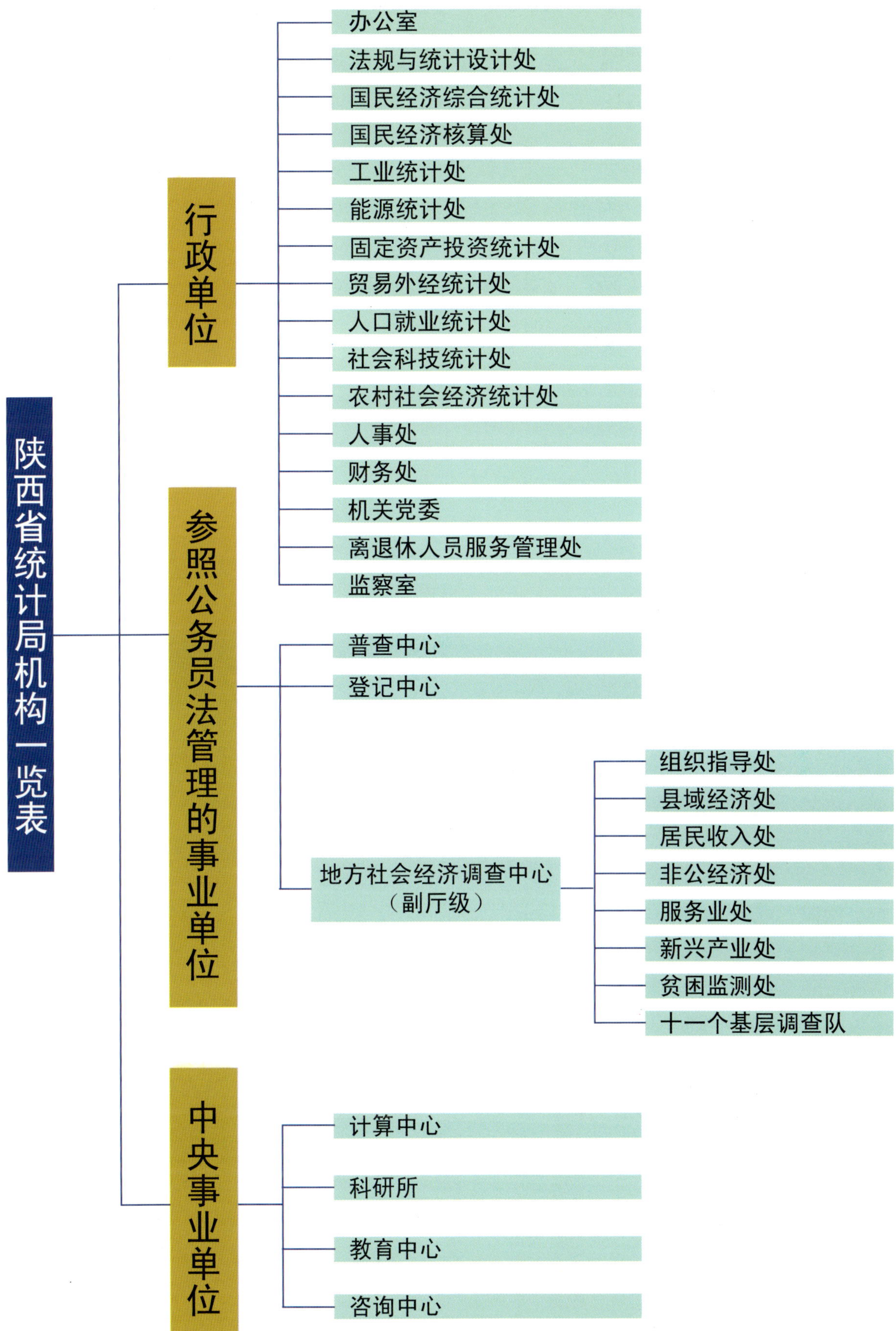
陕西省统计局机构一览表
行政单位
办公室
法规与统计设计处
国民经济综合统计处
国民经济核算处
工业统计处
能源统计处
固定资产投资统计处
贸易外经统计处
人口就业统计处
社会科技统计处
农村社会经济统计处
人事处
财务处
机关党委
离退休人员服务管理处
监察室
参照公务员法管理的事业单位
普查中心
登记中心
地方社会经济调查中心（副厅级）
组织指导处
县域经济处
居民收入处
非公经济处
服务业处
新兴产业处
贫困监测处
十一个基层调查队
中央事业单位
计算中心
科研所
教育中心
咨询中心

陕西统计人精神

严谨　求实　卓越　奉献

严谨：是统计人的科学态度。严谨即严肃谨慎、严密周到。体现在统计人在工作中不浮夸、不马虎、不好高骛远、不粗枝大叶，认真求证每一个统计数据和统计指标、仔细核对每一张统计报表、深入分析每一次统计调查，努力提高统计数据质量、维护政府统计公信力。

求实：是统计人的职业素养。“求”是探究、求证；“实”，真也，是反映在统计数据中的真理、规律。求实，是贯穿于统计生产全过程的一种工作理念。

卓越：是统计人的工作标准。卓越，意味着杰出与超越。是社会发展对统计工作提出的要求，也是检验统计工作好坏的标准。

奉献：是统计人的职业要求。奉献就是付出、给予、呈现。展现统计人在平凡的岗位上，将甘于奉献化作对工作的无限热爱，受得清苦、耐得寂寞、吃苦耐劳、无怨无悔。